Eugen Karl Dühring

Kritische Grundlegung der Volkswirthschaftslehre

Eugen Karl Dühring

Kritische Grundlegung der Volkswirthschaftslehre

ISBN/EAN: 9783742894847

Hergestellt in Europa, USA, Kanada, Australien, Japan

Cover: Foto ©Suzi / pixelio.de

Manufactured and distributed by brebook publishing software
(www.brebook.com)

Eugen Karl Dühring

Kritische Grundlegung der Volkswirthschaftslehre

Kritische Grundlegung

der

Volkswirthschaftslehre

von

E. Dühring,

Docent der Philosophie und National - Oekonomie an der Berliner Universität.

Berlin.

Verlag von Alb. Eichhoff.

1866.

Seinem Freunde

Ernst v. Möller,

dem Verfasser des Preussischen Stadtrechts, der Landgemeinden u. s. w.

gewidmet.

Vorrede.

Das Wort kritisch auf dem Titel des vorliegenden Werks könnte ausser in seiner gewöhnlichen Bedeutung auch noch in einem andern Sinne genommen werden und würde grade in diesem zweiten Sinne den Charakter meiner Arbeit am besten kennzeichnen. Kritisch heisst jede sichtende von einem besondern Grade des Urtheils und von dem Geiste der Prüfung zeugende Thätigkeit. Allein neben der Kritik giebt es noch eine verwandte Macht von höherer Bedeutung, nämlich die Krisis. Nun ist es, soweit hierbei meine individuelle Bestrebung überhaupt von Einfluss werden konnte, mein stetes Augenmerk gewesen, die vorliegende Schrift nicht blos im gewöhnlichen, sondern auch im Sinne der Krisis kritisch und zwar so viel als möglich kritisch werden zu lassen. Ich spreche daher, um den unbefangenen Leser zu orientiren, zunächst in aller Ruhe und unbekümmert um das Weitere meine Erwartung kurz dahin aus: Diese meine Arbeit wird für die wissenschaftliche Behandlung der Nationalökonomie kritisch sein. Mit dieser Ueberzeugung übergebe ich mein Buch der Oeffentlichkeit und füge, da mich der einleitende Abschnitt über den gegenwärtigen Zustand der Nationalökonomie einer weitläufigen Vorrede überhebt, nur noch einige Bemerkungen hinzu, die über den Inhalt des Buches selbst hinausgreifen und zur Orientirung Derjenigen dienen können, die für die Aufraffung des individuellen Geistes und für das Schicksal der persönlichen Leistungen noch Theilnahme übrig haben.

Das Verhältniss, in welchem meine »Kritische Grundlegung« zu Careys Umwälzung der Neubrittischen Volkswirthschaftslehre steht, ist der erste Punkt, über welchen ich denen, die diesem Buch eine ernstliche Aufmerksamkeit zuwenden wollen, eine offene Erklärung schuldig bin. Man ist gewohnt, einen Jeden, der sich, wie man zu sagen pflegt, zum Verkünder der wissenschaftlichen Leistung eines Andern macht, von vornherein als abhängig und unselbständig oder wohl gar als einen sectenmässigen Schüler anzusehen, der mindestens auf jeden Hauptsatz und auf jede Grundanschauung seines Lehrers zu schwören entschlossen sei. Eine solche Voraussetzung ist in vielen Richtungen durchaus am Orte; aber was meinen Fall betrifft, so muss ich gegen eine derartige Annahme Einspruch thun. Wenn die vorliegende Schrift ihrem Titel entspricht, wenn sie wirklich eine kritische Grundlegung ist, wenn sie also, wie dies mein Ziel war, den Grund legt, auf welchem das strenge ökonomische Denken erst möglich wird, dann dürfte sie doch wohl den Anspruch erheben können, dass man ihre Eigenthümlichkeiten und das Neue, welches sie bietet, nicht übersehe, weil ihr Verfasser dem grössten ökonomischen Genius, den die Welt seit Adam Smith hervorbrachte, seine volle Anerkennung gezollt und die Resultate desselben, so weit er mit ihnen übereinstimmte, benutzt hat.

Ich habe die zwölf Briefe »Careys Umwälzung der Volkswirthschaftslehre und Socialwissenschaft« in dem vollen Bewusstsein geschrieben, dass durch die Careysche grossartige Synthese nicht nur die Neubrittische, d. h. die Malthus-Ricardosche Oekonomie weggeräumt, sondern, dass auch in Beziehung auf die positive Methode und auf die noch übrig gebliebenen gemeinsamen Anschauungen ein gewaltiger Fortschritt gemacht und eine Reform des ökonomischen Denkens eingeleitet sei, deren Tragweite grade von dem Urheber selbst nicht abgesehen und noch weniger abgesteckt werden konnte. Ich habe ferner »Capital und Arbeit« geschrieben, und mich in diesem Buch wiederum auf Careys Leistungen berufen und den wissenschaftlichen Rückhalt gegen die vorherrschenden Meinungen zum Theil, aber, wie ich auch in der Vorrede der fraglichen Schrift deutlich ausgesprochen habe, nur zum Theil, bei Carey gesucht. Diejenigen, welche »Capital und Arbeit« aufmerksam gelesen haben und ausserdem auch Careys System nur einigermaassen kennen, werden zu entscheiden vermögen, in wie freier Weise ich die Amerikanischen Errungenschaften benutzt und wie wenig ich mich an die besondere Beschaffenheit und Gestaltung des Careyschen Gedankenkreises gebunden habe. Auch glaube ich, dass es Jedem, der irgend etwas Bedeutendes leistet, nur erwünscht sein könne, Jemand zu finden, der sich die haltbaren Ergebnisse und den Geist der veränderten Methode, so weit er der richtige ist, aneignet, übrigens aber den eignen ursprünglichen Antrieben in der Gestaltung und Bearbeitung der Wissenschaft folgt. Freilich ist ein solches Zusammentreffen äusserst selten und sogar, so weit meine Kenntniss der mich interessirenden literarischen Schicksale reicht, in der neuesten Zeit beispiellos. Ja es scheint, nach allen Erfahrungen zu schliessen, der Regel nach gar nicht erwartet werden zu können, dass ein bedeutender Geist, der in einem bestimmten Fach etwas über seine Zeit weit Hinausgreifendes vollbracht hat, in dieser Zeit selbst und zugleich in eben diesem Fach einen würdigen Vertreter und eine wirklich angemessene Anerkennung finde. Hier ist nicht der Ort, die Gründe dieser Regel zu entwickeln; nur die Möglichkeit der Ausnahme von dieser Regel erfordert eine Erklärung.

Mit dieser Erklärung berühre ich sogleich den zweiten Punkt, über den ich hier einige Worte sagen und hoffentlich nicht verlieren werde. Die freudige und neidlose von Verkleinerungssucht und kleinlicher Bemängelung freie Begrüssung der fremden Leistung und meine ganze, weit verzweigte Thätigkeit für dieselbe ist das Ergebniss eines unbefangenen Urtheils. Als ich meine Briefe über Carey schrieb, und als ich mich um Veröffentlichung derselben bemühte, stand ich weder mit Carey selbst noch mit irgend Jemand, der in Europa oder Amerika als Vertreter seiner Interessen betrachtet werden konnte, in irgend welcher Verbindung. Allein und ausschliesslich auf die Eigenschaften seines letzten grossen Werkes hin hatte ich den Entschluss gefasst, dem Publi-

cum mit allen mir zü Gebote stehenden Mitteln die längst vollendete, aber noch immer verkannte Thatsache darzulegen, dass
durch Carey eine neue Epoche der Nationalökonomie eingeleitet
sei. Wenn sich nun seitdem zwischen Carey und mir auch ein
näherer Verkehr entwickelt hat, so ist dies die Folge aber nicht
der Grund meiner Bemühungen für die neue Leistung gewesen.
Der Antrieb zu meinem Vorgehen war theils ein rein wissenschaftlicher, theils aber ein moralischer. Ich war und bin der Ueberzeugung, dass es zwischen allen echten Bestrebungen eine natürliche Solidarität gebe, und dass man daher nicht zögern dürfe,
seine Kraft für etwas einzusetzen, was dem eignen Streben in
irgend einer einer Beziehung gleichartig ist. Alle meine Arbeiten
haben einen einheitlichen Charakter und meine Bestrebungen in
der Nationalökonomie und Socialwissenschaft sind von meinen philosophischen und namentlich den logischen Ergebnissen nicht gänzlich zu trennen. Ich erinnere in dieser Beziehung, um gewissen
Verdächtigungen von vornherein entgegen zu treten, an den Umstand, dass der Verfasser des Völkerreichthums auch eine Theorie
der moralischen Gefühle geschrieben hat, und dass, um ein lebendes
Beispiel anzuführen, Stuart Mill sicherlich um seiner Logik willen
nicht minder als wegen seiner Nationalökonomie bekannt geworden
ist. Ich glaube, dass es grade unter den heutigen Verhältnissen
der geistigen Strömung ganz wohl möglich ist, zugleich Philosophie
und Nationalökonomie und zwar beide Wissenschaften in der gegenwärtig durchaus nothwendigen positivistischen Weise zu pflegen.
Ja ich bin sogar der Ueberzeugung, dass gewisse Seiten der Nationalökonomie nur von demjenigen aufgeklärt werden können, dem
es zuvor gelungen ist, den in der Philosophie nöthigen Durchbruch
des kritischen und positivistischen Geistes auszuführen. Das Bewusstsein einer festen philosophischen Position, also der Umstand,
dass ich etwas zu vertreten hatte, was nicht speciell im Gebiete
der Careyschen Leistung lag, hat mir jene Unbefangenheit gesichert,
welche nöthig war, die Leistung eines Andern in der vollständigsten
Weise anzuerkennen, ohne hierdurch in das Verhältniss der sectenmässigen Unterordnung zu gerathen. In diesen wenigen An-

deutungen ist die subjective Erklärung meines Verhaltens gegeben und hoffentlich jene Ausnahme von der Regel begreiflich gemacht. Nöthig waren aber diese Erklärungen allen denen gegenüber, die mit mir überzeugt sind, dass die allgemeine Regel die Verkennung des Bedeutenden von Seiten der Fachgenossen mit sich bringt. Die oben erwähnte Krisis betrifft zugleich die Volkswirthschaft und die Volkswirthschaftslehre. Für die erstere handelt es sich um organische Gestaltuug, für die letztere um eine organische Theorie. In dem Maasse, in welchem sich der Individualismus ausbildet, wird auch die sociale organische Form der Gesellschaft zum Dasein gelangen. Die materielle Freiheit der Einzelnen wird wachsen, und dennoch wird der Staat, d. h. der Inbegriff der politischen Functionen seine organisirende Kraft über die geeigneten Gebiete ausdehnen. Die Vereinbarkeit dieser beiden Richtungen auf dem Felde der Volkswirthschaft wurde bisher stillschweigend als unmöglich ausgeschlossen, und dennoch hat sie die bisherige Geschichte für sich, und es ist ebenso unwahr, wenn man den Individualismus als das Princip der modernen Lebensgestaltung angiebt, als wenn man die Ausbildung übergreifender staatlicher Functionen für eine überwundene Eigenthümlichkeit des antiken Gemeinlebens erklärt. Die wirkliche Entwicklung ist im eigentlichen Sinne des Worts organisatorisch. In dem Maasse, in welchem sie das Einzelleben selbständig macht, schafft sie auch kräftigere Bindemittel. Die das Interesse des Ganzen und der Ordnung vermittelnden Bande müssen ebenfalls in weiterem Umfange ins Dasein treten, sobald sich die Sphäre der individuellen Freiheit erweitert. Gelangen die Atome des Gemeinlebens zu einer grösseren Selbständigkeit, so muss dieser vermehrten Freiheit ein Gegengewicht entsprechen, welches offenbar in der Ausdehnung der politischen Functionen zu suchen ist. Die individuelle Freiheit und die Stärke des Staats müssen daher neben einander und gleichsam in paralleler Entwicklung wachsen. Der reine Individualismus, der Individualismus der Schablone ist auch im wirthschaftlichen Gebiet, genauer betrachtet, nichts als Anarchie, d. h. nichts als die Verneinung von Ordnung und socialer Gerechtigkeit. Auf der an-

dern Seite ist die ebenfalls zur Schablone gewordene Idee, dass
der Staat die ganze Socialökonomie bis zu der Thätigkeit der einzelnen Privatwirthschaften hinab und zwar verwaltungsmässig zu
absorbiren habe, völlig unhaltbar und nur dem träumerischen Stadium des Socialismus entsprechend.

Die organische Volkswirthschaftslehre steht der atomistischen,
d. h. derjenigen Theorie gegenüber, welche vermeint, die wirthschaftlichen Vorgänge aus Elementarkräften, wie z. B. aus der individuellen Concurrenz vollständig erklären zu können. Die grossen
Paradoxien Careys, unter denen eine der bedeutsamsten in dem
Satze besteht, dass die Capitalien nach den Gebieten des niedrigsten Zinsfusses gehen, haben mich von der Unhaltbarkeit der gewöhnlichen Ideen über die Concurrenz überzeugt und mich zugleich
auf den Weg gewiesen, welcher jetzt noch allein zu einem Fortschritt der Nationalökonomie führen und dieselbe mit den berechtigten Instincten des Socialismus in Uebereinstimmung bringen
kann. Die sociale, ja auch schon die rein wirthschaftliche Gravitation beruht nicht blos auf dem Spiele so zu sagen unorganischer
Kräfte, sondern ist selbst organischer Natur, d. h. sie steht ausser
unter den Gesetzen der niedern Stufe auch noch unter Nothwendigkeiten und Mächten einer höheren Ordnung, von denen sich ein
vorläufiger Begriff nur durch die Vergleichung mit den organisch
gestaltenden Kräften im pflanzlichen und thierischen Dasein geben
lässt. Die Vergleichung ist nun freilich längst im Gebrauch; aber
die Sache. welche die Metapher zu einer wissenschaftlichen Wirklichkeit macht, fehlte vor Careys Paradoxien gänzlich. In diesen
Paradoxien spricht sich die Erkenntniss von einer neuen Art der
wirthschaftlichen Gravitation aus, und hier ist auch der Ausgangspunkt für eine bewusst organische Volkswirthschaftslehre im
Gegensatz zu der bisherigen Theorie zu suchen, welche in allen
ihren Hauptvertretungen (aller Gleichnisse ungeachtet die von einzelnen Schriftstellern durch das Wort Organismus angeregt worden
sind) als thatsächlich unorganisch zu betrachten ist.

Ueber den Inhalt meines Buches habe ich besondere Erläuterungen nicht weiter nöthig. Der Sachkenner wird aus den Ueber-

schriften bereits erschen, wo er vornehmlich die Eigenthümlichkeiten zu suchen habe. Das kritische Hauptprincip ist nur eine
specielle Anwendung eines allgemeinen methodischen Grundsatzes,
durch den alles menschliche Denken bewusst oder unbewusst überall da geleitet worden ist, wo es zu einer sicheren Haltung des
Wissens gelangte. Die Lehre von der Schätzung und Messung der
wirthschaftlichen Kräfte oder mit andern Worten die Werthlehre
ist gegenwärtig der Schwerpuukt der höheren Theorie. Die Ideen
über die Vertheilung liessen sich offenbar nur auf Grundlage einer
Theorie von Recht und Gerechtigkeit gehörig entwickeln, und in
dieser Beziehung erlaube ich mir die Bemerkung, dass meine Ausführungen über den Begriff des Rechts auf positivistischen Grundlagen ruhen, d. h. ein in aller Form absolvirtes Rechtsstudium,
drei Jahre juristische Praxis und dann noch eine Reihe von Jahren
fortgesetztes philosophisches Nachdenken hinter sich haben. Ich er-
wähne diese an sich ganz gleichgültigen Umstände nur darum,
weil man gegenwärtig mit Recht gegen blosse Philosophastereien,
d. h. gegen Untersuchungen misstrauisch ist, die ohne gründliche
positive Kenntniss des einschlagenden Specialgebietes unternommen
werden. Uebrigens kann diese Bemerkung nur als vorläufige Hinweisung gelten, und es versteht sich von selbst, dass nicht derartige
äusserliche Berufungen, sondern nur der Inhalt meiner Entwicklungen das Zeugniss für deren solide Begründung ablegen könne.

Was das Schutzsystem und dessen künftige Gestaltung oder
vielmehr dessen Ersatz durch wirthschaftliche organische Staatsmaass-
regeln anbetrifft, so verweise ich auf die Behandlung im Buche
selbst, die freilich ebenso wenig als diejenige der Credittheorie von
monographischer Ausführlichkeit sein konnte. Die Zeit, in welcher
der alte Gegensatz von Neuem auf die Tagesordnung kommt, ist
bereits da, und ich habe mich rücksichtlich des Schutzprincips und
der Currencyfrage, die beide verwandter sind, als man gewöhnlich
annimmt, absichtlich nicht zu weit eingelassen. Fragen von solcher
Tragweite erfordern eine besondere Behandlung, und eine solche wird
je nach Gelegenheit und Umständen erfolgen. Denen, welche eine
sociale Richtung einschlagen, möge es aber auch hier in der Vor-

rede noch schliesslich gesagt sein, dass sie arg fehlgreifen, wenn sie die Gegner socialer Organisationen im Lager der schutzzöllnerischen Volkswirthschaftslehre suchen. Die letztere ist vielmehr diejenige, welche, was unser Jahrhundert anbetrifft, sich der beiden grössten Leistungen, nämlich des nationalen Systems von Friedrich List und der Careyschen Socialwissenschaft rühmen kann, und die in der Vertretung durch diese Namen eher alles Andern als antisocial ist.

Berlin im Februar 1866.

E. Dühring.

Inhalt.

Sechster Abschnitt.
Rechtsbegriffe und Gerechtigkeit in der Volkswirthschaft.

Siebenter Abschnitt.
Concurrenz und Aneignung.

Achter Abschnitt.
Capital, Geld und Credit.

Neunter Abschnitt.
National- und Weltwirthschaft.

Erster Abschnitt.

Der gegenwärtige Zustand der Volkswirthschaftslehre.

Erstes Capitel.

Trennung der Theorie und der Praxis.

1. Die politische Oekonomie ist eine junge Wissenschaft, verhältnissmässig noch sehr unfertig in ihrem Inhalt und tastend in ihrer Form. Schon die äusserliche Betrachtung zeigt uns fundamentale Verschiedenheit der Ansichten und vielfach, was noch schlimmer ist, einen Mangel an ernstlichen Ueberzeugungen. Die Kräfte, welche dem sichern Fortgang der Forschung dienen könnten, werden in Streitigkeiten aufgerieben, deren Art und Weise nicht selten den Stempel wissenschaftlicher Unfruchtbarkeit an der Stirn trägt. Im Allgemeinen ist ein gewisses Chaos und eine unleugbare Anarchie der Begriffe der charakteristische Zug der gegenwärtig herrschenden Theorieen der Volkswirthschaftslehre. Es fehlt ebenso sehr an der allgemeinen Anerkennung einzelner Grundvoraussetzungen als an der Befolgung einer strengen Methode. Bodenlose Speculationen, willkürliche und beschränkte Raisonnements und massenhafte, ungeordnete Häufungen von Thatsachen spielen in einander. Auf der einen Seite ein skeptischer Zug, der die Systeme verschmäht oder durch einen auf alles Urtheil verzichtenden Historismus ersetzt wähnt; auf der andern Seite die Herrschaft der Schablone, unverhüllte Principienreiterei und entsprechende Anmaassung.

Die eben angedeutete Erscheinungsweise der Wissenschaft
darf den Kenner des Lebenslaufes werdender Disciplinen nicht
überraschen. Ein neu eröffnetes Forschungsgebiet kann nicht
augenblicklich in befriedigender Weise angebaut werden. Auch
die wissenschaftliche Cultur beginnt auf dem schlechteren Boden
und mit vorläufig sehr unvollkommenen Werkzeugen. Im Anfange
mehr Dichtung als eigentliches Wissen, schreitet sie zur Sonderung
des Denkens und des Träumens fort. Einerseits gewinnt sie in
sorgfältigen thatsächlichen Erhebungen feste Anhaltspunkte, und
andererseits gestaltet sie ihre Logik zu einem Inbegriff kritischer
Mittel um. So wird es sogar möglich, eine Arbeitstheilung eintreten zu lassen und die Theorie von der Praxis, mit welcher sie
ursprünglich vereinigt war, gehörig abzuscheiden. Ehe jedoch
diese für die erfolgreiche Pflege des Wissens unerlässliche Sonderung angemessen vollzogen wird, muss es regelmässig zunächst zu
einer feindlichen Entgegensetzung kommen. Es muss zwischen
Theorie und Praxis eine Kluft entstehen, die so lange sie währt,
weder der einen noch der andern zuträglich ist.

Wir befinden uns nun gegenwärtig in mehrfachen Beziehungen
im Stadium jener noch nicht gehörig gestalteten Trennung. Ja
die angedeutete Kluft zwischen dem Gange der Theorie und den
Intentionen der verschiedenartigsten Praxis ist so auffallend und
folgenreich, dass sie als kennzeichnendes Merkmal des gegenwärtigen Zustandes unserer Wissenschaft in erster Linie hervorgehoben
werden muss. Die übrigen Charaktere dieses gegenwärtigen Zustandes ordnen sich zum Theil jenem Hauptgesichtspunkt unter.
So sind z. B. die scholastischen Neigungen, von denen im fünften
Capitel zu handeln sein wird, sehr wohl auch als eine Consequenz
des noch nicht gehörig festgestellten Verhältnisses von Theorie
und Praxis aufzufassen. Ferner möchte die Vernachlässigung,
welche der tiefere Gehalt der Adam Smith'schen Leistung von
Seiten der Neubrittischen Oekonomiker erfährt, auf Rechnung eines
Rückfalles zu setzen sein, durch welchen die Theorie eines Stücks
ihrer bereits errungenen Emancipation verlustig ging. Endlich ist
das ein wenig skeptische Verhalten der Statistik ebenfalls auf den
Umstand zurückzuführen, dass sich die Praxis der Regierungen

ebenso wenig mit der Theorie als die letztere mit jener auch nur
einigermaassen auseinander gesetzt hat. Was aber diejenigen Elemente des gegenwärtigen Zustandes
anbetrifft, welche in die Zukunft hinausweisen und als Grundlagen
einer neugestalteten Wissenschaft und Forschung zu betrachten sind,
so sind auch sie noch keineswegs mit der strengen Abrechnung
zwischen Theorie und Praxis fertig. Selbst das, eine ganz neue
Aera einleitende System Careys ist in der Gestalt, welche ihm sein
Urheber gegeben hat, vorherrschend eine grossartige Synthese,
welcher die analytische Durchdringung und Sonderung noch erst
folgen soll. Bei dieser analytischen Gestaltung wird nun die Absonderung einer maassgebenden Wissenschaft, welche von den Modificationen Seitens der Bedürfnisse der Praxis unabhängig bleibt,
einer der leitenden Zielpunkte sein müssen. Ueberall werden wir
also das Verhältniss von Theorie und Anwendung scharf zu fixiren
haben, um nur dem Haupterforderniss einer Wissenschaft von
sicherer Haltung zu genügen.

2. Nachdem ich die Bedeutsamkeit des Verhältnisses von
Theorie und Praxis hervorgehoben habe, gehe ich nun zu dessen
näherer Erläuterung durch die geschichtlichen Thatsachen über.
Alles Wissen entwickelt sich ursprünglich nach Maassgabe des
praktischen Bedürfnisses, um nicht zu sagen der Noth, und befindet sich daher eine längere Zeit hindurch im Zustande der ungetheilten Vereinigung mit dem Thun. Für unser Gebiet ist noch
die Zeit Ludwigs XIV, d. h. die Verwaltung Colberts ein glänzen-
des und folgenreiches Beispiel der innigen Verbindung von Theorie
und Praxis. Der Französische Minister, dessen Name die Bezeichnung für ein theoretisches System werden sollte, empfing die entscheidenden Antriebe durch eine gesunde Auffassung der unmittelbaren Landesbedürfnisse. Man sollte daher sorgfältig zwischen
einigen Eigenschaften des Mercantilsystems und zwischen dem Colbertismus unterscheiden. Der letztere ging hauptsächlich aus der
Wahrnehmung hervor, dass im internationalen Kampfe die Kräftigung der einheimischen Industrie das dringendste Bedürfniss sei.
Abwehrende Maassregeln, welche die vernichtende Concurrenz des
Auslandes und die Gefahr, einer industriellen Vormundschaft und

1*

wirthschaftlichen Willkürherrschaft eines fremden Volkes zu verfallen, gehörig beseitigten, mussten die positiven Förderungen des
einheimischen Wohlstandes sehr begreiflicherweise an Wirksamkeit
überwiegen. Hierdurch erklärt sich, wie der gesunde Verstand
eine auf Zollschutz auslaufende Handelspolitik zur Maxime erheben
musste. Die Bildung solcher Maximen ist nun aber keine Wissenschaft im höheren Sinne des Worts. Die Emancipation der Theorie
beginnt erst, wenn die einseitigen Regungen einer mehr oder minder träumerischen Ideenspeculation zur Geltung kommen.

Letzteres geschah durch die Physiokraten, die man fast als
eine philosophische Secte auffassen könnte. Vorläufer der grossen
Revolution, die das öffentliche Recht und die gesellschaftlichen Zustände Europas umgestalten sollte, vertrauten sie der Consequenz
ihrer einseitigen Gedanken. Allein so viel Ideologie auch in Ques-
nays Physiokratie anzutreffen sein möge, man muss einräumen, dass
die neue Art wirthschaftlicher Schlussfolgerung die Selbstständigkeit der Theorie einleitete und in einer gewissen Weise die Emancipation von den nächsten Interessen der Regierungspraxis vollzog.
Ich will hier nicht von der Idee der Handelsfreiheit reden, an
deren schablonenmässige Vertretung sich später die ärgste Schmach
unserer Wissenschaft geknüpft hat. Nur auf den einseitigen Hauptsatz möge hier beispielsweise hingewiesen werden. Dieser Satz,
der in der gewöhnlichen Fassung so überaus paradox klingt, war
der Anfang zur Bildung selbstständiger Theoreme. Er gewann
bekanntlich grossen Einfluss auf die Gestaltung des Smithschen
Systems. Gegenwärtig aber tritt er wieder ernstlich hervor, indem
Careys Anschauungen von der Bedeutung der Landwirthschaft zur
Geltung gelangen.

So sind denn die französischen Ideologen, die im letzten Grunde
und halb unbewusst gegen die politischen und gesellschaftlichen
Fesseln der Französischen Landwirthschaft ankämpften, ein charakteristisches Beispiel der völligen Lossagung der Theorie von der
Praxis. Nichts hätte verkehrter sein können, als der Versuch, die
Ideen dieser Gedankenspeculanten stehenden Fusses zu verwirklichen. Dennoch haben wir von derartigen Ausgangspunkten fast
regelmässig die Bildungsanfänge künftig maassgebender Wissen-

schaften zu datiren. Es ist nun einmal in der Verfassung der menschlichen Geistesbethätigung begründet, dass die erste Aufraffung zum selbständigen Denken den Leitfaden der Praxis und des gesunden Verstandes verlieren und so in mannigfaltige Abirrungen gerathen muss. Die Einseitigkeit ist eine unvermeidliche Begleiterin, der Energie im Schaffen wie im Denken, und erst die weiteren Orientirungen pflegen das verlorne Gleichgewicht wieder herzustellen. Die Verachtung der Physiokraten ist daher ebenso wenig am Platze als die des Colbertismus. Das mehr der Zukunft als der Gegenwart angehörige System Careys ist, von den epochemachenden Entdeckungen abgesehen, eine rationelle Vereinigung jener beiden Elemente. Dieses System ist einerseits von einer weltumspannenden Speculation und Ideenconsequenz, andererseits von den nächsten Bedürfnissen der Praxis getragen. Es verehrt in Colbert den Genius der zweckentsprechenden That und sucht eine gewisse Physiokratie in einer neuen Form anzubahnen. Es tritt mit ideellen Forderungen gegen die fast ausschliessliche Berücksichtigung der speciellen Handelsinteressen auf und bekundet hierdurch, dass die Aera der selbstständigen und maassgebenden Theorie nicht vorüber, sondern grade in der mächtigsten Entwickelung begriffen ist.

3. Colberts Verwaltung ist das passende Beispiel der ursprünglichen Einheit und Einigkeit von Theorie und Praxis. Die Lehre der Physiokraten ist die beste Probe für das erste Verhalten einer sich auf eigne Füsse stellenden Theorie. Sehen wir nun zu, wie sich die Gegenwart und jüngste Vergangenheit zu dem fraglichen Gegensatz stellen. Wir finden die Praxis der Regierungen während des letzten halben Jahrhunderts im Ganzen und Grossen völlig unbekümmert um die theoretischen Systeme. Nur ausnahmsweise dringen die Anforderungen der Theorie durch, und in den Hauptfragen ist noch jetzt eine Entfremdung unverkennbar. Die Thatsachen der letzten fünf Jahre dürfen uns nicht täuschen. Die neue Aera der Handelsverträge ist noch weit davon entfernt, den ideologischen Anforderungen zu genügen. Die Auslegungen, die man den neuen von Frankreich ausgegangenen Handelsverträgen von Seiten der in Europa vorherrschenden Neubrittischen Theorie

giebt, bekunden mehr das, was man in diese Verträge hinein-
wünscht, als was in ihnen wirklich liegt. Die Regierungen des
Europäischen Festlandes haben noch gute Gründe, die Tarife nach
andern Gesichtspunkten einzurichten, als nach den Bauernregeln,
die ihnen zum mechanischen Gebrauch angeboten werden, und mit
deren Hülfe man in einer halben Stunde die ganze Handelspolitik
zu studiren vermag.

Wollten wir einen Blick auf die Amerikanische Union werfen,
so würden wir finden, dass nicht nur die Praxis ihrer Regierung
seit ein paar Menschenaltern beinahe ein halbes Dutzend Male das
System gewechselt, und bald Zollschutz bald Handelsfreiheit vertreten hat, sondern dass sie grade gegenwärtig am weitesten davon entfernt ist, den Neubrittischen Lehren sonderliches Gewicht
beizulegen. Wer sich auch also versucht fühlte, in den freihändlerischen Triumphen des westlichen Europa (oder besser gesagt
Englands) eine Annäherung der Theorie und der Regierungspraxis
zu sehen, könnte, falls er seinen Gedanken über den Ocean zu
schicken beliebt, grade auf dem Boden der vollständigsten politischen und gesellchaftlichen Freiheit die Erfahrung machen, dass
die bisher herrschend gewesenen Theorien nicht darauf eingerichtet
zu sein scheinen, die Disharmonie mit der Praxis in Einklang
aufzulösen.

Diejenigen Staaten, welche wie z. B. Russland nach Beseiti-
tigung der Herrschaft des ersten Napoleon ein paar Jahre lang
versuchten, die freihändlerische Ideologie in die Praxis zu übertragen, haben dieses Experiment theuer bezahlen und sehr bald
von ihm zurückkommen müssen. Die volkswirthschaftliche Theorie
erwies sich in der unmittelbaren Anwendung nicht stichhaltiger, als
die sonstigen Neigungen des damaligen Alexander. Frankreich be-
folgte mit Festigkeit eine Schutzpolitik, welche die Zeit der Restau-
ration und des Julikönigthums hindurch und noch ein Jahrzehnt in
die Herrschaft des dritten Napoleon hinein dauerte. In England
wurde durch die Aufhebung der Kornzölle zunächst nur das ganz
irrationelle Element seines Schutzsystems betroffen. Uebrigens lag
es im Interesse der Brittischen Regierung, die freihändlerische Ideologie zur Düpirung der übrigen Völker zu verwerthen, und es kam

noch der Umstand hinzu, dass die auf dem Gipfel der Macht befindliche Industrie des Inselreiches für sich selbst einen natürlichen Schutz in ihrer eignen Gewalt besass. So war es der Englischen Regierung um so mehr möglich, in ihrem eignen Verhalten die Theorie auf sich beruhen zu lassen und an letztere nur dann zu denken, wenn es einen geistigen Angriff auf die industriellen Selbstständigkeitsbestrebungen anderer Völker galt. Was Deutschland anbetrifft, so ist der Zollverein nach zwei Seiten zu betrachten. Erstens war er eine Wegräumung der innern Hemmungen und insofern ein Schritt auf dem Wege der Verkehrsfreiheit. Zweitens war er aber thatsächlich eine Vereinigung zum Schutz gegen die auswärtige Concurrenz; und das Zollsystem, mit welchem er seine Grenzen ausstattete, ist die unerlässliche Vorbedingung des Aufblühens der deutschen Industrie gewesen. Wiederum war also die Praxis der Regierungen zu einem ganz andern Verhalten genöthigt, als dasjenige war, welches von der einseitigen und beschränkten Logik blosser Ideen empfohlen wurde. Der leitende Staat des Zollvereins hat allerdings eine gewisse Vorliebe für schulmässige Schablonen nicht ganz verleugnet. Der Staat der Intelligenz wollte auch in diesem Punkt seine Universitätserrungenschaften wenigstens annähernd geltend machen. Doch hat sich dieser Idealismus der Verwaltung nie in eigentliche Ideologie verloren, wenn es freilich auch erspriesslicher gewesen wäre, die wirthschaftliche Entwicklung Deutschlands durch entschiedenere Schutzmaassregeln rascher zu fördern.

Oestreich ist noch jetzt, wie sich auch übrigens seine Handelspolitik ausnehmen möge, mit Recht sehr weit davon entfernt, mit der in Europa vorherrschenden Theorie zusammenzustimmen. Es bedarf in allen Fällen und besonders um seiner orientalischen Aussichten willen einer positiven Handelspolitik und kann sich daher nicht auf die Wegräumung von Hindernissen beschränken. Zwischen ihm und den vorherrschenden Theorien, welche die Stärke der Regierungen in wirthschaftlichen Angelegenheiten nicht nur für überflüssig, sondern sogar für schädlich erklären, besteht eine natürliche Feindschaft, die sich leicht begreift, wenn man das Verschmelzungsbedürfniss dieses aus den verschiedensten Völkerschaften zusammengesetzten Staates erwägt. Ziehen wir die Summe. Das Verhalten der Regierungen war, mit Ausnahme der letzten vier Jahre der Ideologie auch nicht einmal anscheinend günstig, und grade diese vier Jahre sind es, die zum Glück für die Aussichten einer gesunden und mit den Bedürfnissen der Völker vereinbaren Theorie eine ganz andere Physiognomie und ein ganz anderes Resultat zeigen, sobald man die neue Welt in Rechnung bringt. Jenseit des Oceans sind diese vier Jahre der Sieg der wirthschaftlichen Freiheit über das freihändlerische Junkerthum des Südens.

4. Ausser der Praxis der Regierungen, welche sich sehr schlecht mit der Schablone einer unfertigen und zum Theil verblendeten Theorie verträgt, kommt gegenwärtig noch ein anderer Gegensatz immer mehr in Frage, der ebenfalls dem Neubrittischen System und der Ideologie wenig günstig ist. Die socialen Bestrebungen haben auch ihre Art von Praxis, und letzte·e ist vielleicht der bedenklichste Gegner, den man der bisher herrschenden volkswirthschaftlichen Theorie jemals gestellt hat. Zunächst stehen sich zwei Ideologien gegenüber. Auf der einen Seite sagen die Freihändler unermüdlich ihr allein selig machendes Sprüchlein her; auf der andern verlangen die Socialisten staatliche Organisation der Volkswirthschaft. Beide Richtungen haben ihr Wolkenkukuksheim; beide setzen sich über die wirkliche Beschaffenheit der menschlichen Natur hinweg. Ihr Unterschied liegt nur darin, dass das Freihändlerthum in der Regel praktisch einen andern Sinn hat, als die Theorie behauptet. In der freihändlerischen Theorie begegnen sich die Interessen der Exporteure und Importeure mit den Neigungen einer traumseligen, von dem Bilde des allgemeinen Friedens gefoppten Weisheit. Selbst der unerfahrene Socialismus ist von edlerer Natur als die Manchesterphilosophie, deren Nerv nur gar zu häufig das Geld ist, mit welchem die Colporteure und Kleinkrämer der vorherrschenden Theorie honorirt und zur Düpirung der auf fremdes Urtheil angewiesenen Menge in Stand gesetzt werden. Es ist in dieser Mischung von Ideologie und gemeiner Bestechung etwas so Widerwärtiges, dass die älteren socialistischen

Verkennungen der Bedürfnisse der menschlichen Natur einen verhältnissmässig wohlthuenden Eindruck machen. Eine ernstliche Säuberung ist aber erst von dem Anschwellen der socialen Strömung zu erwarten. Die sociale Praxis scheint die Träumereien bereits in vielen Richtungen abthun zu wollen, und grade wo dies geschieht, trifft sie am härtesten mit der Neubrittischen Volkswirthschaftslehre zusammen. Die sociale Aufraffung ist nicht wohl mit den Opiaten verträglich, mit welchen die aus dem Rahmen der Brittischen Industrieherrschaft hervorgegangenen Theorien die Völker und Massen einzulullen suchen. Die Trennung von Theorie und Praxis zeigt sich besonders da, wo die gesunden Instincte der Massen die Spinneweben der aus Ideologie und Hinterlist zusammengesetzten Doctrinen ganz naiv zerreissen. So ist die Coalitionsbewegung ein Hohn auf das gepriesene *Laisser aller* und auf den Satz, dass der gewöhnliche Verlauf von Angebot und Nachfrage über den Arbeitslohn zu entscheiden habe. Ferner ist die Ohnmacht der auf die gewöhnlichen Erwerbsmittel gegründeten rein wirthschaftlichen, unpolitischen ja nicht einmal socialpolitischen Selbsthülfe der sprechendste Beweis, wie kläglich die im guten Glauben angenommene Ideologie der Neubrittischen Volkswirthschaftslehre an den Forderungen der socialen Praxis zu Schanden werde. Von Harmonie zwischen wirthschaftlicher Theorie und socialer Praxis ist daher unter Voraussetzung der ferneren Herrschaft des Neu brittischen Geistesimports nicht zu reden!

Man wende nicht ein, dass es ja schon, wenn auch in geringem Maass, Consumvereine, Vorschusskassen und sogar hier und da eine Productivassociation giebt, und dass diese Schöpfungen auf dem Boden der Neubrittischen Volkswirthschaftslehre gewachsen sind. Letzteres ist nicht einmal wahr. Jene Gebilde sind eine Frucht des Socialismus. Der Umstand, dass die Schöpfer derselben bei uns von der herrschenden Volkswirthschaftslehre ausgingen, war kein Vortheil, sondern eine offenbare Schädlichkeit. In der That hat sich auch die Zwitternatur dieser Art, die sociale Frage anzugreifen, bereits offenbart. Die Beschränkung dieser Selbsthülfebestrebungen auf rein private Maassregeln ohne politischen, ja ohne socialen Charakter ist den Infectionen von Seiten der Neubrittischen Volkswirthschaftslehre zu danken. So haben wir denn nirgend eine Auseinandersetzung der Theorie mit der Praxis, sondern überall jene Trennung, durch welche die Theorie entweder zum praktisch gleichgültigen Schematismus oder zu einer im Interesse der wirthschaftlichen Unterdrückung missbrauchten Schablone wird. Es versteht sich, dass ich von dem gegenwärtig vorherrschenden Zustande, nicht aber von den der Zukunft angehörigen wissenschaftlichen Leistungen geredet habe. Careys Socialwissenschaft ist mit den Forderungen der socialen Praxis vereinbar und ist als der entscheidende Schritt zur Ausgleichung von Theorie und unmittelbarem Bedürfniss zu betrachten. Allein Careys System stellt sich auch in allen wichtigen Punkten den Behauptungen der Neubrittischen Weisheit, die in Malthus und Ricardo ihr lautestes Echo und ihren beachtenswerthesten Ausdruck gefunden, direct entgegen. Auch ist zu beherzigen, dass der erste entscheidende Schritt, der auch in Sachen der Wissenschaft am meisten kostet, noch nicht die vollständige Auseinandersetzung zwischen Theorie und Praxis repräsentiren kann. Weder das Verhalten der Regierungen noch die Taktik der gesellschaftlichen Reformer kann die Neubrittisch gefärbte Volkswirthschaftslehre, möge dieselbe nun als gutmüthige Ideologie oder als hinterhaltige Ausgeburt des praktischen Gegners auftreten, als eine eigentliche Wissenschaft anerkennen, deren Satzungen sich die verschiedenen Bestrebungen zu unterwerfen hätten.

Zweites Capitel.
Verhalten der Statistik.

1. Eng an den Gegensatz von Theorie und Praxis knüpft sich derjenige der Statistik einerseits und der Volkswirthschaftslehre andererseits. Zwischen den Pflegern des einen und denen des andern Gebiets besteht bis jetzt ein gewisser, sehr erklärlicher Antagonismus. Nicht selten blicken grade die gewandtesten Statistiker mit einer gewissen vornehmen Miene auf die Bemühungen

der politischen Oekonomie, allgemeine Gesetze oder, wie der übliche Ausdruck lautet, wirthschaftliche Naturgesetze aufzustellen. Von der andern Seite wird hinwiederum die Statistik bemängelt und an die bisweilen ordnungslosen Häufungen massenhafter Thatsachen erinnert. Es wird geltend gemacht, dass die Statistik den Antrieb und die Richtungsangabe ihrer thatsächlichen Erhebungen von der Volkswirthschaftslehre zu empfangen habe.

Orientiren wir uns über diese Erscheinung am Leitfaden der concreten Beschaffenheit der im Gegensatz befindlichen Disciplinen. Was ist die Statistik? Eine ganze Literatur über den Begriff derselben hat auf diese Frage antworten wollen. Wir sind anspruchsloser und begnügen uns mit der Vorstellung, dass die Statistik wesentlich und vorherrschend die Feststellung der jeweiligen staatlichen Zustände bezwecke. Man versteht die Statistik und ihr Verhalten nur dann gehörig, wenn man berücksichtigt, dass sie im Dienste der unmittelbaren Bedürfnisse der Regierungen entsteht und besteht. Um praktisch einzugreifen, ist nicht nur eine Erkenntniss der Principien und Hauptwahrheiten, sondern auch eine Kenntniss der im einzelnen Fall gegebenen Zustände nothwendig. Die Anwendung einer jeden Theorie auf die unmittelbare Wirklichkeit erfordert die Erforschung der Zustände. So ist es erklärlich, dass die Statistik den natürlichen Beruf hat, für die Praxis und gegen die Ideologie einzutreten. Die Statistik stellt sich daher viel leichter als die Volkswirthschaftslehre auf den Standpunkt der Regierungspraxis. Sie würde sich auch der socialen Praxis gegen die nackten Principien der politischen Oekonomie annehmen, wenn sie in dieser Richtung bereits die entscheidenden Thatsachen besässe. Allein streng genommen giebt es kaum einen Anfang zu einer eigentlich socialen Zustandslehre.

Unter Voraussetzung des bisherigen Zustandes der politischen Oekonomie war es den Statistikern nicht zu verdenken, wenn sie im Gefühl des Rückhaltes thatsächlicher Erhebungen mit Misstrauen auf allgemeine Formulirungen blickten und die verhältnissmässige Exactheit ihrer Methode den vorschnellen Speculationen entgegensetzten.

2. Gehen wir nun auf die andere Seite und erkundigen wir

uns nach den Ausstellungen, welche die Volkswirthschaftslehre an
dem Verhalten der Statistik zu machen hat. Die politische Oekonomie setzt mit Recht voraus, dass ihr der Beruf zufalle, die erheblichen Fragen zu stellen und die Anwendung der statistischen
Mittel in einem gewissen Maasse zu dirigiren. Sie kann sich in
dieser Beziehung auf die Methode der Naturwissenschaften berufen,
in denen über die Richtung, in welcher Thatsachen festzustellen
sind, von dem Bedürfniss der Speculation entschieden wird. Sie
kann an Galilei erinnern, der nur dadurch Grosses erreichte, dass
er die Beobachtung und das Experiment dem anticipirenden Gedanken dienstbar machte. Sie kann der auf eine unbeschränkte
Selbstständigkeit pochenden Statistik vorhalten, dass nicht der Sinn
eines Bacon, sondern der Geist eines Galilei den Typus des wahren
Verhältnisses zwischen Beschaffung der Thatsachen und aufklärendem
Denken liefert.

Dennoch ist es häufig ein falscher Schematismus, mit welchem
die politische Oekonomie den sich immer mehr an strenge Methoden
gewöhnenden Statistikern entgegentritt. Thatsächlich pocht man
auf die Consequenz des Raisonnements bisweilen in einer solchen
Weise, dass man die Belehrung von Seiten der unmittelbaren Beobachtung abweist. Man vergisst es, eine kritische Grenze zwischen
dem zu ziehen, was nur auf Grund der statistischen Erhebungen
ausgemacht werden kann, und zwischen dem, was unabhängig von
der speciellen Untersuchung feststeht und von Seiten derselben
weder Widerlegung noch eigentliche Bestätigung erfahren kann.
In dieser Richtung ist also das Bedürfniss der Kritik unverkennbar.

Hierzu kommt noch, dass selbst, wenn die Statistik eine völlige Unterordnung unter die maassgebenden Vorschriften oder vielmehr Zumuthungen der Volkswirthschaftslehre eingehen wollte, sie
dies thatsächlich nicht vermögen würde. Die Bedürfnisse der Regierungspraxis sind glücklicherweise mächtiger als die Launen einer
sogenannten Wissenschaft, die in dem Maasse zur Ueberhebung
geneigt ist, als sie den Grund unter ihren Füssen unzuverläs-
siger werden sieht. Die Vertreter einer unkritischen Oekonomik
mögen daher getrost gegen die Statistik und deren unbequeme
Thatsachen Sturm laufen. Sie werden nur die Rolle, nicht der

Philosophie aber wohl der Philosophasterei spielen, welche den Empirismus nur darum bekämpft, weil dessen Thatsachen unwillkommene Störer der Einbildung werden.

3. Charakteristisch ist für den gegenwärtigen Zustand der wirthschaftlichen Erörterungen die Verachtung, welcher die statistischen Belegungen der Theorien nur gar zu häufig anheimfallen. Nichts ist leichter, als sogenannte Bestätigungen einer von vornherein grundlos hingestellten Behauptung aus dem Bereich des statistischen Materials herbeizuschaffen. Man sucht eben nur nach dem, was man braucht, und es ist nicht überraschend, dass man unter der Menge der für die Behauptung und ihr Gegentheil verwerthbaren Thatsachen die ersteren am besten zu bemerken und anzuführen versteht. Die Absicht hat hier in der Regel schon von vornherein über die Einsicht entschieden, und es ist für einen Mann von Verstand eine peinliche Zumuthung, derartigen sogenannten Beweisen auch nur folgen zu sollen. Der natürliche und redliche Weg der Forschung ist bekanntlich ein ganz anderer. Das Nachdenken liefert entweder Nothwendigkeiten oder bald mehr bald minder bestimmte Möglichkeiten. In dem einen Fall bedarf es weiterer erfahrungsmässiger und statistischer Belege gar nicht; in dem andern Fall ruht aber die ganze Beweiskraft in der unwillkürlich zwingenden Natur der Thatsachen. Man hat dann mit letzteren recht eigentlich den Beweis erst anzufangen und sich nicht den Anschein zu geben, als handle es sich nur um eine auf die Einzelheiten eingehende Bewahrheitung eines vorher selbstständig ausgemachten Satzes.

Die eben angedeutete Art, das statistische Material zu missbrauchen, findet sich weit häufiger im Gebiete der politischen Oekonomie als im Bereich der abgesonderten Pflege der Statistik vertreten. Die specifischen Statistiker sind in der Regel nicht geneigt, über den Inhalt der ihnen vorliegenden Thatsachen ins Unbestimmte hinauszuschweifen und der Principienbildung einen zu weiten Spielraum zu verstatten. Sie haften an der unmittelbaren Erfahrung, und es ist ihnen die Richtung von der Thatsache zum Gesetz geläufiger, als die umgekehrte Bewegung des Verstandes, in welcher die anticipirten Möglichkeiten und Wahrscheinlichkeiten die ihnen nöthigen Beobachtungen anregen.

Das gesunde Verhältniss zwischen der wirthschaftlichen Statistik und der politischen Oekonomie lässt sich Angesichts des gegenwärtigen Zustandes beider Disciplinen nur ganz im Allgemeinen angeben. Die Statistik hat eine relative Selbstständigkeit; sie ist die Basis, auf welcher sich der Bau einer exacten Oekonomie erheben muss. Das Wachsthum des ganzen wissenschaftlichen Körpers ist aber von einer doppelten Bewegung abhängig. Die in mancher Hinsicht willkürlich und ordnungslos dargebotenen Thatsachen setzen den sichtenden Verstand und dessen maassgebende Functionen in's Spiel. Letzterer schreitet nun aber auch seinerseits zu selbständigen Fragestellungen und wird in dem Maasse Herr des Materials, als er erhebliche Allgemeinheiten von grosser Tragweite gewinnt, durch welche der Verlauf der wirthschaftlichen Vorgänge ausnahmlos bestimmt wird. Derartige eigentliche Gesetze sind nun aber bis jetzt nur in sehr geringer Zahl vorhanden und ausserdem, von den Zukunftselementen unserer Wissenschaft abgesehen, innerhalb des Bereichs der gegenwärtig herrschenden Volkswirthschaftslehre noch nicht einmal gehörig formulirt. Kein Wunder also, wenn der Ruf nach Thatsachen auch in unserem Gebiet sein Echo hat. In den folgenden Entwicklungen wird sich jedoch zeigen, dass eine gehörige Auseinandersetzung zwischen Statistik und Volkswirthschaftslehre nur auf Grund einer klaren Einsicht jenes für die Geschichte der ganzen strengen Wissenschaft bedeutsamen Princips möglich ist, demzufolge das Raisonnement in vagen Begriffen durch dasjenige in quantitativ bestimmten Vorstellungen ergänzt und zum Theil ersetzt werden muss.

Drittes Capitel.

Unsere Zeit und Adam Smith.

1. In Uebereinstimmung mit den Careyschen Ansichten und auf Grund eigner Beobachtung und Nachforschung werde ich im Verlauf dieser Schrift streng zwischen der Leistung Adam Smiths und den Neubrittischen Lehren unterscheiden. Die Wissenschaft von den Ursachen des Völkerreichthums wiegt noch jetzt eine ganze Litteratur auf und unterscheidet sich in Ziel und Methode wesentlich von dem, was sich in England zunächst an sie angeschlossen hat.

Die Neubrittische Oeconomie wird vornehmlich durch die Namen Malthus und Ricardo repräsentirt. An letzteren schliesst sich der weniger selbstständige oder typische Stuart Mill an. Die eigenthümlichen Kennzeichen der Neubrittischen Richtung sind leicht anzugeben, wofern man sich nur entschliessen kann, das ganze fragliche System als einen Ausfluss socialer Parteibestrebungen zu betrachten. Eine solche Art der Auffassung wird uns aber immer geläufiger werden, je mehr wir in das Wesen der gegenwärtig vorherrschenden wirthschaftlichen Doctrinen eindringen.

Unter den beiden Hauptvertretern der Neubrittischen Richtung ist Malthus der wichtigste. Seine Kundgebungen können als Norm derjenigen Anschauung dienen, die bei den herrschenden Elementen der Brittischen Gesellschaft noch jetzt maassgebend sind, und die man auch in den Kreisen des wirthschaftlichen Absolutismus anderer Völker um so entschiedener gepflegt findet, je mehr sich das Wirthschaftssystem dieser Völker den Brittischen Zuständen nähert. Von einem Malthusschen Gesetz reden, demzufolge die Bevölkerung die Tendenz hat, weit schneller zu wachsen, als sich die Beschaffung von Nahrungsmitteln steigern lässt, heisst bereits ein ungerechtfertigtes Zugeständniss machen. Ich werde daher einerseits von einer Malthusschen Anschauungsweise und andererseits von einer Malthusschen Gesinnung reden. Die Ehre, die dem Anglikanischen Hochwürdigen widerfährt, indem er zum Typus der Anschauungen und Gesinnungen der herrschenden Classen Grossbrittaniens wird, ist höchst zweideutiger Natur. Grade dadurch, dass Adam Smith in dieser Beziehung noch auf dem neutralen Boden der redlichen Forschung steht, ist der von dem humanen Geist der Philosophie des achtzehnten Jahrhunderts getragene Schotte ein für alle Mal davor gesichert, der Gesellschaft der mehr berüchtigten als berühmten Grössen des Neubrittischen Systems einverleibt zu werden.

2. Wir können in der Socialpolitik, von deren Motiven auch die volkswirthschaftlichen Doctrinen des Neubrittischen Systems bestimmt worden sind, zwei Systeme unterscheiden. Das eine ist das der Repression, das andere das der Expansion des wirthschaftlichen Lebens. Malthus ist nun der entschiedene Vertreter des Systems der Einschränkungen und Hemmungen. Er sieht in der naturgemässen Bildung von Familien den Bankerott der Volkswirthschaft. Er wendet sich daher gegen die Fundamental-Institution des civilisirten Daseins und will das Proletariat nur so weit an ihr theilnehmen lassen, als es die volkswirthschaftlichen Conjuncturen der Nahrungsbeschaffung jeweilig erlauben. Man muss eingestehen, dass die Versagung des geordneten Geschlechtslebens nicht blos ein Radikalmittel zur gründlichen Beseitigung des Proletariats, sondern noch obenein eine geistreiche Wendung ist. Das Proletariat hat nicht blos seinen Namen sondern auch sein Wesen von der Proles, mit welcher es die Welt beschenkt und nach uralten Anschauungen auch dem Gemeinwesen nützt. Man nehme ihm die Fähigkeit zur Schaffung dieser Proles und man hat es entwurzelt und in der socialen Stellung noch einige Stufen tiefer, als es bereits steht, hinabgeschleudert. Man hat den Uebergang vom ·Proletarier zum Sklaven vollzogen, und in der That strebt das Neubrittische System der Volkswirthschaft überall nach Sklaverei. Es hat nicht nur mit den Junkern des Südens sympathisirt, sondern bemüht sich auch noch jetzt in allen Richtungen, die Systeme der indirecten wirthschaftlichen Sklaverei, die in den civilisirteren Gemeinwesen bestehen, aufrecht zu erhalten und zu steigern. Das allgemeine Kennzeichen dieser Bestrebungen ist die

indirecte Repression der Arbeit zu Gunsten der Erhaltung der wirthschaftlichen Willkürherrschaft.

Das System der Expansion sucht die jeweilige Noth durch eine Formveränderung der Volkswirthschaft und durch eine höhere Anspannung der Kräfte zu beseitigen. Es will nichts von Entsagung und moralischem Zwange wissen, sondern geht von der natürlichen Voraussetzung aus, dass sich Bedürfniss und Befriedigung durch die Arbeit, d. h. durch eine richtige Anwendung der Kräfte und Fähigkeiten eines Volkes in's Gleichgewicht setzen lassen. Es sieht in der Noth nur die Mahnung, der conservativen Trägheit zu entsagen und das Getriebe der Volkswirthschaft dem Versorgungszwecke zu unterwerfen. Es ist bis jetzt mehr in der Form eines Instinctes als in derjenigen der verstandesmässigen und wissenschaftlichen Rechnungsablegung vorhanden. Doch stehen ihm die Aufstellungen Adam Smiths im Grossen und Ganzen nicht entgegen, und Carey's Socialwissenschaft ist sogar gradezu in dieses System einzureihen. Der auszeichnende Charakter des Expansionssystems besteht darin, dass es nicht, wie sein Gegentheil, auf Unterdrückung des Lebensdranges ausgeht, während die Malthus'sche Anschauungsweise den Stempel der Lebensfeindlichkeit an der Stirn trägt.

Wäre es hier möglich, auf eigentlich philosophische Kennzeichnungen einzugehen, so würde ich den Zusammenhang der repressiven Volkswirthschaft mit den in der Brittischen Gesellschaft noch stark vorherrschenden Religionsdogmen nachweisen. Der Vermehrungstrieb wird bekanntlich von gewissen Anschauungsweisen als die Wurzel alles Uebels und als die Ursünde betrachtet, und derartige gegen das Leben selbst gerichtete Stimmungen spielen in dem gesellschaftlichen Verhalten der leitenden Classen eine grössere Rolle, als man gewöhnlich annimmt.

3. Der von Ricardo vertretene und in seine Consequenzen verfolgte Satz, dass die Noth zur Bebauung des unergiebigeren Ackers zwinge, und dass so durch die vermehrte Bevölkerung der Preis der Nahrungsmittel zu Gunsten der Grundherren der früher angebauten bessern Bodensorten gesteigert werde, hat nur in Ver-. bindung mit den Malthus'schen Anschauungen eine höhere Bedeu-

tung. Er ergänzt das System, indem er behauptet, dass auch der Gang der Bodencultur naturgesetzlich zu einer immer grösseren Steigerung der Herrschaft der bereits herrschenden Classen führe. Doch bleibt die ganze Lehre von einer Bodenrente, die zu dem Capitalgewinn hinzukommt, in den Schranken eines Raisonnements, welches bereits von Adam Smith überwunden war. Der ruhig denkende Schotte hatte gelehrt, den Zusammenhang der wirthschaftlichen Vorgänge in Abstraction von der Vermittlerrolle des Geldes zu betrachten. Ricardo heftet sich wiederum an einseitige Erwägungen der Preisveränderung und verliert über der Fixirung der zunächst liegenden Erscheinungen den weiteren Ueberblick. Seine Leistungen sind nichts als Consequenzen oberflächlicher Studien an Adam Smith und derjenigen Eindrücke, welche einem mitten im händlerischen Verkehr stehenden Mann als die wichtigsten erscheinen mussten. Es sind Reflexe der nächsten Umgebung, d. h. der Brittischen Zustände, aber nicht allgemeine Wahrheiten, mit denen wir es sowohl bei Malthus als bei Ricardo zu thun haben. Adam Smith war beiden und dem ganzen Neubrittischen System sowohl nach Inhalt als Methode überlegen, und zwar war er dies, weil er nicht im Dienst einer Partei, sondern im Sinne besonnener und allseitiger Untersuchungen arbeitete. Die Neubrittische Art, die politische Oekonomie zu behandeln, ist daher als ein Rückfall zu betrachten. Ueberraschen darf uns jedoch dieses Verhältniss des Späteren zum Früheren durchaus nicht; es ist vielmehr als eine naturgemässe Consequenz der Ueberlegenheit der Anschauung zu betrachten, mit welcher der Vater der politischen Oekonomie sein Zeitalter in Verlegenheit setzte. Die gehörige Würdigung der Wissenschaft von den Ursachen des Völkerreichthums ist erst die Sache unserer Zeit.

4. Wenn auch die Neigung, sich auf Adam Smith zu berufen, sehr leicht auf den Wunsch zurückgeführt werden kann, die Hülfe einer grossen, ja der grössten Autorität in Anspruch zu nehmen, so ist doch die neue Art, in welcher Carey den grossen Schotten zur Unterstützung des eignen Systems herbeizieht, keineswegs so beschaffen, um dem Verdacht blosser Autoritätssucherei Raum zu verstatten. Der erheblichste Punkt, in welchem Adam Smith's

Vorstellungsart gegen das Neubrittische System in's Feld geführt wird, betrifft eine Consequenz des bekannten Natürlichkeitsprincips. Adam Smith ging von vornherein von der Ansicht aus, dass die Volkswirthschaft nur eine Summe von Privatwirthschaften sein dürfe, und dass die natürliche Entwicklung der Combination der individuellen Bestrebungen auch zu einer ebenmässigen und harmonischen Gestaltung des wirthschaftlichen Gesammtlebens ganz von selbst führe. Die politische und polizeiliche Einmischung erzeuge künstliche Ueberwucherungen einzelner Functionen des Getriebes. Construire man sich aber das Schema des Verlaufes, den die wirthschaftlichen Dinge gewonnen haben würden, wenn sie sich selbst und ihrem eignen Interesse überlassen geblieben wären, so ergebe sich eine Form der wirthschaftlichen Verfassung, in welcher ein ausgebildeter einheimischer Verkehr die breite Grundlage der auswärtigen Wirthschaftsbeziehungen ausmache.

Letztere Vorstellung ist nun von der Parteischule sorgfältig bei Seite gelassen oder wohl gar als unrichtig bezeichnet worden, während man dagegen das allgemeine Natürlichkeitsprincip in den schablonenhaft zugestutzten Grundsatz der Nichteinmischung des Staats in die Angelegenheiten der Gesellschaft und in das Dogma vom allein heilbringenden *Laisser faire* verwandelt hat. Der Schotte war wenigstens consequent; er verfolgte das Schema der natürlichen Entwickelung mit Hintansetzung der wirklichen Geschichte. Er kam daher auch zu einem andern Ergebniss als diejenigen, welche von der geschichtlich gegebenen Verfassung der Wirthschaftszustände ausgehend das Natürlichkeitsprincip und das *Laisser faire* zu Gunsten der vorherrschenden Gewalten geltend machen. Adam Smith war zu sehr Mann der unparteiischen Ueberlegung, als dass er die wirthschaftliche Freiheit im Sinne einer einzigen Classe verstanden hätte. Er legte daher auch das Hauptgewicht nicht, wie die Neubrittischen Lehren thun, auf den auswärtigen Handel, sondern hatte ein klares Bewusstsein von der Nothwendigkeit, die internationalen Wirthschaftsbeziehungen auf dem Grunde eines verhältnissmässig intensiv gewordenen innern Wirthschaftslebens zu ordnen. Er kannte und zwar grade vermöge der strengen Durchführung seines Natürlichkeitsgedankens den Ort, wo der Schwerpunkt der Volkswirthschaft zu suchen sei. Er wollte Producenten und Consumenten in möglichst naher und leichter Verbindung wissen und war daher weit davon entfernt, die nächsten und einseitigen Interessen des Händlerthums zum dominirenden Gesichtspunkt werden zu lassen. Auch der Landwirthschaft gestand er eine grössere Bedeutung zu, als das Neubrittische System thut, und wenn er seine an sich richtigen Vorstellungen vom natürlichen Gleichgewicht und von der ebenmässigen Ausbildung der verschiedenen volkswirthschaftlichen Functionen (Landwirthschaft, Industrie und Handel) unpraktisch gestaltete und so der Gefahr aussetzte, zu geistlosen Schablonen entwürdigt zu werden, so trägt hieran seine und seiner Zeit ungeschichtliche Auffassung des Menschen und der menschlichen Angelegenheiten die meiste Schuld. Die natürliche Entwickelung ist diejenige, welche allen Seiten der menschlichen Natur, den guten wie den schlechten, Rechnung trägt. Nun ist der Mensch, den Adam Smith vor Augen hatte, nicht der wirkliche Träger der Geschichte, sondern ein Excerpt, in welchem die wesentlichsten Eigenschaften fehlen. Ein solches friedfertiges, von den antipathischen Affectionen freies und gegen die Verhältnisse von Herrschaft und Unterwerfung gleichgültiges, in Rücksicht auf nationale und andere Unterschiede ganz anspruchsloses Wesen ist zum Unglück für die überfeinen Constructionen und zum Glück für den gesunden Verlauf der Dinge nie und nirgend anzutreffen. Diesen Umstand hat man, wenn auch nicht mit vollem Bewusstsein, später auch in der politischen Oekonomie geltend gemacht, und von dieser Seite her muss das Natürlichkeitsprincip Adam Smiths einer natürlichen Dialektik verfallen. Uebrigens ist aber die rein und consequent gehaltene Vorstellung des redlich untersuchenden und denkenden Schotten unvergleichlich mehr werth, als die in keiner Richtung gehörig durchgeführten sogenannten Principien der Neubrittischen Oekonomie. Jene Vorstellung enthält wenigstens einen Theil des wahren Sachverhalts; sie führt daher auch, wenn auch durch eine irrthümliche Vermittlung, zu einem haltbaren Resultat. Die Idee von einem naturgemässen Verhältniss der drei grossen Fundamentalthätigkeiten der Volkswirthschaft ergiebt sich ebenso aus der Betrachtung der ge-

schichtlichen Nothwendigkeit, als aus der Construction der fingir-
ten natürlichen Entwickelung. Nur die Mittel, durch welche sich
das Gleichgewicht jener wirthschaftlichen Functionen herstellt, sind
in der Wirklichkeit ganz andere als in dem Smith'schen Schema.
In dieser Richtung hat bis jetzt Friedrich List die besten Aufschlüsse gegeben. Doch wir wollen hier noch nicht in das nächste
Capitel übergreifen, sondern uns auf den Gegensatz Adam Smith's
und seiner sogenannten Nachfolger beschränken.

5. Diejenigen, welche gelehrt worden sind, die Namen der
Oekonomiker einander ohne Beachtung eines Rangunterschiedes
nebenzuordnen, werden erwarten, dass auch von I. B. Say geredet
und wohl gar dessen Verdienst um eine verständliche und systema-
tische Zuschneidung des Smith'schen Gedankenkreises in Betracht
gezogen werde. Ich glaube nun, dass sich Angesichts der gegenwärtig in Entwicklung begriffenen höheren Formirung unserer
Wissenschaft nicht wohl von einer Erscheinung, die nichts als das
Talent einer gewissen Popularisirung und auf Verflachung gegründeten Vereinfachung bekundet hat, als von einem erheblichen Element der wissenschaftlichen Situation handeln lässt. Der gewandte
und rührige Franzose hat allerdings in Europa und Amerika einen
schulenden Einfluss ausgeübt, der in seiner Art das leistete,
was früher der Philosophie-Professor Wolf in Rücksicht auf Leibnitz'sche Ideen ausgeführt hatte. Grade aber um dieser Beschaffenheit der Say'schen Verdienste willen gehören die einschlagenden
und ähnliche Schriften in die Geschichte des Unterrichts und nicht
in die der Veränderungen und Gestaltungen der wissenschaftlichen
Situation.

Dagegen ist noch ein anderer Franzose hervorzuheben, dessen
Arbeiten an das Ende der ersten Hälfte unseres Jahrhunderts reichen. Friedrich Bastiat ergreift das Natürlichkeitsprincip Adam
Smith's mit frischer Energie und überbietet den grossen Schotten
durch eine neue Variation. Den socialistischen Ideen von einer
politischen Organisation der Arbeit wird die natürliche d. h. von
Natur und ohne Zuthun politischer Gestaltungskräfte bestehende
Verfassung der Volkswirthschaft entgegengesetzt. Es versteht sich
fast von selbst, dass Bastiat, der ohne Verständniss für geschicht-

liche Ordnung ist, die reine Natürlichkeit nur dadurch vorzustellen
vermag, dass er aus den überlieferten Zuständen die Einschränkungen der formalen Freiheit hinwegdenkt. Der elegante und
talentvolle Vertheidiger des Smith'schen Natürlichkeitsprincips
würde sogar als schöpferischer Denker zu bezeichnen sein, wenn
es sich nicht herausgestellt hätte, dass seine ganze anscheinende
Originalität auf verheimlichten Entlehnungen aus dem Carey'schen
Gedankenkreise beruht.

6. Um schliesslich noch ein äusserliches Erinnerungszeichen
für die Originalität der Smith'schen Leistungen beizubringen, mache
ich auf den Titel des Grundwerks über den Völkerreichthum aufmerksam. Untersuchungen über die Ursachen des Reichthums der
Nationen, — in diesen wenigen Wörtern ist sehr viel angedeutet.
Die prüfende Haltung, der echt wissenschaftliche Gesichtspunkt
der Feststellung des ursächlichen Zusammenhangs und das praktische Ziel der Steigerung der materiellen Macht, — diese drei
Eigenschaften möchten vielleicht nur hervorgehoben zu werden
brauchen, um die früheren und gegenwärtigen Streitigkeiten rücksichtlich einer Definition unserer Wissenschaft zu beschämen.
Welch ein Unterschied zwischen der Anmaassung der ökonomischen
Schablonenlehre von heute und der Bescheidenheit des Titels jenes
epochemachenden Werks! Ein fest begränzter Gegenstand ohne
beabsichtigte Abweichung in heterogene Gebiete und ausserdem
eine ruhig untersuchende Methode, die sich sogleich auf den Kern
alles Wissens d. h. auf die Ergründung der ursächlichen Verkettung richtet, — das sind Vorzüge, die, wenn sie sich noch
obenein mit einer gesunden und keineswegs pedantischen Darstel-
lungsweise verbinden, die Classicität der Leistung verbürgen.
Wären wir nicht durch die Deutsch-Amerikanischen Errungenschaften in sachlicher Beziehung ausserordentlich gefördert worden,
so würden wir den Schwerpunkt des Studiums noch immer in
Adam Smith's Grundwerk zu suchen haben. Die Vernachlässigung
der Lectüre des Völkerreichthums ist aber jedenfalls ein Zeichen,
dass unsre Zeit noch immer nicht zwischen dem Schöpfer einer
zergliedernden Volkswirthschaftslehre und zwischen den Neubrittischen Doctrinärs der Parteiökonomie genügend unterscheiden

gelernt hat. Mit dem Durchdringen des Carey'schen Systems wird auch Adam Smith in dem rechten Licht erscheinen und die Aufmerksamkeit von Neuem auf sich ziehen. Die Nachsmith'sche Volkswirthschaftslehre verhält sich zu ihrem Ursprung (versteht sich von List und Carey abgesehen) in einer ähnlichen Weise, wie die Nachkantische Philosophie zum Verfasser der Kritik der reinen Vernunft, mit dem einzigen Unterschiede, dass auf Seiten der Oekonomik der Rückfall wenigstens mit einer gewissen Verstandesschärfe ausgestattet war.

Viertes Capitel.

Die Deutsch-Amerikanischen Errungenschaften.

1. Der erste wirkliche Fortschritt seit Adam Smith ist einem Deutschen zu verdanken, den sein Vaterland, wie es sich bei uns fast von selbst versteht, nöthigte, seine Gedanken zuerst auf fremdem Boden und in fremder Sprache zu veröffentlichen. Friedrich List fasste die in Deutschland nach Aufhebung der Continentalsperre concipirten Ideen in zwölf Briefen zusammen und gab in dieser Gestalt den Kern seines späteren nationalen Systems bereits in den zwanziger Jahren heraus. Der nächste praktische Zweck dieser zuerst und hauptsächlich durch die Amerikanischen Zeitungen verbreiteten Skizze war die Unterstützung der unionistischen Schutzbestrebungen. Der Mann, welchem die heimischen Verhältnisse nicht gestatteten, sogleich unmittelbar für sein Vaterland zu wirken, war vollkommen berechtigt, die Propaganda seiner Ideen vorläufig jenseit des Oceans zu betreiben; und wir werden sehen, wie die unfreiwillige Uebersiedlung des einzigen Genius der Deutschen Volkswirthschaftslehre Früchte gezeitigt hat, die uns noch zur Ehre gereichen werden, wenn die Geschichte über das Neubrittische System und die Deutschen Nachahmungen desselben gerichtet, um nicht zu sagen die Schandglocke geläutet haben wird.

Zunächst haben wir es mit demjenigen List'schen Grundgedanken zu thun, welcher sich an den Erfahrungen der auf den Sturz des ersten Napoleon folgenden Jahre entwickelte. Es ist

derselbe Gedanke, welcher auf einem andern Gebiet die Denkweise
des achtzehnten Jahrhunderts mit schnellerem Erfolg als in der
Volkswirthschaftslehre berichtigte und ergänzte. Was die geschichtliche Rechtsschule dem Naturrecht gegenüber that, führte List mit
mehr Geist, aber aus äusserlichen Gründen mit geringerem Erfolg,
für die Wirthschaftslehre der Völker durch. Er lehrte die Nationalität auch in der Sphäre des ökonomischen Daseins wieder achten. Er füllte die Kluft, welche Adam Smith zwischen der Pri-
vat- und der Weltwirthschaft gelassen hatte, durch den Begriff
der Nation aus. Er trat für eine wahrhaft geschichtliche Betrachtungsweise der volkswirthschaftlichen Vorgänge ein, und deckte
die Thorheit derjenigen Ansicht auf, welche in der Volks- und
Völkerwirthschaft nur eine Summe von Privatwirthschaften sieht.
So wendete er sich, von der lebendigen Anschauung der nationalen
Aufgabe geleitet, gegen den falschen Kosmopolitismus, der die Nationalität womöglich für einen rein grammatikalischen Begriff erklärt.
Zwischen dem Einzelnen und der Welt steht die zum Staat gewordene oder wenigstens zur einheitlichen Staatsform strebende Nation
als Mittelglied. Das Schicksal des Privatwohlstandes ist, von der
nächsten Zufälligkeit abgesehen, an den Wohlstand der Nation
geknüpft. Die Wirthschaftslehre kann daher kein Schema bleiben,
welches von dem Wohl und Wehe der Nationen als solche absieht.
Die Völker haben auf ihre wirthschaftliche Integrität mindestens
eben so sehr zu halten als die Einzelnen. Sie dürfen die internationale wirthschaftliche Sklaverei nicht dulden, wenn sie nicht
auch in allen übrigen Beziehungen eine Sklavenrolle spielen wollen.
Sie müssen die grossen Industrien bei sich einbürgern, um von
der Gnade der fremden Production unabhängig zu werden. Sie
müssen den Zollschutz als ein Mittel der industriellen Erziehung
und zwar so lange handhaben, bis sie sich concurrenzfähig gemacht
haben.

Friedrich List hat für den Gedanken der Emancipation und
Einigung seines Vaterlandes gelebt und sich für ihn schliesslich
einem Schicksal ausgesetzt, mit welchem man sich nur versöhnen
kann, indem man an die bereits eingeleitete Rächung desselben
denkt. Der Gedanke der Nationalität war in dem kühnen und

rastios fhätigen Mann kein trockner Schulbegriff, sondern die vollste und lebendigste Wirklichkeit. Deutschland lag im Hintergrunde aller Pläne des über den Ocean gescheuchten Patrioten, und in der That lässt sich auch kein Mann nennen, der theoretisch und praktisch einen grössern Antheil an der Stiftung und an den bessern Zügen der Politik des Zollvereins gehabt hätte, als der ruhelose Forscher, dessen Geist zwischen den Anschauungen der alten und der neuen Welt getheilt, für Wissenschaft und Praxis ganz neue Bahnen brach.

2. Wäre hier der Ort, dem Deutschen Oekonomiker seinen hohen Rang zu vindiciren, so würde ich auf die ausgezeichneten theoretischen und praktischen Leistungen hinzuweisen haben, deren Erinnerung in dem gerechteren Amerika noch nicht so verdunkelt ist als bei uns. Die Geschichte des Eisenbahnwesens wird in beiden Weltthcilen den Namen List's an der Spitze praktisch bahnbrechender Einleitungen und als Vertreter der Idee eines nationalen Transportsystems aufzuführen haben. Doch kann hier die Persönlichkeit und deren Kraft nur in so weit berührt werden, als hinreichend ist, um eine Bürgschaft der Bedeutsamkeit der theoretischen Leistungen zu geben.

Noch hängt unsere ganze Wissenschaft an der Autorität; noch ist kein einziger Satz von Erheblichkeit vollständig von einem Namen ablösbar. Es muss daher erlaubt sein, die Autoritäten zu wägen und anzuführen, was für ihre Competenz spricht. Friedrich List musste durch neue Anschauungen zu neuen Gedanken angeregt werden, und es ist daher keine willkürliche Aeusserlichkeit, wenn wir von Deutsch-Amerikanischen Errungenschaften reden.

Die Geltendmachung der Nationalität ist ein Princip, welches unter Umständen den Schutzzoll mit sich bringt, übrigens aber ganz selbstständig ist und daher seine Bedeutung nicht verliert, wenn etwa der Zollschutz überflüssig oder durch andere staatliche Maassregeln ersetzt wird. Wer also etwa von vornherein gegen Schutzzölle eingenommen ist, möge nicht vergessen, dass ein »Nationales System« der Volkswirthschaft noch nicht aufhört Bedeutung zu haben, wenn eine Völkergruppe für den Uebergang zum Freihandel bereits reif ist. Im Gegentheil wird dann die

Sorge für die wirthschaftliche Selbsterhaltung der Nationen nur noch wichtiger. Es gilt alsdann, die von Neuem hervortretenden Störungen des Gleichgewichts der wirthschaftlichen Kräfte in einer neuen Weise auszugleichen. Die Einschiebung der Nationalwirthschaft als eines nothwendigen Mittelgliedes zwischen der Privatwirthschaft und den Gesammtresultaten der sogenannten Weltwirthschaft ist von dauerndem Werth. Die Vorstellung, dass die Völkerwirthschaft eine blosse Summe von Privatwirthschaften sei, ist als eine überwundene Einseitigkeit zu betrachten, seit List's „Nationales System" in der Welt ist.

Die Feinde und Verläumder List's haben es bisweilen versucht, seine Wirksamkeit als blos agitatorich darzustellen und ihm die theoretische Bedeutsamkeit abzusprechen. Die jetzt eingeleitete Würdigung seiner Schriften wird immer mehr lehren, dass er grade in der reinen Theorie das Grösste schuf, was überhaupt vor Carey's vervollständigtem System geleistet werden konnte. Ich muss hier, um die Antheile, welche die beiden Männer an einer Neugestaltung der Wissenschaft haben, auseinander zu halten, an ein paar Jahreszahlen erinnern. Die oben erwähnten Briefe erschienen bereits in den zwanziger Jahren, das „Nationale System" aber 1841. Carey veröffentlichte seine erste Werththeorie und sein Vertheilungsgesetz, welches den verhältnissmässigen Antheil von Arbeit und Capital an den Erträgen betrifft, bereits 1837 und in den folgenden Jahren. Es wäre daher möglich, dass List's Gedanke, dem zufolge der Theorie der Werthe eine Theorie der productiven Kräfte entgegen zu setzen ist, unter Einwirkung der Lectüre von Carey's Principien der politischen Oekonomie bestimmtere Gestalt gewonnen hätte.

Andererseits steht es aber fest, dass der Gedanke der wirthschaftlichen Emancipation der Nationen, welchen Carey gegenwärtig geltend macht, um die Unabhängigkeits-Erklärung der Vereinigten Staaten endlich zu einer Wahrheit zu machen, von List bereits Jahrzehnte vor dem Zeitpunkt vertreten wurde, in welchem (1835—40) Carey eingeständlich noch nicht den Irrthum des schablonenmässigen Freihandels erkannt hatte und seine in andern Beziehungen originellen und bahnbrechenden Schriften noch dem

Geiste der Parteischule unterordnete. Die Deutschen haben daher das vollste Recht, Friedrich List als den Begründer der eigentlich nationalen Wirthschaftslehre und als den Ueberwinder der in diesem Punkte völlig einseitigen und ideologischen Ansichten Adam Smith's zu betrachten. Hiermit soll jedoch nicht behauptet sein, dass Carey's Vertretung der nationalen Idee eine abgeleitete sein müsse. Im Gegentheil habe ich, wenn es erlaubt ist, eine Privatüberzeugung geltend zu machen, gute Gründe, an den bedauerlichen Mangel des rechtzeitigen Verkehrs Carey's mit dem „Nationalen System" zu glauben. Letzteres wurde erst 1856 (Philadelphia) Englisch edirt, und die oben erwähnte kleine Schrift aus den zwanziger Jahren mochte wohl bald wieder unbekannter geworden sein.

3. Zu dem Princip der nationalen Emancipation tritt nicht blos als Consequenz sondern mit selbstständiger hoher wissenschaftlicher Bedeutung die Unterscheidung einer Theorie der Werthe von einer Theorie der productiven Kräfte. Ihr gewinnt augenblickliche Werthe und opfert dauernde productive Kräfte, wenn ihr die Schablone des Freihandels ohne Rücksicht auf die Selbsterhaltung der Nationalwirthschaft anwendet. Dieser praktische Zuruf List's erhielt die Gestalt einer unabgeschlossenen und mehr die Fragestellung als die Lösung darbietenden Theorie. Die vorherrschende Parteischule, meinte er, rechne unmittelbar mit Preisdifferenzen und vernachlässige jede andere höhere Betrachtungsweise. Dieser Vorwurf war in Bezug auf Adam Smith nicht ganz zutreffend; denn grade der besonnene Schotte hatte gelehrt, sich von dem vermittelnden Begriff des Geldes im ökonomischen Denken möglichst zu emancipiren. Allein der Angriff war völlig gerechtfertigt gegen das, was man Adam Smith unterzuschieben pflegte, und auch gegen das freihändlerische Raisonnement des Schotten selbst. Jedenfalls war List und ist noch heute Jedermann, der eine kritische Orientirung in den fast überall und durchgängig streitenden Elementen der politischen Oekonomie anstrebt, genöthigt, die Werthrechnungen von den Rechnungen in productiven Kräften sorgfältig zu unterscheiden.

Friedrich List war kühn genug, den ganzen Inbegriff der Lehre seiner Gegner als eine blosse Theorie der Werthe zu charak-

terisiren , und für sein System eine neue, höhere Art des Raisonne
ments in Anspruch zu nehmen. In der That ist die Erwägung
der productiven Kräfte ein grosser Fortschritt, den man sehr wohl
mit einem ähnlichen Vorgange in der Wissenschaft der rechnenden
Mechanik vergleichen könnte. Die beschränkt gefasste Theorie
der Werthe, wie sie noch heute in dem Raisonnement der Parteischule vorherrscht, verhält sich zur Theorie der productiven Kräfte,
wie die falschen Cartesianischen Grundsätze der Kräftemessung
zu denjenigen, welche in Deutschland besonders von Leibniz vertreten wurden und die »lebendige Kraft« nach dem Quadrat der
Geschwindigkeit in Rechnung zu bringen lehrten.

Nehmen wir daher auch immerhin an, List habe bei der ersten
Herausgabe seines „Nationalen Systems" (1841) bereits die 1837
und in den folgenden Jahren veröffentlichte originelle Werththeorie
Careys gekannt, so werden wir dennoch der Erfassung jenes entscheidenden Gegensatzes zwischen Werth - und Kräftetheorie wenigstens die Bedeutung einer tief eingreifenden Fragestellung zugestehen müssen. Grade die am tiefsten und schärfsten gehaltenen
Untersuchungen haben sich seit jener Zeit um die Werththeorie
gedreht, — ein Umstand, welcher uns als Zeichen gelten kann,
dass List mit seiner Formulirung des Gegensatzes die verwund-
barste Stelle der bisherigen politischen Oekonomie getroffen habe.

Fordert man eine fertige Theorie, so ist Careys Lehre vom
Werthe (zu welcher das Capitel in den Bastiatschen Harmonien
nur der untergeordnete Commentar einer vom Plagiat zehrenden
Eitelkeit ist) jedenfalls die grösste Leistung, besonders wenn man
sie in ihrer neusten Gestalt, in welcher sie durch die Ueber·
legungen, Erfahrungen und Entdeckungen eines halben Lebens bereichert und ausgebildet ist, in Anschlag bringt. Legt man dagegen das Gewicht auf die in die Zukunft der Wissenschaft hinaus-
greifende Fragestellung, so hat Lists Entgegensetzung ihre Bedeutsamkeit noch nicht verloren Die Frage ist noch offen, die Auseinandersetzung der beiden Betrachtungsarten ist noch nicht endgültig und zu allseitiger Befriedigung vollzogen. Selbst die durch
Carey bewirkte Aufhellung und Förderung der Lehre vom Werthbegriff ist nur als ein Beitrag anzusehen, durch welchen die von

List angeregte Frage eine theilweise Beantwortung erfährt. Doch vergessen wir nicht, dass List nur auf das Problem hingewiesen, übrigens aber selbst für eine Vereinigung der einander gegenüber gestellten Gesichtspunkte so gut wie nichts gethan hat. Seine Arbeit ging ganz und gar in dem Bestreben auf, an die Stelle der Vermittlungen des gewöhnlichen Werthbegriffs die Erwägung der productiven Kräfte zu setzen. Nun handelt es sich aber in Wahrheit nicht um die Verdrängung der einen Betrachtungsweise durch die andere, sondern um die Aufdeckung der Beziehungen, welche zwischen beiden bestehen, und um eine Berichtigung der gewöhnlichen Werthraisonnements. In der Richtung dieses Zieles, vor dessen Erreichung der sichere Gang der Wissenschaft fast unmöglich ist, hat Carey's originelle Lehre vom Werthe (zuerst 1837 und in der vollkommensten Gestalt in den Principien der Socialwissenschaft von 1859 und deren kürzerer Fassung Philadelphia 1864) die bahnbrechende Vorarbeit geliefert.

4. Gehen wir jetzt, nachdem wir die Idee der Nationalwirthschaft und die auf die Schätzung der wirthschaftlichen Erfolge ausgehenden Leistungen hervorgehoben haben, zu einem noch subtileren, d. h. noch weniger greifbaren, aber darum nur um so erheblicheren Punkt über. Adam Smith war bedeutend durch seinen analytischen Geist. Eine eigentliche Synthese war aber bei ihm kaum anzutreffen. Wenn es galt, die volkswirthschaftlichen Verrichtungen in ihrer Vereinzelung zu erfassen und zu beurtheilen, so war Adam Smiths zergliedernde Schärfe in ihrem Element. Uebrigens aber traten die den Zusammenhang der wirthschaftlichen Functionen betreffenden allgemeinen und übergreifenden Anschauungen gar sehr zurück. Von einer Einsicht in den Schematismus des Getriebes oder gar in die Organisation der wirthschaftlichen Functionen ist bei dem Schotten wenig anzutreffen. Nun sind List und Carey als die Vertreter der synthetischen Volkswirthschaftslehre ganz unvergleichlich. Niemand hat, so wie sie, das Ineinandergreifen der wirthschaftlichen Verrichtungen und Vorgänge veranschaulicht. Von Friedrich List haben wir den Gedanken der Solidarität der grossen Industrien einer Nation und zwar der Solidarität sowohl unter sich, als auch gegenüber und im Verein mit der

Landwirthschaft. Die Wahrheit, dass das Interesse des Landwirthes, die industrielle Erziehung seiner Nation erheische, ist von List in allen Richtungen und mit der grössten Ausführlichkeit erläutert worden. Ferner hat er wichtige Aufschlüsse gegenüber die Mitleidenschaft, in welche die verschiedenen bedeutenden Industrien bei dem Verfall dieser oder jener einzelnen Industrie gezogen werden.

Das grossartigste synthetische System verdanken wir nun aber jedenfalls Carey. Die Ueberlegenheit der Carey'schen Ausführung ist ganz unzweifelhaft. Ein neuer epochemachender Satz, welcher die bisherigen Vorstellungen über den Gang der Bodencultur im direct entgegengesetzten Sinne berichtigt, leitet in dem materiellen Theil der Volkswirthschaftslehre eine Umwälzung ein, welche an die Consequenzen des Copernicanischen Grundgedankens erinnert. Mit Recht glaubt Carey, dass die jetzt noch vorherrschenden Ansichten Plätze neben dem Ptolemäischen System erhalten werden.

Der Erweis des Satzes, dass die Bodencultur nicht auf dem ergiebigsten, sondern auf dem am leichtesten zu bearbeitenden und daher regelmässig schlechteren Boden beginnt, ist ein Triumph über das Malthus'sche Repressivsystem und eine Errungenschaft der höheren d. h. philosophischen Culturgeschichte. Durch diesen Satz ist für die Wirthschaftslehre der Völker eine neue Aera eingeleitet, und die Geschichtsschreiber der Civilisation sind mit einer neuen Einsicht von der grössten Tragweite beschenkt worden, — einer Einsicht, die mehr werth ist, als hundert philosophische Constructionen der Geschichte nach dem bekannten rein psychologischen, wenn nicht gar phantastischen Zuschnitt.

Es ist hier bei der Kennzeichnung des gegenwärtigen Zustandes unserer Wissenscheft nicht der Ort, einzelne Lehren auszuführen. Nur an die Tragweite des neuen Princips muss erinnert werden. Ein System der Expansion der volkswirthschaftlichen Kräfte ist von vornherein abgeschnitten, wenn die Malthus'sche Anschauungsweise eine allgemeine und nicht blos eine örtliche Thatsache repräsentirt, d. h. wenn die Erträge mit Naturnothwendigkeit hinter dem Anwachsen der Bevölkerung zurückbleiben. Man braucht die locale Thatsache der Disharmonie zwischen der Grösse des Bedürf-

nisses und der Grösse der Befriedigungsmittel nicht zu leugnen.
Das Land, in welchem die Theorie der Uebervölkerung erdichtet
wurde, ist in der That noch heute der ausgebildetste Typus der
socialen Disharmonie. Störungserscheinungen, wie z. B. Krank-
heiten, haben zwar auch ihre Naturgesetzmässigkeit; aber sie sind
doch nicht Consequenzen des normalen Schematismus. Um den
letzteren handelt es sich aber, und grade ihn hat uns der weit-
blickende und im welthistorischen Sinne denkende Amerikaner am
glücklichsten aufgedeckt.

5. Fragt man in irgend einer Wissenschaft nach dem Grunde
des Ansehens ihrer ausgezeichneteren Bearbeiter, so wird man sehr
verschiedene Antworten erhalten. Viele Leute werden überhaupt
bei solchen Fragen stutzig. Sie denken nicht daran, dass sich die
Leistungen schöpferischer Geister kurz formuliren und irgendwie
bestimmter bezeichnen lassen müssen. — Ein Name von Klang und
Ruf wird uns angeführt. Wir erkundigen uns, was der Mann in
der Wissenschaft gethan habe. Man antwortet uns, er habe ein
ausgezeichnetes System der Wissenschaft aufgestellt. Sehr wohl.
Dies ist ein Grund, von vornherein misstrauisch zu werden. Sogenannte Systeme werden leicht von Jedermann zugeschnitten, dem
es an Geist fehlt, die Dürftigkeit seiner logischen Formeln einzusehen. In einer Wissenschaft, die noch keinen sichern Gang geht,
schiessen die Systeme wie die Pilze auf. Man frage also weiter.
Will der fragliche Mann mit seinem Systeme etwa die Wahrheit
oder nur die Consequenzen einer einzelnen Wahrheit, die er ent-
deckt hat, gegeben haben? Ist Ersteres der Fall, so ist die Sache
bereits bedenklich. Ist aber letzteres der Fall, so können wir schon
einiges Vertrauen fassen. Wahre Systeme sind nichts als die Folgen eines einzelnen Satzes von grosser Tragweite, und dieser Satz
muss sich ebenso einfach formuliren lassen, wie dies für die Co-
pernicanische Vorstellungsart im Gegensatz der Ptolemäischen möglich ist.

Es giebt ein Carey'sches System der Wirthschaftslehre, weil
es einen Carey'schen Satz vom Gange der Bodencultur giebt. Nun
weiss ich recht wohl, dass Carey selbst noch andere Fundamental-
sätze an die Spitze stellt. Dennoch glaube ich ein Recht zu haben,

das entscheidende Gewicht auf jenen ebenso sehr durch Speculation als durch Induction sicher gestellten Satz zu legen. Die Gründe hiefür werden sich im Laufe dieser Schrift herausstellen. Hier ist nur noch nöthig, die einzelnen Theorien anzugeben, in denen sich Carey durch schöpferische Aufstellungen ausgezeichnet hat.

Schon 1837 und in den folgenden Jahren erschienen die Principien der politischen Oekonomie und zwar bereits mit einem ganz eigenthümlichen Inhalt. Sie bewiesen die Möglichkeit der Harmonie aller gerechten Interessen der verschiedenen wirthschaftlichen Berufsstände. Sie boten ferner an speciellen Einsichten einen neuen Grund der ökonomischen Werthschätzung und ein in die Harmonie der Interessen gehöriges Vertheilungsgesetz der Gewinne zwischen Arbeitslohn und Unternehmerprofit. Vor Allem glänzten sie jedoch durch die nachher von Bastiat entwendete und in Europa durch des letzteren »Oekonomische Harmonien« (1850) bekannt gewordene Werththeorie. Auch das Vertheilungsgesetz zwischen Arbeit und Capital wird fast regelmässig als ursprünglich von Bastiat herrührend betrachtet, da man die Quelle dieser Französischen Weisheit nicht kannte und auch noch jetzt durchschnittlich nicht kennt.

Der Satz vom Gange der Bodencultur wurde 1848 in der Schrift *The past, the present and the future* veröffentlicht. Die Vollendung des Systems folgte erst 1859 in den drei starke Bände umfassenden »Principien der Socialwissenschaft«. In letzterem Werke tritt Carey für den Schutzzoll als für den kürzesten Weg zur materiellen und darum heilsamen Freiheit des Handels ein. Besonders ist es seine Vorstellung von dem Fundamentalschema der gegliederten Ausbildung der die Weltökonomie constituirenden Wirthschaftskörper, was ihn veranlasst, die Decentralisation oder, besser gesagt, Localisation des wirthschaftlichen Lebens durch die Intervention der Staatsgewalt anzustreben.

6. Eine von Carey selbst nicht gebührend hervorgehobene, überaus glänzende Seite seiner Leistungen betrifft das Gebiet, in welchem die Vorstellungen von den Functionen des Geldes und des Credits entscheidend sind. Es sei hier nur auf den paradoxen übrigens aber sehr einfachen Satz hingewiesen, dass das Capital vorherrschend dahin strebt, wo seine Anwendung am ausgedehntesten

und leichtesten und daher der Preis seiner Benutzung d. h. der Zinsfuss am niedrigsten ist. Durch das Nachdenken über die durch diesen Satz formulirte Erscheinung bin ich auf die Mängel aller unserer Vorstellungen über die Wirksamkeit der Concurrenz aufmerksam geworden. Wenn man bedenkt, welche Rolle die Lehre vom Zinsfuss in der zukünftigen Volkswirthschaftslehre spielen muss, so wird man inne werden, welche Bahnen Carey auch in dieser Richtung gebrochen habe. Man wird sich dann nicht mehr verleiten lassen, eine blos äusserliche Kennerschaft des Mechanismus der Bankoperationen, wie sie von Macleod zu rühmen ist, einem im echten Sinne, d. h. im Sinne Galileis speculativ zu nennenden Gedanken vorzuziehen. Bacon war nicht der Mann, einen Copernicus zu begreifen, und so mag denn auch Macleod, welcher Baconische Logik und Schulpedanterie für die Grundpfeiler einer guten Wissenschaft hält, sich immerhin an der Paradoxie jenes Satzes stossen und von Mysticimus reden. Auch für die Philister soll gesorgt werden. Es kommt die Zeit, wo man jenen Satz von der Bewegung der Capitalien in allen Schulen vortragen und vielleicht mit allzuviel vermittelnden Begriffen erläutern wird. Schon an einem andern Orte (Capital und Arbeit S. 57) habe ich bemerkt, dass das Capital dahin gehen muss, wo es anwendbar ist, und dies wird der Regel nach in das Bereich des geringeren Zinsfusses sein, weil dieses Bereich dem Ort des am höchsten entwickelten Wirthschaftslebens entspricht. An dieser Stelle sollte nur darauf hingewiesen werden, dass Carey auch im Gebiet der Begriffe Capital und Credit Gedanken von grosser Tragweite entwickelt hat.

Ginge es hier an, die Beziehungen List's und Carey's zur socialen Frage anzugeben, so würden wir näher auf den von beiden gegen das »Hunger- und Sparsystem« geführten Krieg einzugehen haben. Der letztere sehr bezeichnende Ausdruck findet sich im »Nationalen System«. Was aber die Sache anbetrifft, so ist die Lehre von der Capitalbildung so wie die Geld- und Credittheorie bei Carey ganz abweichend von der Anschauungsweise Adam Smiths gehalten. In der Vorstellung von den schädlichen Folgen der sogenannten Geschäfts-Expansionen der Banken, stimmen List und Carey zusammen und machen beide gegen die Neubrittischen Anschauungen Front. In der Currency-Frage wird das ganze Windsystem blosgelegt, und Carey ist nahe daran, den einschlagenden Gegensatz, als von gleicher Tragweite mit der Schutzzollfrage hinzustellen. In der Richtung der genannten Frage liegen die subtilsten Probleme der politischen Oekonomie, und wir werden in dieser Schrift gehörigen Orts zeigen, dass auch auf diesem Gebiet Carey's Grundlegungen die solidesten sind.

Um mich hier nicht ungehörig zu wiederholen, verweise ich in Rücksicht auf die Grundanschauungen des Carey'schen Systems auf meine Schrift »Carey's Umwälzung der Volkswirthschaftslehre und Socialwissenschaft« (München 1865), so wie in Beziehung auf die Geltendmachung des Careyschen Gedankenkreises für die sociale Frage, auf die vorher erwähnte Schrift ›Capital und Arbeit« (Berlin 1865), und bemerke nur, dass das Verhältniss Bastiats zu Carey erst in der Vorrede zu letzterer Schrift als ausser Zweifel vorausgesetzt worden ist.

Fünftes Capitel.
Scholastische Neigungen.

1. Wenn man im Gebiet der engern Philosophie von Scholastik spricht, so meint man in der Regel die von der Herrschaft des kirchlichen Dogma gedrückten Speculationen und besonders deren sogenannte Blüthezeit im Mittelalter. Man wird vielleicht in einem ähnlichen Sinne einst von einer Scholastik der politischen Oekonomie zu reden haben und den Druck der Handelsherrschaft dem des kirchlichen Dogma entsprechend finden. Der zukünftige Historiker wird zu berichten haben, wie die volkswirthschaftliche Theorie im Dienste der Handelskammern gefälscht und durch eine neue Art von Concilienbeschlüssen, die allein seligmachenden Glaubensbekenntnisse formulirt worden sind. Doch hier haben wir es nicht mit dieser Analogie der Scholastik zu thun. Wir meinen vielmehr etwas ganz Anderes, was wir in Ermangelung eines

üblichen passenden Ausdrucks Verschulung der Wissenschaft nennen möchten. Diese letztere Art von Scholastik ist, um zu unserer Vergleichung mit der eigentlichen Philosophie zurückzukehren, kein Geschenk der Kirche, sondern steckt bereits aller gründlichst in den originalen und philologisch noch so trefflich gesäuberten Schriften des Aristoteles selbst. Sie repräsentirt den Inbegriff aller Schulpedanterie 'und alles hohlen Formelkrams in einem respectablen Beispiel. Sie ist die Carricatur des echten wissenschaftlichen Bewusstseins. Will man sie an ihrer Wurzel angreifen, so muss man sie im Alterthum selbst aufsuchen und den Gründen ihrer Entstehung nachforschen. Offenbar ist sie eine Entartungserscheinung, der aber jede stagnirende Wissenschaft ausgesetzt ist, und die sich, wie das Beispiel des Aristoteles zeigt, mit einem gewissen Fond soliden Wissens und Forschens sehr wohl verträgt.

Handelt es sich um eine alternde Wissenschaft d. h. um ein Forschungsgebiet, in welchem die neuen Aufschlüsse aufhören und alle Pflege in der Bewahrung der Ueberlieferungen aufgeht, so ist die schulmässige Verknöcherung nicht überraschend. Die pedantische Beschränktheit ist dann eine Folge des Mangels aller lebensvollen Anregungen. Man dreht sich in logischen Formeln herum, ohne je eine wahrhaft synthetische Einsicht zu gewinnen. Man giebt sich die Miene, ernsthafte Dinge zu treiben, während man doch nur dasselbe thut, was dem Schüler der Algebra begegnet, wenn er seine realen Aufgaben in Gleichungen ansetzt, die sich nach einigen Umformungen als identisch ergeben und zu dem grossen Resultat führen, dass $A = A$ sei.

In einer jungen Wissenschaft wie die unsrige ist, dürfte aber der Grund der scholastischen Erscheinungen in einer Art Einimpfung zu suchen sein. Bacon hat dafür gesorgt, dass es auch der Naturwissenschaft an keiner Scholastik fehle. Er ist alles Brauchbaren ungeachtet, welches sich in seinem Neuen Organon findet, der Vertreter einer modernen Scholastik, deren Wesen mit der Geistesachtung der grossen Schöpfer der höheren Naturwissenschaft (besonders Copernicus und Galilei) in Widerspruch steht. Kein Wunder daher, wenn wir grade in der Neubrittischen Oekonomie

verschiedene Spielarten der modernen Scholastik hervortreten und
die in der hier nöthigen Art von Kritik Unerfahrenen blenden
sehen.

Bedenkt man ferner, dass der in Grossbrittanien noch vorherrschende Unterricht ein gutes Stück der mittelalterlichen Scholastik conservirt hat, so wird uns die dreifache Mischung der antiken, der kirchlichen und der modernen Scholastik nicht befremden.
Der Anspruch eines Macleod, der Wissenschaft eine Form gegeben
zu haben und im Sinne einer exacten Methode vorgegangen zu
sein, wird uns dann nicht imponiren. Wir werden nicht blos auf
die Schaale, sondern auf den Kern sehen und sicherlich finden,
dass blosse Logik und noch dazu in dreifache Beziehung scholo-
stisch entartete Logik nicht im Stande ist, das schöpferische Genie
zu ersetzen oder auch nur die Leistungen fremden Schaffens gehörig
zu würdigen.

2. Die beiden Namen, welche in Rücksicht auf die scholastischen Neigungen in Frage kamen, sind in erster Linie der durch
seine Arbeiten über das Bankwesen und durch seine Theorie des
Credits ausgezeichnete, eben erwähnte Macleod und in zweiter
Linie Stuart Mill, der Verfasser einer vorwiegend die Induction
behandelnden Logik und des im Sinne der Malthus - Ricardoschen
Schule ausgeführten Handbuchs der politischen Oekonomie. Die
übrigen auf Politik bezüglichen Schriften Mills gehen uns hier nicht
an. Nur seine schon im Anfange der vierziger Jahre veröffentlichten *Essays* möchten vielleicht demjenigen besondere Aufschlüsse
gewähren, welcher nach mehrfacher Bestätigung unserer Ansicht,
dass Mill all seines Empirismus ungeachtet von scholastischen Fesseln nicht frei sei, besonders zu suchen Lust hat. Unserm Urtheil
liegen die genannten beiden Hauptwerke zu Grunde. Die Deutschen hätten ganz besonders dringende Ursache, sich nicht gefallen
zu lassen, dass man aus blosser Logik wissenschaftliches Capital
zu machen sich den Anschein gebe. Sie haben eine Kritik der
Scholastik aufzuweisen, wie sich deren kein Volk rühmen kann.
Wie man auch sonst über unsern Kant und seine in der Darstellungsform noch scholastische Manieren denken möge, so hat er
doch den Künsten der blossen Logik, die sich für synthetische

Wissenschaft ausgeben wollen, das Handwerk ein für alle Mal verdorben. Wir müssen daher dagegen Einspruch thun, wenn man uns mit einer noch obenein zweifelhaften Logik für den Mangel ökonomischer Einsichten entschädigen will. Beides ist aber bei Stuart Mill und bei Macleod unverkennbar der Fall. Der Letztere hat jedoch wenigstens den Vortheil voraus, auf seine Detailkenntniss des kaufmännischen Creditwesens pochen und so aus Credit ökonomisches Capital machen zu können. Uebrigeus ist er aber in der Handhabung der Logik noch subtiler und analytischer als Stuart Mill. Macleod verschmäht selbst einen Rückgang auf Aristoteles nicht, wenn es gilt, eine vermeintlich schulgerechte Definition unserer Wissenschaft aufzuspüren. Ja er lässt sich sogar, um den Begriff der volkswirthschaftlichen Production gehörig festzustellen, auf lexikalische Untersuchungen über die Bedeutung des Wortes *producere* ein und macht den lateinischen Philologen und den Liebhabern der Römischen Alterthümer die Freude, zu erfahren, was *producere* in einer Stelle von Terenz bedeutet habe. So geschieht es, dass der gute Terenz mit seinem unschuldigen Sprachgebrauch noch den theoretischen Interessen des Brittischen Händlerthums dienstbar werden muss. Man producirt ein Document vor Gericht, und ist nicht dieser Sprachgebrauch, meint die Macleodsche Dialektik ganz naiv, eine berechtigende Hinweisung und Anweisung, den Begriff der volkswirthschaftlichen Production in einem ganz weiten Sinne zu nehmen und für die Contrahirung von Schulden gelten zu lassen? — Dieses Pröbchen wird dem Deutschen Kritiker als Fingerzeig genügen. Uebrigens braucht man nur das Macleodsche Wörterbuch der politischen Oekonomie zu durchblättern, um die Art von Logik kennen zu lernen, welche sich an der Spitze verschiedener Artikel im eigentlichen Sinne des Worts breit macht. Macleod findet es nur gar zu häufig unumgänglich, zunächst eine logische Lection voranzuschicken und so den Leser in die Geheimnisse der Methode einzuweihen. Auch die Vorliebe für Bastiat, dessen Harmonien Macleod erst 1859 d. h. neun Jahre nach ihrem Erscheinen kennen gelernt haben will, erklärt sich zum Theil aus dem Geschmack für die bei dem Franzosen hervortretende Dialektik. Zur Orientirung sei hier noch bemerkt, dass Macleod stolz darauf ist. eine Anzahl von Ideen, die in den Bastiatschen Schriften enthalten sind, selbstständig anticipirt zu haben, und dass man daher eine annähernde Vorstellung von dem materiellen Gehalt des Macleodschen Wörterbuchs gewinnt, wenn man Ricardos Vorstellung als verworfen und einen Theil der gewöhnlich Bastiat zugeschriebenen Ideen als angenommen voraussetzt. Das Verdienst der Unternehmung so wie eine gewisse Klarheit und Schärfe des stilistischen Ausdrucks, welche jedoch zum Theil auf Rechnung der scholastischen Beengung des Horizontes zu setzen ist, sollen hier durchaus nicht bestritten oder herab gewürdigt werden. Nur darauf kam es uns an, anzudeuten, das ein logischer Formalismus (und spielte er auch fortwährend mit Berufungen und Analogien aus der strengeren Naturwissenschaft) keine Bürgschaft eine Reform unseres Studiengebietes zu geben vermag. Herr Henri Richelot, der sich früher durch eine Uebersetzung und Commentirung von Friedrich List's »Nationalem System« um uns Deutsche sehr verdient gemacht hat, ist nun auch der Interpret Macleods geworden. Seine Schrift »*Une révolution en économie politique*« (Paris 1863) ist eine Darstellung des Macleodschen Vorstellungskreises, die denjenigen sehr nützlich sein wird, welche die voluminösen und mehr als billig weitschweifigen Arbeiten des Engländers nicht studiren wollen oder können. Grade aber in der Französischen Darstellung, die durch viele wörtliche Uebersetzungen ein möglichst treues Bild von dem Original zu geben sucht, tritt die ganze Dürre der formal logischen Reflexion deutlich hervor. Man frage sich, nachdem man vielleicht noch einige der erheblichsten Artikel des Wörterbuchs (Credit, Capital und Currency) zu Rathe gezogen hat, ob diese logisch analytischen Reflexionen, die noch obenein mit mathematischen Spielereien versetzt sind, wirklich nennenswerthe Einsichten abgeben, die in der That etwas setzen, d. h. ob durch all die blossen Begriffszerlegungen eine synthetische Erkenntniss herauskomme. Man wird, wenn man gerecht sein will, zugestehen müssen, dass Macleod in Hinsicht auf die Bedeutung von Geld und Credit zu einigen Ideen gelangt sei, die, wenn man sie von dem scholastischen Wust abzusondern versteht, einen kleinen wissenschaftlichen Reingewinn abwerfen. Diese paar Ideen repräsentiren das *aurum in cœno,* wovon Leibnitz mit Rücksicht auf die mittelalterliche Scholastik sprach.

3. Stuart Mill ist Philosoph, und da er zugleich der Malthus-Ricardoschen Anschauungsweise huldigt, so geräth sein übrigens nicht zu verkennender Humanismus in arge Widersprüche. Seine logische Manier ist von dem mittelalterlichen und philologischen Element, welches bei Macleod eine Rolle spielt, in so weit frei, als dies von einem Anhänger Bacons zu erwarten ist. Dennoch stösst man auf wunderliche logische Berufungen. So z. B. soll, was als Ausnahme berechtigt ist, es auch als Regel sein müssen, d. h. die Expropriation oder mit andern Worten der durch den Staat und seine Gerichte verfügte Zwang zur käuflichen Ueberlassung des individuellen Eigenthums, soll zu einer völlig allgemeinen Maassregel werden dürfen. So hätten wir denn in Mill einen Denker vor uns, der durch blosse Logik das Fundamentalprincip des Eigenthums zu escamotiren versteht. Wäre hier der Ort, den Logiker zu kritisiren, so würden wir nachweisen, dass grade in der quantitativen Beschränkung das eigenthümliche Princip der Ausnahme angedeutet ist, und dass man einer Logik nicht viel trauen kann, die nicht merkt, dass die angedeutete Weise, die Ausnahme zur Regel zu stempeln, ganz unkritisch um nicht zu sagen plump ist. Dahin führt jedoch der dürftige Baconismus, der nicht einmal den subtileren und besseren Ueberlieferungen der Locke und Hume Rechnung trägt.

Wäre es hier unsere Aufgabe, Stuart Mills Leistungen zu prüfen und nicht vielmehr blos seine logischen Abirrungen zu kennzeichnen, so würden wir leichtes Spiel haben. Der Vertheidiger des Weiberstimmrechts dürfte den Unterschied zwischen Princip und Tendenz einerseits und den historisch berechtigten, für die Gegenwart maassgebenden Consequenzen des Princips oder der Tendenz nicht allzu scharf untersucht haben. Doch auf diesen Punkt kommen wir an einem andern Orte zurück. Der einzige Vorzug, den man den Millschen Schriften nicht streitig machen kann, ist eine gewisse derbe Hausbackenheit, welche es denn auch erklärt, dass die Nüchternheit in Ermangelung einer feineren Unterscheidungskraft bisweilen selbst der Chimäre verfallen muss. Nirgend findet man unter dem Anschein des gesunden Verstandes ärgere Ausschweifungen in unhaltbare Ideologien als grade bei Stuart Mill. Diese Ideologien, wie sie sich z. B. in der erwähnten Compromittirung des Eigenthumsprincips verrathen, sind aber nicht wie bei dem noch träumenden Socialismus Kühnheiten der Leidenschaft, welche die natürliche Logik des menschlicheu Wesens vergisst, sondern ganz simpel Erzeugnisse eines logischen Formalismus, der mit dem Oekonomiker und Denker mindestens ebenso sehr spielt, als dieser mit ihm. Stuart Mill wird von seinen logischen Principien in die Irre geführt, um nicht zu sagen gefoppt. Er handhabt ein Werkzeug und operirt mit einer Maschinerie, deren Einrichtung er nicht gehörig studirt hat. Es geht ihm die Kritik der Logik ab, und so bleibt denn sein Verhalten eine Spielart der Scholastik im weiteren Sinne des Begriffs, d. h. der Voraussetzung, dass der logische Formalismus die fehlende materielle Einsicht ersetzen könne.

4. Bisher betrachteten wir zwei Persönlichkeiten, welche die scholastischen Neigungen und zwar in verschiedenen Richtungen repräsentiren. Jetzt haben wir uns zu einer allgemeineren Auffassung zu erheben. Die einzelnen Züge, auf die wir nun mehr eingehen, sind als Reflexe und Echos einer allgemein verbreiteten und gleichsam in der Luft liegenden Discussionsart anzusehen. Besonders ist es die Definition unserer Wissenschaft oder, wie man mit einigem Recht gesagt hat, unseres Studiengebiets, was die staguirende Musse derjenigen in Anspruch nimmt, denen die ernstliche Vermehrung des Wissens keine Sorge macht oder wohl gar bis auf den Begriff selbst unbekannt geblieben ist. In den allerjüngsten Erörterungen des *Journal des Économistes* spielen die Versuche, eine Definition der politischen Oekonomie zu geben, grade keine untergeordnete Rolle. Man streitet darüber, ob unser Forschungsgebiet eine blosse Lehre des Austausches von Werthen sei. Der logische Erzbischof Whateley wollte bereits den Namen politische Oekonomie durch das schöne griechische Wort Katallaktik (Wissenschaft vom Austausch) ersetzt wissen, und wenn so schon die Englische Hochkirche den engen Begriffen des Brittischen Händlerthums

nachgab, so kann man eigentlich nicht überrascht sein, dass diese Anschauungsweise auch in den etwas eng gezogenen Kreisen der Französischen Oekonomistik Anklang findet. Allerdings mag sich die politische Oekonomie im Gesichtskreise des Comptoirs als eine Lehre vom blossen Handeln also vom Wechselmachen und Waarenaustauschen charakterisiren, und England ist in der That derjenige Winkel der Erde, in welchem sich am ungenirtesten aus der politischen Oekonomie eine blosse Lehre vom Kaufen und Verkaufen machen lässt. Schon Bastiat verrieth die Neigung, die Volkswirthschaftslehre zu einer Doctrin des Austausches zu machen. Dies ist bei ihm nicht überraschend; denn er war bekanntlich Comptoirist, ehe er sich in der Wissenschaft versuchte. In dem Maasse, als der Handel zur Vorherrschaft gelangt, und so lange die übrigen Berufsstände noch nicht gelernt haben, ihre Bedeutung für die Volkswirthschaft im gehörigen Maass geltend zu machen werden auch die theoretischen Reflexe der Handelsübermacht, so irrthümlich sie auch übrigens sein mögen, ein gewisses Ansehen behaupten. Man wird die bessern Conceptionen Adam Smiths als unbequem zur Seite schieben, und man wird sich in der Enge und Engherzigkeit einer Scholastik gefallen, deren beschränkter Horizont die abgeschmacktesten Behauptungen plausibel macht. Wenn es irgend ein augenblickliches Zeichen der Herabwürdigung der Wissenschaft Adam Smiths, jener Wissenschaft, die nach den Ursachen des Völkerreichthums forscht, geben kann, so möchte es die Definition sein, welche das Kaufen und Verkaufen als den eigentlichen Gegenstand der Nationalökonomie bezeichnet.

Hierzu kommt nun noch, dass überhaupt die ganze Art und Weise, nach der fraglichen Definition zu suchen, eine verhältnissmässige Unkenntniss der Natur des Problems verräth. Der Umstand, dass auf die Definition der Wissenschaft überhaupt so starkes Gewicht gelegt wird, ist charakteristisch. Die Mathematik ist gewiss eine wohl begründete und im sichern Fortgang begriffene Lehre; indessen ist sie noch von Niemand schulgerecht definirt worden. Sollte sie auf die Formel warten, welche ihre verschiedenen Gebiete in einem kurzen Satze bezeichnet und gleichmässig für ihre Höhen und Niederungen gültig ist, so würde sie nur getrost für ewig

Halt machen können. Glücklicherweise giebt es nun aber über der scholastischen Carricatur noch eine wirkliche Logik, und diese lehrt, dass sich die Wissenschaften um so weniger im alten Sinne definiren lassen, als sie wirklich etwas wissenswerthes enthalten. Leitende Gesichtspunkte können wohl angegeben werden, und die Erforschung der Ursachen des Völkerreichthums, also das Eindringen in den ursächlichen Znsammenhang der wirthschaftlichen Erscheinungen, welche sich auf den Gegensatz von Armuth und Reichthum der Nationen beziehen, — dieser Gedanke, dessen Devise durch den Titel des Adam Smith'schen Grundwerkes den gebührenden Ausdruck gefunden hat, dürfte besser sein, als all der Definitionenkram, in welchem man sich bisher und zwar, wie es scheint, aus langer Weile und im Gefühl des Mangels eigentlich wissenschaftlicher Zeugungskraft getummelt hat. Die schöpferischen Geister sind keine Pedanten und in der Regel auch keine Liebhaber einer allzugrossen Breite des logischen Formalismus. List und Carey und selbstverständlich auch Adam Smith (dem noch überdies Logik und Metaphysik sehr nahe lagen) haben den guten Geschmack und die Natureinfachheit auch in der Darstellungsform nicht verleugnet. Ihnen war es vielleicht zu sehr um materielle Erkenntniss zu thun, und sie waren ausserdem von den Schulvorurtheilen hinreichend unabhängig, um jener hohlen angedeuteten Scholastik zu verfallen, der wir in England und Frankreich nun bereits seit beinahe einem halben Jahrhundert in immer mehr ausgetrockneten Formen begegnen.

5. Wendet man sich von den Bemühungen um eine Definition der Wissenschaft zu den besonderen Lehren derselben, so scheinen in gewissen Capiteln ganz ausnehmend verführerische Reize zur Bildung einer neuen und unserm Gebiet eigenthümlichen Scholastik zu liegen. Namentlich ist es die Werththeorie, in welcher man die mangelhafte logische Verfassung des Zustandes der bereits gewonnenen materiellen Einsichten fast überall und durchgängig zu bedauern hat. Von der Darstellung des grossen Synthetikers, der bereits vor einem Menschenalter die Lehre von der wirthschaftlichen Werthschätzung vollständig umbildete, abgesehen, ist die Werththeorie der Tummelplatz der Scholastik

geworden. Der Nachdenker oder vielmehr Nachahmer der Carey'-
schen Werththeorie (ich meine Bastiat), hat in seiner Reproduction
der damals noch nicht vervollkommneten Gestalt dieser Lehre
eine Menge ungelenkiger und zum Theil scholastischer Dialektik
verschwendet. Obwohl er den genetischen Zug der Begriffsent-
wickelungen Carey's nicht verleugnet nnd hierdurch bisweilen das
Beispiel einer guten Exposition giebt, so bleibt er doch grade in
den wesentlichen Punkten Sclave einer eigenthümlichen Scholastik,
die neben allen andern Gründen ebenfalls ein gutes Theil mitwirkt,
die Mangelhaftigkeit seiner Reproduction fremder Ideen zu steigern.
Nach dem, was wir oben von Macleod im allgemeinen gesagt
haben, wird es nicht überraschend sein, wenn wir behaupten, dass
die Werththeorie, zu deren Aufstellung sich nun auch dieser Denker verpflichtet gefühlt hat, durchweg den formalistischen Geist
der oben gekennzeichneten Scholastik athmet und im besten Falle
mmer nur analytische Reflexionen d. h. lauter Begriffsgleichungen
liefert, die sich für Jedermann, der sich die Mühe einer Zergliederung seiner Begriffe geben will, von selbst verstehen. Die wenigen neuen Gesichtspunkte, die sich bei Macleod z. B. in Rücksicht
der Auffassung des Metallgeldes als eines Inbegriffs von Schuld-
urkunden finden, sind zwar materiell erheblich und durchbrechen
so den Rahmen der Scholastik, verfallen aber der letzteren wiederum durch ihre einseitige unumschränkte und daher irrthümliche
Fassung. Die Entwicklungen Macleod's über den Werth fordern
den Humor gradezu heraus, besonders wenn man sie mit den
weiten und immer auf den Kern der Sache gerichteten Perspectiven eines Carey vergleicht. In unserer Darstellung der Werththeorie werden wir auf die logische Verfassung dieser Lehre zurückkommen und nachweisen, dass die Heraushebung gewisser fundamentaler Sätze allen Verschulungen und scholastischen Fälschungen des wirklich errungenen Wissens am entschiedensten
vorbeugen könne.

Ferner werden wir bei der Bestimmung des Capitalbegriffs
und seiner Rolle in der wissenschaftlichen Theorie noch besonders
darauf aufmerksam zu machen haben, wie leicht man sich gegenwärtig mit schwierigen Begriffsfassungen abzufinden pflegt. Kein

Theil des wirthschaftlichen Raisonnements ist bisher in dem Maasse einer znnächst unwillkürlichen, bisweilen aber auch absichtlichen Sophistik anheim gefallen, als derjenige, in welchem die Vorstellungen vom Capital eine entscheidende Rolle spielen. In meiner vorher angeführten Schrift, »Arbeit und Capital«, habe ich die Kritik des Verfahrens mit dem Capitalbegriff so weit getrieben, als es ohne die Hervorhebung besonderer logischer Schemata nur irgend möglich gewesen ist. Die vorliegende Schrift vervollständigt nun jene Kritik, indem sie dieselbe in der strengsten Form ausführt. Wenn irgendwo eine falsche Dialektik demaskirt werden kann, so ist es in der Theorie des Capitals der Fall. Nirgend stellt sich die scholastische Beschränktheit der Gesichtspunkte deutlicher heraus, und nirgend ist auf grössere Aufklärungserfolge zu hoffen, als im Gebiete der am Leitfaden verschiedenartiger Capitalbegriffe hinlaufenden und daher die verschiedensten Richtungen einschlagenden Theorien.

Sechstes Capitel.
Aussichten der Kritik.

1. Aus den Charakterzügen, auf die wir rücksichtlich des gegenwärtigen Zustandes unseres Wissenskreises hingewiesen haben, ergiebt sich die Nothwendigkeit einer grundlegenden Kritik ganz von selbst. Es giebt kaum eine einzige erhebliche Lehre, über deren wesentlichen Inhalt die geltenden Autoritäten übereinstimmten. Dennoch werden wir finden, dass in vielen Richtungen die im vorigen Capitel gekennzeichnete scholastische Beschränktheit zu Trennungen und Meinungsverschiedenheiten führt, die sich ausgleichen lassen, indem man die Formulirungen ihrer Einseitigkeit entkleidet. Bisweilen ist man in der Sache einig und versteht sich nur deshalb nicht, weil man in der Form abweicht. Die methodische Kritik ist nun ein mächtiges Mittel, die Vereinigung in so weit zu fördern, als ihr nicht die Parteiinteressen entgegenste-

hen und es sich also nicht um ein Wissen sondern um ein Bestreben handelt. Jedoch auch in letzterer Richtung wird die Kritik wenigstens zur klaren Orientirung über das führen, was man zu erwarten und nicht zu erwarten habe. Die Gewinnung eines Stammes gemein verbindlicher Einsichten ist das Ziel aller Kritik und aller Grundlegung. Eine grosse Förderung wird uns in dieser Richtung durch das Hauptprincip, welches wir im nächsten Abschnitt entwickeln, dargeboten werden. ·

2. Der sichere Fortgang der Forschungen wird durch die Einigkeit über die leitenden Gesichtspunkte bedingt. Ich glaube nun, dass ich durch diejenigen Abschnitte, welche ich besonders der logischen Verfassung unseres Studiengebietes gewidmet habe, dem Bedürfniss der Verständigung und Association entgegen gekommen bin. Bisher haben die Theoretiker in um so grösserer Isolirung gearbeitet, je bedeutender sie waren. Diese Abschliessung ist nicht etwa blos durch äusserliche Zufälle sondern durch die bisherige Beschaffenheit der Wissenschaft verschuldet gewesen. In dieser Hinsicht sind kritische Auseinandersetzungen zwischen den neben einander her laufenden Bestrebungen und einander gegenüber stehenden Systemen nur durch die Einnahme eines wenigstens in formaler Hinsicht überlegenen Standpunktes möglich.

Es giebt eine doppelte Art, eine Wissenschaft weiter zu bringen. Entweder vermehrt man den Stamm derjenigen Einsichten, welche aus dem unmittelbaren Verkehr mit den Dingen und Vorgängen gewonnen werden müssen; oder man macht alle Mittel des Verstandes geltend, um den bereits gegebenen Thatsachen eine erklärende Theorie hinzuzufügen. Für das erstere Verhalten ist das Auffinden der Keplerschen Gesetze, für das leztere aber Newtons Aufstellung der Gravitationslehre ein treffendes Beispiel· Allerdings muss man eingestehen, dass beide Arten, die Wissenschaft zu fördern, nur darum so häufig getrennt auftreten, weil die Umstände zur geistigen Arbeitstheilung nöthigen. Offenbar muss eine Combination beider Verhaltungsarten in demselben Forscher mehr leisten, als eine blosse Summirung der Resultate der beiden Thätigkeiten. Allein es scheint, als wenn eine solche Vereinigung nur in äusserst seltenen Fällen statthaben soll. Die

Arbeitstheilung ist in dieser Richtung auch in der Wissenschaft
die Regel, und die Combinationen umfassender Geister haben daher ihre natürlichen Schranken an dem dargebotenen Material.
Könnte sich der Denker die Thatsachen, die er braucht, nach
Maassgabe der Bedürfnisse seiner durch den Mangel dieser Thatsachen gehemmten Raisonnements sogleich selbst verschaffen, so
würde er in einem Jahre weiter kommen, als die *disjecta membra*
der Wissenschaft in einem Jahrhundert. Der Ersatz für diese
unvermeidliche Unzulänglichkeit der individuellen Macht ist die
Organisation der Forschung. Diese Organisation ist zum Theil
unwillkürlich, aber dann sehr unvollkommen; oder sie ist bewusst,
und dann gipfelt sie in einer Methodik der grade fraglichen
Wissenschaft.

Wie aus den früheren Angaben bereits ersichtlich, sind Carey's
Leistungen durch die Darbietungen neuer epochemachender Thatsachen sowie durch die auf Induction beruhenden Synthesen ganz
besonders ausgezeichnet. Während Adam Smith mehr analytische
als synthetische Neigungen hatte, vereinigt Carey den inductiven
Ueberblick mit dem Eindringen in den innern Zusammenhang der
Erscheinungen. Allein aller Errungenschaften ungeachtet ist der
Aufdeckung der innern Verkettung der Vorgänge noch sehr viel
vorbehalten. Es gilt zunächst, aus dem ansehnlichen Stoff,
welcher sich darbietet, ein rationales Ganze zu gestalten, und die
zahlreichen Vermischungen des strengen Raisonnements mit blossen Consequenzen der Bestrebungen zu entfernen. Man denke
daher von einer vorherrschend kritischen Arbeit, welche aber auch
alle Hülfsmittel der geistigen Speculation in's Spiel setzt, nicht
allzuvoreilig gering. Auch Newton's grösster Erfolg war nur der
Gedankenkraft, die sich an dem vorgefundenen Stoff bethätigte,
nicht aber dem Bestreben oder Vermögen, neuen Stoff herbeizuschaffen, zu danken gewesen. Es lässt sich bisweilen, ich will gar
nicht sagen aus den überhaupt zugänglichen, sondern bereits aus
den allereinfachsten Thatsachen combinatorisch d. h. durch die
innere rein verstandesmässige Synthese sehr viel gewinnen, woran
die äusserliche Induction nicht im mindesten denkt. Indem ich
also dem Vorbilde jener echten Speculation, durch welche die

Naturwissenschaften Tragweite und Werth erhalten haben, mit Entschiedenheit folge, dagegen das Baconische Rüstzeug und die untergeordnete Art der Induction als ungenügende und verhältnissmässig rohe Werkzeuge der Wissensvermehrung betrachte, bin ich überzeugt, für die Ermöglichung einer sichern Haltung sowohl der schulmässigen Lehre als der künftigen Forschungen etwas Maassgebendes zu liefern.

3. Die Möglichkeit entscheidender Urtheile ist in unserer Wissenschaft zum Theil von der Handhabung einer Logik abhängig, die sich bewusst ist, zwischen dem rein qualitativen und dem quantitativ bestimmten Raisonnement sorgfältig unterscheiden zu müssen. Da dieses Bewusstsein aber noch nicht einmal in allen Gebieten der strengeren Naturwissenschaft zur völligen Klarheit gebracht ist, so können wir uns nicht wundern, wenn in unserm Studiengebiet der Verzicht auf jedes entscheidende Urtheil bisweilen zum Princip gemacht wird, und wenn sich ein elektischer Historismus an die Stelle des selbstständigen Denkens zu setzen versucht. Die Deutschen sind in der neuen Welt bereits in den Ruf der wissenschaftlichen Unentschiedenheit und mosaikartigen Composition gekommen. Diese Thatsache ist eine um so grössere Schmach für uns, als grade wir darauf halten müssen, unsern frühern philosophischen Leistungen auch fernerhin zu entsprechen. Glücklicherweise beruht jener, unsere volkswirthschaftliche Befähigung antastende Ruf auf einem sehr begreiflichen Mangel an Unterscheidungskraft. Man verwechselt unsere citatenreiche Gelehrsamkeit mit unserm Denkerthum, welches allerdings mit der ersteren nie verbunden ist. Wir haben einen Historismus, der es im besten Falle zu einer beschreibenden, aber nur nie zu einer urtheilenden und in den ursächlichen Zusammenhang eindringenden Wissenschaft bringt. Ein solcher Historismus, der für jede Zeit eine andere Logik und daher im Endergebniss gar keine Logik haben zu wollen scheint, reicht noch nicht einmal zu halbwegs respectablen lexikalischen Leistungen aus. Er ist im letzten Grunde misologisch und ein Zeichen einer in Uebergelehrsamkeit verkommenden Behandlungsart der Wissenschaft. Uns gilt er aber auch als eine Gewähr der besseren Zukunft; denn wir sind nicht des Glaubens, dass die

wissenschaftliche Kraft erloschen sei, sondern im Gegentheil, dass sie im Begriff sei, sich kennen zu lernen. Der echt geschichtliche Sinn ist mit der Aufstellung von Lehrsätzen vereinbar, welche über alle uns angehende Zeit übergreifen d. h. von den historischen Conjuncturen unabhängig sind. Es heisst gradezu, die Wissenschaft leugnen, wenn man in der Veränderung das Beharrende verkennt. Letzteres geschieht aber durch diejenige einseitig geschichtliche Auffassung, welche über den Schematen, die für die einzelnen Configurationen der verschiedenen Zeitalter gelten, die übergreifenden Normen vergisst. In unserer Disciplin hat Carey den geschichtlichen mit dem dogmatischen Gesichtpunkt am besten vereinigt. Dennoch ist es nothwendig, in dieser Richtung kritische Auseinandersetzungen zu vollziehen. Unsere Philosophie ist eine andere, als die des Amerikaners. Grade in Rücksicht auf die Herstellung des Gleichgewichts zwischen geschichtlicher und dogmatischer Behandlungsweise fordern wir ein tieferes Eingehen. In allen Gebieten ringt die blos beschreibende Geschichte mit der begreifenden Erforschung der Ursachen und mit denjenigen Mächten, welche den Verzicht auf übergreifende Systeme und im eigentlichen Sinne des Worts maassgebende Einsichten nicht dulden wollen. Der falsche Historismus ist mit echten Ueberzeugungen unverträglich; er macht den angeblich denkenden und forschenden Geist zu einer Windfahne, welche die Drehungen der geschichtlichen Luftströmungen aller gehorsamst verkündet, übrigens aber zu Nichts gut ist. Diese Sclavenrolle ziemt aber nur dem Wechselbalg der Wissenschaft; sie gehört für die überzeugungslosen Zeitalter und Menschen, und muss Jedermann zuwider sein, der noch nicht ganz in dem hohlen Treiben verkommen ist. Die Impotenz dieser Manier, die nur darstellt und beschreibt, aber nie mit einem Urtheil lästig werden will, liegt zu sehr auf der Hand, als dass es nöthig wäre, besondere Erscheinungen dieser Art noch besonders zu kennzeichnen. Nur das müssen wir uns ein für alle Mal merken, dass es für ein Studiengebiet, in welchem man bereits ernstlich nach den Ursachen und Gesetzen der Erscheinungen geforscht hat, ein arger Rückfall ist, wenn man die urtheilslose Beschreibung und so zu sagen die epische Behandlungsart der Vorgänge als wahre

Weisheit proklamirt. Diese Resignation hat etwas von der Urtheils-
enthaltsamkeit der Pyrrhonier, nur dass sie nicht einmal die Kraft
hat, ihr System dialektisch einigermassen plausibel zu machen.
Erschlaffung und Trägheit sind nicht etwa blos die Begleiter, sondern auch die Ursachen des falschen Historismus. Wenn die Er-
lernung und Pflege gediegener Kenntnisse in gewissen Kreisen vernachlässigt zu werden beginnt, und dann die Verlüderung des
Denkens, vielleicht noch durch irgend ein Zerrbild von Logik begünstigt, Ueberhand gewinnt, dann ist die Erntezeit des auf Ueberzeugungen und Grundsätze verzichtenden Historismus. Die ärmlichste Schablonenweisheit, die wenigstens auf die Ehre ihrer Schematisirungen etwas giebt, erscheint unter solchen Umständen noch
als ein Vorzug.

Die eben gegebenen Skizzirungen beziehen sich auf die Phy-
sionomie der grade an der Oberfläche befindlichen volkswirthschaftlichen Doctrinen der Deutschen und haben selbstverständlich nichts
mit der grossartigen und besonnenen Würdigung der Geschichte
zu thun, wie sie von Friedrich List vertreten wurde. Doch war
es nöthig, bei Erwägung der kritischen Aussichten auch auf die
Zustände der nächsten Umgebung hinzuweisen. Für den Welt-
horizont haben jene Erscheinungen gar keine Bedeutung. Hätte
ich nicht zunächst für ein deutsches Publikum zu schreiben, so
würden die Auslassungen über den falschen Historismus kaum zu
rechtfertigen sein. Die dem Leben völlig entfremdete Gelehrsamkeit hat wenigstens in Sachen der politischen Oekonomie bei andern
Nationen noch keinen Cours; bei uns ist sie jedoch auch in dieser
Richtung vermöge der Kläglichkeit unserer internationalen Stellung
möglich geworden. Die praktische Haltungslosigkeit dieser Kraft-
losen, die sich der Geschichte gegenüber als blosse Empfänger
vollendeter Thatsachen verhalten, ist eine Folge des Mangels an
Aufraffung des nationalen Geistes. Unsere Nation hat in den grossen Fragen der Wirthschaftspolitik noch nie als ein Ganzes mit-
geredet; selbst der Zollverein hat keinen einheitlichen Willen und
darum auch keine feste Haltung bekunden können. Kein Wunder,
dass nur eine individuelle Grösse, die hoch über der Misere des
Vaterlandes stand, einen ernstlichen Begriff von Volkswirthschaft

schaffen konnte, und dass Alles, was wir sonst an sogenannter Theorie aufzuweisen haben, ein eklektisches Gemenge der unerträglichsten Entlehnungen und Nachahmungen oder ein offener Verzicht auf alles entscheidende Urtheil ist. Ich habe im Allgemeinen gesprochen und das Eingehen auf besondere Erscheinungen vermieden, weil es mir wahrlich nicht auf Erregung von Missvergnügen und Scandal, sondern nur auf die Erweckung des Gefühls ankommt, dass die Deutschen nur allzu viel Ursache haben, ihre wissenschaftliche Kraft zusammenzufassen. Mich bewegt nicht blos die Aussicht auf die Möglichkeit grosser wissenschaftlicher Leistungen, sondern auch die Hoffnung auf die Herbeiführung grosser praktischer Erfolge. Die Volkswirthschaft ist von allen Theorien diejenige, welche wohl am wenigsten in einer an praktischen Anregungen armen Umgebung gedeihen kann. Alle Hoffnung, die ich auf die Wirksamkeit dieser Schrift setze, ist an das Schicksal des Vaterlandes gebunden. Die Engländer und Franzosen werden erst dann die Deutsche Theorie achten lernen, wenn sie nicht blos Geschichte schreibt, sondern auch Geschichte macht.

Zweiter Abschnitt.

Das Raisonnement in vagen und das in quantitativ bestimmten Begriffen.

Kritisches Hauptprincip.

1. Fragen wir nach den Gründen des gedeihlichen Wachsens der modernen Naturwissenschaft, so finden wir unter allen Vorzügen ihrer Methode besonders einen hervortretend. Das strengere Wissen von der Natur hat erst begonnnen, sich auszubilden, als man die Verkettung der Gedanken durch die Rücksicht auf die Grössenverhältnisse ergänzte. Galilei ist der wahre Typus eines modernen Forschers. Ihm gegenüber ist Bacon mit allen seinen Schematen ziemlich werthlos. Was war es aber, woran sich die erheblichsten Feststellungen des strengeren Denkens über die Natur einen sichern Rückhalt verschafften? Offenbar Nichts als die einfache Ersetzung des schweifenden Raisonnements durch solche Einsichten und Gedankenvermittlungen, welche von den Grössenverhältnissen der Naturerscheinungen abhängig waren. Die Fallgesetze sind das bezeichnendste Beispiel. Aristoteles und die Seinen hatten genug über Schwere und Leichtigkeit und dergleichen vage Begriffe hin und her geträumt. Die antike Denkweise, so weit sie durch die alte Philosophie vertreten war, hatte sich bis zum Ueberdruss versucht, ohne je zu einem Resultat zu kommen. Des Hin-

4 *

und Herwerfens der allgemeinen Begriffe müde, wendete sich ein Galilei der Feststellung quantitativer Beziehungen zu und vereinigte die Speculation des echt mathematischen Sinnes mit den Eigenschaften des Forschers, der da weiss, dass principielle Thatsachen der Natur nicht blosse Gehirnproducte sein können. So wurde der Grundstein zu dem Gebäude der strengen Physik und Mechanik gelegt, und bis heute haben wir für die empirische Wissenschaft keine andere Devise, als die jenes bahnbrechenden Italieners: Verachtung der Scholastik in allen Formen, und datirten sie auch von unserm Jahrhundert oder gar vom letzten Jahrzehnt, Verachtung aller blossen Begriffslogik, die nicht weiss, dass das menschliche Denken überall und durchgängig auf die Grössenverhältnisse zu achten hat, wenn es zu richtigen und anwendbaren Urtheilen gelangen will.

Der Grundsatz der quantitativen Bestimmung der Raisonnements hat bereits eine gewisse Verwirklichung in jener Theorie erhalten, die man die Logik der Wahrscheinlichkeiten nennen könnte, die man aber noch immer als ein besonderes Eigenthum der angewandten Mathematik betrachtet. Es geht hier nicht an, auf die Verfassung des menschlichen Denkens im Allgemeinen einzugehen. Doch dürfte den Statistikern die Hinweisung auf die sogenannte Wahrscheinlichkeitsrechnung oder besser gesagt, auf die Lehre von der Grössenschätzung der Möglichkeiten verständlich sein und so dazu beitragen, den hier fraglichen Gedanken näher zu bringen. Wo uns die Dinge und Vorgänge als Grössen entgegentreten, da ist das Denken in blos qualitativen Begriffen mehr oder minder unzureichend; ja es ist bisweilen ganz ohnmächtig. Eine tiefere Untersuchung, die in die Logik gehört, zeigt, dass alles strengere Denken bei einem Punkte anlangt, wo es zum bewussten Schätzen oder, wenn möglich, zum eigentlichen Rechnen werden muss. Allerdings ist die Einsicht neu, aber darum nicht minder wahr, dass alle unsere Schlüsse in denselben Functionen begründet sind, durch welche die Axiome der Analysis erkannt werden. Doch hier kommt es uns nur darauf an, die Nothwendigkeit einer Rücksichtnahme auf die Grössen und Grössenverhältnisse der wirthschaftlichen Vorgänge bemerken zu lassen, und die allgemeine Methode, durch

welche das strenge Wissen von der Verkettung der Naturerscheinungen ermöglicht worden ist, nicht blos auf die sociale Welt überhaupt, sondern speciell auf die volkswirthschaftlichen Phänomene
zu übertragen. Bisher hat ein deutliches Bewusstsein über das Wesen des
exacten Denkens in abgesonderter Weise d. h. in der Form einer
selbst exacten logischen Theorie noch nicht bestanden. Bisher hat
man die Unmöglichkeit der Fortschritte im Denken, die sich an
die alte Methode knüpfen sollen, noch nicht bewiesen. Man hat
sich mit dem Instinct und mit der Thatsache begnügt, und hieraus
erklären sich denn die vielen fehlgreifenden, ja zum Theil den
Humor herausfordernden Versuche, eine fremde Methode in unserm
Wissensgebiet einzubürgern. Die Statistik, sowie das sociale Studiengebiet sind voll von Carricaturen solcher Uebertragungen.

Es handelt sich jedoch um keine eigentliche Uebertragung,
sondern um die Anwendung eines für alles strengere Denken maassgebenden Princips. Die logische Gedankenverkettung bleibt ein
roher Anfang, so lange nicht erkannt ist, dass sich der ursächliche Zusammenhang der Vorgänge nur mit Rücksichtnahme auf
die Grössenverhältnisse der Effecte endgültig entscheiden lässt.
Wählen wir ein Beispiel aus der höheren Naturwissenschaft, da ja
in unserm Wissensgebiet das fragliche Princip noch nicht eingebürgert ist. Wie hätte man wohl feststellen sollen, dass der Mond
und nicht die Sonne bei der Hervorbringung von Ebbe und Fluth
den entscheidenden Einfluss übe, wenn man die Gravitationsein-
wirkungen beider Körper nicht hätte messen und nicht hätte ausmachen können, dass im fraglichen Fall diejenige der Sonne unerheblich ist? Ein blos qualitatives Raisonnement kann oft getrost
zwanzigerlei Ursachen anführen und mit der blossen Behauptung
der vorhandenen Ursächlichkeiten sogar Recht behalten. Allein eine
solche allgemeine Weisheit kann uns nicht viel helfen. Wir wollen
wissen, wo die entscheidende Ursache und gleichsam der principale Grund der Erscheinung zu suchen sei. Diese Absicht erreichen wir aber nur, indem wir die Grösse der Effecte messen
oder wenigstens schätzen. Selbst der gemeine Verstand kann in

seinen allergewöhnlichsten Urtheilen nicht umhin, erhebliche Einwirkungen von unerheblichen zu sondern.

2. Erläutern wir das in der fremden Wissenschaft gewählte
Beispiel noch durch eine Frage aus unserm eignen Gebiet. Die
Aufgabe bestehe darin, festzustellen, durch welche Ursache die
enorme Höhe des Goldagio in der Amerikanischen Union grade im
Anfange des Jahres, in welchem sich der Krieg seinem Ende zu-
neigte, bestimmt worden sei. Man hat zwei Gründe angegeben,
zwischen denen entschieden werden muss. Die Volkswirthschaftslehre der Parteischule hat die Schatzscheine, und die gegnerische
Ansicht, welche mit grossem Nachdruck von Carey vertreten ist,
das Missverhältniss angeklagt, in welchem die Schulden der Banken
zu ihrem eignen Capital stehen. Nicht die Freiheit der Notenaus-
gabe, sondern die windigen Credite, sowie die mit ihnen verbundenen Geschäftsexpansionen und Geschäftscontractionen der Banken
(am allerwenigsten aber die staatliche Versorgung des Geldmarktes
mit Currency) sollen an der bekannten, weit unter die Hälfte des
Nennwerthes gesunkenen Entwerthung des Papiergeldes Schuld sein.
— Hält man das Raisonnement in vagen Begriffen, so können beide
Ansichten etwas Plausibles anführen. Erforscht man dagegen die
Grössenverhältnisse der in Frage kommenden Wirkungen, so muss
eine Auseinandersetzung statthaben. Das Windsystem der Banken
(welches aber Nichts mit der ganz unschuldigen Freiheit der Noten-
ausgabe zu schaffen hat) zeigt sich alsdann als die entscheidende
Ursache der ganzen Calamität, wobei sich von selbst versteht, dass
die Enormität des Missverhältnisses zum Theil auf die abnormen
Zustände zurückzuführen ist. Indessen bleibt der eigentliche Grund
des hohen Goldagio eben da zu suchen, wohin man auch unter
friedlichen Zuständen die Ursache der enormen Discontoerhöhungen
zu verlegen hat. Dieses ganze Resultat kann nun aber nur gehörig
erwiesen werden, indem man die ursächlichen Potenzen nicht blos
der Gattung, sondern auch der Grösse nach untersucht. Letzteres
können wir an dieser Stelle nicht thun, da es uns hier nicht auf
eine Theorie der Störungen und des Missbrauchs des Credits, sondern nur auf ein Beispiel der Nothwendigkeit quantitativer Vermittlungen des Raisonnements ankommt.

3. Wir haben die Unerlässlichkeit der auf Quantitäten gegründeten Raisonnements erläutert und stillschweigend vorausgesetzt, dass es sich regelmässig um die Feststellung ursächlicher Verkettung handle. Hierzu ist nun zu bemerken, dass diese Voraussetzung nur der gereifteren Form der Wissenschaft gilt. Wenn man gesagt hat, dass die Wissenschaft das Bewusstsein der Gattungen sei, so hat `man ihren ärmlichsten Zustand und ihre niedrigste Stufe glücklich definirt. Blosse Classificationen und geordnete Beschreibungen bilden den rohen Anfang, genügen aber nicht für die höheren Zwecke des Wissens. Blosse Classificationen und Beschreibungen sind ein Merkmal der untergeordneten Wissensgebiete und eines mangelhaften logischen Bewusstseins. Einem Aristoteles kann man es nicht zum Vorwurf machen, wenn er über den Gattungen die Ursachen vernachlässigte. Das echte Wissen war im Alterthum erst im Keime vorhanden, und an einem klaren Bewusstsein des auszeichnenden Charakters der höheren wissenschaftlichen Leistungen fehlt es noch bis auf den heutigen Tag. Man redet in allen Gebieten von Naturgesetzen, ohne sich überall Rechenschaft zu geben, dass die Erkenntniss des ursächlichen Zusammenhangs der eigenthümliche Zug der am höchsten strebenden Wissenschaften sei, und dass das Kramen in blossen Gattungsbestimmungen und die Beschränkung auf historische Beschreibungen längst überholt sei. Durch die Vernachlässigung dieser Unterscheidung kommt in die Darstellung der Wissenschaft ein massenhaftes ganz unfruchtbares Material, welches denjenigen, der nach höherer Belehrung sucht, gleichsam foppt. Ich lege nun Gewicht darauf, dass die Einsichten in den ursächlichen Zusammenhang der Vorgänge streng von jenen billigen Beschreibungen und Gattungsbestimmungen getrennt werden, über die der Routinier meist genauer und zuverlässiger Bescheid weiss, als der wissenschaftliche Forscher selbst, der sich doch stets an die Hauptzüge des fraglichen Aussenwerks der Volkswirthschaft halten muss. Die Erkenntniss der Ursachen ist denn auch in der That das einzig Interessante. Alle übrige Kenntniss bildet nur Vorstufen, auf denen man zu jenem höheren Standpunkt der Forschung gelangt. Da unser Wille und Verstand selbst eine Ordnung von

eingreifenden Wirksamkeiten bilden, so hat die Erforschung der Ursachen für uns die Bedeutung einer Vorbereitung zum zweckmässigen Eingreifen in den Lauf der wirthschaftlichen Angelegenheiten. Unsere Macht wächst mit unserer Einsicht in die Gesetzmässigkeit, und diese Gesetzmässigkeit ist nichts Anderes als ein Inbegriff ursächlicher Verknüpfungen. Erinnern wir uns daher stets, dass wir synthetische Einsichten brauchen, und uns daher mit einer blossen Zergliederung landläufiger Begriffe nur wenig gedient sein könne. Machen wir diesen kritischen Gesichtspunkt geltend, so werden die nennenswerthen Einsichten der Volkswirthschaftslehre gewaltig zusammenschmelzen, und es wird überdies möglich sein, auf sehr engem Raume ein übersichtliches Bild des erheblichen Wissensbestandes zu geben. Ein Zusammenhang, welcher im gemeinen Begriff der Sache bereits gedacht wird, ist nur selten der Erwähnung werth; seine Anführung gehört in die Handbücher der Pedanten oder in die voluminösen Auslassungen der wissenschaftlichen Strohdrescher. Dagegen sind die ursächlichen Beziehungen, welche nicht auf der Hand liegen, erst Gegenstand der eigentlichen Wissenschaft, und es verschwinden im Verhältniss zu diesen Bloslegungen der verborgenen Verknüpfung die elementaren Begriffsbestimmungen als eine wesentlich nur zur Einschulung bestimmte Vorarbeit.

4. Wenn sich das höchste Interesse der menschlichen Thätigkeit an die Aufdeckung des ursächlichen Ineinandergreifens der wirthschaftlichen Vorgänge knüpft, so muss die Verbindung des exacten Mittels der Quantitätsfeststellungen mit der Speculation über die möglichen Gründe der Erscheinungen die höchste für uns abschbare Stufe der Forschung constituiren. Wir haben daher ein Recht, das kritische Hauptprincip und das Hülfsmittel zu einer festen Grundlegung in der einheitlichen Geltendmachung jenes doppelten Gesichtspunktes zu suchen. Schematisiren wir schliesslich unsere ganze Ansicht in einer Formel. Es kommt nicht darauf an, die wirthschaftlichen Vorgänge gleichsam blos zu verzeichnen, und geschähe dies auch, wie es ja auch in der Statistik der Fall ist, mit Rücksicht auf Quantitäten. Es kommt vielmehr darauf an, bereits die Fragestellungen so einzurichten, dass der Uebergang

von einer wirthschaftlichen Erscheinung B zu ihrem Grunde A als die eigentliche Aufgabe hervortrete, und dass bemerklich werde, dass der Schluss von A auf B der Regel nach quantitativ vermittelt sein müsse, um überhaupt möglich zu werden. Zwischen den verschiedenen Ursachen v, w, x, y, z, die etwa das blos qualitative Raisonnement als mögliche Gründe für die Erscheinung B an die Hand giebt, kann man im Allgemeinen nur durch die Rücksicht auf die Grössenwirkungen entscheiden. Es giebt also keine höhere Volkswirthschaftslehre, die auf blos vagen Raisonnements beruhen könnte. In jedem strengen Gedankengang wird man die Hemmungen und Verlegenheiten empfinden, welche uns die mangelhafte Kenntniss der Grössenbeziehungen bereitet.

Zweites Capitel.

Ausführungen.

1. Obwohl diese ganze Schrift an den verschiedensten Stellen Gelegenheit bieten muss, ausführlich von Anwendungen unseres kritischen Hauptprincips zu handeln, so wünschte ich doch von der Tragweite desselben einen vorläufigen Begriff zu geben und ansserdem drei Consequenzen desselben besonders auszuzeichnen. Was freie Concurrenz sei, kann man ohne Rücksicht auf die Grössenverhältnisse gar nicht materiell bestimmen, und es ist daher eine Theorie der Wirkungen sowohl der freien als der natürlich oder künstlich beschränkten Concurrenz nur dann in gehöriger Weise möglich, wenn man von vornherein Gleichgewicht und Uebergewicht der sich in der Mitbewerbung messenden Kräfte in Erwägung zieht. Die Kräfteverhältnisse in der Concurrenz werden daher einen Gegenstand der Nachforschung bilden, der grade bei dem Eintritt in die Volkswirthschaftslehre am entschiedensten hervorzuheben ist. Uebrigens wird alles Raisonnement über die sociale Frage von dieser neuen Auffassungsart der Concurrenz ergriffen werden müssen.

Das zweite Beispiel betrifft den Gegensatz in den Ansichten über die Wirkungen der Handelsbilanz. Für das Neubrittische System und dessen gehorsame Diener existirt hier allerdings nur eine einzige Ansicht. So z. B. ging Bastiat's Unwissenheit in dieser Frage so weit, ein Mitglied der Französischen Kammer, welches die älteste Ansicht von den Wirkungen der Handelsbilanz vertrat, um der Unkenntniss der Elemente der politischen Oekonomie willen zu verlachen. Der Mangel an Kenntniss des Terrains und die Beschränktheit, um nicht zu sagen Bornirtheit, war aber auf Bastiat's Seite jedenfalls noch grösser. Denn der Mann vom Fach hätte doch wissen sollen, dass nicht blos die Staatspraxis bedeutender Staatsmänner mit vollem Bewusstsein ihres Gegensatzes zur neuern Theorie an dem älteren Princip festhielt, sondern dass es auch einen namhaften (ich spreche hier aus dem, einem Bastiat möglichen Standpunkt) Deutschen Volkswirthschaftslehrer von Weltruf gab, der die neue Ansicht bestritt. Indessen Bastiat ist nur ein Typus für die Parteischule, die auch gegenwärtig noch den Kopf unter die Flügel steckt, seit Carey die ältere Ansicht in einer neuen Gestalt vollständig zu Ehren gebracht und hierdurch die Einseitigkeit der Adam Smith'schen Kritik blosgestellt hat. Um nun aber den wahren Gehalt der Smith'schen Ansicht von der Unerheblichkeit der Gunst oder Ungunst der Handelsbilanz mit der neusten Carey'schen Lehre von der Erheblichkeit derselben zu vereinbaren, ist die Erwägung der quantitativen Beziehungen unumgänglich. Wir werden daher die Genugthuung haben, an einer tief in die Handelspolitik eingreifenden Lehre die kritische Tragweite unseres Princips zu erproben, und die Ansichten Adam Smith's und Carey's in Uebereinstimmung gebracht zu sehen.

Das dritte Beispiel hängt mit einer laufenden und noch ganz unentschiedenen Frage eng zusammen. Die Versorgung des Verkehrs mit Umlaufsmitteln ist zum Theil eine Sache der absichtlichen Einwirkung von Seiten des Staats und der Gesellschaft. Je nach den Vorstellungen, die man von der Bedeutung der Geldmenge d. h. alles desjenigen, was als Zahlungsmittel eine mehr oder minder allgemeine Geltung hat, hegt und pflegt, gestalten sich die praktischen Maassregeln und besonders die Bankpolitik sehr verschieden. Unser Fundamentalprincip; welches dem *esprit de discernement* auch in quantitativer Beziehung genug gethan wissen will, setzt uns in den Stand, von der Bedeutung der Geldmenge in unzweideutiger Weise zu reden, und die bereits von Carey reformirte Geldtheorie in einem neuen Lichte erscheinen zu lassen.

I.

Kräfteverhältnisse in der Concurrenz.

2. Man kann die Concurrenz so allgemein fassen, dass die wirthschaftliche Concurrenz zu einem speciellen Fall derselben wird. Wir sehen jedoch hier von dieser Möglichkeit ab und fassen sogleich den besondern Fall des Austausches von Leistungen in's Auge. Unter wirthschaftlicher Leistung wird jede Handlung verstanden, durch welche ein ökonomischer Vortheil übertragen wird. In der Regel sagt man, dass Angebot und Nachfrage einander gegenüber stehen. Nun lässt sich aber leicht bemerken, dass es einiger Vorsicht bedarf, um in dieser Vorstellungsart der Concurrenz den einheitlichen Gesichtspunkt festzuhalten. Jedermann, der ein Angebot macht, macht auch zugleich eine Nachfrage. Stets sind beide Rollen in derselben Person vereinigt.

Wenn der Erzeuger der Rohstoffe mit dem Manufacturisten oder dem Exporteur in Verkehr tritt, so kann man sagen, dass auf dem fraglichen Markte, d. h. überhaupt in der Sphäre der angedeuteten Art von Geschäften ein Angebot und eine Nachfrage nach Rohstoffen zusammentreffen. Man merke also wohl, dass Angebot und Nachfrage hier auf einen bestimmten Gegenstand, nämlich auf die Rohstoffe, bezogen werden. Nun kommt aber bei jedem Austausch wirthschaftlicher Leistungen noch ein zweiter Gegenstand in Frage, für welchen sich die Rollen des Angebots und der Nachfrage grade umgekehrt vertheilen. In Beziehung auf das Geld oder überhaupt auf die Bezahlung ist die Nachfrage auf Seite des Angebots der Naturalleistung und das Angebot auf Seite der Nachfrage nach der Naturalleistung. Verändern wir also den Gegenstand, auf den wir die Begriffe Angebot und Nachfrage beziehen, so müssen wir auch die Rollen dieser beiden Functionen vertauschen.

Die angestellten Reflexionen haben an sich selbst keinen Werth, da sie die Erkenntniss, auf die es uns ankommt, nicht gewähren können. Sie sind aber nothwendig, um das Denken zuzuspitzen und uns auf die folgende an sich selbst erhebliche Einsicht vorzubereiten. Es würde nichts als Confusion, aber sicherlich keine besondere Errungenschaft sein, wenn wir uns damit begnügen wollten, die Doppelheit der Rolle, die Jedermann als Anbieter und Nachfrager spielt, bei allen Gelegenheiten zu betonen. Wir würden uns dann leicht verleiten lassen, in jedem Angebot eine Nachfrage und in jeder Nachfrage ein Angebot zu sehen. Wir könnten auf diese Weise wohl gar eine Bestätigung des confusen Glaubens an die Identität der Gegensätze liefern. Doch giebt es glücklicherweise ein Mittel, das Reich der Chimären und Absurditäten auch in diesem Falle zu meiden.

So verschieden Arbeit und Genuss sind, mindestens ebenso verschieden sind die in materieller Hinsicht völlig streng unterscheidbaren Rollen des Angebots und der Nachfrage. Das Angebot lässt sich von der Nachfrage im Allgemeinen durch Aufmerksamkeit auf die Richtungsverschiedenheiten der fraglichen wirthschaftlichen Functionen streng gesondert halten. Man denke an die Geschäfte, welche zwischen dem Erzeuger der Rohstoffe, dem Manufacturisten, dem Grosshändler, dem Kleinhändler, dem Publicum und endlich dem Arbeiter in den verschiedensten Richtungen abgeschlossen werden. In diesem anscheinenden Hin und Her von Austauschungen wird man zwei feste Pole entdecken können, nämlich die Aufwendung wirthschaftlicher Kraft und den Gebrauch ihrer Ergebnisse. Vom Standpunkt der ganzen Volkswirthschaft aus betrachtet, giebt es nun einerseits nichts als lauter Angebot wirthschaftlicher Erzeugnisse und andererseits nichts als lauter Nachfragen nach den letzteren. Der Urproducent bietet dem Manufacturisten mit oder ohne Vermittlung des Exporteurs oder direct dem Publicum Rohstoffe an. Seine Abnehmer bezahlen ihn nicht eigentlich mit Geld sondern in letzter Instanz mit wirthschaftlichen Leistungen, auf welche das Geld ja nur eine allgemeine Anweisung ist. Sie bieten also wesentlich und im Allgemeinen dasselbe an, worauf sie ihre Nachfrage richten. Die Bezahlung, die von ihrer Seite erfolgt, bewegt sich also ganz in derselben Richtung wie das Angebot des Rohstoffproducenten. Auch diese Bezahlung ist ein Angebot von bereits gemachten oder in kurzem garantirten Naturalleistungen. Der Arbeiter, welcher von seinem Lohn für Nahrungsmittel Ausgaben macht, bringt, indem er dies thut, die Frucht seiner Arbeit auf den Markt und spielt in dieser Hinzicht keine wesentlich andere Rolle als der Landwirth. Angeboten wird also auf dem volkswirthschaftlichen Markte streng genommen nichts als die Frucht wirthschaftlicher Thätigkeit, und gesucht wird ebenfalls nichts Anderes.

Aus diesem allgemeinen Gesichtspunkt würde also der Unterschied, den wir zwischen Angebot und Nachfrage aus der Verschiedenheit der Gegenstände ableiteten, unerheblich sein, und in der That wäre er es auch in jeder Beziehung, wenn nicht die bereits angedeutete Richtungsverschiedenheit vorhanden wäre. Man denke sich als Bild der volkswirthschaftlichen Austauschfunctionen einen Kreis, und in seinem Umfange eine doppelte Bewegung, deren entgegengesetzte Richtungen durch Pfeile angedeutet sind. Unter Voraussetzung dieses Symbols können wir nun behaupten, dass das Angebot wirthschaftlicher Leistungen der einen, die Nachfrage aber der andern Richtung entspreche. Man erinnere sich der gewöhnlichen Begriffe, die man mit den Wörtern Production und Consumtion verbindet. Das Angebot geht von irgend einer Art Production aus, während die Nachfrage von dem Bedürfniss, d. h. von der Consumtion her entspringt.

Hierdurch hätten wir denn dem sonst rein formal gefassten Unterschied von Angebot und Nachfrage eine nähere materielle Bestimmung gegeben. Man denke sich den erwähnten Kreis anstatt wie bisher geschlossen, jetzt an irgend einer Stelle geöffnet, und die Pfeile mit ihren Fähnchen an die so entstandenen Enden verlegt. Alsdann mag man sich an dem einen Ausgangspunkt die Erzeugung und an dem andern den Verbrauch verzeichnet vorstellen. Die Erzeugung repräsentirt alsdann das erste Angebot, und der ihr entsprechende Pfeil die Richtung der Angebotsbewegung. Andererseits vertritt dagegen die zweite Extremität die Nachfrage, und der entsprechende Pfeil die Bewegung dieser Nachfrage insofern, als dieselbe mit einer Leistung in Geld oder Ersatzmitteln des Geldes verbunden ist.

Es wird zweckmässig sein, zwischen einem ersten Angebot und einer letzten Nachfrage, oder wenn man will, zwischen einem ursprünglichen Angebot und einer ursprünglichen Nachfrage zu unterscheiden, und darauf zu achten, dass sich sowohl die Consequenzen der Production als auch die Wirkungen der die Nachfrage erzeugenden Bedürfnisse gegen die Mitte der schematisirten volkswirthschaftlichen Kette mannigfaltig umwandeln. Die Urproduction ist der Typus des ersten Angebots, und der unmittelbare Verbrauch der mannigfaltigen Lebensbedürfnisse ist das Ziel der letzten Nachfrage oder mit andern Worten der Ursprung aller Nachfrage.

Der Austausch bezieht sich selbstverständlich nur auf wirthschaftliche Leistungen. In der Richtung von der Urproduction zur letzten Consumtion sind es die sich immer mehr nach Maassgabe der unmittelbaren menschlichen Bedürfnisse umgestaltenden Wirthschaftserzeugnisse, was den Gegenstand des Angebots ausmacht. In der andern Richtung werden Geld oder Verpflichtungen auf Geld, d. h. in letzter Instanz Anweisungen auf wirthschaftliche Leistungen gegeben. Die entgegengesetzten Strömungen des Geldes und der Waaren sind mithin in der Hauptsache gleichgültig. Wir können daher, um die Einheit des Gesichtspunktes zu wahren, den Pfeil auf Seiten der Nachfrage umkehren, d. h. seine Spitze dem Ende zuwenden. Dies bedeutet, dass erstes Angebot und letzte Nachfrage nur für die oberflächliche Betrachtung einander entgegenstreben. Allerdings ist ein Gegensatz zwischen beiden möglich. Doch hievon nachher, wenn wir die Kräfteverhältnisse erwägen. Hier wollen wir uns die Richtungsverschiedenheit der Thätigkeit zunächst durch die nähere Ausführung des Bildes veranschaulichen, und dies thun wir am besten, indem wir uns von dem Ende der Urproduction her eine stossende und von dem Ende des Bedürfnisses her eine ziehende Kraft in Thätigkeit denken. Die volkswirthschaftliche Versorgung, sowie der Verlauf der Strömung zwi-

schen den Wirkungen des Angebots und den Wirkungen der Nachfrage wird von der Beziehung zwischen jenen beiden Kräften
abhängen.

Ein Angebot im materiellen Sinne nehmen wir, wie gezeigt
ist, nur dann an, wenn ein Schritt in der Richtung zur Versorgung der Bedürfnisse und zwar vom Ausgangspunkt der Urproduction her geschieht. Hiebei versteht sich von selbst, dass die
Verbindung der Arbeit mit den Leistungen der Natur das Wesen
der Urproduction ausmacht. Eine Nachfrage nehmen wir dagegen
überall da an, wo die Zugkraft des letzten Verbrauchs in Wirksamkeit ist. In jedem Punkte des Kreises d. h. in jedem Gliede
der Kette der volkswirthschaftlichen Verrichtungen können Angebot
und Nachfrage zusammentreffen und werden der Regel nach einander so entsprechen, dass die Zugkraft der stossenden Kraft annähernd gleich und nur ein verhältnissmässig unbedeutendes Uebergewicht auf der einen oder auf der andern Seite wahrzunehmen
ist. Dieses Gleichgewicht bezieht sich im letzten Grunde einerseits auf die Summe der unmittelbaren Bedürfnisse und andererseits auf die Masse der angebotenen Befriedigungsmittel. Betrachten wir nur den einzelnen Menschen, so handelt es sich um die
Bilanz zwischen den möglichen Leistungen und Erfolgen seiner
wirthschaftltchen Thätigkeit einerseits und dem Maass der Ansprüche seiner Bedürfnisse andererseits. Für den isolirten Menschen geht das Angebot von seiner eignen Arbeit und der Natur,
die Nachfrage dagegen von dem Bedürfniss aus. Auch in diesem
einfachen Fall kann man das Bild unseres Kreises anwenden und
beide Enden desselben als durch das Mittelglied der Natur geschlossen denken. Doch es kommt hier nur darauf an, den Gedanken eines Gleichgewichts zwischen Erzeugung und Verbrauch
festzuhalten, und nicht zu vergessen, dass die Kräfte, welche in
beiden Beziehungen wirken, mit einander in der engsten Verknüpfung stehen.

3. Die ganze gegebene Auseinandersetzung hatte zunächst
keinen weitern Zweck, als den materiellen Unterschied des Angebots und der Nachfrage deutlich zu machen. Es sollte besonders
verhütet werden, dass nicht in jedem Act des Angebots auch ein

Act der Nachfrage gesehen werde. Dagegen muss nun andererseits hervorgehoben werden, dass allerdings ein jeder Act des Angebots nur dadurch zu einem wirklichen Geschäft werden kann, dass er sich mit einem entsprechenden Act der Nachfrage vereinigt. Durch eine solche Vereinigung entsteht die wirthschaftliche Umlaufsbewegung. Diese Vereinigung ist aber weit davon entfernt, eine Einerleiheit und mithin Verwechselbarkeit der beiden Functionen mit sich zu bringen. Vielmehr müssen diese beiden Verrichtungen streng unterschieden werden. Die Wirkungen der wirthschaftlichen Thätigkeit sind aber nicht die Forderungen der Bedürfnisse. Nach Etwas verlangen und Etwas schaffen oder herbeischaffen sind völlig verschiedenartige Bestrebungen, die allerdings in einem ursächlichen Zusammenhang stehen, aber grade um dieses Umstandes willen sorgfältig unterschieden werden müssen.

Nachdem wir uns durch das Vorangehende das Terrain unserer Erwägungen gleichsam abgesteckt haben, können wir nun zeigen, was es heisse, die Concurrenz nicht qualitativ sondern auch quantitativ zu untersuchen. Alle wirthschaftliche Mitbewerbung besteht in einem vereinigten Streben nach ökonomischen Erfolgen. Diese Erfolge sind für den Einzelnen von dem Maasse abhängig, in welchem er arbeitet. Der Verbrauch des Arbeitserzeugnisses ist ihm grade so wie die Arbeit selbst ohne Concurrenz möglich.

Es trete nun aber noch ein Zweiter hinzu. Der Zugang zu gewissen Naturvortheilen, welche unmittelbar den Bedürfnissen entsprechen oder auch nur die Erfolge der Arbeit vergrössern, kann sogleich streitig oder wenigstens Gegenstand des gemeinsamen Verlangens werden. Hier haben wir denn sogleich einen ganz einfachen Fall der Concurrenz um die Herrschaft über die Natur.

Nehmen wir ferner an, die beiden Einzelnen hatten sich durch gemeinsame Arbeit irgend einen Erfolg gesichert. Jetzt wird eine Concurrenz auf den Ertrag entstehen, und es wird sich um die Vertheilung handeln. Die Bedürfnisse eines Jeden werden sich geltend machen, und es wird irgendwie eine Ausgleichung der beiderseitigen Forderungen nöthig werden.

Beobachten wir nun den bereits gewonnenen Unterschied zwischen Concurrenz der wirthschaftlichen Kraftanwendung und

Concurrenz der Theilnahme am Genusse. Beide Arten der Concurrenz sind im Allgemeinen mit einander verbunden anzutreffen. Man unterscheidet zwischen ihnen in der Regel gar nicht. Carey ist der erste, der es in der Lehre von der Concurrenz für nöthig befunden hat, sorgfältige Unterscheidungen vorzunehmen. Besonders mit Rücksicht auf die Confusion, mit deren Hülfe Bastiat die Segnungen der sogenannten freien Concurrenz gegen den Socialismus vertheidigt, hat der Amerikaner überall und durchgängig die Concurrenz im Kauf und diejenige im Verkauf der Arbeit auseinandergehalten und so sein Raisonnement weit exacter gestaltet, als es gewöhnlich Brauch ist.

Man geht nun jedenfalls noch sicherer zu Werke, wenn man sogleich und. ganz im Allgemeinen die rein formale Auffassung des Gegensatzes von Angebot und Nachfrage durch unsere materielle Kennzeichnung ergänzt. Alsdann treten die auf dem Markte in's Spiel gesetzten volkswirthschaftlichen Kräfte in ihrer Richtungsverschiedenheit deutlich hervor. Wie mannigfaltig auch das Geäder gestaltet und verzweigt sein möge, durch welches die Umlaufsbewegung vermittelt wird, — in allen diesen Canälen kann man die Zugkraft der ursprünglichen Bedürfnisse von der gleichsam stossenden Kraft unterscheiden, welche die Hindernisse der Production überwindet. Die gewöhnliche Betrachtungsweise beschränkt sich auf die isolirten Wahrnehmungen, die auf irgend einem Markte d. h. in irgend einem Gebiet des Angebots und der ihm entsprechenden Nachfrage zu machen sind. Sie greift die Erscheinungen in ihrer Vereinzelung auf und lässt den weiteren Zusammenhang auf sich beruhen. Ihr kommt es nur auf das rein formale Gesetz an, dass das Verhältniss von Angebot und Nachfrage den jeweiligen Marktpreis bestimme. Sie glaubt mit diesem rein formalen Princip Wunder welche Einsicht zu besitzen, während sie doch durch dasselbe nicht das geringste von der Natur der Kräfte erfährt, die sich in den wirthschaftlichen Transactionen messen.

Die Carey'sche Unterscheidung lässt sich dadurch sowohl verallgemeinern als auch ganz scharf zuspitzen, dass man Concurrenz im Angebot und Concurrenz in der Nachfrage mit Rücksicht auf den materiell bestimmten Sinn dieser Begriffe auseinanderhält. Alsdann hat man in der Concurrenz zunächst die Kraft des nachfragenden ursprünglichen Bedürfnisses und dann diejenige der anbietenden ursprünglichen Thätigkeit zu beachten. Wer seine Arbeitskraft anbietet, muss streng genommen noch in höherem Maasse als es mit den Producenten der Rohstoffe der Fall ist, als Repräsentant des ersten und ursprünglichen Angebots angesehen werden. Es giebt mithin, wie schon oben gesagt, eine Concurrenz in der Erbietung zu ursprünglich schaffender wirthschaftlicher Thätigkeit. Diese Concurrenz ist selbstverständlich von der Mitbewerbung um Anweisungen auf Erzeugnisse der Volkswirthschaft begleitet. Ja es ist sogar diese letztere Seite der Concurrenz, welche die Nachfrage vertritt, in einem gewissen Maass als die Ursache der ersteren Seite aufzufassen. Es ist das unmittelbare Bedürfniss, welches zur Thätigkeit nöthigt, und so ist das Arbeitsangebot in den grossen Dimensionen einer ganzen Volkswirthschaft nichts Anderes als die Folge derselben Nöthigung, welche den isolirten Einzelnen, der sich allein zu versorgen hätte, bestimmen würde, sich selbst d. h. seinen Bedürfnissen eine gewisse Menge von Thätigkeit gleichsam zur Verfügung zu stellen. Der Antrieb, um nicht zu sagen Sporn zur wirthschaftlichen Production, geht im Allgemeinen vom Bedürfniss d. h. von einem Mangel aus, und wird daher durch die Nachfrage repräsentirt. In letzterer bringt sich eine gewisse Menge von Bedürfnissen zur Geltung. Wir haben daher auf den Umstand zu achten, dass im Arbeitsangebot die ziehende und die stossende Kraft vereinigt auftreten. Zwischen beide tritt der Widerstand, welchen die Natur und die sociale Welt ihnen entgegensetzen.

Später werden wir eine interessante Anwendung der eben bemerklich gemachten Unterscheidung kennen lernen. Wir werden sehen, wie die unvermeidliche Begleitung des Arbeitsangebots von einer Nachfrage die Disharmonien der gewöhnlichen Betrachtung der Sache auflöst. Die Nachfrage bestimmt die grösste Ausdehnung, die dauernd für den Markt möglich ist. Die Concurrenz im Angebot der Arbeit ist nun stets von der Nachfrage des Arbeiters nach Anweisungen auf Lebensbedürfnisse begleitet. Wir haben daher kein Recht, von Grenzen und grössten Ausdehnungen des Marktes zu reden, ohne diese indirecte Nachfrage des Arbeiters nach volkswirthschaftlichen Erzeugnissen in Anschlag gebracht zu haben. Doch hier geht uns diese specielle Anwendung unserer Concurrenzvorstellungen noch nicht weiter an.

Indem wir die Carey'sche Unterscheidung zwischen Concurrenz im Kauf und Concurrenz im Verkauf dadurch materiell bestimmt haben, dass wir unsere nicht mehr blos formalen Begriffe von Angebot und Nachfrage anwendeten, haben wir nun in letzter Instanz eine Concurrenz der Bedürfnisse und eine Concurrenz in der Beschaffung der Befriedigungsmittel gesondert. Die Häufung der Bedürfnisse ergiebt eine Concurrenz in der Consumtion, die Häufung der schaffenden Kräfte eine Concurrenz in der Production. Ein wenig Ueberlegung lehrt, dass das ebenmässige oder disharmonische Verhältniss zwischen diesen beiden Arten der Concurrenz über Wohlstand und Missstand entscheiden werde. Beiderlei Bestrebungen sind regelmässig in derselben volkswirthschaftlichen Handlung vereinigt, sobald wir an ihr die Absicht des Austausches ins Auge fassen. Im Verkehr d. h. im Umsatz der Leistungen ist die Nachfrage mit ihrer Zugkraft als das in erster Linie und in abstractester Weise regulirende und maassgebende Moment anzusehen. Da jedoch zwischen der Arbeit und der Production noch die Schwierigkeiten und Grenzbestimmungen stehen, welche die Natur entgegensetzt, und da ausserdem auch noch der hindernde Wille des Menschen, der den Zugang zu den Naturvoraussetzungen der Production verschliessen oder erschweren kann, in Anschlag zu bringen ist, so hat das Angebot eine relative Selbstständigkeit, deren Verkennung zu einem falschen Harmonismus verleiten könnte. Man bedenke daher stets, dass sich in die ursächlichen Beziehungen von Bedürfniss und Leistung, von Angebot und Nachfrage zwei Mittelglieder einschieben, nämlich die Beschaffenheit der Natur und die Verfassung der socialen Welt. Die Production setzt, um möglich zu werden, eine Herrschaft über die Naturgaben und Naturkräfte voraus. Diese Herrschaft kann nun in socialer Weise unmöglich gemacht oder wenigstens gehemmt werden. Zwischen den Menschen und die Natur kann sich ein anderer Mensch stellen, und so geschieht es, dass die Verhältnisse von Herrschaft und Unter-

werfung in ihren politischen und socialen Formen die möglichen
Gestaltungen der Concurrenz und das Maass bestimmen, in welchem die Kräfte der Nachfrage und des Angebots wirksam werden.
4. Wie die Gliederung eines Organismus den Spielraum bestimmt, in welchem die unorganischen Kräfte der Schwere und
der Wärme wirksam werden können, ebenso sind auch die Ergebnisse des Concurrirens als mehr oder minder von vornherein vorgezeichnet zu betrachten. Die vor Carey, d. h. jetzt noch herrschende Auffassung sieht in dem Kräftespiel der concurrirenden
Bestrebungen das eigentlich constitutive Princip der volkswirthschaftlichen Vorgänge. Sie vergisst, dass es sich nur um Regu-
lirungen oder Störungen, aber keineswegs um die letzten Normen
der Gestaltungen handelt. Diese Normen sind vielmehr in der
mehr oder minder dauernden jeweiligen Verfassung der Gesellschaft
zu suchen. Wenn Macleod die Wirkungen der Nachfrage, die er
natürlich ganz formal und fast ausschliesslich aus dem kaufmännischen Standpunkt betrachtet, einer Naturkraft vergleicht, die
wie die Schwere ganz allgemein wirksam ist, so hat er, wenn auch
nicht in seinem eignen, so doch in unserm Sinne mit diesem Bilde
vollkommen recht. Er nämlich meint, die Naturerscheinungen würden sämmtlich von der Gravitation hervorgebracht, und überträgt
diese offenbar unzutreffende Vorstellung auf das Verhältniss der
Nachfrage zu den wirthschaftlichen Lebensäusserungen. Wir aber
wissen, dass alle jene allgemeinen Kräfte, die in jeder Naturer-
scheinung mitwirken, eben um ihrer Allgemeinheit willen nur die
untergeordnete Basis oder wenn man will, den Rahmen bilden, in
welchem sich die gestaltenden Verrichtungen der organisch schaffenden Mächte bewegen. Wenn wir also die Kräfteverhältnisse concurrirender Bestrebungen untersuchen, so abstrahiren wir von den
speciellen Gliederungen der volkswirthschaftlichen Gebilde und gewinnen zwar offenbar durchgreifende Gesetze, keineswegs aber
Satzungen, die den übergreifenden Gewalten der organisch gestaltenden Triebkräfte zu widerstehen vermöchten.

Die sogenannte freie Concurrenz bewegt sich in vorgeschriebenen Bahnen und ist in dieser Hinsicht aller formalen Freiheit
ungeachtet materiell unfrei. Die wirkliche wirthschaftliche Freiheit

ist an gewisse Grössenverhältnisse des wirthschaftlichen und socialen Gewichts der concurrirenden Bestrebungen gebunden. Es kommt
ganz und gar auf die Umstände und auf die jeweilige Verfassung
der nationalen oder gesammten Gesellschaft an, wenn entschieden
werden soll, ob die formale Freiheit auch eine materielle oder aber
Sclaverei zur Folge haben werde. Der anscheinend blos qualitative Begriff der wirthschaftlichen Freiheit ist daher gar nicht zu
kennzeichnen, ohne die Rücksicht auf Grössenelemente in ihn aufzunehmen. Die blosse Form der ökonomischen Freiheit ist bekanntlich mit dem Monopol verträglich Die sogenannten natürlichen
Monopole sind nichts als die der· formalen Freiheit geschuldeten
indirecten Zwangs- und Bannrechte eines Einzigen oder einer kleinen Zahl, die einer ohnmächtigen Masse gegenübersteht.

Concurrenz ist in jedem Falle vorhanden, möge nun die Freiheit des Angebots oder die Freiheit der Nachfrage noch so sehr
eingeschränkt sein. Ist auf der einen Seite ein grosses Uebergewicht vorhanden, so werden die Verträge von dieser Seite auferlegt, nicht aber frei abgeschlossen werden. Man sieht also, dass
ein blos quantitativer Unterschied in der Macht, die Gegenleistung
zu bestimmen, ausreicht, eine ganze Stufenleiter von Transactionen
zu bilden, die sich zwischen den Extremen der einseitigen Auferlegung durch das Angebot und der einseitigen Auferlegung durch
die Nachfrage hin und her bewegen. Nur wenn die Kraft, die
Gegenleistung zu bestimmen, auf beiden Seiten gleich ist, wird
man von materiell freien Verträgen reden dürfen. Der Arbeiter, welcher
in den civilisirtesten Staaten Europas und besonders in England seine
Kraft anbietet, ist rücksichtlich der Nachfrage nach der Gegenleistung
fast gänzlich ohnmächtig. Seine Fähigkeit, Concurrenz in der Nachfrage
nach Lebensbedürfnissen zu machen, ist fast Null, d. h. sie erhebt sich
um nichts über die ärmlichste Nothdurft der in der fraglichen Umgebung grade noch möglichen Lebensweise. Die sogenannten Lohn-
verträge, die unter solchen Verhältnissen der formalen Freiheit der
Concurrenz geschuldet werden, sind nur der Rechtsform nach wirkliche Verträge, in volkswirthschaftlicher Beziehung aber einseitige
Auferlegungen, in denen durchschnittlich dem möglichst geringsten
Maass der unumgänglichen Anforderungen, in den einzelnen Fällen

aber auch nicht einmal nothwendig diesem geringsten Maass Rechnung getragen wird.

Die Kraft des Arbeiters, auf dem volkswirthschaftlichen Markte eine directe Nachfrage zu machen, ist regelmässig Null. Dies rührt daher, dass die Arbeit, die noch erst gethan werden soll, noch kein Product ist und auch nicht productiv werden kann, ohne mit den Natur- und Capitalvoraussetzungen der Production in Verkehr zu treten. Was aber die indirecte Nachfrage, die der Arbeiter macht, indem er seine Kraft anbietet, anbetrifft, so ist deren Gewicht gänzlich von dem Grade der Nothwendigkeit abhängig, in welcher sich der Unternehmer befindet, Arbeitskraft zu verbrauchen. Diese Nothwendigkeit wird durch irgend eine Grösse gemessen werden können. Ihr gegenüber steht die Grösse des Angebots. Ist der Unterschied zwischen beiden nur einigermaassen beträchtlich, so ist bereits eine Störung des normalen Verhältnisses vorhanden. Praktisch interessirt nur der Fall des erheblichen Ueberangebots auf Seiten der Arbeit. In diesem Fall wirkt die Concurrenz, die sich die Arbeiter gegenseitig machen, auf ihre eigne Kraft, den Werth ihrer Leistung zu bestimmen, gradezu vernichtend. Ein mässiges Uebergewicht im Angebot der Arbeit ist hinreichend, die Person des Arbeiters in eine Lage zu bringen, in welcher sich ihre Bestrebungen zu. produciren und ihre Bestrebungen zu consumiren nicht mehr in entsprechendem Verhältniss zur »Geltung« bringen können. Der Werth der Leistungen bestimmt sich nun aber, wie wir später in der Werththeorie entwickeln werden, nach Maassgabe jener beiden Bestrebungen und des Erfolges derselben. Es ist hier nicht der Ort, das Missverhältniss zwischen Angebot und Nachfrage, wie es sich in der Lage und Person des Arbeiters gleichsam veranschaulicht findet, weiter zu verfolgen. Nur dies mag noch bemerkt werden, dass es im Wesentlichen dasselbe ist, zu sagen, ein isolirter Mensch, der nur der Natur gegenüber steht, könne nicht so viel schaffen, als er braucht, und: das ganze Arbeiterthum eines Volkes könne nicht so viel schaffen, als es braucht. Im erstern Fall kann das Hinderniss in der Kargheit der Naturumgebung oder in der Ohnmacht der menschlichen Kraft liegen. Im zweiten Fall ist ausserdem noch eine dritte Möglichkeit vorhanden, nämlich, dass eine einseitige wirthschaftliche Herrschaft und Regierung ausgeübt werde, welche in die freie Concurrenz indirect hemmend eingreift und die productiven Bestrebungen der Arbeit vereitelt. Dieser eben genannte Grund ist eine fast unvermeidliche Thatsache, so lange es kein Mittel giebt, die Kräfte der Nachfrage und des Angebots und die indirecte wirthschaftliche Abhängigkeit für beide Parteien annähernd gleich zu stellen.

5. Die Bemerkung, dass es auf das Gleichgewicht der Kräfte in der Concurrenz wesentlich ankomme, hat dazu geführt, zwei verschiedene Wege der Gleichstellung vorzuschlagen. Man kann den Mangel des Gleichgewichts dadurch herstellen, dass man die Zugkraft auf der einen Seite mindert oder auf der andern vermehrt. Das früher erwähnte Repressionssystem will die Concurrenz dadurch günstig gestalten, dass es Angebot und Nachfrage, die sich beide in der Person des Arbeiters repräsentirt finden, durch Einschränkung der Arbeitervermehrung verhältnissmässig reducirt. Herr Stuart Mill ist noch in der neusten Ausgabe seines Handbuchs ein eifriger Vertreter dieser rückläufigen und übrigens auch unausführbaren Maassregel. Auf der andern Seite steht das nicht naturwidrige System der Erweiterung der Nachfrage nach Arbeit. Diese Nachfrage ist (man erinnere sich unserer Auseinandersetzungen) nur darum Nachfrage im materiellen Sinn, weil sie vom ursprünglichen Bedürfniss ausgeht. Es kommt also nur darauf an, die Nachfrage nach Lebensbedürfnissen, die in und mit der Person des Arbeiters bereits vorhanden ist, auch in den Maassverhältnissen der Production zur Geltung zu bringen und die Stauung zwischen ursprünglichem Angebot und ursprünglicher Nachfrage zu beseitigen. Dies geschieht durch positive und negative Einwirkungen der Arbeiter auf die Unternehmungen. Negativ bewegt man sich im Sinne einer Gleichstellung der Kräfte, wenn man durch Coalitionen Lohnerhöhungen erzwingt, deren wirthschaftlich heilsame Wirkungen darin bestehen, dass sie die Nachfrage nach Lebensbedürfnissen vergrössern und so innerhalb gewisser Grenzen eine nützliche Erweiterung des Marktes anbahnen, welche ihrerseits die Leiter der Production in den Stand setzt, ihre Geschäfte auszudehnen und mehr Arbeit in Anspruch zu nehmen. Ferner wirken diese negativen

Mittel reizend und belebend, indem sie die Leiter der Production veranlassen, auf alle Hülfsquellen zu denken, durch welche sich die productiven Erfolge ihrer Geschäfte steigern lassen. Die Concurrenz, welche unter den Leitern der Production selbst besteht, ist in ihrer Wirkung zu schwach, um unter den vorausgesetzten Verhältnissen die gehörige Steigerung der Production zu gewährleisten. Es verhält sich mit dieser Concurrenz ähnlich wie mit derjenigen der Staaten und sonstigen Gemeinwesen, die zwar auch mit einander wetteifern und sich bemühen, einander einen Vorsprung abzugewinnen, hiedurch aber durchaus noch nicht veranlasst werden, ihre innern Missstände abzuschaffen. Auch hier zeigt es sich, dass die Concurrenz gemessen sein will. Was aber die positiven Mittel der Gleichstellung von Angebot und Nachfrage betrifft, so würde es hier zu weit führen, beispielsweise von der Theilnahme zu handeln, welche den bisher wirthschaftlich ganz passiven Classen an der Regulirung der Production und an der Leitung der Speculation gebührt.

. 6. Formuliren wir jetzt unsere allgemeinen Vorstellungen von der Bedeutung der Grössenverhältnisse, die in dem Kräftespiel der formal freien oder formal beschränkten Concurrenz in Anschlag gebracht werden müssen. In jeglicher Gegenüberstellung von Angebot und Nachfrage giebt es, um Carey's Ausdruck zu brauchen, zwei Schlachtordnungen entgegengesetzter Interessen, welche die ihnen zur Verfügung stehenden Zugkräfte gegen einander messen. Jede der beiden Parteien will die Gegenleistung oder genauer gesagt, das Verhältniss der Gegenleistung zu ihrer eignen Leistung möglichst gross machen. Betrachtet man diese Bestrebungen aus einem einheitlichen Gesichtspunkt, d. h. fixirt man die Benennungen Leistung und Gegenleistung für die gelieferte Waare und die zugestandene Bezahlung, und betrachtet man ausserdem das fragliche Verhältniss stets nur in einer einzigen Richtung, also etwa so, dass man die Quantität der Naturalleistung als fest voraussetzt, so wird es sich regelmässig um einen Widerstreit handeln, in welchem der eine den Exponenten des Verhältnisses kleiner, der andere aber grösser zu machen strebt. Es versteht sich von selbst, dass der Umstand, demzufolge die Einheiten auf beiden Seiten des Verhältnisses nicht gleichartig sein können, kein Hinderniss ist, im strengsten Sinne von einem Verhältniss und einer Quantität seines Exponenten zu reden. Doch kommt es auf die ausführliche Entwicklung dieses Punktes hier gar nicht an. Wenn nur überhaupt eingesehen wird, dass es dieselbe abstracte Grösse ist, auf deren Veränderung sich die Bestrebungen der beiden Parteien im entgegengesetzten Sinn richten, so ist dem Bedürfniss einer exacten Vorstellungsart der Sache genug gethan.

Denken wir uns die beiden concurrirenden Schlachtordnungen (etwa von Käufern und Verkäufern im eigentlichen Sinne), jede durch eine Reihe von Punkten repräsentirt, so werden wir zunächst zwei parallele und, um die Vorstellung bestimmter zu machen, etwa vertikale Linien mit einander in Beziehung zu setzen haben. Wir werden unterscheiden müssen zwischen der Relation, welche einem Punkte der Reihe P einerseits und einem Punkte der Reihe Q andererseits bestehen kann, und alsdann zwischen den Beziehungen, in denen die Punkte der nämlichen Reihe auf einander einwirken. Die ganze formale Auffassung der Concurrenz wird lichtvoller, sobald man dieses die verschiedenen Richtungen repräsentirende Schema beständig zu Grunde legt. Der Zwischenraum zwischen den beiden Reihen bezieht sich auf den Gegensatz der Bestrebungen des Angebots und der Nachfrage, während die Aneinanderreihung einer Vielheit von Punkten innerhalb derselben Linie dasjenige repräsentirt, was man die Häufung der Concurrenz oder die Summation der gleichartigen Bestrebungen nennen könnte.

Nur um zu zeigen, dass mathematisch aussehende Spielereien auf die der Britte Macleod so stolz ist, keine Schwierigkeit haben, und dass man mit ihnen sogar, was einem Macleod fast nie begegnet, gewisse abstracte Beziehungen des Sachverhältnisses wirklich ausdrücken kann, sei es mir hier erlaubt, einen Augenblick von den analytischen Zeichen Plus und Minus zu reden. Bezeichnet man, wie man trotz Macleods merkwürdigen Bereicherungen der Logik der Mathematik jedenfalls muss, die Bestrebung der Vermehrung einer Grösse mit Plus, und die auf die Verminderung gerichtete Kraft mit Minus, so wird man die Angebotsreihe als positiv und die Nachfragereihe als negativ zu nehmen haben, und man wird mit Rücksicht auf die Gemeinsamkeit der Bestrebungen, einen Austausch zu bewirken, mit der Analogie der Anziehung ungleichnamiger Pole spielen können, während man andrerseits mit dem vollsten Recht geltend machen darf, dass sich die gleichartigen oder, um in der Analogie zu bleiben, gleichnamigen Bestrebungen um so mehr abstossen und in ihrer vereinigten Wirkung zu einem gewissen Antheil mindern, je grösser ihre Anzahl ist. Die Punkte derselben Reihe beschränken einander in der Wirksamkeit auf die gegnerische Reihe stets in einem gewissen Grade. Lassen wir nun jedoch dieses Pröbchen von einer Art, sogenannte exacte National-ökonomie zu machen, bei der jedenfalls keine Vermehrung und in der Regel auch nicht einmal Klärung der Einsichten herauskommt.

Combiniren wir vielmehr das Reihenschema mit dem oben er-läuterten Schema des geöffneten Kreises, der uns die Kette der volkswirthschaftlichen auf Austausch gerichteten und der Ausglei-chung zwischen Production und Consumtion dienstbaren Verrich-tungen vorstellt. Denken wir uns also den Umfang desselben zu-nächst durch zwei solche Reihen, wie wir sie oben gekennzeichnet haben, durchschnitten. Diese Durchscheinung veranschaulicht uns den Vorgang an einer beliebigen Stelle der Strömung, die in der Richtung vom ursprünglichen Angebot zur letzten Nachfrage ver-läuft. Die Verkäufer und Käufer von Waaren (um dieses bestimmte Beispiel zu wählen) machen ihre Bestrebungen, den Preis zu ihren Gunsten zu bestimmen, jeder einzeln nach Kräften und Umständen geltend. Was sind aber diese Kräfte und Umstände, die über das Endergebniss der Concurrenz entscheiden? Offenbar ist es ein-seitig und ungenügend, nach Kaufmannsart nur die augenblicklichen und örtlichen Conjuncturen des Marktes aufzuzählen. Das Ver-hältniss zwischen der Masse des mehr oder minder zufälligen Waarenangebots und der Waarennachfrage ist allerdings die Ur-sache der Preisfluctuationen. Diese Fluctuationen haben aber nur Sinn in Beziehung auf ein Niveau, über welches sie sich erheben und unter welches sie sinken. Die Ursache dieses Niveaus ist nun aber in ganz andern Grössenverhältnissen zu suchen, als diejenigen sind, welche die jeweiligen Schwankungen bestimmen. In diesen bisweilen tumultuarischen Variationen drücken sich keineswegs die

Gründe des Constanten, des Durchschnittlichen oder, wenn man will, der mittleren Werthe, d. h. um es kurz zu sagen, der durchgreifenden Beharrung,· die sich als Grundlage der Veränderungen geltend macht, abgesondert aus. Man muss erst eine Sonderung vornehmen, um die entfernteren Ursachen der in der Concurrenz wirksamen Kräfte und Umstände sichtbar zu machen. Man muss zu den beiden Endpunkten der Strömung zurückkehren, um die allgemeinen Maassverhältnisse und die quantitativen Schranken des Concurrenzspieles gehörig zu würdigen. Jeder Punkt in dem Reihenschema hat eine eigne Kraft, das Verhältniss von Leistung und Gegenleistung zu vergrössern und zu verkleinern. Allein diese Kraft zur Veränderung leitet sich zum Theil aus allgemeinen, die grossen Dimensionen der volkswirthschaftlichen Verhältnisse bestimmenden Ursachen ab. Sehen wir nun aber anstatt auf die Kraft zur Veränderung auf die Kraft zur Bestimmung des Niveaus, so ist dessen Höhe für ein gewisses Bereich und für eine gewisse Zeit durch jene ursprünglichen Beziehungen des ersten Angebots und der letzten Nachfrage in gewisse Grenzen eingeschlossen, so dass also die Fähigkeit, die mittleren Normen des Austausches zu bestimmen, zwar in der persönlichen Concurrenz einen Ausdruck, aber in sachlichen Vorbedingungen das Maass ihrer Kraft findet. Wir werden daher stets genöthigt sein, jeden Punkt der Reihe, dessen Kraft zu messen und zu wägen und mit Rücksicht auf Seinesgleichen zu würdigen ist, als einen Ort zu betrachten, in welchem sich die allgemeinen Verhältnisse der Volkswirthschaft eben so sehr als die besondern Conjuncturen des örtlichen und augenblicklichen Marktes berühren. Bedenkt man nun, dass die Massenverhältnisse der ursprünglichen Production und die Summen der letzten Bedürfnisse schon allein eine der wichtigsten Beziehungen formiren, und dass es ferner auf die Kraft ankommt, die producirten Massen gleichsam in allen Richtungen und über das Gebiet der besondern Volkswirthschaft hinaus anzuziehen, so werden wir eine annähernde Vorstellung von der Bedeutung der Kräfteverhältnisse haben, die sich in der formal freien oder formal beschränkten Concurrenz einen Ausdruck geben.

Die beiden Extreme des nicht im formalen Sinne verstandenen

Angebots und der ihm entsprechenden Nachfrage finden ihren schärfsten Ausdruck in den Leistungen der Landwirthschaft einerseits und
den Anforderungen der Ernährung andererseits. Beide lassen sich
messen, und so wird ihr Verhältniss für die allgemeine Gestaltung
der Concurrenz in letzter Instanz entscheidend sein. Hätten Malthus und Ricardo nichts weiter als diesen Gedanken vertreten, und
hätten sie ihre Vorstellungen von den Beziehungen zwischen Nahrungsmenge und Bevölkerungsmenge nicht materiell falsch ausgebildet, so würden sie sich ein ungemischtes Verdienst erworben
haben. So lange man glaubt, durch eine rein formale Betrachtungsweise die Wirkungsart der Concurrenz zu ermessen, wird man an
der Oberfläche der Erscheinungen haften bleiben. Allerdings sind
die interprivaten oder wenn man will socialen Machtstellungen der
im Austausch Begriffenen ebenfalls zu erwägen; allein in erster
Linie müssen diejenigen Potenzen in Rechnung kommen, welche
an den Extremen der ganzen volkswirthschaftlichen Circulation thätig sind. Diese Extreme sind aber die Leistungsfähigkeit der Natur, oder wenn man will, deren Widerstand einerseits und die Kraft,
die Arbeit ins Spiel zu bringen, d. h. die Initiative der Versorgung
zu ergreifen, andererseits. Alle Kräfteverhältnisse, die wir an
irgend einem Punkte unseres Circulationsschema ins Auge fassen
mögen, sind daher in den angedeuteten mannichfaltigen Richtungen
auf ihre Grösse zu prüfen. Unsere Entwicklungen über die Bestimmung der Werthe d. h. über das Schätzen und Messen der
wirthschaftlichen Erfolge, werden die Mittel liefern, auch die Chancen
der Concurrenz näher zu bestimmen. Hier handelte es sich nur
um die Hinweisung auf ein sehr weit reichendes Beispiel von der
Bedeutsamkeit des quantitativen Gesichtspunktes. Was sind alle
Ideen und Lehren über die Concurrenz, wenn sie sich nicht um
die Grösse der Spannung bekümmern, unter deren Einfluss jeder
Punkt unseres Schema steht? Die unbestimmte Haltung und der
vage Charakter, den das Denken über die Concurrenz durchschnittlich zur Schau stellt, ist nichts als die Folge der Vernachlässigung
des Fundamentalprincips, alles strengeren Denkens.

II.

Handelsbilanz.

7. Einen sehr leicht fassbaren Nachweis von der Fruchtbarkeit des auf die Quantitäten achtenden Raisonnements kann unsere
Theorie der Handelsbilanz, durch welche wir die Ansichten Adam
Smith's und Carey's in Uebereinstimmung bringen, für Jedermann
liefern, der nicht in dieser Beziehung bereits fertig ist und an die
Unfehlbarkeit des überlieferten Dogma glaubt. Selbst aber da, wo
ein solcher Glaube sehr fest gewurzelt ist, möchte er durch die
Autorität Carey's ein wenig erschüttert werden. Der Leser, der
wahrscheinlich nur die Atmosphäre der vorherrschenden Theorie ge-
athmet hat, möge daher zunächst beherzigen, dass der Amerikanische
Volkswirthschaftslehrer wirklich die Kühnheit hat, die älteste
Lehre von der Handelsbilanz (welche die Theoretiker durch Adam
Smith überwunden glaubten, an welcher aber praktische Staatsmänner noch mit vielfach gutem Grund festhielten), wieder entschieden
aufzunehmen und durch neue Raisonnements annehmbar zu machen.

Um auch denen verständlich zu werden, welche entweder die
älteren oder die neueren Ansichten nicht leicht zur Hand haben,
gebe ich eine kurze Kennzeichnung der fraglichen Vorstellungen.

8. Vor Adam Smith und besonders in dem Vorstellungskreis
des sogenannten Mercantilsystems, welches man besser als Colbertismus bezeichnete, heftete man die Aufmerksamkeit in hohem
Grade auf die Edelmetalle und fand den Gewinn, der im internationalen Tausche herauskäme, hauptsächlich in der Differenz,
welche durch edle Metalle ausgeglichen werden musste. Man
nehme an, ein Land P habe einem Lande Q während eines Jahres eine Quantität Waaren zum Preise a geliefert, und dagegen
eine Quantität Waaren zu dem Geldbetrage b erhalten. Am Ende
des Jahres wird die Abrechnung nun für P die Handelsbilanz a—b
und für Q die Handelsbilanz b—a ergeben. Je nachdem nun a
grösser oder kleiner als b, wird die Differenz positiv oder negativ ausfallen. Ist sie für das eine Land positiv, so wird sie für
das andere negativ sein. Die reelle Bedeutung dieser Differenzen

besteht nun darin, dass dasjenige Land, welches mehr geliefert als empfangen hat, den Anspruch auf Herauszahlung des Saldo, dasjenige aber, bei welchem die Grösse seiner Entnahmen die Grösse seiner Lieferungen übersteigt, eine Verpflichtung zur Herauszahlung der Differenz contrahirt hat. Man nennt die Handelsbilanz für ein Land begreiflicherweise dann günstig, wenn es am Ende des Abrechnungsjahres eine Schuld erworben hat, anstatt sie einzugehen, und ungünstig, wenn es sie eingegangen ist, anstatt eine solche zu erwerben. Offenbar ist die günstige Handelsbilanz immer mit dem Pluszeichen, die ungünstige aber immer mit dem Minuszeichen der Differenz verbunden. Bezeichnen wir den Unterschied zwischen den Grössen a und b mit d, so wird diese Differenz d für beide Nationen gültig sein, für die eine aber das positive, für die andere das negative Vorzeichen haben, d. h. für die eine günstig, für die andere ungünstig sein.

Die älteste Auffassung behauptete nun, dass alles darauf ankomme, für einen Staat ein günstiges d, d. h. eine positive Handelsbilanz zu erreichen. Es sei ja nur die Differenz, durch deren Ausgleichungen in Baarzahlungen edle Metalle erworben werden könnten, und ein Land, welches die Handelsbilanz gegen sich habe, erwerbe nicht nur nicht einen neuen Vorrath edler Metalle, sondern müsse die bei ihm vorhandene Masse derselben noch vermindern. Der Verlust sei immer bei demjenigen Lande, welches seinen Handel so betrieben habe, dass bei der Abrechnung eine Schuld übrig bleibe.

9. Gegen die eben auseinandergesetzte Auffassung machte besonders Adam Smith geltend, dass der Vortheil, der aus einem interprivaten oder internationalen Austausch hervorgehe, der Regel nach zweiseitig sei. Die falsche Vorstellung, dass der Käufer verliere, was der Verkäufer gewinne, und umgekehrt, dass der Verkäufer verliere, was der Käufer gewinne, sei überall und durchgängig auszumerzen. Auch der internationale Austausch bereichere beide Theile, und der Ausfall der Handelsbilanz sei der gleichgültigste Umstand von der Welt. Jede der beiden Nationen arbeite für die andere und der Austausch ihrer Leistungen, nicht aber die Differenz bei der Abrechnung, sei der über den beiderseitigen Vortheil entscheidende Punkt. Dieser Vortheil sei ge-

meinsam, und man könne daher nicht sagen, dass im internationalen Handel nothwendig der eine Theil verliere, was der andere gewinne. Die Förderung des Wohlstandes beruhe auf den gegenseitigen Leistungen, die den gegenseitigen Bedürfnissen entsprächen. Es sei eine thörichte Politik, die Handelsbilanz reguliren oder auch nur als ein Zeichen des guten oder schlechten Erfolges betrachten zu wollen. Die edlen Metalle seien nicht der Reichthum sondern ein untergeordnetes Werkzeug des Verkehrs. Die Vermehrung derselben könne höchstens dazu dienen, den Maassstab zu vergrössern, mit welchem die wirklichen Elemente des · Reichthums zu messen seien. Das Streben nach einer günstigen Handelsbilanz hänge also übrigens auch noch mit der unberechtigten Vorliebe für die Anhäufung edler Metalle zusammen.

Die eben skizzirten Gedanken, die ungefähr den Ideengang Adam Smith's repräsentiren, und in deren Kennzeichnung ich absichtlich eine grössere Schärfe, als sie bei den Vertretern derselben selbst anzutreffen ist, vermieden habe, — diese solange als ein völlig untrügliches Orakel betrachteten Gedanken haben in der That nicht nur viel Scheinbarkeit sondern auch einen wahren Gehalt. Zunächst lassen sie sich ohne Schwierigkeiten in allerlei Wendungen plausibel machen. Welche Thorheit, kann man sagen, anzunehmen, dass der Gewinn des Einen stets der Verlust des Andern sein müsse! Wie soll sich die Politik der verschiedenen Nationen gestalten, wenn jede derselben eine günstige Handelsbilanz als die Grundlage ihres Heils anstrebt? Offenbar wäre das Einzige, was allen eine gewisse Befriedigung gewähren könnte, der Mangel einer jeden Differenz, d. h. eine Handelsbilanz gleich Null. Diese würde für beide Theile weder günstig noch ungünstig sein; es würden beide Theile nach jenen alten Vorstellungen weder gewinnen noch verlieren. Die Harmonie der Interessen liefe also auf einen völligen Verzicht hinaus. Sind zwei Länder in ihrer Politik gleich glücklich, so werden sie sich in ihrem Handel die Waage halten. Weder das eine noch das andere wird es zu einer überschüssigen Schuld kommen lassen; man wird beiderseits die edlen Metalle an sich halten, und so wird denn, den alten Vorstellungen zufolge, streng genommen Nichts gewonnen

und Nichts verloren. Der internationale Austausch geht seinen
Gang, ohne dass etwas Anderes erreicht würde, als der Waaren-
austausch selbst. Ein solcher Zustand ist nun sehr wohl denkbar;
er ist, wie wir sehen werden, annähernd sogar der Fall der Wirklichkeit im Handel zwischen gleich mächtigen Nationen; aber
schon seine blosse Denkbarkeit widerlegt die einseitigen Vorstellungen des Mercantilismus.

Durch die Hinweisung auf die Handelsbilanz gleich Null sind
wir der Lösung der Schwierigkeiten bereits sehr nahe getreten.
Ehe wir jedoch die ganze Angelegenheit vollständig ordnen, haben
wir erst Carey's neue Vertheidigung und Gestaltung der älteren
Ansicht in ein paar Zügen zu kennzeichnen.

10. Carey behauptet die Erheblichheit der Gunst oder Ungunst der Handelsbilanz. Fände sich diese Behauptung nicht in
dem Zusammenhange eines Systems, welches nicht nur über die
gemeinen, dem Mercantilismus anhaftenden Vorurtheile weit hinaus,
sondern auch der Betrachtungsart Adam Smith's an synthetischer
Kraft ausserordentlich überlegen ist, so würde man allerdings in
Verlegenheit gerathen. Glücklicherweise hängt nun aber Carey's
Ansicht mit einer ebenfalls verbesserten und die Einseitigkeiten
Adam Smith's berichtigenden Geldtheorie zusammen, und wir
können so das Gewicht begreifen, welches Carey auf den Umstand
legt, ob eine Volkswirthschaft das gehörige Maass von Anziehungskraft für die edlen Metalle bewahre oder verliere. Die Menge
des Metallgeldes, welche dem Verkehr eines Wirthschaftsgebiets
zugeführt wird, ist in den Augen Carey's nicht in demselben Maasse
gleichgültig, wie in denen Adam Smith's. Carey's Auffassung
sieht in dem Verkehr einen Organismus, in welchem die edlen
Metalle nicht gleichgültige Vermittler des Stoffwechsels, sondern
selbst ein Element des letzteren sind. Man kann das Verhältniss,
in welchem dieser Stoff zu den übrigen steht, nicht ungestraft
unter eine gewisse Grenze sinken lassen. Die Tauschmaschinerie
ist so zu sagen an dieses circulirende Blut gewiesen, um ihr
Kräftespiel gehörig geltend machen zu können. Eine Vermehrung
oder Verminderung der einem Wirthschaftsgebiet zur Verfügung
stehenden Gold- und Silbervorräthe ist daher nicht eine blosse

Veränderung des Maassstabes, sondern ein Eingriff in das Lebens-
element der Circulation. Die internationale Strömung der edlen
Metalle kann einen bedenklichen Charakter annehmen, wenn die
aus dem internationalen Handel erwachsenden Schulden und Verbindlichkeiten ein ungünstiges Verhältniss bilden. Wodurch soll
ein Land seinen Bedarf an edlen Metallen beschaffen, wenn es
nicht durch eigne Gewinnung oder durch Eintausch des Goldes
und Silbers gegen Waaren geschieht? Die wirthschaftliche Politik
wird mithin darauf zu achten haben, ob die Strömung der internationalen Metallcirculation eine für das fragliche Land günstige
oder ungünstige Richtung habe. Die Gold- und Silberländer bilden das eine Extrem, die am höchsten entwickelten Wirthschafts-
gebiete das andere. Der über die Gunst oder Ungunst der Strömung entscheidende Umstand ist die eigne Anziehungskraft, und
es wird daher die Handelsbilanz (selbstverständlich nach allen
Richtungen erwogen) wenigstens einen Index der günstigen oder
ungünstigen Bewegung des Wirthschaftslebens abgeben können.

11. Stellt man die Ansicht Adam Smith's und diejenige Carey's in vagen Ausdrücken gegenüber, so scheinen sie unvereinbar.
Der Eine leugnet, der Andere behauptet die Erheblichkeit der
Handelsbilanz. Ganz im Allgemeinen betrachtet, sind die beiden
Aufstellungen offenbar widersprechend, und es giebt zwischen
ihnen keine dritte Möglichkeit. Sobald man aber näher zusieht,
was Adam Smith wirklich bewiesen habe, und was Carey speciell
behaupte und plausibel mache, so wird man finden, dass es denn
doch noch einen Ausweg giebt, und dass derselbe in der Zurückführung jedes der beiden entgegenstehenden Sätze auf eine Maass-
bestimmung besteht. Der quantitative Gesichtspunkt bildet sehr
häufig die einzige Aushülfe, wenn übrigens vollkommener Widerspruch vorhanden zu sein scheint. Wir werden daher jede Behauptung vermöge einer quantitativen Erwägung einschränken,
und zu unserer Genugthuung erfahren, dass die Einsichten strenger Denker sich weit seltener widersprechen, als die Schablonen
und Formeln durch welche man diese Einsichten gedeckt glaubt.

Wir haben zu unterscheiden zwischen dem gemeinsamen
Stamm des Austausches einerseits und der Differenz andererseits.

Jener Stamm kann a oder b sein; auf diese Alternative kommt wenig an. Er möge daher der Kürze wegen als durch den Austauschbetrag b repräsentirt gelten. In der Wirklichkeit und unter Voraussetzung normaler Zustände wird die Differenz oder Handelsbilanz d ein verhältnissmässig kleiner Bruchtheil jenes Stammes, d. h. von b sein. Will man daher, wie man muss, den beiderseitigen aus den internationalen Austauschungen hervorgehenden Nutzen aus dem Gesichtspunkt der absoluten Grösse der gegenseitigen Leistungen messen, so wird der Stamm b entscheidend sein, und die kleine Grösse d als ganz unerheblich vernachlässigt werden können. Die Leistung des Landes P ist dem Werthe nach von der des Landes Q nur ganz unbeträchtlich verschieden. Jedes der beiden Länder kann sich also zu einem gewissen Maass von Befriedigung seiner Bedürfnisse Glück wünschen. Jedes hat· so viel gegeben als erhalten, wenn man den Werth in Rechnung zieht. Der Gewinn oder vielmehr Nutzen liegt aber darin, dass es sich grade das verschafft hat, was es brauchte. Man nehme an, der Stamm von Austauschgegenständen sei in einer gewissen Zeit auf das Doppelte, d. h. auf 2 b gestiegen, so wird man, sobald man mit Adam Smith den Nutzen des Austausches nach dessen Umfang misst, behaupten müssen, dass sich jetzt der beiderseitige Nutzen ebenfalls verdoppelt habe. Uebrigens ist es auch eine ganz einfache und nothwendige Vorstellung, den Nutzen, den man überhaupt in dem blossen Umstand des Austauschens ohne Rücksicht auf den Profit setzt, mit den Häufungen der Tauschfälle in gradem Verhältniss zunehmen· zu lassen. Die natürliche Einheit ist irgend ein Tauschgeschäft von bestimmtem Werth der Waare, und man kann sich den ganzen Handel einer Nation als aus lauter solchen Einheiten zusammengesetzt denken. Man kann dann behaupten, dass jeder solchen Einheit eine Einheit des Nutzens entspricht, und dass sich daher der auf beiden Seiten erreichte Nutzen ebenfalls aus Einheiten zusammensetzt und sich mit der Häufung der ausgetauschten Werthe summirt. Ist nun letzteres der Fall, so hat Adam Smith vollkommen recht, den absoluten Betracht der Handelsbilanz als einen gleichgültigen Umstand zu betrachten. Der durch die Differenz d repräsentirte Ueberschuss

ist im Verhältniss zum Stamm so gering, dass es nicht darauf
ankommt, ob dieser Ueberschuss in Rechnung gebracht werde
oder nicht. Man kann daher sowohl a als b zur Bezeichnung des
Betrages der vollzogenen Tauschgeschäfte wählen, und solange
man nur auf den Nutzen der internationalen Industrieergänzungen
d. h. der Aequivalenzen sieht, welche durch den Handel einander
substituirt werden, ist die Beachtung des Stammes mit völliger
Vernachlässigung der Differenz ganz in der Ordnung.

Adam Smith hätte daher sagen können: Für diejenige Förderung des Wohlstandes, welche auf dem blossen Vertauschen der
industriellen Ergebnisse beruht, ist das Maass in der absoluten
Grösse d. h. in dem Betrage des Gesammtwerthes der gegenseitigen Leistungen zu suchen, die Profitdifferenz aber ausser Anschlag zu lassen. — Der Fehler Adam Smith's war nicht sein
Raisonnement selbst, sondern die zu weite Ausdehnung desselben,
die sich wiederum aus der vagen Natur seiner Ideen erklärt. Der
Mangel an Bewusstsein über die quantitativen Voraussetzungen
der Stichhaltigkeit des ganzen gegen den Mercantilismus gerichteten Beweises ist die Achillesferse der Smith'schen Ansicht.

Wir haben den Gesichtspunkt, aus welchem Adam Smith's Behauptung unanfechtbar ist, hoffentlich scharf genug gekennzeichnet.
Doch sei noch darauf hingewiesen, dass auch die begriffliche Bestimmung bei Adam Smith nicht genug zugespitzt war, um nicht
an die Nothwendigkeit der streng quantitativen Ausführung zu
mahnen. Der Nutzen des Handels, dachte er sich, liegt in der
Vollziehung des Austausches selbst. Die Grösse des Austausches,
nicht aber der Gewinn, der bei dem ganzen Austausch gemacht
wird, ist das Maass jenes Nutzens. Ist denn nun aber dieser
Nutzen, den Adam Smith vor Augen hat, der einzige, den man
bei den internationalen Geschäften in Anschlag zu bringen hat?
Oder ist er auch nur der vorwiegende und entscheidende, in Verhältniss zu welchem die ganze übrige Gestaltung der internationalen
Geschäfte gleichgültig bliebe?

Diese Fragen müssen wir in mehreren Beziehungen verneinen
und haben hierbei glücklicher Weise die Autorität Carey's für uns.
An dieser Stelle handelt es sich jedoch nur um die äusserliche Be-

trachtung der Handelsbilanz und um deren Folgen, nicht aber um
deren Entstehung oder um die günstige bezüglich ungünstigere
Gestaltung der von einer Nation gezahlten oder empfangenen Preise.

12. Fragt man nach den Wirkungen der Schuldforderungen
oder Schuldverbindlichkeiten, die sich aus der Bilanz ergeben, so
wird die Grösse d, so gering sie auch im Vergleich mit dem Stamm
des Austausches sein möge, ein sehr wichtiger Bestandtheil der
volkswirthschaftlichen Kraft. Ihre negative Beschaffenheit ist nur
unter Umständen nicht schädlich, während der Regel nach die
Strömung der weltwirthschaftlichen Circulation im Sinne der Erzeugung von positiven d. h. günstigen Handelsbilanzen erfolgen
muss. Wie ist es nun aber denkbar, dass diese Gunst der Handelsbilanz (die natürlich nach allen Richtungen erwogen sein will) allen
denjenigen Stätten der wirthschaftlichen Cultur zu Theil werde, für
welche sie durchaus erforderlich ist? Das Räthsel löst sich durch
eine Erinnerung an unsern Begriff des materiellen Angebots und
der materiellen Nachfrage. Dehnen wir unser Schema, welches wir
für die Kräfteverhältnisse in der Concurrenz mit vorwiegender Rücksicht auf eine einzige Volkswirthschaft betrachteten, auf die durch
den Weltmarkt vermittelte Circulation aus, so werden wir leicht
erkennen, dass die Frage der günstigen Gestaltung der Handelsbilanz zusammenfällt mit der Aufgabe, die materielle Kraft der
nationalen Nachfrage nach edlen Metallen aufrecht zu erhalten und
zu steigern.

Die Differenz d ist eine sehr kleine Grösse im Verhältniss zu
den Werthbeträgen des gesammten Handels. Grade aber auf der
artige kleine Differenzen wird die subtilere Volkswirthschaftslehre
sehr ernstlich zu achten haben. Der Gesichtspunkt, aus welchem
diese Differenzen erheblich sind, ist niemals derselbe, aus welchem
sie vernachlässigt werden können. Grade aber um dieses Umstandes willen ist die strengste Unterscheidung geboten. Das Mercan-
tilsystem hatte wenigstens ein instinctives Gefühl für die Wichtigkeit der fraglichen Grössen, und wenn es von seinen Bestrebungen
keine deutliche Rechenschaft geben und so über die Einseitigkeit
nicht triumphiren konnte, so hat jetzt Carey den Mangel ergänzt.
Unsere Hinweisung aber, derzufolge die kleine Quantität, die in

der einen Hinsicht unerheblich ist, in der andern wichtige und auch quantitativ messbare Functionen einleitet, dürfte die Schwierigkeit bei der Wurzel gefasst haben. Wir können uns hier nicht darauf einlassen, die Wirkungen der Grösse d in das Getriebe der Volkswirthschaft zu verfolgen oder wohl gar zu messen. Man wird jedoch wenigstens ein richtiges Bild der Sache gewinnen, wenn man sich denkt, dass jene Grösse, so klein sie im Verhältniss zu dem internationalen Geschäftsumsatz sein möge, in der Maschinerie des innern und auswärtigen Verkehrs, wie an einem langen Hebelarm thätig ist und daher Wirkungen vermittelt, zu denen ihr Betrag in keinem Verhältniss steht. Unterlässt man es aber, diese Wirkungsweise eines anscheinend unerheblichen Gewichts zu untersuchen, so wird man unvermeidlich in die Einseitigkeit Adam Smiths verfallen.

So hätten wir denn durch die blosse Ueberlegung, dass die Handelsbilanz zum Stamm des Austausches in einem Verhältniss steht, welches überall da, wo die Grösse des Stammes maassgebend ist, die Vernachlässigung der Bilanz erlaubt, einen der anscheinend unversöhnlichen Widersprüche aufgelöst, und es sei schliesslich nur noch bemerkt, dass das Sinken der absoluten Grösse der Bilanz eine Folge und ein Zeichen der Annäherung zur Kraftgleichheit zwischen den in Frage kommenden Staaten sein müsse. Die Entwicklung der Bedeutung, welche die absoluten Grössenveränderungen der internationalen Bilanzen d. h. der Quantitäten von der Art der Grösse d für die Wohlstandsbeziehungen der Völker haben, würde zwar eine Erläuterung unseres kritischen Hauptprincips abgeben, uns jedoch an dieser Stelle zu weit führen.

III.

Bedeutung der Geldmenge.

13. Die Frage nach den Wirkungen der Geldvermehrung berührt mehrere Probleme. Eins derselben haben wir bereits erwähnt. Die Fähigkeit einer Nation, sich edle Metalle nach Bedarf zu beschaffen, hängt von der richtigen Leitung ihrer wirhschaft-

lichen Kraft und von der Ueberwachung der internationalen Kaufgeschäfte ab. Eine Uebervortheilung kann jene Fähigkeit arg schmälern, und die zur Verfügung stehende Geldmenge oder vielmehr die
Verfügungskraft über das im Weltverkehr vorhandene Gold und
Silber schwer beeinträchtigen. Doch wird die Frage nach der Bedeutung der Geldmenge fast noch wichtiger, sobald es sich überhaupt um Currency d. h. um alle Gattungen allgemein umlaufender
Zahlungsmittel handelt. In den verschiedenen die Bankpolitik und
den Staatscredit betreffenden Untersuchungen wird die Quantität
der emittirten Zahlungsmittel stillschweigend als der über Zweckmässigkeit und Unzweckmässigkeit entscheidende Umstand betrachtet. Die natürlichen Grenzen des Credits sind auch diejenigen des
Creditgeldes. Die Frage, ob ein Staat unter Umständen Schatzscheine mit Vortheii für den Gesammtwohlstand ausgeben könne,
lässt sich niemals ohne Grösseneinschränkung entscheiden.

Die besondere Untersuchung, wie die künstliche und willkürliche Vermehrung des blossen Creditgeldes auf die Preise der Lebensbedürfnisse wirke, lässt sich nicht in der vielfach beliebten einfachen Weise abfertigen. Die Veränderung der Preise braucht durchaus nicht der Vermehrung des Geldes proportional zu sein. Es
concurriren selbst rücksichtlich des Metallgeldes die verschiedensten
Ursachen, um dessen Werth noch in ganz andern Richtungen, als
die von dem Zuwachs seiner Menge vorgezeichnete ist, erheblich
zu beeinflussen. Alle diese ursächlichen Beziehungen wollen nun
selbständig erwogen und zwar jede einzeln nach Maassgabe ihrer
quantitativen Verhältnisse erwogen sein.

Es geht hier nicht an, eine Theorie des Geldes zu anticipiren,
und von der Untersuchungsart, die in den einschlägigen Fragen
geboten ist, ein ausführliches Beispiel zu geben. Es kommt uns
nur darauf an, die Voreiligkeit derjenigen Schlüsse zu kennzeichnen, welche die Bedeutung der Geldmenge ohne Weiteres und ohne
Einschränkung dem Betrage derselben proportional setzen. Die
Grösse der Ursache und die Grösse der Wirkung sind nur in seltenen Fällen proportional. Vermehrt man die Geldmenge, die auf
einen bestimmten Markt angewiesen ist, auf das Doppelte, so ist
die Folge hiervon noch keineswegs ein Steigen der Preise, welches

ebenfalls das Doppelte ihrer früheren Höhe erreichte. Um solche Schlüsse machen zu dürfen, muss man stets speciell nachweisen, dass wirklich Grund vorhanden sei, der Vervielfachung der Grösse der Ursache eine eben solche Vervielfachung der Grösse der Wirkung entsprechen zu lassen. Eine allmälige und stetige Vermehrung wird anders wirken, als eine plötzliche Vervielfachung. In beiden Fällen wird man die qualitativen Effecte nicht eher bestimmen können, als bis man die quantitativen Verschiedenheiten wenigstens annähernd abgeschätzt hat. Der Streit um die wahren Ursachen der colossalen Erhöhung des in der Amerikanischen Union grade im Anfang des letzten Kriegsjahres gültigen Goldagios kann nur entschieden werden, wenn man nicht blos Zahlen vorführt, sondern das Raisonnement wirklich auf die Quantitätsmomente der sämmtlichen ins Spiel gekommenen Ursachen richtet.

Die bereits berührte Meinung Adam Smith's, der zufolge eine Vermehrung der Geldmenge nur den Maassstab der Preise ändert, übrigens aber gleichgültig ist, dürfte die Folge einer überaus einseitigen Abstraction gewesen sein. Adam Smith war gewohnt, dass Geld nur als Vermittler der unabhängig von seiner Menge jedenfalls erforderlichen Austauschungen anzusehen. Er vernachlässigte den Reiz, den man in dem Vorhandensein einer Kraft, wie sie der Besitz des Geldes mittheilt, nicht verkennen darf. Wie im Organischen der auf Reizungen beruhende ursächliche Zusammenhang keineswegs dem einfachen Gesetz folgt, dass die Grösse der Wirkung oder Rückwirkung der Grösse der Ursache gleich ausfalle, ebenso wenig kann man die stimulirenden Einflüsse des Geldes in einer einfachen Weise abschätzen. Adam Smith zog es nun zwar vor, diese Reize fast ganz zu vernachlässigen und die Geldmenge fast für bedeutungslos zu erklären. Indessen auch derjenige, der diese Gleichgültigkeit der Quantität nicht anerkennt, wird sich zu hüten haben, dass er nicht da willkürliche Beziehungen voraussetze, wo nur Beobachtung und Nachdenken die Art des quantitativen Zusammenhangs feststellen können.

14. Mit der Entwicklung der Volkswirthschaft steigen alle Preise. Ist diese Erscheinung eine Wirkung der nicht abzustrei-

tenden Vermehrung der Gold- und Silbermenge und der Versorgung des Marktes mit Creditgeld? Nur wer die Art, wie die Quantität der Zahlungsmittel in den Verkehr eingreift, gehörig bedacht hat, kann über diese Frage eine sichere Auskunft ertheilen. Der blosse Umstand, das die Leute mehr Zahlungsmittel zur Verfügung haben, bestimmt sie noch keineswegs zu einem im Verhältniss dieser Zahlungsmittel gesteigerten Preisgebot. Die Steigerung der Preise ist zunächst und vor allen Gründen, die noch sonst bei ihr mitwirken mögen, nicht die Folge einer Vermehrung der Geldmenge, sondern die Wirkung des allgemeinen Bestrebens, für jede Leistung eine grössere Gegenleistung zu erzielen. Der geschichtliche Ausdruck der Allgemeinheit dieses Bestrebens ist die mit dem Verlaufe der Zeit unvermeidlich vor sich gehende absolute Vergrösserung aller Leistungen. Das Metallgeld macht nun von dieser allgemeinen Ausdehnung der Dimensionen von Leistung und Gegenleistung begreiflicher Weise keine Ausnahme. Auf der Basis der metallnen Zahlungsmittel ruht aber das ganze Gebäude des reinen Creditgeldes. So hängen denn die im Laufe des volkswirthschaftlichen Fortschritts constatirten Preissteigerungen gar nicht wesentlich mit der Vermehrung der Geldmenge zusammen. Jedenfalls kann man behaupten, dass die Veränderungen der Geldmenge erst als Ursachen zweiter Ordnung in Betracht zu ziehen und quantitativ am wenigsten erheblich sind. Dagegen ist es sehr wohl möglich, dass die abnormen Störungserscheinungen, welche sich aber in grösseren Zeiträumen ausgleichen, auf plötzlichen Vermehrungen der Geldmenge beruhen. Nur darf man über den momentan hervortretenden Erscheinungen nicht das allgemeine Gesetz der Preissteigerung d. h. der Erweiterung der absoluten Dimensionen von Leistung und Gegenleistung vergessen.

Letzteres Gesetz liegt eigentlich schon im Begriff des volkswirthschaftlichen Fortschritts. Der Umfang der Leistungen und Gegenleistungen muss sich in Rücksicht auf jedes einzelne Tauschgeschäft in dem Maasse erweitern, als die Productivität der wirthschaftlichen Kräfte steigt. Indem sich Nachfrage und Angebot nicht blos extensiv, sondern auch intensiv d. h. für die Bedürfnisse des Einzelnen erweitern, wachsen die Dimensionen der Tauschgeschäfte. Es wird von beiden Seiten mehr gegeben, weil auf beiden Seiten mehr hervorgebracht wird. Uebrigens können die Verhältnisse des Austausches dieselben bleiben, und dennoch wird schon der blosse Umstand, dass die ausgetauschten Waarenbeträge gewachsen sind, eine Preissteigerung mit sich bringen. Da jedes Tauschgeschäft als in zwei Kaufgeschäfte zerlegt gedacht werden kann, so wird die Dimensionserweiterung auch den als Vermittler eingeschobenen Preis berühren müssen. Das allgemeine Schema dieses Vorganges wird sich etwa in folgender Weise gestalten. Als Verkäufer erzielt man einen grösseren Preis und als Käufer muss man ihn selbst bezahlen. Die beiden Geschäfte, die man in der doppelten Rolle macht, beziehen sich auf verschiedene Waaren oder Leistungen, die sich eben nur in den fraglichen Dimensionen (ich sage absichtlich nicht Verhältnissen) austauschen. Die Forderung eines grösseren Geldbetrages ist die Wirkung aber nicht die Ursache des absoluten Anwachsens der Leistungen. Wer das Geld verlangt, vertritt, wie wir früher gesehen haben, die materielle Nachfrage d. h. die Consumtion. In letzterer liegt aber die vorwärts treibende Kraft. Welches Mittel hat aber das Angebot, um sich zur Nachfrage in einer andern Richtung in Stand zu setzen? Offenbar nur die Preissteigerung d. h. die Forderung eines grösseren Geldbetrages. Dieser grössere Geldbetrag muss sich nun seinerseits wieder gefallen lassen, für eine andere Waare in einem ähnlichen erhöhten Verhältniss in Anspruch genommen zu werden. Der tiefere Grund der den geschichtlichen Fortschritt der Volkswirthschaften begleitenden Preiserhöhungen liegt also in der Vermehrung der Quanti- tät der Naturalleistungen, nicht aber in der Vermehrung der Geld- menge. Letztere ist vielmehr Wirkung, nicht aber Ursache der allgemeinen, alle Gegenstände betreffenden Preissteigerung.

Die eben angedeutete Theorie ist offenbar von einer quantita- tiven Schätzung der Wirkungen getragen. Niemand wird bestrei- ten, dass aus der Vermehrung der Geldmenge, von allen andern Gründen abgesehen, ein gewisses Maass der Preissteigerung ge- folgert werden könne. Ist aber dieses Maass etwa beträchtlich genug, um im Verhältniss zu dem vorher entwickelten Grunde der

allgemeinen Preissteigerung in Betracht zu kommen? Wir antworten mit Nein. Alles Gold Californiens, so wichtig seine Zuströmung auch gewesen sein möge, übt nur eine schwache Kraft
im Vergleich mit jenem mächtigen Steigerungsmittel, welches in
den wirthschaftlichen Bestrebungen und dem sie begleitenden Fortschritt der Consumtion zu suchen ist. Das Geld wird sich daher
auch immer da am reichlichsten vorfinden, wo jene Kraft, die
Dimensionen von Leistung und Gegenleistung zu vergrössern, mit
der höchsten Energie wirksam ist. Unsere ganze Entscheidung ist
aber nur auf Grund einer Schätzung der verschiedenartigen preis-
steigernden Kräfte erfolgt. Wer auf diese quantitativen Unterschiede, die von keiner Statistik fertig dargeboten werden, nicht
Rücksicht nimmt, sollte eigentlich gar kein Urtheil abgeben. Für
ihn ist jede Ursache gültig, und er müsste sich daher darauf beschränken, zu behaupten, dass mehrere Ursachen zusammenwirken,
um die gegebenen Thatsachen und Erscheinungen hervorzubringen.
Nun kommt es aber auf die Bestimmung der durchgreifenden, in
erster Linie maassgebenden und daher im Allgemeinen entscheidenden
Ursache an.

Letztere wurde nun von uns offenbar durch die Ueberlegung
der Grösse der Kraft gewonnen, mit welcher das Bestreben, die
Geldleistungen zu vergrössern, in den Verkehr eingreift. Wenn
man bedenkt, dass sich jedes Geschäft unter der Einwirkung der
erwähnten Kraft abschliesst und dass nur das Maass des volkswirthschaftlichen Fortschritts die natürliche Schranke der Bethätigung dieser Kraft bildet, so wird man das Bedürfniss speciell rech-
nender Ueberschläge nicht mehr empfinden. Ueber die erheblichen
Quantitätsverhältnisse ist in dem Augenblick entschieden, in welchem man weiss, dass die Zuströmungen der edlen Metalle, ja dass
überhaupt die Menge des vorhandenen Geldes zu den geschichtlich
constatirbaren Preiserhöhungen in keinem Verhältniss steht. Allerdings kommt die Vermehrung des Vorraths der edlen Metalle dem
Bedürfniss des Verkehrs entgegen, würde aber einem Lande, welches nicht bereits im Fortschritt und in jener allgemeinen Preissteigerung begriffen ist, nur wenig nützlich sein. Um also nicht
die Ursache mit der Wirkung zu verwechseln, ist die quantitative

Schätzung durchaus unumgänglich, und dies nachgewiesen zu haben, war der Zweck unseres Beispiels.

Drittes Capitel.
Unterscheidung der statistischen Begründung.

1. Die Statistik knüpft an Staat und Gesellschaft an; sie be-müht sich um die Kennzeichnung der Zustände, so weit sie Gelegenheit hat, die Vorgänge und Verhältnisse in Zahlenangaben zu erfassen. Sie rechnet bis jetzt noch sehr wenig, und kennt das rechnende Element in allem Denken noch weit weniger. Sie ist eine Frucht des Versuchs und der praktischen Nothwendigkeit. Jener Versuch ging von einer Art Neugier aus. Man wollte zusehen, wie sich gewisse Erscheinungen ausnähmen, wenn sie im Grossen und Ganzen betrachtet würden. Geburts- und Sterbelisten zogen zuerst die Aufmerksamkeit auf sich.

Dieser Mischcharakter ist der Statistik bis auf den heutigen Tag d. h. während ihres jungen Debüts geblieben. Ihr Hauptgewicht liegt in ihrer praktischen Brauchbarkeit. Aus diesem Umstand erklärt sich denn auch, warum es ihr schwer wird, die Form einer strengen Wissenschaft anzunehmen. Einige Ueberlegung lehrt, dass wohl eine Arbeitstheilung zwischen der Statistik und den Wissenschaften, auf deren Gebiet und in deren Interesse sie forscht, eintreten kann, eine selbständige Constituirung der volkswirthschaftlichen oder der socialen Statistik aber eine unnatürliche Trennung wäre. Das statistische Material ist, wie schon früher angedeutet, für die Volkswirthschaftslehre das, was die einzelnen Thatsachen und deren Aufzählungen für die Physik sind. In einem Lehrbuch der Physik dürfen gewisse Tabellen nicht fehlen, wenn nicht die Wissenschaft sehr unvollkommen bleiben und praktisch unanwendbar werden soll. Dennoch wäre eine äusserliche Trennung der beiden Bestandtheile des Wissens nicht blos ein Fortschritt im Geschmack der Darstellung, sondern auch ein Erfolg für die Schärfe

und Klarheit der Exposition. Man würde die beiden Ausgangspunkte unserer physikalischen Erkenntniss besser unterscheiden.
Man würde die doppelte Bewegung, durch welche die Erkenntniss
gefördert wird, in ihrer Richtungsverschiedenheit und nach ihren
Antheilen an der Erweiterung des Wissens in höherem Maasse
würdigen. Die verschiedene Begründungsart würde deutlich hervortreten. Man würde den Gedankengang eines Galilei und dessen
thatsächliche Feststellungen nicht mit dem vagen Raisonnement
eines phantastisch speculirenden Mathematikers oder mit dem rich-
tungslosen Forschen eines ameisenartig sammelnden Geistes ver-
mengen. Man würde die quantitative Begründung nicht in jeglicher
Tabelle, sondern in dem rechnenden Charakter des Denkens und
in dem denkenden Charakter des Rechnens suchen.

Die Analogie der Physik trifft bei der Statistik in noch höherem Maasse zu. Wir haben bereits mehr oder minder äusserliche
Vereinigungen des statistischen Materials und der Volkswirthschaftslehre. Ja wir haben sogar ein System, welches die erwähnte doppelte Bewegung in hohem Maasse combinirt und das früher getrennte Material verschmolzen hat. Carey's Volkswirthschaftslehre
und Socialwissenschaft ruht auf statistischen Grundlagen und ist
die Frucht einer Speculation, welche die Thatsachen ebenso sehr
beherrscht, als ihnen gehorcht. Doch müssen wir in dieser Richtung weiter streben. Wir müssen die quantitative Begründung von
der statistischen Ausführung oder Anregung unterscheiden. Wir
müssen jedes Raisonnement, welches den innerhalb der Begriffe
spielenden Grössenvariationen keine Rechnung trägt, für nicht
ausreichend exact erklären. Wir müssen verlangen, dass man
auch da auf Grössenunterschiede Rücksicht nehme, wohin die Statistik nicht gedrungen ist oder auch überhaupt nicht zu dringen
braucht.

Die Statistik hat eine natürliche Schranke. Sie befasst sich
nur mit solchen Erhebungen, die für einen praktischen oder theoretischen Zweck nöthig sind. Nun kann man aber bisweilen mit
der blossen Schätzung oder mit abgeleiteten Grenzbestimmungen,
innerhalb deren sich eine Grösse befinden muss, in den Raisonnements sehr wohl auskommen. Alsdann kann man nicht mehr von

statistischer Begründung, sondern nur von einer quantitativen Erwägung reden. Allerdings lässt sich nur auf der Grundlage genauer Maassbestimmungen eine erfolgreiche Praxis denken, wie sie den Staatszwecken der Regel nach vorschweben muss; allein sowohl die Theorie als die Praxis werden in gewissen Fällen ihr Ziel durch blosse Ueberschläge erreichen können. Hierzu kommt noch, dass es sogar schon wichtig werden kann, die Lücken zu kennen, welche in dem volkswirthschaftlichen Raisonnement aus Mangel an quantitativen Bestimmungen bleiben müssen. Die Geltendmachung des quantitativen Gesichtspunktes ist daher ein Verfahren von weit grösserer Allgemeinheit und Tragweite, als durch die eigentlich statistische Begründung ermöglicht wird.

2. Erinnern wir uns der Beispiele des vorigen Capitels. Sie haben sämmtlich weit weniger mit der Statistik, als mit der überhaupt quantitativ bestimmten Denkweise zu schaffen. Die Kräfteverhältnisse in der Concurrenz können zwar indirect durch statistische Angaben näher bestimmt werden und müssen es auch in einer jeden Theorie, die sich nicht blos mit der Methode des Denkens über diese Kräfteverhältnisse, sondern mit den speciellen Lehrsätzen selbst beschäftigt. Dennoch bleibt die Hauptsache zunächst blos die Bemerkung des Mangels an Schlüssigkeit in einem jeden Raisonnement, welches sich nicht bewusst ist, wenigstens im Allgemeinen bestimmte Grössenverhältnisse vorauszusetzen zu müssen. In den Raisonnements der höheren Analysis sind die relativen Beziehungen der von den Symbolen repräsentirten Grössen noch in andern Hinsichten wichtig, als in denjenigen, welche durch die Rechnungszeichen angedeutet werden. Man muss wissen, ob eine Grösse im Verhältniss zu einer andern als sehr klein vorausgesetzt werde, oder ob sie sich unter der Voraussetzung der Veränderung gewisser Beziehungen unbegrenzt verkleinere. Aehnlich verhält es sich auch im volkswirthschaftlichen Denken, sobald wir es überhaupt mit der Erwägung veränderlicher Grössen zu thun haben. Blosse Schätzungen werden daher oft genauere Messungen vertreten können, und die Hauptsache ist, dass man sich bewusst bleibe, dass quantitative Bestimmungen eine unerlässliche Ergänzung aller wahren Gesetze bilden. So ist z. B. das Carey'sche

Vertheilungsgesetz, demzufolge der Bruchtheil des ganzen Arbeits-
ertrages für die Lohnarbeit steigt, während der Bruchtheil, der
auf den Capitalgewinn fällt, mit dem Fortschritt der Volkswirthschaft sinkt, offenbar erst dann praktisch erheblich, wenn die
Grösse der verhältnissmässigen Veränderungen in diesen Bruch-
theilen bestimmter angegeben werden kann. Wenigstens wäre sonst
der Fall denkbar, dass das Steigen zwar statt hätte, aber nach Weise
einer Reihe von Hinzufügungen, deren Summe eine bestimmte
Grenze auch dann nicht erreicht, wenn die Summirung als ins
Unbegrenzte fortgesetzt gedacht wird. Ferner wäre es ja möglich,
dass die sogenannten Niveauerhöhungen des Arbeitslohns quantitativ ungenügend ausfielen. Endlich ist die ganze Vorstellung der
Interessenharmonie, wie die jeder Harmonie, an quantitative Verhältnisse gebunden. Wie vage muss daher ein Raisonnement ausfallen, welches nur die Alternative zwischen eigentlich statistischen
Begründungen einerseits und begrifflichen Phantasien andererseits
kennt, und von der dazwischen liegenden Möglichkeit einer Schätzung
kein deutliches Bewusstsein hat?

Dritter Abschnitt.

Schätzung und Messung der wirthschaftlichen Erfolge oder die Werththeorie.

Erstes Capitel.

Sinn und Folgen einer Werththeorie.

1. Die Lehre vom volkswirthschaftlichen Werth hat nach Adam Smith in mehreren Richtungen eine Behandlung erfahren, die bisweilen den Typus der Scholastik und Verschulung zur Schau trägt. Gemeine und ungemeine Forscher und Denker haben ihre Bemühungen in der Werththeorie vereinigt, und schon der blosse Takt muss uns sagen, dass die Ansichten über den Werth eine immer mehr grundlegende und für die sogenannten Systeme entscheidende Bedeutung gewinnen. Um von Ricardos Studie an Adam Smith und den sich anschliessenden Werthvorstellungen zu schweigen, so haben besonders Carey und List eigenthümliche Wendungen genommen. Carey's Anregung hat Bastiat's Werthcapitel in den ökonomischen Harmonieen zur Folge gehabt, und Macleod bewegt sich eingeständlich im Kreise der Bastiat'schen Principien. Die Verschlechterung, welche Carey's Ideen durch die stillschweigende Nacherzeugung Bastiat's erfahren haben, erstreckt ihre Wirkungen bis in das Macleod'sche Wörterbuch, und wir können daher von vornherein davon ausgehen, dass originelle Gedanken über den Werth hauptsächlich bei Carey und List angetroffen werden. List

ist von jeglicher Schulfarbe und von eigentlichem Systemgeist in
der hier fraglichen Beziehung frei; dagegen erfahren die Formeln
Carey's bisweilen eine gezwungene Anwendung, die den Unkundigen
verleiten könnte, in der Werththeorie eine Schöpfung des Schul-
witzes und einen Inbegriff von Spitzfindigkeiten oder wenigstens
unpraktischen Schematisirungen vorauszusetzen. Man vergleiche
rücksichtlich des scholastischen Beigeschmacks der Werththeorie
meine Briefe über Carey's Umwälzung etc.

In Wahrheit gravitirt die Wissenschaft gegenwärtig wirklich
um die Werththeorie. Die formalen Auswüchse grade der origi-
nellsten Ansicht sind sehr erklärlich, wenigstens für denjenigen,
der das Wesen des Denkens und der Forschung kennt und weiss,
dass die ersten Untersuchungen und Aufschlüsse über ein neues
Gebiet nothwendig grösseren Einseitigkeiten, Fehlgriffen und Ausschweifungen ausgesetzt sind, als das Beharren auf ausgetretenen
Bahnen. Noch nie ist das Fundament einer Wissenschaft gewonnen worden, ohne dass vorher ein kühnes Anticipiren die Vorstellungen gleichsam auf eine neue Verfassung und auf einen Umschwung der Denkweise vorbereitet hätte. Die natürliche Entwicklung kann nun einmal keinen andern Charakter haben; die Analyse
folgt der Synthese, wie Newtons zergliedernde Aufschlüsse den
äusserlich gewonnenen Schematen Keplers.

2. Da bis jetzt noch sehr viel äusserlich historische und auf
einer untergeordneten Stufe der Empirie befindliche Gelehrsamkeit
existirt, der es an jeder Ahnung von der materiellen Wichtigkeit
der Werththeorie fehlt, so dürfte eine besondere Sorgfalt grade
bei der Auseinandersetzung des Sinnes und der Folgen einer solchen Theorie am Platze sein. Hierzu kommt noch, dass es niemals an solchen Pflegern der Wissenschaft fehlt, welche sich mit
einer im Vordergrunde stehenden Frage beschäftigen, ohne über
das Woher und Wohin dieser Frage sich oder gar Andern deutliche Rechenschaft geben zu können. Man würde so Manchen in
Verlegenheit setzen, wenn man ihm die einfache Frage vorlegte,
was denn diese oder jene Beschaffenheit der Werthvorstellungen
für theoretische Folgen für die ganze Wissenschaft haben, oder

etwa gar, was praktisch durch diese oder jene Gestaltung der Werththeorie geändert werde.

Um allen Einwürfen von vornherein zu begegnen, gehen wir von dem einfachen Satze aus, dass die Lehre vom Werthe im Wesentlichen Nichts ist und Nichts sein soll, als eine Rechenschaft über die Ursachen der wirklichen Werthschätzungen, wie sie zunächst vom gemeinen Verkehr, später in gewissen Richtungen aber freilich erst von der das Ganze übersehenden Wissenschaft vorgenommen werden. Wie das Eindringen in die Ursachen der wirklichen Vorgänge der Hauptgesichtspunkt aller Wissenschaft ist, so hat es auch die Lehre vom Werthe mit den Ursachen der praktischen Werthbestimmungen d. h. mit den Schätzungsprincipien des thatsächlich gegebenen wirthschaftlichen Lebens und Strebens zu thun. Allerdings giebt es gewisse Ueberschläge und Rechnungen, welche erst von der Wissenschaft ausgeführt werden können. Diese Gesammterwägungen, die aus dem engen Kreise des Verkehrs heraustreten und das Ganze des Getriebes sowie die Gesammterfolge und Gesammtleistungen zum Gegenstand haben, stützen sich aber offenbar auf jene ursprünglichen Messungen des Verkehrs, und können daher niemals von den allgemeinen, fundamentalen Gesetzen der Werthschätzung abw ichen. Wenn die Volkswirthschaftslehre mit Hülfe der Statistik den Werth der ganzen Industrie eines Volkes festzustellen unternimmt, so kann der Begriff Werth in derartigen Summationen keine andere Bedeutung haben, als in den vereinzelten Werthschätzungen des gemeinen, sei es interprivaten, sei es internationalen Verkehrs. Thatsächlich liegen allen prakti schen Erwägungen in der Regel Geldrechnungen zu Grunde, und dies ist auch dann der Fall, wenn man die volkswirthschaftlichen Erfolge ganzer Völker veranschlagt und eine Vergleichung derselben durch Vermittlung des Werthbegriffs versucht. Letztere Vermittlung wurde von List (im Nationalen System) einfach zurückgewiesen. Es sollte unmittelbar auf die productiven Kräfte gesehen und der Theorie der Werthe eine Theorie der productiven Kräfte entgegengestellt werden. List war im Recht, wenn er unter dem Namen einer Theorie der Werthe eine auf falschen Werthrechnungen fussende

Volkswirthschaftslehre verurtheilte; allein auch die productiven Kräfte wollen geschätzt sein, und sobald wir uns überhaupt auf Schätzungen einlassen, brauchen wir unwillkürlich und unvermeidlich irgend eine Werthvorstellung als vermittelnden Begriff des Raisonnements. Schon ganz im Allgemeinen und abgesehen von unserm speciellen Forschungsgebiet lässt sich der Begriff Werth als das Ergebniss einer Schätzung bestimmen. Nun ist jede Schätzung ihrem allgemeinen Wesen nach nichts Anderes als Messung, dieses Wort oder vielmehr diesen Begriff ganz allgemein und ohne Rücksicht auf die Unterschiede der Genauigkeit verstanden. Die wirthschaftliche Werththeorie wird daher so weit reichen, als die gemeinen und die wissenschaftlichen Schätzungen der ökonomischen Erfolge. Grade also der Umstand, dass auch die productiven Kräfte als solche d. h. im Unterschiede von gelegentlichen fertigen Hervorbringungen derselben abgeschätzt sein wollen, muss uns mehr als jede andere Thatsache über die Wichtigkeit der Werththeorie belehren. Es gilt zu vereinigen, was bisher noch mehr oder minder getrennt war; es gilt die Naturalbetrachtung der volkswirthschaftlichen Functionen und Leistungen mit den Geldrechnungen zu verbinden, und das Raisonnement in Werthen zu einem vollkommen angemessenen Ausdruck des Raisonnements in Naturalvorstellungen zu machen. Auf dieses Ziel führt uns die List'sche Unterscheidung unvermeidlich hin, und wir müssen eingestehen, dass eine vollständige Durchdringung des Werthraisonnements mit den Ergebnissen der unmittelbaren, so zu sagen naturalen Betrachtungsweise noch zu einem überwiegend grossen Theil ein Problem ist.

Hier sei nur beispielsweise darauf hingewiesen, dass man den Werth volkswirthschaftlicher Institutionen und productiver Kräfte regelmässig nach denselben Principien wie den Werth der Erzeugnisse bestimmen kann, wenn man sich nur nicht auf einen einzigen Zeitpunkt beschränkt, sondern die in der Zeit auf einander folgenden Hervorbringungen insgesammt in Anschlag bringt. Bisher hat die Werththeorie mehr oder minder vernachlässigt, die Werthschätzungen auf eine gewisse Ausdehnung in der Zeit anzulegen. Sie hat den Augenblick nicht bloss zum Centrum und Ausgangspunkt (was in der Ordnung ist), sondern auch zum Horizont der Werthbestimmungen gemacht. Allein Ort und Zeitpunkt sowie räumliche und zeitliche Ausdehnungen sind für die Werthconceptionen nicht gleichgültig, sondern gradezu wesentlich. Es zeigt sich auch hier, dass gewisse formale Rücksichten (ich meine die jenigen auf die Schemata des Raumes und der Zeit) in jeglicher Wissenschaft nicht nur wiederkehren, sondern auch an die Spitze gewisser fundamentaler Lehren gestellt werden müssen. Es ist ein wenn auch nur scholastisches, so doch anerkennenswerthes Verdienst Macleod's, hervorgehoben zu haben, dass stillschweigend in jedem Zinsbegriff eine zeitliche Voraussetzung gedacht werde. Ist eine solche Hinweisung auch keine Vermehrung unserer Einsicht so dient sie doch zur Verdeutlichung und Präcisirung unserer Ge danken. Was aber die Lehre vom Werth anbetrifft, so wird sich zeigen, dass unser neuer Gesichtspunkt sogar zu wesentlichen Auf schlüssen führt und z. B. den Unterschied zwischen Productionskosten und Reproductionskosten erst völlig verständlich macht.

3. Für die Wissenschaft hat die Werththeorie nur dann Werth, wenn sie in den Stand setzt, nicht blos für ein bestimmtes Gebiet und für eine bestimmte Zeit, sondern für den geschichtlichen und geographischen Zusammenhang in seiner weitesten Ausdehnung Schlüsse zu machen d. h. die Gesammtheit der vergangenen, gegenwärtigen und zukünftigen Erscheinungen sowie die Vorgänge auf den verschiedensten Punkten des Planeten, in civilisirten wie in barbarischen Gemeinwesen zu erklären. Eine Theorie von nur örtlicher und zeitlich auf die nächste Gegenwart beschränkter Tragweite mag wohl als Anfang zur Wissenschaft gelten, ist aber selbst noch kein Wissen, wie wir es in letzter Instanz bedürfen. Geographische und geschichtliche Perspectiven dürfen der Werththeorie nicht fehlen. Die Behauptung Macleod's, dass sich der Werth von Ort zu Ort und von Zeitpunkt zu Zeitpunkt ändere, ist an sich richtig, kann aber der Tod der Forschung werden, wenn daran eine Art Skepsis geknüpft und die Beherrschung der Mannichfaltigkeit der örtlich und zeitlich abweichenden Werthbestimmungen gradezu aufgegeben wird. Letzterer Verzicht geht aber nicht undeutlich aus den Kundgebungen Macleod's hervor. Der Britte hält sich

immer nur an das formal Allgemeine, an das Princip der blossen
Veränderungen und Schwankungen, an den kaufmännischen Begriff von Angebot und Nachfrage, vergisst aber die materiellen und
relativ beharrlichen Grössenbestimmungen. Auf diese Weise gelangt er zu einer Virtuosität in der Erklärung des die Oberfläche
kräuselnden Spieles der Wellen, bekümmert sich aber nicht um
die Bestimmungsgründe des Niveaus und um die Gründe der absoluten Grösse der Hebungen und Senkungen. Adam Smith, ja
selbst noch die Ricardo'sche Studie, ist doch wenigstens nicht so
einseitig und scholastisch beschränkt, um eine analytische Zergliederung des äusserlichsten und oberflächlichsten Formalismus für
etwas Besonderes, geschweige wie Macleod für eine Wiedergeburt
der ökonomischen Wissenschaft zu halten.

Es versteht sich von selbst, dass der Werthbegriff nicht im
Begriff des Geldpreises und die Lehre vom Werthe nicht in einer
Lehre von den Geldpreisen vollständig aufgehen kann. So klar es
nämlich auch sein mag, dass für die Zeit der Geldwirthschaft und
mithin auch der Creditwirthschaft (die nie ohne das Fundament
eines gewissen Umfanges von Geldwirthschaft existirt) alle Werthbestimmungen des Verkehrs in Geld erfolgen, so muss doch der
Begriff Werth offenbar auch in diejenigen Perioden oder noch gegenwärtig bestehenden unentwickelten Zustände übergreifen, in denen
entweder keine eigentliche Geldwirthschaft oder sogar nicht einmal
Geld oder ausgedehnterer Tausch angetroffen wird. Wenn ich behaupte, dass selbst der Tausch keine Voraussetzung des allgemeinen
Werthbegriffs sein dürfe, so erscheint diese Strenge auf den ersten
Blick übertrieben und vielleicht gar als eine blosse Spitzfindigkeit.
Allein die ganze Oberflächlichkeit der Bastiat'schen Vorstellungen
rührt von dem Mangel jener Vertiefung her. Die politische Oekonomie ist nun einmal keine blosse Handelswissenschaft, keine Theorie des Comptoirs, keine blosse Lehre vom Austauschen, wie Bastiat, Michel Chevalier und Macleod es wollen. Noch existirt glücklicherweise das Buch Adam Smith's, und schon aus ihm kann sich
der gesunde Verstand eines Bessern belehren. Freilich ist es eine
Schmach, sich auf classische Werke berufen zu müssen, wo schon
der einfachste Blick auf die Wirklichkeit den seichten Irrthum der

in Verschulung und Kleinlichkeit verkommenden sogenannten Theorien erkennbar macht. Auch Carey hat, wie es einem gründlicheren Forscher ziemt, den Begriff des Werthes von der Rücksicht auf den Tausch ziemlich unabhängig gehalten. Andernfalls wäre es ihm auch nicht möglich gewesen, die Geographie und Geschichte der Volks- und Weltwirthschaft mit seinen Erklärungen zu durchdringen.

4. Die Lehre vom Werth ist für die ökonomischen Theorien von ähnlicher Bedeutung, wie diejenige von den specifischen Gewichten oder überhaupt von der Schwere für die Naturforschung. In der ökonomischen Waage handelt es sich um Werthunterschiede; der Werth ist gleichsam das Gewicht, welches eine Leistung oder ein Erfolg in die Schaale wirft. Der Werth hat daher eine absolute Bedeutung; er ist keine blosse Relativität, wie uns die Carey'schen Formeln und noch viel mehr die Bastiat'schen und Macleod'schen Vorstellungen glauben machen könnten. Doch gehört die Ausführung dieses entscheidenden Punktes erst in das dritte Capitel. Hier müssen wir aber vorläufig und gleichsam auf Credit den Werth als Maassstab der wirthschaftlichen Erfolge (also nicht blos der überwundenen Schwierigkeiten, sondern auch des positiven Nutzens) betrachten. Nur so wird es nämlich einleuchten, dass auch die Bestimmung der grössten Summe praktischer Erfolge des wirthschaftlichen Strebens in Wertheinheiten ausdrückbar sein könne. Hätten wir dagegen etwa, wie Carey, einen doppelten Gesichtspunkt, mithin eine doppelte Einheit, (diejenige des eigentlichen Werthes und diejenige der Nützlichkeit im Sinne einer unsere Bedürfnisse befriedigende Kraft), ja sogar einen Antagonismus zwischen Werth und Nützlichkeit beizubehalten, so würden wir gar nicht mehr behaupten können, dass die Werthschätzungen einen Anhaltspunkt für Messungen und Vergleichungen des Wohlstandes gewähren. Es wird sich zeigen, dass Carey's Unterscheidung zwischen Nützlichkeit und Werth im engern Sinne einen guten Grund und mit den nöthigen Einschränkungen auch einen guten Sinn hat. Allein wir werden den ungezwungenen, natürlichen Sprach- und Begriffsgebrauch wieder rechtfertigen und so denn auch im Stande sein, die Werthschätzungen und Werthrechnungen zur Bestimmung

der Richtung des grössten Erfolges der wirthschaftlichen Bestrebungen zu benutzen. Eine Werththeorie hat daher für unsere Auffassung der wirthschaftlichen Welt strenggenommen noch höhere Bedeutung und grössere Tragweite als für das Carey'sche System.
Wir gewinnen durch die Orientirung über den Werthbegriff und
über die Erklärung der einzelnen Werthschätzungen erst eine wahrhaft zuverlässige vermittelnde Vorstellung des ökonomischen Denkens und Rechnens, wie sie Angesichts der entwickelten Volks-
und Weltwirthschaft nicht zu entbehren ist. Instinct und Tact
veranlassen zwar regelmässig zur Handhabung des Werthbegriffes
als eines Maasses der wirthschaftlichen Erfolge. Dieser Handhhabung
werden selbst diejenigen nicht untreu, welche eine mit derselben
unvereinbare Werththeorie bekennen. Allein es dürfte doch wün-
schenswerth sein, an die Stelle der unwillkürlichen Routine der
Benutzung statistischer Werthangaben ein deutliches, wissenschaftlich gegliedertes Bewusstsein zu setzen, und überhaupt zu zeigen,
wie man die Werthraisonnements in bestimmten Fragen durchzuführen habe.

Zweites Capitel.

Carey's neuer Satz.

1. Die Entwicklungen der Vorstellungen über den Werthbegriff gipfeln in einer bereits 1837 veröffentlichten und mit den mannichfaltigsten Ausführungen versehenen Idee. Es scheint, dass
Carey in der fraglichen Publication *(Principles of political economy,
Philadelphia 1837—40)* zunächst nur die Cosequenzen des Smith'-
schen Satzes gezogen habe, dass die reellen Kosten eines jeden
Erzeugnisses in Nichts als Arbeit d. h. wirthschaftlicher Thätigkeit
bestehen. Da das isolirte wirthschaftliche Subject zu sich sagen
kann, dass ihm seine Lebensbedürfnisse nur die Bemühung kosten,
welche mit der Beschaffung derselben verbunden ist, so lag es
nahe, die Werthschätzung vom Standpunkte dieses isolirten Subjects so zu denken, als wenn die verschiedenen Erfolge desselben

nach Maassgabe der verwendeten Mühe d. h. der überwundenen
Schwierigkeit verglichen und geschätzt würden. Der grössere Naturwiderstand erfordert grösseren leiblichen oder geistigen Kraftaufwand, um die gewünschten Beschaffungen zu ermöglichen. Dieser
Kraftaufwand ist nach Carey das Maass des Werthes, oder wie er
sich selbst auszudrücken pflegt, der Werth ist das Maass des
Widerstandes, den die Natur der Erfüllung unserer Wünsche entgegensetzt.

Wenn mich die Erlangung eines Wildes die doppelte Mühe
kostet, als die eines andern, so schätze ich das erstere doppelt so
hoch oder mit andern Worten, es ist mir doppelt so viel werth.
Die Maasseinheit des Werthes ist also die Arbeit oder abstracter
ausgedrückt eine bestimmte Bemühung. Es ist kein Hinderniss
dieser Art von Werthschätzung, dass sich eigentliche Messungen
anscheinend nicht recht anstellen lassen wollen. Die blosse Arbeitszeit, ohne jede Rücksicht auf die Art der Arbeit, könnte auf der
niedrigsten Stufe der Thätigkeit allerdings zum Ausgangspunkt der
Messungen dienen, und man könnte dann weiter nach Maassgabe
der Erfüllung dieser Zeit mit mehr oder minder qualificirter Arbeit
unterscheiden. Hierdurch würden wir aber bereits der Werththeorie vorgreifen; wir würden den verhältnissmässigen Werth der verschiedenen Thätigkeiten voraussetzen, ohne zu wissen, nach welchem Princip wir die verschiedenartige Erfüllung der Arbeitszeit
zu vergleichen haben. Es handelt sich also zunächst um Arbeitszeit, die von einer Thätigkeit als erfüllt gedacht wird, deren Unterschiede uns gleichgültig bleiben.

Carey scheint Gewicht darauf zu legen, dass man sich den
Werthbegriff als eine blosse Verhältnissvorstellung denke. Hiernach würden wir nicht die absolute Anstrengung, sondern das Verhältniss von wenigstens zwei Anstrengungen in Betracht zu ziehen
haben. Man achte genau auf diese, wenn auch subtile, so doch
schliesslich sehr praktische Unterscheidung. Es fragt sich, ob das
isolirte wirthschaftliche Subject bereits Angesichts eines einzigen
Gegenstandes, den es sich durch seine Bemühungen verschafft hat,
von Werth reden könne. Offenbar kann es zu sich sagen, dass
ihm dieser Gegenstand so viel Mühe koste als, um die Carey'sche

Formel zu brauchen, zur Ueberwindung der Naturhindernisse aufgewendet worden sei. Mit dieser isolirten Betrachtungsart, bei welcher noch an keinen zweiten Gegenstand gedacht wird, ist offenbar die Vergleichung ausgeschlossen. Geschätzt und gemessen wird in diesem Falle nichts als der Mühaufwand und zwar an sich selbst und durch sich selbst. Der Mühaufwand ist eine Quantität, d. h. er ist aus gleichartigen Theilen, die als Maasseinheit dienen können, zusammengesetzt. Was also geschätzt und gemessen wird, ist die Ausgabe an Thätigkeit oder Kraftleistung. Offenbar ist keine Messung ohne Vergleichung denkbar; allein die Vergleichung des Maassstabes oder der Maasseinheit mit der zu messenden Grösse ist augenfällig etwas Anderes, als was Carey meint, indem er die Conception des Werthes als von der Vorstellung einer Vergleichung unzertrennlich erklärt.

In natura d. h. abgesehen von dem vermittelnden Begriff des Geldes müssen alle Productionskosten in einen Inbegriff wirthschaftlicher Thätigkeiten aufzulösen sein. Carey erkennt die Reproductionskosten als Bestimmungsgrund des Werthes an. Die Reproductionskosten sind aber nur die Productionskosten, bezogen auf den gegenwärtigen Augenblick. Der wirthschaftliche Kraftaufwand, welcher heute nöthig ist, um einen Gegenstand herbeizuschaffen oder herzustellen, kann und wird sogar der Regel nach geringer sein, als derjenige, welcher früher erforderlich war. Die Reproduction ist dann leichter, als die ursprüngliche Production, und wenn von den Erzeugnissen der letzteren noch etwas existirt, so wird der Werth dieser Erzeugnisse nur nach der gegenwärtig nöthigen Krauftausgabe geschätzt werden. Auf diesen Umstand in der gehörigen Weise aufmerksam gemacht und die Consequenzen desselben gezogen zu haben, ist eines der Hauptverdienste der Carey'schen Werththeorie. Allein eben mit der Anerkennung der Reproductionskosten als Werthnormativ sind überhaupt die Productionskosten ebenfalls, wenn auch mit der nöthigen Beschränkung, als Ausgangspunkt der Werthbestimmungen anerkannt. Es ist uns mithin erlaubt, hieraus zu folgern, dass Carey, gleichviel ob er es ausdrücklich sage oder nicht, den Werth als Quantität denkt, die nicht völlig abstract d. h. keine unbenannte Zahl ist. In diesem

Fall wird aber die Vergleichung von zwei Gegenständen zur Ermöglichung der Idee des Werthes überflüssig und sogar der Strenge der Entwicklung hinderlich sein.

2. Halten wir uns, um jeglicher Art von Fehlschlüssen vorzubeugen, streng an die Betrachtung des isolirten Subjects und seines Werthbegriffs. Nach Carey ist dieser Werthbegriff nicht vor sondern erst nach oder mit der Vergleichung von zwei wirthschaftlichen Erfolgen gegeben. Jede solche Vergleichung wird vermittelst eines Etwas geschehen müssen, welches den beiden zu vergleichenden Gegenständen gemeinsam ist. Die Gegenstände sind in unserm Falle wirthschaftliche Erfolge. Nun behauptet man, der eine Erfolg d. h. der Inbegriff der Lebensbedürfnisse, die er beschafft hat, sei doppelt so viel werth als der andere. Offenbar misst man die bezüglichen Werthe der beiden Gegenstandsgruppen, deren jede einem der beiden Erfolge entspricht, zufolge der Carey'schen Voraussetzung nach dem Kraftaufwande, der in dem einen und in dem andern Falle nöthig war. Nun frage ich, ob diese Messung nicht in zwei Acte zerfällt, und ob ich nicht den Werth des einen Erfolges bereits bestimmt habe, ehe die Unkosten des andern untersucht sind. Wir werden also doch wohl zwischen Werth und Werthverhältniss unterscheiden müssen, und es dürfte niemals gelingen, den Werth in eine blosse Relation aufzulösen.

Allerdings kann man sich die Werthbeziehungen der Dinge und Leistungen durch Gleichungen vorgestellt denken. Geht man sogleich vom Tausch aus, so kann man zwei Dinge oder Leistungen in solchen Quantitäten zu den beiden Seiten eines Gleichheitszeichens repräsentirt denken, dass die Gleichsetzung die Bedeutung hat, die gegenseitige Austauschbarkeit der beiden Dinge oder Leistungen auszudrücken. Was man auf beiden Seiten zur Einheit nimmt, ist gleichgültig, und es kommt im Allgemeinen nicht das Geringste darauf an, ob man Gewichts- und Längeneinheiten u. dgl. einander gegenüberstellt. So und so viel Ellen Tuch gleich so und so viel Centner Mehl; — das wäre ein schematisches Beispiel solcher Gleichungen. Nun kann der Vertheidiger der blossen Relativität des Werthbegriffs darauf fussen, dass ja eine

Gleichung doch wenigstens zwei Seiten haben muss, und dass es daher gar keinen Sinn habe, zu sagen, etwas habe Werth, ohne wenigstens stillschweigend ein anderes Ding oder eine andere Leistung hinzuzudenken, in Beziehung auf welche die Werthvorstellung stattfinde. Der Werth des Geldes, sagt man, drückt sich durch die Beziehung seiner Quantität zu derjenigen Quantität Waaren aus, welche für jene erstere Quantität zu erkaufen sind. Alles, behauptet man, ist in diesen Vorstellungen reciprok. Sehr wohl; alle diese Ideen sind richtig, und dennoch lässt sich bis zur vollsten Evidenz deutlich machen, wie der Werthbegriff vor aller Vergleichung existiren müsse.

Um überhaupt eine Gleichung ansetzen zu können, muss man den vermittelnden Begriff, welcher durch das Gleichheitszeichen vorgestellt wird, bereits haben. Wäre nicht jede Seite der Gleichung an sich selbst durch ein Drittes messbar d. h. durch etwas denkbar, welches mit der besondern Beschaffenheit der verglichenen Gegenstände nichts zu schaffen hat, so könnte es überhaupt zu keiner Gleichsetzung kommen. Dieses Dritte nnd Neutrale ist in den gewöhnlichen Gleichungen der Mathematik der Begriff der Quantität überhaupt, und specieller in den Gleichungen der Mechanik der Begriff der Kraftgrösse. In dem uns hier interessirenden Fall handelt es sich offenbar auch um eine vermittelnde, gleichsam neutrale Vorstellung. Wenigstens ist die Ansetzung einer Gleichung von keinem Bewusstsein ihrer Bedeutung begleitet, so lange man nicht weiss, dass dieses Dritte existirt, und von welcher Benennung es ist. Eine Quantität wird es sein, da man uns zugesteht, dass der Werth eine Grösse habe. Wie aber die Benennung dieser Quantität, d. h. von welcher Beschaffenheit das Quantum sei; — dies ist es, worauf nur eine ganz strenge Werththeorie eine unzweideutige und stichhaltige Antwort geben kann. So viel ist jedoch klar, dass der Gedanke der Gleichsetzung den Gedanken eines Gesichtspunktes voraussetzt, aus welchem die Gleichsetzung erst möglich wird und erfolgen soll. Die blosse Relativität des Werthbegriffs ist mithin, gelinde gesagt, eine einseitige Vorstellung. Sie ist ein ähnlicher Fehlgriff, wie etwa die Behauptung, dass alle Quantität etwas nur Relatives, und dass

der Raum ein blosser Inbegriff von lauter Relativitäten sei. Ja
jene Idee geht noch weiter; denn über die eben angeführten Con-
ceptionsarten könnte man allenfalls noch ernstlich streiten müssen,
während der Werthbegriff sich schon durch eine sehr leichte Analyse als eine Conception enthüllt, in welcher allerdings die Messung
und Messbarkeit ein wesentlicher Bestandtheil ist, der Gedanke
der Vergleichung von zwei Werthen aber, wie schon die oben gebrauchte Sprachwendung andeutet, ganz secundär ist. Denn wo
man bereits zwei Werthe hat, ist es sicherlich nicht die Vergleichung dieser beiden Werthe, durch welche sie erst wirklich als
Werthe vorgestellt werden. Vielmehr muss die Vorstellung als
Werth vorangehen, damit die Werthvergleichung und die ihr entsprechende Gleichung Platz greifen könne.

3. Carey macht einen einzigen Gesichtspunkt zum allein
bestimmenden. Er sieht alle Werthconceptionen als Vorstellungen
an, die sich auf das Verhältniss der für die Beschaffung und Herstellung der wirthschaftlichen Dinge zu überwindenden Naturwiderstände beziehen. Die Eigenschaften, denen zufolge die Producte
unsern Bedürfnissen entsprechen, kommen nach Carey's Annahme
bei der Werthschätzung und mithin auch bei den Werthbestimmungen des Verkehrs gar nicht in Betracht. Die gemeine Ansicht
setzt meist voraus, dass einer doppelten Kraft, unsre Bedürfnisse
zu befriedigen, auch ein doppelter Werth entspreche. Man sei,
meint sie, geneigt, das doppelte zu zahlen, wenn man von dem
Erwerb regelmässig den doppelten Nutzen erwarten könne. Unerfahrene Leute stellen sich ganz im Allgemeinen vor, die Geltung
der Dinge und Leistungen müsse sich nach der Vorzüglichkeit
derselben richten. Sie finden sich dann oft enttäuscht, indem sie
bemerken, dass es ganz andere Grundsätze sein müssen, welche
die Geltung der wirthschaftlichen Leistungen regeln. Carey hat
uns nun von den falschen Anticipationen dieser einseitigen Auffassung gründlich befreit, indem er uns darauf hingewiesen hat,
dass eine Waare oder eine Leistung immer nur nach dem Maasse
der Productionshindernisse gewürdigt werde. Sinken die Productionshindernisse, so fällt auch der Werth. Diese Anschauungsweise ist offenbar den gewöhnlichen Voraussetzungen zuwider. Sie

kreuzt die gemeine Ansicht; allein sie befreit auch von naiven Irrthümern.

Wer eine Leistung zu verwerthen gedenkt, wird sich daher vor allen Dingen fragen müssen, wie schwer es sei, diese Leistung im Allgemeinen zu beschaffen. Man wird der Vorzüglichkeit derselben als solcher niemals Rechnung tragen; man wird für die besondern Eigenschaften Nichts bezahlen; ja man wird nicht einmal die thatsächlichen individuellen Productionskosten vergüten, sondern ganz einfach die allgemeinen und gegenwärtig gültigen Beschaffungskosten veranschlagen. Das Verhältniss der Befriedigungsmittel zu unsern Bedürfnissen, oder genauer gesagt, das Maass, in welchem die dargebotenen Mittel dem Zweck der Befriedigung entsprechen, wird nach Carey's Voraussetzung nie ein Maass des Werthes d. h. der Geltung sein. Die Nützlichkeit wird nicht im graden, sondern im Gegentheil im umgekehrten Verhältniss zum Werthe stehen. Wenn der Werth sinkt, wird die Summe von Nützlichkeit steigen. Der werthvollere Gegenstand ist derjenige, bei dessen Beschaffung mehr Productionshindernisse zu überwinden gewesen sind. Wird der Widerstand, den Natur und Verhältnisse der Erlangung von Befriedigungsmitteln der Bedürfnisse entgegensetzen, geringer, so wird offenbar der Triumph des Menschen über die Natur vollständiger; die Menge des Nützlichen steigt, während der Kraftaufwand und mit ihm der Werth sinkt. Dieser Antagonismus zwischen Werth und Nützlichkeit ist wohl der originellste Zug in der Carey'schen Werththeorie. Er bedarf allerdings einer nähern Untersuchung; allein an dieser Stelle können wir die Nützlichkeit zunächst unberücksichtigt lassen. Wir gewinnen alsdann den einfachen und anscheinend völlig selbstständigen, keiner Ergänzung oder Einschränkung bedürftigen Satz, dass der Werth das Ergebniss der Schätzung der Productionshindernisse sei, wobei wir von dem Unterschied der Productions- und der Reproductonshindernisse absehen und den Begriff der Productionsschwierigkeiten immer auf Zeit und Ort der Schätzung beziehen. Ohne diese Einheit von Zeit und Ort würden unsere Gedanken haltlos sein. So aber können wir, unter stillschweigender Voraussetzung der Reduction aller

Leistungen auf diese räumliche und zeitliche Einheit, getrost behaupten, dass der Widerstand, der bei Erlangung von Lebensbedürfnissen zu überwinden ist, in Carey's Augen den zureichenden und ausschliesslichen Maasstab aller Werthschätzungen des Verkehr's liefere. Wir bezahlen gleichsam nur den zu überwindenden Widerstand, und die Münze, in der wir bezahlen, ist wiederum nichts als überwundener Widerstand. Jedoch sind die Ideen des Tausches hierbei ganz zufällig. Die Werthvergleichung kann auch vom isolirten Subject angestellt werden, und alle Aussprüche der Carey'schen Theorie müssen schon in dieser Isolirung ihren wesentlichen Sinn erkennen lassen.

Das isolirte Subject strebt dahin, den Werth zu verringern und die ·Menge von Nutzbarkeiten zu vermehren. In der That wird auch der Arbeitsaufwand um so geringer, als sich die Arbeit gleichsam mehr bewaffnet d. h. mit Werkzeugen ausstattet, welche die unmittelbare Kraftanstrengung immer mehr ersparen,· dagegen die Naturkräfte gleichsam in den Dienst des Menschen pressen. Der Widerstand, welcher für Carey das Werthmaass ist, wird auf diese Weise geringer, während die sogenannte unentgeltliche Nützlichkeit, d. h. die den Verbesserungen der Productionswerkzeuge zu verdankenden Erfolge immer grösser werden. Wenn Arbeit der einzige Naturalpreis ist, und wenn die Schätzung des Werthes der Erfolge ausschliesslich nach dem Arbeitsaufwand geschieht, so ist klar, dass das Resultat dieser Schätzung d. h. der Werth sinken muss, indem eine geringere Ausgabe an Kraftleistung mehr und mehr Nützlichkeiten erzielt.

4. In unsere letzten Worte schlich sich unwillkürlich eine auf das Verhältniss von Werth und Nutzen bezügliche Vorstellung ein. Mit dem besten Willen waren wir bisher nicht immer im Stande, die Carey'sche Idee von fremdartigen Gesichtspunkten rein zu halten. In Wahrheit ist die Lehre des Amerikaners auch selbst nicht so ausschliessend, als sie auf den ersten Blick erscheinen mag. Die Formel, dass der Werth das Maass des zu überwindenden Naturwiderstandes sei, birgt Ideen in sich, die sich nicht einfach auf den Gedanken des Kraftaufwandes als des Maasstabes der Werthschätzung beschränken. In dieser allgemeinen Formel

sollen alle Gründe der höhern oder niedern Werthschätzung eines Dinges begriffen sein. Wenn also z. B. der Glasbläser auf eine Menge von Durchschnittserzeugnissen nur einzelne besonders gelungene Stücke erhält, so haben die letzteren nur darum einen ungleich höheren Werth, weil die Naturchancen nun einmal so und nicht anders beschaffen sind. Der Widerstand ist in der Richtung auf das gelungenere Erzeugniss grösser, und es kommt, was wohl zu merken ist, eine Arbeit oder absichtliche Thätigkeit, die auf die Erzielung von lauter Vorzüglichkeiten gerichtet wäre, gar nicht in Betracht. Wir befinden uns also im Gebiete der reinen Naturchancen und der Wahrscheinlichkeitsüberschläge. Der Widerstand der Natur ist ein Begriff, der allerdings auch hier anwendbar ist; allein er wird nicht mehr durch einen entsprechenden Kraftaufwand überwunden und gemessen. Die Natur selbst ist es, die hier die Bedingungen stellt, die Schranken der Productionsmöglichkeit vorzeichnet und innerhalb derselben das Erreichbare leistet. Allerdings kann man über den Antheil der menschlichen Absicht streiten; allein in der Hauptsache ist die Ueberwindung dieser Art von Productionshindernissen ein Geschäft der Natur selbst. Dies zeigt sich noch deutlicher in einem andern von Carey angeführten Beispiel. Die Vorstellungen einer Jenny Lind sollen nur darum so theuer bezahlt worden sein, weil der Widerstand, den die Natur der Production einer so vorzüglichen Stimme entgegensetzt, so ausserordentlich gross sei. Wer sich die Aufgabe stellte, eine derartige Stimme gleichsam zu produciren, würde sehr viele junge Mädchen ausbilden müssen, und würde schliesslich nach vielen vergeblichen Versuchen und nach Aufwendungen für eine grosse Anzahl von Versuchs- und Bildungsanstalten vielleicht doch nicht zu seinem Zweck gelangen. Jedenfalls würde diese Art Production sehr kostbar sein und im Falle des Gelingens durch die hohen Einnahmen kaum vergolten werden. Sehen wir bei diesem Beispiel davon ab, dass der Productionswiderstand, den der Mensch erfährt, gar nicht mit den Naturchancen zusammenfällt; nehmen wir vielmehr an dieser Differenz keinen Anstoss, so bleibt dennoch die ökonomische Verwerthung einer solchen Stimme ein Act, mit welchem wir niemals die Idee eines vom

Menschen überwundenen Productionswiderstandes verbinden können. Wäre es die Natur, welche den Werth ihrer Leistungen abschätzte und die Bezahlung einstriche, dann liesse sich freilich auch in diesem Falle von dem Werthe als dem Maasse des Productionswiderstandes reden. Allein die Natur ist kein ökonomisches Subject, und auch eine Jenny Lind würde schwerlich ihre Ansprüche dadurch rechtfertigen, dass sie sich als Vertreterin dieses vermeintlichen ökonomischen Subjects geltend machte. Ueberdies würden wir ja auch mit dem Geiste des Carey'schen Systems in den directesten Widerspruch gerathen, wenn wir die organische Naturproduction oder, wie es gewöhnlich lautet, die Naturkräfte als Ursachen der Geltung d. h. des Werthes ansehen wollten. Die Naturkräfte sollen ja unentgeltlich sein; wie wäre es also wohl möglich, dass dieses Kräftespiel als solches honorirt würde?

Doch kehren wir zu den verborgenen Bestandtheilen der anscheinend einfachen und unzweideutigen Formel zurück. Der Fehler dieser Formel ist zugleich ihr Vorzug. Sie will alle Gesichtspunkte, welche den Werth thatsächlich bestimmen, in sich vereinigen. Da nun der Werth nicht ganz ausschliesslich von der wirthschaftlichen Thätigkeit d. h. nicht blos von einem subjectiven Moment abhängt, so wird bei den einzelnen, begreiflicherweise zum Theil gezwungenen Anwendungen jener Formel auch die objective Seite der den Werth bestimmenden Schätzungsursachen zum Vorschein kommen. So ist denn grade die zweiseitige Natur der Formel, die wesentlich durch ihre abstracte Beschaffenheit ermöglicht wird, zugleich der Mangel und der Vorzug des ihr zu Grunde liegenden Gesichtspunktes. Carey will offenbar noch einer andern Ursache der Werthschätzung Rechnung tragen, als diejenige ist, welche bei Adam Smith und in Ricardo's Studie die Hauptrolle spielt oder wenigstens spielen sollte. Carey verwirft mit Recht die Arbeit als ein ausschliesslich werthschaffendes Princip. Doch ist es merkwürdig, wie seine Werthconception, die sich in der hier fraglichen Formel ausdrückt, doch nicht recht von der Arbeit als dem einzigen Maass des Naturwiderstandes loskommen zu können scheint. Die subjective und objective Seite soll offenbar vereinigt werden; allein wirthschaftliche Thätigkeit ist nun einmal

etwas rein Subjectives, und wenn man den Werth nach dem Kraftaufwand bemisst, so trägt man den objectiven Ursachen keine Rechnung. Will man aber die objectiven Verhältnisse und Naturchancen
ebenfalls in Betracht ziehen, so verändert man ja den Gesichtspunkt und bekennt, dass die Arbeit als Erklärungsgrund unzureichend sei. Im Grossen und Ganzen hat Carey's Intuition den angedeuteten Widerspruch nicht etwa blos zugelassen, sondern gradezu geschaffen und ausgenutzt. Der Tact des Genies hat grade die
Unvereinbarkeiten fruchtbar gemacht. Hätte der Amerikanische
Forscher ausschliesslich das subjective Princip angenommen, also
den Werth stets als der zur Ueberwindung der Naturwiderstände
erforderlichen Arbeit entsprechend gedacht, so würde er sich jegliche unbefangene Auffassung der Erscheinungen von vornherein
abgeschnitten haben und den Consequenzen eines einseitigen Schematismus verfallen sein. Allein seine Formel hat ein Janusgesicht;
sie erlaubt, aus zwei Gesichtspunkten zu beobachten und Schlüsse
zu machen. Widerstand der Natur ist ein weiter Begriff, in welchem sich, wie wir gesehen haben, allenfalls alle Rücksichten unterbringen lassen, die irgend einer erdenklichen Werthschätzung zu
Grunde liegen können. Allerdings fehlt es an der Messung dieses
Widerstandes in allen denjenigen Fällen, in welchen er durch wirthschaftliche Thätigkeit gar nicht wesentlich zu verändern ist. Allein
in diesen Fällen hilft sich Carey mit Analogien, wie deren bei der
Erwähnung des Beispiels der Jenny Lind von uns erläutert worden
sind. Die Carey'sche Formel hat also doch wenigstens den Vortheil, die Beziehung von Natur und Mensch einheitlich zu denken
und den Werthbegriff nicht ganz und gar von den Naturverhält-
nissen und Naturchancen zu isoliren. Sie gewährt dem weitblicken-
den Geiste hinreichenden Spielraum, um seine richtigen Wahrnehmungen und Schlüsse mit ihr in Uebereinstimmung zu finden. Allerdings hat sie die Neigung, sich in zwei Gedanken zu spalten; allein
die Nothwendigkeit des einheitlichen Gesichtspunktes oder vielmehr
das Gefühl der Nothwendigkeit hält die unverträglichen Bestandtheile gewaltsam zusammen und ersetzt im einzelnen Fall durch
eine geniale Beobachtung, was aus der reinen logischen Consequenz
niemals folgen könnte.

5. Es giebt nur ein einziges Princip der Werthschätzung.
Dieser Gedanke war Carey's Ausgangspunkt; mit diesem Gedanken
hat er zuerst eine einheitliche Erklärung der verschiedenartigsten
Werthe, des Grund und Bodens wie seiner Erzeugnisse durchge-
führt und in dieser Durchführung bereits in seinem ersten grösseren Werke neue Aufschlüsse über die Bodenrente gegeben. Der
Instinct der Einheitlichkeit und Einfachheit des Princips der Werthschätzungen ist der Leitstern des Carey'schen Forschens gewesen.
Mögen wir auch immerhin an der Formel und einigen gezwungenen
Anwendungen derselben Anstoss nehmen, so dürfen wir doch nicht
verkennen, dass uns Carey grade durch diese Formel mit einem
Gedanken von grosser Tragweite bereichert hat. Die vorherrschende,
übergreifende Ursache der Werthschätzungen ist erst durch Carey
in den Vordergrund gestellt. Die Aenderungen der Werthverhältnisse sind als verhältnissmässige Minderungen oder Steigerungen
einer Art Last gekennzeichnet, oder es ist, um einen juristischen
Ausdruck zu brauchen, das onerose (lästige) Moment des Werthes
augenfällig gemacht. Letztere Thatsache ist besonders dann von
Wichtigkeit, wenn es gilt zu beweisen, dass der durch die Mittels-
personen den Waaren ertheilte Werthzuschlag nur ein nothwendiges
Uebel ist, auf dessen verhältnissmässige Verkleinerung der ganze
Fortschritt der Volkswirthschaft hinarbeitet.

Es ist hier noch nicht unsere Aufgabe, zu zeigen, in wie
fern Carey in seiner Werththeorie, wenn auch nicht die ausschliessliche, so doch die vorherrschende und übergreifende Ursache aller
Werthbestimmungen getroffen habe, und wie es ausserdem ein grosses Verdienst sei, die voreiligen Beziehungen zwischen den Eigenschaften der Dinge und ihrem Werthe beseitigt zu haben. Wir
werden im nächsten Capitel sehen, dass Nutzen und Werth allerdings in inniger und keineswegs ohne Weiteres gegensätzlicher Beziehung stehen. Allein zu dieser Einsicht brauchen wir eine selbständige Construction des Werthbegriffs und der Werththeorie. Wir
brauchen ausserdem unser allgemeines methodisches Hülfsmittel, d.
h. wir müssen die quantitativen Unterscheidungen zu Hülfe rufen,
um die anscheinenden Widersprüche aufzulösen. Bereits die Idee
einer vorherrschenden und übergreifenden Ursache der Werth-

schätzung würde alle strenge Haltung verlieren, wenn sie nicht durch den Hinweis auf den Unterschied quantitativ erheblicher und unerheblicher Einwirkungen erläutert und bestimmt werden könnte. Unsere Behauptung geht dahin, dass Carey die vorherrschende Ursache der Werthschätzung erkannt habe; wir behalten uns aber vor, diesen Gedanken genauer zu bestimmen. Wollten wir Carey's Fundamentalidee als Satz formuliren, so müssten wir sagen, dass der Amerikaner im Werthe ein Maass der Productionshindernisse erkannt habe; ja wir würden uns vielleicht noch besser ausdrücken, wenn wir sagten, die Werthschätzung beziehe sich ganz allgemein auf die Erlangungshindernisse.

6. Eine stillschweigende Voraussetzung des von Carey ausschliesslich zur Anwendung gebrachten Werthschätzungsprincips ist die wohl berechtigte Annahme, dass sich der Mensch nur in solchen Richtungen zur Ueberwindung der Naturwiderstände anschicke, wohin ihn die Bedürfnisse gleichsam treiben und zur Thätigkeit Anweisung ertheilen. Die Befriedigung unserer Wünsche ist es ja, zu welcher der Naturwiderstand als in Beziehung befindlich gedacht wird. Es versteht sich mithin eigentlich von selbst, dass die Grösse der Anstrengung nur in Richtungen gemacht werden wird, in welchen auch das Bedürfniss intensiver ist, und für welche daher die Schätzung der Erfolge nach Maassgabe der Bedürfnisse bereits entschieden hat. Bestände nicht eine nothwendige Beziehung zwischen Kraftaufwand und Bedürfniss, so würden sich die beiden natürlichen Gesichtspunkte der Schätzung, nämlich Schätzung nach Maassgabe der die Bedürfnisse befriedigenden Eigenschaften und Schätzung nach Maassgabe der Erlangungsschwierigkeit gar nicht vereinigen lassen. So aber kann die Werthschätzung nach Maassgabe der Bedürfnisse als stillschweigend vorausgegangen betrachtet werden. Die wirthschaftlichen Thätigkeiten werden eben nur auf Erzeugungen gerichtet, welche von den Bedürfnissen gleichsam angezeigt und ihrer verhältnissmässigen Wichtigkeit nach gekennzeichnet worden sind.

Diese Bemerkung war nöthig, um Bastiat's Benutzung der Carey'schen Ideen im rechten Lichte zeigen zu können. Die Bastiat'schen Harmonien (1850) enthalten einen Abschnitt über den Werth,

welcher unverkennbare Spuren einer stillschweigenden und unver-
danten Benutzung der Carey'schen Principien (1837—40) zeigt.
Die mehr logisch raisonnirende Form der Entwicklung kann auf
den ersten Blick bestechen; der Ballast der Thatsachen ist über
Bord geworfen, und Bastiat auf diese Weise mit sogenannten reinen »Principien« im Hafen seiner Harmonien angelangt. Die ganze
Schrift des Franzosen ist grade in ihren originellen Punkten einer
wenn auch eingestandnermaassen »oberflächlichen« und verhehlten
Lectüre der Carey'schen Werke zuzuschreiben; man vergleiche Bastiats 16 Tage vor seinem Tode geschriebenen Brief an das Journal des Economistes, datirt vom 8. December 1850, der beinahe
als eine Beichte des colossalen Plagiats betrachtet werden kann.
Dieser Brief befindet sich ausser in der nächsten Monatslieferung
des genannten Journals auch im ersten Bande der von Fontenay
besorgten Gesammtausgabe der Bastiat'schen Werke, ist aber in
der Biographie, sowie überhaupt die ganze Carey'sche Reklamation
mit Stillschweigen übergangen, so dass, wer nicht zufällig auf diesen Brief aufmerksam wird, aus der Gesammtausgabe sicherlich
nicht erfährt, dass über die stillschweigende Aneignung der eigen-
thümlichsten Punkte in der Bastiat'schen Hauptschrift ernstliche
Klage erhoben worden ist. Im Gegentheil findet sich zu jenem
Brief eine kleine Anmerkung des Herausgebers, derzufolge es den
Vertretern und Freunden Bastiat's sehr leicht geworden sein soll,
Carey von der Loyalität des Franzosen zu überzeugen. Für Jedermann, der auch nur jenen Brief gelesen und ein wenig Verstand
übrig hat, ist diese Anmerkung ein Scandal.

Wir würden hier nicht im Text von dem Plagiat besonders
reden, wenn es sich nicht um die Feststellung der einheitlichen
Quelle solcher Conceptionen handelte, die für die Volkswirthschaftslehre annähernd gleiches Gewicht haben, wie die infinitesimalen
Rechnungsarten für Mathematik und Naturwissenschaft, und wenn
es nicht nöthig wäre, die scheinbare Anomalie, dass auch die Franzosen einmal einen volkswirthschaftlichen Denker ersten Ranges
gehabt, gründlichst zu berichtigen. Bastiat's Bedeutung sinkt zu
der Rolle eines talentvollen wenn auch oberflächlichen Reproduci-
rers herab, sobald wir uns überzeugt haben, dass seine eigenthüm-

lichsten Ideen pure Entlehnungen sind. Der Italiänische Oekonomiker Ferrara hat bereits 1851 (Biblioteca dell' Economista B. XII.)
dahin entschieden, dass Bastiat's Harmonien in allgemeinen Gedanken und besondern Einzelheiten mit Carey's dreizehn Jahre
früher erschienener Schrift zusammenfallen. In Beziehung auf die
Werththeorie macht Ferrara am angezeigten Ort S. CXXIV das
interessante Bekenntniss, dass er es nicht gewagt haben würde,
Carey's auf die Arbeit gegründeten Werthbegriff und Bastiat's an
die Dienstleistung geknüpfte Werthvorstellung zu bekämpfen, wenn
er hätte glauben können, dass zwei Männer, deren Untersuchungen
durch einen Zeitraum von dreizehn Jahren und durch ihre örtlichen
Ausgangspunkte getrennt gewesen, unabhängig von einander zu
ungefähr demselben Ergebniss gelangt seien. Diese Coincidenz
würde für ihn ein solches Gewicht gehabt haben, dass er sich mit
seiner Kritik noch würde besonnen haben.

Knüpfen wir die Besprechung der Bastiat'schen Werthlehre an
die eben erwähnte Bemerkung Ferrara's an. Seit Adam Smith ist
die Arbeit als der reelle Preis der Erwerbungen betrachtet worden.
Auch Bastiat redet in seinen früheren Abhandlungen noch häufig
direct von der Arbeit und hat sich erst später zur Einführung einer
abstracteren Kategorie, nämlich derjenigen des Dienstes (service)
bequemt. Dennoch wurde es ihm stets schwer, nicht immer wieder
auf das gewöhnliche Smith'sche Arbeitsprincip zurückzugreifen. Da
er nicht alle Werthsschätzung nach Maassgabe der aufgewendeten
Arbeit erklären konnte, so griff er zu einer um ihrer Vieldeutig-
keit willen eigentlich nichtssagenden Kategorie. Aller Verkehr besteht nach ihm in dem Austausch von Dienstleistungen, und der
Werthbegriff ist nichts als die Vorstellung von dem Verhältniss
solcher Dienstleistungen. Mit folgenden zwei Formeln: »Dienste
· tauschen sich gegen Dienste um,« und: »Der Werth ist nichts als
ein Verhältniss der Dienste,« glaubt Bastiat das Gebäude der politischen Oekonomie in der einfachsten, klarsten und glänzendsten
Weise, die gar nicht Ihresgleichen habe, aufführen zu können.

Bei näherer Betrachtung zeigt sich, dass jene beiden sogenannten Principien wohl geeignet sind, einen oberflächlichen und täuschenden Formalismus herzustellen, aber jeglichen gediegnen Inhalts

entbehren. Die Neigung Carey's, aus dem Werth einen blossen Verhältnissbegriff zu machen, trägt hier ihre Früchte. Bastiat, dem die grosse Intuition und Synthese Carey's abgeht, macht aus jenen Gedanken in seiner einseitigen und verblendeten Dialektik eine offenbare Caricatur, um nicht zu sagen einen handgreiflichen Unsinn. Indessen man weiss ja, wohin der Systemgeist und die Consequenzenmacherei führen, und man kann Bastiat wenigstens die Gerechtigkeit widerfahren lassen, dass er seine halben Wahrheiten, die er selbst nicht als Eigenthum beherrschte, wenigstens in einer verständlichen und gefälligen Weise dargestellt habe. Ausserdem hatte er, wenn auch nicht Genie, so doch Talent und einen gewissen guten Glauben an seine Conceptionen. Hatte er sich auch nur von fremden mächtigeren Impulsen bestimmen lassen, so scheint doch ein gewisser unverkennbarer und grade nicht geringer Grad von Eitelkeit der Meinung zu Hülfe gekommen zu sein, dass die neuen Arrangements ungleich wichtiger wären, als die einzelnen entlehnten Ideen und Thatsachen. So hat denn Bastiat seinen Begriff der Dienstleistung in gutem Glauben für eine Errungenschaft gehalten, während er doch nur ein subjectivistischer Rückschritt war, der das von Carey keineswegs vernachlässigte objective Moment der Werthschätzung ganz in den Hintergrund stellte.

Die Kategorie des Dienstes ist ganz ungeeignet, die wirklichen Werthschätzungen des Verkehrs erklärlich zu machen. Entweder ist der Dienst in der Uebertragung des Ergebnisses einer wirthschaftlichen Thätigkeit zu suchen oder er ist der Verzicht auf die blosse Macht, mithin die Uebertragung eines Rechtes, dessen Gegenstand ein Ergebniss wirthschaftlicher Thätigkeit sein oder auch nicht sein mag. Soll der Begriff der Dienstleistung nicht eine unbestimmte, zweideutige Zwittergestaltung bleiben, so wird er so allgemein gefasst werden müssen, dass in ihm solche Bestandtheile wie Arbeit oder überhaupt wirthschaftliche Thätigkeit zu ganz zufälligen Momenten werden. Er beschränkt sich alsdann auf den Begriff einer juristischen Leistung überhaupt, ja ganz allgemein und abgesehen von den Garantien des Rechts auf eine blosse Machtentäusserung. Es würde mithin Recht gegen Recht, ja noch allgemeiner Macht gegen Macht ausgetauscht, und Bastiat's Princip würde so die Ehre haben, zu einer Auffassung der Werthbestimmungen zu führen, die eher der Gedankenschärfe und Kühnheit eines Macchiavelli als der gutmüthig beschränkten, oberflächlich optimistischen, friedensseligen, alle geschichtliche Organisation verkennenden Ansicht des petit bourgeois entsprechen möchte.

Einer eingehenden Erörterung ist Bastiat's Werthcapitel im Zusammenhange dieser Schrift nicht würdig. Wir haben es hier mit den originelleren und grossen Erscheinungen zu thun, nicht aber mit secundären Wellenspielen, mögen dieselben auch durch ihre Zierlichkeit und Sauberkeit noch so sehr bestechen. Wenn ich in dieser Angelegenheit irgend etwas zu bedauern habe, so ist es der Umstand, dass ich früher in der irrthümlichen Voraussetzung, Bastiat habe absolut nichts von der Existenz eines Carey gewusst, dem Anschein von vollständiger Redlichkeit, der den Bastiat'schen Harmonien eigen ist, unbedingt vertrauend, an die Selbständigkeit der Bastiat'schen Ideenbildung geglaubt, und diesem Glauben in meiner ersten volkswirthschaftlichen Schrift (Carey's Umwälzung u. s. w.) Ausdruck gegeben habe.

Bei Gelegenheit des Werthcapitels sei übrigens ein für alle Mal darauf hingewiesen, dass Bastiat's Darstellung den Vortheil des Einnehmenden und der scheinbar grösseren Verständlichkeit nur durch Einseitigkeit und Oberflächlichkeit erkauft hat. Bei der ersten Bekanntschaft und besonders dann, wenn man sich die technische Sprache unserer Wissenschaft noch nicht geläufig genug gemacht hat, mögen die plaudernden Entwicklungen und Raisonnements des Franzosen etwas für sich haben. Das gründlichere Eingehen wird uns aber, und zwar ganz besonders rücksichtlich der Werththeorie belehren, welch' ein gewaltiger Unterschied zwischen dem ursprünglichen Denker und dem blossen Nachahmer besteht. Das innere Verhältniss Bastiat's zu Carey ist dem äusseren entsprechend; die abgeleitete Theorie des Franzosen ist äusserlich die Frucht eines Plagiats und innerlich das Ergebniss einer schlechten Empfängniss. Da es Leute giebt, welche, da sie weder die eine noch die andere Theorie gehörig untersucht haben, kühn die Bastiat'schen Vorstellungen für besser erklären, so ist unsere Bemerkung nicht überflüssig. Besonders dürfte sie einem Macleod gelten können, der in allem Ernst von Bastiat sehr viel Aufhebens macht, Carey aber, wie schon Macleod's Wörterbuch-Artikel zeigt, gar nicht versteht. Was Macleod's eigne sehr triviale und nirgend von dem Verständniss der Cardinalfrage zeugende Vorstellungen vom Werthe anbetrifft, so werden wir auf dieselben im nächsten Capitel gelegentlich ein wenig eingehen.

Endlich sei noch erwähnt, dass wir weit entfernt sind, eine von den Individuen in einem gewissen Maass unabhängige Entwicklung zu leugnen. Die Ideen des Forschers müssen dem Zuge gewisser Forderungen folgen; es ist wohl möglich, in allerlei Wendungen abzuschweifen und zu irren, aber es giebt nur eine Bahn, in welcher man der Wahrheit näher kommt. Grade Angesichts der mannichfaltigen Werththeorien müssen wir den einheitlichen Zug der Gedanken und die Macht der natürlichen Logik anerkennen. Adam Smith machte die Arbeit wenigstens im Allgemeinen zum Princip der Werthertheilung. Dieser Gesichtspunkt ist von keiner einzigen Richtung ernstlich verlassen, sondern stets nur näher bestimmt und durch andere Ideen eingeschränkt worden, und selbst diese Einschränkungen sind nur Umwandlungen des Principiendualismus gewesen, der sich schon bei dem Schotten findet. Bis jetzt ist eine Vereinigung der Doppelheit oder gar Mehrheit der Principien der Werthschätzung nicht vollständig gelungen. Doch hat die logische Nothwendigkeit dieser Vereinigung grade in Carey ihre besten Ergebnisse gezeitigt. Der Amerikaner hat um die formale Werththeorie unverkennbar ein bis jetzt unvergleichliches Verdienst; was aber die materielle Lehre vom Werthe d. h. die einzelnen Bestimmungsgründe des Ganges der Werthe (z. B. durch das Gesetz von der Bewegung der Bodencultur) anbetrifft, so dürfte wohl hier gar keine besondere Hinweisung auf die Originalität und Einzigkeit dieser Aufschlüsse nöthig sein.

Drittes Capitel.

Allgemeine Formulirung.

1. Fragt man einen Kaufmann, was die Ursache der verschiedenen Preise sei, so wird er wahrscheinlich in irgend einer Form auf die Veränderungen in Angebot und Nachfrage hinweisen. Fragt man Herrn Macleod nach dem allgemeinsten Princip der Werthschätzung der Dinge, so sagt er uns nichts mehr und nichts weniger als der Kaufmann. Nur kleidet er seine Antwort in das Gewand einer anscheinend wissenschaftlichen Ausdrucksweise und behauptet alsdann, die volkswirthschaftliche Theorie von Grund aus neu aufgebaut und mit der allein exacten Werthlehre bereichert zu haben. Gehen wir jedoch der Sache auf den Grund, so finden wir eine volkswirthschaftliche Trivialität, und dahinter allenfalls die Möglichkeit, durch eine geseckickte Auslegung den Schein einer Werththeorie hervorzubringen.

Was sagt uns der händlerische Oekonomiker? Die Geltung der wirthschaftlichen Leistungen stehe im graden Verhältniss zur Nachfrage und im umgekehrten zum Angebot. Je grösser der angebotene Vorrath, um so geringer der zu erlangende Preis; je kleiner die Summe des Begehrs, um so kleiner der zu erlangende Preis. In diesen Sätzen, die nur ein einziges Princip ausdrücken, ist die gewöhnliche Regel von Angebot und Nachfrage enthalten, wie sie praktisch auch dem geringsten Krämer bekannt ist. Diese Regel bezieht sich aber nur auf die Veränderungen, keineswegs aber ohne Weiteres auch auf die ursprünglichen Festsetzungen der Preise. Die Schwankungen des Marktes sind aus ihr erklärlich; allein um die ursprüngliche Werthschätzung zu begreifen, muss man den händlerischen Horizont erweitern. Man muss vom Austausch zunächst absehen, und die ursprüngliche Production und deren Chancen einerseits sowie die ursprünglichen Bedürfnisse und deren Rangordnung andererseits ins Auge fassen. Alsdann würde man aber unter Angebot sowie unter Nachfrage etwas mehr verstehen, als gewöhnlich geschieht. Man würde unter Angebot über-

haupt die Summe der vorhandenen Befriedigungsmittel und unter
Nachfrage die Summe der Bedürfnisse selbst begreifen. Auf diese
Weise könnte man die Täuschung hervorbringen, als wenn das
Gesetz von Angebot und Nachfrage das höchste und allgemeinste
der Volkswirthschaft wäre. Wir überlassen jedoch die logische
Kunst, eine Entartung der Begriffe durch Verallgemeinerungen herzustellen, dem modernen Scholastiker Macleod. Uebrigens bemerken wir, dass auch das Gesetz von Angebot und Nachfrage einer
strengeren Fassung bedarf, als sie von dem erwähnten Brittischen
Freihändler beliebt wird. Nicht die Grösse der Nachfrage an sich
selbst, auch nicht die Grösse des Angebots an sich selbst ist entscheidend; vielmehr kommt es wesentlich auf das Verhältniss dieser
beiden Grössen und auf die Aenderungen dieses Verhältnisses an.
Bleibt die Nachfrage dieselbe, so wird eine Vermehrung des Angebots die Preise erniedrigen; bleibt das Angebot dasselbe, so wird
eine Vermehrung der Nachfrage die Preise erhöhen. Combinirt
sich ein Steigen des Angebots mit einem Sinken der Nachfrage
oder umgekehrt eine Minderung des Angebots mit einer Vermehrung der Nachfrage, so werden die Preise in weit höherem Maasse
verändert werden, als wenn die Ursache nur auf der einen Seite
läge. Ferner kann sich die Wirkung der beiden Factoren in entgegengesetzter Richtung bewegen und hierdurch vollständig ausgleichen. Es können Angebot und Nachfrage gleichzeitig und harmonisch wachsen oder abnehmen, so dass keine Preisänderung einzutreten braucht. Alle diese verschiedenen Gestaltungen jenes einen
und einheitlichen Gesetzes hängen nun also gänzlich von dem Exponenten des Verhältnisses zwischen Angebot und Nachfrage ab
und erhalten einen bestimmten Sinn erst durch die bewusste Einführung quantitativer Voraussetzungen. Die Regel von Angebot
und Nachfrage ist überhaupt erst dann streng formulirbar, wenn
man bestimmt hat, von welcher Benennung die allgemeine Grösse
sei, vermittelst deren das Verhältniss jener beiden Factoren gemessen wird. Weit entfernt also, eine Theorie des Werthes begründen zu können, ist das Gesetz von Angebot und Nachfrage
selbst einer solchen Theorie benöthigt, um klar und deutlich formulirbar zu sein.

2. Der Oberflächlichkeit und dem Schein des Wissens sind wir entgegengetreten, indem wir darauf hingewiesen haben, dass Angebot und Nachfrage nur das Spiel der Veränderungen bestimmen. In einer blossen Handelswissenschaft mögen derartige Rechenschaftsablegungen genügen; in der Volkswirthschaftslehre haben wir tiefer zu forschen und müssen daher Production und Consumtion stets bis zu ihren Wurzeln verfolgen. Angesichts der Familie neuer Werththeorien, die legitim oder illegitim, eingestandenermaassen oder verhehlter Weise von Carey abstammt (also besonders der Auslassungen Bastiats und seines Verehrers Macleod) müssen wir nun aber zunächst eine ganz abstracte Frage in's Reine bringen. Es ist die folgende: Kann das menschliche Bedürfniss an sich selbst und unabhängig von andern Gründen der Werthschätzung den Begriff des wirthschaftlichen Werthes begründen? Der Gerechtigkeit wegen müssen wir, ehe wir diese Frage beantworten, zuvor bemerken, dass Macleod in dieser Richtung durch seine Inconsequenz besseren Vorstellungen nahe gekommen ist, als es seine Bastiatmanier, stets von ausgetauschten Diensten zu reden, erwarten lässt. Wer nämlich immer nur Dienste gegen Dienste abwägt, hat noch immer, wenn auch in einer abstractern Form, die Arbeit und deren Verhältnisse zum Werthprincip. Nun will ja aber Macleod sich von dieser Einseitigkeit, deren Ursprung bei Adam Smith zu suchen ist, vollständig frei gemacht haben, und in der That hat er wenigstens einen Schritt zu einer unbefangneren Auffassung gethan, indem er nämlich die Befangenheit in der entgegengesetzten Richtung auf die Spitze trieb. Nach Macleod ist der Grad des Bedürfens für die Höhe der Werthschätzung entscheidend; der Durstige in der Wüste schätzt das Wasser anders, als derjenige, welcher vom vollen Mahle kommt. Dieses Beispiel charakterisirt die Logik seines Vertreters; denn der objectiv vorhandene Mangel des Angebots wirkt denn doch hier eben so entschieden, wie der subjective Grad des Bedürfens. Ja letzterer wäre ganz gleichgültig, wenn nur genug Vorrath angeboten würde. Wir haben daher eine viel schärfere Abstraction nöthig; wir müssen das Bedürfniss in seiner Rolle als Werthschätzer völlig isoliren, wenn wir

unsere Behauptung, dass es an der Werthbestimmung Antheil habe, überhaupt noch aufrecht zu erhalten denken.

Seit Adam Smith ist die Arbeit bei fast allen Oekonomen, wenn auch in sehr verschiedener Weise, das vorherschende Werthprincip d. h. die werthschaffende Ursache geworden. Auch Carey macht in dieser Hinsicht nicht nur keine Ausnahme, sondern zieht auch die äusserste Consequenz der ganzen Anschauungsweise, indem er die Dienste der Natur als solcher für unentgeltlich erklärt. Wenn er dennoch die Naturchancen berücksichtigt, so geschieht dies, wie wir gezeigt haben, durch eine allerdings sehr heilsame Abweichung von der strengen Form der Theorie, namentlich also dadurch, dass die auf Seiten der Natur liegenden Ursachen (z. B. vorzüglicher Ausfall des Glasgebläses oder der Züchtung) dem Menschen gut geschrieben d. h. als Ueberwindungen des Naturwiderstandes angerechnet werden. Noch deutlicher als bei Carey zeigt sich die Wirkung des Smith'schen Princips bei Bastiat, welcher, wie schon angeführt, sich erst ganz zuletzt abgewöhnte, gradezu Arbeit zu sagen, und nun den zweideutigen »Dienst« einführte. Aber auch in der letzteren Fassung ist das Arbeitsprincip thatsächlich nicht verleugnet worden; denn die von Carey entlehnte Behauptung der Unentgeltlichkeit der Naturkräfte besagt nichts Anderes, als dass die menschliche Thätigkeit Schöpferin aller Werthe sei. Wir wollen nun aber im Gegensatz zu dieser ganzen Gruppe, von der nicht einmal der doch das Arbeitsprincip ausdrücklich abweisende Macleod auszunehmen ist, unzweideutig darthun, dass schon allein die Logik der menschlichen Bedürfnisse genügt, um in gewissen Fällen ein vollständiges Urtheil über den Werth zu ermöglichen.

Um uns hierfür ein Schema zu schaffen, brauchen wir nur einen Zustand vorauszusetzen, in welchem der Mensch keine Arbeit verrichtet, sondern sich ganz und gar auf die freiwilligen Dienste der Natur beschränkt. Denkt man ihn sich als isolirtes Einzelwesen, was in der Abstraction erlaubt ist, so steht er alsdann einer Natur gegenüber, von der er doch möglicherweise (und wir setzen ja grade diesen speciellen und wenn auch noch so seltenen so doch immer denkbaren Fall voraus) seine Befriedigungsmittel ohne den geringsten Mühaufwand erhält. Wer uns wegen dieses Beispiels oder Schemas chikaniren oder etwa geltend machen wollte, dass unser so glücklick situirter Mensch doch wenigstens die Hand ausstrecken oder wohl gar seine Beine in Bewegung setzen müsse, um die Gaben der Natur einzuernten, und dass er mithin doch jedenfalls eine Ausgabe an Kraft zu machen habe, — dem erwidern wir, dass dieser Einwand nicht nur nach der Schulbank schmeckt, sondern auch wenig Sinn für quantitatives und exactes Denken bekundet. Allerdings kann die Mühe des Einsammelns möglicherweise in Rechnung kommen; allein sie ist grade in unserm Fall absichtlich als ein ganz unerhebliches Minimum vorausgesetzt worden und wir werden weiterhin noch besonders zeigen, wie von dieser kleinen Quantität abstrahirt werden könne.

Wir nehmen nun an, unser glücklich situirtes Individuum habe noch im Winter verschiedene Vorräthe von Sommererzeugnissen übrig, die ihm zum Leben nicht absolut nothwendig sind, deren Verzehr ihm aber einen verschiedenartigen Genuss gewährt. Unser Besitzer dieser Schätze komme nun in die Lage, auf einzelne Bestandtheile derselben verzichten zu müssen, sei es, weil er nicht im Stande ist, sie sämmtlich aufzubewahren, vor Verderbniss zu schützen oder mit sich wegzuführen. Er wird alsdann zu wählen haben, und bei dieser Wahl wird das Bedürfniss oder der Geschmack entscheiden, sobald andere Ursachen der Werthschätzung nicht in Rechnung zu bringen sind. Nun nehme man entweder an, dass die Mühe der Beschaffung der verschiedenen fraglichen Dinge zu gering sei, um berücksichtigt zu werden, oder dass sie sich bei den verschiedenen Sorten, zwischen denen die Auswahl zu treffen ist, für die vorhandenen Mengen ganz gleich gestellt habe und daher weder in der einen noch in der andern Richtung einen Vorzug begründen könne, oder man setzte etwa voraus, dass sich die ganze Werthschätzung nur auf den Winter bezieht, in welchem an einen Ersatz gar nicht zu denken ist, — so wird in allen drei Fällen die Art und Menge des subjectiven Bedürfens den Ausschlag geben. Der an sich vorzüglichere Genuss wird unter übrigens gleichen Umständen vorgezogen werden. Der Verzicht wird sich dagegen auf das richten, was weniger angenehm ist.

Hierzu kann noch die Rücksicht auf die Maassverhältnisse der Bedürfnisse kommen. Eine eigentliche Abwägung und Gleichsetzung wird aber dadurch zu Stande kommen, dass zwei Arten von Befriedigungsmitteln zu demselben oder einem ähnlichen Zweck concurriren. Dann kann eine gewisse Quantität von dem einen etwa eine eben solche Befriedigungskraft, wie eine grössere Quantität von dem andern haben, und man wird alsdann der Einheit des letzteren einen geringeren Werth beimessen. Wir verfolgen dieses Schema nicht weiter und überlassen es dem Leser, sich dasselbe auszumalen. Doch da es gegenwärtig eine weit vorherrschende Gewohnheit giebt, den Begriff des Werths an den Austausch zwischen zwei Personen zu knüpfen, so wollen wir unser Schema auch hierfür einrichten.

A und B besitzen verschiedene Quantitäten verschiedener Dinge, die, unserer Voraussetzung zufolge, keine weitere wesentliche Eigenschaften haben, als bestimmte menschliche Bedürfnisse in bestimmten Graden zu befriedigen. Hiermit ist denn also ausgeschlossen, dass die Herstellungsarbeit in Betracht komme, sei es nun, dass eine solche überhaupt nicht vorhanden gewesen, oder dass sie sich auf beiden Seiten gleichstelle und mithin aus der Werthschätzung von selbst eliminire. In beiden Fällen wird jeder der zum Austausch geneigten Theile nur seinen Genuss in Anschlag bringen. Er wird die bedürfnissbefriedigende Kraft schätzen. Er wird sich an die Stelle des andern Theils versetzen und sich fragen, wie viel diesem Theil das Gewünschte werth sei, und da jeder so viel als möglich zu erhalten sucht, so wird man sich nur durch Erwägung der befriedigenden Kraft d. h. der vorzüglichen Eigenschaften der Dinge oder der technisch sogenannten Nützlichkeit einigen können.

Bei der Zergliederung dieses Tauschfalles ist besondere Aufmerksamkeit auf den Umstand zu richten, dass der Regel nach nur der Ueberfluss ausgetauscht und daher die beiderseitige Erwägung den eignen Verzicht auf die weggegebenen Dinge gar nicht in Rechnung zieht. Dieser Verzicht würde aber sogleich Bedeutung erhalten, sobald sich der Fall complicirte, d. h. sobald es sich um den Austausch von Dingen handelte, die ihr bisheriger

Inhaber ebenfalls persönlich benutzen könnte. Hiervon abgesehen ist aber die Frage stets nur die: Was sind dir meine Dinge und was mir deine? Aus der Vergleichung dieser beiden Beziehungen bestimmt sich das Verhältniss der Mengen, in welchem die Gegenstände ausgetauscht werden.

Diese Einführung des Tausches in das einfachere Schema des isolirten Subjects ändert an dem Kern der Sache nichts. Der Werthbegriff in seiner Allgemeinheit ist unabhängig vom Tausch und mithin von jeglichem Dualismus der Schätzung. Der Umstand, dass die verschiedenen Eigenschaften von verschiedenen Vertretern ihrer Vorzüglichkeit geltend gemacht werden, wird die Sorgfalt des Urtheils in höherem Maasse verbürgen, aber weiter giebt es hier keinen wesentlichen Unterschied. Doch könnte vielleicht die Macht, mit welcher jedes Individuum seine Herrschaft über das in seinem Besitz Befindliche ausbeutet, von Einfluss und etwa gar selbst ein Werthprincip sein. Die Geltendmachung der blossen Macht, den Austausch unter gewissen Bedingungen zu versagen, oder ihn gar positiv zu erzwingen, könnte doch schliesslich ein sehr erheblicher Factor der Gestaltungen sein, und wir sind um so mehr zur abgesonderten Untersuchung dieser Frage verbunden, als die ganze seit Adam Smith geltende Oeckonomie in irgend welcher Form Monopolwerthe d. h. doch im Grunde Machtwerthe angenommen hat. Man denke nur an die Bodenrente Ricardo's und an die Appropriationsgewinne Carey's und man wird eine gründliche Untersuchung dieser Angelegenheit sicherlich nicht überflüssig finden.

3. Ohne Zweifel ist jedwede Art von Macht, wie die Geschichte beweist, fähig gewesen, zu den so zu sagen natürlichen Preisen einen Zuschlag zu bewirken. Es ist sehr wohl möglich, auch im Geschäftsverkehr durch Missbrauch der Macht eine Besteuerung zu bewirken, welche sich von der gewaltsamen Wegnahme nur durch die weniger rohe Manier ihrer Durchsetzung unterscheidet. Ja man braucht ein zu gutes Wort, wenn man diese Gewinnmacherei eine Besteuerung nennt. Besteuerung ist eine Function des Gemeinwesens und hat ihren berechtigten Zweck. Was von Staats oder Gemeinde wegen als Steuer genommen wird,

kann ein Element der Preise sein, hat aber nie etwas mit der unmittelbaren Werthschätzung zu thun. Denn wo unmittelbare Werthschätznng stattfinden soll, müssen zwei Dinge als Aequivalent betrachtet und mithin mit einander verglichen werden. Wer aber kann uns ohne Umwege angeben, welches das Ding sei, gegen welches die Stener gleichsam ausgetauscht wird? Allerdings ist es möglich, auch hier den ganz allgemeinen Gesichtspunkt der Maxime »Werth um Werth« fest zu halten; allein wir bedürfen hierzu der künstlichen Vermittlung sehr entlegener Factoren. Für die auf blosser Macht beruhende Aneignung fällt nun aber die bei der Steuer noch immer mögliche, wenn auch sehr entfernt liegende Betrachtungsart gänzlich fort. Was einer stiehlt, das ist eben ohne Aequivalent genommen, und selbst wenn der Raub vermittelst seiner Anlage als Capital wiederum zur Production mitwirkt, so kann man doch nirgend auch nur den geringsten Grund auftreiben, den Betrag solcher auf der blossen Macht beruhenden Aneignung als Element eines gegenseitigen Tausches vorzustellen.

Freilich ist der Kaufmann sehr geneigt, Gewinn jeder Art unter denselben Titel des Verdienstes zu bringen. Allein wo die Ausbeutung anfängt, da hört eben nicht blos der Tausch, sondern auch die Werthschätzung auf. Die Sophistik könnte allerdings auch die Macht als geldwerthen Gegenstand darstellen und uns mit der Behauptung hänseln wollen, dass der Verzicht auf Gewalt- oder Positionsvortheile doch auch eine Entäusserung sei und daher Gegenstand einer Veräusserung und Bezahlung werden könne. Von dialektischen Künstlern nach der Manier Bastiats wäre Derartiges ganz wohl zu gewärtigen. Warum sollte denn nicht auch der Englische Strolch, der uns (wie Byron dies so vortrefflich beschrieben) mit dem Messer vor der Kehle die bekannte Alternative stellt, sagen können: Tauschen wir Dienst um Dienst; ziehen Sie Ihre Börse und ich stecke mein Stilet ein; das Eine ist des Andern werth; Sie verzichten auf die Macht über Geld, ich auf die Macht über mein Messer und Ihr Leben. Das Verhältniss beider Dienstleistungen, setzen wir hinzu, ist ihr Werth, und mit diesem Princip in der Hand lässt sich die Oekonomie wirklich reformiren.

Doch genug von dieser Räuberlogik. Wir wissen jetzt, dass Verwerthung der Macht keine Werthschätzung zu sein braucht.

In der That stimmt die jetzt nicht seltne Neigung, den Verkehr als einen Austausch stets gleicher Leistungen zu betrachten,
sehr schlecht mit der Existenz gewaltsamer oder listiger Aneig-
nungsmethoden. Die Wege des versteckten Raubes sind mannichfaltig, und Macht und eigentliche Werthschätzung berühren sich
so nahe, dass man sie bisweilen nicht mehr auseinander halten
kann. Wo ist die Grenze zwischen demjenigen Preis der Arbeit,
welcher der natürlichen Werthstatik entspricht, und demjenigen,
welcher auf der Minderung durch Gewalt und durch Positionsvortheile beruht?

So schwer es ist, überhaupt Macht und Recht so klar zu unterscheiden, dass keine unwillkürliche oder absichtliche Sophistik sie
zu verwirren vermag, so ist diese Aufgabe doch in unserm speciellen Fall noch weit schwerer. Da wir aber noch besonders von
der Aneignung und von dem ökonomischen Rechtsbegriff zu reden
haben, so beschränken wir uns hier auf die blosse Feststellung des
fraglichen Unterschiedes. Es giebt eben hier nur zwei mögliche
Fälle, aber keinen dritten zwischen ihnen. Entweder ist ein Gewinn Wirkung der Macht und daher blosse Aneignung; oder er
ist das Aequivalent für eine ihm entsprechende Leistung. Nur in
letzterem Fall handelt es sich um Werthschätzung. So verwickelt
nun die besondern Gestaltungen der Preise auch sein mögen, man
wird jene beiden Gesichtspunkte wohl neben einander aber nie für
einander brauchen können. Was man auf die eine Art erklärt,
wird man nicht zugleich unter die andere Rubrik bringen dürfen.
Wir haben uns daher zu hüten, die aus der Zusammenwirkung
verschiedener Ursachen entstandenen Preise ausschliesslich auf einen
einzigen Grund zurückführen zu wollen. Dies thut aber z. B. eine
»Mechanik des Handels«, welche wie diejenige der Cernuschi'schen
Schrift (Paris 1865) überall nur Austauschungen von Aequivalenten
sieht und alle Transactionen des Verkehrs nach der Regel »gleicher
Werth um gleichen Werth« ausgeführt denkt. Diese Betrachtungsart ist allerdings die mit Recht überwiegende; allein ausschliessend
darf sie nicht werden wollen, wenn sie nicht das exacte Zergliedern

der Wirklichkeit aufgeben will. Thatsächlich existirt nun einmal noch eine andere Preisursache, als die rein wirthschaftliche und nach dem Grundsatz der Gleichheit bemessene Werthschätzung. Dieser Umstand ist jedoch kein Hinderniss einer strengen Werththeorie; vielmehr lernen wir grade erst aus der letzteren, was in den Preisen als Folge der Werthschätzung und was als Wirkung der einseitigen Ausübung der Macht anzusehen sei. Jede wirkliche monopolistische Position, mag das Monopol nun natürlich oder künstlich sein, bringt Gewinne mit sich, die zum Theil auf Rechnung einer gewissen willkürlichen, wenn auch immerhin begrenzten Macht der Aneignung zu setzen sind, und gegen welche nur in einer entgegengesetzten Macht Schutz gefunden werden kann. Doch wir haben diese Idee hier nicht zu verfolgen und sind zufrieden, überhaupt zu wissen, dass auch in der Werthschätzung Macht und Recht zwei gar verschiedene und in Wahrheit nie zusammenfallende Begriffe sind. ' Die Freihändler nach Brittischer Art pflegen gegenwärtig das ökonomische Unrecht und, wie sie sagen, die communistische Beraubung, besonders in den Schutzzöllen und in den vom Staate ertheilten Vorrechten zu suchen. Der Socialismus sucht den Raub in der Ausübung des natürlichen Uebergewichts des grossen Capitals über das kleinere und beider über die capitallose Arbeit. Wir sind nun der Ansicht, dass die Entscheidung jedesmal nach dem besondern Thatbestand ausfallen müsse, und dass es unter gewissen Verhältnissen viel leichter sein könne, in der Abwesenheit als in dem Dasein des Schutzes eine Verletzung und Beraubung interprivater oder internationaler Natur nachzuweisen. In dieser Richtung wird die Werththeorie mehr als irgendwo wichtig, und wir werden später bei Erörterung der handelspolitischen Formen festzustellen haben, wie die Werthschätzung von den allgemeinen Schutzmaassregeln oder von den Combinationen der Industriellen berührt werden könne.

4. Die Macht ist ein thatsächlicher Factor in der Preisbildung; aber alle Welt stimmt darin überein, diesen Factor ausschliessen zu wollen. Es versteht sich von selbst, dass, was von aller Welt angestrebt wird, eben darum nicht im nächsten Interesse einer kleinen Zahl zu liegen braucht. Man will also im All-

gemeinen, dass wirkliche Werthschäzuug die Stelle der Erpressung
oder Prellerei einnehme. Man will dies, weil man als Gesammtheit und in der doppelten Rolle des Erleiders und Ausübers eben
nur das Recht d. h. das Gleichgewicht der Macht und hiemit deren
Beseitigung aus den Verträgen wollen kann. Man will es im
Grunde auch da, wo man sich den Anschein giebt, die Dinge gehen
zu lassen, wie es ihnen gefällt, und sich um Recht und Unrecht
nicht weiter zu kümmern. Man will es endlich und bekundet es
deutlich in all den volkswirthschaftlichen Theorien, die das Princip mit der Thatsache, die Annäherung mit der strengen Wahrheit, den Compass der Bewegung mit der Bewegung selbst verwechseln. Es findet hier genau der nämliche Fall statt, der sich
noch specieller in der Auffassung der Arbeit als der ausschliesslichen Werthursache darstellt.· Die blosse Macht soll mit ihrem
Einfluss ausgeschlossen, die Arbeit das einzige subjective Princip
der Werthschätzung, und diese Werthschätzung selbst nach dem
Grundsatz der Gleichheit von Leistung und Gegenleistung gestaltet
werden. Man vergisst aber in der Theorie, dass dies Soll keine
vorhandene, sondern eine werdende Thatsache bedeutet, d. h. dass
allerdings Arbeit und Gleichheit immer mehr zur Geltung gelangen,
dass aber die Auffassung der Wirklichkeit doch nicht nach den
treibenden Motiven und nach der vorherrschenden Richtung, sondern ganz einfach nach der gemischten Beschaffenheit der Vorgänge
zu bemessen ist. Hätte Adam Smith nichts weiter gesagt, als dass
die Arbeit mit der fortschreitenden Cultur immer ausschliesslicher
die vorherrschend werthbestimmende Ursache werde, so könnte
man nicht das Geringste einwenden. Ebenso verhält es sich nun
auch mit dem Ausschluss der Macht und mit der Erweiterung des
Bereichs der eigentlichen Werthschätzung. Im Laufe der weiteren
Entwicklung wird das Gleichgewicht im Austausch immer mehr zur
Wahrheit werden. Vorläufig müssen wir aber Bestrebung und
Wirklichkeit noch gar sehr unterscheiden. Die Oekonomiker haben
in ihren Theorien bisweilen das Ziel der Bestrebungen vorweg-
genommen und so gethan, als wenn die entgegenstehenden Thatsachen der Vergangenheit und Gegenwart gar nicht vorhanden
wären, und als wenn wir nicht auch noch in der Zukunft die Ver-

wirklichung ähnlicher Thatsachen in Menge zu erwarten hätten. Ein Princip des Sollens ist kein Princip des thatsächlichen Seins. Dieser sehr allgemeine Satz darf auch im ökonomischen Verkehr nicht vergessen werden. Er hebt uns mit einem Male über all' die Schwierigkeiten fort, von denen bisher die klare Orientirung gehindert wurde.

5. Wir haben bisher von dem subjectiven Princip der Werthschätzung d. h. von denjenigen Ursachen der Werthbestimmung geredet, welche in dem menschlichen Subject ihren Grund haben. Wir haben die bedürfnissbefriedigende Kraft der Dinge und bereits früher den Kraftaufwand des Menschen, als die beiden Ausgangspunkte der Schätzung ins Auge gefasst. Wir behaupten nun, dass sich beide Gesichtspunkte stets combiniren, und dass man daher weder den einen noch den andern zum ausschliesslichen Werthprincip machen dürfe. Die weitere Frage ist nun aber sogleich, wie diese Combination stattfinde, und ob nicht vielleicht einer der beiden Werthfactoren den Platz vor dem andern beanspruchen könne. Haben wir mit der Rücksicht auf die Arbeit oder mit derjenigen auf das Bedürfniss anzufangen? Ist jene nur eine Modification dieser, oder umgekehrt, oder können etwa endlich beide Factoren in verschiedenen Fällen eine verschiedene Rolle spielen? Kann bisweilen die Arbeit ganz gleichgültig und die befriedigende Kraft des Dinges allein entscheidend sein, oder kann umgekehrt die Arbeit allein in Rechnung kommen, während übrigens die natürliche Menge und die natürlichen Vorzüge des Dinges ganz gleichgültig bleiben?

Wir haben auf diese Fragen zum Theil schon geantwortet. Das oben gebrauchte Schema setzte die Arbeit gleich Null oder wenigstens unerheblich klein, und wir können ebenso gut ein anderes Schema construiren, in welchem Naturkräfte und Naturmaterial bei der Werthschätzung entweder gar nicht in Betracht kommen, oder doch einen so geringfügigen Einfluss üben, dass derselbe in der Hauptsache gar nicht merklich wird. Denkbar sind mithin beide Fälle; man kann sowohl von der Arbeit als den Eigenschaften der Dinge abstrahiren. Man kann dies aber nur in besondern Fällen, und die Einseitigkeit grade der bedeutendsten modernen Theorien beruht auf einer unerlaubten Verallgemeinerung der Abstraction von dem einen oder von dem andern der fraglichen Factoren.

Was die Rangordnung der beiden Werthursachen betrifft, so werden wir uns, ohne auf diese Entscheidung allzu grosses Gewicht zu legen, für die Priorität des aus dem Bedürfniss entspringenden Schätzungsgrundes erklären. Wir meinen hiermit nicht, dass dieser Schätzungsgrund der wichtigste und einflussreichste sei, sondern nur, dass er in der natürlichen Ordnung der Gedanken vorangehe. Die erste Frage ist die, was ein Gegenstand unsern Bedürfnissen gegenüber sei. Die zweite wird alsdann die Schwierigkeit, ihn zu erlangen, abwägen. Jene erste Frage ist auch das erste Motiv aller Nachfrage, und Macleod hat bei dieser Gelegenheit einmal vollkommen Recht, wenn er geltend macht, dass das Bedürfniss es sei, was die arbeitende Thätigkeit ins Spiel setze. Die Bedürfnisse stellen zunächst ihre Forderungen, bezeichnen die verschiedenen unter denselben nach Maassgabe der verschiedenen Wichtigkeit d. h. des Werths ihrer Befriedigung, und erst auf Grund dieses Entwurfes vertheilt sich die Summe der verfügbaren Arbeitskraft in den verschiedenen Richtungen. Zuerst heisst es daher: Was brauche ich; und alsdann: Wie kann ich mir das Nöthigste am leichtesten verschaffen? Wo der geringste Mühaufwand mit der grössten Nothwendigkeit zusammentrifft, da wird die grösste befriedigende Kraft des Dinges um die geringsten natürlichen Kosten erzielt. In dieser Richtung wird sich denn auch die Combination der beiden Gesichtspunkte vollziehen. Man wird eine gewisse Rangordnung der Werthe schon durch die Rangordnung der Bedürfnisse erhalten. Die hiermit gegebene Gestaltung der Schätzung ist aber völlig abstract und kann durch die Rücksicht auf die Arbeit sehr erheblich geändert, ja fast unkenntlich gemacht werden.

Ein weiterer Grund, aus welchem wir das Bedürfniss als in erster Linie maassgebend betrachten, ist der Umstand, dass es sich in der Wirklichkeit von dem Gesichtspunkte der Arbeit gänzlich isolirt denken lässt, während die umgekehrte Vorstellung keine geschichtliche Wahrheit sein kann. Man kann sich sehr wohl einen Zustand denken, in welchem die Bedürfnisse ohne Rücksicht auf

Arbeit das Maass der Werthschätzung abgeben, und zwar kann man dies aus dem einfachen Grunde, weil man sich den Menschen zeitweilig ohne Arbeit aber niemals ohne Ausübung seiner Triebe und ohne Befriedigung seiner Bedürfnisse vorstellen darf. In der Stufenfolge der natürlichen Nothwendigkeiten würde also das Bedürfniss eine relative Selbständigkeit haben, während, wo Arbeit vorhanden ist, auch jedenfalls die Bedürfnisse in Rechnung kommen, mag auch immerhin diese Rechnung in einzelnen Fällen zur Eliminirung des ganzen Gesichtspunktes führen. Die Arbeit ist daher erst eine Rücksicht, welche später hinzutritt, obwohl sie sich grade dann zum quantitativ überwiegenden Bestimmungsgrunde entwickelt.

Das innere Verhältniss zwischen Bedürfniss und Thätigkeit lässt sich auch geschichtlich wahrnehmen. Es sind Mangel und Noth, welche die Formen der Production umgestalten und da zur Arbeit aufrufen, wo bis dahin die menschliche Kraft ungenutzt geblieben war. Es ist die Noth, die ein Volk über die Stufe des rohen Ackerbaues emporhebt und zur industriellen Entwicklung anspornt. Dasselbe Princip nun aber, welches die Vertheilung der Arbeit bewirkt, liegt auch den Werthschätzungen zu Grunde. Mühaufwand und Werth stehen in einem Causalitätsverhältniss; allein es fragt sich, was in diesem Verhältniss Ursache und was Wirkung, was bestimmend und was bestimmt sei. In dem Entwurf der Arbeitsvertheilung haben offenbar die Bedürfnisse das erste Wort gehabt, oder moderner zu reden, es ist die Nachfrage die Vorfrage gewesen. Weil man grossen Werth auf die Erlangung gewisser Gegenstände legt, wendet man die nöthige Arbeit an, und nun wird es fast regelmässig geschehen, dass das seinen Eigenschaften nach Vorzüglichere auch die grösste Herstellungsmühe erfordert.

Wir können die Einheitlichkeit der beiden Gesichtspunkte der Werthschätzung, die wir auf Seiten des menschlichen Subjects zulassen, nicht weiter gehörig erörtern, ohne zuvor den Naturfactor betrachtet zu haben.

6. Das Paradoxon, dass die Naturkräfte unentgeltlich seien, wird noch paradoxer, wenn wir, wie wir müssen, diese Anschauungsweise auch ausdrücklich auf die Stoffe übertragen. Als-

dann lautet die von Carey aufgestellte und von Bastiat stillschweigend adoptirte Ansicht folgendermaassen: Stoff und Kraft sind abgesehen von der ihnen anhaftenden Arbeit oder Dienstleistung keine Gegenstände der Bezahlung. Dieser befremdlich klingende Satz, so einseitig er ist, birgt doch eine wesentliche Wahrheit in sich. Um diese Wahrheit zu begreifen, müssen wir jener eigenthümlichen Wendung, die den Naturvorrath »gleich unendlich» setzt, eine besonders scharfe Prüfung widmen.

Die Grundanschauung, welche sich in allen Raisonnements Carey's bekundet, ist die Annahme, dass der blosse Naturvorrath jeglicher Gattung, wenn auch nicht als unbegrenzt (was eine Absurdität sein würde)', so doch den jeweiligen menschlichen Bedürfnissen gegenüber als in einer solchen Quantität vorhanden zu betrachten sei, dass man nicht berechtigt sei, ihn bei der Werthschätzung als bestimmte gemessene Grösse in Anschlag zu bringen. Durch diese Voraussetzung werden die Carey'schen Schlüsse gestützt, denen zufolge nicht Naturkraft und nicht Naturstoff, sondern nur die zur Beschaffung, Zurichtung und Umwandlung derselben erforderliche Arbeit Gegenstand der Schätzung wird, während der Naturforscher selbst ganz dieselbe Rolle spielt wie Luft und Licht. Von welcher Wichtigkeit die Prüfung dieser Vorstellungsart, namentlich in Ansehung der Nahrungsmittel sein müsse, ist ohne Weiteres klar. Ferner spielt auch die Macht in diese Frage hinein; denn es handelt sich darum, ob sich nicht etwa der Mensch zwischen die Natur und Seinesgleichen stellen und für die Benutzung des Naturfactors Bezahlung fordern könne. Doch haben wir es hier zunächst mit dieser Verwicklung noch nicht zu thun. Wir beschränken uns auf die einfache Frage, ob die bestimmten Quantitäten der von der Natur zur Verfügung gestellten Kräfte und Stoffe nicht doch einen Einfluss auf die Werthschätzung ausüben.

Diejenigen, welche die Nützlichkeit als Werthschätzungsgrund abweisen, müssen folgerechter Weise auch die Menge für unerheblich erklären. Denn die Nützlichkeit summirt sich innerhalb gewisser Grenzen mit der Anzahl der nutzbaren Dinge, ganz wie es innerhalb gewisser Grenzen auch der Werth thut. Wer daher den Einfluss der natürlichen Eigenschaften auf die Werthschätzung

leugnet, sollte doch auch wohl Anstand nehmen, die Werthsum-
mirung der Quantitätsvervielfachung entsprechen zu lassen. Hundert Ballen Baumwolle ergeben auch das Hundertfache der Nützlichkeit, ganz wie sie das Hundertfache an Werth repräsentiren.
Diese Proportionalität zwischen Werth und Nutzbarkeit sollte eine
Theorie bedenklich machen, die, offenbar um einen entgegengesetzten Irrthum bloszustellen, Nutzbarkeit und Werth von einander
gänzlich getrennt und sogar in Antagonismus versetzt hat. Wenn
Nutzen und Werth kein gemeinschaftliches Maass haben, so können wir den Wohlstand gar nicht mehr einer zahlenmässigen Erwägung unterwerfen. Die Preise und die Quantitätsangaben nach
diesen Preisen sind fast unser einziger Anhalt, und unwillkürlich
überlassen sich sogar die Vertheidiger der Incommensurabilität von
Nutzen und Werth solchen Raisonnements, in denen stillschweigend
Wohlstand und Reichthum der Einzelnen und der Völker nach
Werthsummen veranschlagt werden. Diese praktische Thatsache
widerlegt die Einseitigkeit der Theorie. Doch wir haben es hier
nicht mit der ganzen Doctrin selbst, sondern nur mit einem ihrer
Gründe, nämlich mit der Vorstellung von dem so gut wie unbegrenzt anzunehmenden Naturvorrath zu thun.

Grosse Lager von Steinkohle oder Eisenerz können in der
That angesehen werden, als wären sie von unbegrenztem Umfang.
Sobald sie nämlich für diejenige Zeit, welche bei den Werthschätzungen noch in Rechnung kommen kann, keine Erschöpfung
besorgen lassen, sind sie der zunächst wirksamen Nachfrage gegenüber so überaus gross, dass ihre Quantität bei der Werthschätzung
nicht in Rechnung gezogen werden kann, oder vielmehr, um die
Sache genauer auszudrücken, dass der sonst in der beschränkten
Menge liegende Werthzuschlag gleich Null wird.

Bei der Frage, ob ein Gegenstand der Nachfrage in der Natur als in begrenzter oder in unbegrenzter Menge zur Verfügung
stehend zu betrachten sei, werden Zeit und Raum streng zu beachten sein. Alle Werthschätzung erhält erst völlige Bestimmtheit,
indem sie auf eine engere oder weitere Localität, auf einen bestimmten Augenblick oder auf eine bald längere bald kürzere Zeitausdehnung bezogen wird. Der Natur gegenüber muss es uns daher

ganz gleichgültig bleiben, was an Kraft und Stoff irgendwo und irgendwann anzutreffen sein möchte. Die entscheidende Frage stellt sich weit bestimmter. Sie lautet: Was ist von Naturvorräthen in unserm Bereich, und in welchen Perioden und in welchem Maass arbeitet die Natur zu Gunsten unserer Bedürfnisse? Der eine Theil der Frage bezieht sich auf die ruhenden Schätze der Erde, welche wie Kohle und Erz unserer beliebigen Hebung keine zeitlichen Schranken setzen; der andere Theil geht aber auf diejenigen Naturlieferungen, die wir zwar leiten, deren Zeit und Maass wir aber nicht völlig in unserer Gewalt haben. Die vegetative und animale Production hat ihre Periodicität und dabei auch ein gewisses Maass der Ausdehnbarkeit. Letzteres kann nun freilich immer jenseit der menschlichen Nachfrage bleiben und so die Disharmonie vermieden werden; jedoch ist ein solches Sachverhältniss ja grade hier die bestrittene Voraussetzung.

Haben wir uns erst einmal recht deutlich gemacht, dass wir die Vorstellung der vorhandenen Quantität immer in diejenige einer zu einer gewissen Zeit und in einem gewissen Bereich disponiblen Menge zu verwandeln haben, so wird uns die Ordnung der ganzen Frage nicht mehr schwer fallen. Die Seltenheit ist ein Begriff, der seinen in der Oekonomie erheblichen Sinn erst durch die Rücksicht auf zeitliche und örtliche Ausdehnung erhält. Die überhaupt auf der Erde vorhandenen Diamanten möchten vielleicht eine sehr beträchtliche Menge ausmachen. Doch es kommt nur darauf an, wie wenig man deren etwa im Laufe eines Jahres an den bekannten und zugänglichen Fundorten auffindet. Die Seltenheit, in welcher Gegenstände angetroffen werden, lässt uns allerdings auch auf ihr verhältnissmässig spärliches Vorhandensein schliessen. Allein ihre Existenz in der Natur kommt auch stets nur indirect in Frage, und weder Ueberfluss noch Mangel wirken unmittelbar, wie sie etwa von der Natur repräsentirt sein mögen, auf die Werthschätzung.

Die Bedürfnisse erfordern die Vorsorge für ihre Befriedigung stets im Hinblick auf eine bestimmte Zeit. Ebenso ist der verfügbare menschliche Kraftaufwand an zeitliche Entwicklungsschranken gebunden. Dem rohen Menschen ist unzugänglich und uner-

reichbar, was der civilisirtere vielleicht mit leichter Mühe in das
Bereich seiner Benutzung zieht. Für ein sich isolirt entwickelndes
Volk begrenzt sich die Natur mit seinem Territorium. Für die Welt-
industrie ist beinahe die ganze Oberfläche der Erde in Betracht
zu ziehen, obwohl man sich hier auch allzu leicht theoretisch über
Schranken hinwegsetzt, die praktisch theils vorhanden sind theils
immer vorhanden sein werden. So wäre es z. B. ganz verkehrt,
voraussetzen zu wollen, dass Kohle und Eisenerz für alle Welt
zugänglich seien. Der Transport dieser Rohstoffe kann zu theuer
d. h. wirthschaftlich unmöglich werden, und dann stellt sich für
die betroffenen Länder die Sachlage ganz so, wie wenn für sie die
Natur gar keinen Vorrath an jenen beiden mächtigen Industrie-
factoren übrig hätte. Die indirecte Benutzung kommt diesen Ländern allerdings zu gute. Sie participiren an den Leistungen, welche
die Kohle anderwärts verrichtet hat, und sie beziehen Eisen- und
Stahlgeräthschaften, die sie sonst nicht erhalten würden. Allein
diese vielfach vermittelte Zugänglichkeit liegt unserer Hauptfrage
so fern, dass wir uns, ohne einen Fehler zu begehen, auf die Betrachtung der Grösse des unmittelbar disponiblen Naturvorraths
beschränken können. Die entlegeneren Folgerungen lassen sich alsdann sehr leicht auffinden.

Nachdem wir die Fragestellung selbst so zu sagen zugespitzt
haben, können wir nun auch die Antwort mit grösserer Sicherheit
geben. Der Naturvorrath wird bald als verhältnissmässig unbeschränkt bald als bemessen in Anschlag zu bringen sein. In dem
einen Fall werden wir die Werthschätzung nach Maassgabe der
Beschaffungsmühe bestimmen; in dem andern Fall wird der Stoff
selbst einen Werth haben. Dieser letztere Werth wird sich alsdann
nach den Eigenschaften d. h. nach der Nutzbarkeit und zwar nach
Maassgabe des Verhältnisses zu andern ebenfalls in beschränkter
Menge vorhandenen Nutzbarkeiten bestimmen. Selbstverständlich
ist Nützlichkeit in diesem Zusammenhang nicht blos als befriedigende Kraft der unmittelbaren Bedürfnisse, sondern auch als indirecte Brauchbarkeit für die Zwecke der Industrie oder des Verkehrs
zu verstehen.

Der Fall der edlen Metalle erfordert eine besondere Erwähnung. Es fragt sich nämlich, ob die Zufuhr derselben als blos von der auf die Gewinnung gerichteten Arbeit oder als von den Schranken des Naturvorraths abhängig zu betrachten sei. Die Entscheidung bleibt keinen Augenblick zweifelhaft, sobald man sich des sechszehnten Jahrhunderts und in unserer Zeit der Californischen und Australischen Goldminen erinnert. Die zeitweilige ganz ungewöhnliche Zuströmung war offenbar von der Ergiebigkeit der Fundorte abhängig, und es war daher nicht die Arbeit, welche den Vorrath, sondern der Vorrath, welcher das Maass der zu verwendenden Arbeit bestimmte. Diese ganz einfachen Gedanken mussten ausgesprochen werden, da diejenige Theorie, welche die Unentgeltlichkeit des Naturfactors behauptet, den Werth des edlen Metalls ausschliesslich in der Arbeit sieht. die nöthig ist, um es zu Tage zu fördern. Dieser Theorie steht nun freilich noch immer die Bemerkung zur Seite, dass, wenn sich auch der Arbeitsaufwand nach dem zunächst zugänglichen Vorrath richtet, dieser Umstand doch nicht ausschliesst, dass die Gewichtseinheit Gold einen andern Werth habe, als die jeweilige Beschaffungsmühe derselben. Man mag viel oder wenig zu Tage fördern; die Arbeit wird jedenfalls bezahlt werden müssen. Ob nun aber in der Erwerbung des Goldes nicht auch ausser der Arbeit der Quantitätsfactor in der Preisbestimmung mitwirke, dies ist eine ganz andere Frage. Man denke an die vielfach vermittelten Erwerbungen des Goldes in denjenigen Ländern, die selbst keine Minen haben, und man wird begreifen, dass sich auf dem weiten Wege durch die mannichfaltigen Tauschvermittlungen das Verhältniss des Goldwerthes zu dem Werthe der übrigen Waaren näher bestimmen und Element um Element ändern kann, je nachdem die für ein Land beschaffbare Qnantität grösser oder geringer ist. Offenbar wird Niemand leugnen können, dass sich die Gewichtsmengen des edlen Metalls, welche für die Waaren in Tausch gegeben werden, in ihrer Quantität doch ursprünglich nach dem Verhältnisse richten werden, in welchem die Vorräthe von Metall zu den Vorräthen an Waaren stehen. Dieser Bestimmungsgrund tritt allerdings mit der Entwicklung der Volkswirthschaft immer mehr zurück d. h. er wird quantitativ immer unerheblicher. Die Menge des Metallvorraths wird immer

weniger wie ein Waarenvorrath zu betachten sein, da das edle
Metall seinen Charakter als Waare um so mehr verliert, je mehr
es seiner eigentlichen Function entspricht. Der vielfältige Umlauf
desselben Geldstückes zur Vermittlung einer Masse von Geschäften
in einer kurzen Zeit macht es ganz unmöglich, auf eine unmittelbare Vergleichung des Geldvorraths und der Waarenmasse irgend
eine Werthrechnung zu gründen. Doch wird man noch immer im
Stande sein, durch eine eingehende Untersuchung das Dasein eines
Einflusses des Geldvorraths auf den Geldwerth zu zeigen. Doch
spielen in diese Untersuchung mehrere andere Rücksichten hinein,
die uns eine beiläufige Erledigung derselben verbieten. An dieser
Stelle kam es nur darauf an, den Einfluss der beschränkten Quantität auf den Werth plausibel zu machen.

7. Wir werden uns vor jeder voreiligen Verallgemeinerung
bewahren, wenn wir uns stets gegenwärtig erhalten, dass es leichter ist, Unterschiede zu übersehen und zu confundiren, als sie
gehörig zu ordnen und zu classificiren. Es sind in dieser Beziehung
zwei ziemlich gleich ungenügende Verhaltungsarten zu vermeiden;
einerseits die allzu kühne Abstraction und andererseits die allzu
sorglose Duldsamkeit gegen einen losen Haufen specieller Gesichtspunkte. Erstere ist der Fehler des Systemgeistes, aber auch des
Genies; letztere ist das Kennzeichen der sammelnden Gelehrsamkeit und der Ohnmacht des beherrschenden Gedankens. Man zählt
uns also z. B. eine Reihe von Bestimmungsgründen auf und dünkt
sich dann noch besonders vielseitig und weise, wenn man hinzufügt, dass die wahre Theorie alle diese Gesichtspunkte vereinigt
zur Geltung bringe. Diese Manier, welche recht eigentlich das
Compendium und gelehrte Handbuch charakterisirt, ist nun aber
noch weit unwissenschaftlicher als die misslungenste Verallgemeinerung oder ausschliessliche Annahme eines einzigen Gesichtspunktes. Letztere Abirrung hat wenigstens noch den Schein der
Logik für sich, während das Aggregat von Ansichten, welches
uns die Bücher der gelehrten Compilatoren bieten, keine Spur von
Zusammenhang verräth. Aus jenen Darstellungen der Werththeorie, die uns mit ein halb Dutzend Gesichtspunkten (der Frucht des
Sammelns fremder Gedanken) lästig werden, kann man nicht

einmal die Nothwendigkeit einer höheren Art von Wissenschaftlichkeit abstrahiren. Die Selbstgenügsamkeit der Urheber dieser gelehrten Aggregate ist nicht selten so gross, dass der Leser zu dem Glauben veranlasst werden kann, es liege ihm die Quintessenz aller genialen Gedanken vor.

Unsere Bemerkung soll uns als Einleitung in die schwierige Arbeit der logischen Vereinigung der mannigfaltigen Ursachen dienen, deren Existenz in der thatsächlichen Werthbestimmung von uns nachgewiesen ist. Nicht Verallgemeinerung und nicht Häufung von speciellen Gedanken, sondern Durchdringung und Ordnung der Mannigfaltigkeit nach einheitlichen Gesichtspunkten ist hier wie überall das Ziel. Wir haben bis jetzt drei Schätzungsmomente gesondert, nämlich das Bedürfniss, die Arbeit und die von Seiten der Natur beschränkte Quantität. Werth muss aber ein in sich gleichartiger Begriff sein. Es ist keine blosse Gemeinsamkeit des Wortes, wenn wir den Werth aus dem einen Gesichtspunkt mit demjenigen aus dem andern vergleichen, und beide gegen einander messen. Ein nicht einheitlicher Werthbegriff wäre schon deswegen ganz unbrauchbar, weil er auch eine durchgreifende Schätzung ausschliessen würde. Die Vorstellung des wirthschaftlichen Werthes muss daher in sich völlig gleichartig sein, wenn sie nach allen Richtungen zur Constatirung der Zustände und zur Vergleichung der verschiedenen Verhältnisse dienen soll. Diese Forderung der völligen Gleichartigkeit der Idee schliesst die Mannigfaltigkeit der den Werth bestimmenden Momente gar nicht aus.

Hiermit sind wir denn zu der einigermaassen unerwarteten Einsicht gelangt, dass es ausser der Angabe der Ursachen der Werthschätzung noch eine andere Aufgabe zu lösen giebt. Wie nämlich auch die werthbestimmenden Ursachen oder Momente im besondern beschaffen sein mögen, in der Vorstellung des wirthschaftlichen Werthes findet sich eine von diesen Specialitäten unabhängige Idee, und sobald wir diese erläutert haben werden, wird es uns übrigens an Licht und Ordnung nicht fehlen.

Zunächst kann es allerdings nur ein Wort und ein vorläufig unbestimmt bleibender Begriff sein, wodurch wir uns orientiren.

Alle wirthschaftliche Thätigkeit strebt nach Erfolg, und die Summe
der wirthschaftlichen Erfolge ist das Maass des Wohlstandes oder
des Reichthums. So mannigfaltig nun auch diese Erfolge gestaltet
sein und benannt werden mögen, so messen sie sich doch in dem
ganz allgemeinen Begriff des Erfolges überhaupt. Ein ganzes Volk
kann sagen, dass es eine gewisse Summe wirthschaftlicher Erfolge,
versteht sich innerhalb einer gewissen Zeit, realisire, und die einzelnen Leistungen werden als Theile dieses Gesammterfolges Bedeutung und »Geltung« haben. Aus einem weiteren Gesichtspunkt
wird man auch die ganze producirende Gesellschaft, so weit sie
bereits durch den Handel verbunden ist, als den einheitlichen Urheber einer gewissen Gesammtsumme wirthschaftlicher Erfolge
oder Leistungen betrachten müssen. Von dieser Gesammtheit
werden die Erfolge einzelner Gruppen wiederum Theile bilden,
und die Theile dieser Theile werden die einzelnen sich im Verkehr
gegen einander messenden wirthschaftlichen Leistungen sein. Die
Summe irgend eines mehr oder weniger umfassenden Gesammterfolges und die Summanden dieser Summe werden die Momente
des Werthbegriffs sein. Grösse des verhältnissmässigen Erfolgs
trifft hier genau zusammen mit Grösse des Werths. Der Gesammterfolg ist die allgemeine in sich gleichartige Quantität, durch
deren Theile die einzelnen Erfolge zugleich absolut und relativ
repräsentirt werden.

Ein Beispiel wird die noch unbestimmte Idee verdeutlichen.
Die Gewinnung des Brennöls ist ein »wirthschaftlicher Erfolg« im
Sinne eines bestimmten Bedürfnisses. Der Werth der jeweilig für
einen bestimmten Bereich zur Verfügung stehenden Menge ist
ein Theil des wirthschaftlichen Gesammterfolges und wird im Allgemeinen durch die Preissumme der zu Gebote stehenden Vorräthe
bestimmt. Diese Preissumme (wohlgemerkt aber nicht der Preis
der Gewichtseinheit) repräsentirt den in der Richtung auf die Befriedigung dieses Bedürfnisses erzielten Erfolg und zwar nicht
etwa blos an sich selbst, sondern auch im Verhältniss zu der Ge-
sammtversorgung aller übrigen Bedürfnisse. Der Preis des Pfun-
des oder Quarts kann bedeutend wechseln, während die Gesammtsumme der Preise des ganzen jeweiligen Bedarfs geringeren

Schwankungen unterworfen sein wird. Ist nämlich der Gesammt-
vorrath geringer, so sind auch die Preise und zwar mehr als blos
verhältnissmässig höher, so dass der Gesammtwerth bei einer
schlechten Ernte nicht sonderlich von demjenigen bei einer guten
abzuweichen braucht. Ja in Folge gewisser Störungen und Stauungen des Verkehrs kann sogar der Gesammtwerth eines geringern Vorraths höher ausfallen, als derjenige eines grösseren, woher es denn kommt, dass die guten Ernten dem Producenten
nicht immer erwünscht sind.

Doch kehren wir zu unserer Vorstellung von der Bedeutung
der Preissumme der zur Verfügung stehenden Oelmengen zurück.
Diese Preissumme drückt sowohl das Maass des Erfolges als das
Maass der Befriedigung des Bedürfnisses, aber beide stets auch
im Verhältniss zu den übrigen Factoren des Bedürfens und Schaffens aus. Der Inbegriff der Bedürfnisse und der Inbegriff der
wirthschaftlichen Erfolge sind grosse Collectiveinheiten, in deren
Rahmen es allein von derjenigen Quantität giebt, die den allgemeinen Begriff Werth näher bestimmt. Bedürfniss und Erfolg
gehören einheitlich zusammen, und kommen beide nur in Beziehung auf die Summe der Befriedigungsmittel in Frage. Derjenige
Erfolg ist der grösste, welcher das meiste Bedürfniss befriedigt.
An die Rangordnung der Nothwendigkeit unter den Bedürfnissen
brauchen wir wohl nur zu erinnern, um bemerklich zu machen,
dass auch diese Rangordnung ihren bestimmenden Einfluss auf den
Antheil oder besser gesagt Bruchtheil übt, den das Erzeugniss
irgend eines Zweiges der Production von der Gesammtsumme
aller Werthe in Anspruch nimmt.

Betrachten wir nun den Fall, dass neben dem Oel auch noch
und zwar in ansehnlicher Menge das Petroleum erscheint. Hier
haben wir nun sogleich ein gleichartiges Bedürfniss und ihm
gegenüber zwei wirthschaftliche Erfolge, die es in ähnlicher
Weise befriedigen. Wären wirklich die Eigenschaften beider
Mittel genau gleich, so würde das Erscheinen des Petroleum
einfach mit Vermehrung des Oelvorrath's gleich bedeutend sein.
Dasselbe Bedürfniss würde alsdann durch eine bedeutend vergrösserte Masse befriedigt. Die Preise würden sinken, aber die Preis-

summe d. h. alles das, was für die Befriedigung dieses Bedürfnisses an Geld ausgegeben wird, würde nicht ebenso fallen, sondern im Gegentheil steigen. Die Consumtion würde sich ausdehnen, der Markt würde sich erweitern; Leute, die bisher kein Oel bezahlen konnten, würden die billigen Brennstoffe kaufen, und diejenigen, die bisher den theuren Preis bezahlten, würden nicht sowohl ihre Ausgaben einschränken, als vielmehr ihren Verbrauch ausdehnen. Der Gesammtwerth der jeweilig vorhandenen Masse des fraglichen Leuchtmittels würde also steigen. Die Summe des Nutzens ist offenbar im Verhältniss des Zuwachses selbst gestiegen. Der Werth kann diese strenge Proportionalität offenbar nicht einhalten; aber es kann uns schon genügen, dass er sich im Allgemeinen in derselben Richtung bewegt. Verhielte es sich anders, so könnte eine Vermehrung des Gesammtwerthes irgend einer Waarengattung gar keinen Schluss auf eine gleichzeitige Vermehrung der Summe der Nützlichkeiten möglich machen. Vermehrung der Gesammtwerthe wäre alsdann keine Vermehrung des wirthschaftlichen Erfolgs. Wir würden für die quantitative Erwägung jeden Boden verlieren. Es würde eine Absurdität sein, von der Production von Werthen als von einem Erfolg zu reden. Man würde im Gegentheil wie Carey, wenn er es auch nicht consequent thut, das Sinken der Werthe zum Kennzeichen des grössern Erfolges zu machen haben.

Wir haben in unserm Beispiel vorausgesetzt, dass das Petroleum genau die Eigenschaften des Oels ersetzt. Wenn dies nun aber nicht der Fall ist, so bleibt doch immer eine Gemeinsamkeit der Gattung bestehen. Dasselbe Bedürfniss wird wenn auch in etwas unterschiedener Weise durch beide Mittel befriedigt. Es tritt also jedenfalls zwischen beiden Waaren eine ähnliche Concurrenz ein, wie zwischen Leinen und Baumwolle. Ist es auch nicht aus dem speciellen Gesichtspunkt eine Vermehrung der Masse der Befriedigungsmittel, was durch das Hinzutreten der neuen Waare erfolgt; so ist es doch aus einem allgemeineren Standpunkt, welcher von den Differenzen absieht, offenbar nichts Anderes. Die Aehnlichkeit in den Eigenschaften begründet also einen Werthzusammenhang, den wir bei jeder Gelegenheit beobachten können. Die Beschränkung des verfügbaren Baumwollenvorraths brachte auch ein Steigen der Preise der concurrirenden Waaren, d. h. besonders der Wolle, ja sogar der Leinwand mit sich. Diese Uebertragung beweist besser, als irgend etwas Anderes, wie sehr die Werthe von der Gesammtheit des Erfolges abhängig, und wie die Werthquantitäten zwar absolute Grössen, aber dennoch stets Theile einer bestimmten begrenzten Summe sind und nur einen Sinn haben, wenn man sie als Theile dieser Gesammtgrösse d. h. der umfassenden Gesammtheit der Werthe denkt. Hiermit ist denn auch angegeben, in wie fern der Werthbegriff ein Element der Relativität einschliesse. Indessen möchte diese Relativität, wie wir nachher noch besonders erläutern werden, doch nicht erheblicher sein, als die einer jeglichen Grösse, von deren Gattung keine unbegrenzte Menge vorausgesetzt wird, und deren Theile in Rücksicht auf das Ganze erwogen werden.

Die Beobachtung der Concurrenz verschiedener Befriedigungsmittel und die hiervon abhängigen Wertherscheinungen sind jedem Geschäftsmann bekannt. Indessen der Gedanke einer grossen collectiven einheitlich vorgestellten Werthsumme, von welcher die einzelnen Gruppen Bruchtheile bilden, ist durchaus nicht gewöhnlich, und ich muss bemerken, dass ich denselben, obwohl übrigens mit wenig Kenntniss der gründlicheren Werththeorien ausgeführt, nur bei Cernuschi angetroffen habe. Jegliche Idee, welche den Werthbegriff streng bestimmen soll, muss auch in dieser Richtung vordringen. Es geht nicht mehr an, den Werth von dem wirthschaftlichen Erfolge zu trennen. Die Werthsummen müssen ein Maass des volkswirthschaftlichen Fortschritts abgeben; sonst hört die Wissenschaft selbst auf, oder bleibt wenigstens auf unbestimmt schweifende Ideen angewiesen.

8. Das Wort Erfolg scheint blos auf das Ergebniss der menschlichen Thätigkeit zu deuten; allein es ist weit besser als andere Ausdrücke auch zugleich geeignet, die Naturchancen anzuzeigen. Für die Erlangung der verschiedenen Befriedigungsmittel sind die Naturchancen d. h. die Aussichten, welche der Naturfactor darbietet, offenbar ebenfalls sehr verschieden. Diese Naturchancen sind in dem Werthbegriff, wie wir ihn aufstellen, bereits begriffen.

Werth ist das Ergebniss der Schätzung oder Messung des Erfolgs. Der wirthschaftliche Erfolg wird dadurch zu einer allgemeinen, als gleichartig zu betrachtenden Grösse, dass in ihm von den Unterschieden abgesehen wird. Das Ergebniss dieser Abstraction ist eben nichts Anderes, als der allgemeine Werthbegriff. In ihm ist die Rücksicht auf die Nutzbarkeit so zu sagen schon verarbeitet. In ihm ist aber auch die Rücksicht auf die Naturchancen enthalten; denn diese Naturchancen spielen keine wesentlich andere Rolle, als die verschiedenen Grade der Nutzbarkeit. Die Natur-chancen bestimmen hauptsächlich die Mengenverhältnisse, in denen die Rohstoffe unter Anwendung gewisser Arbeitsquantitäten zu beschaffen sind. Sie bestimmen auch die Wirkungsgrösse, die wir von den Naturkräften unter verschiedenen Umständen zu erwarten haben. Alle diese Elemente ordnen sich nun der allgemeinen Werthvorstellung sehr leicht unter. Das wirthschaftliche Streben führt zu Ergebnissen, die sämmtlich in der allgemeinen Eigenschaft, dieses Streben und seine Elemente in einem gewissen Maasse zu befriedigen, übereinkommen. Es ist also nicht die Thätigkeit, sondern das Resultat, welches wir schätzen und messen. Für dieses Resultat an sich ist es ganz gleichgültig, wie die Combination des Naturfactors oder der Naturchancen mit der aufgewendeten Thätigkeit stattgefunden habe. Es ist nicht das Bedürfniss, auch nicht die Arbeit, ja endlich auch nicht, was zwischen beiden steht, nämlich die Einrichtung der Naturmaschinerie, was uns über den Inhalt des Werthbegriffs aufklären kann. Der Inhalt dieses Begriffs betrifft das neutrale Facit, die vollendete Thatsache, den wirklichen wirthschaftlichen Erfolg. Die Factoren oder besondere Werthschätzungsgründe gehören nicht zum Begriffe selbst; sondern dieser allgemeine Begriff musste im Geiste vorangehen, damit specielle Schätzungen statthaben können. Der Werthbegriff bewegt sich gleichsam in einem allgemeinen Medium des wirthschaftlich Schätzbaren, welches gegen die Differenzen gleichgültig ist. Die Naturchancen bilden daher nur einen besondern Zweig der Erwägung, von dem wohl die Anwendung des Werthbegriffs, aber nicht dieser Begriff selbst berührt wird. Wir müssen den Werthbegriff auch stets in dieser Allgemeinheit festhalten, damit wir nicht in den

Fehler verfallen, eine specielle Art desselben mit seinem abstracten Inhalt zu verwechseln. Ohne die Allgemeinheit des übergreifenden Begriffs würden wir nicht mehr im Stande sein, die Einheitlichkeit der Betrachtung der wirthschaftlichen Erfolge zu bewahren.

9. Zur Verdunklung der Allgemeinheit des Werthbegriffs haben grade die besten Ideen und Bestrebungen am meisten beigetragen; man wollte sich von den Täuschungen befreien, welche das Haften an den Geldpreisen mit sich bringt, und man suchte nach einem andern Werthmaass. Man rechnete und rechnet noch jetzt grade da, wo man am gründlichsten sein wollte, statt in Geld, in unqualificirter Arbeit d. h. in gemeiner Arbeitszeit. Man glaubt bisweilen sogar eine richtigere Vorstellung vom Werthe zu erlangen, wenn man denselben in Arbeitstagen ausdrückt. Nun hat aber die Arbeit selbst einen Preis und man redet von ihrem Werth ebenso wie vom Werth des Grund und Bodens. Die Betrachtungsarten lassen sich daher leicht in einander verwandeln, und es muss als ein Umweg, ja als eine Umkehrung der natürlichen Methode erscheinen, wenn man die Arbeit zum Ausgangspunkt macht. Ja es liegt diesem ganzen Verfahren meist eine Selbsttäuschung zu Grunde. Die Arbeit lässt sich nämlich gar nicht direct mit andern Werthen vergleichen, ihre Geltung muss selbst erst irgendwie gemessen werden, damit diese Vergleichung stattfinden könne. Wenn daher Carey Preis und Werth so unterschieden wissen will, dass der Werth stets den Preis in Arbeit bezeichne, so sieht man nicht ein, was die Veränderung des Maassstabes ändern soll, sobald nur der zu messende Werth derselbe bleibt. Es muss völlig gleichgültig sein, welches specielle Ding oder welche besondere Thätigkeit, die einen wirthschaftlichen Werth hat, zum Ausgangspunkt und zur Einheit genommen werde. Der Werth an sich selbst kann sich nicht durch die Art seiner Messung verändern. Der natürlichste und der auch praktisch einzig zu handhabende Werthmaassstab ist das Geld und zwar das edle Metall. Die Täuschungen, denen man in der Erwägung der Preise ausgesetzt ist, rühren nicht daher, dass man das edle Metall zum Werthmesser macht, sondern daher, dass man in der Vergleichung der Werthe nicht sorgfältig genug ist. Die Preise sind nur Hülfsmittel zu den Werthrechnungen,

aber nicht schon selbst fertige Anzeigen aller Werthbeziehungen.
Der Begriff des Werthes ist allgemeiner als der des Preises; aber
Preise und Preissummen sind doch stets gemessene und zwar mit
einem bestimmten Maassstab gemessene Werthe. Wir haben also
im Gegensatz zu der von Adam Smith ausgegangenen Neigung, die
Geldausdrücke für unzureichend zur Bestimmung der Wohlstands-
verhältnisse anzusehen, grade darauf zu denken, wie sich sämmtliche Schwierigkeiten durch Werthrechnungen in Geld beseitigen
lassen. Denn von diesem Ausweg abgesehen, würde eben kein
anderer mehr vorhanden sein. Die speciellen Werthschätzungen,
die der Verkehr selbst vollzieht, bilden die Grundlage der wissenschaftlichen Bestimmungen, und der Verkehr ist nun einmal bisher fast durch die ganze Geschichte hindurch so eigensinnig gewesen, den einfachsten Werthmaassstab vorzuziehen, und hat dies
um so mehr gethan, je weiter er entwickelt worden ist. Gegenwärtig macht sich sogar die Tendenz zu einer vollkommen einheitlichen Währung immer mehr geltend, d. h. das im Verhältniss zu
seinem Gewicht werthvollere der beiden edlen Metalle strebt nach
der ausschliesslichen Function, der entscheidende Werthmaassstab
zu sein. Wer die Arbeit zum Werthmaassstab macht, kann so
lange er diesen Ausgangspunkt im Auge behält, nicht von Veränderungen des Arbeitswerthes reden. Ebenso wird derjenige, welcher glaubt, eine Gewichtsmenge edlen Metalls zur Wertheinheit
machen zu können, sich hiermit selbst die Möglichkeit verschliessen,
von Veränderungen des Werthes dieser Einheit zu reden. Wer
überhaupt zugiebt, dass es einen allgemeinen Werthmaassstab gebe,
der für die Jahrhunderte wie für die verschiedenen Länder gültig
sei, wird darauf bestehen müssen, in seiner Maasseinheit selbst
keine wesentliche Veränderung anzuerkennen. Sonst würde er sich
selbst widersprechen. Er würde behaupten, ein Mittel der Messung
und Schätzung zu besitzen, und dann wieder von diesem Mittel
selbst sagen, dass es sich nicht gleich bleibe. Letztere Ausstellung
würde unwillkürlich verrathen, dass derjenige, der so überlegt,
doch noch irgendwo einen andern Maassstab besitzen müsse, welcher ihm die Veränderlichkeit seines vermeintlichen Messungsmit-
tels anzeigt. Denn woher sollte er wohl die Kenntniss der Ver-

äuderungen nehmen, wenn er nicht etwas Beständiges hätte, an welchem er die Abweichungen wahrnehmen könnte?

Mit dem unveränderlichen Maassstab verhält es sich in der Volkswirthschaftslehre wesentlich ebenso wie in den strengen, physikalisch messenden Wissenschaften. Die Maasseinheit ist nur relativ beständig, selbst wenn man dieselbe so zu sagen vom Himmel holt und die astronomischen Messungen des Erdquadranten zum Anknüpfungspunkt macht. Aber diese relative Beharrlichkeit ist vollkommen genügend für die Wissenschaft. Das verhältnissmässig Beständige ist geeignet, die schnelleren Veränderungen kenntlich zu machen, und wir erreichen alles Mögliche, indem wir die Verhältnisse der Veränderungen gegen einander bestimmen und das dem Grade nach am meisten Beständige zur Bestimmung der Veränderungen und Bewegungen benutzen.

Man könnte sich mit dieser Ueberlegung begnügen und in unserm Fall bemerklich machen, dass der Maassstab, den das edle Metall gewährt, für grössere Zeiträume verhältnissmässig wenig verändert wird, und dass man auch von einem Lande zum andern für diesen Maassstab eine gewisse Beständigkeit voraussetzen kann. Indessen würde hierdurch das Aeusserste, was der wissenschaftlichen Aufklärung zu erreichen möglich ist, noch keineswegs angegeben. Unsere Begriffe von einem sich selbst gleichbleibenden Maassstab sind, wenn auch alles Wirkliche und Erfahrungsmässige sich verändert, stets dieselben und bilden für das Denken den orientirenden Leitfaden. Die Maasse selbst verändern sich, aber wir bemerken diese Veränderungen. Woher können wir dies? Man wird uns antworten, dass man Veränderungen bemerkt, indem man sie mit dem weniger Veränderlichen vergleicht. Allein wie dann, wenn wir schon das verhältnissmässig am meisten Beständige zum Orientirungsmittel gemacht haben? Wie gelangen wir zu der Einsicht, dass auch diese äusserste Beständigkeit, die uns als ruhender Pol für alle übrigen Bewegungen dient, nur annähernd sei? Wie ist es möglich, dass wir unter zwei oder einer grössern Anzahl von Dingen kein einziges finden, von dem wir absolute Beharrlichkeit aussagen könnten? Müsste uns nicht immer Dasjenige, gegen welches alle übrigen differiren, als vollkommen unveränderlich erscheinen? Dies würde allerdings der Fall sein, wenn wir nicht einen leitenden Begriff von einer sich absolut gleichbleibenden Grösse zu Grunde legen könnten, auch ohne dass sich ein Ding fände, welches diesen Begriff verwirklichte und so einen absoluten Maassstab bildete. Unsere Messungen sind durch die annähernde Beständigkeit des wirklichen Maasses bedingt; unsere Schlüsse sind es aber nicht, und so können wir denn sehr wohl auf die Veränderlichkeit eines Maassstabes schliessen, ohne ein Mittel zu besitzen, seine Veränderungen direct zu messen.

Die Anwendung dieser zwar subtilen aber nothwendigen Unterscheidungen auf den Werthmaassstab ist beinahe leichter, als die strenge Bestimmung dieser Ideen in Rücksicht der exacten Wissenschaften. Für die Volkswirthschaftslehre stellt sich nämlich die ganze Frage sehr klar, sobald man bedenkt, dass wir von Werthänderungen des edlen Metalls reden, die in ihm selbst ihren Grund haben, und nicht etwa in den übrigen Waaren. Wenn ein Erzeugniss billiger wird, so braucht deswegen der Werth des Geldes noch nicht gestiegen zu sein. Ja sogar, wenn, was eine freilich der Erfahrung widersprechende Voraussetzung ist, sämmtliche Verkehrsgegenstände um eine geringere Menge Metall käuflich würden, so brauchte noch immer nicht der Werth des Geldes gestiegen zu sein. Der entgegengesetzte Fall, der die Wirklichkeit repräsentirt, hat seinen Grund durchaus nicht in einer Werthminderung der edlen Metalle. Der Werthmaassstab, den die edlen Metalle bilden, kann nur durch Veränderungen, die ihre verfügbare Menge betreffen, berührt werden. Ganz etwas Anderes sind aber die Verhältnissänderungen im Werthe der zu schätzenden Gegenstände gegenüber dem schätzenden Mittel selbst. Diese Verhältnissänderungen werden oft falsch übertragen d. h. ohne Kritik dem Maassstab zugeschrieben, wo sie in der That das zu messende Object betreffen.

Der Begriff des Werthes ist unabhängig von dem Maassstab, durch welchen er gemessen wird, und von den Eigenschaften dieses Maassstabs. Verhielte es sich anders, so könnten wir vom Werth des Dinges, durch welches man misst, wie schon vorher gesagt, niemals reden. Das edle Metall repräsentirt stets eine gewisse Grösse von wirthschaftlichem Erfolg und hat nur hierdurch

einen bestimmten Werth. Dieser Begriff des Erfolges kann uns
aber dienen, die Variationen des Metallwerthes zu constatiren.
Näher zugesehen, hat das edle Metall seinen Werth durch die
Eigenschaften, die jenem Erfolg dienstbar sind d. h. hauptsächlich
durch die Function als Geld. Nun braucht sich der Werth nicht
der Menge proportional zu ändern; denn das Bedürfniss hat seine
jeweiligen Schranken, und über ein gewisses Maass hinaus würde
jegliches Befriedigungsmittel werthlos werden. Eine plötzliche Veränderung in der Metallmenge kann also eine Werthschwankung her-
vorrufen, und wir schliessen auf dieselbe aus der Erwägung des
Verhältnisses zwischen Bedürfniss und Befriedigung. Nirgend sind
aber diese Veränderungen geringer, als grade im Fall der edlen
Metalle. Das Verhältniss ihres Werthes zu dem anderer Dinge
ändert sich allerdings erheblich; allein an sich selbst bilden sie eine
collective Werthmenge, die sich zwar ändert, deren Theile aber
in hohem Maasse constant bleiben. Die gleiche Gewichtsmenge
Gold oder Silber ist daher eine Maasseinheit, deren Werth sich
zwar weder nach Zeit und Ort völlig gleichbleibt, die aber doch
hinreichend beständig ist, um als Vermittlung unserer Vergleichungen zu dienen. Allerdings wird in jedem besondern Fall nachzuweisen sein, in wie fern die durch das Geld vermittelten Vergleichungen auch wirklich auf einer Einerleiheit des Geldwerthes
beruhen. Der Werthbegriff bleibt also stets das letzte Regulativ,
während das edle Metall den einfachsten und beständigsten Maassstab der Vergleichung liefert. In jeder Untersuchung dieser Art
wird man selbstverständlich auch die verhältnissmässigen Werthe
der sachlichen Leistungen und des Geldes festzustellen haben. Da
der Werth eine absolute Quantität ist, die aber als Theil einer
Gesammtgrösse in Anschlag kommt, so werden Verhältnissänderungen stets in den Werthveränderungen der Theile, und mithin
auf der einen oder auf der andern, oder auf beiden Seiten der
verglichenen Dinge zu suchen sein.

Der Preis ist stets zugleich ein Ausdruck nicht blos des Werths,
sondern auch eines Werthverhältnisses. Dies wird zu beachten
sein, damit man die Täuschungen vermeide, die aus der von Ba-

stiat und Macleod gepflegten Idee entspringen, dass die Werthvorstellung überhaupt gar nichts als ein Verhältnissbegriff sei.

10. Die Versuche, die Werttheorie zu verbessern, haben eine Richtung genommen, in welcher das absolute Element des Werthes vernachlässigt und der ganze Begriff zu einer blossen Relativität gemacht wird, mit der man sich in einen endlosen Kreis von Verweisungen verliert. Der Werth einer Sache, meint Macleod, sei das, was für dieselbe in Austausch gegeben werde. Vom Werthe des Dinges A könne man nur reden, indem man noch ausserdem ein Ding B nenne, welches ihm im Austausch gleich geachtet werde. So wäre denn das Eine stets nur des Andern Werth, und es gebe keinen Werth an sich selbst, keinen innern Werth, keinen Werth, welcher der Sache anhaftet. Es ist etwas Richtiges in dieser einseitigen Behauptung, deren Keim sich von Carey herleitet. Der Amerikanische Nationalökonom hatte mit Nachdruck darauf aufmerksam gemacht, dass der Begriff der Vergleichung von demjenigen des Werthes unzertrennlich wäre. Bastiat war noch weiter gegangen und hatte den Werth für ein blosses Verhältniss von Diensten erklärt. Er hatte übrigens, und dies wenn auch einseitig, so doch mit Recht, eine Formel aufgestellt, durch welche die alten Vorurtheile kenntlich gemacht werden sollten. Er hatte nämlich behauptet, dass es verkehrt sei, den Werth als anhaftende Eigenschaft der Dinge vorzustellen. Hier beschäftigt uns nun nur die Widerlegung aller derjenigen Ideen, welche das absolute Element im Werthbegriff leugnen, und besonders gegen die Ausdrücke »innerer« oder »eigner« Werth eingenommen sind.

Wir widerlegen diese Einseitigkeiten, die jeden strengen und genauen Begriff unmöglich machen, wohl am besten dadurch, dass wir, ohne mit der Kritik der gegnerischen Behauptungen und mit der Verneinung Zeit zu verlieren, sogleich positiv nachweisen, dass der Werth eine absolute Grösse und zwar mindestens eben so sehr wie jede räumliche Ausdehnung sei. Wir können unsere Behauptung auch in den Satz kleiden, dass Werth und Werthverhältniss zwei Vorstellungen sind, die man ebenso streng wie in der Physik absolutes und specifisches Gewicht unterscheiden muss. So wenig das Gewicht eine blosse Relativität ist, ebenso wenig ist es der Werth. Der Preis entspricht in einem gewissen Sinne dem specifischen Gewicht, indem er zugleich den relativen und den absoluten Werth ausdrückt.

Wenn der Werth überhaupt eine Grösse sein soll, die eine Benennung hat, so kann er keine abstracte Zahl sein. Da ferner die Art, wie er gemessen wird, auf ihn selbst keinen Einfluss übt, so muss die Benennung etwas Allgemeines, gegen den bestimmten Maassstab Gleichgültiges sein. Diese Benennung ist »wirthschaftlicher Erfolg«. Der letztere ist . eine an sich bestehende Quantität und keine blosse Zahl. Er hat Theile und zwar gleichartige Theile; denn sonst wäre er keine Quantität. Nun ist jeder bestimmte Werth so zu sagen ein Stück aus dieser allgemeinen Quantität. Lauter Relativitäten, die sich auf keine wirkliche Grösse beziehen, sind undenkbar. Bei Carey ist, wie schon früher bemerkt, das allgemeine Quantum, von welchem die einzelnen Werthe Theile bilden, der »überwundene Productionswiderstand«. Wollte man Bastiat's Logik zurechtrücken, so müsste man als das absolute Element seines Werthbegriffs ein Maass von Dienstleistung nennen. Für diejenigen, welche die Arbeit als Werthursache festhalten, ist das absolute Element eine gewisse Arbeitsmenge. So sehen wir, dass überall die natürliche Logik zur Anerkennung des nicht relativen Bestandtheils nöthigt.

11. Man kann die Lehre vom Werth in einen formalen und einen materiellen Abschnitt theilen. Der erstere würde Nichts als die Begriffsfassung und die Messungsart zu behandeln haben; der letztere würde dagegen die besondern Gestaltungen der Werthschätzung (z. B. bei dem Grund und Boden) enthalten müssen. Ausser diesen beiden der eigentlichen Werththeorie angehörigen Aufgaben liesse sich noch eine dritte nennen. Man kann nämlich bei einer Werththeorie auch noch an die Bestimmungsgründe denken, von welchen die grossen volkswirthschaftlichen Veränderungen gewisser Werthgruppen abhängen. Man kann z. B. fragen, woher es komme, dass der Werth des Grund und Bodens mit der wachsenden Civilisation steigt; oder man kann untersuchen, ob und warum der Werth der Arbeit mit den wirthschaftlichen Fortschritten zunehme. Man kann, um noch eine andere wichtige Lehre zu er-

wähnen, auszumachen suchen, ob und wie die Idee des Socialismus, derzufolge die Benutzung der Natur nicht nur gemeinsam, sondern auch allein nach Maassgabe der menschlichen Arbeit zugänglich sein soll, in dem wirklichen ökonomischen System eine Wahrheit werden könne oder bereits eine solche in einem gewissen Maasse sei. Diese dritte Gruppe von Fragen fällt in ihrer Beantwortung mit der ganzen Ausdehnung der Volkswirthschaftslehre zusammen. Sie darf daher keinen Bestandtheil eines Capitels über die Werththeorie bilden. Andernfalls würde man an dieses einzige Wort Werth die ganze Nationalökonomie anknüpfen müssen.

Von der formalen Werththeorie haben wir, mit Ausnahme eines einzigen Punktes wohl eine für den denkenden Leser ausreichende Darstellung gegeben. Die materielle Seite der Lehre werden wir nachher ganz kurz behandeln. Zunächst muss aber jener eine Punkt erledigt werden.

Man redet häufig von Werth, ohne genau zu unterscheiden, ob man Werthsummen oder einzelne Werthe meine. Diese Differenz ist jedoch, wie schon oben gezeigt, keineswegs gleichgültig. Die einzelne Maasseinheit einer Gattung von Erzeugnissen und der Betracht dieser ganzen Gattung selbst sind ganz verschiedene Vorstellungen. Der Werth der einen kann sinken, während der Werth des andern steigt. Man denke an den Fall, dass der Preis eines Fabrikats in Folge von Verbesserungen der Maschinerie oder von grösserer Zuströmung des erforderlichen Rohstoffes bedeutend billiger werde. Alsdann sinkt der Werth der Maasseinheit. Eine bestimmte Quantität dieser Waare kostet weniger. Allein hieraus folgt nicht, dass der Gesammtbetrag des Verbrauchs für dieses Fabrikat sinke. Im Gegentheil wird er der Regel nach steigen und wir werden daher sagen müssen, dass der Werth des einzelnen Stücks gesunken, der des ganzen Bedarfs aber gewachsen sei. Die Häufung geringerer Werthe ergiebt hier eine grössere Werthsumme. Die Formulirung der volkswirthschaftlichen Sätze wird mit Rücksicht auf diesen Unterschied einzurichten sein, und man wird in dieser Richtung die bezeichnende und strenge Ausdrucksweise der exacten Wissenschaft mit Vortheil anwenden. Warum sollte man denn nicht, wo es nöthig ist, ein Wort mehr ausgeben und statt blos vom Werth eines Dinges lieber gleich bezeichnender vom Werth seiner Maasseinheit oder von der Werthsumme der ganzen Production des Artikels sprechen? Unter Berücksichtigung dieser Bemerkung würde man z. B. den Carey'schen Satz, dass Minderung des Werths ein Zeichen der fortschreitenden Volkswirthschaft sei, sehr leicht auf seinen wahren Inhalt zurückführen können. Die fragliche Veränderung betrifft nur die Werthverhältnisse und ist ausserdem für die Werthsummen nicht zutreffend. Die schöne und weitreichende Unterscheidung, die Carey so glücklich in Beziehung auf den absoluten und relativen Capitalgewinn eingeführt und im System auch noch in andern Richtungen ausgedehnt hat, wäre der Verallgemeinerung werth gewesen. Indessen scheint es doch einer weiter entwickelten und strengern Theorie vorbehalten zu sein, auch in Hinsicht auf den Werth den Gegensatz des Absoluten und des Relativen gehörig zur Anwendung zu bringen.

Ueberall wo man die Häufung der Werthelemente zu collectiven Werthsummen unwillkürlich vornehmen muss, wie z. B. in dem Werthanschlag des Grund und Bodens, da zeigt sich denn auch nicht das Sinken, sondern das Steigen des Werths als der Erfolg des wirthschaftlichen Fortschritts. Ganz ebenso würde sich aber auch das allgemeine Gesetz bewahrheiten, wenn man, anstatt blos auf den Preis eines bestimmten Fabricats zu blicken, die Preissumme des ganzen Consums desselben betrachtete. Alsdann würde sich der anerkannte Satz, demzufolge der Betrag des Verbrauchs ein Zeichen des Fort- oder Rückschreitens ist, auch in ein für den Gang der Werthe gültiges Gesetz umwandeln lassen. Man würde nicht blos vom Grund und Boden, sondern auch von dessen Erzeugnissen und von den Industrieproducten behaupten müssen, dass die Werthsummen mit der Entwicklung wachsen.

Was die gemeine unqualificirte Arbeit anbetrifft, so bleibt ihr Werth ebenfalls zweideutig, so lange man sich nicht über den Gegensatz des Absoluten und Relativen auch in dieser Anwendung vollständige Klarheit verschafft. Die Bevölkerungszunahme muss in der grösseren Masse schneller vor sich gehen, als in den kleineren bevorzugten Gruppen, selbst wenn man die Vermehrungsbedingungen in beiden Gebieten als gleich voraussetzt, was nicht einmal der Fall ist. Die Werthsumme der ganzen Arbeit muss also schon aus diesem Grunde rascher wachsen als die Werthsummen der Gewinne, mit welchen sich die kleineren aber herrschenden Kreise ihre wahre oder scheinbare Thätigkeit honoriren. Man könnte also behaupten, dass der Werth der Arbeit im Verhältniss zu demjenigen der Capitalausnutzung steigt, ohne dass hierin eine Verbesserung der Lage des Arbeiters enthalten zu sein brauchte. Die Summirung der Millionen von Werthelementen mag das Verhältniss ändern, ohne dass hiermit der Werth der Maasseinheit selbst steigt. Grade aber auf diesen Erfolg kommt es an. Der Werth einer gewissen Arbeitsgrösse muss im Verhältniss zu dem Werthe der Lebensbedürfnisse steigen. Die Wertherhöhung der Arbeit muss pro Kopf statthaben und nicht blos vermittelst der Werthsumme, wenn das Carey'sche Vertheilungsgesetz eine Bürgschaft des Fortschritts sein soll. Dieses Vertheilungsgesetz ist dem Amerikaner nichts als eine Ausführung der Werththeorie. Der Productionswiderstand sinkt in Rücksicht auf die Beschaffung und Benutzung von Capital. Hieraus folgt denn eine grössere Macht der Arbeit, über die Dienste der Natur zu verfügen. Der Arbeit gegenüber sollen also alle Werthe sinken, sogar derjenige des Grund und Bodens, dessen Preis fortwährend steigt. Es ist hier nicht der Ort, diese materiellen Lehren weiter zu verfolgen. Ihre Erwähnung sollte nur die Nothwendigkeit verdeutlichen, stets zwischen dem Relativen und dem Absoluten, welches in den Werthangaben enthalten ist, zu unterscheiden.

12. Wir werden uns mit den besondern Erklärungsarten der Werthe der Hauptkategorien von wirthschaftlichen Dingen verhältnissmässig kurz abfinden können, da wir bereits mehrfach in Beispielen in dieser Richtung vorgegriffen haben, und da wir überdies noch öfter Veranlassung nehmen werden, bei den speciellen Lehren die einzelnen Punkte weiter auszuführen. Der Hauptgegensatz ist derjenige zwischen der Werthschätzung der beweglichen und der unbeweglichen Dinge. Vor Carey hatte man noch kein einheitliches Prinzip. Gegenwärtig müssen wir von den beweglichen Gütern ausgehen, um die Schätzung des unbeweglichen Eigenthums zu begreifen. Beweglich im Sinne des Verkehrs

d. h. der Austauschung von Rechten ist allerdings Alles. Dagegen haben die im eigentlichen Sinne beweglichen Erzeugnisse doch dem Grade nach die Umlaufsfähigkeit voraus. Für die Zwecke des letzten Verbrauchs sind grade die von Hand zu Hand gehenden Dinge der entscheidende Bestandtheil des Verkehrs. Der Mensch mit seinen Bedürfnissen ist der Ausgangspunkt der Schätzung, und diese Bedürfnisse beziehen sich unmittelbar auf die Erzeug-nisse, nicht aber auf den bleibenden Stamm, von welchem sie sich gleichsam ablösen. Der Gebrauch dieser Erzeugnisse wird un-mittelbar, der Grund und Boden aber nur mittelbar geschätzt. Der Werth des Grund und Bodens ist das Resultat einer Summi-rung von Werthelementen, und jedes dieser Elemente bestimmt sich auf dem allgemeinen Markte d. h. durch den Verkehr. Bei einem Grundstück fragen wir, wenn wir seine Nützlichkeit erwägen wollen, nach dem Betrage seiner Erzeugnisse innerhalb einer ge-wissen Zeit. Wenn wir aber seinen Werth bestimmen wollen, so fragen wir nach den Einkünften, die sich aus den Preisen seiner absetzbaren Erzeugnisse oder Nutzungen summiren. Der Markt der verschiedenen Lebensbedürfnisse und Nutzbarkeiten ist also die Sphäre, in welcher über den Werth des Grund und Bodens entschieden wird. Der eigentliche Gegenstand der Werthschätzung und so zu sagen der ökonomische Inhalt des Grundeigenthums ist der Inbegriff von Erzeugnissen und Nutzungen, die Einkünfte gewähren oder doch gewähren würden, falls sie nicht vom Eigen-thümer selbst verbraucht würden. Was ich im Verkauf des Grund-eigenthums übertrage, ist das volle und ausschliessliche Recht der Herrschaft über dasselbe. Diese Herrschaft hat aber ökonomisch keine andere Bedeutung, als die Möglichkeit, die Gesammtsumme von Werthen, welche aus dem Verkauf der Erzeugnisse und aus der Vermiethung hervorgehen, anzueignen. Diese Summe von Werthelementen kann nur mit Rücksicht auf eine bestimmte Zeit angegeben werden; allein das Recht ist zeitlich unbegrenzt. Wir erhalten also eine unbegränzte Reihe von Einkünften, die wir z. B. für das Jahr veranschlagt haben. Der Werth des Grund-eigenthums ist nun zunächst gleich der Summe der in Aussicht stehenden Jahreseinkünfte zu rechnen. Diese Summe bezieht sich jedoch auf eine unendliche Reihe, die nicht, wie Macleod will, convergirt, und so etwa summirbar wird. Die Capitalisirung des Ertrages scheint daher für die tiefere Untersuchung grosse Schwierigkeiten zu ergeben. Bei der Reihe von Jahreserträgen und deren Werthen dürfen wir nicht stehen bleiben. Das zeitlich unbegrenzte Recht soll ein für alle Mal mit Rücksicht auf den gegenwärtigen Augenblick geschätzt werden. Die Frage lautet ganz einfach: Was ist dieses Recht heute werth?

Macleod hilft sich mit der Zurückführung des Werthes künftiger Summen auf den gegenwärtigen Augenblick. Tausend, die ich nach fünfzig Jahren zu empfangen habe, sind heute nur diejenige Summe werth, welche, auf Zinseszins angelegt, in diesen fünfzig Jahren zu Tausend anwachsen würde. Das zukünftige Capital kommt also in Folge der Zeitreduction so zu sagen nur in seinen embryonischen Anfängen in Betracht. Die unbegränzte Reihe von Jahreseinkünften bleibt bestehen; aber jedes Glied dieser Reihe wird auf den gegenwärtigen Zeitpunkt reducirt, und je weiter wir daher in derselben fortschreiten, um so unerheblicher, werden die Reductionswerthe der entfernteren Glieder, und obwohl dieselben nie zu Null werden können, so werden sie doch unbegränzt kleiner und schliesslich für die gegenwärtige Berechnung ganz unerheblich. Die Reihe convergirt und wird summirbar, und es scheint, als habe man nun den Stammwerth gefunden. Dieser Macleod'sche Ausweg ist ganz interessant, aber wie schon aus unseren früheren Entwicklungen klar sein wird, weder richtig noch ausreichend. Selbst wenn dieses Raisonnement unangefochten bleiben könnte, so würden wir dennoch mit Recht fragen, wie es komme, dass eine künftige Summe volkswirthschaftlich grade so und nicht anders reducirt werden müsse. Wir würden nicht nur über den Zinsfuss und über dessen Beziehungen zu dem natürlichen Wachsen des Naturalcapitals Untersuchungen anstellen müssen, sondern wir würden auch genöthigt sein, unsere Voraussetzung fortlaufend gleicher Jahreseinkünfte gegen gegründete Angriffe zu vertheidigen.

Genauer zugesehen, bewegt sich die Macleod'sche Auskunft im Kreise. Sie setzt voraus, was eigentlich grade erst gefunden

werden soll. Sie stützt sich auf die Capitalisirung abstracter d. h.
in Geld ausgedrückter Werthe, während doch grade die Normen
für das abstracte Capital selbst gerechtfertigt werden sollen. Anscheinend bestände hiernach zwischen Naturalcapital, wie es ein
Grundstück oder ein Haus ist, und zwischen reinem Werthcapital,
eine doppelte ursächliche Beziehung. Der Rechner geht vom abstracten Capital aus und entnimmt den Normen desselben, d. h.
dem durchschnittlichen Zinsfuss und der Anwachsungsart durch
Zinseszins die Regel für die Capitalisirung eines natürlichen Fond
von natürlichen Leistungen. Er vermittelt seine Rechnung durch
Convertirung der Nutzungen in Einkünfte und verfährt alsdann
so, als habe er es mit abstractem Capital zu thun und als bestehe
gar kein Unterschied zwischen einem Grundstück und einem Geld-
fond. Hierin ist er im Allgemeinen allerdings im Recht; nur ist
sein Verfahren keine Erklärung des Bodenwerthes, und veranlasst
ausserdem den Schein, als wenn die Gesetze der Capitalisirung
der natürlichen Einkommensquellen die Wirkung, die abstracten
Capitalisirungen aber die Ursach wären.

Hiegegen kann man von der andern Seite das grade umgekehrte Verhältniss hervorheben. Was Ursache oder Grund zu
sein scheint, zeigt sich bei näherer Betrachtung als Wirkung oder
Folge. Die Regeln, welche für das abstracte Capital d. h. für
einen Fond von Werthen gelten, dürften doch wohl eher die Wirkung als die Ursache derjenigen Art und Weise sein, auf welche
sich die natürlichen Werthe vermehren. Dies zeigt sich schon in
dem Umstande, dass in völliger Abstraction von den natürlichen
Erträgen und Gewinnen die Lehre vom Zinsfuss ganz oberflächlich
bleiben muss. Von dieser Lehre ist aber auch die Capitalisirung
abstracter Werthe abhängig.

Bedenken wir nun noch ausserdem, dass die Glieder der hier
fraglichen Reihe, d. h. die Jahreseinkünfte stets wachsen, so bemerken
wir die Nothwendigkeit, allerlei verwickelte Untersuchungen anzustellen, um uns auch nur zu überzeugen, ob nicht der Macleod'sche
Ausweg vielleicht gar auf unbegründeten Rechnungsvoraussetzun-
gen beruhe. Ausserdem bleibt der tiefere Grund, warum ein künf-
tiges Gut gegenwärtig einen geringeren Werth habe, ganz unbeachtet.

Anstatt die Ursache bald auf der einen, bald auf der andern Seite zu suchen, thun wir besser, an Stelle der doppelten und sich wiedersprechenden Abhängigkeit den wahren Grund eine Stufe höher d. h. in einer über die zwei fraglichen Gebiete übergreifenden Norm vorauszusetzen. Die Regel der Capitalisirung muss für die verschiedenen Erscheinungen einen gemeinsamen sachlichen Grund haben. An dieser Stelle brauchen wir denselben nicht zu entwickeln. Unsere Wendung kann nämlich von der besondern Beschaffenheit dieses Grundes unabhängig bleiben.

Im Austausch des Grund und Bodens gegen eine Geldsumme vergessen wir leicht, dass Leistung wie Gegenleistung in gleicher Weise Einkommenquellen sind, die jede eine unbegränzte Reihe von Nutzungen ergeben. Das Recht der vollen und ausschliesslichen Herrschaft des Grund und Bodens und das Recht der vollen und ausschliesslichen Verfügung über eine gewisse Menge edlen Metalls sind einander im wesentlichen analog. Indem ich auf die Geld- oder Werthsumme verzichte, veräussere ich eine unbegrenzte Reihe möglicher Einkünfte. Es steht also Reihe gegen Reihe, und da beide unbegränzt sind, so eliminirt sich die Unendlichkeit derselben ganz von selbst. Wir brauchen uns gar nicht um die Bedeutung der entfernteren Glieder, in keinem Falle aber um eine Summirung zu bekümmern. Wir brauchen nur die correspondirenden Glieder zu vergleichen; ja wir brauchen streng genommen diese Vergleichung nur für das erste Glied, d. h. für den ersten Jahresertrag anzustellen. Auf diese Weise bleibt der Stammwerth des Naturalcapitals ganz ausser Frage. Man vergleicht den Ertrag des Geldcapitals mit dem Geldertrage des Naturalcapitals, und findet man beide gleich, so haben beide Arten des Capitals für die Verwerthung im gegenwärtigen und zukünftigen Verkehr gleiche Bedeutung. Denn die periodischen Einkünfte sind ja dasjenige, worauf es in allem Erwerbe unmittelbar ankommt. Die Capitalisirung ist nur ein Durchgangspunkt der Rechnung, ein Mittel, das volle zeitlich unbeschränkte Recht mit dem blossen periodischen Nutzungsrecht zu vergleichen, kurz eine blosse Form, durch welche die Ausdehnung in der Zeit bereits im gegenwärtigen Augenblick veranschlagt wird.

Wir behaupten nun keineswegs, mit dieser oder mit unseren

früheren Bemerkungen die Capitalisirungstheorie erledigt oder auch nur das Fundament zu derselben gelegt zu haben. Wir haben nichts gethan als gezeigt, dass die Werthbestimmung des unbeweglichen Eigenthums ganz unabhängig von den Gründen der Capitalisirung begriffen werden kann. Zur Werthschätzung eines Grundstücks brauchen wir nur ein einziges Element, und dies ist die zunächst zu erzielende Rente, d. h. der Inbegriff der Einkünfte, die es seinem Eigenthümer liefert.

Wollten wir uns hier darauf einlassen, Feinheiten nachzuspüren, denen die bisherige volkswirthschaftliche Untersuchung fern geblieben ist, so würden wir fragen können, ob denn der Werth, den ein Grundstück für den Eigenthümer hat, mit demjenigen zusammenfalle, welchen es für die Gesellschaft hat. Offenbar ist die Summe der Werthe, die es überhaupt liefert, nicht nothwendig nur der Reinertrag der dem Grundeigenthümer zufällt. Wollen wir z. B. so zu sagen die Nährkraft schätzen, so müssen wir Lohn und Verzehr der ländlichen Arbeiter und des Pächters ebenfalls in Anschlag bringen. Wir dürfen die sich so ergebenden Werthsummen von dem Rohertrage oder besser gesagt dem rohen Einkommen nicht in Abzug bringen. Für die Gesellschaft hat daher das Grundstück mehr Werth als für den Eigenthümer, und dieser Umstand darf am wenigsten von unserer Theorie unbeachtet bleiben, die Gewicht darauf legt, den Nutzen wiederum in die Werthschätzung eingeführt zu haben.

Im Wesentlichen verhält es sich mit Häusern wie mit eigentlichen Grundstücken. Nur zeigt sich bei den ersteren noch deutlicher als bei den letzteren, wie eine Werththeorie, die sich auf das Arbeitsprincip oder das Nützlichkeitsprincip in der gewöhnlichen Weise stützt, zu Schanden werden müsse. Ich will hier nicht davon reden, dass Carey schon 1837 gezeigt hat, wie der Bodenwerth regelmässig ungleich geringer ist, als die auf die Herstellung im Laufe der Jahrhunderte oder der Jahrzehnte verwendete Arbeit, und dass er überhaupt eine Grösse ist, die sich gar nicht allein aus dem Schicksal der besondern Sache d. h. des bestimmten Bodenstückes hinreichend erklären lässt. Ich will vielmehr unmittelbar auf die vor unsern Augen vorgehenden Verhältnisse hinweisen. In dem Maasse als auf einem Stück Bodenfläche oder um dasselbe die Bevölkerung dichter und die wirthschaftliche Entwicklung bedeutender wird, erlangt die blosse Baustelle einen immer grössern und sich bisweilen im Laufe weniger Jahre sehr hoch steigernden Werth. Bald findet Verdopplung oder Verdreifachung statt; bald ersteht dieser Werth so zu sagen aus dem Nichts, d. h. wir sehen ihn vor unsern Augen von unbedeutenden Anfängen zu sehr erheblichen Grössen anwachsen. Innerhalb einer grossen Stadt mögen entlegnere Flächen lange als Getreideland benutzt werden. Indem nun der Häuserbau und der Verkehr näher rückt und diese Flächen selbst zu neuen Stadttheilen werden, steigt der Werth des Grund und Bodens oft mit einer überraschenden Schnelligkeit. Bei diesem Boden kommt nur eine einzige Eigenschaft in Betracht, nämlich die, eine gewisse Lage zu haben und ein Gebäude tragen zu können. Der blosse Standort, ja man könnte sagen, der blosse Raum gewinnt so einen hohen Werth, und aller dieser Werth wird ihm von Aussen durch die Umgebung ertheilt. Sämmtliche Culturfortschritte wirken auf diesen Werth ein, und jeder Mensch, der in der Nähe geboren wird, könnte sich als ein ursächliches Element in dieser Werthsteigerung ansehen. Die Arbeiter und die Industrie sowie der Handel, ja überhaupt alle die Cultur begleitenden Potenzen können zu dem Eigenthümer des nackten Bodens sagen: Du hast uns die Werthsteigerung deines Rechts zu danken. Freilich trifft diese Hinweisung nur denjenigen, der das Grundstück nicht etwa schon um den letzten höchsten Preis gekauft hat. Aber auch dieser wird, wenn die Entwicklung noch nicht sehr langsam geworden ist, noch immer bedeutend gewinnen, und zwar wird er diesen Gewinn ganz allein aus fremder Thätigkeit herleiten müssen. Der Eigenthümer realisirt so Gewinne, deren Grund sicherlich nicht in seiner Thätigkeit und auch nicht in der unmittelbar natürlichen Nutzbarkeit der Sache liegt. Der Nutzen einer gemietheten Wohnung muss aus zwei Gesichtspunkten betrachtet werden. Aus dem einen ist sie mit der Kleidung oder Nahrung zu vergleichen; sie befriedigt ein unmittelbares Bedürfniss; aus dem andern gewährt sie einen wirthschaftlichen Nutzen; sie hat Werth durch ihre Lage im

Mittelpunkt der Geschäfte und der Civilisation. Diese Art von indirecter Nutzbarkeit wird durch den höhern Geldwerth repräsentirt oder wenigstens zum Theil ausgedrückt. Man könnte allerdings auch Nahrungsmittel und Kleidung zu einem geringen Theil aus diesem Gesichtspunkt betrachten; allein hier tritt die Beweglichkeit dieser Gegenstände dazwischen, und es können die indirect durch den Ort erhöhten Preise nur in so weit eintreten, als Transporthindernisse vorhanden sind oder Transport- und Handelszuschläge in Anschlag kommen. Dem Händler bezahlen wir allerdings in den Preisen seiner Artikel auch sein Geschäftslokal, und so überträgt sich der Boden- und Häuserwerth auch auf die beweglichen Dinge, wie denn überhaupt nirgend mehr als in der Werththeorie eine Art von natürlichem Communismus und eine gewisse Solidarität aller Werthe sichtbar wird. Sämmtliche Werthe und nicht etwa blos der Werth des Grund und Bodens erwachsen aus unbedeutenden Anfängen, ja erstehen als eigentlich geschätzte und abstracte Verkehrswerthe scheinbar aus dem Nichts; sie vertheilen sich alsdann durch verschiedene Canäle und beruhen, unbeschadet der relativen Selbstständigkeit ihrer verschiedenen Kategorien, dennoch in einem erheblichen Maasse auf einander. Es ist daher ganz unmöglich, die Werththeorie für eine einzelne Kategorie von Gegenständen darzustellen, ohne fortwährend auf die andern Rücksicht zu nehmen. Der Werth, haben wir früher gesagt, ist das Resultat der Schätzung des wirthschaftlichen Erfolges und zwar mit Rücksicht auf den Gesammterfolg. Hieraus folgt, dass von allen andern Umständen abgesehen, schon allein der Zuwachs der Bevölkerung die Werthsummen sämmtlicher Kategorien wirthschaftlicher Dinge vermehren muss. Es werden nämlich alsdann mehr Bedürfnisse befriedigt. Die Summe der Nachfrage wächst mit der Anzahl der Bedürfenden, und so wird auch die Summe des Geschätzten oder Geldwerthen ausgedehnt. Alle Arten von wirthschaftlichen Gegenständen und nicht etwa blos der Grund und Boden werden hiervon betroffen. Uebrigens wird man die Einheitlichkeit der Werthbestimmungsgesetze leicht einsehen, wenn man sich vergegenwärtigt, dass z. B. die Werthsumme der land-

wirthschaftlichen Erzeugnisse einerseits und der Werth der Land-
güter selbst andrerseits nur verschiedene Ausdrucksweisen eines
und desselben geschätzten Gegenstandes sind. Die abgelösten Erzeugnisse des unbeweglichen Eigenthums sind es ja eben, deren
Werth über den Werth der Grundstücke entscheidet. In dem
einen Fäll ist es der mögliche, in dem andern der bereits verwirklichte Erfolg, den wir veranschlagen. In dem einen Falle ist
es die productive Kraft, in dem andern die Wirkung dieser Kraft,
was wir schätzen. Der Werth eines Landgutes ist der Werth
einer productiven Kraft von bestimmter Grösse. Die Kräfte
werden aber überall nach ihren Wirkungen innerhalb einer gewissen Zeit gemessen. Dieser strenge Grundsatz der exacten Untersuchung findet auf alle dauernden Einrichtungen und Kraftquellen
der volkswirthschaftlichen Erfolge Anwendung. Dieser Grundsatz
belehrt uns aber auch zugleich, dass es im Wesentlichen
nur ein einziges Princip der Werthbestimmung für unbewegliche
und bewegliche Güter geben könne. Es würde nämlich sehr wunderlich sein, auch nur einen Augenblick anzunehmen, dass sich die
Schätzung der Kraftquelle nach andern Gründen richte als die
Schätzungen der Wirkungen, durch die sie gemessen wird.

13. Ganz dieselbe Ueberlegung, durch die wir zur Werthbestimmung des Grund und Bodens gelangten, trifft auch bei allen
dauernden Einrichtungen, also bei Etablissements und Geschäften
vollkommen zu. Wir fragen nach den laufenden und für eine
weitere Zukunft gesicherten Einkünften, und wir bestimmen so den
Werth dieser neuen Gattung von Eigenthum, für welche die älteren
Rechtsanschauungen keine gehörige Auffassungsform liefern. Grade
aber dieses Eigenthum (ich bediene mich absichtlich des den Juristen noch immer missliebigen Ausdrucks) spielt mit der Entwicklung der industriellen Gestaltung der Volkswirthschaft eine immer
grössere Rolle. Seine Werthschätzung ist daher von einer grösseren Bedeutung. Nicht blos der Socialismus richtet, wo er sich
bereits besser orientirt hat, seine Angriffe gegen dieses Eigenthum
weit mehr als gegen die übrigen Gestaltungen, sondern auch die
sociale Richtung überhaupt wird sich mit dieser Art Eigenthum,
welche alle Tage durch Occupation in immer weiterem Umfange

begründet wird, immer ernstlicher zu befassen haben. Es ist hier
nicht der Ort, von den natürlichen Monopolen und von den Hindernissen zu reden, welche die Concurrenz in der hier fraglichen Art
von Besitz findet. Eine halbe Million kann vergebens ausgegeben
werden, um z. B. das natürliche Monopol einer Zeitung zu beschränken. Ja man kann behaupten, dass dieser anscheinend so lästige
und allen möglichen Anfechtungen ausgesetzte Besitz annähernd
ebenso gut begründet und gesichert ist. als derjenige des Grund-
eigenthums. Die Capitalisirung ruht also auf soliden Grundlagen,
und ich sehe nicht ein, warum man sich nicht gewöhnen sollte,
dieses neue weite Gebiet des Eigenthums genau wie die andern
Gattungen in Anschlag zu bringen. Alles Eigenthum ist einerseits eine Macht mit einem Naturalinhalt und andererseits eine
Verfügung über Werthe. In der letztern Beziehung ist sich alles
Eigenthum gleich; es ist dann ein Recht an abstractem Capital.
Um nun diese verschiedenen Rechte vergleichen zu können, müssen
wir dieselben Grundsätze der Werthbestimmung zur Anwendung
bringen, die wir für das Grundeigenthum geltend gemacht haben.
Nur wird die Erwägung der Wahrscheinlichkeiten d. h. der vor-
aussichtlich mittleren Erträge hier wichtiger und zwar um so wich-
tiger werden, je mehr wir uns den am wenigsten berechenbaren
Gebieten der Speculation nähern.

Der Werth der Geschäfte und Etablissements wird durch
den Zuwachs der Bevölkerung ebenfalls beeinflusst. Wir kommen
also stets darauf zurück, dass der eigentliche Ort der Werthertheilung in der Gesellschaft selbst zu suchen ist. Ihre Nachfrage
nach Bedürfnissen und ihr Arbeitsangebot sind die wichtigsten
Factoren in der Bestimmung sämmtlicher Arten Werthe.

14. Nächst dem Grund und Boden und demjenigen Eigenthum, welches ihm ähnlich ist, möchte die Werthschätzung
der Arbeit die meisten Schwierigkeiten darbieten. In Carey's
System bildet der Grund und Boden das eine und die Arbeit
das andere Extrem einer Reihe von Kategorien, deren Werthschätzung sich zwischen diesen beiden gleichsam festen, d. h.
nach eignen ursprünglichen Gesetzen geregelten Endfactoren bestimmt. Der Boden und die Arbeit werden als eine Art Roh-

material betrachtet, aus dessen Combination alle übrigen Erscheinungen herrühren. Für beide wird das Steigen der Werthe als Zeichen des volkswirthschaftlichen Fortschritts in Anspruch genommen. Wir wollen nun, ohne grade diesem Schema zu folgen, die Arbeit für sich betrachten.

Die Arbeit ist der immer mehr vorherrschende Factor des wirthschaftlichen Lebens; sie ist, so wenig man auch das auf sie gegründete Werthprincip anerkennen mag, dennoch die vorherrschende Ursache der Entstehung von Werthen. Dieses thatsächliche und immer mehr zur Verwirklichung gelangende Vorherrschen ist freilich kein ausschliesslicher Bestimmungsgrund. Auch wäre es verkehrt, jemals erwarten zu wollen, dass sich grade die grossen und erheblichen Gestaltungen des Eigenthums auf die Arbeit zurückführen lassen könnten. Wenigstens wird es nie gelingen, die Wahrheit dauernd so zu entstellen, dass man den Unterschied zwischen eigner und fremder Arbeit verwischt. Der Werth der Baustelle, von der die Quadratruthe zu vielen Hunderten geschätzt wird, kann zufälliger Weise in der Person des Eigenthümers eine vorgängige Arbeit repräsentiren. Denn es mag sich ausnahmsweise ereignen, dass Jemand durch Arbeit zu einem ansehnlichen Vermögen gelangt und mit diesem Vermögen das fragliche Grundstück kauft. Alsdann wird es aber immer einen Andern gegeben haben, der durch blosses Zuwarten und ohne sein Zuthun um den gesteigerten Werth bereichert worden ist. Uebrigens ist es auch lächerlich, die ganze Frage dadurch im Sinne der ökonomischen Parteischule entscheiden zu wollen, dass man den Unterschied zwischen eigentlicher Arbeit und blosser Aneignungsthätigkeit verdunkelt. Durch wirkliche Arbeit, möge sie nun auf der Thätigkeit der Muskeln oder des Gehirns beruhen, wird nur ganz ausnahmsweise der Grund zu einem Vermögen gelegt. Im Allgemeinen sind es die aneignenden Kräfte, d. h. eine Art von Besteuerung der Gesellschaft, was den Einzelnen in den Stand setzt, grosse Werthsummen an sich zu bringen. Lassen wir also das heuchlerische Gebahren, welches dem Arbeiter scheinbar schmeichelt und ihn thatsächlich verdummt, hier auf sich beruhen. Die ernste Wissenschaft hat mit diesen elenden Ränken und diesen Fälschungen des wahren Sachverhalts Nichts zu schaffen. Die Arbeit ist allerdings die vorherrschende Ursache aller Werthe, wie es ja überhaupt schon die Bevölkerung ist. Man braucht nur die Dichtigkeit der letzteren zu nennen, und man weiss bereits etwas von dem Grunde er grossen Werthsummen, über welche einige Wenige verfügen. Allein die Ansicht, dass jeder Inhaber von Werthen die mit diesen Werthen verbundene Macht erarbeitet habe, ist selbst dann noch thöricht, wenn auf den Erbgang als eine Ausnahme hingewiesen wird. Denn es ist durchaus nicht nöthig, dass irgend einer der Vorgänger des Erben das fragliche Recht erarbeitet habe.

Betrachten wir die Arbeit an sich selbst, d. h. hauptsächlich den Arbeitslohn, so wird die Vorstellung des Werthes der Arbeit sich höchst einfach bestimmen lassen. Werth ist das Ergebniss der Schätzung des wirthschaftlichen Erfolges. Dieser Erfolg selbst wird durch die Summe der Befriedigunsmittel der Bedürfnisse repräsentirt. Die Arbeit ist eine Kraft und kann daher nicht unmittelbar, sondern nur mittelbar durch ihre Wirkungen gemessen werden. Nun kann man streng genommen diese Wirkungen nur wiederum mit Wirkungen d. h. Erfolge mit Erfolgen vergleichen. Es scheint also, dass die Werthbestimmung der Arbeit hier eine Schwierigkeit darbietet. Indessen erledigt sich die ganze Frage sehr leicht, wenn·man bedenkt, dass der Werth der Arbeit nichts Anderes ist, als der Werth ihrer Leistung. Hieraus folgt, dass der Preis der Erzeugnisse zum Ausgangspunkt für die Werthschätzung der Arbeit genommen werden muss, und dass dies in ganz ähnlicher Weise wie bei Veranschlagung des Bodenwerths zu geschehen habe. Zugleich wird man auch bemerken können, dass die allgemeinen, in der Gesellschaft selbst entspringenden Gründe der Werthsteigerung auch für die Arbeit zutreffen. Der Zuwachs der Bevölkerung vermehrt die Leistungen in einem höheren Grade als die Bedürfnisse. Hieraus folgt, dass eine verhältnissmässig grössere Summe von Arbeitserzeugnissen in den Verkehr kommt und abgeschätzt wird. Die Bedeutung der productiven Kraft, welche man Arbeit nennt, wächst mit der Ausdehnung der wirthschaftlichen Erfolge und muss daher auch einem grösseren Werthquantum gleich geachtet werden.

Da es uns hier weniger auf die materielle Theorie der Werth-
entstehung als auf die Begriffsfassung des Werthes ankommt, so
können wir uns damit begnügen, den Arbeitswerth zu definiren.
Er ist in der That nichts Anderes, als das Ergebniss der Schätzung
des wirthschaftlichen Arbeitserfolges. Dieser Erfolg braucht nicht
im Arbeitslohn vollständig ausgedrückt, sondern kann gar sehr be-
schnitten sein. Er kann in der Menge der verschiedenen Leistungen
zum Theil nicht in Anschlag gebracht worden sein. Dieser Umstand beweist aber nichts gegen die Wahrheit unserer Begriffsbestimmung. Wo zu demselben einheitlichen Erfolg verschiedenartige
Kräfte mitwirken, unter denen die gemeine Arbeit, wenn auch nur
eine einzelne so doch jedenfalls die quantitativ wichtigste Kategorie ist, da wird eben nur ein bestimmter Antheil des Erfolges den
Werth einer nach Qualität und Quantität bestimmten Arbeit repräsentiren. Hieraus ergiebt sich der Werth der qualificirten Arbeit, dessen Bestimmung jedoch schon mehr oder minder auf dem
Aneignungsprincip beruht. Wir streifen hiermit an die socialen
Gründe der Preisbestimmung der verschiedenen Thätigkeiten, und
es zeigt sich auf diese Weise ganz deutlich, wie die Werthschätzung
der Arbeit keine blos wirthschaftliche Rechnungsaufgabe, sondern
auch eine social-politische Frage ist.

In keiner andern Richtung sind wir bisher so ernstlich an den
Zusammenhang von Macht- und Werthschätzung gemahnt worden,
als in der Untersuchung des Begriffs des Arbeitswerths. Ich glaube,
dass mich ein richtiges Gefühl für Sprach- und Begriffsgebrauch
leitet, indem ich behaupte, dass es uns widerstrebt, vom Werth
anstatt vom Preis oder Lohn der Arbeit zu reden. Das Englische
und das Französische Wort sind äusserlicher; sie bedeuten so viel
als »Geltung«. Die Geltung der Arbeit kann nun von ihrem Werth
stark abweichen. Wir sind in dieser Beziehung mit der gemeinen
Arbeit in einem ähnlichen Fall wie mit den Besoldungen aller Art.
Gehalt und Sold beruhen nicht eigentlich oder doch nicht völlig
auf wirthschaftlicher Werthschätzung. Die besoldete Thätigkeit
kann schon deshalb nur selten eigentlich wirthschaftlich abgeschätzt
werden, weil sie selbst keine wirthschaftliche Leistung zum Ziel
hat. Nun hört aber alle wirthschaftliche Schätzung sofort auf,

wenn wir die Sphäre des »wirthschaftlichen Erfolgs« verlassen. Bezahlung ist alsdann sehr wohl möglich, aber eigentliche Werthschätzung ist natürlicherweise nicht auszuführen, da es an einem gemeinschaftlichen Maasse fehlt. Die allgemeine Gattung »wirthschaftlicher Erfolg« muss vorhanden sein, und nur innerhalb dieser Gattung kann eigentliche Werthschätzung stattfinden.

Die Arbeit ist nun freilich eine recht eigentlich wirthschaftliche Thätigkeit und daher auch durch ihren Erfolg messbar. Allein es tritt hier ein anderes Hinderniss ein, welches die eigentliche Werthschätzung zum Theil ausschliesst. Der Lohn wird eine Art Sold, so dass man auch von Arbeitspreis nicht im Sinne des eigentlichen Austausches, sondern etwa nur wie vom Preise eines Sclaven reden kann. Es fehlt an der eigentlichen Aequivalenz von Leistung und Gegenleistung, wie sie wenigstens annähernd im Handel vorkommt. Der Arbeitslohn bestimmt sich zwar nicht ausschliesslich, aber doch vorherrschend ganz ähnlich wie der Sold und die Besoldungen. Der Arbeiter wird wie der Söldner oder Sclave erhalten. Nicht das, was die Arbeit leistet, sondern das, was sie zur Unterhaltung ihrer selbst bedarf, also gleichsam die Speisung der Maschine ist das Maassgebende. Hiermit soll nun nicht geleugnet sein, dass nicht nebenbei auch der wirthschaftliche Werth der Arbeit in einem gewissen Grade zur »Geltung« gelange und immer mehr zur Geltung gelangen müsse. Im Gegentheil sind die Theorien, welche die Besoldung der Arbeit dem Werthe derselben gleichsetzen, Nichts als allzu kühne Vorwegnahmen der Zukunft, den Anticipationen ähnlich, welche die Arbeit als alleinigen Gegenstand des Austausches und der Schätzung denken, die Naturnutzung aber für unentgeltlich erklären. In der Bestrebung, die Arbeit ihrem wirklichen Werthe nach zur »Geltung« zu bringen, treffen der Socialismus und die nicht von der Parteischule entstellte Nationalökonomie zusammen. Das Ziel ist durchaus dasselbe und nur die Vorstellungen von der Art, sich ihm zu nähern, gehen auseinander. Für eine tiefere Untersuchung, die dem Socialismus zu einem Bewusstsein von seinem eigentlichen Zweck verhilft, verschwindet der scheinbare Gegensatz, und die sociale Volkswirthschaftslehre mit der ihr zugehörigen Socialpolitik ist gradezu eine

Erfüllung des Socialismus. Nirgend mehr als grade bei den Vorstellungen über den Arbeitswerth und schon ganz allein an dessen Begriffsfassung kann man den unwissenschaftlichen Geist der blossen Parteiökonomie studiren. Was Preis oder Lohn der Arbeit sei, davon erhalten wir überall einen richtigen und unzweideutigen Begriff, während dagegen die Vorstellung des Werthes der Arbeit für die Nationalökonomie, die nicht etwa wie das Carey'sche System zugleich einen socialen Charakter hatte, stets etwas Unheimliches und Unnahbares gehabt zu haben scheint.

Bedenken wir, dass die Arbeit und ihr Preis eine Art Durchgangspunkt bilden, von welchem aus man nach zwei Richtungen den wirthschaftlichen Kreislauf und das ganze System der Volkswirthschaft zu untersuchen hat, so wird es klar, wie oberflächlich es ist, bei dem Lohn der Arbeit stehen zu bleiben und sich gar nicht um die eigentlichen Werthänderungen zu kümmern. Bei Betrachtung des Bodenwerthes konnten wir von den Preisen der Erzeugnisse ausgehen. Allein wir thaten dies in der Voraussetzung, dass irgend eines der weiterhin zu schätzenden ökonomischen Momente jedenfalls auch real zu bestimmen sein würde; die Arbeit eignet sich nun hierzu am besten. Der Werth des Menschen, wie Carey sich ausdrückt, ist ja der Werth einer productiven Kraft, die zugleich consumirt. In der Arbeit berühren sich also zwei Functionen, und wir befinden uns daher gleichsam bei dem Schluss der Kette des wirthschaftlichen Umlaufs. Die beiden in entgegengesetzter Richtung verlaufenden Strömungen des Schaffens und des Verbrauchens begegnen sich an diesem Punkt und messen sich gleichsam an einander. Bedürfniss und Thätigkeit, die beiden Momente, deren Verhältniss für den Werth maassgebend ist, wägen sich in der Vorstellung des Arbeitswerthes gegen einander ab. Die Theorie des Arbeitswerthes muss daher alle Seiten der gesammten Werthlehre wiederum vereinigen. Wer von dem Arbeitswerth keine zutreffende Bestimmung geben kann, der beweist, dass er überhaupt keine Werththeorie hat. Er mag vielleicht eine Lehre von den Preisen und deren Gesetzmässigkeit aufgestellt haben; allein die umfassendere und übergreifende Vorstellung des Werthes ist ihm unbekannt.

Die übrigen Kategorien von Werthen haben keine Schwierigkeit mehr, sobald man mit Arbeit und Boden im Reinen ist. Was sich von den Rohstoffen und den Fabrikaten noch besonders sagen lässt, knüpft sich sehr leicht an die beiden andern Kategorien an. Die Rohstoffe stehen dem Grund und Boden, die Fabricate aber der Arbeit näher. Uebrigens sind die in dieser Richtung erforderlichen Lehren nicht mehr formal genug und ausserdem auch zu speciell, um in einem Capitel vom Werth Platz zu finden.

Rufen wir uns schliesslich noch zurück, dass die mittleren Werthe, die man nach zeitlicher oder nach räumlicher Ausdehnung bestimmt, künftig eine grosse theoretische Rolle spielen müssen und dass die Erhebungen über das mittlere Werthniveau stets nur örtlicher oder momentaner Natur sind, so haben wir Alles berücksichtigt, was in einer allgemeinen Formulirung unserer Lehre in Anschlag gebracht oder mindestens angedeutet werden muss.

Vierter Abschnitt.

Möglichkeit und Bedeutung wirthschaftlicher Gesetze.

Erstes Capitel.

Thatsachen, Gesetze und Principien.

1. Wir haben bisher unsern leitenden Grundsatz und was sich an ihn unmittelbar anschliesst, entwickelt, ohne uns um die Anfechtungen zu kümmern, mit welchen man die Möglichkeit unserer Wissenschaft selbst bestreitet. Behaupten, dass es in der Nationalökonomie keine Gesetze oder, wie man sich ausdrückt keine Naturgesetze gebe, heisst nichts Anderes, als die Möglichkeit einer wissenschaftlichen Durchdringung des Stoffs gradezu verneinen. Diejenigen, welche diese Einwendungen machen, glauben allerdings, mit ihrer Behauptung keineswegs das Fundament der Theorie zu untergraben. Im Gegentheil schmeicheln sie sich, die wahre Natur der Volkswirthschaftslehre zu kennzeichnen. Auch werden sie in der That von einer zum Theil richtigen Einsicht geleitet. In so weit sie sich nämlich nur gegen die Vermischung der physikalischen und der wirthschaftlichen Gesetze auflehnen, sind sie im Recht. Sobald sie aber überhaupt den Charakter der strengen Gesetzmässigkeit verneinen und im Interesse eines falschen Freiheitsbegriffs die Normen des menschlichen Verhaltens von der allgemeinen Regelmässigkeit ausnehmen wollen, construiren sie ein

Mittelding von Gesetz, welches weder im Gebiet der Natur noch auf demjenigen der socialen Welt einen Sinn hat. Auf diese Weise beseitigen sie ganz getrost und unbekümmert um das Schicksal der Wissenschaft, an dem sie in Wahrheit keinen Antheil haben oder nehmen, die Grundlagen aller Forschung. Ihrer Phantasie und Laune zu Liebe soll die Gesetzmässigkeit eine Schranke haben. Sie wünschen sich Regeln, die zugleich auch keine sind, die eventuell auch einmal nicht gelten, die in der Berührung mit dem Zauberstäbchen der pygmäenhaft ausgedachten menschlichen Freiheit einschrumpfen oder gar zu Nichts werden. Was sie sich wünschen, das schaffen sie sich in ihrer Phantasie, und so werden denn die allerpossierlichsten Chimären fertig. Weder von Freiheit noch von Gesetzmässigkeit hat dieser Schlag sogenannter Denker einen auch nur annähernd haltbaren Begriff. Man mischt nach Belieben, unbekümmert darum, wie ungereimt die Ideen ausfallen.

Fast regelmässig sind diese Anfechter der Gesetzmässigkeit des wirthschaftlichen und socialen Gebietes in der strengen Wissenschaft sehr unerfahren. Es sind diejenigen, welche sich z. B. einbilden, dass die psychologischen Vorgänge entweder gar keiner oder nur einer eigenthümlich chimärischen Art von gesetzlicher Ordnung unterworfen seien. An dieser Grenze der äussern und der innern Natur zeigt es sich, ob Jemand es mit der Wissenschaft ernst nimmt. Macht er allerlei Ausflüchte, um der Nothwendigkeit zu entgehen, den allgemeinen Begriff der Gesetzmässigkeit auch auf das Gebiet der Entschlüsse zu übertragen, so bekundet er, dass er nicht an die Möglichkeit strenger Wissenschaft ausserhalb der Naturforschung glaubt. Dieser unreife Zustand des Geistes ist es nun aber auch, der sich gegen die Anerkennung der durchgängigen Gesetzmässigkeit der ökonomischen Vorgänge auflehnt und mit seinen Einwendungen noch eine besondere Weisheit zu bekunden vermeint.

Es ist hier nicht der Ort, den logischen Erörterungen nachzugehen, welche den Begriff der Gesetzmässigkeit und die Verträglichkeit desselben mit der Selbstbestimmung und Wahl darthun. Wer dieser Erörterungen bedarf (und dieses Bedürfniss wird sich für jeden tiefer forschenden, wirthschaftlichen und socialen Denker ungerufen bei sehr vielen Gelegenheiten einstellen) der wird eine kurze Erledigung des allgemeinen Problems in demjenigen Abschnitt meiner »Natürlichen Dialektik«, Berlin 1865, finden, der das Dogma vom zureichenden Grund kritisirt. Hier setze ich dagegen voraus, dass strenge Gesetzmässigkeit alle Vorgänge beherrscht. 2. Man hat die Malthus'schen Behauptungen Naturgesetze genannt, um auszudrücken, dass dieselben mit der Nothwendigkeit physikalischer Regeln behaftet sind. Wären diese Behauptungen wahr, so würden wir ihnen diesen Charakter strenger Gesetzmässigkeit auch gar nicht bestreiten. Es handelt sich indessen in diesem Fall nicht um den Gegensatz von Gesetzmässigkeit und Zufall, sondern um den verschiedenen Grad der Allgemeinheit einer Behauptung. Die Malthus-Ricardo'schen Aufstellungen haben zum Theil besondere Thatsachen für sich; es ist völlig wahr, dass im Bereich der Brittischen Volkswirthschaft und in der Zeit, welche für jene Schriftsteller und uns die zunächst interessirende ist, ein Ueberschuss des Arbeitsangebots constatirt werden kann. Mit diesem Ueberschuss rechtfertigt sich aber auch ein Theil der Malthus-schen Idee von dem Missverhältniss zwischen Nahrung und Bevölkerung und ebenso die Ricardo'sche Vorstellung, dass der Arbeitslohn um die Grenze der Unterhaltsmittel nur wenig oscilliren-könne. Wir haben es mit speciellen Thatsachen und besondern Gestaltungen zu thun, die zu der Aufstellung vermeintlich ganz allgemein gültiger Gesetze Veranlassung gegeben haben. Noth und Armuth der Massen sind Thatsachen und zwar nicht wenig verbreitete Thatsachen; indessen wäre es doch ein wenig voreilig, Noth und Elend zum Gesetz der wirthschaftlichen Ordnung zu machen. Krankheit und Unglücksfälle sind ebenfalls Thatsachen und zwar solche, welche die Menschheit auf ihrem bisherigen Wege und in keiner Zone verlassen haben. Diese steten Begleiter des gesunden und normalen Lebens, ja überhaupt die Störungserscheinungen jedweder Art sind nun aber doch wohl nicht die Grundgesetze des Daseins. Die Frage, ob die Dinge schlecht oder gut seien, ja ob der Mensch von Natur etwas tauge oder nicht, ist auch im letzten Grunde nichts als eine Frage, ob die Gesetzmässigkeit harmonisch oder wesentlich disharmonisch sei. Man kann hierauf am besten durch eine Gegenfrage antworten. Ist der Mensch von Natur gesund oder krank? Ist es das Gesetz seines Daseins, in lauter Störungen und Dissonanzen zu verlaufen, oder ist nicht vielmehr die Gesundheit die eigentliche Norm? Besondere Thatsachen können, wie wir sehen, abnorm sein, und wir werden später die Gestaltungen des Brittischen Daseins zum grossen Theil zu diesen Abnormitäten und Enormitäten rechnen. Hier haben wir es jedoch mit einer Frage zu thun, die ein wenig wichtiger ist, als das Schicksal des kleinen Eilandes und des Typus seiner wirthschaftlichen und socialen Zustände. Es handelt sich um den Charakter allgemeiner Gesetzmässigkeit im Gegensatz zur besondern Gestaltung besonderer Thatsachen.

Eine Thatsache ist, auch wenn man sie verallgemeinert, weder ein Gesetz noch ein Princip. Schematische Thatsachen, wie z. B. die elliptischen Gestaltungen der Planetenbahnen haben allerdings mit den eigentlichen Gesetzen zu schaffen. Durch die Verallgemeinerung von Thatsachen gelangt man zu thatsächlichen Regelmässigkeiten, und diese Regelmässigkeiten werden dann auch gleichsam von innen erkennbar gemacht und so zu eigentlichen principiellen Nothwendigkeiten erhoben werden können. Indessen giebt es auch wiederkehrende Thatsachen, die nur einen ganz geringen Grad von Verallgemeinerung erlauben. Der Conflict zwischen wahren und vermeintlichen Gesetzen wird sich daher in letzter Instanz oft in eine passende Unterordnung auflösen. Zwischen der vereinzelten und zufälligen Thatsache einerseits und den höchsten regulativen Principien andererseits giebt es eine Reihe von Erscheinungen von steigender Allgemeinheit ihrer Normen. Auch die Krankheit hat wie die Gesundheit ihre Gesetze; alle Störungserscheinungen sind gesetzmässig. Keine einzelne Thatsache entzieht sich den Schranken der geltenden Regeln des Daseins. Dennoch ist die Kluft zwischen einem allgemeinen Gesetz und einer besondern, mehr oder minder allgemeinen ja zufälligen Gestaltung nicht zu verkennen. Eine Menge von principiellen Antrieben wirkt bei der Entstehung eines besondern Vorganges zusammen. Die physikalische Trägheit ist ein Princip; die gradlinige Beharrung der Bewegung ist aber eine nur unter ganz besondern Umständen und nur nach Isolirung der Wirksamkeit eines einzigen Impulses eintretende Erscheinung. Die wirklichen Schemata der in der Natur vorkommenden Bewegungen sind bereits Ergebnisse der Combination einfacher Principien und zwar einer Combination, die unter ganz bestimmten Voraussetzungen grade die beobachtete und keine andere Gestalt liefert. Die Planetenbahnen sind schon ziemlich specielle Thatsachen, wenigstens wenn man ihre verhältnissmässig geringe Abweichung von der Kreisform d. h. ihre kleine Excentricität in Anschlag bringt. Allein sie sind auch wenigstens die in unserm System vorherrschenden Schemata der Bewegung, und man kann ihre Verhältnisse als erfahrungsmässige Regelmässigkeiten hinstellen. Dennoch bleibt aber zwischen den Kepler'schen Schematen und den Newton'schen Principien ein sehr wesentlicher Unterschied, der uns als das beste Beispiel dienen kann, wie Principien und allgemeine Thatsachen getrennt werden müssen.

3. Thatsachen von einer gewissen Allgemeinheit ergeben noch keine principiellen Gesetze, wenn sich nicht der besondere Nachweis führen lässt, dass diese Thatsachen der annähernd reine Ausdruck der einfachsten und allgemeinsten Impulse des Verhaltens der Dinge sind. Wenn also diese Thatsachen noch gar dem Gebiet der Störungserscheinungen angehören, so sind sie nur indirect geeignet, zur Aufdeckung allgemeiner Normen zu führen. Aber auch der allgemein übliche Verlauf der Angelegenheiten ist noch nicht ihr principielles Gesetz. Dies müssen wir besonders beachten, wenn wir die Neigung zu höchsten Schematisirungen, wie dieselbe überall die Bestrebungen des systematischen Geistes begleitet, gehörig würdigen wollen. Diese Schematisirungen sind ebenso nothwendige Vorläufer der die inneren Principien behandelnden Theorie, wie es etwa die Keplerschen Gesetze für die Newton'sche Gravitationslehre waren. Erst müssen wir die allgemeinen Thatsachen in einem gewissen Umfang durch Beobachtung und Abstraction auffinden, ehe wir uns auf eine Art Construction der Vorgänge aus eigentlichen Principien einlassen können. Ueberdies müssen wir durch Zergliederung der allgemeinen Thatsachen die erfahrungsmässigen Principien auch überhaupt erst gewinnen, und wem es beliebt, der mag auch die gradlinige Beharrung des allein unter der Einwirkung

eines Stosses fortbewegten Körpers für ein Factum höchster Allgemeinheit erklären und es immerhin eine Thatsache nennen.
Die Neigung zu höchsten Schematisirungen verleitet bisweilen
zur Annahme von falschen oder nicht gehörig begrenzten Analogien. Kein Volkswirthschaftslehrer hat in dem Maasse wie Carey
nach allgemeinen Gesetzen gestrebt, welche Natur und sociale Welt
gleichmässig beherrschen. Die formale Grundanschauung seines
Systems giebt hiervon bereits ein Beispiel. Das Verhältniss zwischen den Mittelpunkten der socialen und wirthschaftlichen Gruppirung und der Breite des wirthschaftlichen Daseins wird als ein
Gegenstreben centraler und peripherischer Kräfte angesehen und
mit der Beziehung der centralistischen Schwere zu derjenigen Kraft
verglichen, welche die Planeten antreibt, in ihren Bahnen zu beharren. Diese Vergleichung soll uns, dies ist Carey's Absicht, von
der Einheitlichkeit des allgemeinen Grundgesetzes, welches den
Stoff in allen seinen Formen beherrscht, überzeugen. Anziehung
und Selbständigkeit der Bewegung sind für Carey Eigenschaften,
die sich überall finden, wo überhaupt Kräfte im Spiel sind. Der
Zug, welcher die Menschen antreibt, sich einerseits dichter zu vereinigen und andererseits der absorbirenden Kraft der bereits vereinigten Massen zu widerstehen, soll nichts Anderes als eine Art
der Attraction und ihrer Gegenkraft sein. Die Identität der socialen
und der Naturgesetze wird auf diese Weise durch Analogie plausibel gemacht. Denjenigen, welche mit dieser Denkweise leichten
Kaufs fertig werden zu können vermeinen, sei gesagt, dass diese
Methode Carey's nichts als das Gegenstück oder gleichsam das
andere Extrem zu derjenigen einer bekannten Art von metaphysischer Philosophie ist. Wer nämlich versucht, die materiellen Beziehungen der Stofftheilchen, also z. B. ihre Attraction, aus inne-
wohnenden Bestrebungen zu erklären und zwar so, dass er sich
diese Bestrebungen etwa gar als von Vorstellungen geleitet denkt,
der thut ganz dasselbe wie Carey, nur in der umgekehrten Richtung. Der Amerikaner sucht die Gesetze aller Beziehungen in
den Gesetzen des Stoffs, während die angedeutete Philosophie die
Gesetze des geistigen Verhaltens zum Ausgangspunkt macht. Beide
behaupten die analoge Beschaffenheit und die Einheitlichkeit; aber

der eine überträgt seine Idee in der Richtung von der Natur zum
Menschen, die andere in derjenigen vom Menschen zur Natur. Beide
behaupten eine Analogie, die nicht in der Art vorhanden ist, wie
sie dieselbe vorstellen. Denn das einheitliche, formal über die
Gebiete der Natur und der socialen Welt übergreifende Gesetz
kann weder die specielle Gestalt eines Naturgesetzes noch die eines
socialen Gesetzes haben. Es kann offenbar nur überhaupt logisch
sein. Die Analogie ist also vorhanden; aber um sie zu erkennen,
muss das in der Vergleichung wirklich Uebereinstimmende ermit-
telt werden und dies ist von einer grossen Allgemeinheit und mithin auch von einer verhältnissmässigen Leerheit. Ueberall, wo
Kräfte wirksam sind, mögen dieselben nun der innern oder der
äussern Natur angehören, werden gewisse formale Eigenschaften
der einschlagenden Vorgänge ebenfalls durchgängig vorhanden sein.
Es wird ein Widerstreben und eine Differenz der Richtungen statthaben. Jeder körperlich oder geistig bewegenden Ursache wird
ein Widerstand entsprechen. Es wird ein Antagonismus in irgend
welcher Richtung nie vermisst werden. Man wird eine Art Mittelpunkt der Wirksamkeit und eine Art Umkreis d. h. die Anfänge
der geordneten Gruppirung antreffen. Dies Alles wird aber streng
genommen nur ein logischer Schematismus bleiben, für den es
gleichgültig ist, ob er sich in der innern oder äussern Natur verwirklicht finde.

Aus dem eben Gesagten folgt, dass die allgemeinsten Schematisirungen, weit entfernt, eine specielle Wissenschaft zu bereichern,
vielmehr nur zu verhältnissmässig leeren d. h. logischen Erkennt-
nissen führen. Eine positivistische Wissensvermehrung wird durch
Derartiges nur für die Logik, aber nicht für irgend eine besondre
Wissenschaft erzielt. Der eigentliche Inhalt der Volkswirthschaftslehre bleibt daher von solchen Verallgemeinerungen unverändert.
Nur muss allerdings zugestanden werden, dass eine richtige Unterordnung der Einsicht der speciellen Wissenschaft unter allgemeine
Gesichtspunkte den Zusammenhang unseres gesammten Wissens
erläutert und uns in den Stand setzt, das Einzelne und Besondere
im Lichte eines universellen Systems aller Wahrheit und Wissenschaft zu erblicken. Auch gewinnt die formale Eleganz der Ein-

sicht, indem wir die Schranken der besondern Gesetzmässigkeit deutlich erkennen und die für das weitere Gebiet gültigen Allgemeinheiten von den speciellen Ideen unterscheiden lernen. Wir blicken daher mit der grössten Achtung auf den Versuch, die Einheitlichkeit der Gesetze der Natur und der socialen Welt nachzuweisen. Es zeugt überhaupt schon von einem tiefen wissenschaftlichen Zuge, wenn der Pfleger einer bisher so abgerissenen und isolirten Disciplin, wie die Nationalökonomie war, die Einheit des Systems der Dinge und Vorgänge stets vor Augen behält. Was wir gegen die angedeuteten Schematisirungen einzuwenden haben, bezieht sich nicht auf die Unternehmung, sondern auf den Ausfall derselben. Unzutreffende Uebertragungen, die wohl als Metaphern der bildlichen Sprache oder als erläuternde Gleichnisse berechtigt sind, sind noch nicht eigentliche Analogien. Zur Analogie gehört eine wirkliche Uebereinstimmung des Grundes zweier Erscheinungen, und der in unserm Fall wirklich gemeinsame Grund ist von allgemeiner rein logischer Natur, während er von dem Urheber des angenommenen allgemeinen Gesetzes doch viel zu speciell gedacht wird. Das Sonnensystem und die sociale Gliederung haben doch in der That fast Nichts gemeinsam. Die einzige Aehnlichkeit besteht in den formalen Beziehungen, in denen jede Art von Kräften wirken muss. Um nun ein Beispiel zu geben, welches zugleich die Möglichkeit übergreifender Schematisirung und das Wesen eines eigentlichen Princips deutlich macht, wollen wir das physikalische Beharrungsgesetz einer allgemeineren Idee unterordnen, welche sich auch in allen Vorgängen des menschlichen Verhaltens bewähren muss.

4. Wir gehen von dem physikalischen Princip als dem Bekannten aus. Der mechanische Anstoss ergiebt eine Bewegung, die sich, abgesehen von hinzutretenden Einwirkungen, beharrlich und gleich erhält. Der Zustand bleibt derselbe, indem er sich in jedem Zeittheilchen als die Fortdauer der gleich schnellen und in gleicher Richtung verlaufenden Ortsveränderung darstellt. Diese Beharrung ist nun nicht blos eine Eigenschaft derjenigen Wirkungen, welche in der materiellen Mechanik betrachtet werden. Sie ist überhaupt jeder einfachen Wirkung eigen, möge dieselbe nun das Innere des

menschlichen Strebens und Vorstellens oder die Bewegung der gröbsten Massen betreffen. Keine Ursache hört zu wirken auf, ausser in so weit die ihr eigenthümliche Wirkungsart von andern hinzutretenden Ursachen eingeschränkt oder aufgehoben wird. Ein einfacher Geistesimpuls bleibt bestehen, bis er sich in dem allgemeinen Medium der rückwirkenden Kräfte des Innern gleichsam aufgezehrt, oder bis er durch andere Eindrücke verdrängt ist. Wir haben also ein ganz allgemeines Beharrungsprincip anzuerkennen, von welchem das Galilei'sche Trägheitsgesetz nur ein besonderer Fall ist. Die Kräfte, welche unsere Entschlüsse bestimmen und in unsern Leidenschaften walten, sind diesem Gesetz nicht minder unterworfen, als die uns wohl bekannten Affectionen des bewegten Stoffes. Nur müssen wir, um dies einzusehen, uns vor der Verwechselung einfacher und zusammengesetzter Erscheinungen hüten.

Wer das Galilei'sche Princip durch blosse Beobachtung der in der Natur am häufigsten vorkommenden Bewegungen hätte finden wollen, würde von vornherein das Gelingen unmöglich gemacht haben. Die zusammengesetzten Bewegungserscheinungen sind nie eine Darstellung der einfachen Principien. Dies dürfen wir nicht vergessen, wenn wir die Zustände des menschlichen Wollens untersuchen. Die Impulse greifen in eine Organisation ein, welche ihrer Wirkungsart einen zusammengesetzten Charakter giebt. Das Wellenspiel, welches von dem in das Wasser geworfenen Stein erzeugt wird, ist eine Erscheinung, deren Gestaltung von dem Zusammenwirken der Eigenschaften des Elements, der Schwere und des Stosses abhängt. Ebenso verhält es sich mit den innern Bestimmungen des menschlichen Denkens und Begehrens. Wir werden hier ebenso wenig wie in der äussern Natur Gelegenheit haben, eine reine Darstellung des Beharrungsprincips wahrzunehmen. Ja wir werden nicht einmal diejenigen Annäherungen, die wir in der Mechanik zu Stande bringen und auch in der Natur bisweilen antreffen, auf dem Gebiete des menschlichen Verhaltens unmittelbar d. h. ohne Zergliederung constatiren können. Adam Smith, der kein unbedeutender Zergliederer der moralischen Natur war, machte für das ökonomische Gebiet ausschliesslich das Interesse zur bewegenden Kraft, und dieses Princip hat in der That eine gewisse Einfachheit.

12*

Man würde aber in den Erklärungen aus diesem Gesichtspunkt noch weit strenger verfahren, wenn man zugleich die Beharrung des einmal angeregten Interesses in Anschlag brächte. Die Kurzsichtigkeit der Individuen und der Parteien würde sich hieraus vortrefflich begreifen. Man würde auf die socialen Vorgänge mit mehr Verstand und daher auch mit mehr Ruhe blicken, wenn man sich stets erinnerte, dass die in einem gewissen Maass vorhandenen Impulse fortwirken müssen, bis sie durch andere Antriebe eingeschränkt oder aufgehoben werden. Auch die Beziehung zwischen den Forderungen der niedrigen Gestaltung der Triebe und dem höheren Aufstreben zur Gesittung und Bildung würde sich aufhellen. Die Voraussetzung der antisocialen Nationalökonomie, ich meine die Annahme einer lebendigen Maschine, die gespeist und vervielfältigt sein will, würde ihre allerdings sehr beschränkte und relative Berechtigung offenbaren, sobald man sich die Mühe gäbe, die Wirkungen des auf die Triebe angewendeten Beharrungsgesetzes zu studiren. Wir werden nachher die Malthus'sche Idee aus diesem Gesichtspunkt prüfen, und es wird sich zeigen, dass die in diesem Capitel behandelten Unterscheidungen nicht etwa blos brauchbar, sondern zur Erledigung gewisser Schwierigkeiten gradezu nothwendig sind. Das Malthus'sche Gesetz sowie die Ricardo'sche Vorstellung vom Arbeitslohn werden uns, obwohl wir dieselben für unrichtig halten, dennoch als Beispiele, durch welche wir die Möglichkeit und. Bedeutung wirthschaftlicher Gesetze erläutern, gute Dienste leisten. Grade da, wo man den Begriff des allgemeinen Gesetzes am meisten verkannt hat, und wo die meisten Confusionen vorgefallen sind, wird die Wahrheit ihre beste Illustration finden.

Natureinrichtung und menschliches Streben.

1. Gewisse Vorgänge können in der Einrichtung der Natur ihren hauptsächlichsten Grund haben. So unterliegt z. B. die Vegetation und die animalische Reproduction bestimmten Periodicitäten und hiermit zugleich auch äussersten Schranken. Innerhalb einer gegebenen Zeit kann die Fortpflanzung von Gewächsen und Thieren ein bestimmtes Maass selbst unter den günstigsten Bedingungen nicht überschreiten. Es giebt hier wie überall keine Unendlichkeit, sobald man nur auf die mögliche Erfüllung einer begrenzten Zeit sieht. Um den Inhalt einer gegebenen Zeit handelt es sich aber stets, und so haben wir es denn niemals mit Unbegrenztheiten zu thun, ausser wenn wir zugleich auf eine unbegrenzte Zeit Rücksicht nehmen. Dies ist natürlich gleichmässig für alle Arten von Erscheinungen der Fall, so dass Natur und Mensch in dieser Beziehung keinen Gegensatz bilden können. Allein es wäre ein Widerstreit in den quantitativen Eigenschaften der Gesetze beider Gebiete möglich, und so müssen wir denn zwischen Naturverfassung und menschlichem Schicksal unterscheiden.

Die eine Reihe von Gesetzen gehört wesentlich der aussermenschlichen Natur an, und wenn auch der Mensch in dieses Bereich von Gesetzmässigkeiten eingereiht werden kann und muss, so bringt es doch das Interesse des Menschlichen mit sich, eine Grenze zu ziehen und die einfache Frage zu stellen, ob die Naturverfassung dem menschlichen Streben entspricht oder dasselbe nach unbeschränkbaren Regeln zu ewiger Gehemmtheit verdammt. Der Grund einer die wirthschaftliche Wohlfahrt angehenden Erscheinung kann daher entweder in der Naturverfassung ohne Rücksicht auf das gesellschaftliche und wirthschaftliche Verhalten des Menschen, oder in eigentlichen socialen Gesetzen d. h. in dem Verfahren der Menschen gegen einander, oder endlich in der Beziehung beider Kreise von Gesetzmässigkeiten gesucht werden. Die Hauptunterscheidung, auf welche wir zu achten haben werden, ist diejenige in natürliche Wirthschaftsgesetze und in eigentlich sociale Normen. Hungerlöhne können z. B. eine rein sociale Erscheinung sein und grade bei dem grössten Ueberfluss an Lebensbedürfnissen eintreten. Von dieser Art Gesetzmässigkeit werden wir im nächsten Capitel und mit specieller Rücksicht auf Ricardo's Vorstellungen über die Regulirung des Arbeitslohnes handeln. Hier haben wir es mit Naturgesetzen zu thun, welche im eigentlichen Sinne des Worts die Naturverfassnng betreffen, und die einfache hier zu erläuternde Frage ist die, ob die menschlichen Bedürfnisse vermöge einer unvermeidlichen Gesetzmässigkeit die Schranken der Leistungsfähigkeit der Natur überschreiten. Indem wir diese Frage behandeln, möge der Leser nicht vergessen, dass wir nicht die Absicht haben, eine Darstellung der Malthus'schen Theorie zu geben, sondern dass sich der Leitfaden dieses Abschnitts auf die Erkenntniss der Möglichkeit und Bedeutung wirthschaftlicher Gesetze bezieht. Es giebt nun einmal keine berühmteren Versuche, als die Lehren, mit denen wir uns hier befassen wollen.

2. Sobald man von Malthus redet, muss man sogleich die Parteistellung beachten; denn es giebt wohl Niemand, der sich nicht von vornherein für oder gegen die Anschauungsweise des berüchtigten Britten erklärte. Diese Erscheinung beruht darauf, dass es nicht sowohl ein wissenschaftlicher Satz als vielmehr eine Gesinnung ist, um deren Gutheissung oder Verwerfung es sich zunächst handelt. Mit Unrecht hat man einzelnen Schriftstellern den Vorwurf gemacht, Malthus zu bekämpfen, ohne in seinem Buch mehr als geblättert zu haben. Liegt nicht die Meinung von Malthus klar zu Tage, sobald man seine Hauptsätze kennt? Ist es nöthig, mehr zu wissen, als was überall in seinem Sinne gelehrt wird? Im Gegentheil; in der Hauptsache ist es gar nicht nöthig zu wissen, was Malthus gedacht, sondern nur was er gewollt hat. Gegen seine Bestrebungen und gegen seine Gesinnung richtet sich das Ressentiment der Menschheit und würde sich gegen dieselben auch empören, wenn sein Gesetz völlig wahr wäre. Die Empfehlung der Ascese, das engherzige Verhalten gegen die Massen, die schamlose Zumuthung, das Menschliche grade in der Menge zu entwurzeln, — das sind die Punkte, die dem Englischen Ehrwürdigen

und seinen Anhängern die gründlichste Verachtung aller nicht verdorbenen Elemente der Gesellschaft garantiren. Sein vermeintes Naturgesetz ist im Vergleich mit seiner Gesinnung eine nebensächliche Kleinigkeit. Auch beruht der ganze Erfolg des berüchtigten Pamphlets auf den Sympathien und Antipathien, die es erregt hat, nicht aber auf seinem wissenschaftlichen Gehalt. In dieser Beziehung ist es daher pures Prunken mit dem Schein von Gelehrsamkeit und Gründlichkeit, wenn z. B. Bastiat sich darüber moquirt, dass sein Gegner Proudhon ihm einmal im Gespräch ganz naiv eingestanden habe, sein Capitel über Malthus ohne vorgängige Lectüre des Buchs über die Bevölkerung abgefasst zu haben. Einem Bastiat, der diesen Fall, ohne Nennung des Namens aber mit hinreichender Kennzeichnung, nur als Beispiel braucht, um allen denen, die den grossen Malthus nicht sorgfältig studiren, in das Gewissen zu reden, kann man getrost antworten, dass sich der Hauptstreit gar nicht um einen wissenschaftlichen Satz, sondern um ein Princip des socialen Verhaltens und um die gesellschaftliche Gerechtigkeit bewege. Selbst wenn ein Missverhältniss, wie es von dem Britten behauptet wird, dauernd stattfinden müsste, so würde es besser sein, sich den natürlichen Folgen der natürlich steigenden Bevölkerung zu überlassen und sich allenfalls den mässigenden Wirkungen des gegenseitigen Kampfes um weltgeschichtliche Zwecke auszusetzen, als die Kastratenpolitik der Malthusianer zu empfehlen.

Die Trennung zwischen Malthus'scher Gesinnung und Malthus'schem Gesetz ist zur Klärung des Streites unentbehrlich, und wer sich für eine weitere Ausführung dieses Gesichtspunktes interessirt, wird dieselbe in meinem »Werth des Lebens« in dem Abschnitt über das »Gemeinleben« finden. Gehen wir nun zu unserer eigentlichen Aufgabe, der Prüfung des vermeinten Naturgesetzes über. Rein formale Gesichtspunkte werden genügen, und wir werden gar nicht nöthig haben, auf die materiellen Thatsachen, welche die Malthus'sche Behauptung oder die seines bedeutendsten Gegners unterstützen, näher einzugehen. Was die Lectüre der Quellen anbetrifft, so bemerken wir, dass sich viel Zeit sparen lässt, wenn man sich an die erste Auflage der Malthus'schen Arbeit d. h. au das kleine Pamphlet hält, welches hart an der Grenze des Jahrhunderts erschien. Es schwoll späterhin zu einem dickleibigen Buch an, indem es zu gleicher Zeit durch seinen Erfolg seinen Autor in den Stand setzte, auch seine Person zu einer Familie zu erweitern und so ein praktisches Beispiel von den segensreichen Wirkungen der Theorie zu geben, welche, indem sie die Volksvermehrung so gründlich bekämpfte, doch thatsächlich an der Volksvermehrung arbeitete. Es ist ausserdem frischer und kühner, und eine besonders anstössige Meinungsäusserung, die später gestrichen wurde, ist in ihm anzutreffen.

Die Malthus'sche Anschauungsweise, soweit sie mit der Gesinnung nichts zu schaffen hat, hat neuerdings eine Art Uebertragung auf das ihr angemessene Gebiet nämlich auf die Zoologie erfahren. Darwin bekennt, dass seine Ansicht vom Kampfe um das Dasein eine Verallgemeinerung der Malthus'schen Ideen sei. Untersuchen wir nun den naturwissenschaftlich und philosophisch haltbaren Kern dieser Ideen, und vergessen wir nicht, dass von dem eigentlichen Malthus'schen Gesetz zunächst noch keine Rede sein kann. Wir müssen die Behauptungen Stück für Stück durchnehmen, während das vollständige Gesetz auf der Verbindung mehrerer Annahmen beruht. Suchen wir zuerst eine deutliche Vorstellung von dem Fortpflanzungstrieb und dessen vermeinter Schrankenlosigkeit zu gewinnen. Erinnern wir uns zu diesem Behuf an das im vorigen Capitel erwähnte allgemeine Beharrungsgesetz.

Erstens hat jede Fortpflanzung, möge sie Pflanze, Thier oder Mensch betreffen, ihr natürliches Zeitmaass und hiermit schon gewisse wenn auch noch sehr weit gezogene Schranken. Dieses Zeitmaass ist für die verschiedenen Organismen verschieden, und es besteht also jedenfalls eine Ordnung und ein System der Periodicitäten, welches doch schwerlich als zufällig und ohne gegenseitige Beziehung geschaffen zu betrachten sein möchte. Im Allgemeinen scheint es (doch wollen wir diesen Sachverhalt keineswegs für ein unbedingtes Naturprinzip erklären), als wenn die höheren und edleren Gestaltungen engere Reproductionsschranken hätten. Die Zeit der Austragung sowie die Anzahl gleichzeitiger Geburten desselben Individuums scheint auf den höheren Stufen im Sinne der quan-

titativen Beschränkung abgemessen zu sein. Jedenfalls sind die
niedrigen Organismen die fruchtbarsten. Diese Thatsache ist all-
bekannt. Auch wenn es keine directe Beziehung zwischen der
Zusammengesetztheit und Vorzüglichkeit eines Gebildes und dem
Maass seiner Vervielfältigungsschranken geben mag, so ist doch
ein indirecter Zusammenhang, mit welchem Ausnahmen sehr wohl
verträglich sind, ganz entschieden zu vermuthen. Der Begriff der
Vorzüglichkeit kann es allerdings nicht unmittelbar sein, der die
natürlichen Fortpflanzungschancen bestimmt; sonst müsste der
Elephant über dem Menschen stehen. Allein der Productionswiderstand, den die Schöpfung vorzüglich gearteter Gebilde ursprünglich angetroffen hat, könnte doch mit dem Reproductionswiderstand
vielleicht in einer Beziehung stehen. Man gestatte uns dieses
Spiel des Gedankens. Warum sollten sich die Schranken der Vermehrung nicht nach den Hindernissen und dem Aufwand der ursprünglichen Herstellung richten? Diese Idee ist freilich natur-
wirthschaftlich, und wir wollen uns nicht vermessen, der Natur-
ökonomie in die Werkstätte blicken zu wollen, zumal wir hier
nicht auf zureichender Erfahrung fussen könnten und uns den
Wogen der Speculation anvertrauen müssten. Doch wie dem auch
sein möge, die Fruchtbarkeit des Menschen und der höheren Thiere
ist verhältnissmässig sehr beschränkt, auch wenn wir Nichts weiter
als die Schranken der Austragungszeit und der Anzahl der gleichzeitigen Geburten in Betracht ziehen.

Wir müssen nun aber einen Schritt weiter thun und innerhalb dieser Schranken die vermeintliche oder vorhandene Unbegränztheit erwägen. Hier wird die Form der richtig vorgestellten
Unbegränztheit nichts Anderes als unser früher erwähntes Beharrungsgesetz sein. Der Vermehrungstrieb bringt sich innerhalb der angedeuteten natürlichen Schranken unbegränzt zur Geltung, d. h.
es besteht selbstverständlich eine Tendenz der Vervielfältigung,
welche abgesehen von jeder weiteren, sei es gewöhnlichen oder
ausnahmsweisen Einschränkung, in einer gegebenen Zeit in der
Richtung auf das Maximum der Erzeugungen wirksam ist.

3. Dieses Maximum, welches sich durch die Abstraction von
einschränkenden Umständen ergiebt und ganz ausschliesslich auf

der Erwägung der Austragungszeit und der gleichzeitigen Anzahl der Geburten beruht, kann selbstverständlich für die Gestaltung der Wirklichkeit nicht unmittelbar maassgebend sein. Eine einfache Rechnung lehrt, dass diese Art unbeschränkter Vervielfältigung in verhältnissmässig kurzer Zeit zu einer Anzahl führen würde, für die jeder gegebene und sich nicht etwa gleich schnell erweiternde Raum zu eng werden müsste. Nun ist freilich der Raum an sich selbst kein Hinderniss, aber wohl ist es die Beschränktheit des Standortes, dessen die lebenden Wesen doch jedenfalls bedürfen. Die Erde bleibt sich in dem Umfang ihrer Oberfläche gleich oder wird vielmehr, um es recht genau zu sagen und auch den Pedanten zu genügen, durch die Abkühlung ein wenig kleiner. Ueberall also, wo man der Vermehrung der lebendigen Wesen gegenüber die Grösse des Standortes als annähernd beständig setzen muss, kann sich jenes Maximum offenbar nie dauernd verwirklichen. Die Thatsachen müssen hinter der Tendenz zurückbleiben.

Ist denn nun aber diese Tendenz, die wir hier für einen Augenblick angenommen haben, etwa als Trieb vorhanden? Alsdann wäre das Missverhältniss zwischen Bestrebung und Wirklichkeit bewiesen, und wir brauchten uns gar nicht um die Menge der Nahrungsmittel zu kümmern, um in die Malthus'sche Anschauungsweise einstimmen zu können. Allein unser Maximum ist ja etwas rein Hypothetisches, eine blosse Schranke der äussersten Möglichkeit und zwar nicht der wirklichen, sondern nur der gedachten Möglichkeit, welche sich ergiebt, wenn wir annehmen, dass es für die Vermehrung keine andere Begrenzung als die Austragungszeit und gleichzeitige Anzahl der Geburten gebe. Durch diese Annahme haben wir ja aber nur einen Rahmen gewonnen, über welchen hinaus die Vermehrung zufolge den ersten und allgemeinsten Ueberlegungen gar nicht denkbar ist. Wir können innerhalb dieses Rahmens immer engere Umrisse einschieben. Schon die Physiologie liefert uns hierzu den Stoff. Der Geschlechtstrieb ist bei demselben Individuum nicht zu jeder Lebenszeit in gleichem Maasse vorhanden. Wir müssen also darauf Rücksicht nehmen, dass jeder Zeit nur ein Bruchtheil der vorhandenen Anzahl für die Fortpflanzung wirklich thätig ist. Ferner hat die Fruchtbarkeit der Frauen eine Grenze an der Krafterschöpfung. Es ist wenigstens als allgemeine Regel undenkbar, dass die Geburten einander Jahr für Jahr folgen sollten; denn hierbei würde das Menschengeschlecht durch Schwächung und Zerstörung der weiblichen Gesundheit bald zu Grunde gerichtet sein. Von den socialen Gründen der Einschränkung, welche einen neuen noch engeren Rahmen einzuschieben erlauben, haben wir noch nicht zu reden; denn grade die Beschaffenheit dieser Gründe ist der am meisten streitige Punkt. Lassen wir daher die weiteren physiologischen Grenzen, als zum grössten Theil noch unbekannt, auf sich beruhen, und halten wir uns mit Malthus an die thatsächliche Erfahrung. Alsdann haben wir es nicht mehr mit einer blos gedachten, sondern mit einer wirklichen Tendenz, ähnlich derjenigen der mechanischen Beharrung zu thun.

In unserer Frage können wir nicht wie Galilei experimentiren. Giebt es keinen Fall, in welchem sich die so zu sagen nackte Tendenz in ihrer Gleichmässigkeit und Gradlinigkeit beobachten lässt, so ist es ganz unmöglich, das fragliche Princip zu entscheiden. Finden sich aber irgendwo Verhältnisse verwirklicht, in denen eine von der äusseren Natur und deren Verfassung d. h. von Raum und Nahrungsmittel nicht erheblich beschränkte Vermehrung vor sich geht, so haben wir den verhältnissmässig reinen Erfolg der im Menschen vorhandenen Vermehrungstendenz vor uns. Malthus wies auf die Vereinigten Staaten von Nordamerika als ein solches Beispiel hin und stützte nun sein weiteres Raisonnement auf die Thatsache, dass die natürliche Volksvermehrung in etwa zwanzig Jahren zur Verdopplung führe. Die Geschwindigkeit für das Jahr ist hiernach offenbar nicht etwa fünf Procent; denn wir müssen bedenken, dass der Zuwachs immer wieder selbst Grund eines Zuwachses wird. In Wirklichkeit treten in jedem Jahr zu der Gesellschaft neue Elemente hinzu, die ebenso wie der bisherige Stamm der Ausgangspunkt für neue Vermehrung werden. Wir werden also die Verdopplung der Bevölkerung ebenso zu betrachten haben, wie z. B. die Verdopplung eines Capitals, welches auf Zinseszinsen angelegt ist. Der Procentsatz wird also hinter fünf zurückbleiben, was wir besonders für die Benutzung statistischer Ergebnisse zu

beachten anempfehlen. Hier sind uns die Zahlen gleichgültig. Wir
operiren mit hypothetischen Grössen. Es kommt uns nur überhaupt
auf die Verdeutlichung des Begriffs der natürlichen Volksvermehrung an. Malthus verstand unter natürlicher Vermehrung diejenige,
welche stattfinden würde, wo dieselbe Ungehemmtheit, wie sie
scheinbar in den Vereinigten Staaten vorhanden, anzutreffen wäre.
Diese natürliche Vermehrung ist aber nach ihm ein blosses »würde«,
etwas rein Hypothetisches, und in der Wirklichkeit nur eine ganz
bestimmte der Vereinigung seltener Umstände zu verdankende Ausnahme. Der Regel nach treten äussere Hemmungen ein, unter
denen der Nahrungsmangel die wichtigste ist.

4. Unterbrechen wir hier unsere Untersuchung einen Augenblick durch eine ganz abstracte Rechnungsüberlegung. Wer für
alle Zeit einen bestimmten Geschwindigkeitssatz der Vermehrungstendenz annimmt, also etwa denjenigen, welcher in etwa zwanzig
Jahren zur Verdopplung des Bevölkerungsbestandes führen würde,
hat hiermit schon eine Voraussetzung gemacht, deren Consequenzen
unvermeidlich zu Gunsten der Malthus'schen Idee einer nicht zu
befriedigenden Vermehrungstendenz ausfallen müssen. Die Tendenz
zum geometrischen Wachsen ist nur ein anderer Ausdruck für jene
Annahme. Denn sobald ich eine gleichmässige Zuwachsgeschwindigkeit annehme und hierzu, wie ich muss, die Rücksicht hinzufüge,
dass der Zuwachs in der einen Zeitperiode in der nächsten wiederum Grund und Stamm eines neuen Zuwachses wird u. s. f., stelle
ich mir, wie eine einfache Rechnung zeigen kann, die Art des Anwachsens so vor, dass sie über jede beliebige Grösse in einer gewissen Zeit hinausgehen muss. Es giebt unter Voraussetzung dieser
Vorstellung also immer einen Zeitpunkt, in welchem jeder gegebene
Raum ausgefüllt sein müsste; und blicken wir näher auf die Grössenverhältnisse unseres Falles, so würde dieser Zeitpunkt für das Menschengeschlecht gar nicht sehr fern liegen. Es würden gar nicht
so überaus viele zwanzigjährige Perioden nöthig sein, um durch
wiederholte Verdopplung die Oberfläche des Planeten bis auf die
äusserste Möglichkeit zu erfüllen, und dann wären wir mit der
thatsächlichen Vermehrungsmöglichkeit am Ende. Es bleibt also
nichts übrig als für die wirkliche Vermehrung eine solche Abnahme

des Procentsatzes vorauszusetzen, bei welcher die Summe der Hinzufügungen d. h. der schliessliche Umfang des Menschengeschlechts
innerhalb einer Grenze bleibt. Die Mathematiker kennen diese Art
des Wachsens sehr wohl; sie nennen bekanntlich solche Reihen,
welche, so weit sie auch fortgesetzt werden mögen, immer inner.
halb einer Grenze bleiben, convergirend. Eine solche Reihe ist z. B.
1, $\frac{1}{2}$, $\frac{1}{4}$, $\frac{1}{8}$, $\frac{1}{16}$, u. s. w. ins Unendliche. Diese Reihe lässt sich
summiren, d. h. die Summe ihrer Glieder ist stets etwas kleiner
als 2, ungeachtet immer neue Bruchtheile hinzugefügt werden. Es
ist aber klar, dass, wo der Anwachs Grössen betrifft, die sich
nicht ins Unendliche theilen lassen, wie z. B. eine Menschenanzahl,
auch kein Gesetz möglich ist, vermöge dessen ein ewiger aber immer kleiner werdende Zuwachs stattfände. Das Atom, Mensch genannt, widersetzt sich der abstracten mathematischen Theilung,
und so würden wir denn von vornherein schon einen Punkt mehr
wissen, nämlich, dass das thatsächliche Gesetz der Menschenver-
mehrung schliesslich zu einem genauen Gleichgewicht von Todesfällen und Geburten führen, d. h. die eigentliche Vermehrung gleich
Null werden muss. Obwohl diese Vorstellung uns gar nicht befremden darf, so ist allerdings noch eine andere Möglichkeit in
Betracht zu ziehen. Es kann nämlich ein Zurückgehen d. h. eine
Verminderung statthaben und so für neue Evolutionen Platz machen.
Bedenken wir, dass die politisch untergehenden Völker auch in der
Volksanzahl zurückgehen, so ist der Gedanke eines ewigen Wellen-
spieles, in welchem Auf- und Niedertauchen zusammengehören, sehr
plausibel, obwohl ein wenig Mephistophelisch. Denn die Vernichtung und der Rückschritt würden die Vorbedingung eines neuen
Fortschrittsspieles sein. Finden wir uns aber in den Tod der Individuen, so können wir uns mit dem Absterben der Völker aussöhnen. Die statistisch sogenannte Bevölkerungsbewegung wäre
alsdann ein fluthendes Meer, mit partiellen und periodischen
Hebungen und Senkungen.

Wir haben es hier nicht mit der Philosophie des Lebens-
schematismus zu thun und müssen daher die angeregten Fragen un-
erörtert lassen. Nur das haben wir zu beachten, dass unter beiderlei Voraussetzungen, mögen wir nun das Gleichgewicht von Geburten

und Todesfällen als Grenze oder als Durchgangspunkt zur Volks-
verminderung vorstellen, eine Disharmonie zwischen dem Streben
und der erreichbaren Thatsache denkbar ist. Eine Spannung zwischen dem Trieb zum Dasein und den Vorbedingungen desselben
ist die allgemeine Idee, welche den tieferen Ansichten über den
Kampf um das Dasein zu Grunde liegt.

5. Was sagt uns Darwin denn eigentlich? Der Lebensdrang
und die Bedingungen zu dessen Verwirklichung gerathen in Conflict, und dieser Conflict nimmt die Form eines unter den lebenden
Wesen spielenden Concurrenzkrieges um die Bedingungen des Daseins an. Die Lebensbedingungen sind begrenzt; sogar der an
einem gewissen Orte verfügbare Stoff ist es. Die Individuen, welche
sich erhalten und vermehren wollen, müssen sich in den Stoff und
in den Vorrath an Lebensbedingungen theilen. Hieraus entsteht
ein Theilungsverfahren, welches aber nicht der sogenannten freiwilligen, sondern der streitigen Gerichtsbarkeit und zwar derjenigen
angehört, in welcher Macht und List, sowie überhaupt jeder Vortheil der Position entscheiden. Diese Ideen werden von Darwin
auf Pflanzen und Thiere angewendet. Der Kampf um das Dasein,
wie er zwischen Pflanzen geführt wird, ist nun entweder eine poe-
tische Metapher, oder er ist bei nüchterner Betrachtung Nichts als
eine Abhängigkeit von den Vorbedingungen des Entstehens und
Gedeihens. Im Thierreich ist schon mehr Grund für die Annahme
eines wirklichen Kampfes; allein auch hier sind die Vorstellungen
Darwins noch gar sehr einer durch Poesie verdorbenen Naturphilosophie verwandt. Mag es immerhin sein, dass der Kampf um
die weibliche Hälfte des Thierreichs als Anfang einer natürlichen
Züchtung zu betrachten ist, und dass die schwächeren Individuen
in der Bemühung um die Chancen der Fortpflanzung und der Ernährung besiegt oder wenigstens benachtheiligt werden. Mag man
ferner auch immerhin diese Idee auf den Menschen übertragen, der
von allen lebenden Wesen dasjenige ist, welches mit Seinesgleichen
am vielfältigsten und ärgsten in Conflict geräth. Mag man auch
ferner die klimatischen oder sonstigen Natureinflüsse als Mächte
ansehen, denen die Gesundheit abgerungen und mit denen der
Kampf um das Dasein bestanden werden muss. Diese mehr oder

minder poetischen Auffassungsarten lassen schliesslich doch nur einen kleinen sehr nüchternen Kern wahrnehmen. Einerseits ist der Kampf in erster Linie gar nicht erst durch die Lebensbedingungen erzeugt, sondern gründet sich auf Wesensunterschiede, wie z. B. im Racen- und Nationalhass. Andererseits geht das Dasein des Menschen und noch weniger der Thiere gar nicht in lauter Kampf auf; die geographische Zerstreuung und relative Selbstständigkeit hindert den Zusammenstoss. Es sind also schliesslich nur langsam und stetig wirkende Naturkräfte thätig, welche die Lebensbedingungen reguliren und dem gegenseitigen Verhalten der Völker und der Einzelnen gewisse Richtungen geben, in denen Individuen und Nationen wohl bisweilen absorbirt oder erdrückt werden. Allein die ganze zoologische Vorstellung von dem zu geringen Maass der Lebensbedingungen ist ebenso falsch wie der specielle Fall, in welchem Malthus sie in Anspruch nahm. Die einschränkenden Ursachen (Mangel, Krankheit und gegenseitige Vernichtung) sind allerdings vorhanden aber quantitativ unerheblich. Vergleicht man diese mindernden Ursachen mit den allgemeinen Natureinrichtungen, durch welche der Bestand der lebendigen Wesen gesichert wird, so merkt man, dass man es mit blossen Störungserscheinungen zu thun habe, welche in dem Haushalt der Natur nicht die Rolle spielen, welche ihnen die Malthus'sche Vorsehung anweist. Es handelt sich in Rücksicht auf diese zerstörenden Mächte nicht um Regeln von höchster Allgemeinheit, sondern um ganz secundäre Normen, ja zum Theil nur eigentliche Ausnahmen.

6. Indem ich bemerke, dass ich hier gar nicht die Darwinsche Idee von der Entstehung der Arten angefochten haben will, gehe ich nun zur Erläuterung desjenigen über, was sowohl in der Malthus'schen als in der Darwin'schen Anschauungsweise unter gewissen Beschränkungen richtig ist. Der Satz, dass die Vermehrungstendenz einer Beharrungskraft gleiche, die abgesehen von einschränkenden Ursachen unbegrenzt sich selbst gleich fortwirke, scheint mir der nüchterne Kern aller Metaphern zu sein. Die Zeugungstendenz ist etwas ins Unbestimmte Beharrendes; sie trägt in sich selbst keinen Grund der Beschränkung auf ein bestimmtes Maass, wofern ihr nur die gehörige Zeit und der nöthige Spiel-

raum eröffnet wird. Diese Idee ist das Aeusserste, was man Malthus und Darwin gegenüber einräumen kann. Diese Wahrheit ist aber auch zugleich sehr unschuldiger Natur. Denn auf den Menschen angewendet, besagt sie nichts weiter, als dass die uneingeschränkte Vermehrungstendenz eben in das Unendliche strebt. Sie besagt aber nicht etwa, dass der Mensch nichts weiter als diese personificirte Vermehrungstendenz sei, oder dass in ihm selbst keine einschränkenden Bestrebungen thätig seien. Im Malthus'schen Sinne müsste man den Menschen als blossen Unterleib abbilden und von dem Obergestell nur Magen und Esswerkzeuge übrig lassen. Dies wäre nach Malthus der Naturmensch, und Kopf und Herz wären dann nur künstlich hinzuzufügen, damit der moralische Zwang des Ehrwürdigen applicirt werden könnte. Nun ist aber glücklicherweise der Mensch auf allen Stufen seiner Entwicklung, wenn auch in sehr verschiedenem Grade und anfänglich in einem sehr geringen Maass, ein auf ein edleres Verhalten angelegtes Wesen. Ernährung und Vermehrung bilden zwar die Grundlage, aber eben auch nur die Grundlage, und wenn auch diese Grundlage nie ohne Schädigung vernachlässigt werden kann, so ist doch ein himmelweiter Unterschied zwischen blosser Beschaffung von Futter einerseits und der ganzen Fülle des Lebens und seiner Zwecke andererseits. In dieser Richtung findet eine unwillkürliche und nicht erst durch gewaltsame Ascese zu erzwingende Einschränkung der Propagation statt, eine Einschränkung, die sich freilich in einem geringen Spielraum bewegt, aber doch ausreichend ist, die zufälligen und im einzelnen Fall möglichen Collisionen auszugleichen. Wir werden von dieser natürlichen Macht sittlicher Leitung der Naturtriebe wenig reden, weil wir dieselbe für die Hauptfrage kaum brauchen. Denn bestände zwischen Naturverfassung und menschlichem Streben nicht wenigstens im Allgemeinen Harmonie, so wäre diese ganze moralische Nachhülfe ein ohnmächtiges Mittel. So aber ist sie ein selbstverständliches Correctiv, welches bis zu einem gewissen allerdings sehr geringen Grade der Naturkraft ihre Bahnen anweisen kann. Dagegen ist das unwillkürliche Moment der Selbstbeschränkung weit wichtiger. Sein Vorhandensein beruht darauf, dass der Geschlechtstrieb nicht die einzige Function des Organismus ist, und

dass der Mensch nicht ausschliesslich durch ihn allein ausgefüllt wird. Die Behauptung der Beharrung, die der physikalischen Trägheit Galilei's analog ist, erfährt also gewaltige Einschränkungen.
So verkehrt es sein würde, zu behaupten, dass sich die Planeten
gradlinig bewegen, weil sie abgesehen von der Gravitation diese
Tendenz haben, ebenso ungehörig wäre es, die nie zur Verwirklichung kommende Vermehrungstendenz für den thatsächlichen Fall
der Natur zu erklären. Ja noch mehr; nicht einmal diese Tendenz selbst besteht an sich in völliger Einfachheit. Der Körper,
der sich in einer krummen Linie bewegt, hat auch in keinem seiner Punkte die Tendenz, gradlinig ins Unendliche zu gehen, sondern würde sie nur haben, falls die Centralkraft wegfiele. Die
Tendenz ist also selbst schon mit einer andern Tendenz combinirt
und insofern beschränkt. So wenig sich also die Körper in der
Natur nur unter dem Einfluss einer einzigen Kraft bewegen, ebenso
wenig und noch weniger thut es der Mensch. Wir müssen also
die Meinung, dass jemals die Vermehrung die Form einer gleichmässigen Beharrung haben könne, auch jetzt zurückweisen, wie
wir es vorher aus einem andern Gesichtspunkt gethan haben. Annähernd kann sich die Vermehrungstendenz isoliren, d. h. es können
zeitweilig und unter Umständen die Antriebe zur Beschränkung
wegfallen. Dies mag in einem gewissen Maasse in den Vereinigten
Staaten der Fall gewesen sein, und so erklärt sich der verhältnissmässig schnelle Zuwachs. Die Natürlichkeit dieses Vermehrungs-
tempo ist aber eine reine Fiction. Der Mensch ist ein sociales
Wesen und unter andern socialen Verhältnissen wird auch die Beschränkung seiner Vermehrungstendenz, ich meine der Tendenz selbst
und nicht erst des Versuchs ihrer Verwirklichung eine andere sein.

7. Man widerlegt Malthus sehr schlecht, wenn man, wie
Statistiker gethan haben, auf die wirkliche Bevölkerungsbewegung
hinweist und geltend macht, dass dieselbe doch nicht in geometrischer Progression vor sich gehe. Erstens behauptet nämlich Malthus ja nur die Tendenz und einen stets missglückenden Versuch
der Verwirklichung derselben. Zweitens müssen aber diese Stati-

stiker ihre Zahlen und überhaupt das Rechnen und mathematische
Denken sehr schlecht verstehen, wenn sie glauben, dass sich ihre
Zuwachsreihen nicht für eine bemessene Zeit, etwa für eine Reihe
von Jahrzehnten, unter die empirische Form einer geometrischen
Reihe bringen lassen. Freilich können diese Reihen nicht ins Unendliche bestehen, vielmehr muss sich deren multiplicativer Factor
immer mehr der Einheit nähern. Allein innerhalb einer Verdopp-
lungsperiode wird er sich gleich bleiben, d. h. es wird nicht leicht
eine Abweichung merklich sein. Natürlich ist die ganze Form der
Reihe, wie die Physiker sagen würden, nur äusserlich und empirisch und nicht das innere unbeschränkt maassgebende Gesetz der
beobachteten Erscheinung. Die Einkleidung in die einfache Form
einer geometrischen Reihe ist nur eine, wenn auch berechtigte Abstraction mit Weglassung der zunächst unerheblichen Momente,
welche die Beständigkeit des erwähnten Vermehrungsmultiplicators
verändern und sich ausschliesslich in den Thatsachen, wenn auch
erst in einem grössern Umfang derselben bekunden müssen.

Malthus hat nur die Tendenz für unbegrenzt erklärt; und will
man ernstlich mit ihm streiten, so muss man ihm die Gerechtigkeit
widerfahren lassen, diese Tendenz zu untersuchen. Wir haben nun
durch einfache Ueberlegung gefunden, dass rücksichtlich des Zeu-
gungstriebes ein Beharrungsgesetz existirt, dass aber diese beharrliche Tendenz in keiner andern Weise vorhanden ist, als die analoge Tendenz zur mechanischen gradlinigen Bewegung. Die Natur
bietet uns überall nur Combinationen, und die Verwirklichung der
einfachen isolirten Tendenz ohne solche Combination ist in allen
Gebieten eine seltene Ausnahme.

Nachdem wir so unser Ergebniss formulirt haben, gehen wir
nun zu der objectiven Seite der Frage, die an Malthus auch zugleich die schwächste ist, mit der Absicht über, uns längere, raum-
verschlingende Anführungen von geschichtlichen und statistischen
Thatsachen durch Verweisung auf Carey's Hauptwerk zu ersparen.
Die objective Seite betrifft die Leistungsfähigkeit der Natur in
Rücksicht auf die Nahrungsmittel. Alle andern Lebensbedürfnisse
können ja jedenfalls durch Vermehrung der industriellen Thätigkeit
beschafft werden. Jeder Mensch, der geboren wird, vermehrt nicht

nur die Anzahl der Consumenten, sondern auch die der Producenten. Er kommt, wie man mit Recht gesagt hat, nicht blos mit einem Magen, sondern auch mit Händen auf die Welt. Die gewöhnlich streitige Frage ist nur die, ob Vermehrung der Arbeitskraft uns zu entsprechend grösseren Nahrungsmengen verhelfen könne. Die beliebte Unterscheidung von beliebig ausdehnbarer und von natürlich beschränkter Production wird fast immer nur im Hinblick auf die Ernten und die Fabrikindustrie gemacht. Der landläufigen Ansicht zum Trotz hat Carey die paradoxe Form gewählt, diese Unterscheidung gradezu umzukehren. Während die Brittischen Schriftsteller nicht müde werden, von dem Satze Gebrauch zu machen, dass die fabricative Production unbegrenzt, die landwirthschaftliche aber in sehr enge Schranken gezogen sei, erklärt Carey im Gegentheil, dass die Leistungen der Natur die eigentliche Unbegrenztheit für sich haben, diejenigen der Fabrikindustrie aber stets sehr eng eingedämmt sind.

Wir haben hier nicht die Absicht, durch Uebernahme von Paradoxien zu blenden. Allein wir müssen den Carey'schen Gedanken seiner grossen Wichtigkeit wegen denn doch ein wenig vertreten. Wo liegt in der Kette der wirthschaftlichen Operationen gleichsam das offene verhältnissmässig unbedingte Ende? Wo wurzelt unsere Thätigkeit in dem verhältnissmässig am meisten Unbegrenzten? Offenbar da, wo die Rohstoffe für unsere Arbeit geliefert werden, und wo die Natur zu einer Vermehrung unserer Subsistenzmittel angehalten werden kann. Die Ausdehnung der Industrie hat ihre Schranken an der Naturproduction, letztere selbst aber nur an der menschlichen Thätigkeit, die sich auf die Leitung dieser Naturproduction richtet. Letztere Thätigkeit ist wiederum von der Vermehrung der Bevölkerung abhängig und so gewinnen wir von den Schranken und dem Unbeschränkten der wirthschaftlichen Erfolge eine ganz neue Vorstellung. Die landwirthschaftliche Seite der Production ist grade diejenige, für welche sich der weiteste Rahmen eröffnet. Man könnte sie die offne Seite der volkswirthschaftlichen Production nennen, weil grade bei ihr die Vorschiebungen und Ausdehnungen des gesammten Wirthschaftsbetriebes statthaben müssen. In dieser Beziehung hat Carey also offenbar recht, indem er die Ausdehnung der menschlichen Herrschaft über die Natur grade bei diesem Fundament für unbeschränkt ansieht, — unbeschränkt natürlich nur in dem Sinne, wie dieser Begriff überhaupt vorkommen kann. Denn in Wahrheit giebt es weder unbegrenzte Vorräthe noch eine unbegrenzte Leistungsfähigkeit der Natur, sondern alle Functionen und Quantitäten sind an Zeit und Maass gebunden.

Indem wir die Landwirthschaft und die Gewinnung der Rohstoffe ausdehnen, legen wir gleichsam das Fundament der Volkswirthschaft immer tiefer. Nun können wir allerdings bei jedem Fundament das Gebäude der Industrie bis zu einer gewissen bemessenen Höhe aufführen, und haben hierbei einen gewissen Spielraum. Allein es besteht dennoch eine innige Beziehung zwischen diesen beiden Richtungen der Ausdehnung. Die Wurzeln sind nicht gleichgültig für die Ausbreitung der Krone des Baumes. Je tiefer jene sich verzweigen, um so leichter ist das Wachsthum desjenigen, was so zu sagen zum Himmel emporstrebt. Die Industrie ist nun aber so wenig unbegrenzt, dass man vielmehr von ihr sagen muss, es sei dafür gesorgt, dass ihr Baum nicht in den Himmel wachse.

Die eigentliche Meinung derjenigen, welche von der beliebig ausdehnbaren Industrie sprechen und dagegen die Rohproduction als eng begränzt ansehen, geht dahin, die Anwendung der Arbeit in einem bestimmten Industriezweige für beliebig vergrösserbar zu halten. Vorausgesetzt nämlich, dass man über die gesammte Arbeit eines Landes nach Willkür verfügen und dieselbe von einer Verwendung auf die andere übertragen kann, lässt es sich denken, dass ein Zweig der Production nach Gutdünken bevorzugt und in ihm daher eine beliebige Menge von Erzeugnissen hergestellt werde. Die Zündhölzchenfabrikation hat in sofern keine Schranken, als es für die Ausdehnung, die bei derselben überhaupt jemals in Betracht kommen kann, weder an Holz und Schwefel noch an der sehr gemeinen Arbeit und Geschicklichkeit fehlen wird. Wie auch die Nachfrage nach diesem Fabrikat wachse, man wird sie immer befriedigen können, und der Gedanke einer solchen Möglichkeit, einer beliebigen Nachfrage zu genügen, ist grade derjenige Typus von

Idee, an welchen die Nationalökonomen denken, wenn sie den Ausdruck »unbegränzte Vervielfältigung der Erzeugnisse« gebrauchen. Sehen wir nun zu, wie es sich mit der Begränztheit der Nahrungserzeugnisse verhalte. Hier hat Malthus eine Idee verfochten, in welcher sich nicht einmal ein wahrer Kern nachweisen lässt. 8. Die Menge der Nahrungsmittel soll nach Malthus in einer arithmetischen Reihe steigen. Hiernach würden in gleichen Zeiten gleiche Nahrungsmengen zu dem bisherigen Ertrag hinzukommen d. h. die Vermehrung der Nahrungsmittel würde der Zeit proportional sein. Gewinnen wir in zwanzig Jahren eine gewisse Ertragserhöhung, so werden wir in abermals zwanzig Jahren ebenso viel hinzugefügt haben u. s. w. Diese Art des Zuwachses ist nun (und dies machte Malthus geltend) weit langsamer, als der wirkliche Erfolg der von ihm vorausgesetzten Tendenz zur Volksvermehrung sein würde. In dem einen Falle werden in gleichen Zeiten gleiche Summanden von Nahrungsmitteln hinzugefügt. In dem andern Fall wird mit einem Factor multiplicirt. Wir wollen hier nicht die Verhältnisse von den hier fraglichen zwei Arten von Reihen untersuchen. Nur dies sei bemerkt, dass in dem einen Fall die Zuwachsgeschwindigkeit stets gleichmässig dieselbe bleibt, während sie in dem andern Fall unbegrenzt steigt. Wären also beide Reihen, ich will nicht sagen, Naturgesetze des wirklichen Verlaufs (denn ein solcher Verlauf ist undenkbar), sondern auch nur der Tendenz, so würde Disharmonie der Grundcharakter des menschlichen Strebens sein. Diese Versuche des Menschen, seiner Natur zu genügen, würden an der Naturverfassung scheitern, und unser Geschlecht würde sich über das verfehlte Arrangement zwischen ihm und der Natur beklagen können. Die Constitution wäre eine solche, bei welcher die Knechtschaft der Natur gegenüber ein unabwendbares Schicksal bliebe. Die natürlichen Bedürfnisse des Menschen wären in Fesseln geschlagen, und es bliebe nichts übrig, als das menschliche Wesen gegen sich selbst zu kehren, um es durch Ascese und gegenseitige Vernichtung zu schwächen.

Wir haben bereits gezeigt, dass eine streng geometrische Reihe in ihrer reinen Gestalt niemals der Fall der Wirklichkeit sein kann. Wir werden jetzt zeigen, dass es sich mit der arithmetischen Reihe ebenso verhalte. Wenn eine Grösse so entsteht, dass in gleichen Zeiten gleiche Zusätze hinzugefügt werden, so wächst die Reihe mit der Zeit in's Unendliche. Jede arithmetische Reihe divergirt und man kann, wenn nur die nöthige Zeit gegeben wird, über jede beliebige Grösse hinauskommen, ganz wie man für die Zukunft jeden beliebigen Zeitablauf als erreichbar und geschehen voraussetzen kann. Vermehrten sich also die Nahrungsmittel wirklich genau in dieser Weise, so würden wir vor ihnen bald im eigentlichen Sinne des Worts keinen Platz mehr haben. Die Erdoberfläche würde ihnen nicht mehr genügen, und anstatt die Aussicht des Verhungerns zu haben, würden wir uns eher um die Gefahr des Erdrücktwerdens bekümmern müssen. So weit ist also Malthus Formulirung von jeglicher Genauigkeit und Schärfe entfernt. Doch nehmen wir Angesichts der vagen Unbestimmtheit seiner Gedanken zu seinen Gunsten an, er habe Tendenz mit Tendenz vergleichen wollen, so gilt die arithmetische Reihe nur von der Tendenz, mit welcher die Naturproduction die Beschaffung von Nahrungsmitteln unterstützt. Indessen ist diese Idee doch gar zu verzwickt, um einer näheren Erörterung werth zu sein. Nehmen wir lieber an, Malthus habe sich überhaupt nicht auf die mathematische Einkleidung von Gesetzen verstanden, und er habe mit der arithmetischen Reihe nur eine annähernde empirische Formel gegeben, die natürlich nur innerhalb einer gewissen Zeitausdehnung zutreffen kann. Alsdann stellt sich der Sachverhalt im Allgemeinen ähnlich wie im Fall der geometrischen Reihe. Es wird vielleicht möglich sein, für kürzere Zeiträume die thatsächliche Vermehrung der Nahrungsmenge in die empirische Form eines gleichmässigen Zuwachses zu bringen, so dass den einzelnen Jahren eine annähernd gleiche Hinzufügung entspricht. Lässt sich doch selbst die Bevölkerungsbewegung für kurze Zeiten in diese arithmetische Form kleiden, ohne dass hiermit die Beschaffenheit der wirklichen Vorgänge d. h. des thatsächlich stattgehabten Anwachsens verleugnet würde. Je kleiner nämlich der Zeitabschnitt ist, auf welchen man achtet, um so mehr muss sich alles Wachsen einer bereits vorhandenen Grösse der Gleichmässigkeit nähern. Dies ist eine mathematische Wahrheit, die hier nicht bewiesen werden kann, aber zu allem strengen quantitativen Denken, welches sich mit Veränderungen befasst, unentbehrlich ist.

Unsere Frage hat sich jetzt sehr bestimmt gestaltet. Sie ist nicht mehr eine Frage der mathematischen Denkform, sondern ein thatsächliches Problem. Die Fragestellung selbst ist· berichtigt. Wir haben nämlich auszumachen, ob für grössere Zeiträume die arithmetische Reihe als empirische Einkleidung der thatsächlichen Nahrungsvermehrung haltbar ist. Wir verweisen nun, um uns statistische Anführungen zu ersparen, auf das grössere oder kleinere Werk Carey's, in welchen die thatsächlichen Grundlagen der Malthus'schen Behauptungen als völlig falsch erwiesen und das grade entgegengesetzte Verhalten der Thatsachen mit ausreichenden Belegen versehen wird.

Wenn, wie von Carey nachgewiesen ist, die Befriedigungsmittel rascher als die Bedürfnisse wachsen, oder wenigstens mit den erweiterten Bedürfnissen Schritt halten, so kann man in der mathematischen Formulirung des Grössenanwachses beiderlei Art keinen wesentlichen Unterschied machen. Die mathematische Einkleidung muss in beiden Fällen empirisch bleiben, aber gleich ausfallen. In der That hat man denn auch dieser Gleichheit der Verhältnisse bisweilen dadurch Ausdruck gegeben, dass man, in Voraussetzung einer sehr weiten Fassung des Capitalbegriffs, behauptet hat, alle Arten von Capital vermehrten sich in geometrischer Progression oder hätten wenigstens die Tendenz hierzu. Selbstverständlich hat man in einem solchen Zusammenhang nicht nur an Geld und Naturalcapital im gewöhnlichen Sinne, sondern auch an den Stamm der Bevölkerung zu denken, der in dieser abstracten Auffassung ebenfalls als ein sich vermehrendes Capital angesehen wird.

Von jeder der beiden Malthus'schen Vorstellungen haben wir bisher getrennt gehandelt. Es bliebe nun noch übrig die Beziehungen zwischen seinen beiden vermeintlichen Anwachsungsarten zu untersuchen. Wir beschränken uns jedoch auf eine einzige Bemerkung, die den Vortheil hat, den ganzen mathematischen Schein der Malthus'schen Weisheit zu zerstören. Sobald es sich nämlich nur um empirische Formeln d. h. neue Reihen handelt, welche die Thatsachen decken sollen, ohne darauf angelegt zu sein, in's Unbegränzte ausgedehnt zu werden, ist es sehr leicht, eine arithmetische Reihe zu finden, die innerhalb der grade fraglichen Zeit weit rascher zunimmt als eine ihr parallel laufende geometrische. Das Erforderniss ist, dass die beiden Reihen nur in einer endlichen und zwar bestimmt bemessenen Anzahl von Gliedern bestehen, und dieses Erforderniss ist für jede empirische Reihe, die sich auf geschichtliche und statistische Thatsachen stützt und so die Zukunft anticipiren soll, regelmässig erfüllt. Für ganz kurze Zeiträume würde auch ohnedies eine wesentlich und in ihrem constitutiven Naturgrunde arithmetische Reihe mit einer geometrischen fast genau zusammenfallen können. Allein auch für längere Zeiträume kann eine arithmetische Reihe einer geometrischen sogar voraneilen, und es hängt daher in der Bestimmung ihres gegenseitigen Verhältnisses Alles von der Grösse des Stammes d. h. des ersten Gliedes und dann des Factors und des Summanden ab. Wenn der multiplicirende Factor gleich Eins wäre, so fände gar kein Zuwachs statt; ist er aber wenig grösser als Eins, so kann das Anwachsen sehr langsam sein. Man hat es daher, wie bei der Berechnung eines durch Zinseszins wachsenden Capitals, in seiner Gewalt, den Procentsatz der Vermehrung so klein zu wählen, dass eine beliebig geforderte Langsamkeit der Vermehrung eintritt, so dass die Vermehrung durch einfachen Zins d. h. in arithmetischer Reihe, aber zu einem grössern Procentsatz, für eine lange Zeit weit rascher vor sich geht. Wen die Vorstellung des Factors, dessen Multiplicationen uns nicht die einzelnen Glieder, sondern gleich die Summe der Reihe liefern, beirren sollte, für den möge folgende Verwandlung des Schema hier noch Platz finden.

Wenn man den ursprünglichen Stamm, von dessen Vermehrung man ausgeht, gleich Eins setzt, oder auch, was hier auf dasselbe hinauskommt, eine seiner Einheiten betrachtet, so drückt sich der Zuwachs gewöhnlich durch einen Bruch aus, und man erhält für das erste Jahr nicht blos die Summe von Stamm und Zuwachs, sondern auch zugleich mit dieser Summe (z. B. 1,05) den Factor, dessen Potenzen für die weiteren Jahre jedesmal den angewachsenen Stamm angeben. Es braucht mithin keine Reihe summirt zu werden, sondern jedes Glied enthält selbst schon die fragliche

Summe d. h. die Zusammenfassung aller vorangehenden Zuwachsungen des Stammes. In dieser geometrischen Reihe kommt also nicht die Summe, sondern nur ein einzelnes Glied in Betracht. Wenn wir also eine arithmetische mit einer geometrischen Reihe verglichen haben, so konnten wir nur die ganze Reihe einerseits d. h. die Summe einer bestimmten Anzahl von Gliedern mit einem einzelnen Gliede der geometrischen Reihe andererseits in Beziehung setzen, und wenn wir oben von Convergenz geredet haben, so meinten wir natürlich nur, dass sich das, was die Mathematiker das allgemeine Glied der Reihe nennen, innerhalb bestimmter Gränzen halte. Damit nun aber die Vergleichung nicht hinke, ist es nützlich, an Stelle der geometrischen Reihe diejenige Reihe zu denken, welche durch die Summation der Anwachsungen erzeugt wird, und den ursprünglichen Stamm ein für alle Mal als ersten Summanden, aber nicht als Multiplicandus zu setzen. Dies Verfahren giebt eine natürlichere Vorstellung von dem wirklichen Wachsthum; es zeigt uns die anwachsenden Differenzen, ist aber mathematisch schwieriger zu handhaben. Jedoch brauchen wir glücklicherweise keine mathematischen Schemata in Formeln, sondern können uns mit der Angabe der allgemeinen Form des Anwachsens begnügen.

Wie wir schon früher entwickelt haben, giebt es eine Art des Anwachsens, bei welcher der Zuwachs selbst und nicht blos der ursprüngliche Stamm wiederum erzeugend wirkt. Die Hinzufügungen richten sich das erste Mal nach dem Stamm, dann nach dem Stamm und dem Zuwachs, dann nach dem Stamm, dem ersten und dem zweiten Zuwachs, dann nach dem Stamm, dem ersten, dem zweiten und dem dritten Zuwachs u. s. w. Jede weitere Hinzufügung besteht also aus einer Reihe von Differenzen, und hierin liegt der wesentliche Unterschied von der einfachen arithmetischen Reihe, in welcher alle Hinzufügungen sich gleich bleiben d. h. selbst keiner Veränderung unterliegen. Nun ist es aber klar, dass die Reihe, aus welcher die Hinzufügung besteht, nicht nur selbst, sondern auch, dass die Summe aller dieser Reihen durch den Procentsatz so eingerichtet werden könne, dass sie einer einfachen arithmetischen Reihe innerhalb einer gewissen Zeit nicht voraneilt. In diesem Fall entscheidet die Form des

Anwachsens gar nichts über die Grösse der Vermehrung, und es zeigt sich, wie wenig vorsichtig Malthus verfahren ist.

Das Ergebniss unserer letzten ganz formalen und abstracten Betrachtung besteht nun darin, dass wir den mathematischen Formulirungen sogenannter Naturgesetze nur dann einigen Werth beimessen können, wenn zwichen constitutiven und empirischen Formeln gehörig unterschieden wird. Constitutiv steht nun aber leider nichts weiter fest, als dass die Bevölkerung eine Grösse ist, die durch ihre einzelnen Elemente wächst oder abnimmt und daher diejenige Form des Anwachsens und Abnehmens haben muss, die immer dann statthat, wenn der Zuwachs selbst Grund eines neuen Zuwachses wird. Diese ganz allgemeine, wenn auch immer schon mathematisch gedachte Idee, lässt nun aber für besondere empirische Gesetze einen grossen Spielraum. Sie entspricht nicht wesentlich einer einfachen geometrischen Reihe, sondern erlaubt allerlei Modificationen des Anwachsens. Unter diesen Modificationen wird die Veränderung des Procentsatzes die hauptsächlichste sein und selbst für die blosse Tendenz der Vermehrung wird eine solche Veränderung anzunehmen sein. Was aber die Nahrungsmittel anlangt, so können hier die mathematischen Ausdrücke nur ganz empirisch bleiben. Indessen hängt einerseits die Vermehrung derselben von dem Wachsen der wirthschaftlichen Kraft ab, und dieses Wachsen findet wiederum analog der Bevölkerungszunahme (ich sage absichtlich nicht proportional) statt. In der Frage der Capitalbildung werden wir Gelegenheit haben, überhaupt von dem Wachsthum ökonomischer Grössen zu reden. Dort werden sich denn auch die formalen Gesichtspunkte, von denen wir hier ausgingen, noch mehr aufhellen. Dort wird es sich zeigen, was man von den sogenannten Naturgesetzen zu halten habe, denen zufolge die schnellste Vermehrung des Naturalcapitals dann stattfinden soll, wenn der Zinsfuss d. h. der Preis, den man für die Nutzung des Geldcapitals zahlen muss, am höchsten steht. Der Versuch, das Anwachsen der Lebensmittel mathematisch wenn auch nur ganz allgemein zu formuliren, ist vorläufig ohne Chancen und kann, wie die eben erwähnte Vorstellung vom Anwachsen der Capitalien überhaupt, nur zu Ungereimtheiten führen, möge er nun für oder gegen Malthus gemacht werden. Schon aus diesem Grunde verwerfen wir das Malthus'sche Gesetz, lassen jedoch die allgemeine Idee bestehen, welche nichts als die allgemeine Form des Anwachsens enthält, auf die wir bereits mehrmals hingewiesen haben.

Drittes Capitel.

Eigentlich sociale Gesetze.

1. Nothwendigkeiten, welche in der Naturverfassung ihren Grund haben, könnte man als Naturgesetze im engern Sinne bezeichnen. Ihnen gegenüber würde man alsdann ein bestimmteres Bereich der rein gesellschaftlichen Gesetzmässigkeit erhalten, innerhalb dessen die entscheidenden Normen ausschliesslich auf die interhumanen Verhältnisse zurück zu führen wären. Ein sociales Gesetz in diesem eigentlichen Sinne würde z. B. das der Concurrenz sein. Indem man gänzlich von dem Naturangebot absähe und allein darauf achtete, dass die Mitbewerbung in jedem Fall bestimmte Folgen mit sich bringt, würde man die socialen Regeln jeglichen concurrirenden Strebens signalisiren, möchte sich nun dieses Streben auf wirthschaftliche oder nicht wirthschaftliche Ziele richten. Der sogenannte Kampf um das Dasein würde insofern eine rein gesellschaftliche Form und Grundlage haben, als er sich überhaupt nur auf die Nothwendigkeit eines gemeinsamen Bemühens und auf die gegenseitigen Hemmungen der Glieder der Gesellschaft bezöge. Man braucht gar keinen Mangel in dem von der Natur ausgehenden Angebot von Gütern vorauszusetzen, und kann dennoch sehr wohl von socialen Wirkungen rein socialer Bestrebungen und Gegenbestrebungen reden. Eine gewisse Mitbewerbung ist ein Charakterzug alles menschlichen Strebens. Nur der isolirte Mensch kann ohne sie gedacht werden. Der Mensch der Gesellschaft, d. h. das Glied des gesellschaftlichen Zusammenhangs repräsentirt stets eine Kraft, welche auf die Nebenkräfte drückt oder von ihnen gedrückt wird. Die gegenseitigen socialen Einschränkungen des Strebens sind ebenso sehr eine Thatsache als die gegenseitigen Förderungen.

In dem socialen Getriebe stossen die Atome einander in der einen Hinsicht ab, während sie in einer andern Beziehung vereinigt auf dasselbe Ziel hinwirken. Diese Grundform alles socialen Treibens ist ein eigentlich gesellschaftliches Grundgesetz. Sie ist auch die Ursache, die den Schein bewirkt, es sei eine blos formale Beziehung, wie die von Angebot und Nachfrage, für alle wirthschaftlichen Erscheinungen ein zureichender Erklärungsgrund.

So weit das Spiel des Strebens und Gegenstrebens entscheidend ist, so weit hängen natürlich auch alle wirthschaftlichen Erscheinungen von dem im engern·socialen Sinne verstandenen Gesetz der Concurrenz ab. Die Preise steigen und fallen in dieser Hinsicht wirklich aus Gründen, die man beinahe psychologische Motive nennen könnte. Zunächst sei z. B. ein gewisses Angebot, welches durch eine gute Ernte ungewöhnlich gesteigert ist, vorausgesetzt, so wird das Verhältniss der angebotenen Menge zu der constanten Summe der Bedürfnisse keineswegs das Verhältniss der Preiserniedrigung bestimmen. Ein rein sociales Gesetz wird dazwischen treten. Das veränderte Machtverhältniss zwischen Verkäufern und Käufern wird ein viel stärkeres Sinken der Preise bewirken. Jedermann wird sich beeilen, sein Korn abzusetzen. Seine Neigung, zu einem geringeren Preise zu verkaufen, wird im rascheren Verhältniss gewachsen sein als die Steigerung der Vorräthe, oder mit andern Worten sein Widerstreben, auf einen niedrigeren Preis herabzugehen, wird in einem zum Vorrath mehr als proportionalen Verhältniss abgenommen haben. Das Ergebniss dieses rein auf der socialen Concurrenz beruhenden Gravitirens der Bestrebungen und Gegenbestrebungen wird eine unverhältnissmässige Reduction der Preise sein. Unser Beispiel zeigt also, wie eigentlich sociale Gesetze mit ihren näheren Bestimmungen in die allgemeinen Naturdeterminationen eingreifen. Man hat sich daher das Bereich der socialen Gesetzmässigkeit als ein Gebiet für sich vorzustellen, welches sich zwar auf dem Grunde und in den Schranken der eigentlichen Naturbestimmungen und natürlichen Wirthschaftsgesetze hält, nichts destoweniger aber sein eignes, relativ freies Spiel treibt und unbeschadet des Waltens allgemeinerer Normen auch seine Nothwendigkeiten zur Geltung bringt.

2. Was die Naturverfassung anbetrifft, so kann jeglicher Grund des gesellschaftlichen Missbehagens fehlen. Die ungenügende wirthschaftliche Versorgung kann eine rein sociale Ursache haben, d. h. sie kann durch Hemmungen veranlasst sein, die nicht als Naturwiderstand, sondern als sociales Hinderniss bezeichnet werden müssen. Die Menschen selbst können einander im Wege stehen; ihre ungeordnete Bewegung kann ein Gedränge herbeiführen, in welchem weit schwerer zum Ziele zu gelangen ist, als wenn eine planmässige Ordnung das Streben Aller übereinstimmend regelt und die gegenseitigen Störungen vermeidet. Die widerstreitenden Interessen können sich social ausgleichen, oder aber einander unterdrücken. Die sociale Machtstellung, die Gunst der Situation und überhaupt alle Umstände, welche ein Uebergewicht der einen gesellschaftlichen Classe über die andere hervorbringen, können oder werden vielmehr regelmässig benutzt werden, um die schwächere Kraft an der wirksamen Geltendmachung ihrer Bestrebungen zu hindern. Dieses gesellschaftliche Gravitiren führt nun zu Erscheinungen, die wir zunächst zu begreifen und dann im Sinne der Herstellung eines Gleichgewichts zu bekämpfen haben. Bei dieser Befehdung haben wir uns aber zu hüten, die sociale Gesetzmässigkeit mit den eigentlichen Naturursachen zu verwechseln. Eine solche Vermischung begegnete Ricardo, indem er sein Gesetz vom Arbeitslohn als eine eigentliche Naturnothwendigkeit kennzeichnete. Anstatt sich zu besinnen, dass es nur bestimmte sociale Verhältnisse waren und sind, welche dem Grundsatz, dass sich der Arbeitslohn nach dem geringsten Maass der Bedürfnisse richte, die traurigen thatsächlichen Beläge verschaffen, nahm Ricardo dieses Princip unbefangen als absolute Nothwendigkeit. Für ihn waren die Massen träger Stoff, und er konnte sich nicht denken, wie die sociale Unfreiheit und die wirthschaftliche Ohnmacht jemals aufhören sollten. Im Gegentheil bewies er ja mit Hülfe der Malthus'schen Bevölkerungsidee, dass eine solche Unfreiheit aus der Natur der Dinge selbst mit unvermeidlicher Nothwendigkeit hervorgehe. Diese Voraussetzung (denn in der That ist sie noch nie zwingend bewiesen worden) war sehr leichtfertig, und grade sie ist es auch gewesen, die uns mit der Idee unbeugsamer Naturgesetze grade in einem

Gebiet beschenkt hat, in welchem sich die sociale Gravitation denn doch allmälig nach menschlichen Antrieben und .zum Theil auch unter der Herrschaft eines bewussten Strebens umgestaltet. Die Ricardo'sche Vorstellung von den Bestimmungsgründen des Arbeitslohns ist gültig für bestimmte sociale Formationen; aber sie schliesst kein allgemeines wirthschaftliches Gesetz ein und ist daher auch keineswegs zur Erklärung aller Erscheinungen brauchbar.

Der Streit, welcher über Wahrheit oder Unwahrheit der Ricardo'schen Bestimmungsregel des Arbeitslohns erhoben worden ist, lässt sich sehr leicht schlichten, sobald man nur zwischen socialen und rein wirthschaftlichen Normen unterscheiden will. Rein wirthschaftlich ist gar kein Grund vorhanden, warum nicht der Arbeitslohn nach Maassgabe der Arbeitserfolge ausfallen sollte. Die Meinung, dass die Bevölkerungszunahme jeden errungenen Erfolg wieder reducire, ist falsch. Wäre sie richtig, dann wäre freilich das Ricardo'sche Princip in seinem letzten Grunde wirklich naturgesetzlich, und der sociale Ausdruck desselben wäre eben nur eine Naturwirkung, die sich in die sociale Welt hineinerstreckte. Die sociale Regulirung des Arbeitslohns wäre ein Vorgang, der auf das Verhältniss der Naturverfassung zu den menschlichen Collectivbestrebungen zurückgeführt werden müsste und daher mit der socialen Gravitation nur in ganz secundärer Weise zu schaffen hätte. In der That ist nun aber das Gegentheil der Fall. Die sociale Welt hegt in ihrer eigenen Verfassung die Gründe der Möglichkeit der Unfreiheit, und es ist nur eine Folge der gesellschaftlichen Ohnmacht der Massen, wenn sich irgendwo wirklich die Löhne nach dem Ricardo'schen Minimum oder überhaupt dauernd ungünstig gestalten.

3. Erläutern wir jedoch, ehe wir die eigentliche Kritik geben, den Gegenstand derselben und beseitigen wir so jede Zweideutigkeit. Ricardo behauptete, dass sich der Arbeitslohn nach dem geringsten Maass der zur Unterhaltung des Lebens nothwendigen Existenzmittel richte. Er brachte hierbei das gewohnheitsmässige Minimum von Ansprüchen ebenfalls in Anschlag, und es ist nicht erst sein Schüler Stuart Mill gewesen, welcher in Gewohnheit, Sitte und Ueberlieferung einen Grund der näheren Bestimmung ·jenes

geringsten Maasses erkannt hat. Die Arbeitskraft muss, so zu sagen, am Leben erhalten und die menschliche Maschine gespeist werden. Letzteres kann unter einem Regime eigentlicher Sklaverei ausschliesslich so geschehen, wie es der Futtergeber für seinen Vortheil am angemessensten hält. Sobald aber auch nur das geringste Element von Freiheit ins Spiel kommt, bilden sich die Lebensgewohnheiten der arbeitenden Classe nicht mehr völlig nach der Convenienz der Arbeitgeber und es ist eine Thatsache, dass sich der Stand dieser Lebensgewohnheiten selbst unter hartem Druck im Laufe langer Zeiträume und durch Begünstigung von Seiten des allgemeinen volkswirthschaftlichen Fortschrittes verbessert. Wenn z. B. der Handel neue Lebensbedürfnisse, etwa Kaffee, Thee und Zucker in Kreise einführt, denen diese Artikel bisher nicht zugänglich waren, so ist das ein Zeichen, dass das Streben nach grösserem Comfort auch bei den unteren Classen einen Erfolg gehabt hat. Derartige Verbesserungen der Lebensweise lassen sich nun, sobald sie einmal eingebürgert sind, nicht leicht wieder rückgängig machen. Die Gewohnheit, gewisse Ansprüche zu machen, bildet einen sehr festen Damm, der nicht leicht von den Wirkungen zufälliger Conjuncturen durchbrochen wird. Die Concurrenz, welche sich der Arbeiterstand im Angebot seiner Arbeitskräfte macht, reicht nur bis an jenes geringste Maass des Lebensunterhaltes. Diese niedrigste Schicht der Daseinsweise bezeichnet das Niveau, bis zu welchem im Allgemeinen ein Sinken der Arbeitslöhne möglich ist. Ausnahmen sind eben nur in quantitativer Beschränktheit denkbar. Die ganze Masse setzt einen Widerstand entgegen, wenn auch vielleicht einzelne Theile dem stärkeren Druck noch weiter als bis an jenes Niveau nachgeben und bisweilen sogar die unerlässlichen Bedingungen der nackten Existenz sich entreissen lassen müssen.

Bis hieher ist in der Ricardo'schen Anschauungsweise noch kein Fehler; denn sie entspricht wenigstens den Thatsachen, welche uns die Brittische Gesellschaft und die ihr entsprechenden Zustände anderer Länder zeigen. Unter der stillschweigenden Voraussetzung einer annähernden Sklaverei der arbeitenden Bevölkerung besteht ein solches sociales Gesetz, wie es in diesem ersten Theil der

Ricardo'schen Idee angenommen wird. Diese Voraussetzung selbst ist aber nirgend zu bestreiten, wo Arbeitsstockungen und Arbeitskrisen zu den laufenden und stets wiederkehrenden Ereignissen gehören. Ueberall, wo sich eine in einem kleinen Raum zusammengedrängte Arbeiterbevölkerung abmühen muss, für ihre Kräfte Verwendung zu finden und wo die Unregelmässigkeiten dieser Verwendung die Chancen derselben ungünstig gestalten, da wird auch die Macht des Arbeitgebers über den Arbeiter unverhältnissmässig gross und mithin die Fähigkeit, auf die Bestimmung des Lohnes Einfluss zu gewinnen, auf Seiten der Arbeit fast Null sein. Setzen wir aber die Freiheit des Arbeiters in dieser Beziehung gleich Null, so haben wir das Ricardo'sche Minimum als eine einfache Folge. Derartige Anhäufungen und ohnmächtige Situationen des Arbeitsangebots können nun aber statthaben, auch wenn es nicht im Geringsten an Mitteln fehlt, alle Glieder eines Volkes wirthschaftlich hinreichend zu versorgen. Derartige sociale Klemmen sind ebenso leicht in der dünn bevölkerten neuen Welt, als im dicht bevölkerten West- und Mitteleuropa möglich.

Um jedoch Ricardo nicht Unrecht zu thun und ihm nicht eine Auffassung unterzulegen, die er nie vertreten hat, müssen wir zwischen der Thatsache und der Erklärung unterscheiden. Die Anerkennung der Thatsache ist stets von den Gegnern Ricardo's willkommen geheissen worden. Die Erklärung ist aber nur von dialektischen Tölpeln mit übernommen worden. Nur die Plumpheit und der Mangel an Unterscheidungskraft erklären es, wie man sich habe an diese Erklärung auch auf derjenigen Seite binden können, auf welcher man das Interesse der Massen vertritt. Ricardo selbst hat sein Gesetz eben nicht als eine sociale Norm, sondern als eine Naturnothwendigkeit angesehen, die in den volkswirthschaftlichen Gesammtverhältnissen ihren letzten Grund habe. Wie sollte es auch wohl einem Ricardo einfallen, einzugestehen, dass der Arbeiter nicht den gebührenden Antheil am A·beitsertrage erhalte? Im Gegentheil geht er ja grade davon aus, dass die Arbeiter stets erhalten, was wirthschaftlich zu gewähren möglich ist. Nach ihm ist der Arbeitslohn nicht blos ein Minimum, sondern auch ein Maximum. Ein Minimum ist er in Beziehung auf die

Ansprüche der Consumtion, ein Maximum aber in Beziehung auf die Leistungen der Production. Das Charakteristische der Ricardo'schen Vorstellung wie überhaupt des Neubrittischen Systems besteht ja eben grade darin, dass jenes Maximum der Hervorbringung nur ein Minimum von Verbrauch zu decken im Stande ist. Das höchste Maass des wirthschaftlichen Schaffens soll nur ein geringstes Maass des wirthschaftlichen Verbrauchs ermöglichen, und aus dieser Beziehung der Gesammtheit der Bedürfnisse wird dann erst die sociale Beschränkung der Arbeitslöhne abgeleitet. Ricardo meint, das geringe Maass des Arbeitslohnes rühre von der Beschaffenheit der wirthschaftlichen Gesammtverfassung her und werde durch die Beziehungen der Natur zu der Gesammtheit der Menschen bestimmt. Wir aber haben uns erlaubt, den socialen Bestandtheil der Ricardo'schen Idee abzusondern und ihm eine ganz entgegengesetzte Bedeutung beizulegen. Wir suchen die Ursachen der Erscheinungen, deren thatsächlichen Bestand Ricardo richtig formulirte, eben nur im Gebiet der rein socialen Gesetzmässigkeit, aber nicht in den wirthschaftlichen Chancen des menschlichen Collectivstrebens. Wir sehen die Niederdrückung oder Niederhaltung der Arbeitslöhne, die sich in der Nachbarschaft des Hungerpunktes bewegt, als ein ausschliesslich sociales Phänomen an, welches denn auch eine im engern Sinn sociale Abhülfe erfordert. Ricardo aber wälzt die Schuld der eigentlich socialen Gestaltung auf ein wirthschaftliches Naturverhältniss ab. Seine Theorie ist daher auch ohne die Malthus'sche Voraussetzung völlig haltlos. Formuliren wir, um diesen Zusammenhang recht klar einzusehen, die Ricardosche Erklärung in ihren zwei Hauptbestandtheilen.

4. Erstens behauptet Ricardo, dass sich der Arbeitslohn nach dem geringsten Maass der Lebensbedürfnisse richte. Er behauptet also zunächst eine Thatsache. Wie aber begründet er diese Thatsache? Er weist darauf hin, dass die Production stets nur jenes knappe Maass von Lebensbedürfnissen liefere. Nach Ricardo leistet der Arbeitgeber dem Arbeiter, was überhaupt möglich ist. Der sociale Druck ist also nicht die Ursache, sondern die Wirkung der fraglichen Verhältnisse. Der sociale Druck ist eine Folge der Naturnothwendigkeit. Er hat also seinen Ursprung ausserhalb des

eigentlich socialen Gebiets. Diese Erklärungsart Ricardo's sollte man doch gefälligst nicht vergessen, wenn man beliebt, sich auf Ricardo's Naturgesetz und dessen eisernen Zwang zu berufen. Die Arbeiter, das ist das Bekenntniss Ricardo's, erhalten ihren an der Grenze der Unterhaltsmittel gelegenen Lohnsatz, weil sie vermöge der volks- und weltwirthschaftlichen Productionsmöglichkeit nun einmal nicht mehr erhalten können. Diese Erklärung lautet aber ganz anders als die unsrige. Wir führen die ganze Erscheinung auf sociale Machtverhältnisse und auf die Consequenzen der socialen Unfreiheit zurück und wir behaupten im Gegentheil, dass die volks- und weltwirthschaftliche Productionsmöglichkeit stets gross genug ist, um die Massen gehörig zu versorgen. Von der thatsächlichen Production behaupten wir allerdings nicht ohne Weiteres, dass sie in vollem Maasse und überall zu einer bessern Belohnung der Arbeit ausreiche. Die Beschränktheit dieser thatsächlichen Production hängt ja aber grade mit dem socialen Druck und der künstlichen rein socialen Niederhaltung der Consumtion zusammen. Unsere Erklärung bewegt sich also in einer dem Ricardo'schen Gedankengang grade entgegengesetzt verlaufenden Richtung. Ricardo erklärt den socialen Druck und das Minimum des Arbeitslohns aus dem von Natur nothwendigen Mangel wirthschaftlich zureichender Production. Wir erklären die unzureichende Production aus den socialen Hemmungen.

Gehen wir nun zu dem zweiten Bestandtheil der Ricardo'schen Behauptung über. Dieser Bestandtheil bezieht sich auf die Vereitlung aller Bestrebungen, das Lohnminimum dauernd über das gewohnheitsmässige Existenzbedürfniss hinaus zu heben. Gelingt es nämlich wirklich, durch Verbesserungen des Wirthschaftsbetriebes die Gesammtsumme der Production zu steigern, so ist die Tendenz zur Vermehrung der Bevölkerung stets bereit, den Mehrertrag in Anspruch zu nehmen. Die Anzahl der Arbeiter vermehrt sich nach Maassgabe der zeitweilig günstigen Löhne, das Arbeitsangebot wird so vermehrt, und das alte Verhältniss, nämlich das Dasein an der Grenze der Existenz, stellt sich wieder her. Ganz dieselbe Ursache, welche das Bestehen des geringsten Maasses erklärt, hält es auch dauernd aufrecht, und so zeigt es sich, dass

beide Bestandtheile der Ricardo'schen Erklärung auf die Malthussche Voraussetzung von einer nothwendigen Disharmonie von Ge-.
sammtconsumtion und Gesammtproduction zurückweisen.
Wir erklären die Ricardo'sche Thatsache durch ein rein sociales Gesetz und sind daher weit entfernt, das Ricardo'sche Gesetz
als solches für wahr zu halten. Es ist etwas· Anderes, eine beobachtete Thatsache und etwas Anderes, die Hypothese anerkennen,
durch welche sie begreiflich werden soll. Ricardo's Hypothese ist
die Malthus'sche Idee und daher zu verwerfen. Dagegen lässt sich
die Thatsache aus der rein socialen Gestaltung erklären, welcher
die Gesellschaft unter Umständen verfällt, unter andern Umständen
·aber auch wieder entgeht. Der sociale Despotismus hat ähnliche
Gründe wie der politische. Nicht die Uebervölkerung in der Bedeutung einer die Naturchancen der Production überschreitenden
Volksvermehrung, sondern die Anhäufung und Vereinigung wider-
standsloser Massen in beschränkten Oertlichkeiten ist zum Erklärungsgrund der rein socialen Erscheinungen zu machen. Die Zusammendrängung des Arbeitsangebots in einer Richtung, in welcher
es sich eine übermässige Concurrenz machen muss, und der gleichzeitige Mangel einer die Nachfragen nach Arbeit günstig beein-
flussenden Macht, — das sind die Umstände, welche uns eine
Menge Erscheinungen erklären, die aus rein wirthschaftlichen Gründen für immer unerklärbar bleiben müssten. Die Ricardo'sche Thatsache, nicht aber eigentlich das Ricardo'sche Gesetz ist daher ein
Beispiel der im engern Sinne socialen Gesetzmässigkeit, und wir
haben uns bei der sorgfältigen Erörterung dieses Beispiels nur
darum so lange aufgehalten, weil die meisten Missverständnisse
der socialen Oekonomie aus der Verwechselung und Vermischung
der specifisch wirthschaftlichen mit den im engern Sinne socialen
Normen der Vorgänge entspringen.

Fünfter Abschnitt.

Geschiedenheit und Wechselverhältnisse von Hervorbringung, Vertheilung und Verbrauch.

Erstes Capitel.
Grundbegriffe und Grundgesetze der Production abgesehen von der Vertheilung.

1. Schon in Adam Smith's Grundwerk finden sich die Gesichtspunkte der Production und der Vertheilung deutlich unterschieden. In der That kann es auch keine wichtigere Gedankenabgrenzung geben. Die Gesetze der Production lassen sich zu einem grossen Theil isoliren und unabhängig von der Vertheilung des Productionsertrages bestimmen. Dagegen giebt die Frage nach der Vertheilung zur Pflege eines neuen Untersuchungsgebietes, welches man im engern Sinne social nennen könnte, von Tag zu Tag mehr Veranlassung. Zu den zwei classischen Hauptgliedern der Eintheilung hat der Geist der Schablone und der äusserlich mechanischen Systematik in der Person J. B. Say's noch ein drittes hinzugefügt und seit der Say'schen Bearbeitung des Smith'schen Buchs figurirt die Eintheilung der Volkswirthschaftslehre in drei Hauptabschnitte, nämlich in die Lehren von der Production, von der Vertheilung und von der Consumtion, beinahe als etwas Verbindliches. Die bedeutenden, wahrhaft originalen Schriftsteller haben sich jedoch nie an diesen Schematismus gebunden. Weder List noch Carey haben es gethan. Die oberflächlichste Urtheilskraft bemerkt auch übrigens, wie die Lehre von der Consumtion regelmässig als ein stiefmütterlich bedachtes Abschnittchen nachhinkt und zu den beiden grossen classischen Abtheilungen in keinem Verhältniss steht.

Da die Production nach Abzug der bleibenden Einrichtungen und
der dauernden Hülfsmittel der künftigen Arbeit stets ungefähr der
Consumtion gleich sein wird, so sind zwar die Beziehungen zwischen Hervorbringung und Verbrauch sehr erheblich, aber es ist
kein Grund vorhanden, noch eine besondere Lehre von den Gesetzen der Consumtion hinzuzufügen. Diese Gesetze sind wenigstens gar nicht eigentlich volkswirthschaftlicher Natur, und einige
Redensarten über den Luxus, wie man sie häufig unter dieser
Rubrik antrifft, werden doch sicherlich keine Theorie der Consumtion vertreten können. Nun giebt es freilich das Thema
von der productiven und unproductiven Verwendung, und dieses ist auch in der That das einzige, welches in der Lehre von
der Consumtion ein praktisches Interesse hat. Indessen auch dieses Interesse lässt sich wesentlich auf die Production selbst zurückführen, indem man stets nur danach fragt, in wie fern ein Con-
sumtionsact wiederum zur Production führe oder aber wirthschaftlichen Zwecken nicht dienstbar werde.

So wenig wir die Zerlegung der Darstellung in die drei erwähnten Abtheilungen billigen können, ebenso sehr müssen wir
andererseits die Doppelheit des Gesichtspunktes, durch welche die
Production stets in Beziehung auf ihren Gegensatz, die Consumtion,
vorgestellt und vorgeführt wird, nachdrücklich empfehlen. Eine
Menge von Irrthümern erklärt sich allein schon aus der Vernachlässigung der Idee des wirthschaftlichen Kreislaufs. Die Rolle,
welche das Bestreben der Consumtion spielt, ist für die Ausdehnung der Production höchst wichtig. Alle Nachfrage geht vom
Bedürfniss aus; der Verbrauch ist es also, der den Spielraum bestimmt, in welchem sich die Production bewegen kann. Ob man
nach den statistischen Thatsachen des Consums oder der Production fragt, läuft ziemlich auf dasselbe hinaus. Der relativ erwei-
terte Consum d. h. der im Verhältniss zur Bevölkerung gesteigerte
Verbrauch der wichtigeren Artikel ist ein Maass des wirthschaftlichen Fortschritts. Production und Consumtion gehören daher in
der Betrachtung zusammen. Alles, was von den Hemmungen der
Consumtion gesagt werden kann, gehört auch in die Lehre von
den socialen Productionshindernissen. Denn wenn z. B. die so-

genannte Capitalansammlung im Wege der Ersparungen von Werthen zu einer künstlichen und übermässigen Einschränkung der allgemeinen Volksconsumtion führt, so ist dieser Vorgang, der zunächst die Freiheit des Verbrauchs betrifft, offenbar eine Productionshemmung, die in der Lehre von den Voraussetzungen des möglichen Maximum der Hervorbringung ernstlich berücksichtigt werden muss.

Was die Vertheilung anbetrifft, so ist sie ein Ergebniss der doppelten Bestrebungen, die sich an Hervorbringung und Verbrauch knüpfen. Sie darf nicht so gedacht werden, als wenn die Geldantheile, die den Einzelnen nach Maassgabe ihrer Functionen zufallen, die unmittelbaren Repräsentanten der Productionsvertheilung wären. Im Gegentheil ist der Begriff der Vertheilung gar nicht unmittelbar auf eine unabänderliche Productionsgrösse zu beziehen. Die sogenannte Vertheilung kann selbst als ein vorbereitender Act der Production angesehen werden, so dass sich die Frage, wie viel zu vertheilen sein werde, sehr häufig erst aus der Art und Weise, wie die Vertheilung stattfindet, beantworten lassen wird. Jegliche Vertheilung berührt nicht blos die Consumtions- sondern auch die Productionskraft jedes Einzelnen. Die Vertheilung hat daher zwei Seiten; sie ist eine Disposition über den unmittelbaren Verbrauch und eine Bestimmung der Kraftantheile, mit welcher die verschiedenen Bestandtheile der Gesellschaft künftig in das Getriebe der Hervorbringung eingreifen werden.

Aus diesen Andeutungen wird bereits klar sein, dass man zwar die Gesetze der Production zunächst in ihrer relativen Selbstständigkeit darstellen und dann die mehr socialen Ursachen der Vertheilung folgen lassen könne, dass aber doch stets die Wechselbeziehungen zwischen diesen relativ gesonderten Sphären grade das Thema der fruchtbarsten und am wenigsten trivialen Einsichten bilden werden. Wir haben uns vor Zweierlei zu hüten. Erstens dürfen wir nicht übersehen, dass Production und Consumtion sowie Vertheilung nicht mechanisch getrennt oder etwa gar als Gegenstände drei gesonderter Wissenskreise behandelt werden dürfen. Zweitens müssen wir aber die nebelhaften Mischvorstellungen vermeiden, die gar leicht entstehen, wenn man aus blossen Wechselbeziehungen unterscheidbarer Functionen und Gebiete annähernde Einerleiheiten macht. Wenn auch z. B. jeder Act der Consumtion in einem gewissen Umfang als Anfang zu einer neuen Production angesehen werden kann, so ist doch die Consumtion selbst darum noch lange nicht Production, und es grenzt ein wenig an die Gewohnheiten einer gewissen deutschen, jetzt glücklicherweise schon in aller Welt übel berüchtigten confusen Dialektik, wenn man gradezu und ohne unterscheidende Einschränkungen von einer Identität der Productions- und der Consumtionsthätigkeit spricht.

Niemand hat um die Aufdeckung der Wechselbeziehungen der gegensätzlichen Functionen von Production und Consumtion grössere Verdienste als grade Carey. Er ist es, der die Idee des wirthschaftlichen Kreislaufs aufgestellt und ausgeführt und die Enden der Kette, von der man nur die einzelnen Glieder in Betracht zu ziehen pflegte, an einander geknüpft hat. Er hat uns den Strom der Bewegung, der durch das ganze Getriebe gleich einer galvanischen Erregung hindurch geht, in seiner Einheitlichkeit verzeichnet. Um so mehr müssen wir aber, um die neuen Einsichten allem Missverständnisse zu entziehen, bemüht sein, eine scharfe Sonderung und Gliederung der Gedanken zu wahren. Wir dürfen uns nicht mit der allgemeinen vagen Vorstellung eines mehrfach verzweigten Zusammenhangs begnügen, sondern müssen jetzt das Hauptgewicht auf die getrennte Erfassung der Glieder des Zusammenhangs und ihrer in verschiedenen Richtungen verlaufenden Bindungen legen. Die Erkenntniss der relativen Unabhängigkeit und der Ordnung, in welcher sich die verschiedenen Gebiete gleichsam über einander lagern, muss der Untersuchung ihres gegenseitigen Verkehrs und ihrer relativen Abhängigkeit vorangehen. Wir wenden uns daher zunächst zur Betrachtung der Production, insofern dieselbe einen selbständigen Inbegriff ursprünglicher und eigenthümlicher Gesetzmässigkeit zur Voraussetzung hat.

2. Man kann sich von der Production oder dem wirthschaftlichen Schaffen einen deutlichen, von den Rücksichten auf die Vertheilung abgelösten Begriff machen, indem man an die Thätigkeit des isolirten Subjects denkt. Das Collectivsubject einer ganzen Volkswirthschaft steht zwar der Natur zunächst in eben derselben

einfachen Weise gegenüber, wie das einzelne isolirt gedachte Subject.
Allein um dem Denkvermögen derjenigen aufzuhelfen, welche nicht
so viel Abstractionsgewohnheit besitzen, um eine ganze Gesellschaft
als den einheitlichen Träger aller schaffenden Arbeit und zwar so
vorzustellen, dass hiebei von den socialen Beziehungen innerhalb
dieses Collectivsubjects vorläufig ganz abgesehen wird, — blos um
dieser Nachhülfe willen nehmen wir zu dem isolirten Subject d. h.
zu der Vorstellung eines Robinson unsere Zuflucht. Dieses Denk-
schema ist so zu sagen nur ein Instrument der Geburtshülfe, durch
welches gewissen, sehr einfachen Gedanken, von welchen gewisse
Leute aber nur sehr schwer entbunden werden, der Eintritt in die
Welt ein wenig erleichtert wird. Ohne diesen Anfang würden wir
sehr leicht mit unklaren Vorstellungen zu kämpfen haben, wie
z B. mit der, dass alle Gesetze der Production nur in Beziehung
auf die Gesellschaft und deren Zusammenhang gültig seien, und
dass die Regeln, die man so zu sagen von dem Naturzustande der
Production entlehne, auf das Bereich der ausgebildeten Gesellschaft keine Anwendung fänden. Allerdings giebt es gewisse Begriffe, die für den isolirten Menschen gar keinen Sinn haben. Aber
die Production und die einfachsten Gesetze derselben gehören nicht
hieher. Der Begriff des Rechtes ist ohne eine intersubjective Beziehung haltungslos; aber der Begriff des Werthes ist unabhängig
von der Idee des Tausches und der Gesellschaft. Recht und Unrecht ist ein Gegensatz, der sein Object verliert, wenn es keine
Beziehung zwischen Mensch und Mensch, sondern nur ein isolirtes
Subject giebt. Die Production ist aber kein Begriff, in welchem
der Verkehr ein wesentlicher Bestandtheil wäre. So sehr auch
die Production z. B. durch die Arbeitstheilung gefördert wird, so
giebt es doch ganz einfache Normen derselben, die sich bereits an
dem Verhalten des einzelnen und völlig isolirt gedachten Subjects
demonstriren lassen. Es giebt in dieser Beziehung Wahrheiten,
deren Erkenntniss von der Einmischung der unwesentlichen und
fremdartigen Vorstellung des gesellschaftlichen Zusammenhangs frei
gehalten werden muss. Grade diese Wahrheiten werden es auch
sein, die am weitesten über alle näheren Bestimmungen übergreifen.
Eine Absonderung derselben ist für die Ordnung und Gliederung

der Gedanken kaum zu entbehren. Grade indem wir uns bewusst
werden, dass es gewisse Gesetze der Production giebt, deren Gültigkeit nichts mit den Gesetzen der Vertheilung zu schaffen hat,
erkennen wir zugleich, wo die Grenze der reinen Productionsgesetze
und derjenigen Normen liege, die schon auf der Idee des gesellschaftlichen Zusammenhangs und der Vertheilung beruhen. Es
giebt innerhalb der Production eine Vertheilung der producirenden
Functionen, welche zu der Vertheilung der consumirenden Thätigkeiten ein wichtiges Gegenstück bildet. Es ist daher nothwendig,
dass wir die Production zunächst in ihren einfachen unentwickelten
Grundzügen und erst hinterher in ihrer gesellschaftlichen Organisation betrachten. Durch diese Sonderung werden wir Grenzen und
Tragweite der Wirksamkeit der Organisationen um so leichter erkennbar machen.

3. Schon die Vorstellungen von der Productivität und deren
Graden lassen sich unmittelbar an den Gedanken der Beziehung
zwischen der isolirten Arbeit einerseits und der Natur andererseits
anknüpfen. Die Arbeit ist in dem Maasse productiver als sie mit
Werkzeugen ausgerüstet ist oder von der Intelligenz unterstützt
wird. Der Vortheil, welcher so zu sagen in der Bewaffnung der
Arbeit liegt, welcher also z. B. der Anwendung der Maschinenkraft
zu verdanken ist, kann begriffen werden, ohne dass man die Wirkungen des gesellschaftlichen Zusammenhanges in Betracht zieht.
Im Gegentheil ist sogar die Einmischung der Vertheilungsidee zunächst nur störend. Wie sich auch die Arbeitserträge unter die
Glieder der Gesellschaft vertheilen mögen, die Grösse des Gesammt-
erzeugnisses wird von dem Mehr oder Minder der künstlichen
Ausstattung der producirenden Thätigkeit abhängen. Man mag
über die relative Lage einzelner Gesellschaftsklassen streiten, die
Einführung der Maschinenkraft und der verbesserten Methoden ist
stets eine Erhöhung der Leistungsfähigkeit der hervorbringenden
Kräfte. Man muss also in dieser Hinsicht die Volkswirthschaft, ja
die Wirthschaft als ein Ganzes betrachten und das wirthschaftende
Subject als ein einheitliches Collectivwesen denken. Alsdann wird
man nicht in den Fall kommen, aus Rücksichten der Vertheilung
den in der Anwendung der Maschinenkraft liegenden Fortschritt zu

bezweifeln. Die Productionshindernisse sinken, indem ein Theil der Arbeit von den Menschen abgewälzt und auf die Naturkräfte angewiesen wird. Diese triviale Einsicht wäre sicherlich nicht von ausgezeichneten Schriftstellern noch vor einem Menschenalter verkannt worden, wenn das ökonomische Denken an die Eliminirung der unerheblichen Vertheilungsvorstellungen gewöhnt gewesen wäre. Führt man nämlich die ganze vollständig entschiedene Frage auf das Schema des isolirten Subjects zurück, so ist klar, dass alle Umstände, welche die Grösse des Arbeitserzeugnisses bei sich übrigens gleichbleibender Anstrengung vermehren, zu den eminent productiven und von aller Vertheilung unabhängigen Förderungen des wirthschaftlichen Erfolgs gerechnet werden müssen. Productivität und Werth der Arbeit sind nur zwei Ausdrücke für dieselbe Sache. Die planmässigere, von der Intelligenz mehr unterstützte, mit Maschinenkraft mehr ausgerüstete Arbeit ist offenbar die productivere. Verglichen mit der rohen und gleichsam unbewaffneten Arbeit ist sie die erfolgreichere und daher auch werthvollere. Da Werth stets das Ergebniss einer Schätzung ist, so können wir, wenn wir von Werth der Arbeit reden wollen, eben nur die verschiedenen Grade der Ergiebigkeit derselben im Sinne haben. Wenn mit einer Tagearbeit, die in einer gewissen Weise und mit gewissen Hülfsmitteln verrichtet wird, der dreifache wirthschaftliche Erfolg erzielt werden kann, so ist sie dreimal so productiv oder werthvoll als dieselbe Einheit einer roheren Thätigkeitsart, welche nur den einfachen Ertrag liefert. Diese Auffassungsart lässt sich allerdings nicht mit der Idee vereinbaren, dass der Werth das Maass der zu überwindenden Productionshindernisse sei. Denn diese Hindernisse vermindern sich ja mit dem Triumph der Methoden. Sie schwinden in dem Maasse, als der Mensch zwischen sich und die Natur wirksame Agentien einzuschieben vermag. Indessen ist doch die ganze Einwendung, die wir Carey und uns hier machen, ziemlich leicht zu beseitigen. Der Widerstand, den Natur und Verhältnisse dem Ziel der Production entgegensetzen, wird nicht eigentlich fortgeräumt, sondern nur überwältigt. Er bleibt also in Beziehung auf den Inbegriff der productiven Thätigkeiten bestehen, und was wirklich beseitigt wird, ist nur ein Theil des unmittelbaren Gebrauchs der roheren Bestandtheile der menschlichen Kraft. Entbehrt kann aber die erforderliche Kraftsumme selbst niemals werden. Im Gegentheil wächst der Kraftaufwand mit dem Fortschritt der Volkswirthschaft. Nur wird ein verhältnissmässig immer steigender Antheil dieses Kraftaufwandes in einer die persönliche Thätigkeit des Menschen entlastenden Form beschafft. Ueberwindet nun aber nicht etwa die Maschine auch einen natürlichen Productionswiderstand? Offenbar muss die Kräftespannung mit' der Erweiterung und den Erfolgen der Production steigen. Der Naturwiderstand ist eben stets durch die Kräfte zu messen, welche ihn überwinden. Kraft und Gegenkraft, Hemmung und Ueberwältigung müssen einander angemessen sein. Insofern kann man nun behaupten, dass der Werth, werde er nun, wie es von unserer Seite geschieht, als Ergebniss der Schätzung des wirthschaftlichen Erfolges, oder aber als Maass des Productionswiderstandes bestimmt, stets wesentlich derselbe Begriff bleibt und auf die Arbeit angewendet, deren Ergiebigkeit repräsentirt. Wer dagegen den Werth, anstatt ihn abstract und gleichgültig gegen jeglichen specifischen Ausdruck (in Arbeit oder in Geld) zu denken, als wesentlich in Arbeit anzuschlagen vorstellt, wird mit dem Werth der Arbeit in Verlegenheit gerathen müssen. Wenigstens wird er für die unqualificirte Arbeit, die er als Einheit setzt, stets einen für alle Oerter und Zeiten sich selbst gleichen Werth als Ausgangspunkt seiner weiteren Schätzungen statuiren müssen. Er wird alsdann die verschiedenen Arten der qualificirten Arbeit nach dem Maasse, in welchem sie zur Ueberwindung der Productionshindernisse im Vergleich mit der rohen Arbeit beitragen, abzuschätzen haben. Allein jene rohe Arbeit selbst verändert ja ihren Werth, indem sie sich mit der qualificirten Thätigkeit combinirt. Das Sandkarren bleibt zu jeder Zeit und an jedem Orte was es ist; aber der Werth dieser ganz gemeinen Leistung ist dennoch verschieden. Die gemeine Arbeit erfährt werthändernde Rückwirkungen, indem sie in das System von Thätigkeiten eingreift, deren productiver Erfolg bereits künstlich gesteigert ist. Der Werth einer unqualificirten Arbeitseinheit ist also auch kein beständig dieselbe Bedeutung behaltendes Eins. Dieses Eins wäre nur eine täuschende überaus trügerische

Einheit. Geographische und geschichtliche Unterschiede und Wandlungen sind auch für diese zum Maasse ausgewählte Arbeit so bedeutsam, dass es ganz in der Ordnung ist, bei jeglicher Gattung von Arbeit von Werthänderungen zu reden. Unwillkürlich haben dies auch diejenigen gethan, welche übrigens in der Arbeit selbst ein Werthmaass suchten. Werth ist, wie wir früher gezeigt haben, ein abstracter Begriff, der gegen die Unterschiede seines Ausdrucks gleichgültig bleibt. Es giebt keine Sache oder Leistung, nach deren Werth man nicht fragen könnte. Es giebt kein specielles Erzeugniss und auch keine specifische Thätigkeit, von denen man sagen dürfte, dass sie den Werth als solchen repräsentiren, d. h. das Quantum abgeben, welches an sich selbst und ohne Werthveränderung eine absolut constante Einheit lieferte. Sämmtliche Gattungen der Arbeit und überhaupt der productiven Thätigkeit sind daher Werthschätzungen unterworfen, und obwohl die abstracte Wertheinheit sich überall und jederzeit gleichbleiben muss, so giebt es doch keine concrete Verkörperung derselben, ausser in annähernder Weise. Der Werth der Arbeit wird daher nach dem wirthschaftlichen Erfolg derselben zu messen sein. Dieser Erfolg ist aber selbst nichts Anderes als ihre Productivität oder Leistungsfähigkeit. Die Grösse der Summe von Erzeugnissen, welche einer bestimmten Arbeitseinheit z. B. einer Tagesarbeit bestimmter Gattung zu verdanken sind, entscheidet auch über die Werthgrösse. Die Summe des Widerstandes, der bei der Production überwunden worden ist, wird zu dem Maass der Erzeugnisse im Allgemeinen in gradem Verhältniss stehen. Wenn man alle menschlichen und nicht menschlichen, aber vom Menschen erst beschafften Kräfte, die von der Production in Anspruch genommen werden, in Anschlag bringt, so zeigt sich, dass Kraftaufwand und Erfolg einander entsprechen. Indem der Werth das Maass der überwundenen Productionsschwierigkeiten ist, muss er auch zugleich ein Maass des Kraftaufwandes, und da dieser in directer Beziehung zur Grösse des Erfolges steht, auch ein Maas des Erfolges oder der Ergiebigkeit sein. Es ist mithin zwischen den wohlverstandenen Werthvorstellungen kein Widerspruch. Nur müssen wir uns hüten, anzunehmen, die absolute Summe aller Werthe sei mit dem Fortschritt der Volkswirthschaft im Sinken begriffen, und es finde zwischen den Gesammtsummen von Werthen und zwischen den Summen erzielter Nützlichkeiten ein Antagonismus statt. Dieser Widerstreit oder Gegensatz in der Bewegungsrichtung wird nur die Verhältnisse von Werthen und deren Veränderungen, aber nicht die Werthe selbst betreffen. Hienach ist denn auch klar, dass wir nicht blos von producirten Erzeugnissen, sondern auch von producirten Werthen reden können. Der letztere Sprachgebrauch ist zwar insofern bedenklich, als er zu einem Missverständniss veranlassen kann. Wenn irgendwo, anstatt den natürlichen und unvermeidlichen Productionswiderstand zu überwinden, eine künstliche Hemmung geschaffen wird, so kann die Kraft, die nun auf Beseitigung dieser Hemmung verwendet werden muss, eine scheinbar werthertheilende Ursache werden. Man bringt dann die unnütz ausgegebene Kraft, welche sich gegen das unnatürliche Hinderniss wendet, ebenso gut in Anschlag, als wenn es sich um einen natürlich begründeten Kraftaufwand handelte. Auf diese Weise kommt in die Werthschätzung ein Element, welches insofern trügerisch ist, als es keinen wahrhaften volkswirthschaftlichen Erfolg repräsentirt. Schafft man sich z. B. Productionshindernisse, indem man sich an Umwege bindet, anstatt den kürzesten und graden Weg einzuschlagen, so wird man in der Werthschätzung der verschiedenen Erzeugnisse auch diesen unnützen Mehraufwand in Rechnung bringen. Allein es wird dies ein täuschender Werth sein, da es vortheilhafter wäre, dass das Hinderniss von vornherein gar nicht vorhanden wäre, als dass es nun später durch eine Kraftausgabe überwunden werden muss. Derartige Werthe sind Scheinerfolge. Man producirt das Hinderniss und dann producirt man seine Bewältigung. Hiedurch schafft man hohle Werthe, die nur die Form für sich haben, aber dem Stoff nach nichts weniger als Vortheile sind. Alle echten Werthe, die auf der Ueberwindung eines natürlichen Widerstandes beruhen, sind aber ebenso gut als die an sie geknüpften Nützlichkeiten als Gegenstände der Production zu betrachten. Wenn wir es daher auch selbst gern vermeiden, von producirten Werthen zu reden, so ist es doch nur der gewöhnlich diesem Ausdruck untergelegte Sinn, dessen Unklarheit wir beseitigt wissen wollen. Viele Leute

glauben, jeglicher Werthausdruck könne ohne weitere Prüfung als
ein Zeichen der Vermehrung der Production angesehen werden.
Dies ist nicht der Fall. Denn wenn man sich z. B. die Bedürfnisse,
die man in der Nähe haben kann, mit einem Zuschlag an Mühaufwand aus der Ferne beschafft, so überwindet man zwar ein
Hinderniss, aber ein solches, welches man sich unnützer Weise erst
selbst geschaffen und aufgebürdet hat. Der scheinbare Erfolg, nach
dem Maasse seiner Unkosten an Mühaufwand angeschlagen, ist dann
grösser; aber der wirklich grössere Erfolg ist da zu suchen, wo
der kürzeste Weg eingeschlagen wird. Der wirkliche Werth ist
nach den natürlichen und nicht nach den künstlichen Productionshindernissen zu messen. Die Production solcher Scheinwerthe, wie
wir sie eben angedeutet haben, ist von Niemand besser als grade
von Friedrich List gekennzeichnet worden. Aber auch Carey hat,
indem er die Productionshindernisse, welche aus der Abhängigkeit
von den Entfernungen und einem unnützen Apparat von Vermittlungen erwachsen, bloslegte, nachgewiesen, dass eine Production
von Werthen nicht immer einem wirthschaftlichen Erfolg zu entsprechen braucht und nicht immer eine Steigerung der Production
bedeutet. Es können Werthe in unproductiver Weise entstehen,
indem ein gewisser Kraftaufwand in eine falsche Bahn gelenkt, wo
nicht gar zur indirecten Hemmung der Hervorbringungen benutzt
wird. Letzteres ist der Fall, wenn zu den Werthen durch unproductive oder verhältnissmässig unproductive Arbeit ein Zuschlag
hinzutritt, der auf anderem Wege zu vermeiden wäre. Die wahre
Productivität wird durch den letzten Erfolg, und dieser wiederum
vom Standpunkt der Bedürfnisse gemessen. Diejenige Arbeit ist
die productivste, welche direct oder indirect die grösste Summe
von Bedürfnissen befriedigt. Es kann also, wenn man sich nur
nicht durch die Scheinproductivität der künstlichen Wertherzeu-
gungen täuschen lässt, die Bestimmung des Grades der Productivität irgend einer Thätigkeit keine Schwierigkeit haben. Ein Act
der Intelligenz kann sehr productiv sein, indem er eine Menge von
Productionshindernissen überwindbar macht. Die Erfindung der
Dampfmaschine war gewiss eine productive Thätigkeit und wir
verdanken derselben die Existenz colossaler Werthsummen.

4. Halten wir an unserer Grundvorstellung fest. Nach derselben steht ein einheitlich gedachtes Subject der Natur gegenüber. Die Productivität kann sich nun entweder auf die Thätigkeit dieses Subjects oder auf die Naturvorgänge und die Naturobjecte beziehen. Der nächste Gegenstand, nach dessen Ergiebigkeit wir zu fragen haben, ist der Grund und Boden. Die organischen Naturkräfte halten für ihre Wirksamkeit eine gewisse Periodicität ein, und diese letztere bildet die erste natürliche Schranke der Steigerungsfähigkeit der Erträge. Zweitens ist aber der in Frage kommende Stoff auch stets nur in begränzter Menge vorhanden. Es giebt also nicht blos ein Zeitmaass, an welches die Hervorbringungen der pflanzengestaltenden und thierebildenden Kräfte gebunden sind, sondern es ist auch der jeweilige und örtliche Vorrath an Pflanzennährstoffen und an thierischen Unterhaltungsmitteln in Betracht zu ziehen. Stoff und Kraft sind maassgebende Schranken. Die Kraft erscheint an sich als unbegrenzt, während sie doch durch die Anwesenheit des ihr entsprechenden Stoffes begränzt wird. Der Stoff selbst wirkt maassgebend durch seine Quantität und so haben wir denn überall quantitative Verhältnisse, welche die Möglichkeit der Productivität in verschiedenen Richtungen bestimmen. Zwei Fragen sind es, die wir zu unterscheiden und zu verbinden haben. In welchen Zwischenräumen wirken die organisch producirenden Naturkräfte, und über welchen Stoff können wir in der künstlichen Leitung derselben verfügen? Die Umwandlungsprocesse der Natur haben ihre festen Normen, die wir nur wenig ändern können. Die Naturproduction ist als solche die Grundlage aller menschlichen Erfolge. Wir greifen in eine Maschinerie ein, deren Gangart und Gesetzen wir uns fügen müssen. Alles was wir thun können, beschränkt sich auf eine nach unsern Zwecken bemessene Erregung, Ordnung und Leitung der Naturthätigkeit. Wir operiren mit den Naturkräften und sind an deren Gesetze gebunden. Wir können die Naturproduction steigern, aber nur innerhalb der Schranken ihrer eigenthümlichen Gesetzmässigkeit. Wir können die Stoffe und die gestaltenden Kräfte zweckmässig vertheilen; aber hierin besteht auch beinahe unser ganzer Einfluss auf die Naturproduction. Wir säen und pflanzen, d. h. wir vertheilen die gestaltenden Kräfte

und regen die Naturthätigkeit auf diese Weise künstlich an. Wir
bringen künstlich Pflanzennährstoffe oder auch Reizmittel in den
Boden, d. h. wir vertheilen den verfügbaren Nährstoff dem Orte
nach so, dass er den grössten Erfolg verspricht. Wir nehmen
also schliesslich immer ein Arrangement von Kraft und Stoff vor,
bringen die Antriebe der Gestaltung mit dem Verarbeitungsmaterial
in die beste Verbindung und emendiren so den Zufall und die
Trägheit der unwillkürlichen Naturthätigkeit im Sinne unserer Bedürfnisse. Hiebei dürfen wir aber nie vergessen, dass wir uns
einer grossen Maschine gegenüber befinden, die ihren Mechanismus
selbst niemals abändert. Auch über den Zufall vermögen wir nur
insofern Einiges, als wir ihn vertheilen und so unschädlich machen
können. Dem isolirt gedachten Subject gegenüber ist die Beschaffenheit des Bodens und des Klima, sowie überhaupt jede Naturchance
entscheidend. Die Ungunst des allzu mageren Ackers ist ein örtlicher Mangel, der in der Isolirung nicht zu heilen ist. Der uner-
giebige Boden, mag sich nun diese Unergiebigkeit auf die Pflanzennährstoffe oder auf die mineralischen Schätze der Erde, auf Kohle
und Eisen beziehen, kann offenbar nicht denselben Werth haben
als unter übrigens gleichen Umständen der reichhaltige haben
würde. Wir sind also vollkommen berechtigt, unsere Vorstellungen
von Productivität und Werth auf den Boden, sowie überhaupt auf
die Naturkräfte und Naturchancen zu übertragen. Hiebei sehen
wir selbstverständlich von den wichtigen Umständen ab, durch
welche der Boden seinen Werth von Aussen vermittelst der Umgebung und vermöge des Verkehrs erhält. Wir haben es hier
zunächst nur mit dem Werth zu thun, welcher sich ohne Rücksicht
auf den Verkehr bestimmen lässt. Der Werth, welchen der Boden
für das isolirte Subject haben kann, muss die Norm für unsere
allgemeine Werthvorstellung bleiben. Nun hat der Boden zunächst
nur so viel Werth, als seine Leistungen zugleich wirthschaftliche
Erfolge repräsentiren. Auch kann er abgesehen von jeglicher Bemühung seinen Werth dadurch erhalten, dass seine natürlichen
Leistungen in irgend einem Fall ihrer begrenzten Menge wegen
quantitativ abgeschätzt und mit andern ähnlichen Leistungen verglichen werden. Letztere Vergleichung erwähnen wir nur der

Erläuterung wegen, denn sie ist unwesentlich. Sobald ich die Menge der Leistungen an dem Bedürfniss messe, bestimme ich den Werth, und die Begrenztheit der zugänglichen Quantität ist das Entscheidende. Die Hauptsteigerung des Werthes des Grund und Bodens fällt mit der Steigerung der Ergiebigkeit, wie es sein muss, zusammen. Indem es dem Menschen gelingt, den Boden so zu sagen zuzubereiten und für die Production der gewünschten Erzeugnisse geschickter zu machen, steigert er auch den Werth desselben. Auf den Tauschwerth kann es hiebei. zunächst noch gar nicht ankommen; aber auch der sich im Verkehr zur Geltung bringende Werth, d. h. die Geltung selbst, kann nur als ein Ausdruck jenes ursprünglichen Werthes betrachtet werden. Es heisst den gesunden Verstand verleugnen, wenn man die einfachen Betrachtungen der Beziehung von Bodenergiebigkeit und Bodenwerth nicht anerkennen will. Allerdings ist das blosse Vorhandensein von Pflanzennährstoffen noch keine Werthursache. ·Was für mich völlig unzugänglich ist, kann für mich keinen Werth haben. Denn es giebt keine Kraft, welche zur Zeit den Widerstand, der sich der Beschaffung entgegenstellt, zu überwinden vermöchte. Es verhält sich hiemit ähnlich wie mit den wirthschaftlich unschätzbaren Dingen, die wie die Luft ohne die geringste Schwierigkeit und in unbegränzter Menge zugänglich sind. Hier ist der Werth nicht vorhanden, weil er Null ist; im Fall der vollständigen Unzugänglichkeit ist er aber nicht vorhanden, weil er, um dies zu sein, unendlich gross sein müsste, was eine offenbare Absurdität ist. In dem einen Falle müsste er diesseits, im andern Falle jenseits aller Quantität liegen. Es ist aber seine wesentliche Natur, eine Grösse zu haben. Der an Pflanzennährstoffen noch so reiche Boden, der aber zunächst noch nicht bebaut werden kann, weil er gesundheitsfeindlich oder zu feucht ist oder mehr als die verfügbaren Kräfte in Anspruch nehmen würde, hat so lange, bis sich diese Umstände ändern, wenigstens aus dem wirthschaftlichen Gesichtspunkte keinen Werth. Die meiste Arbeit und überhaupt der grösste wirthschaftliche Kraftaufwand wird da angelegt werden, wo unter gegebenen Verhältnissen bei einem geringsten Productionswiderstand die grössten Erfolge zu erzielen sind.

Der geringere Productionswiderstand wird sich nun aber rücksichtlich des Bodens gerade auf dem mageren Acker antreffen lassen. So geschieht es, dass die schwächere Kraft sich auch mit einem Boden von schwächerer Leistungsfähigkeit befasst, so dass der absolute Kraftaufwand und der absolute Ertrag einander entsprechen. Sobald für das Collectivsubject eine grössere Kraftmenge zur Verfügung steht, kann auch der fettere Boden, bei welchem aber ein grösserer Productionswiderstand zu überwinden ist, in Cultur genommen werden. Dann entspricht wiederum der grössere Kraftaufwand dem grösseren Ertrage, und auch der Werth, der so zugleich ein Maass der Kraftleistung und des Erfolges ist, hat sich gesteigert. Die Ergiebigkeit bleibt mithin das Entscheidende und jeder andere Gesichtspunkt der Werthschätzung wird sich in ähnlicher Weise bestimmen lassen. Die natürliche Vorstellung, derzufolge wir den Reichthum eines Volkes auch nach den günstigen Naturvoraussetzungen der Production bemessen, ist hiemit gerechtfertigt. Der Reichthum oder überhaupt der Wohlstand hat mit den Werthsummen allerdings zu schaffen, und es geht nicht an, den Reichthum als den Inbegriff der verfügbaren Nützlichkeiten von der Werthvorstellung zu trennen. Der Bodenreichthum ist eben erst dann wirklicher, actueller Reichthum, wenn er für die Bedürfnisse des Menschen verfügbar geworden ist. Er wird dies aber zum grössten Theil nur durch wirthschaftliche Thätigkeit, und so läuft denn das Anwachsen der Werthe den Steigerungen der thatsächlichen und jeweiligen Ergiebigkeit parallel.

5. Sämmtliche Productionsgesetze interessiren uns nur, insofern sie die Productivität der Arbeit oder des Bodens steigern oder mindern. Eine Naturalbetrachtung der Volkswirthschaft wird vom Gelde und den durch den Tausch näher bestimmten Werthen absehen und sich erst später durch eine Werthbetrachtung ergänzen. Die Naturalbetrachtung lehrt uns nun aber bereits allerlei, wozu wir niemals einer ergänzenden Untersuchung des socialen Mechanismus bedürfen. Erstens zeigt sie uns die wirthschaftliche Thätigkeit als den vorherrschenden Grund aller ökonomischen Erfolge. Was wir dem Zufall verdanken, kann ursprünglich sehr wichtig und höchst werthvoll sein; aber es wird seinen Einfluss in dem Maasse verlieren,

als das wirthschaftende Subject die Tragweite seiner Kräfte steigert.
Denken wir uns ein einziges, die Kräfte der Gesellschaft in sich
vereinigendes Wesen als Beherrscher der Erdoberfläche, so gleichen
sich die Chancen des Zufalls durch geschickte Benutzung der
Mannigfaltigkeiten aus. Für dieses eine Wesen giebt es, falls wir
nur seine Kräfte gehörig gross voraussetzen, keine örtliche Beschränktheit des Stoffes. Ihm steht der verschiedenartigste Boden
und jegliches Klima zur Verfügung. Dieses Wesen wird seine
verschiedenen Erfolge nach Maassgabe ihrer Grösse vom Standpunkt des Bedürfnisses im Voraus abschätzen, und es wird seine
producirenden Kräfte in denjenigen Richtungen und nach Maassgabe der voraussichtlichen Resultate wirken lassen. Die grösste
Productivität seiner Thätigkeit wird da wahrnehmbar sein, wo es
der Mühe lohnt, die grössten Schwierigkeiten zu überwinden. Das
erste Productionsgesetz besteht daher in derjenigen Regel, derzufolge wir unsere Kräfte instinctiv in der Richtung des geringsten
Widerstandes anwenden. Ein specieller Fall dieser allgemeinen
Norm ist die grosse Entdeckung Carey's vom Gange der Bodencultur.

Der Mensch macht sich an die Beackerung desjenigen Bodens,
der bei Anwendung des verfügbaren Maasses von Kraftaufwand
die grössten Erträge liefert. Er fragt allerdings nach den voraussichtlichen Ernten und bemüht sich gar sehr um ein Maximum
derselben. Er fragt aber auch eben so sehr nach dem zur Bebauung
nöthigen Kraftaufwande, und wo dieses Krafterforderniss seine
zeitweiligen Mittel übersteigt, da wird er sich hüten, seine Thätigkeit nutzlos aufzuopfern. Er kann daher stets nur denjenigen
Boden ausnutzen, dessen Bebauungsschwierigkeiten noch grade
unter der Gränze des vorhandenen Maasses verfügbarer Kräfte
liegen.

Dasselbe Gesetz, welches von Carey so glänzend für die Bodencultur nachgewiesen worden ist, muss nun aber auch für jede
andere Anwendung wirthschaftlicher Thätigkeit gelten. Die weniger reichen Ergebnisse sind das Ziel der schwächeren Productionskraft, oder mit andern Worten, der geringste Widerstand ist auch
stets mit einer geringsten Quantität und Qualität des Erfolges

15*

verbunden. Die Disposition über die vorhandenen Productivkräfte hängt gleichsam von der Karte der Productionsschwierigkeiten ab. Der grösste Erfolg ist von vornherein das Ziel. Unter den verschiedenen Möglichkeiten kann aber nicht der absolut grösste Erfolg, sondern nur derjenige ausgewählt werden, welcher zu der aufzuwendenden Kraft im günstigsten Verhältniss steht. Zwischen Kraftaufwand und Chancen des Erfolges giebt es mannigfaltige Missverhältnisse. Das Extrem derselben ist dann vorhanden, wenn die Aufgabe für die verfügbare Kraft absolut zu gross ist. Dann würde die Kraft gänzlich verschwendet werden. Es ist aber auch ein theilweises Verlorengehen denkbar, wenn die Kraft nicht grade da angebracht wird, wo ihre Leistung den grössten Erfolg erzielt. Dies würde z. B. der Fall sein, wenn man einen fruchtreicheren Boden anbaute, dessen Cultur aber im Verhältniss zum Ertrage mehr wirthschaftliche Kraft absorbirte als eine weniger fruchtreiche Sorte. Ein ähnliches Missverhältniss würde eintreten, wenn man einen Stoff verarbeitete, für dessen gehörige Umwandlung man noch sehr unzureichende Hülfsmittel besitzt. In den früheren Perioden der gesellschaftlichen Entwicklung allzureichen Boden anbauen und mit einem ausserordentlichen Aufwand von Menschenkraft etwa Entwässerungen vornehmen wollen, hiesse unproductiv verfahren. In gleicher Weise würde es aber auch für unproductiv gelten müssen, wenn man sich einfallen liesse, ohne die gehörige Ausbildung der Technik die härteren Metalle bearbeiten und etwa in einem noch ganz rückständigen Culturstadium Stahlwerkzeuge fertigen zu wollen. Die Stetigkeit ist auch in der Entwicklung der Industrie das Grundgesetz und alle Production bewegt sich im Grossen und Ganzen in der Richtung des verhältnissmässig geringsten Wiederstandes. Der voraussichtliche Kraftaufwand wird mit dem voraussichtlichen Ergebniss verglichen und wo die Maasseinheit des gewünschten Products mit dem geringsten Mühaufwand erreicht werden kann, da wird sich der Regel nach die menschliche Thätigkeit ins Spiel setzen. Denken wir an unser fingirtes Collectivsubject. Nahe und entfernte Oerter können Object seines Kraftaufwandes werden. Bald wird es vortheilhafter sein, ein gewisses Maass productiver Kraft in der Entfernung an einer besonders günstigen Stelle wirken zu lassen und auch noch die Kraftausgabe für den Transport hinzuzufügen. Bald wird es vortheilhafter sein, eine Menge verfügbarer Kraft örtlich und in der Nähe zu concentriren, weil so das Maass des Productionswiderstandes ein geringstes wird. In der Richtung des Minimum der Ausgabe an Kraft und zugleich des Maximum in der Einnahme an Befriedigungsmitteln der Bedürfnisse wird stets die natürliche Bewegung der Production vor sich gehen. Das Grundgesetz ist also die Kraftanwendung in der Richtung des geringsten Widerstandes. Wir fassen dieses Fundamentalgesetz ebenso wenig als die ihm entsprechende Norm des eigentlich mechanischen Kräftespiels als eine Folge der Absicht auf. Diejenigen, welche sich diesem Gesetz gemäss verhalten, brauchen es nicht nach einem Plane und mit einem deutlichen Bewusstsein zu thun. Im Gegentheil ist es der Instinct oder doch die mehr oder minder beschränkte Einsicht, wie sie bei einem ganz engen Horizont noch möglich wird, wodurch sich das Gesetz vermittelt. Die Einzelnen gehen ihrem Vortheil nach und die Staaten dem ihrigen. Auf diese Weise wird im Grossen und Ganzen die natürliche nothwendige Anordnung der productiven Kräfte vollzogen.

6. Wir behaupteten, dass die gehörige Vertheilung der Stoffe eine der wesentlichen productiven Thätigkeiten wäre. Es giebt in Rücksicht auf die Bodencultur einen ausserordentlich wichtigen Fall der Erheblichkeit dieser Vertheilung. Die Pflanzennährstoffe lassen sich zum Theil vom Boden trennen. Der landwirthschaftlich in Betracht kommende Grund und Boden gehört also nicht so ganz, wie man gewöhnlich meint, zu den unbeweglichen Dingen. Der Boden ist zunächst als Standort und dann als Behältniss oder Niederlage der Pflanzennährstoffe in Betracht zu ziehen. Nur in erster Hinsicht ist er nicht transportirbar, wärend. er dagegen in der zweiten Rücksicht d. h. als Inbegriff einer gewissen Menge von Pflanzennährstoffen in den wirthschaftlichen Umlauf geräth. Der Kreislauf der Stoffe ist eine Vorstellung, die seit einem Jahrzehnt so vielfältig und auch in so populärer Weise behandelt worden ist, dass es wohl überflüssig sein dürfte, sie hier noch besonders zu erläutern.

Dagegen ist es unumgänglich nöthig, auf die Strenge der Rangordnung und Stufenfolge hinzuweisen, in welcher die Natur ihre Umwandlungen des Stoffes vornimmt. Die Natur befolgt ein strenges System. Sie beginnt mit der Verarbeitung der mineralischen Stoffe zu pflanzlichen Gebilden, und kann die Reste der letztern erst dann wieder als Rohstoffe für Neugestaltungen benutzen, wenn sie diese Reste zuvor durch Fäulniss zersetzt und völlig auf eine unorganische Form zurückgeführt hat. Diese Nothwendigkeit ist der Grundgedanke der Liebig'schen Mineraltheorie. Die »Naturgesetze des Feldbaues« erfordern daher eine Zuführung gewisser mineralischer Stoffe in gewissen Quantitäten. Die Bodenerschöpfung ist ein solcher Zustand des Ackers, in welchem er allen oder bestimmten Pflanzen nicht mehr ausreichende Nahrung darbietet. Diese Erschöpfung entsteht durch Entziehungen ohne ausgleichende Zufuhren. Jede Ernte nimmt dem Boden eine gewisse Menge von Pflanzennährstoffen, und wenn diese Stoffe nicht in der Form von Dünger zurückgegeben werden, so ist eine Verarmung des sonst reichhaltigen Bodens auf die Dauer unvermeidlich. Der Stoff als solcher verschwindet nicht; auch verschwindet er nicht in den speciellen Formen, in welchen er grade für die Pflanzenernährung nothwendig ist. In den Ausscheidungen der Thiere und Menschen ist er wieder anzutreffen und braucht nur in dieser Gestalt dem Boden zugeführt zu werden, um einen neuen Kreislauf beginnen zu können.

Gesetzt nun aber, unser wirthschaftendes Subject kümmerte sich nicht um die Schliessung dieser Kette von Processen, liesse vielmehr jene Ausscheidungen und Reste unbeachtet, und bleiben wo es ihnen beliebte, so würde sich die landwirthschaftliche Production zuletzt doch in eine sehr missliche Lage gebracht sehen. Man würde um ausreichenden Dünger oder vielmehr um die Beschaffung desselben in Verlegenheit gerathen. Die Ernten würden unvermeidlich abnehmen. Dieser Eventualität gegenüber, welche die Volksexistenz an ihrer Wurzel bedroht, giebt es nur ein einziges Mittel, nämlich die bewusste Regulirung der Stoffvertheilung. Hätten wir an dieser Stelle schon den gesellschaftlichen Zusammenhang zu erwägen, so würden wir auch auf die internationalen Ortsveränderungen des beweglichen Theils des Grund und Bodens specieller hinweisen müssen. Man kann gewissermassen den Boden selbst exportiren, indem man fortdauernd die Erzeugnisse desselben an ferne Oerter bringt, von denen die so entzogenen Pflanzennährstoffe nicht zurückkehren.

Die Bodenerschöpfung ist wohl am auffälligsten in Amerika und namentlich bezüglich der Baumwollenpflanzung. Sie ist aber auch in Europa bereits zu bemerken, und grade bei uns ist die chemische Theorie derselben entwickelt worden. Carey's System zeichnet sich insofern aus, als es das erste ist, welches die Befolgung der Naturgesetze des Ackerbaues und die Vermeidung der Bodenerschöpfung und des Raubbaues zum integrirenden Bestandtheil der Volkswirthschaftspolitik macht.

Die Lehre von der Bodenerschöpfung ist den vorherrschenden volkswirthschaftlichen Theorien nicht sonderlich genehm, weil sie zu einem Verlassen des sogenannten Princips des *Laisser faire* auffordern muss. Man hat die oben angedeutete Schliessung der Kette als ein Ereigniss dargestellt, welches auch ohne die menschliche Fürsorge eintreten würde. Man hat die Ausscheidungen und Reste getrost ins Meer zu schicken angerathen, da sie ja dort nicht verloren gingen, sondern, nachdem sie ihre Wanderung durch die Leiber von Thierchen und Fischchen gemacht, ihren Weg in die Luft fänden. Die Vögel, deren Ausscheidungen die Guanolager formiren, sollten sich durch den Consum besagter Fischchen zu schliesslichen Rettern unseres preisgegebenen Düngers qualificiren. — Ohne die naturwissenschaftlichen Bedenklichkeiten dieser Vorstellungsart hervorzuheben, verweise ich nur auf die Grösse des Umweges als auf ein charakteristisches Merkmal dieser Versorgungsart, welche die ganze wirthschaftliche Vorsehung der lieben Natur und ihren ganz zufälligen Operationen aufbürdet. Die Berufung auf derartige Umwege des Bezuges unentbehrlicher Artikel ist das charakteristische Merkmal der freibeuterischen Nationalökonomie und des Freibeuterhandels. Vgl. meinen Aufsatz in der Zeitschrift des landwirthschaftlichen Vereins in Baiern, Septemberheft 1865 »Bodenvergeudung und Volkswirthschaft«.

7. Wo sich die menschliche Production vorwiegend auf die

Naturproduction stützen muss, da bleibt ihr im Allgemeinen nur die Aufgabe, über die Vertheilung von Kraft und Stoff zweckmässig zu verfügen. Wenden wir uns nun specieller zu den Operationen, durch welche sich die Arbeit innerhalb ihres eignen Gebiets ausbildet. Hier sind es zunächst die Arbeit ersparenden Werkzeuge, die noch von aller Vertheilung abgesehen, die productive Kraft erhöhen. Eigentlich wird durch dieselben nicht überhaupt Arbeit, sondern nur ein Aufwand unmittelbar persönlicher Kräfte unnöthig gemacht. Diese Werkzeuge substituiren nur eine andere Gattung von Kraftaufwand an Stelle derjenigen Art, welche früher nöthig war und für den Menschen als unmittelbare Belästigung empfunden wurde. Indem wir uns Maschinen schaffen und dieselben durch die Spannung der Dämpfe treiben lassen, nehmen wir die sonst müssigen Naturkräfte in den Dienst unserer Zwecke. Wir erweitern so zu sagen die Naturproduction, indem wir die Natur auch in einem Gebiet für uns arbeiten lassen, in welchem bis dahin menschliche oder thierische Leistungen erfordert wurden. Diese Naturkräfte sind aber darum nicht werthlos oder unentgeltlich. So weit dieselben nur in begränzter Quantität zugänglich sind, in so weit müssen sie auch Gegenstände der Werthschätzung werden.

Wenn wir von arbeitersparenden Werkzeugen reden, so meinen wir, wie gesagt, nur eine Ersparung gewisser Gattungen von Kraft, welche durch eine andere Art von Agentien ersetzt werden. Nun kann freilich überhaupt ein Umweg, der früher in der Beschaffung von Lebensbedürfnissen eingeschlagen werden musste, durch die von der Intelligenz geschaffenen Hülfsmittel abgekürzt und eine frühere mühsame Arbeit völlig unnöthig werden. Alsdann mag der mechanische Kraftaufwand unter Umständen auch absolut geringer werden. Vorzügliche Communicationsmittel sind in diesem Sinn arbeitersparende Werkzeuge. Eine Eisenbahn vermindert die Reibung und mithin den mechanischen Widerstand der Lastbewegung. Dennoch dürfen wir nie annehmen, dass die absolute Ausgabe an Kraftaufwand durch Fortschritte solcher Art vermindert werde. Im Gegentheil wird es durch jede neue Erfindung arbeitersparender Veranstaltungen möglich, mehr Arbeit zu verrichten.

Die wirthschaftlichen Aufgaben der Production wachsen in dem Maasse, als sich neue mächtige Hülfsmittel derselben darbieten. Auch wird, absolut genommen, stets mehr Menschenkraft verbraucht, sobald eine rohere Gattung der Arbeit durch eine vollkommnere ersetzt ist. Nur der verhältnissmässige Antheil grober Anstrengung, die sonst unmittelbar den Menschen aufgebürdet wurde, kann sinken und muss sinken, sobald nur das Vermögen vorhanden ist, die Production nach Maassgabe der menschlichen Bequemlichkeit frei einzurichten. Da wir aber hier noch nicht von dem gesellschaftlichen Zusammenhang reden, sondern uns ein einziges von einem ungetheilten und ununterschiedenen Interesse geleitetes Subject denken, so versteht es sich ganz von selbst, dass diesem Subject jede Abwälzung der Arbeit, die durch die arbeitersparenden Werkzeuge möglich ist, in unverkürztem Maass zu Gute kommen muss. Nicht so selbstverständlich ist dieser günstige Erfolg, wenn es innerhalb des gesellschaftlichen Zusammenhangs grade den meist betheiligten Classen an der nöthigen Freiheit und socialen Macht fehlt, die Production nach der Bequemlichkeit der Majorität und mithin auch Aller einzurichten. Die collossalen Maschinenkräfte haben bis jetzt erst sehr wenig dazu beigetragen, die niedern Classen zu entlasten. Im Gegentheil haben rein sociale Ursachen eher eine Verschlechterung als eine Verbesserung herbeigeführt. Hieraus erklärt sich denn auch, warum früher manche Vertreter der Interessen der Arbeit geneigt waren, die Einführung der Maschinen und der grossen Mittel der Production als unheilvoll zu verwünschen. Doch es geht uns hier dieses in rein socialen Beziehungen begründete Verhältniss noch nicht an. Die grossen Erleichterungsmittel der Production, die arbeitersparenden Werkzeuge sind in keiner ihrer Gestaltungen misszuverstehen, sobald man nur bedenkt, dass die Ersparung der bearbeitenden Kräfte des Menschen vom Standpunkt des Collectivsubjects stets ein Vortheil sein müsse.

Wenn eine Wasserleitung eingeführt wird, so fällt nun die ganze Masse der vereinzelten persönlichen Arbeit der Wasserbeschaffung fort. Letztere Arbeit wird gewöhnlich nicht gehörig veranschlagt. Sonst würde man auf der Stelle einsehen, dass die

Wasserleitung eine arbeitersparende Veranstaltung ist. Das fragliche Bedürfniss wird in weit vollkommnerer Weise befriedigt und im Verhältniss zu diesem Grade der Befriedigung ist die Kraftausgabe geringer geworden. Die dauernde Anlage macht zunächst und auf einmal einen grossen Aufwand erforderlich. Die Unterhaltung der Anlage sowie deren Benutzung erfordert ebenfalls eine Ausgabe an wirthschaftlicher Thätigkeit. Aber dennoch werden sich die Beschaffungskosten des Wassers auf die Dauer weit günstiger stellen als zuvor. Man wird einen weit grössern Bedarf mit einem verhältnissmässig geringern Mühaufwand (d. h. Kosten) erlangen. Es wird weit Mehr und von einer bessern Qualität consumirt werden, und zur Beschaffung dieses Mehr wird ein verhältnissmässig geringerer Kraftaufwand genügen.

8. Das Erzeugniss der Arbeit wird zu einem Erleichterungsmittel weiterer Arbeit. Der Inbegriff derartiger, durch Arbeit geschaffener Productionsinstrumente wird häufig als Capital bezeichnet. Carey nennt Capital das Werkzeug der Production, und er kennzeichnet dessen eigenthümliche Beschaffenheit als Ersparung einer periodisch wiederkehrenden Kraftausgabe durch eine ein für alle Mal hergestellte Einrichtung. Dieser Capitalbegriff ist offenbar von der Rücksicht auf die Vertheilung gänzlich unabhängig. Er zeichnet sich auch noch dadurch aus, dass er nicht mit einer bisweilen beliebten Formulirung zusammenfällt, derzufolge das Capital als aufgehäufte Arbeit betrachtet werden soll. Die in Wegfall gekommene Arbeit ist eben etwas Anderes, als diejenige, welche auf die Herstellung des Werkzeuges oder der Anlage verwendet worden sein mag. Die Förderung der Production hängt nun aber durchaus nicht davon ab, wieviel Arbeit in jenen Werkzeugen und Anlagen angehäuft, sondern davon, wieviel durch dieselben einerseits erspart und andererseits verrichtet wird. Es ist daher eine ganz verkehrte Schätzungsmethode, die productive Kraft des Naturalcapitals nach den Herstellungskosten desselben bemessen zu wollen. Die productive Kraft der arbeitersparenden Werkzeuge bemisst sich nicht nach dem, was sie kosten, sondern nach dem, was die mit ihrer Hülfe gefertigten Erzeugnisse zu bedeuten haben.

Der Capitalbegriff darf nicht völlig auf jene zweite Natur eingeschränkt werden, welche die menschliche Intelligenz über der ersten gleichsam aufbaut. Capital ist jeder Stamm von Werthen, jede dauernde Quelle von Nutzungen, und zwar im Gegensatz zu den periodischen Leistungen. So ist z. B. auch der Grund und Boden ein Capital; denn er ist das dauernde Substrat der Naturproduction. Auch wird er von Carey als Maschine d. h. als Werkzeug der Production angesehen, und hierdurch verbessert sich die enge Fassung des Capitals als eines Instruments der wirthschaftlichen Thätigkeit ganz von selbst. Dennoch können wir auch mit diesem erweiterten Capitalbegriff nicht auskommen. Er ist eben in einer gewissen Hinsicht wiederum fehlerhaft, nämlich zu weit. Was soll daraus werden, wenn man die Kraftquelle der menschlichen Arbeitsleistungen ebenfalls als Capital betrachten muss? Dies wäre aber nur eine nothwendige Folge unserer allgemeinen Auffassung. So viel steht fest, dass nichts Capital sein kann, welches jene Eigenschaft, eine bleibende Quelle von Nutzungen zu sein, nicht besitzt. Allein das Capital will im Gegensatz der Arbeit begriffen sein, und hier bleibt uns nichts übrig, als es als ein Object der Arbeit, also als einen sachlichen Gegenstand zu bestimmen. Wir haben mithin einerseits die productive Thätigkeit und dann deren gegenständliche bleibende Voraussetzungen. Diese dauernden Productionsvoraussetzungen sind im Gegensatz zu der productiven Thätigkeit selbst das eigentliche Capital und zugleich das Naturalcapital. Wir dürfen uns aber auch mit dieser Bestimmung nicht begnügen. Die Vorräthe an Lebensbedürfnissen werden ja ebenfalls zu dem in Natura betrachteten Capital gerechnet. Um für eine fernere Zeit thätig sein zu können, muss man sich zunächst unterhalten. Die Vorräthe, welche für den Unterhalt in dieser Zwischenzeit nothwendig sind, werden von vielen Oeconomikern als wesentlicher Bestandtheil des Capitals aufgeführt. Nun kann man freilich, wenn man sich auf eine künstliche Dialektik versteht, diese Vorräthe zu einem verhältnissmässig dauernden Productionsmittel stempeln. Allein eine solche Auffassung würde das Ungleichartige nur durch Zwang vereinigen. Der Capitalbegriff in seiner höheren Ausbildung ist keine Naturalvorstellung, d. h. er beruht nicht auf der unmittelbaren Auffassung der Dinge in ihrer natürlichen Existenz. Er ist weit abstracter; er ist eine Werthvorstellung, und als solche kann er auch das sonst Heterogene einschliessen. Die Voraussetzungen der Production werden geschätzt und als abstracte Werthquanta zusammengefasst. Auf diese Weise werden die Vorräthe, welche periodisch wechseln, zu etwas Beständigem, gleichsam dauernd Vorhandenem. Aber ungeachtet dieses günstigen Umstandes ist derjenige Capitalbegriff, welcher die Vorräthe einschliesst, nur zu rechtfertigen, sobald man.den gesellschaftlichen Zusammenhang in Rechnung bringt. Für ein einheitliches Subject würden die periodischen Erträge eben auch zugleich und ohne besondere Qualification als Capital die Fortführung der Production ermöglichen. Man müsste wirklich den gesammten Consum als Capital bezeichnen, wenn man die angedeutete Idee vertheidigen wollte. Achten wir nun aber auf die gesellschaftliche Vertheilung, so giebt es eine Classe, welche die zur Fortsetzung der Production nöthigen Vorräthe nicht selbst besitzt, und so wird denn für die sociale Gestaltung der Production der Werth des Vorraths, aus welchem die Arbeit ernährt wird, als Capital angesehen werden können. Dies wird um so leichter geschehen, als alle Capitalien auf einen abstracten Werthausdruck gebracht werden und so ihren natürlichen Charakter nicht mehr an der Stirn tragen. Diese abstracte Gestaltung des Capitalbegriffs hat die Grundlage der Naturalbetrachtung bisweilen ganz vergessen lassen. Stuart Mill hält das Capital für etwas, was durch die Willkür der menschlichen Bestimmung creirt werde. Nach seiner Ansicht sind nicht gewisse Dinge als solche Capital, sondern nur dann, wenn sie die Bestimmung erhalten, productiv benutzt zu werden. St. Mill denkt hierbei an eine Summe Geldes oder überhaupt an ein Quantum von Werthen, über welches ein Privatmann beliebig verfügt, und welches er zu seinem Verbrauch ausgeben oder nutzbringend anlegen kann. Je nach dem Ausfall dieser Privatwillkür wird das Werthquantum Capital oder wird es nicht. Dieser Gedanke ist an sich nicht falsch; nur schade, dass er nicht über den Horizont der Privatwirthschaft hinauskommt und sich von den beschränkenden Ideen, welche die oberflächlich betrachteten Verhältnisse an die Hand geben, nicht zu befreien weiss. Vor allen Dingen muss der

Capitalbegriff Angesichts des Ganzen der Volkswirthschaft oder, was auf dasselbe hinauskommt, vom Standpunkt des einheitlichen Subjects ergriffen werden. Dann mag man nachher die so gewonnene Conception specificiren, indem man die gesellschaftlichen Verhältnissse in Betracht zieht. Im Zusammenhange dieses Capitels kommt es uns nun nur darauf an, bemerklich zu machen, dass Arbeit und Capital auch vom Standpunkt des einheitlich gedachten Subjects Begriffe sind, die nicht confundirt werden dürfen. Was Gegenstand der unmittelbaren Consumtion während der Arbeit ist, schliessen wir von unserm natürlichen Capitalbegriff aus. Allerdings ist der Unterhalt eine Voraussetzung der weiteren Production; er kann aber nicht als ein Stamm von Werthen oder als eine dauernde Quelle von Nutzungen gedacht werden, da er selbst bereits ein Inbegriff von periodischen Leistungen eigentlicher Capitalien ist.

9. Wie sich angeben lässt, was Capital sei, ohne dass man zuvor untersucht hat, wie sich das wirthschaftende Collectivsubject im wirklichen Organismus der Gesellschaft gestalte, ebenso kann und muss man den Werthbegriff zunächst von jeder Vertheilungsidee unabhängig bestimmen. Wir haben im Capitel über den Werth bereits gegen die Annahme Einspruch gethan, als sei der Werth eine Vorstellung, welche die Conception des Tausches oder überhaupt des Austauschens voraussetze. An dieser Stelle haben wir nun hauptsächlich festzustellen, in wie fern die producirende Arbeit eines einheitlich gedachten Subjects unabhängig von irgend einem Gedanken an Vertheilung der Producte dennoch zu Werthen führen oder als Gegenstand der Werthschätzung fungiren könne. Indem wir letztere Möglichkeit einsehen, werden wir uns vollständig von den falschen Ideen befreien, welche die producirende Arbeit selbst zum letzten Ausgangspunkt aller Werthschätzung machen.

Die Verrichtung einer gewissen Summe Arbeit ist für das einheitlich gedachte Subject im Allgemeinen ein unumgängliches Bedürfniss, und man hat daher mit Recht, wenn auch nur in einer gewissen metaphorischen Weise gesagt, dass die Arbeit das unentbehrlichste Lebensbedürfniss sei. Warum ist denn nun aber ein gewisses Arbeitsquantum oder, genauer geredet, dessen Verrichtung ein Bedürfniss oder, um wieder exacter zu reden, ein allgemeines Befriedigungsmittel von Bedürfnissen? Doch offenbar nicht darum, weil es zum Wesen unserer Natur gehört, in einem gewissen Maasse thätig sein zu müssen; diese physiologische Nothwendigkeit geht uns hier Nichts an. Die Arbeit ist ein Object, nach welchem eine ursprüngliche Nachfrage existirt, weil sie die Vermittlerin für unsere directen Bedürfnisse abgiebt. Die Arbeit selbst ist nur indirect ein Gegenstand des Bedürfens und so zu sagen der ursprünglichen Nachfrage, die von unsern Trieben ausgeht. Wird sie daher geschätzt, so kann sie zwar zunächst innerhalb ihrer Art durch sich selbst gemessen, aber in letzter Instanz dem Werthe nach doch nur durch die Rücksicht auf die unmittelbaren Bedürfnisse, die durch ihre Verrichtung befriedigt werden, abzuwägen sein. Der Werth der Production richtet sich also nach dem Erfolg derselben und das einheitliche Subject kann behaupten, in dem Maasse Werthe zu besitzen oder zu schaffen, in welchem es mit einem bestimmten Kraftaufwand eine bestimmte Summe von Nothwendigkeiten erzielt. Es wird daher seine Erzeugnisse nach dem Erfolg, der durch dieselben repräsentirt wird, abschätzen. Dieser Erfolg lässt sich nun aber in zwei Summanden zerlegen, nämlich in das Dasein eines gewissen Quantums von Befriedigung und in die Ausgabe eines gewissen Mühaufwandes. Der eine Bestandtheil kann gleich Null und dennoch ein Werth vorhanden sein, wofern nur überhaupt die Begrenztheit der vorhandenen Menge von Befriedigungsmitteln zu einer Schätzung derselben nöthigt. Der andere Bestandtheil muss aber stets vorhanden sein; denn Nichts kann anders einen Werth haben, als indem es ein Bedürfniss zu befriedigen im Stande ist. Hier in der Lehre von der Production geht uns nun der extreme Fall eines Werthes ohne Arbeit nicht an. Alle vom Menschen producirten Werthe sind es nicht direct durch ein aufgewendetes Quantum von productiver Thätigkeit, sondern durch den Umstand, dass in der Richtung auf die Befriedigung gewisser Bedürfnisse bestimmte Arbeitsgrössen erforderlich sind, um die gewünschten Gegenstände zu erlangen.

Ist nun wohl in dieser Vorstellung des Werthes irgend Etwas enthalten, was die Idee der Vertheilung, ja auch nur diejenige der

socialen Vielheit voraussetzte? Offenbar gar nichts; denn Bedürfniss, Arbeit und Unterschiede in der Befriedigung der Bedürfnisse
sind Begriffe, die keine Mehrheit von wirthschaftenden Subjecten
voraussetzen. Da man gegenwärtig so häufig beliebt, die richtigen
Ideen über die Production von vornherein dadurch unmöglich zu
machen, dass man seinen Ausgangspunkt von der verwickelten Ge-
sellschafts- und Tauschmaschinerie nimmt, so ist es wichtig, die
ökonomischen Fundamentalbegriffe von unwesentlichem Beiwerk zu
säubern und dieselben zunächst in völliger Unabhängigkeit von
Vertheilungsrücksichten aufzufassen. Andernfalls geht die übergreifende Einheit verloren, durch welche man allein ein Gesammt-
bild der Functionen der Volkswirthschaft gewinnen kann.

10. Bisher wurde nicht nur von der Vertheilung, sondern
überhaupt von der Gesellschaft als solcher abgesehen. Es ergab
sich uns ein Grundgesetz der Production, nämlich die Wirkung in
der Richtung des geringsten Widerstandes. Mit diesem Widerstand konnten offenbar nur natürliche Hindernisse, nicht aber sociale
und so zu sagen intersubjective Schwierigkeiten gemeint sein. Die
Hemmungen, welche der Mensch vom Menschen zu gewärtigen hat
und thatsächlich stets erleidet, gehören in die sociale Theorie d. h.
in die Lehre von der gesellschaftlichen Organisation des Producirens. Eben dahin gehört auch die Abhandlung der Förderungen,
welche der Mensch vom Menschen erfährt, und durch welche das
auf die Beherrschung der Naturkräfte gerichtete Productionbestreben
in der entscheidendsten Weise unterstützt, ja in gewissen Richtungen
überhaupt erst der Verwirklichung fähig wird.

Als Ausdruck dieser letztern Art von Förderungen dient gewöhnlich das berühmte Gesetz der sogenannten Arbeitstheilung.
Sehr glücklich leitete Adam Smith sein grundlegendes Werk über
den Nationalreichthum mit der Lehre von der Arbeitstheilung als
seinem ersten Capitel ein. Nichts in der Geschichte der Volkswirthschaften hat eine so entscheidende Bedeutung als Art und
Grad der Arbeitstheilung. Freilich knüpfen sich an dieses Wort
gegenwärtig viele Vorstellungen, an die man bei demselben ursprünglich gar nicht dachte. Allein selbst in der ursprünglichen
Beschränktheit des Begriffs hat die Arbeitstheilung bereits eine in

erster Linie maassgebende Bedeutung. Erst mit ihr treten wir in eine eigentlich gesellschaftliche Production ein; erst mit ihr gliedert sich der producirende Organismus; erst mit ihr kann man von einer systematischen, gemeinsam betriebenen Gesammtproduction reden. Abgesehen von der Arbeitstheilung könnte es nur eine lose Häufung atomistisch vereinzelter Thätigkeiten geben.

Zunächst wurde die Arbeitstheilung vorwiegend nur technisch verstanden. Man dachte an die fabrikmässige Vertheilung und Verbindung der einzelnen Operationen, deren Gesammtheit zur Herstellung eines Erzeugnisses nöthig ist. Adam Smith's Beispiel der Stecknadelfabrication bezeugt das Vorherrschen dieses engeren Gesichtspunktes. Wenn nun auch die Andeutungen der geschichtlichen Entwicklung der natürlichen Theilung der Operationen und Geschäftszweige, sowie der Bildung von Berufsständen bei dem Schotten keineswegs fehlen, so ist doch eine umfassendere und universellere Conception der Arbeitstheilung erst die Frucht späteren Nachdenkens gewesen. Namentlich hat List die Idee der Arbeitstheilung auf die grossen Abtheilungen der volkswirthschaftlichen Functionen und auf die Antheile der verschiedenen wirthschaftlichen Gruppen ausgedehnt. Ganz besonders hat er auf die so zu sagen provincielle Arbeitstheilung aufmerksam gemacht, auf deren Dasein die Möglichkeit einer gegliederten Nationalwirthschaft beruht. Die internationale Arbeitstheilung ist gegenwärtig ein sehr geläufiger Begriff, der nur das Unglück hat, von Seiten der Oekonomie des Freibeuterhandels sehr einseitig und meist grundfalsch ausgeprägt und so in Curs gebracht zu werden.

Carey hat der Arbeitstheilung einen Namen gegeben, welcher unmittelbar an die Ausbildung neuer Theilfunctionen des wirthschaftlichen Betriebes erinnert. Der Amerikanische Nationalökonom redet fast durchweg von Vervielfältigung oder Diversification der Beschäftigungen. Ihm ist der Gedanke geläufig, dass die Theilung der Functionen zugleich von der Ausdehnung des vereinigenden Bandes, also einer Art Association derselben begleitet sei. Was ist nun diese Sonderung und Gliederung einerseits und Vereinigung sowie einheitliche Beherrschung andererseits, wenn man einen modernen Ausdruck gebrauchen will? Offenbar nichts Anderes, als eine durch die geschichtliche Entwicklung selbst gegebene, wenn auch unvollkommene Organisation des wirthschaftlichen Schaffens. Arbeitstheilung ist ein Wort, welches man in seiner bestimmt technischen Bedeutung erhalten und nicht auf den weiteren Begriff ausdehnen sollte. Jene umfassendere Idee wird weit besser durch die selbständige Bezeichnung als Organisation der Production bezeichnet. Diese Organisation ist bis zu einem gewissen Punkt freilich auch für das einheitliche Subject denkbar; allein in der Hauptsache bleibt ihr Stoff die sociale Vielheit der an der Production Theilnehmenden. Das erfolgreichste Zusammenwirken ist das Ziel, und obwohl der Plan einige Grundzüge haben wird, die sich nicht erst aus der Betrachtung des gesellschaftlichen Zusammenhanges ergeben, so wird doch die bestimmtere Gestaltung der organisch in einander greifenden Bestrebungen ein specifisch socialer Vorgang sein, bei welchem man ebenso sehr auf die rein socialen Nothwendigkeiten als auf die wirthschaftlich maassgebenden Zwecke zu achten hat.

Alle Regeln der Production, welche von der eben erläuterten Organisation abhängig sind, werden mit den Gesetzen der Vertheilung der Erzeugnisse im innigsten Zusammenhange stehen. So fremd die eigentliche Distribution der Güter und die Vertheilung der producirenden Functionen einander auf den ersten Blick zu sein scheinen, so zeigt sich doch bei näherer Betrachtung eine sehr nahe Verwandtschaft. Bisher hat man die sociale Einrichtung der Production stets zu der allgemeinen Lehre von den hervorbringenden Kräften gezogen, und indem man hinterher die Vertheilung der Erzeugnisse abhandelte, die verwandten Vertheilungsideen einander entfremdet. Dieser Umstand ist für die Gestaltung der materiellen Einsicht keineswegs gleichgültig. Es ist sehr wichtig zu wissen, dass die Vertheilung von Erfolg und Genuss und diejenige von Arbeit und Kraftaufwand einander in wichtigen Beziehungen entsprechen, und dass es schon die Symmetrie des Denkens, ja sogar ein gewisser Geschmack für die Conformität der Gedankengestaltung mit sich bringt, die Vertheilung der Consumtions- und der Productionsfunctionen einander gegenüber zu stellen. Dies ist denn auch der Grund, aus welchem wir die Organisation der producirenden Thätigkeiten, also die gesellschaftliche Seite der Production erst im Zusammenhang des nächstens Capitels behandeln.

Zweites Capitel.
Abhängigkeit der Production von der Vertheilung.

1. Die Darstellung der wirthschaftlichen Vertheilung hat ein sociales Classeninteresse und wird auch meist, theils unwillkürlich, theils absichtlich, aus dem Standpunkt eines solchen Interesses unternommen. Was erhält der Besitzer des Grund und Bodens und der Landwirth, was der Manufacturist, was der Händler und Agent, was schliesslich der Arbeiter? Diese Fragen sind mit Ausnahme der letzten fast regelmässig mit grossem Eifer behandelt worden. Die Vertheilung des volkswirthschaftlichen Gesammtertrages unter die höheren wirthschaftlichen Berufsstände ist von jeher ein mit dem Ernste der gegenseitigen Eifersucht erörtertes Thema der gemeinen Nationalökonomie gewesen. Die Neubrittische Volkswirthschaftslehre hat sich noch besonders durch ihren Widerwillen gegen die ländlichen Grundbesitzer ausgezeichnet. Die ganze Ricardo'sche Vertheilungstheorie bekundete eine Parteistellung gegen die Grundbesitzerschaft, und wäre es auch nicht ein noch einigermaassen an feudalen Ueberlieferungen krankender Adel gewesen, gegen den sich die Theorie von einem Monopolgewinn aus dem Grund und Boden hauptsächlich richtete, so würde die fragliche Doctrin, die vom Standpunkt des Handels und der Manufacturindustrie erzeugt worden war, keineswegs weniger parteiisch ausgefallen sein. Die händlerischen und industriellen Classen sahen mit Aerger auf die Landbesitzerschaft, die ihnen den auszugebenden Arbeitslohn dadurch vergrösserte, dass sie dem Billigerwerden der Nahrungsmittel durch die Aufrechthaltung ihres Monopols hinderlich blieb. Die Ausbildung der fraglichen Vertheilungstheorien fiel in eine Zeit, in welcher sich die Monopolbestrebungen der Grundherren sehr nachdrücklich fühlbar machten. Die Händler und die industriellen Arbeitgeber mussten eine möglichst freie Concurrenz

im Angebot von Nahrungsmitteln wünschen, damit die Arbeiter sich
für weniger Geld ernähren könnten, und damit auf diese Weise
der Arbeitslohn am Steigen verhindert, wenn nicht gar reducirbar
würde. Der Hauptbestandtheil der Herstellungskosten der meisten
Manufacturproducte ist der Arbeitslohn. Die Chancen des privaten
Profitmachens mussten sich also in hohem Maasse nach der volkswirthschaftlichen Vertheilung zwischen dem Ackerbau und der Industrie richten. Die Productionsmöglichkeit konnte zwar durch
eine einschlagende Aenderung der Vertheilung nicht wesentlich erweitert werden; aber hierauf kam es auch nicht an. Ersparung
am Arbeitslohn war der instinctmässige Grund, der die Brittischen
Industriellen für die Cobden'sche Agitation so sehr einnahm. Es
handelte sich in dieser Agitation wahrlich nicht um die Interessen
der Arbeit oder des Gemeinwohls. Diese ganze Ligue war die
Verbindung einer socialen Gruppe gegen die andere. Der Vortheil
des Volkes diente nur zum Vorwand. Zwei höhere Gesellschafts-
classen stritten um die Art der Vertheilung und zwar nicht etwa
der allgemeinen volkswirthschaftlichen Vertheilung, sondern nur
derjenigen, welche ihre gegenseitigen Interessen betraf.

Dieser eigenthümliche geschichtliche Charakter der Neubrittischen Oekonomie und ihrer Kornzollagitation giebt uns Veranlassung, grade an dieser Stelle von der in Europa gewöhnlich als
sehr philanthropisch und principiell reformatorisch gefeierten Bewegung zu reden. Die Vertheilung, um die es sich handelte, konnte
nicht einmal sonderlich die Productionschancen betreffen. Es handelte sich nur um die Eröffnung einer neuen Möglichkeit, die Arbeitslöhne niederzuhalten. Es handelte sich darum, den nöthigen
Zuschlag zu den Arbeitslöhnen indirect von den Ackerbauern tragen zu lassen und die Verkürzung des Gewinnes auf die Grundbesitzer abzuwälzen. Auf diese Weise glaubte das Englische Händ-
lerthum und die Manufacturindustrie die fatalen Ansprüche der
Arbeit zum Theil scheinbar zum Theil aber auch wirklich, aber
wohlgemerkt auf fremde Kosten befriedigen zu können. So weit
die industriellen Classen gegen die Consequenzen feudaler Einrichtungen kämpften, hatten sie Recht. So weit sie einen überflüssigen
und als Hemmung der Versorgung wirkenden Schutz der einheimi-

schen Landwirthschaft abgeschafft wissen wollten, hatten sie ebenfalls Recht. Ja sie hatten noch aus einem dritten Gesichtspunkt Recht, aus welchem die Leute stets in einem gewissen Sinne Recht haben. Sie waren nämlich sicherlich berechtigt, ihr eignes Interesse zu verfolgen, und es war Sache ihrer Antagonisten, ihnen in diesem Bestreben durch eine geschickte Socialpolitik die Spitze zu bieten. Allein es dürfte die grösste der Verkehrtheiten sein, diesen Classenkampf, bei dem es sich rein darum handelte, wer auf Kosten einer dritten den ganzen Streit nicht verstehenden Menge künftighin die grössten Profite machen sollte, für eine uneigennützige Reformbestrebung anzusehen.

In gewissen Fällen kann eine Veränderung in der Vertheilung des volkswirthschaftlichen Gesammtertrages auch eine Steigerung der Production begründen. Alsdann wird mit der umgestalteten Vertheilung der Erträge auch eine veränderte Ordnung der producirenden Functionen ermöglicht. Diejenigen, welche bisher über wirthschaftliche Kraft gar nicht verfügten, können dann in den Stand gesetzt sein, frei in das Getriebe der Production einzugreifen. Ein solches Ergebniss ist aber nur in einem Falle denkbar, in welchem es sich um mehr als blosse Profitvertheilung handelt. Das Beispiel der Gewinnvertheilung zwischen Manufactur und Handel einerseits und dem Ackerbau andererseits ist wenig geeignet, einen Einfluss auf die Production erkennen zu lassen. Es ist dagegen vortrefflich geeignet, über die Vertheilungstheorien der Neubrittischen Oekonomie eine in der Europäischen Betrachtungsart dieser Dinge nicht gewöhnliche Aufklärung zu geben. Ehe wir daher den bedeutsamen Einfluss entwickeln, den die Vertheilung der Erzeugnisse oder vielmehr der Macht zu consumiren auf die Production und die Vertheilung der Macht zu produciren ausübt, müssen wir noch erst die Brittischen Ansichten prüfen', welche sich hauptsächlich an die Abhängigkeit der Vertheilung von der Production halten, diese Abhängigkeit noch obenein falsch bestimmen und die umgekehrte Abhängigkeit, nämlich diejenige der Production von der Vertheilung völlig unbeachtet lassen.

2. Die ganze Vertheilungslehre der Neubrittischen Oekonomie oder mit andern Worten des Malthus-Ricardo'schen Systems wird

als eine aus der Productionsmöglichkeit entspringende Nothwendigkeit gekennzeichnet. Wäre nicht die Naturproduction, auf deren
Grundlage erst alle andere Production möglich wird, der Ansicht
der neuern Englischen Systematiker zufolge eine hinter den jeweiligen Anforderungen der wachsenden Bevölkerung zurückblei-
bende, so würde auch die Vertheilung des Productionsertrages
eine andere sein können. So aber meinen diese Schriftsteller, und
unter ihnen neuerdings Stuart Mill, dass die eigenthümliche zu
Gunsten des Grundbesitzes ausschlagende Vertheilung eine unaus-
bleibliche Wirkung des Gedränges und der stets übermässigen Concurrenz auf die Lebensmittel sei. Der Grundbesitzer ist nach dieser
etwas wunderlichen Vorstellungsart stets in der Lage, seine Macht
über diejenigen, welche von ihm kaufen, zu vergrössern. Ja dieser
Machtzuwachs kommt ihm ohne sein Zuthun. Die zunehmende Concurrenz, welche sich diejenigen machen, welche nach Nahrungsmitteln verlangen, verschlechtert die Situation dieser Käufer fortwährend, und so soll es geschehen, dass der Landwirth für seine
Erzeugnisse in dem Maasse höhere Preise erzielt, in welchem die
Bevölkerung mehr und mehr, wie man zu sagen pflegt, auf die
Nahrungsmittel drängt.

Diese Annahme der neuern Brittischen Theoretiker wird von
den gemeinsten Thatsachen so entschieden widerlegt, dass man
kaum begreift, wie sie länger als ein Menschenalter den vorherrschenden ökonomischen Grundanschauungen zur Grundlage dienen konnte, und wie sie noch heute von den Mittel- und Westeuropäischen Gelehrten und Doctrinärs festgehalten werden kann.
Wäre wirklich die Stellung des Grundbesitzes eine so günstige, wie
in den Lehrsätzen der erwähnten Theorie angenommen wird, dann
müssten Manufacturindustrie und Handel in der That längst zu
Vasallen des Ackerbaus geworden sein. Ganz im Gegentheil ist
nun aber der Grundbesitz in neuerer Zeit in eine immer bedenk-
lichere Lage gerathen, und er grade möchte es sein, über dessen
sociale Position eine wahrhaft moderne Volkswirthschaftslehre sehr
viel Ursache hätte, nachzudenken. Nächst der Arbeit ist der
ländliche Grundbesitz bisher am meisten von den Vortheilen der
modernen Gestaltung des Volkswirthschaftsbetriebes ausgeschlossen

geblieben. Für ihn ist rücksichtlich der Benutzung des Credits und der Circulationsmaschinerie verhältnissmässig schlecht gesorgt worden. Grade er hat die landwirthschaftlichen Krisen ertragen müssen, ohne alle die Hülfsmittel zu besitzen, welche dem Handel und der Industrie im Falle der Handels- und Geldkrisen noch immer zu Gebote stehen. Wäre wirklich auf Seiten der Landwirthschaft die von Ricardo erträumte Uebermacht vorhanden, so würden die Ackerwirthe sicherlich nicht Anstand nehmen, ihre Erzeugnisse gehörig hoch zu verwerthen. Allein ihre Macht, Preise zu fordern und etwa, wie die Brittische Volkswirthschaftslehre voraussetzt, die Consumenten zu besteuern, ist gar sehr bemessen und oft eher eine Ohnmacht, als eine positive Kraft zu nennen. Die einheimische wie die internationale Concurrenz thun im Angebot der Rohstoffe und Nahrungsmittel wirklich mehr als genug, um das Niveau der Preise in Schranken zu halten. Nur da, wo diese einseitige Concurrenz durch eine entgegenstehende Concurrenz gemässigt wird, steigen die Preise der Rohstoffe und Nahrungsmittel im Vergleich mit den eigentlichen Fabricaten. Aber auch nur dann erlangt der Bearbeiter des Grund und Bodens einen grössern Antheil an dem volkswirthschaftlichen Gesammtertrage, während er sonst als der am schlechtesten situirte Unternehmer zu betrachten ist. Die Vertheilung zwischen Land und Stadt gestaltet sich also in der modernen Form des volkswirthschaftlichen Betriebs eher zu Gunsten des städtischen Unternehmerthums. Auch eine Vergleichung der Lage der arbeitenden Bevölkerung der beiden Gebiete kann unsere Voraussetzung bestätigen. Die Untergebenen des Grundherrn sind der Regel nach noch schlechter daran, als diejenigen des Manufacturherrn. Je näher eine wirthschaftliche Function dem blossen Handel und der reinen Vermittlungsarbeit steht, um so leichter wird es ihr, einen grössern Antheil des volkswirthschaftlichen Gesammtertrages an sich zu bringen. Die Kraft der Aneignung, von welcher die Vertheilung offenbar in hohem Maasse abhängt, ist daher im Gebiete des eigentlichen Handels am grössten; dann folgt die Manufacturindustrie und erst an letzter Stelle der Landwirthschaft. Es versteht sich, dass zwischen Handel und Manufacturindustrie noch das Transportwesen einzuschieben ist, rücksichtlich dessen das Studium der Eisenbahutarife nicht geringe Aufklärung über die sociale Besteuerungsmacht ertheilt. Ferner ist nicht zu vergessen, dass die capitallose Arbeit allen übrigen Gruppen gegenüber steht und eigentlich nur als Object, nicht aber als Subject der socialen Besteuerung angesehen werden kann. Wenigstens ist unter den nach Brittischer Art ausgebildeten Verhältnissen die Macht des Arbeiters in der fraglichen Hinsicht völlig Null.

Um jedoch unsere Gedanken wieder auf die Stellung des Grundeigenthümers zurückzulenken, so ist die ganze Vertheilungsidee, welche von Ricardo in Gestalt der bekannten Bodenrentenphantasie ausgesponnen worden ist, eine wirthschaftliche Erdichtung, an welcher man die verhältnissmässige Unreife des ökonomischen Denkens erkennen kann. Um dieser Bodenrentenphantasie ihren Schein von Grundlage zu entziehen, bedurfte es eigentlich weder einer neuen Werththeorie noch etwa gar des Gesetzes vom Gange der Bodencultur. Die beiden genannten Lehren Carey's sind allerdings vortrefflich geeignet, die Bodenlosigkeit der Ricardo'schen Annahmen bloszustellen. Allein um die kühne Verwegenheit der Ricardo'schen Art zu denken und zu rechnen einzusehen und seine Folgerung von vornherein abweisen zu können, bedurfte es wirklich nicht so grosser Reformen. Carey hat seinem Brittischen Gegner zu viel Ehre angethan, indem er dessen Lehre von der Bodenrente von der materiellen Seite angriff und den positiven Beweis des Gegentheils lieferte. Wer nicht grade vor der Englischen Volkswirthschaftslehre, blos weil sie Englisch war, glaubte Respect haben und daher die Gedankenspiele des Britten Ricardo als Offenbarungen hinnehmen zu müssen, der konnte sich von diesen theoretischen und internationalen Octroyirungen ohne sonderlichen Mühaufwand frei erhalten. Am angemessensten ist Ricardo mit seiner Bodenrentendichtung von unserm Friedrich List auf einigen Seiten abgefertigt worden. Da indessen noch ein starker Aberglaube an Brittische Weisheit bei uns seine Altäre hat, so dürfte es gut sein, der formalen Seite des Ricardo'schen Unterfangens einige Aufmerksamkeit zu widmen.

· Niemand hat, so viel ich weiss, bisher die Methode des Ricardo'schen

Denkens selbst angefochten. Grade aber diese Methode ist das
Interessanteste; denn sie ist die schwächste Seite des ganzen vermeintlichen Heros der Brittischen Nationalökonomie. Bekanntlich
stellt sich Ricardo verschiedene Bodensorten vor, welche bei gleichem Aufwand von Arbeit und Capital ungleiche Erträge liefern.
Die Gewinnunterschiede, die von der Ungleichheit der Erträge herrühren, bilden seine sogenannte Bodenrente d. h. einen Bestandtheil der Bodeneinkünfte, der mehr als blosser Capitalgewinn ist.
Gesetzt nun, es wäre wahr, wie Ricardo in seiner glücklichen
Unbefangenheit wirklich schliesst, dass diese Differenzen quantitativ sehr bedeutend ausfielen, und dass also diejenigen Grundeigenthümer, die nicht grade die schlechteste Bodensorte cultiviren, in
der Verwerthung ihrer Erzeugnisse ansehnliche Monopolgewinne
machten, so würde doch der Umfang dieser zunächst in Geld bestehenden Einnahmen weiterhin in der Volkswirthschaft eine Rolle
spielen müssen. Es würde nach der Consumtionsfähigkeit der landwirthschaftlichen Classen zu fragen sein und diese würde sich doch
noch nach einem zweiten Moment richten. Es würde sich darum
handeln, zu bestimmen, was die Grundbesitzer mit ihren Gewinnen
zu kaufen, oder wie sie dieselben in der Form des Capitals anzulegen vermöchten. Es ist nun nur eine sehr leicht übersehbare
Möglichkeit von Fällen in Betracht zu ziehen. Entweder sind die
grundbesitzenden Classen geneigt, ihre Monopolprofite sogleich zu
verzehren; oder sie formiren daraus Capitalien. Die letztern können nun entweder wiederum in der Landwirthschaft angelegt oder
aber dem übrigen Gebiet der volkswirthschaftlichen Functionen in
Gestalt von Darlehen zugeführt werden. Was den ersten Fall d. h.
die Consumtion anbetrifft, so werden die Preise der Fabricate und
Luxusbedürfnisse doch jedenfalls nach Maassgabe der Concurrenz
dieser Classe von Consumenten ebenfalls eine beträchtliche Höhe
erreichen müssen. Denn wenn wirklich der von der Grundbesitzerschaft realisirte Fond so überaus gross ist, wie ihn Ricardo stillschweigend in seinen Veranschlagungen voraussetzt, so wird die
Summe von industriellen Erzeugnissen, die aus demselben ange-
schafft werden soll, doch offenbar nicht zu niedrigen Preisen
zu haben sein. Die verfügbare Menge von Arbeit, industriellen

Erzeugnissen und Handelsartikeln kann durch den blossen Umstand, dass eine gewisse Classe im Besitz grosser Werthsummen ist, die zum Ankauf dienen sollen, niemals sonderlich vermehrt werden. Es wird daher eine Art Vertheilung statthaben, und was durch das vorausgesetzte Monopol scheinbar gewonnen worden ist, wird im Acte der Consumtion wieder in das Bereich der allgemeinen Volkswirthschaft zurückkehren. Ricardo hat nun den Kreislauf der Werthe und die Zweideutigkeit der in den Preisen realisirten Gewinne vergessen. Wäre die Grundbesitzerschaft im Stande, durch ihre Nachfrage nach Comfort wirklich die Production desselben in erheblichem Maasse zu vermehren und ihren von Ricardo vorausgesetzten hohen Gewinnen gegenüber auch ganz niedrige Preise der Fabricate aufrecht zu erhalten, dann könnte sie allerdings von ihren Werthen einen verschwenderischen Gebrauch machen und die industrielle Arbeit gleichsam in ihren Frohndienst pressen. Dieser Möglichkeit steht aber der einfache Umstand entgegen, dass die grössere Nachfrage auch zu einer Preissteigerung der verlangten Artikel führen muss, und dass sich, wo überhaupt eine freie unbehinderte Dynamik der Werthe möglich ist, die bezüglichen Werthbestimmungen ausgleichen müssen.

Nehmen wir nun aber an, dass wie es weit wahrscheinlicher ist, die angenommenen Monopolgewinne zum grössten Theil zu Capital formirt und in Gestalt von Darlehen der Industrie zugeführt werden. Der andere Fall, dass sie im Ackerbau angelegt werden, würde mit der Ricardo'schen Voraussetzung schlecht stimmen; denn es ist ja grade die Landwirthschaft, in welcher die Anlagen von Capital und Arbeit nur nach Maassgabe der Noth der Volksmenge erfolgen sollen. Die Grundeigenthümer würden also ihr Capital ausleihen und zwar im Bereich der Industrie und des Handels unterbringen. Denn die Annahme, dass so gewaltige Monopolgewinne, wie sie von Ricardo vorausgesetzt werden, — dass die ganze Grundrente, die ja nach der Ricardo'schen Meinung unersättlich ist und Alles zn verschlingen, ja wo möglich das ganze Volkseinkommen zu absorbiren droht, wirklich in den sogenannten unproductiven Darlehen vollständige Verwendung finde, ist doch wohl nicht zuzulassen. Die Grundeigenthümer werden mithin Zinsnehmer oder industrielle Geschäftstheilhaber. In der ersten Rolle werden sie jedenfalls nicht allzu viel erhalten; in der andern Rolle werden sie aber die doppelten Interessen der zwei Classen, die mit einander der Grundrente wegen hadern, in einer Person vereinigen. An diesem Punkt werden die Consequenzen bereits wunderlich, woran offenbar nur die falsche Voraussetzung Schuld sein kann. Doch man kann das ganze Gewebe Ricardo's noch viel leichter zerreissen, indem man aufhört, an dem Leitfaden des Geldbegriffs zu haften, und indem man so zu sagen eine Naturalbetrachtung der Vertheilungsverhältnisse veranstaltet. Die landwirthschaftlichen Erzeugnisse einerseits und die Fabricate andererseits müssen irgendwie zur Vertheilung gelangen. In welcher Form soll nun wohl eine an Anzahl verhältnissmässig geringe Classe einen grossen Theil des Volkseinkommens absorbiren können? Abgesehen von verschwenderischer Ueppigkeit, die grosse Massen von Erzeugnissen und von Arbeitskraft vergeudet, giebt es kein Mittel, die Consumtion über ihr natürliches Maass zu steigern. Aber selbst dann, wenn wir ein gewisses Maass von Vergeudung voraussetzen, wird die gesammte Consumtion der Volksmenge ausserordentlich vorwiegen und der Verbrauch der an Zahl geringern, wenn auch luxuriös lebenden Classen einen kleinen Bruchtheil des ganzen Consums ausmachen. Die durch Monopolgewinne genährte Gesellschaftsschicht, in userm Fall also der Ricardo'schen Annahme nach die Grundbesitzerschaft, mag immerhin viele volkswirthschaftlich nichtsthuerische Leute zu ihrem Dienst unterhalten und auch die Menge vermittelst ihrer Ankäufe zu mancherlei Frohn in unnützen und arbeitvergeudenden Luxusproductionen indirect heranziehen, alle diese Umstände werden quantitativ ziemlich unerheblich bleiben. Es ist also gar nicht möglich, dass eine einzige an Zahl geringe Classe in der Vertheilung der volkswirthschaftlichen Erträge im natürlichen Gange der Dinge einen Antheil erhalte, der im Vergleich mit dem, was die Massen verzehren, seinem absoluten Betrage nach besonders wichtig werden könnte. Dagegen kann die gestaltende und hemmende Kraft, welche der den Massen entgangene Gewinn ausübt, rücksichtlich der Production von grosser Tragweite sein. Die Consumtionsfähigkeit der Classen von geringer Zahl ist nie entscheidend;

wohl aber sind es die Hemmungen, welche von diesen Classen einer solchen Vertheilung, ich sage nicht der Erzeugnisse, sondern der consumirenden Kräfte, entgegengesetzt werden, durch welche der Markt selbst ernstlich erweitert und daher die Production ausgedehnt werden kann. Ricardo hatte keine Ahnung von dem Unterschiede zwischen der Vertheilung der als fertig vorgestellten Erzeugnisse und der Vertheilung der ebenso zur Consumtion als zur Production oder wenigstens zur Anregung der Production befähigenden Werthe. Er nahm die Werthe ohne Weiteres als Repräsentanten von Erzeugnissen und machte seine befremdlichen Schlüsse ganz so, als wenn der Geldfuss, nach welchem sich die Erzeugnisse und Thätigkeiten austauschen, etwas Starres und Unverrückbares wäre. Nun giebt es aber keine Macht, welche im Stande wäre, den Schwerpunkt der Consumtion aus der Masse in eine Classe von geringer Zahl zu verlegen. Es ist mithin dafür gesorgt, dass keine Minderzahl das Volksvermögen zu einem erheblichen Antheil absorbiren könne, und nur die Vorgänge, welche sich auf die Consumtion der Menge beziehen, sind als maassgebend anzusehen. Dagegen ist es sehr wohl erklärlich, wie die leitenden Classen durch die Verhinderung einer natürlichen Gestaltung der Werthvertheilung die Production selbst ernstlich hemmen und das Volk benachtheiligen können. In einem solchen Fall ist es aber nie die Vertheilung der wirklichen Ergebnisse der Production, sondern die Einschränkung der auf die zukünftige Production einwirkender Consumtionsfähigkeit, was den Uebelstand ausmacht. Die Werthe, die sich bei der Minderzahl anhäufen, sind verhältnissmässig unvermögend, den Rahmen der Production ernstlich zu erweitern; denn sie sind nicht im Stande, das zu schaffen, was Adam Smith eine »wirksame« Nachfrage nennt. Die Werthe aber, über welche die Masse gebietet, wirken zunächst auf die Consumtion und so in entscheidender und maassgebender Weise auf die Production. Von allen diesen wichtigen, quantitativ zu unterscheidenden Beziehungen hat das Ricardo'sche Raisonnement keine Kenntniss. Mühsam schleppt es sich durch Hülfe einer groben Geldrechnung, die nur die Profite als Erfolge ansieht, durch das Labyrinth seines Monopolcalcüls. Hierbei vergisst es gänzlich die Naturalbetrachtung und die Thatsachen. Es verhält sich wie jener Mathematiker, welcher richtig herausrechnete, dass über der Schneegrenze der Gebirge eine gewaltige Hitze herrschen müsse.

Eine einzige Idee, die mit den groben Rechnungen Ricardo's keine nothwendige Verwandtschaft verräth, dürfte einer besondern Betrachtung werth sein. Es kann nämlich sehr wohl die sociale Macht einer Classe durch eine günstige wirthschaftliche Position vermittelt werden, und der allgemeine Gedanke, dass die Grundherren an gesellschaftlicher Bedeutung gewinnen müssen, sobald wirklich dauernde Insufficienz der Nahrung stattbat, ist an sich durchaus noch nicht unlogisch. Er wird es erst, wenn man von vornherein voraussetzt, dass dieser Macht kein Widerspiel entgegengesetzt werden könne. Allerdings würde, wenn die Menschen träge Objecte wären, unter Voraussetzung der Wahrheit der von Ricardo angenommenen Malthus'schen Fundamentalthatsache, derjenige Stand, welcher unmittelbar über die Bezugsquellen der Nahrung verfügt, eine immer wachsende Herrschaft an sich reissen können. Allein die Menge kann auf die Dauer keine träge Masse bleiben, zumal wenn ihr in der vorausgesetzten Weise mitgespielt würde. Die Consequenzen, welche Carey aus der Ricardo'schen Anschauungsweise für die Zukunft des Menschengeschlechts zieht, sind daher nur unter der Voraussetzung richtig, dass kein specifisch socialer und politischer Widerstand geleistet wird. Könnten jemals die Preise der landwirthschaftlichen Erzeugnisse wirklich Ricardo'sche Monopolpreise werden, so würde eine nach Maassgabe der Bodenfruchtbarkeit ernstlich progressive Grundsteuer jene Differenzen, an denen die politische Oekonomie nun wohl lange genug geklaubt hat, vollständig in's Gleiche bringen.

3. Wir dürfen nicht müde werden, die Ricardo'schen Anschauungen bei jeder Gelegenheit und aus allen Gesichtspunkten nicht blos in ihrer thatsächlichen und materiellen, sondern auch in ihrer methodischen und formalen Unwahrheit bloszustellen. Ehe wir uns daher zu dem Malthus'schen Ausgangspunkt der hier fraglichen Vertheilungsideen wenden, müssen wir noch auf die merkwürdige Rechnungsvirtuosität und auf die überraschende Schärfe des gleichsam mathematischen Grundschemas hinweisen, durch welches die

Bodenrententheorie fast für Kinder greifbar gemacht wurde. Der grosse Theoretiker, dem wir unsere moderne Volkswirthschaftslehre verdanken, lässt nämlich ganz wohlgemuth und ohne zu merken, zu welcher Caricatur des quantitativen Denkens er gelangt, eine Reihe von immer schlechteren Bodensorten aufspaziren, in deren Cultur sich die Arbeit immer schlechter lohnt. In der Bildung der Differenzen erschöpft er nun ganz getrost seine erste Zahl, und so kommen wir zu dem grossen Ergebniss, dass die Bodenrente die Tendenz habe, das Volkseinkommen schliesslich ganz aufzuspeisen oder doch nur einen ganz geringfügigen Rest übrig zu lassen. Wir haben schon früher die Bedenklichkeit allzu voreiliger mathematischer Schematisirungen an dem Malthus'schen Gesetz erprobt. Auch wissen wir, dass man derartige Schemata wohl als ganz grobe Grundrisse gelten lassen kann, wenn man sich hütet, bestimmtere Consequenzen aus ihnen ziehen zu wollen. Auch bessere Oekonomiker als Ricardo haben ähnliche Schematisirungen versucht; aber sie haben doch Anstand genommen, denselben weitere Consequenzen zu geben, als mit der verhältnissmässigen Unexactheit derartiger erläuternder Einkleidungen verträglich ist. In Ricardo's Raisonnement liegt nun aber die grobe Unwahrheit seines Schema so sehr auf der Hand, dass man nicht annehmen kann, es seien Denker und überlegende Rechner gewesen, die seine Skizze von der numerischen Entstehung der Bodenrente hätten untersuchen und nicht sogleich als falsch signalisiren können.

Besonders lehrreich ist die letzte Zuflucht derjenigen, welche nicht gerne eingestehen möchten, dass sie bisher auf pure Autorität hin an ein Brittisches Doctrinchen geglaubt haben. Diese merkwürdige Gefolgschaft Ricardo's glaubt noch heute an die Verstandesschärfe ihres talmudistisch geschulten Meisters. Der Sohn des Holländischen Juden soll auf alle Fälle und trotz Carey Recht behalten. Denn wer, sagen diese in ihrer Treue Unübertrefflichen, kann leugnen, dass es Differenzen der Bodenfruchtbarkeit giebt, und wenn es diese giebt, so muss auch der Differentialgewinn vorhanden sein, den Ricardo mit seiner Bodenrente meint. Auf den Gang der Bodencultur komme es ja gar nicht an. Ebenso wenig könne die formale Werththeorie an dem Sachverhalt irgend

etwas ändern. Solange es noch möglich sei, zwei Grundstücke
neben einander zu denken, von denen das eine auf weniger Arbeit
und Capital denselben oder gar einen grösseren Ertrag liefere,
sei auch eine Ertragsdifferenz vorhanden, die auf das blosse Eigenthum und die natürlichen Vorzüge der einen Bodensorte verrechnet
werden müsse.

Niemand, der nicht wie Bastiat von fremden Gedanken zu
Uebertreibungen und Voreiligkeiten hingerissen wird, möchte Lust
haben, die Differenzen der natürlichen Vorzüge und deren Folgen
im Gewinnmachen, ich sage nicht zu bestreiten (was absurd sein
würde), sondern auch nur unberücksichtigt zu lassen und als unbequeme Thatsache bei Seite zu schieben. Ein Kind kann begreifen, dass wer das Doppelte zu verkaufen hat, auch im Allgemeinen einen doppelten Preis erzielen wird. Zwei Scheffel sind eben
doppelt so viel werth als einer. Anders verhält es sich nun aber
auch nicht mit den Unterschieden in der Vorzüglichkeit. Wer in
seinem Boden die doppelte Menge von Pflanzennährstoffen für dieselbe Ernte mit gleicher Arbeit und gleichem Capital wirksam
machen kann, dessen Lage ist beinahe dieselbe, als wenn er von
vornherein der Eigenthümer eines doppelten Quantum von Gütern
wäre. Die Vorzüglichkeit in der Qualität ist in unserm Fall
sogar wirklich nichts weiter als ein Mehr in der Quantität des
Besitzes. Allein auch in andern Fällen werden die Differenzen
der Vorzüglichkeit, wie wir dies schon in der Werththeorie gezeigt
haben, keine andern Wirkungen haben können, als die · Differenzen
in der Menge.

Es fällt uns daher gar nicht ein, die Existenz von Gewinn-
unterschieden, die sich auf die natürlichen Vorzüge der im Eigenthum befindlichen Dinge beziehen, bestreiten zu wollen. Im Gegentheil setzen wir das Dasein solcher Unterschiede als eine ganz
allgemeine Nothwendigkeit voraus, die weit entfernt ist, grade auf
den Grund und Boden beschränkt zu bleiben. Derartige Unterschiede lassen sich in allen Richtungen antreffen. Die Vorzüge
persönlicher Leistungen, die auf natürlicher Ausstattung beruhen,
sind ebenfalls dahin zu rechnen. Warum sollte auch nicht die
Verfügung über eine grössere Summe von Nützlichkeiten zu grös-

seren Werthäquivalenten führen? Warum sollten nicht Unterschiede in der Verwerthung des Minder und des Mehr auch in qualitativer Beziehung bestehen? Jeder Vorzug in der Qualität wird sich im Verkehr schliesslich in einen Unterschied der Quantität des abstracten Werthes auflösen. Nur wenn wir auf dem Antagonismus der Werthsummen und der durch sie repräsentirten Nützlichkeiten beständen, würden wir uns vielleicht durch den Systemgeist zu der Voraussetzung verleiten lassen, die natürlichen qualitativen Vorzüge (sei es des Grund und Bodens, sei es einer andern Quelle von Einkünften) spielten keine Rolle in den Verhältnissen der Verwerthung.

Wie gross ist nun aber die Kluft zwischen unserer allgemeinen Idee und zwischen der speciellen ganz willkürlichen Hypothese, dass die gekennzeichnete Art von Differentialgewinnen irgend einen erheblichen Einfluss auf die Gesammtvertheilung üben könne? Der Missgriff Ricardo's ist, von allen falschen Nebenvoraussetzungen abgesehen, wesentlich ein quantitativer. Für das vage, schweifende und fast träumend zu nennende Denken oder vielmehr Dichten kann allerdings jeder Begriff gewaltige quantitative Dimensionen annehmen und so der Schein entstehen, als seien gewisse Monopolgewinne, deren Monopol-Charakter in einer gewissen Hinsicht von uns gar nicht bestritten wird, nennenswerthe Mächte im Getriebe der allgemeinen Vertheilung. Das Colossale und die Ungeheuerlichkeit der Ricardo'schen Ausgeburt besteht ja nun aber eben in der Annahme, dass die erwähnten Differentialgewinne quantitativ etwas zu bedeuten haben. Solange man sich an eine blosse Begriffslogik hält, wird man den hartnäckigen theoretischen Interessenten des Ricardo'schen Irrthums nicht beikommen. Diese Interessenten, um deren wissenschaftliche Reputation es sich handelt, werden sich an den letzten Strohhalm klammern. Sie werden, wenn es nicht mehr anders gehen wird, sogar das Carey'sche Gesetz vom Gange der Bodencultur annehmen und in ihre Handbücher aufnehmen; ja sie werden sich selbst in eine rationellere Werththeorie finden, wenn dieselbe ihnen in Form der Autoritätsauferlegung entgegentritt. Aber sie werden doch noch immer behaupten, Ricardo habe in einem wesentlichen Punkt Recht gehabt. Sie werden sich auf den gesunden Verstand berufen, und uns immer wieder ihre zwei Grundstücke vorführen, deren natürliche Ausstattung verschieden ist, und von denen man unter Umständen voraussetzen kann, dass sie auf gleichen Aufwand von Arbeit und Capital verschiedene Erträge liefern. Ja sie werden sich womöglich auf Carey selbst berufen, der ja gelehrt habe, dass eine verhältniss-mässig geringere Arbeit im Laufe der Entwicklung der Volkswirth-schaft in allen Gebieten, die Cultur des Grund und Bodens nicht ausgenommen, eine grössere Summe von Nützlichkeiten erzielen müsse. Allein alle diese Wendungen werden zu Schanden werden müssen, sobald wir die Gegner nöthigen, ihr Raisonnement in va-gen Begriffen aufzugeben und sich ein wenig auf Berücksichtigung des Unterschieds zwischen quantitativ erheblichen und unerheb-lichen Einflüssen einzulassen. Sobald man uns bewiesen haben wird, dass die monopolartigen Differentialgewinne im Fall der landwirthschaftlichen Verwerthung des Grund und Bodens die Form der allgemeinen Vertheilung zu bestimmen gross genug sind, werden wir dem Hinweis auf jene Differenzen eine Bedeutnng bei-messen. Bis dahin aber (und dieser Zeitpunkt liegt jenseit aller wissenschaftlichen Ereignisse) werden wir uns erlauben, diese Differenzen in Rücksicht auf die Gesammtvertheilung für ebenso gleichgültig zu erklären, als wenn es sich um beliebige andere Unterschiede wirthschaftlicher Leistungsfähigkeit und natürlicher Ausstattung handelte. Es versteht sich ganz von selbst, dass der Eigenthümer der natürlich bevorzugten Sache aus derselben mehr Werthe erzielen kann, als derjenige der vernachlässigten. Aber es ist eine eigenthümlich ungeheuerliche Idee, die eben nur im Stadium der Kindheit des volkswirthschaftlichen Denkens erklär-lich wird, jene Differenzen zu Regulatoren der grossen Grundzüge der Vertheilung machen zu wollen. Könnten wir uns an dieser Stelle noch in weiterem Umfang mit der speciellen Widerlegung der Bodenrentendichtung befassen, so würden wir auch noch nach-weisen, dass die quantitativen Voraussetzungen des Spieles der Concurrenz in dem Ricardo'schen Raisonnement unrichtig sind. Es ist eine ganz willkürliche Annahme, dass sich der Preis der landwirthschaftlichen Erzeugnisse nach den ungünstigsten Productionschancen richten müsse, oder dass umgekehrt, wie Macleod will, sich die Production in analoger Weise nach dem günstigsten Preise bestimme. Es kann unter sehr verschiedenen Chancen der Verwerthung producirt werden, und es kann sich unter sehr verschiedenen Chancen der Production eine sich sehr verschieden stellende Verwerthung ergeben. Hier ist es nicht möglich, diese eigenthümlichen Combinationen zu verfolgen. Nur so viel sei bemerkt, dass man in der Veranschlagung der Wirkungen der Concurrenz auch darauf zu achten hat, dass in jedem Fall nur ein so zu sagen der Breite nach begrenzter Spielraum der Verwerthung existirt. Dieselbe Arbeit kann gleichzeitig zu verschiedenen Preisen verwerthet werden, und ebenso kann dasselbe Erzeugniss unter verschiedenen Chancen des Absatzes gleichzeitig und sogar in demselben geographischen Bezirk zu verschiedenen Preisen abgesetzt werden. In der Frage nach den Wirkungen der Concurrenz müssen wir also immer berücksichtigen, dass die Annahme einer Ausgleichung der Preise nach Maassgabe, sei es der schlechtesten, sei es der besten Productionschancen, gewaltige Einschränkungen erleidet. Die Gestaltung der Concurrenz ist kein so einfaches Problem, als man gewöhnlich annimmt; denn die verschiedenen Bestrebungen können häufig nur darum nicht auf die Erzielung der grössten Werthe halten, weil sie genöthigt sind, sich zunächst überhaupt in einem gewissen, quantitativ bestimmten Umfang geltend zu machen, so dass die Frage nach der Intensität der Verwerthung erst in zweiter Linie, nämlich nach der Frage der Extension entscheidend wird. Der Markt will in allen seinen Theilen und nicht blos da benutzt sein, wo die gelegentlichen Werthsteigerungen grade den höchsten Punkt erreicht haben.

4. Wenn wir uns bei der Ricardo'schen Vertheilungsvorstellung länger aufgehalten haben, als angemessen wäre, wenn man sich nach dem positiven Gewinn solcher Erörterungen richtete, so trägt hiervon der noch gegenwärtig bestehende Zustand der Volkswirthschaftslehre die Schuld. Um nun aber zu den positiv wichtigen Beziehungen zwischen Vertheilung und Production zu gelangen, müssen wir doch noch erst die Consequenzen der Malthus'schen Hypothese betrachten. Die Vertheilungsverhältnisse werden nur

darum als von der Production abhängig angesehen, weil der Umfang der letzteren stets ungenügend sein soll. Offenbar wird die intensivere Concurrenz, welche aus der schwer zu befriedigenden Noth hervorgeht, die reinen socialen Gesetze in stärkerem Maasse ins Spiel setzen, als wenn kein eigentlicher Kampf um das Dasein bestände. Es folgt aber durchaus nicht, dass die Normen der Vertheilung dem Princip nach verändert werden müssten. Die Gesellschaft verfügt über ein gewisses Maass productiver Kräfte und producirter Erzeugnisse. Sie wird sich in die letzteren nach Maassgabe der wirthschaftlichen Aneignungskraft der verschiedenen Gruppen theilen. Ist der Vorrath ungenügend, so werden die fraglichen Erscheinungen schärfer hervortreten. Allein ein neues Princip kann durch den Umfang der Production in die Vertheilung selbst niemals kommen. Wohl aber kann umgekehrt die Vertheilung ein Grund der Veränderung der Productionsmöglichkeit werden. Die Neubrittische Oekonomik hat also den unglücklichsten Ausgangspunkt gewählt, der nur irgend aufzufinden war. Sie hat eine Vertheilung, die rein sociale Ursachen hat, auf wirthschaftliche Naturgesetze zurückführen und auf eine über die socialen Verhältnisse übergreifende Nothwendigkeit abwälzen wollen. Auf diese Weise hat sie eine »erste Täuschung« geschaffen, deren man sich um so schwerer entledigt, je öfter man sie in den verschiedensten Richtungen verwerthet findet.

Die Bevölkerung drängt auf die Lebensmittel, sagt Malthus. Diejenigen, welche über die Bezugsquellen der Lebensmittel verfügen, befinden sich dadurch in einer social vortrefflichen Stellung, sagt Ricardo. Mithin wird die Vertheilung stets zu Gunsten des Grundbesitzes ausfallen, ist der von den Anhängern der Bodenrentenphantasie anerkannte Schluss. Die Arbeiter der Manufacturindustrie, meint Ricardo weiter, werden dauernd nur auf ein geringstes Maass von gerade noch zureichenden Existenzmitteln rechnen können. Die Vertheilung muss also mit Naturnothwendigkeit für den Empfänger des Arbeitslohns stets ungünstig ausfallen. Die weitere Consequenz wäre, dass der Arbeiterstand seine Bedürfnisse mit dem Fortschritte der volkswirthschaftlichen Entwicklung immer mehr einzuschränken hätte. Allein diese Folgerung

wird nicht gemacht, sondern es wird lieber wie von Stuart Mill, die
Niederhaltung der Vermehrung der Anzahl der Bedürfenden empfoh-
len. Dies heisst aber auch nur eine Einschränkung der Summe der
Bedürfnisse fordern. Die Malthusianer wollen ihre socialpolitische
Kur stets an dem Consumtionsbestreben der Menschheit vornehmen.
Sie geben mit Ausnahme der die Manufacturisten betreffenden
Consequenzen der vermeinten Bodenrententheorie gar keine Schä-
den der socialen Vertheilung zu. Sie finden das eine grosse Uebel
nicht in dem Verhältniss, in welchem vertheilt wird, sondern in
dem unzureichenden Umfang des Gegenstandes, der zu vertheilen
ist. Aber dennoch meinen sie, wie z. B. Stuart Mill ausdrücklich
ausgesprochen hat, dass die Vertheilung eine ganz andere sein
würde, sobald der Einfluss des Malthus'schen Bevölkerungsgesetzes
wegfiele. Dann würde die Lehre von der Vertheilung dieser Ansicht zufolge eine durchgreifend veränderte Gestalt erhalten.

Diesen Meinungen gegenüber kann man sich an folgende zwei
Hauptsätze halten. Erstens ist offenbar die absolute Grösse eines
jeden Antheils unter übrigens gleichen Umständen von der Masse
der zur Vertheilung verfügbaren Dinge und Leistungen abhängig.
Zweitens sind die Verhältnisse der Vertheilung aus socialen Ursachen, nicht aber aus wirthschaftlichen Gründen abzuleiten. Der
zu vertheilende Ertrag mag grösser oder kleiner, genügend oder
ungenügend sein; die socialen Proportionen werden sich im Wesentlichen nicht ändern, sondern nur in verschiedenem Grade auffallend
werden. Es kann nicht zweierlei Gesetzmässigkeit für die Vertheilung geben, je nachdem Viel oder Wenig vorhanden ist. Die
Folgerungen, die man aus dem Malthus'schen Gesetz gezogen hat,
sind also nicht einmal als solche richtig. Selbst wenn es ein Malthus'sches Gesetz gebe, was nicht der Fall ist, so würden dennoch
die Verhältnisse der Vertheilung nur Wirkungen der socialen Position sein Nur in einer einzigen ganz trivalen Rücksicht würde
ein Unterschied statthaben. Es würde nämlich der absolute
Betrag der Antheile derjenigen Gesellschaftsschicht, die sich am
schnellsten zu vermehren strebt, am leichtesten auf einem Minimal-
punkt erhalten werden können. Die sociale Macht würde eine
grössere Bedeutung haben als in einem Fall, in welchem kein eigent-

17*

licher Kampf um das Dasein, sondern nur ein Bestreben auf Erhöhung des Lebensgenusses statthätte. Die sociale Position der
um die Existenz ringenden zahlreichsten Schicht würde wenigstens
so lange bedenklicher bleiben, als nicht durch politisch ausgleichende
Institutionen für den Mangel der wirthschaftlichen Selbstständigkeit Ersatz geschafft würde. Uebrigens ist aber gar nicht abzusehen, wie die Proportionen der Vertheilung durch das Mehr oder
Minder des Ertrages erheblich beeinflusst werden sollten. Die
Malthus'sche Idee giebt also kein neues Vertheilungsprincip an die
Hand, und nur insofern kann man sagen, dass durch den Gang der
Bevölkerung die Distribution bestimmt werde, als die absoluten
Antheile natülich verschieden ausfallen müssen, je nachdem man
es mit einer reichlichen oder dürftigen Versorgung zu thun hat.

Wenn in der That die Production unter irgend einer, sei es
richtigen, sei es falschen Voraussetzung einen solchen Einfluss auf
die Vertheilung hätte, wie er von der Neubrittischen Doctrin angenommen wird, so wäre auch von allen andern Consequenzen abgesehen, die natürliche Schichtung der beiden Stufen, nämlich der
Production und der Vertheilung, völlig umgekehrt. Die Production
bildet die allgemeinere Grundlage und ist relativ von der Vertheilung unabhängig. Sie kann, wie wir früher gesehen haben, ganz
unabhängig von jeder Vertheilungsidee wenigstens in ihren Grundzügen vorgestellt werden. Jedenfalls erstreckt sie ihre Wirkungen
aber nicht in das Bereich der socialen Proportionen der Vertheilung. Das Gebiet rein socialer Gesetzmässigkeit ist eine Sphäre
oder Schicht von Vorgängen, die sich gleichsam über dem Fundament der Production lagert. In dieser Schicht ist ein relativ freies
Spiel der socialen Mächte wahrzunehmen. Die Freiheit in dieser
Sphäre kann nun wohl in das Element der Production eingreifen,
aber dies letztere Element selbst kann nicht die Gesetze modificiren,
die einen socialen Ursprung haben. Die socialen Gestaltungskräfte
greifen in die Production über, aber es kann nicht umgekehrt das
nackte Resultat der Production die socialen Bewegungen beherrschen.

5. Nicht in der Richtung von der Production zur Vertheilung,
sondern im umgekehrten Sinne besteht eine wichtige Abhängigkeit.
Das Maass der Production hängt zum grossen Theil von der

Vertheilung ab. Diese Abhängigkeit hat zwei Hauptursachen. Einerseits ist die Erweiterung der Production von der natürlichen Steigerung der Consumtion abhängig. Hiervon reden wir im nächsten Capitel. Andererseits schliesst die Vertheilung der Erträge auch eine Vertheilung der productiven Kräfte in sich. Nur da ist ein Centrum productiver Kraft, wo eine Anziehung von Werthen zur productiven Anlegung möglich ist. Dies ist nun aber nicht der Fall, wo eine extreme Vertheilung statthat, die auf der einen Seite nur ausserordentlichen Reichthum und auf der andern nur Dürftigkeit und Ohnmacht kennt. Die productiven Antriebe sind nur da, wo die Werthe sind, welche die Mittel der weiteren Production abgeben. Unter einem System, welches rücksichtlich der Vertheilung nur extreme Ergebnisse liefert, giebt es nur eine einseitige Kraft, die ganz und gar bei den grossen Capitalmächten zu suchen ist. Diese Capitalmächte sind der Willkür einer geringen Zahl anheimgegeben, und diese Willkür repräsentirt alsdann die Summe aller productiven Antriebe. Die Organisation der productiven Kräfte ist alsdann nicht diejenige, welche das Maximum der Production ergeben kann. Die productiven Functionen brauchen alsdann nicht und werden auch niemals dem Interesse an diesem Maximum dienstbar werden. Der Grund hiervon ist ganz einfach. Dieses Interesse hat seinen Sitz allein und ausschliesslich in der Gesammtheit; es residirt in jener vernachlässigten und productiv ohnmächtigen Menge, die kein Mittel hat, die Verwendung des vorhandenen Capitals zu ihrem Vortheil zu lenken. Diese Menge ist in der Frage der Productionsausdehnung alsdann völlig Null. Sie hat zu der Willkür des wirthschaftlichen Oligarchenregiments nur das Zusehen. Sie zählt nur als träge Masse. Ihr Interesse wird nur, so weit es physisch nothwendig ist, geachtet. Woher soll der Antrieb zur Steigerung der Production kommen, da er nicht von daher kommen kann, wo das einzige wahre Interesse an ihm seine breite Grundlage hat? Wäre es wahr, dass der Vortheil der geringen Zahl mit dem der Masse unmittelbar und ohne Weiteres zusammenfiele, alsdann würde der Absolutismus des wirthschaftlichen Regiments keine Productionshemmung sein. So aber greifen grade diejenigen, welche an dem Maximum der Production ein unverrückbares Interesse

haben, in die Gestaltung des Wirthschaftsbetriebes und der Wirth-
schaftsausdehnung nicht ein. Sie sind in Beziehung auf die Leitung der Production reine Nullen, während sie doch in Beziehung
auf die Consumtion ein Minimum von Gewicht unvermeidlich in die
Schaale werfen müssen. Wenn nun auch nicht einmal dieses Minimum von Verbrauchsansprüchen durch die im Interesse der Einzelwillkür betriebene Production und deren relatives Maximum befriedigt werden kann, so klage man nicht die natürlichen Grenzen,
sondern die künstlichen Hemmungen des wirthschaftlichen Schaffens
an. Die allein vom Interesse der geringen Zahl geleitete Wirthschaft ist eine Production des Egoismus. Ihr haftet daher auch
die Beschränktheit der isolirten und nicht durch ein Gegengewicht
gezügelten Selbstsucht an. Der Krebsschaden des Brittischen Pro-
ductionssystems ist der Umstand, dass diejenigen, welche das natürliche Interesse haben, ohne Theilnahme an den Handlungen bleiben,
welche dieses Interesse befriedigen sollten und zu befriedigen
vorgeben.

·Es ist das Grundgesetz aller zweckmässigen Thätigkeit, dass
sie sich in der Richtung des vorwiegenden Interesses bewege. Dieses Grundgesetz kann nur sehr unvollkommen erfüllt sein, wo das
Interesse nur in vormundschaftlicher Weise wahrgenommen wird.
Indessen ist fremde Fürsorge unter gewissen Voraussetzungen noch
immer eine Garantie. Nun aber fehlt diese Fürsorge eingestandnermaassen in der heutigen Production. Die Antriebe dieser Production sind nichts als persönliche Erwerbsmotive der Unternehmer
und haben der Regel nach nicht den geringsten Anstrich von Fürsorge. Sie können und sollen ihn auch nicht haben. Denn das
Princip der Freiheit fordert, dass die wohlwollende Fürsorge einer
wirthschaftlichen Oligarchie keine Vorbedingung des Wohlstandes
der Menge sei. Uebrigens wäre es auch aller Natur entgegen, von
dem Wohlwollen einer geringen Zahl eine sympathische Wahrnehmung der Masseninteressen zu erwarten. Ein Einzelner kann der
Vertreter der Masseninteressen sein, aber wiederum nicht vermöge
einer positiven Neigung, sondern vermöge einer indirecten Nöthigung, die sich durch das Interesse der eignen Lage vermittelt. Das
Cäsaristische Princip kann den Interessen der Massen dienen und

den entgegenstehenden Interessen der geringen Zahl die Waage halten, weil es seinen Beruf in der Vertretung der Gesammtinteressen suchen muss, wenn es sich überhaupt aufrecht erhalten will. Sein nächstes und höchstes Interesse ist seine eigne Erhaltung, und dasjenige Moment, welches ihm am meisten freundlich oder besser gesagt am wenigsten feindlich ist, muss regelmässig die Menge sein. Hieraus folgt die Möglichkeit einer vormundschaftlichen Vertretung der Masseninteressen gegen die beschränkten und kurzsichtigen Interessen der geringeren Zahl.

Kehren wir zu unserer Vorstellung von der durch die Einzelwillküren unnatürlich beschränkten Production zurück. Es fehlte in dem oligarchischen Productionssystem das gehörige Interesse. Die Summe der oligarchischen Interessen führt nicht zu demselben Ziel, zu welchem die Bethätigung des gesammten Volksinteresses führen würde. Die wirthschaftlichen Oligarchen sollen gar nicht dafür verantwortlich gemacht werden, dass sie nicht das gleiche Interesse mit der Gesammtheit verfolgen. Sie können von Natur nicht anders. Sie können die Antriebe, die bei ihnen fehlen, nicht hervorzaubern. Niemand kann sich Interessen geben, die er nicht hat. Nicht der Einzelne, sondern das System ist anzuklagen, und selbst die Schuld, an dem System festzuhalten, mag eine milde Beurtheilung erfahren, da es ja Sache des andern Theils ist, das System umzugestalten und die Anhänger desselben zu den erforderlichen Maassregeln zu nöthigen.

Wie ist es nun aber, wird man fragen, möglich, dass die oligarchische Anhäufung der Productivkräfte die Ausdehnung der Production beschränke? In sehr einfacher Weise. Der Unternehmer richtet seine Production nach Maassgabe der von ihm erstrebten Gewinne ein. Ein reines Interesse der Ausdehnung der Production um dieser Ausdehnung willen kann er nicht haben. All sein Interesse vermittelt sich durch den Gewinn. Dieser Gewinn wächst aber bekanntlich keineswegs proportional mit der Geschäftsausdehnung. Allerdings ergeben die kleineren Profite am einzelnen Stück, indem sie sich summiren, eine absolut grössere Summe von Gewinn. Allein dieses absolute Steigen wird immer unerheblicher. Es giebt eine Grenze für die Geschäftsausdehnung der Privatwirthschaft. Der

Reiz der grösseren Gewinne wird immer weniger zureichen, die
Trägheit und Beschränktheit des Individuums zu überwinden. Man
richtet sich also der Regel nach mit seinem Geschäftsbetriebe auf
einen Fuss ein, welcher der engherzigen Selbstsucht des Gewinn-
machens entspricht; oder aber man stürzt sich in das andere Extrem, welches noch schlimmer ist, nämlich in die bodenlose Speculation. Das oligarchische Interesse ist also entweder zu träge und
zu conservativ oder es wird tollkühn. In beiden Fällen benachtheiligt es das Gesammtwohl; in beiden Fällen ermangelt es in
seinem isolirten Egoismus der natürlichen und gesunden Antriebe.
Wo es also auch wirklich die Production erweitern könnte, wird es
nur wenig Antriebe haben, dieser Möglichkeit Folge zu geben. Der
Gewinn wird sein Horizont sein. Die Production ist ihm nur Mittel
zum Zweck. Das Interesse für die Production als solche, d. h. für
die von der Consumtion geforderte Production fehlt also gänzlich.

Gesetzt nun aber, dieses Interesse wäre bei den oligarchischen
Elementen wirklich vorhanden, so würde es sich doch nicht verwirklichen können. Die isolirte Production vermag nichts, wenn
sie nicht von der gehörigen Consumtion unterstützt wird. Der
Schwerpunkt dieser Consumtion residirt aber wiederum in den
Massen, und diese Massen werden durch das mit Naturnothwendigkeit wirkende oligarchische Interesse an dem Versuch, ihre Consumtion auszudehnen, so viel als möglich und in der That auch
wirklich in grossem Umfang gehindert. Die Theorie dieser Hemmung ist der Gegenstand unseres nächsten Capitels. Hier vermerken
wir nur, dass gegen diese Hemmung selbst die frommsten Wünsche
der Oligarchie nichts vermögen würden. Diese Oligarchie steht sich
durch ihr einseitiges Interesse selbst im Wege; aber selbst wenn
sie diese eigenthümliche Situation noch so deutlich begriffe, so
würde sie ihr social gesetzmässiges Verhalten darum doch nicht
ändern können. Sie würde fortfahren müssen, die Löhne zu drücken
und so sich selbst die Summe der Nachfrage und ihres Absatzes
zu beschränken. Die Concurrenz ihrer Glieder würde jegliches,
nicht vom nächsten Interesse beherrschtes Vorgehen unmöglich
machen. Innerhalb gewisser Grenzen ist allerdings eine liberale,
ich meine im Römischen Sinne des Worts liberale Handhabung des

Wirthschaftsbetriebes möglich. Der Rahmen dieser Grenzen ist jedoch zu eng. Das Quantum von Spielraum der Liberalität ist zu gering, um einen erheblichen Erfolg zu ermöglichen. Die extreme Vertheilung des Einflusses auf die productiven Functionen bleibt also unvermeidlich ein Zustand, mit welchem nur eine verhältnissmässig geringe Ausdehnung der Production vereinbar ist.

6. Eine bessere Vertheilung wäre diejenige, welche einen wirthschaftlichen Mittelstand kennt, und für welche die extreme Spannung zwischen vereinzeltem Reichthum und allgemeiner Dürftigkeit noch nicht eingetreten ist. Diese Vertheilungsart hat einen Anschein von Normalität. Sie scheint in der Richtung der Annäherung zur socialen Gleichheit zu liegen. Sie füllt eine Kluft aus oder lässt vielmehr eine solche nicht aufkommen. Sie schafft eine Stufenleiter des Reichthums und der Wohlhabenheit. Sie baut eine gesellschaftliche Pyramide, deren verschiedene Schichten den verschiedenen Ausdehnungen der Grade des Reichthums entsprechen. Von der Grundfläche bis zur Spitze ist in jeglicher Schicht ein gewisses Maass productiver Kraft repräsentirt. Aber diese Pyramide hat eine Basis von lauter kleinen Capitalien. Die übrigen Schichten repräsentiren immer grössere Capitalkräfte. Die ganze Pyramide ist ein System von kleinern und grössern Capitalmächten. Wo bleibt nun aber die capitallose Arbeit? Sie ist offenbar ausgeschlossen. Das Regime der goldnen Mittelmässigkeit kennt eine Menge kleiner Unternehmer; es kennt eine erträgliche Vertheilung des Capitals; aber es kennt keine Form, der Arbeit einen Antheil an der Leitung der productiven Functionen zu verschaffen. Der sogenannte Mittelstand ist eine Bürgschaft der Gleichheit, aber wohlgemerkt der Gleichheit unter den Capitalisten. Die Rivalität und Eifersucht, welche mit dem Verschwinden dieses Mittelstandes bemerklich wird, bezieht sich auf die Kriegführung zwischen dem kleinern und dem grössern Capital. Die capitallose Arbeit ist ein Drittes, welches vorläufig ausser dem Spiele bleibt. Die centralistischen Gestaltungen vollziehen sich. Das Capital consolidirt sich in seinen verschiedenen Formen. Der kleine Grundbesitz weicht dem grossen, das Handwerk der Fabrik, die kleine Unternehmung der grössern. So setzt sich eine einseitige Formirung durch. Die

Gestalt der Production wird centralistisch. Die Anzahl derjenigen, welche bisher auf eigne Rechnung oder vielmehr mit eignen Mitteln arbeiteten, wird immer geringer. Der kleine selbständige Unternehmer wird zu einem blossen Werkzeug, zu einem Rad in dem Mechanismus des Grossbetriebes. So zersetzt sich die alte Vertheilungsordnung der productiven Kräfte und Functionen, und Angesichts dieser Zersetzung versucht man rückläufige Gegenbestrebungen.

Die socialen Agitationen theilen sich alsdann in zwei Classen. Die eine sucht das Heil in der vergangenen Form und verfährt unter dem Schein eines modernen Zukunftsaufputzes mehr oder minder restaurativ. Das kleine Capital wehrt sich. Sein Widerstand ist aber einer politischen Reaction und einem falschen Conservatismus zu vergleichen. Die andere Classe von Bestrebungen sieht ein, dass die Zersetzung der Elemente der alten Vertheilungsordnung nicht rückgängig gemacht werden kann. Sie sieht ein, dass neue organische Principien die zersetzte Materie bereits zu formiren beginnen. Sie lässt sich die centralistische Gestaltung nicht nur gefallen, sondern begrüsst dieselbe auch als die Brücke zu einer weit vollkommneren Vertheilungsart. Die Pole des socialen Körpers treten dann immer deutlicher hervor. Die Spannung zwischen den extremen Zuständen erreicht einen Grad, bei welchem eine Ausgleichung nothwendig wird. Die Zuspitzung des oligarchischen Absolutismus bereitet diejenige Productionsform vor, in welcher die Menge unvermeidlich eine Rolle spielen muss. Die mittleren Stufen der Leiter sind nur entfernt, um noch weit mehr Sprossen einfügen zu können, so dass man kaum mehr von einer Stufenleiter reden kann. Mit der Entwicklung der Herrschaftsformen der Production verhält es sich ähnlich wie mit der Bildung der politischen Herrschaftsformen. Eine centralistische Ordnung leitet die Theilnahme einer grössern Menge ganz unwillkürlich ein. Nur durch die Ausmerzung der alten Zwischengebilde kann die alte Formation in eine höhere Gestaltung übergeführt werden. Soll die Menge die Production beeinflussen, so muss diese Production zuvor straffer organisirt, oder wenn man will, mechanisirt worden sein. Die blosse Lohnarbeit würde niemals ein Recht an der

Leitung der Production erhalten, wenn der Besitz dieser Leitung ewig zersplittert bliebe. Die vorläufig centralistische Gestaltung, deren Einseitigkeit zunächst im Mangel des Gegengewichts liegt, erhält später wirklich ein Gegengewicht. Die Arbeit als solche erhält eine Stimme und zwar nicht etwa blos eine politische, sondern eine wirthschaftliche. Nur durch diese wirthschaftliche Controle, die von der Menge aus in irgend einer Form bezüglich der Production geübt wird, geschieht es, dass auch innerhalb der Massen ein Interesse an der Production vertreten wird. Nur so ist es möglich, dass die blosse Lohnarbeit als eine ihren eignen Gesetzen folgende productive Kraft wirke. Die productiven Functionen sind alsdann überall da, wo auch die productiven Interessen sind. Eine wirklich zweckmässige Einrichtung der Production gehört alsdann nicht mehr zu den entlegenen Utopien. Die Initiative der Versorgung ist dann da, wo das Interesse der Versorgung seinen Schwerpunkt hat. Die Bestimmung der speciellen Form, in welcher die Vertheilung dieser productiven Machtimpulse statthaben kann, gehört nicht hierher, und muss ihrer Natur nach für jeden, der sich nicht auf voreilige Prophezeiungen einlassen mag, etwas mehr oder minder Unbestimmtes haben. Man sehe hierüber meine Schrift »Capital und Arbeit«, in welcher ich die Beschränkung des wirthschaftlich oligarchischen Absolutismus ausführlich erörtert und auf die socialen Coalitionen als auf die Anknüpfungspunkte der künftigen Gestaltungen hingewiesen habe. Dort wird man auch die Ansicht entwickelt finden, dass die Productivassociationen nicht der Weg sein können, den Schwerpunkt der productiven Functionen in die Breite des Massendaseins und in die capitallose Arbeit zu verlegen.

Die specielleren in die Beeinflussung der Production durch die Vertheilung eingehenden Lehren, welche bereits Gemeinplätze geworden, wie z. B. die Lehren von den Wirkungen der Theilung des Grund und Bodens konnten hier keine Berücksichtigung finden, da dieses Buch der Kritik und der Darstellung neuer Principien, nicht aber der compendienmässigen Mittheilung landläufiger und unbestrittener Erörterungen gewidmet ist.

Die Höhe des Arbeitslohns ist eine Wirkung der Vertheilung der productiven Functionen. Diejenige Arbeit, welche ihrem eignen natürlichen Interesse folgen kann, wird das Maximum der Production ermöglichen. Sie wird dies einerseits durch directe Beeinflussung der Productionsordnung und hiervon haben wir bereits geredet. Sie wird es aber andererseits und noch weit merklicher durch eine indirecte Beeinflussung des Productionsumfanges thun, zu deren Erläuterung wir jetzt übergehen.

Drittes Capitel.
Gleichgewicht der Production und der Consumtion.

1. Man kann fragen, ob das Angebot die Nachfrage, oder ob die Nachfrage das Angebot erzeuge. Diese Frage ist jedoch müssig, sobald wir an die natürlichen Verhältnisse der Bedürfnisse und der Antriebe zum wirthschaftlichen Schaffen denken. Innerhalb des socialen Zusammenhangs ist es sehr oft das händlerische Angebot, welches einen gewissen Theil der Consumtion erst hervorbringt, d. h. es würde abgesehen von der Initiative des Angebots kein Consum oder wenigstens kein Consum von dem thatsächlichen Umfang stattgefunden haben. Derartige Einwirkungen bestätigen aber nur die allgemeine Norm, derzufolge es die Nachfrage ist, welche das Maximum des Angebots regulirt. Sieht man nämlich von den einzelnen Gestaltungen ab, so ist stets in einem gegebenen Augenblick eine gewisse Summe von Bedürfnissen und ihr entsprechend eine gewisse Summe von wirksamer d. h. kauffähiger Nachfrage vorhanden. Die vom Handel ausgehenden Stimulationen des Consums können diese Summen nicht vergrössern, sondern nur vertheilen. Die Concurrenz im Angebot von Consumtionsartikeln entscheidet meist nur über die Art und Weise, wie sich die verschiedenen Absatzgrössen im Bereiche des ganzen Angebots vertheilen. Die Variationen beziehen sich daher nicht so wohl auf die Gesammtsumme des Absatzes als vielmehr auf die Gestaltung der verschiedenen händlerischen Antheile an diesem Absatz. Lassen wir also dieses ganze Spiel ausser Acht, wozu wir in unserer Frage

ein Recht haben, so wird die Summe der Bedürfnisse, beschränkt durch die Kaufmittel, über die Grösse der Consumtion entscheiden. Alle Speculationen auf die Consumtionsfähigkeit irgend einer gesellschaftlichen Gruppe werden sich nach diesen beiden Momenten zu richten haben.

Nun wird man vielleicht anzunehmen geneigt sein, dass die menschlichen Bedürfnisse an sich selbst unbegrenzt seien. Allein eine solche Voraussetzung würde eine jener halbwahren Täuschungen sein, durch welche man über die wichtigsten Grössenverhältnisse des volkswirthschaftlichen Kreislaufs leichtfertig hinaus zu sein vermeint. Die menschlichen Bedürfnisse sind allerdings der Variation und Steigerung fähig; aber grade innerhalb der am meisten maassgebenden Gattung von Consum ist diese Steigerung höchst beschränkt. Was für den Einzelnen gilt, kann in unserm Fall auch für eine ihrer Zahl nach constante Gesellschaft behauptet werden. Das Nahrungsbedürfniss hat physiologische Grenzen und nur in einer luxuriösen Befriedigurg desselben ist für den Einzelnen eine Vorrückung dieser Grenze möglich. In so fern sich also die Gesellschaft nicht vermehrt, bleibt die Summe der groben Bedürfnisse dieser Gattung innerhalb eines gewissen Maximum, welches freilich thatsächlich nicht erreicht zu werden braucht. Im Gegentheil ist der Fall der Wirklichkeit immer derjenige, in welchem der Consum weit hinter diesem Maximum zurückbleibt. Die Massen sind durchschnittlich schlecht genährt, und dieser Satz gilt nicht etwa blos vom Standpunkt der Triebe und Bedürfnissempfindungen, sondern auch von demjenigen der Physiologie, welche die Ernährungsbedingungen für den normalen Zustand feststellt.

Die Unbegrenztheit scheint nun allein noch in der Zunahme der Bevölkerung gesucht werden zu müssen. Mit der Menschenzahl summiren sich die Bedürfnisse. Da wir aber die Malthus'sche Hypothese verwerfen, so ergiebt sich hier ebenfalls keine Schrankenlosigkeit des Consumtionsbestrebens. Wo wir auch immer die Natur der Dinge gründlich untersuchen, da werden wir Grenzen finden und es ist eine unentbehrliche Maxime des klaren und bestimmten Denkens, die nebelhaften Ideen der Schrankenlosigkeit durch quantitativ bestimmte Vorstellungen zu ersetzen. Die Consumtion ist in einem gegebenen Augenblick stets eine bestimmte Grösse. Die Consumtion ändert sich aber auch von einer Zeit zur andern nur innerhalb gewisser im Allgemeinen übersehbarer Schranken. Das einzige Element, welches erheblichere Variationen mit sich bringen kann, ist die Niedrigkeit des thatsächlich möglichen Consums im Verhältniss zu dem von den Bedürfnissen vorgezeichneten Maximum. Bis zu diesem Maximum hinauf kann die unterdrückte Triebkraft der Bedürfnisse unter Umständen federartig emporschnellen und so die gewohnheitsmässigen Proportionen von Verbrauch und Hervorbringung empfindlich stören. Das beste Hülfsmittel gegen derartige Eventualitäten ist die Ausgleichung der Kluft zwischen dem natürlichen Maximum und dem thatsächlichen Verbrauch. Die nicht in Spannung erhaltene sondern normal gesättigte Consumtion wird jene Aufschnellungen nicht besorgen lassen. Keine Ventilvorrichtung kann in einem solchen Falle helfen. Einzig und allein ein Gleichgewicht zwischen der Summe des natürlichen Bedürfens und der Summe der gewohnheitsmässigen Befriedigungen kann helfen. Production und Consumtion müssen also in einem solchen Gleichgewicht erhalten werden, welches dem natürlichen Maass der Consumtionsansprüche genug thut.

2. Die Grössenverhältnisse in den Beziehungen von Production und Consumtion sind, wie es unser kritisches Hauptprincip mit sich bringt, die endgültig entscheidenden Momente. Die nebelhafte Vorstellung von einer Unbegrenztheit der menschlichen Consumtionsansprüche haben wir als einen halbwahren Irrthum bezeichnet. Es bleibt uns nun also noch übrig, diese unbegrenzten und schweifenden Ideen völlig durch bestimmte Begriffe zu ersetzen. In Rücksicht auf den hier im Allgemeinen fraglichen Gegensatz von Production und Consumtion muss man, nm nicht fehl zu greifen, zunächst eine sehr wichtige Unterscheidung einführen. Entweder bewegt sich das Spiel von Production und Consumtion innerhalb derselben Hauptgattung von Erzeugnissen oder es findet eine Ungleichartigkeit statt. In dem einen Fall kann man in aller Strenge von einem eigentlichen Kreislauf des Producirens und Consumirens reden. In dem andern Fall führt zwar die Consumtion wiederum zur Production, aber die Gegenstände beider Funk-

tionen sind verschieden. Von der einen Gattung wird consumirt
und die weitere productive Wirkung dieser Consumtion ist die
Hervorbringung einer andern Art von Erzeugnissen. Hier kehrt
der Kreis nicht mehr in sich zurück; das Spiel von Production
und Consumtion ist keine völlig gleichartig in derselben Sphäre
verbleibende periodische Wiederholung. Die Consumtion tritt
z. B. in erheblichem Maass aus dem Kreise des landwirthschaftlichen Betriebes heraus. Die Erzeugnisse des Ackerbaues werden
nicht mehr blos consumirt, um eine neue landwirthschaftliche Production möglich zu machen. Die Manufacturindustrie tritt als
zweites ungleichartiges Gebiet hinzu und die Production auf der
einen Stufe wird Gegenstand der Consumtion für die Zwecke der
neuen Thätigkeit. Die landwirthschaftlichen Erzeugnisse werden,
indem sie zum Unterhalt der Manufacturarbeiter dienen. gleichsam
in Manufacte verwandelt. So schliesst sich an die eine Produc-
tionsart durch Vermittlung der Consumtion eine andere an, und
man kann behaupten, dass die neue sich gleichsam über der alten
lagernde Stufe einen höheren und edleren Charakter habe. Auf
ihr werden nämlich die formgebenden Kräfte immer intensiver;
der Antheil des Menschen an der Production steigt, und der Naturfactor tritt zurück. Während die Naturproduction die unterste
Grundlage bildet, entwickelt sich auf diesem Fundament eine
Mannigfaltigkeit von Bethätigungskreisen der im eminenten Sinne
menschlichen Hervorbringungen. Es ist ganz gleichgültig, von
welcher Art diese Hervorbringungen sind, ob sie sich also auf die
Erzeugung von Fabrikaten oder auf die Transport- und Handels-
vermittlungen des Verkehrs oder auf die geistigen Bedürfnisse der
Gesellschaft beziehen. Alle diese Productionen, so ungleichartig
sie auch übrigens sein mögen, haben ein gemeinsames Element,
nämlich die Absorption eines gewissen Antheils der Hervorbringungen der früheren Stufen. Die landwirthschaftlichen Erzeugnisse theilen sich in zwei Bestandtheile. Der eine wird consumirt
innerhalb der Landwirthschaft selbst, also mit der Wirkung, eine
gleichartige Production möglich zu machen. Der andere Bestandtheil wird von denjenigen Gesellschaftsgruppen verbraucht, welche
ihre Thätigkeit den mehr formgebenden Productionsarten widmen.

Dieser Bestandtheil verfällt nicht dem blosen Kreislauf, sondern beschreibt gleichsam eine neue Windung der sich ähnlich einer Schraubenlinie gestaltenden Curve. Doch kann dies Bild nur eine einzige Beziehung erläutern. Es finden nämlich auch Rückwirkungen auf die früheren Stufen der Production statt, und man muss daher auch eine in umgekehrter Richtung verlaufende Reihenfolge von Einflüssen voraussetzen. Doch gehen uns hier diese Anregungen, welche von der höheren Stufe der niederen ertheilt werden, noch nicht an. Es kommt uns hier vielmehr einzig und allein auf die Verdeutlichung des Verhältnisses an, in welchem Production und productive Consumtion gleichsam nach Maassgabe ihrer Schichtenbildung zu einander stehen. Die höhere Stufe der Production setzt stets ein gewisses Quantum von Consumtion aus dem Bereich der verschiedenen niedern Schichten voraus, und auf diesem Umstande beruht der ökonomische Widerstand und mithin auch der ökonomische Werth, der unvermeidlich einer jeden z. B. der literarischen Production anhaftet und in irgend einer Form von der Gesellschaft ausgeglichen werden muss. Die Consumtionsäquivalente der höheren Productionsarten sind daher ein nothwendiger Bestandtheil des Werthes der einschlagenden Erzeugnisse. Jedoch hat man sich diesen Werth nicht so zu denken, als wenn er das unerlässliche Minimum von Consumtion repräsentirte, sondern er ist überhaupt das Maass der wirksamen Consumtionsansprüche derjenigen, welche die höheren Productionsfunctionen ausüben. Die Wirksamkeit dieser Ansprüche hängt nun aber ganz von denselben Gesetzen ab, nach denen sich der Werth überhaupt in jedem beliebigen Zweige des Producirens bestimmt. Es giebt hier kein neues Princip einzuführen; die ökonomische Verwerthung der literarischen Production richtet sich nach denselben Normen wie jede andere Verwerthung. Das Maass der Consumtion ist also in diesen scheinbar willkürlich konstituirten Gebieten ebenfalls an die allgemeinen ökonomischen Gesetze gebunden.

Formuliren wir unsere Hauptgedanken. Es giebt zwischen Production und Consumtion d. h. productiver Consumtion eine nothwendige Beziehung, welche wesentlich zwei Gestalten hat. Entweder bleibt die productive Consumtion in der Gattung der

Producte, welche sie verbraucht; oder sie führt zu einer neuen Art von Production. Der Gattungswechsel der Productionen ist das Grundgesetz der Erhebung und Veredlung des volkswirthschaftlichen Betriebs. Die productiven Leistungen der niedern Sphäre werden zum Theil in eine höhere Form übergeführt. Wenn wir also von Gleichgewicht der Production und Consumtion reden, so müssen wir regelmässig erkennen lassen, ob wir an ein Gleichgewicht innerhalb derselben Gattung oder an eine Abwägung verschiedener Arten der Production und productiven Consumtion denken.

3. Wo ist begrenzte und wo ist unbegrenzte Production vorhanden? Diese Frage wird, wie wir schon früher gesehen haben, gewöhnlich sehr äusserlich und oberflächlich beantwortet. Man unterscheidet Erzeugnisse, die einer unbegrenzten Vervielfältigung fähig sind, und solche, die nur in beschränkter Menge hervorgebracht werden können. Man denkt sich den Spielraum menschlicher Kraftleistungen in Rücksicht auf Formirung und Umwandlung, also in Beziehung auf die eigentliche Industrie als etwas Unbegrenztes, vom blossen Belieben Abhängiges. Der Comfort soll sich grenzenlos erweitern lassen, da ja hierzu nur menschliche Arbeit, Geschicklichkeit und Maschinenkraft erforderlich seien. Die Zufuhr von menschlicher Kraft wird alsdann wohl gar noch als etwas an sich ebenfalls Unbegrenztes gekennzeichnet. Diese Ideen, welche den neueren Brittischen Schriftstellern eigenthümlich sind, verstossen gegen ein wichtiges Grundgesetz aller Thätigkeit und alles Schaffens, welches nicht minder für die Natur wie für den Menschen gültig ist. Es giebt nämlich nicht blos eine Begrenzung des Stoffs sondern auch eine Begrenzung der Kraft. Nicht etwa blos die Rohstoffe und landwirthschaftlichen Erzeugnisse sondern auch die Manufacturproducte haben ihre quantitativen Normen. Die Production ist weder in dem einen noch in dem andern Fall unbegrenzt d. h. beliebig ausdehnbar. Da sich nämlich jede höhere Form der Production durch eine auf die Erzeugnisse der niedern Stufe gerichtete Consumtion vermittelt, so ist der Spielraum der höhern Thätigkeit an eine quantitative Vorbedingung gebunden.

Noch deutlicher werden wir dieses Verhältniss einsehen, wenn wir bedenken, dass die Production der höhern Stufe nur eine Metamorphose eines Theils der Hervorbringungen der niedern Stufe ist. Die wirthschaftliche Leistung wird durch Vermittlung der Consumtion in eine höhere Form übergeführt und gleichsam umgesetzt. Die Grenzen der niedern Stufe müssen also auch maassgebende Schranken der höhern sein. Wirthschaftliche Kraft entsteht nicht spontan, sondern gründet sich stets auf eine vorangehende Form ihrer selbst. Giebt es also schon im Fundamente und gleichsam in der Grundlegung der Production quantitative Schranken der Vervielfältigung der Erzeugnisse, so muss dies auf der höhern Stufe nur um so mehr der Fall sein. Wir haben es mit einem Kreislauf der Kräfte in ähnlicher Weise wie mit einem Kreislauf der Stoffe zu thun. Die niedrigste Form der Kraft pflanzt sich durch alle höhern Processe hindurch fort und erhält sich in allen Metamorphosen gleichwie die Materie. Dies ist ein Satz der Physik; aber er gilt analog für wirthschaftliche Kräfte. Die niedrigste und letzte Voraussetzung aller Kraftleistung ist die Ernährung. Jeglicher Aufwand von Muskelkraft ist zugleich ein Verbrauch von Nahrung. Keine Kraftleistung ohne Kraftverzehrung; keine Kundgebung irgend einer Kraft, deren Substrat nicht schon in einer andern Form in gleicher Grösse existirt hätte; — dies sind Sätze, die der naturwissenschaftlichen Denkweise geläufig sein müssen. Es sind aber auch Sätze, deren jeder im Reich des Spiels volkswirthschaftlicher Kräfte seine Analogie hat. In dieser Beziehung hat Carey mit Recht den sonst paradoxen Satz ausgesprochen, dass jeder Act der Consumtion auch ein Act der Production sei. Die Kraft wird in der einen Form gleichsam verzehrt und in der andern gleichsam reproducirt. Wie kann man also die unbegrenzte Vervielfältigung gewisser Erzeugnisse behaupten? Offenbar nur, indem man an die Begünstigung eines Manufacturzweiges auf Kosten eines andern denkt. Die Stecknadelfabrication lässt sich allerdings in einem gewissen Sinn beliebig ausdehnen. Rohstoff und Arbeit werden nicht fehlen. Allein diese Ausdehnung ist rein hypothetisch. Sie gilt überdies nur von dem besondern und vereinzelten Fall. Würde es aus irgend einem Grunde nöthig, grade diesen Productionszweig besonders zu erweitern, so könnte es ohne merkliche Beeinträchtigung für die übrigen Gebiete geschehen. Jedoch trifft dieser Gedanke einer auch nur relativen Unbegrenztheit nicht mehr zu, sobald man mehrere dieser vermeintlich einer willkürlichen Erweiterung fähigen Productionszweige zusammenfasst. Was in Rücksicht auf den Theil ganz wohl denkbar und eine eventuell der Verwirklichung fähige Möglichkeit ist, trifft nicht mehr für das Ganze oder auch nur für einen weiter abgesteckten Umfang zu. Im einzelnen Fall kann die hypothetische Unbegrenztheit praktisch benutzt werden. Ein einzelner Zweig kann sich aus den Kräften der übrigen gleichsam nähren. Die verfügbare Arbeit kann zu einem für diesen Zweig beträchtlichen Antheil herangezogen werden, ohne dass die grosse Masse der noch ausserdem bestehenden Gattungen von Production diesen Verlust sonderlich empfindet. Das specielle Gebiet von geringem Umfang kann dem gesammten Productionsbereich gegenüber ausnahmsweise willkürlich erweitert werden. Was aber für den geringen Umfang und für einen einzelnen Canal gilt, kann nicht allgemein ausgedehnt werden. Es ist nur ein klein wenig Logik erforderlich, um das Trügerische eines derartigen Schlusses einzusehen, welcher die Möglichkeit des einzelnen Falles ohne Weiteres zum allgemeinen Gesetz stempelt. Jedenfalls würde ein solcher Schluss nicht ohne Mills Hülfe ausführbar sein, der freilich die grosse Entdeckung gemacht hat, dass der leitende Gesichtspunkt einer Ausnahme auch Princip einer allgemeinen Regel sein müsse. Die Expropriation ist eine solche Ausnahme, und die Berechtigung zur Aufhebung alles Grundeigenthums ist die allgemeine Regel, die von der kühnen Logik Mills wie aus Nichts geschaffen wird. Da wir indessen keine Autorität zur Creirung einer neuen Art von Logik haben, so müssen wir uns an unser altes Grundprincip halten, demzufolge der Grund der Ausnahme stets der Grund einer grade quantitativ beschränkten und daher nie über einen gewissen Umfang hinaus auszudehnenden Möglichkeit ist. Mill ist es zufällig auch, der die unbegrenzte Vervielfältigung der hauptsächlich nur Arbeit erfordernden Manufacte so überaus nachdrücklich lehrt, und darum haben wir denn auch bei dieser Gelegenheit den Geist seiner eignen Logik citirt. Hätte sich der

Englische Oekonomiker und Logiker jemals den Einfluss der Quantitäten auf das Raisonnement klar gemacht, so würde er sich vor derartigen Behauptungen gehütet und auch die Vorstellung von einer unbegrenzten Vervielfältigung gewisser Erzeugnisse etwas exacter gestaltet haben.

Unser Ergebniss ist die im Allgemeinen durchgängige Begrenztheit der Production und die blos ausnahmsweise und eventuelle Beliebigkeit der Vervielfältigung irgend einer speciellen, nicht allzu erheblichen und umfangreichen Classe von Erzeugnissen. Welcher Gedankengang zu der Annahme einer beliebigen Ausdehnung der Manufacturindustrie und namentlich der vorwiegend auf Arbeit und Geschicklichkeit angewiesenen Zweige derselben geführt haben muss, ist leicht anzugeben. Man hat seinen Blick auf einen einzelnen Productionszweig geheftet und alles Uebrige ausser Betracht gelassen. So hat man nach einander von einer Menge von productiven Leistungen die Unbegrenztheit der möglichen Vervielfältigung zu constatiren geglaubt, während doch diese Summirung und Verallgemeinerung grade die täuschende Wendung ausmachte. Es kann sich mithin stets nur um eine relativ unbegrenzte Anhäufung der wirthschaftlichen Kraft für einen speciellen Zweck auf Kosten anderer Zwecke, d. h. nur um eine Vertheilung der verfügbaren Kräfte, niemals aber um eine beliebige Creirung handeln. Wenn irgendwo relative Unbegrenztheit der Production angetroffen wird, so ist dies, wie wir schon früher einmal ausgeführt haben, am ehesten bei dem letzten Fundament alles Producirens und gleichsam an dem offenen Ende der productiven Kette der Fall. Dieses Ende ist der Natur und ihrer Production zugekehrt, und dort müssen die Grenzen aller Production vorgerückt werden, wenn überhaupt eine entscheidende Ausdehnung statthaben soll.

Die Begrenztheit der Leistungen der höheren productiven Functionen hat ihren Grund in der Nothwendigkeit vorgängiger Consumtionen. Diese als unerlässliche Vorbedingungen zu bezeichnenden Consumtionen haben ihre Grenze an der sie selbst erst ermöglichenden Production. Dies ist der einfache Zusammenhang. Seine Betrachtung schützt uns ein für alle Mal vor den vagen und nebelhaften Begriffen irgend welcher nicht an Maass und Zahl gebundenen Productionsgebiete. Vertheilung der Kraft ist nicht beliebige Schöpfung von Kraft.

4. Nachdem wir an die Begrenztheit aller Production erinnert haben, wobei natürlich auch die Begrenztheit so zu sagen der Menschenproduction nicht zu vergessen ist, können wir nun die statischen und dynamischen Beziehungen von Production und Consumtion specieller erwägen. Wir werden uns die Einsicht in die fraglichen Verhältnisse erleichtern, wenn wir weniger an die fertigen Erzeugnisse und deren Verzehrung als an die producirenden und consumirenden Kräfte denken. Eine genau zutreffende Kennzeichnung des hier interessirenden Gegensatzes und Antagonismus ist in einer andern Weise gar nicht ausführbar. Wenn wir auf die eine Seite eine Summe von Erzeugnissen und auf die andere eine Summe von consumirenden Kräften stellen, so sind die Glieder dieses Gegensatzes nicht gleichartig. Sobald wir aber die erzeugenden Kräfte, welche eine gewisse Summe von Producten schaffen, und die consumirenden Bestrebungen oder Kräfte, welche eine gewisse Summe von Erzeugnissen verbrauchen, direct einander gegenüberstellen, so bildet das fertige Product nur den gemeinsamen Gegenstand, auf den sich zwei einander entsprechende Kraftbethätigungen richten. Derselbe Gegenstand heisst in Beziehung auf die eine Bestrebung Erzeugniss der Production, in Beziehung auf die andere Bestrebung aber Befriedigungsmittel der Consumtion. Was sich die Waage hält, ist also nicht das Erzeugniss und die Consumtion, sondern die productive und die consumtive Thätigkeit.

Fassen wir Gleichgewicht und Bewegung in der angegebenen Weise auf, so leuchtet die Bedeutsamkeit der doppelten Vertheilungsidee, von der wir im vorigen Capitel gesprochen haben, sogleich ein. Die Distribution der Producte, wie man gewöhnlich sagt, ist eine Vorstellung, die nichts mit der Vertheilung und Organisation der productiven Functionen gemein zu haben scheint. Sobald wir aber überlegen, dass Mühe und Genuss zwei Dinge sind, die stets in einem innigen Zusammenhang stehen werden, können wir auch nicht mehr leugnen, dass Vertheilung der hervorbringenden Kräfte und Vertheilung der consumtiven Kräfte einander correspondiren und sogar in einer Wechselwirkung stehen.

Auch hat es noch einen andern Vortheil, anstatt von einer Menge consumirter Güter lieber von einer Summe consumtiver Kräfte zu reden. Man denkt sich nämlich allzu leicht die Grösse der thatsächlichen Consumtion als von der jeweilig fertig vorhandenen Menge der Erzeugnisse abhängig. In der That kann auch die wirkliche Consumtion niemals das augenblickliche Angebot überschreiten. Allein die consumtiven Kräfte als solche haben die Natur einer jeden Kraft. Wie man von der rein mechanischen Kraft sagen muss, dass sie der, eine Bewegung hervorbringende oder hervorzubringen strebende Grund sei, ebenso hat man auch bei der cosumtiven Kraft nicht blos an ihre thatsächliche Wirkung sondern auch an das Bestreben und die Tendenz derselben zu denken. Wirklich consumiren und sich bestreben zu consumiren, sind zwei Functionen, die der consumtiven Kraft ebenso vereinigt angehören, wie der bewegenden Kraft die vorher genannten Formen ihres Daseins. Eine Kraft wirkt entweder im Gleichgewicht mit einer andern oder als Uebergewicht über eine andere. In dem einen Falle ist das Bestreben zur Bewegung in abstracter Weise dargestellt; denn es erfolgt keine wirkliche Bewegung. In dem andern Fall führt das Bestreben zur Ueberwindung von Widerständen, indem es sich durch eine wirkliche Action gleichsam lebendig äussert. In jedem Fall ist aber das Bestreben oder die Tendenz das Treibende und Lebendige in dem Zustand sei es des gleichmässig bestehenden, sei es des sich ändernden oder, wie man sagt, des gestörten Gleichgewichts. Das beharrliche, in den verschiedenen Momenten in gleicher Weise fortbestehende Gleichgewicht, kann in einem gewissen Sinn als ein in kleinen Intervallen unterbrochnes und immer wieder hergestelltes betrachtet und so das Spiel der entgegengesetzten Bestrebungen verdeutlicht werden. In unserer volkswirthschaftlichen Analogie haben wir es sogar stets nur mit einer solchen Art Gleichgewicht von Production und Consumtion zu thun. Die consumtiven Kräfte bestreben sich nicht blos, zu consumiren, sondern cousumiren jeder Zeit wirklich, wenn auch nicht immer in dem Maasse, in welchem das Bestreben vorhanden ist. Dieses Bestreben kann nämlich durch entgegengesetzte Kräfte gleicher Art gehemmt und eingeschränkt werden. Die consumtiven Kräfte der Einen beschränken die consumtiven Kräfte der Andern. Ausserdem findet selbstverständlich die consumirende Kraft ihren natürlichen Widerstand an eben demselben Hinderniss, auf welches auch die productive Kraft trifft. Beiderlei Kräfte wirken in derselben Richtung. Der Umstand, dass productive und consumtive Kraft auf einander drücken oder einander gleichsam ziehen und spannen, rührt also daher, dass beide in etwas Drittem einen gemeinsamen Widerstand finden. Dieses Dritte ist der Productionswiderstand, der aber offenbar auch zugleich Consumtionswiderstand ist, insofern nämlich ein ursächlicher Zusammenhang zwischen beiden Functionen statthat. Wir hüten uns jedoch, wie wir dies schon früher gethan haben, auch hier eine eigentliche Einerleiheit der beiden Functionen anzuerkennen. Die consumtive Kraft bethätigt sich aber anders als die productive, und wenn sich auch beide in der physiologischen Betrachtung des Organismus und seiner Kraftleistungen berühren, so ist diese Berührung doch nur die von zwei auf einander wirkenden verschiedenen Seiten eines und desselben ursächlichen Zusammenhangs, keineswegs aber eine ununterscheidbare Vereinigung oder gar wirkliche Einerleiheit.

Diese formalen Kennzeichnungen werden genügen, uns eine völlig exacte Vorstellung von dem Ineinanderwirken der consumtiven und der productiven Bestrebungen zu verschaffen. Die consumtive Bestrebung hat eine Grösse. Sie übt einen Druck oder, wenn man will, einen Zug aus, dessen Spannung nicht eine wirkliche oder vielmehr thatsächliche, sondern eine noch mangelnde und erst zukünftige Consumtion andeutet. Wäre diese Spannung Null, so wäre völliges Gleichgewicht vorhanden. So aber ist stets ein Ueberdruck anzutreffen, und dieser Ueberdruck ist das eigentlich vergrössernde Motiv der Production. Das consumtive Bestreben, so weit es vollständig befriedigt wird, verhält sich zu den Hindernissen der Production und zu den productiven Kräften selbst gleichsam statisch. Will man auch diese statische Beziehung als eine Art Spannung vorstellen, so bleibt diese Spannung wenigstens unverändert, und aus diesem neuen Gesichtspunkt können wir dann nur sagen, nicht dass sie selbst, sondern nur, dass ihre Veränderung gleich Null sei. In diesem Fall bedeutet die Spannung aber auch keinen Mangel, der erst später ausgeglichen werden soll, sondern nur die regelmässige Differenz, die mit der Existenz des Bedürfnisses verbunden ist, aber mit der sofort eintretenden Befriedigung periodisch verschwindet. Diese allmäligen wiederholten Ausgleichungen der ebenso entstehenden wie vergehenden und in einer fortwährenden Erzeugung und Vernichtung begriffenen Spannung machen den Charakter des anscheinenden Gleichgewichts aus. Wären sie allein vorhanden, so würde es keinen Fortschritt in der Production geben können. Derselbe Kreislauf würde immer wieder beschrieben werden. Dieselbe Summe von Ansprüchen würde dieselbe Summe von Leistungen ins Dasein rufen und im Dasein erhalten. Es würde eine Statik, aber keine Dynamik in dem Verhalten der consumtiven und der productiven Kräfte geben. Allerdings würde das Gleichgewicht nicht starr, sondern wenigstens in seinen Elementen regelmässigen Verschiebungen ausgesetzt sein; aber ein eigentlich bewegliches Gleichgewicht, dessen Spannungszustände sich mit dem Ueberdruck ändern, und von dem wir ein passendes Bild in der Betrachtung der Vertheilung der Wärme antreffen, — ein eigentlich bewegliches Gleichgewicht würde doch nicht vorhanden sein. Ein solches ist aber die Vorbedingung oder vielmehr die Form des Fortschritts der Production. Auf das Verhalten der consumtiven Kräfte wird es also in hohem Maasse ankommen. Diese consumtiven Kräfte ergeben in ihrer Steigerung auch die Antriebe zur Erhöhung der productiven Anstrengungen. Sie sind es, welche am wirksamsten eine etwa müssige productive Kraft ins Spiel setzen. Nur da, wo die consumtiven Kräfte ohne Widerstand und in zweckmässiger Vertheilung das Maass der productiven Functionen bestimmen, kann zwischen Consumtion und Production eine natürliche Correspondenz vorhanden sein. Beiderlei Functionen oder Kräfte werden nur dann zweckmässig zusammenwirken und ein bewegliches Gleichgewicht hervorbringen, wenn sie einander in der Vertheilung ihrer Elemente entsprechen.

Nehmen wir nun aber an, die Vertheilung der consumtiven Kräfte sei nicht den natürlichen Bedürfnissen entsprechend, so wird ein Ausfall in der Production unvermeidlich sein. Die Arbeit findet nie in sich selbst, sondern stets nur in ihrem Zweck einen natürlichen Schwerpunkt. Dieses Centrum der Gravitation wird nun aber ungehörig verschoben, sobald die consumtiven Kräfte nicht in gehöriger Vertheilung zu lebendiger Entwicklung gelangen können. Das blosse Bedürfniss ist noch keine consumtive Kraft im volkswirthschaftlichen Sinne. Diese Kraft besteht vielmehr nur als Vermögen oder Macht, die Aequivalente für die zu verzehrenden Gegenstände zu schaffen. Das vorherrschende und entscheidende Aequivalent ist Arbeit d. h. überhaupt productive Thätigkeit. Die consumtive Kraft entspricht also regelmässig der Fähigkeit, eine gewisse productive Thätigkeit zu entwickeln. Die Consequenz dieses Satzes werden wir weiterhin ziehen. Für jetzt müssen wir eine andere Betrachtung einschieben.

5. Indem man die Production als Folge einer gewissen Consumtion betrachtet und sich daher nur den Kreislauf der beiden einander entsprechenden Functionen vorstellt, verfällt man leicht einer Einseitigkeit der Auffassung, die in einer eigentlich socialen Oekonomie am wenigsten unbemerkt durchschlüpfen sollte. Wir verlieren nämlich in dieser Betrachtungsart die subjective Befriedigung und den Schwerpunkt aller Wirthschaft aus dem Auge. Es gewinnt den Anschein, als wäre alle Consumtion nur der vorbereitende Act einer künftigen Production. Die Production setzt sich dieser Vorstellung zufolge regelmässig wiederum in eine Production von gleicher oder anderer Form fort. Das wirthschaftliche Schaffen erscheint als höchster Zweck. Die Consumtion, welche der eigentliche Zielpunkt ist, wird zu einem blossen Mittel. Sie charakterisirt sich als ein verbindendes Glied in der Aufeinanderfolge von zwei Productionsphasen. Der Mensch ist nur der Durchgangspunkt dieses vermittelnden Factors. Was in ihm selbst vorgeht, wird von der Volkswirthschaft dieser Art ausser Betrachtung gelassen. Kurz es ist nur die productive Consumtion, welche Gnade findet, während die unproductive Consumtion als eine Art Uebel angesehen wird, welches am besten gar nicht wäre.

Wollen wir das Gleichgewicht von Production und Consumtion, von producirenden und consumirenden Kräften richtig kennzeichnen, so dürfen wir die unproductive Consumtion nicht in der gewöhnlichen Weise verkennen und verläumden. Die unproductive Consumtion d. h. der Ueberschuss von Verbrauch, welchem keine Reproduction entspricht, ist grade ein Zeichen des besonderen Wohlstandes einzelner Theile der Gesellschaft. Für das Ganze kann allerdings ein solcher Ueberschuss rein wirthschaftlich nicht gedacht werden, da, wenn die Consumtion constant dieselbe bleiben soll, auch die Menge der Erzeugnisse stets vollständig reproducirt werden muss. Es gilt also folgender Satz: In dem Maasse, als die gegenwärtige Production consumirt wird, muss sie auch reproducirt werden. Diese Forderung ist das Minimum und schliesst noch nicht einmal einen Fortschritt ein. Dennoch kann man sich überall und durchgängig bei dem Einzelnen wie für das Ganze der Gesellschaft eine Umgestaltung des Verhältnisses von Production und Consumtion und zwar in dem Sinne denken, dass die unproductive Consumtion steigt.

Fragen wir nach dem Zweck des Verbrauchs irgend welcher Erzeugnisse, so kann derselbe entweder wiederum in der Hervorbringung wirthschaftlicher Erzeugnisse zu finden oder blos die Gewinnung von Musse für ausserwirthschaftliche Thätigkeiten sein. Ja, es kann der blosse Lebensgenuss d. h. die zwecklose Entwicklung der Lebensfunctionen das letzte Ziel sein. In solchen Fällen ist der wirthschaftliche Verbrauch offenbar unproductiv, und ein gewisses Maass von Fähigkeiten, auf diese Weise unproductiv zu consumiren, ist der Gegenstand alles edleren menschlichen Strebens. So lange alle Consumtion gleichsam im Frohndienst einer neuen Production steht, ist der menschliche Lebensgenuss nur etwas Zufälliges, was nebenbei die Reproductionsarbeit begleitet. Die Consumtion ist dann nur insofern berechtigt und geduldet, als sie die gesammten Kräfte des Individuums und der Gesellschaft zu neuer Production in Stand setzt. Diese Art von Gleichgewicht ist aber die traurigste, die man erdenken mag. Wo sie rein vorhanden ist, da fehlt es an jeder Freiheit der Verfügung über einen Rest von Kräften; da fehlt es dem Individuum wie der Gesellschaft an eigentlicher Musse. Ginge die ganze Kraft des Menschen ihrem Wesen nach in der productiven Thätigkeit auf, dann hätte man sich über jenen Zustand nicht zu beklagen. Allein die Kräfte und Fähigkeiten des Menschen lassen sich in zwei Bestandtheile zerlegen. Der eine Theil ist gröberer Natur und dient der rein wirthschaftlichen Production; der andere Theil ist edleren Wesens und dient der Entwicklung der höheren Lebensenergien und des mit ihnen verbundenen Lebensgenusses. Wirthschaftlich unproductiv ist nun auch jede Consumtion, welche dieser höheren Entfaltung des menschlichen Wesens zur Voraussetzung dient. Was man auch von den Rückwirkungen dieser Art von Consumtion auf die materielle Production rühmen möge, der unbefangen unterscheidende Verstand wird diese vermeintliche Rechtfertigung des wirthschaftlich nicht reproductiven Verbrauchs nicht gelten lassen. Er wird nach den Quantitäten der Rückwirkung fragen und sich überzeugen, dass die materielle Richtung der Volkswirthschaftslehre guten Grund hatte, diese Rückwirkungen in der Veranschlagung der jeweiligen Beziehungen von Production und Consumtion nicht allzu hoch einzuschätzen. Allerdings sind die grossen Erfindungen auch von gewaltigem ökonomischen Werth. Allein dieser Werth vertheilt sich über Jahrhunderte, während unsere Begriffe von productiver und unproductiver Consumtion auf die nächsten Abwechselungen dieser Functionen beschränkt bleiben. Lassen wir also jene Rechtfertigung der unproductiven Consumtion hier ganz ausser dem Spiel. Wir haben eine bessere Begründung, indem wir uns an die Nothwendigkeit der Musse halten. Nicht etwa blos der bevorzugte Einzelne, sondern auch die Gesellschaft als ein Ganzes muss zum Theil unproductiv consumiren, wenn der Mensch nicht zum blossen Werkzeug der Production und zum Sclaven der untergeordnetsten Bedürfnisse erniedrigt werden soll. Ein Theil der Consumtion hat also seinen Zweck nicht in der Ermöglichung einer andern künftigen Consumtion, sondern in der Unterstützung der Kräfte für andere nicht wirthschaftliche Ziele. Ja sogar diejenige Consumtion, welche um des blossen Genusses willen statthat und übrigens zu keiner Reproduction führt, kann unter Umständen edlerer Natur sein, als der reproductive Verbrauch. Der letztere deutet auf das Maass der Abhängigkeit von den wirthschaftlichen Gesetzen, auf Frohn und Zwang hin; während dagegen die unproductive Consumtion ein Zeichen der Freiheit von dem Dienst jener Gesetze sein kann.

Ein wichtiger Fall der unproductiven Consumtion und grade derjenige, welchen die Volkswirthschaftslehrer am meisten vor Augen zu haben pflegen, ist die Benutzung productiver Kräfte für die Unterhaltung gewisser staatlicher Functionen. Unter diesen politischen Verrichtungen ist die Erhaltung einer Militairkraft bisher die wichtigste gewesen und hat daher auch die meisten Anfeindungen erfahren. Manche haben geglaubt, die als unproductiv bezeichneten Verwendungen für militärische Zwecke allein dadurch rechtfertigen zu müssen, dass sie auf die Rückwirkungen dieser vermeintlich ganz sterilen Ausgaben hinwiesen. Die Unterhaltung der Ordnung im Innern und die Aufrechthaltung oder Herstellung einer internationalen Position sind allerdings für die wirthschaftlichen Erfolge in erster Linie maassgebend. Allein auch hier muss man sich nicht auf den rein wirthschaftlichen Standpunkt zurückziehen. Dies wäre schon ein zu weit gehendes Zugeständniss. Die Natur der Dinge bringt es mit sich, dass gewisse politische Functionen ausgeübt werden, und keine rein wirthschaftliche Rücksicht kann dieser Naturgewalt und dieser unvermeidlichen Logik der natürlichen Verhältnisse etwas anhaben. Eine ganz andere Frage ist es, ob eine unproductive Verwendung das von ihrem eignen Zweck geforderte Maass überschreite. Mit dieser Frage haben wir hier nichts zu schaffen, und es ist hier nicht unsere Sache, über die Form zu streiten, in welcher ein Volk die grösste oder auch nur die nöthige militairische Kraft mit den geringsten Kosten entfalten möge. Wirthschaftlich versteht es sich ganz von selbst, dass die unproductiven Consumtionen unter übrigens gleichen Umständen d. h. unbeschadet der angestrebten Zwecke auf das geringste Maass einzuschränken sind. Das Gleichgewicht der Production und Consumtion kann von einer nicht reproductiven Verwendung nur in so weit gestört werden, als die wirthschaftlich sterile Ausgabe nicht mehr von dem verfügbaren Ueberschuss der Production gemacht wird. Dieser Ueberschuss ist aber, was wohl gemerkt werden sollte, der Inbegriff aller derjenigen Bestandtheile des Ergebnisses der Production, welche nicht durchaus in der Reproduction oder auch in der erforderlichen Mehrproduction der nächsten Zeit angelegt werden müssen. Es ist stets ein gewisser Fond für unproductive Consumtion disponibel. Der Streit dreht sich gewöhnlich um die Theilnahme an diesem Fond und weit weniger um die Wahrung der Interessen der künftigen Production, welche ohnedies genügend garantirt zu sein pflegen. Es besteht eine gesellschaftliche Rivalität zwischen einer Menge verschiedenartiger consumtiver Interessen, die sämmtlich unproductiv sind. Der Krieg zwischen diesen Interessen ist das Geheimniss der Anfechtungen, welche die unproductiven Ausgaben des Staats von der gegenwärtig vorherrschenden Volkswirthschaftslehre in allen Richtungen und sogar bis zu den öffentlichen Unterrichtsausgaben hin erfahren.

Wenn man die gesammte unproductive Consumtion der Gesellschaft auf die eine und diejenige des Staats auf die andere Seite stellt, so wird die Grössendifferenz erstaunlich sein. Es bedarf daher die Lehre von den unproductiven Verwendungen einer sehr wesentlichen Ergänzung. Die Gesellschaft absorbirt grade in ihren höheren Schichten eine Menge Erzeugnisse in einer nicht reproductiven Weise. Diese Thatsache ist an sich nicht verwerflich; aber die Vernachlässigung derselben kann es werden, sobald es sich um Besteuerung thatsächlich unproductiver Ausgaben handelt. Die für die unproductive Consumtion verfügbaren Werthe bilden sicherlich einen vortrefflichen Gegenstand der Besteuerung. Denn es leuchtet auf den ersten Blick ein, dass man die unproductiven Ausgaben der Gesellschaft in zwei Theile zerlegen dürfe, von denen der eine dem Staat, der andere den Einzelnen dienstbar werde.

6. Im Anschluss an die Ideen von der unproductiven Consumtion verdient eine Art der productiven Kraftanhäufung Erwähnung, welche man ganz wohl mit dem Beiwort todt bezeichnen könnte. Da innerhalb der social geordneten Volkswirthschaft der Besitz von abstracten Werthen gleich dem Besitz einer Macht ist, sei es Production, sei es Consumtion in einer beliebigen Richtung zu ermöglichen, so kann die Zurückhaltung von Werthen zu blossen Consumtionszwecken zu einer gleichsam todten Capitalisirung führen. Man sollte nie vergessen, dass es stets neben dem Capital, welches die weitere Production vermittelt, auch eines giebt, welches

die weitere unproductive Consumtion möglich macht und garantirt.
So sind in einem gegebenen Augenblick sämmtliche Staatspapiere
in den Händen einer Anzahl von Gesellschaftsgliedern nothwendiger-
weise todtes Capital. Der Zinsbezug ist seiner Natur nach im Allgemeinen ein consumtiver Act, und insofern alles hier fragliche
Capital wirthschaftlich unproductiv angelegt zu sein pflegt, repräsentirt sein Werth nichts als die Capitalisirung der Zinsen, also
künftiger Nutzungen, auf welche durch diesen Werth ein Anrecht
gegeben wird, und die den jeweiligen Inhabern dieser Werthe als
blosse Gegenstände der Consumtion gelten. Warum sollte man
nun nicht ein solches Capital, dessen wesentliche Function es ist,
eine dauernde und productive Consumtion zu vermitteln, wirthschaftlich todt nennen? Ja, diese Bezeichnung sagt noch nicht
genug. Wenn man das Capital mit Carey als Werkzeug der Production betrachtet, so darf man nicht vergessen, dass es im graden
Gegensatz zu diesem Werkzeug der Production auch ein Werkzeug
der Consumtion giebt. Nicht einmal zwischen Naturalcapital und
Werthcapital ist in dieser Beziehung ein durchgreifender Unterschied vorhanden. Auch das Naturalcapital kann in vielen Formen
wesentlich todtes oder consumtives Capital werden. Freilich ist der
Natur der Sache nach hier immer eine Verbindung von Production und Consumtion nothwendig. Nichtsdestoweniger kann man
bisweilen die vorherrschende Consumtion als den eigentlichen Charakter derartigen Capitals ansehen. So z. B. ist der doch offenbar in einem gewissen Maasse productive Grund und Boden in der
sogenannten todten Hand ein wesentlich consumtives Capital. Sehen
wir jedoch, wie wir müssen, bei dem allgemeinen Begriff Capital
von den specifischen Formen des Naturalcapitals gänzlich ab, so
giebt es sowohl für das Instrument der Production als für das
Instrument der Consumtion eine Form als Werthcapital. Wir können daher mit Fug und Recht von productiven und consumtiven
Functionen des Capitals reden. Dieser Begriff ist allerdings wesentlich social; indessen würde es auch möglich sein, ihn für das einheitlich gedachte Subject der Volkswirthschaft durchzuführen. Capital ist eben nur eine Form, periodische Werthe in einem gegebenen
Zeitpunkt zusammenzufassen und zu veranschlagen. Das abstracte

Capital ist stets ein Werthquantum, und da es unproductive Consumtion giebt, so wird auch die Summe dieser unproductiven Consumtionen in der Form eines Stammwerthes zu denken sein, den man ganz wohl consumtives Capital nennen könnte. Capital ist die Form, in welcher sowohl künftige Production als künftige Consumtion anticipirt und geschätzt wird. Es repräsentirt einen Stammwerth im Gegensatz der einzelnen diesem Stammwerth entsprechenden periodischen Werthe. Nun wird es offenbar von der Function dieser einzelnen periodischen Werthe abhängen, ob das Capital reproductiv oder ohne Ersatz consumtiv wirken soll. Jene Function ist aber keine beliebige willkürliche Bestimmung der Einzelnen oder auch des Staates, sondern es liegt in der Natur der Dinge, dass gewisse dauernde Werthquanta ausschliesslich der unproductiven Consumtion dienen und zwar in Form von Capital dienen.

Es wäre auch in der That merkwürdig, wenn dem Gegensatz von Production und Consumtion, bei welchem man gewöhnlich nur an die einzelnen periodisch producirten und consumirten Erzeugnisse denkt, nicht auch Etwas entspräche, was diese periodischen Acte gleichsam capitalisirt vorstellbar macht. Ein Theil alles vorhandenen Capitals, d. h. der beständigen Werthanhäufungen, die sich in den Händen der Glieder der Gesellschaft oder des Staats befinden, ist ausschliesslich die Form und das Merkmal der unproductiven Consumtion. Wir treffen also, wie es von vornherein vorausgesehen werden konnte, im Capital genau denselben Gegensatz und genau dieselben Verhältnisse an, mit denen wir uns bezüglich der einzelnen Consumtions- und Productionsacte beschäftigt haben. Das productive Capital ist ein Stamm productiver Kräfte; das consumtive Capital ist ein Stamm consumtiver Kräfte.

7. Ehe wir zu der entscheidenden Charakteristik des ursächlichen Zusammenhangs zwischen den consumtiven und den productiven Kräften gelangen, müssen wir noch eine in der neusten Entwicklung der Volkswirthschaft wichtige und kritische Erscheinung, nämlich die sogenannte Ueberproduction untersuchen. Mit der Ueberproduction verhält es sich ähnlich wie mit der Uebervölkerung. In der That ist auch die sogenannte Uebervölkerung nichts als eine Ueberproduction von Menschen. Man kennt die

Ueberproduction in der Landwirthschaft, in der Manufacturindustrie und im Handel. Der unbefangne und gesunde Verstand fragt sich erstaunt, wie es möglich sei, an Nahrungsmitteln und Fabricaten zu viel zu erzeugen oder zu beschaffen. Es scheint ihm, als sei eher eine Unterproduction die allgemeine Signatur unserer Zustände, und doch hört er in der Brittischen Oekonomie fast von Nichts als von Ueberproduction. Sowohl landwirthschaftliche als industrielle und commercielle Krisen, ja selbst die wichtigsten Fluctuationen des Geldmarktes werden von der neuern Brittischen Theorie (z. B. sehr entschieden von Macleod) auf nichts als Ueberproduction zurückgeführt.

Der Sinn dieser Ueberproduction wird sogleich verständlicher, sobald man an die Bezeichnung derjenigen Gestalt denkt, welche sie im eigentlichen Handel zu erhalten pflegt; dort heisst sie nämlich ganz einfach Ueberspeculation, und nur das Bedürfniss der Theoretiker hat den allgemeinen Namen geschaffen. Betrachten wir also die beiden Extreme, die landwirthschaftliche Production und die händlerische Speculation, so scheint an dem einen die Willkür der Natur und an dem andern die Laune des Menschen zu herrschen. Eine Laune des Wetters, eine kleine Veränderung in den Verhältnissen der Temperatur entscheidet oft über den Betrag der Ernte. Eine falsche Idee oder eine besondere Erregung des Unternehmungsgeistes häuft bisweilen auf demselben Markt ein solches Angebot, dass hierdurch so zu sagen die kaufmännische Ernte des Marktes entschieden wird. In beiden Fällen ist eine Störung des beständigen und normalen Verhältnisses von consumtiven und productiven Kräften vorhanden. Das Missverhältniss beruht auf der örtlichen und zeitlichen Zusammendrängung des Angebots. Der Einzelne, sei er nun Landwirth, Industrieller oder Kaufmann, ist ohnmächtig, sobald es sich um eine Gestaltung des Marktes handelt, die entweder in einer unbeherrschbaren Naturaction oder in dem ebenfalls unbeherrschbaren Zusammenwirken vieler concurrirender Bestrebungen ihren Grund hat. Die consumtiven Kräfte, die, wohl gemerkt, nicht die Folgen blosser Bedürfnisse sind, können den plötzlichen Aenderungen des Angebots nicht unmittelbar folgen. Das Quantum des nothwendigen auf dem Markte erscheinenden Consumtionsanspruchs ist weit beständiger und regelmässiger, als das mehr den Chancen des Zufalls und der Ueberconcurrenz ausgesetzte Angebot. Freilich ist es nicht die wirkliche Production, in ihren grossen Dimensionen betrachtet, was weniger Chancen der Normalität hätte. Die Störungen sind stets localer Natur und können nur dann den Charakter der Allgemeinheit annehmen, wenn im Mittelpunkte eines centralistischen Systems selbst Stauungen verursacht sind.

Die Ueberproduction im Sinne der Brittischen Oekonomie ist eine Störung der Vertheilung und Circulation, ein Zeichen mangelnder Beherrschung des Marktes und eine Folge der Unordnung in den concurrirenden Bestrebungen. Wäre es möglich, das Angebot räumlich und zeitlich gehörig zu vertheilen, so würde die sogenannte Ueberproduction gar nicht statthaben können. Merkwürdigerweise ist es grade der Handel, der, während er die Aufgabe hätte, ausgleichend zu wirken, oft im Gegentheil selbst die spontane Ursache der Stauungen wird. Die Ueberspeculation, in deren Folge unverhältnissmässige Massen von Erzeugnissen auf einen zu ihrer Absorption unfähigen Markt gebracht werden, ist offenbar eine willkürliche Schöpfung des Handels. Seine Planlosigkeit und der Umstand, dass er automatisch und im besten Falle instinctiv verfährt, verschulden einen Theil der Störungserscheinungen. Doch ist keineswegs anzunehmen, dass die grossen kritischen Erscheinungen, wie z. B. diejenige von 1857, vollständig oder auch nur vorwiegend aus den Ursachen abzuleiten sind, welche von der Brittischen Oekonomie angeführt werden. Die Ueberproduction kann eben um ihrer örtlichen Natur willen solche durchgreifende Krisen nicht verschulden. Diese Krisen müssen Schlussergebnisse lange andauernder Wirkungen sein, die in der Form der wirthschaftlichen Systeme selbst ihren Grund haben. Eine Weltkrisis kann nicht blos örtliche Stauungen und Stockungen zum Grunde haben. Diese Stauungen und Stockungen mögen als Veranlassungen und Gelegenheitsursachen des Ausbruchs gelten; eine Erklärung, welche die speciellen Erscheinungen begreiflich macht, ist in der Betrachtung derartiger blos mitwirkender Umstände nicht zu finden.

Man hat behauptet, dass die echte Speculation eine Macht sei, den Zufall in der Zeit zu vertheilen und den temporären Collisionen vorzubeugen. Bis zu einem gewisssen Grade ist diese auf die Hervorbringung des Gleichgewichts gerichtete Function der Speculation nicht zu verkennen. Allein man überschätzt dieselbe, wenn man glaubt, dass blos private Maassregeln den Störungen vorbeugen könnten. In ganz abstracter Auffassung würde ja auch der Handel das Mittel sein, die Ausgleichung aller blos örtlichen Missverhältnisse d. h. die Vertheilung des so zu sagen räumlichen Zufalls zu bewirken. Allein ungeachtet der Speculation zwei Dimensionen, nämlich die räumliche und die zeitliche Vertheilung, zu Gebote stehen, sich geltend zu machen und ihre Rolle als wirthschaftliche Vorsehung zu bethätigen, so lehren doch die Thatsachen, dass grade im Gegentheil die Form unserer Volkswirthschaft, insofern sie eine blosse Summe von Privatwirthschaften ist, nicht blos nicht genügt, die unvermeidlichen Stauungen zu beseitigen, sondern sogar selbst der Grund der gegenseitigen Aufreibung und des Verlustes planlos neben einander wirkender Kräfte werden muss.

8. Die consumtiven Kräfte der Gesellschaft sind nicht blos von der Vertheilung der producirenden Mächte, sondern auch von der Art und Weise abhängig, in welcher sich Production und Consumtion die Hand reichen. Die centralistische Form der Production bringt, wie wir früher gesehen haben, eine Vernichtung sowohl der productiven als der consumtiven Bestrebungen mit sich, so weit dieselben in der Breite des Massendaseins ihren Sitz haben sollten. Der volkswirthschaftliche Betrieb kann in der engherzigsten Weise geordnet sein. Die künstliche Beschränkung oder Niederhaltung der consumtiven Kräfte wird nothwendig auch eine beträchtliche Minderung der Production im Gefolge haben. Eine ungehörige Niedrigkeit des Arbeitslohns ist das Zeichen einer Störung des wirthschaftlichen Kreislaufs. Consumtion und Production finden sich alsdann durch ein und dasselbe Hinderniss in ihrer Entwicklung gehemmt. Der Fuss (standard) des Arbeitslohns ist nicht blos der Consumtions-, sondern auch der Productionsregulator.

Gewöhnlich denkt die Brittische Volkswirthschaftslehre bei den Ausgaben der Massen nur an unproductive Consumtion. Wäre nun der Massenconsum wirklich unproductiv, dann wüsste ich nicht, woher die Reproduction der verzehrten Erzeugnisse eigentlich kommen sollte. Doch sicherlich nicht vom Capital, welches freilich in den herrschenden Parteilehren eine gewaltige Rolle spielt! Das Capital, in so weit aus ihm die Arbeitslöhne gezahlt werden, ist offenbar nur eine Form, das Spiel der Massenconsumtion ordnungsmässig zu leiten, und die Consumtion der Gegenwart mit der Production der nächsten Zukunft zu vermitteln. Das Capital schafft nicht die materiellen Voraussetzungen der Consumtion, sondern weist die Consumtion nur auf künftige Erträge an. Das Capital ist also nur eine Form, zwischen zwei Productionsphasen zu vermitteln. Es entscheidet ganz und gar nicht über die materielle Ausdehnung der Production. Vielmehr findet zwischen ihm und der künftigen Production unter Umständen ein bis jetzt wenig bemerkter Antagonismus statt.

Da nämlich das Capital, wie wir vorher gesehen haben, an sich dagegen gleichgültig ist, ob es den Functionen der Reproduction oder der nicht reproductiven Consumtion diene, so lässt sich eine Anhäufung von Capital denken, welche die wirthschaftlich leitenden Classen in den Stand setzt, ihre consumtive Macht und hiermit auch ihre sociale Uebermacht zu vermehren und ihre Mittel unproductiv anzulegen. Auf diese Weise lässt sich ein grosser Reichthum denken, der auf die Production keinen weitern Einfluss hat, als die relative Macht der wirthschaftlich leitenden Classen direct oder indirect zu verstärken. Diese Art von abstracter Capitalanhäufung wird daher regelmässig eine Hemmung der Production werden. Sie mindert den Reiz und die Nothwendigkeit wirklich productiver Bestrebungen. Sie schafft eine Classe, welche sich mehr auf ihren Fond an consumtivem Capital als auf ihre wirthschaftliche Thätigkeit stützt. Sie vermittelt eine Position, in welcher der einzelne Unternehmer nicht absolut genöthigt ist, zu produciren. Diese socialen Stellungsvortheile dienen dann, das gesellschaftliche Uebergewicht über die mit ihrer Arbeit dienstbaren Classen zu unterhalten und zu vergrössern. Diese Vergrösserung bedeutet aber nichts als eine Beschränkung der consumtiven Kräfte dieser Classen. So finden wir denn, dass die centralistische Anhäufung des Capitals zunächst ein Capital der Willkür schafft, ein vorherrschend consumtives Capital, dessen consumtive Gesammtkraft dazu dienen kann, die consumtiven Massenkräfte niederzuhalten. Weit entfernt also, dass die gewöhnliche Lehre von der Capitalansammlung im Wege der Unternehmergewinne richtig wäre, ist dieselbe vielmehr das grade Gegentheil der Wahrheit. Die centralistische Vermehrung der Werthquanta, über welche oligarchisch verfügt wird, ist unvermeidlich mit einer Einschnürung der Massenconsumtion verbunden. Die Macht zur Consumtion kann nicht einseitig angehäuft werden, ohne zu einer auf die Dauer schädlichen Vormundschaft über die Massenconsumtion zu führen.

Wir müssen die Kräfte haben, künftig Anweisungen zur Consumtion ausgeben zu können, und zu diesem Zweck müssen wir gegenwärtig mit derartigen Anweisungen in Form von Arbeitslöhnen sparsam verfahren. Dies ist etwa der auf einen tiefern Gedanken zurückgeführte Grund, den die herrschende Lehre für die Niederhaltung der Arbeitslöhne angiebt. Erstens ist es nun nicht einmal wahr, dass die Grössenverhältnisse zwischen dem Unternehmergewinn, dem Unternehmercapital und dem Arbeitslohn so beschaffen sind, um die erwähnte Berufung, selbst wenn sie theoretisch richtig wäre, zu rechtfertigen. Zweitens sind aber die Vertheidiger jenes Capitalistenraisonnements daran zu erinnern, dass es zum richtigen Denken meist erforderlich ist, nicht bei einem halben Gedanken stehen zu bleiben, sondern sogar zwei Gedanken zusammenzubringen.

Woher stammen eure Einnahmen, kann man die Unternehmer fragen; wodurch bilden sich eure Gewinne und eure Capitalien? Doch wohl nach Maassgabe eures Absatzes? Wo ist aber der Schwerpunkt dieses Absatzes? Etwa in der Luxusconsumtion? Oder bilden die Unternehmer etwa allein schon einen entscheidenden Markt? Offenbar ist der Massenconsum das gewaltige Schwungrad der grossen Circulationsmaschine. Das übrige Räderwerk mag höchst subtil und aller Würdigung werth sein. Allein ohne die letzte und namentlich die gröbere Consumtion, ohne jene Consumtion, die unmittelbar von den Volksbedürfnissen ausgeht, würde der ganze Mechanismus seine Haltung verlieren. Man nehme sich also die Mühe, nicht blos seine Ausgaben, sondern auch die letzte

Quelle seiner Einnahmen zu studiren, und man wird finden, dass Alles, was die leitenden Classen der Volkswirthschaft an Arbeitslohn ausgeben, in irgend einer Form als Einnahme zurückkehren muss. Grade, weil also der Arbeitslohn der Regulator der Consumtion ist, muss er auch Regulator der Production werden. Die Form eines Capitals oder Fonds, welche die Lohnsummen regelmässig annehmen und wieder verlieren, ist etwas ganz Untergeordnetes. Sie ist ein blosser Modus der Vertheilung und der Vermittlung zwischen Consumtion und Production. Die Anhäufung der Lohnwerthe ist nur eine Form, die Arbeit selbst zu summiren, zu vereinigen, und einem gemeinsamen Zweck dienstbar zu machen. Von dieser Form lässt sich gar nicht abstrahiren. Denn irgendwie muss die Arbeit organisirt sein. Mit der Organisation ergiebt sich aber auch sogleich die massenhafte Vereinigung der kleinen Lohnwerthe zu Werkzeugen der Production oder genauer gesagt der reproductiven Consumtion. Wie thöricht ist es also nicht, zu besorgen, dass die natürliche Tendenz des Lohnes, sich zu steigern, zu einer Störung des Kreislaufs führen werde? Im Gegentheil liegt diese Störung grade in der einseitigen Niederhaltung der Consumtion. Begreift man letzteres nicht, so ist der Grund hiervon in der einseitigen Fesselung des Gedankens zu suchen. Anstatt die fragliche Angelegenheit an ihren beiden Enden so zu sagen zusammenzufassen, hält man den einen Zipfel hoch empor und glaubt Wunder, welche Weisheit zu entfalten, indem man sich um den andern gar nicht kümmert.

Jeder Thaler, der als Arbeitslohn unter die Menge kommt, muss seinem Werth nach auf irgend einem Wege zu irgend einem Unternehmer zurückkehren. Der Lohnfuss hat also in doppelter Richtung eine Bedeutung. Er bestimmt nicht blos die Herstellungskosten, sondern auch Maass und Preise der producirten Erzeugnisse. Je mehr der Arbeiter verdient, um so grösser wird seine Kauf- und Zahlkraft. Die Menge der Arbeiter entscheidet in doppelter Hinsicht über den Markt. Sie entscheidet das eine Mal durch ihre Leistungen über das Angebot und das andere Mal durch ihre consumirende Kraft über den Betrag der Nachfrage. Es entspringt also beides, sowohl das Angebot als die Nachfrage aus derselben Kraftquelle. Wie soll nun wohl eine Ueberconsumtion durch natürliche Steigerung der Arbeitslöhne möglich werden? Und doch beruft man sich fortwährend auf die Nothwendigkeit, die Arbeit in ihrem Verbrauch durch Ersparung an den Arbeitslöhnen väterlich zu bevormunden!

Die Erhöhung der Arbeitslöhne innerhalb gewisser Grenzen, die sich durch den Widerstreit der Interessen ergeben, erweitert den Markt nicht blos dem Nominalwerth, sondern dem realen Werth nach. Würden aber diese Grenzen, was allgemein kaum denkbar ist und nur ausnahmsweise z. B. unter einem Papiersystem zu einem Schein von Wirklichkeit gelangt, einmal überschritten, so würde die Folge hiervon allerdings nicht blos eine gleichgültige Aenderung so zu sagen des Circulationsfusses der Werthe, sondern in der That eine gewisse Disharmonie zwischen Consumtion und Production sein. Es würden allerlei Störungen eintreten, die vielleicht denjenigen Uebelständen analog ausfallen möchten, welche die unvermeidlichen Begleiter eines zu niedrigen Lohnfusses sind. Es giebt mithin einen Punkt der natürlichen Einstimmung, bei welchem die Circulation der Werthe am ebenmässigsten von Statten geht. Dieser Punkt wird praktisch festgestellt, indem die widerstreitenden Interessen einander die Waage halten. Zur Hervorbringung dieses natürlichen Gleichgewichts genügt es jedoch nicht, die Menschen blos als Individuen ihre Interessen wahrnehmen zu lassen. Es sind hierzu höhere Formationen nothwendig, von denen ich in »Capital und Arbeit« wenigstens die allgemeinen Schemata verzeichnet habe.

Fassen wir unsere Gedanken über das durch den Arbeitslohn vermittelte Gleichgewicht kurz zusammen. Wird die Consumtion durch Hungerlöhne auf dem Hungerpunkt erhalten, so kann auch die Production im Grossen und Ganzen nicht über den Grad hinaus, in welchem die Massenconsumtion einen Absatz verspricht. Der Arbeiter ist alsdann in doppelter Beziehung beeinträchtigt. Die Nachfrage nach seinen Arbeitskräften wird durch die Arbeitgeber nur vermittelt und geht vorwiegend aus dem Kreise seiner eignen Genossen hervor. Er wird daher durch die Niedrigkeit des Lohnes indirect genöthigt, seinen Genossen und sich selbst die Nachfrage nach Arbeitskraft zu schmälern. Andererseits findet er auf dem allgemeinen Markte die Productensumme, an deren Hervorbringung er als Producent künstlich gehindert worden ist, nun auch als Consument nicht vor. Er erfährt also eine doppelte Benachtheiligung. Seine Leistungen und sein Consum werden durch einen und denselben Act gleichzeitig niedergehalten. Die Arbeit wird, um es schliesslich ganz kurz zu sagen, durch Lähmung ihrer Energie an ihrer eignen Versorgung gehindert. So haben wir denn wiederum festgestellt, dass die Production in gesellschaftlicher Beziehung weit mehr von der Consumtion, als etwa die letztere von der ersteren abhängig zu denken ist.

9. Jeder Theilnehmer an der volkswirthschaftlichen Arbeit ist in einem weiteren Sinne des Worts Producent. Nun ist er Consument schon als Mensch, oder besser gesagt, schon als animalisches Wesen. Beide Functionen entspringen also an demselben Punkt, und auch die Quantitäten, in denen sie sich bethätigen, werden einander mehr oder minder entsprechen. So wird es begreiflich, dass man das Volk nie blos in der einen oder in der andern Rolle schädigen oder fördern werde. Auch ist es nicht möglich, dass die Interessen der grossen Mehrheit der Consumenten jemals denen der grossen Mehrheit der Producenten widerstreiten. Die händlerische Volkswirthschaftslehre sieht freilich nur lauter Consumenten d. h. Abnehmer und richtet ihre Raisonnements hiernach ein. Der Mensch der Masse ist ihr eben nur träger Gegenstand. Die industrielle Production d. h. die sogenannten Producenten im engern Sinne sehen den Menschen der Masse als Arbeitsmaschine an und überlassen es der Händlerschaft, ihn von seiner andern Seite, nämlich als consumirendes Subject zu würdigen. Diese Würdigung fällt aber ebenfalls sehr beschränkt aus. Dies beweisen die Theorien des Freibeuterhandels. Der Mensch als Consument ist ihnen ebenfalls nur träges Object, dem man einen gewissen Absatz octroyirt. Die beiden leitenden Classen theilen sich also gleichsam in einen Gedanken, der einheitlich sein sollte. Sie besitzen jede eine Hälfte dieses Gedankens, und diese sogar nur in verstümmelter Form. Wir werden später in der Beleuchtung des Schutzzolls die Folgen dieser halben und verstümmelten Gedanken kennen lernen. Hier haben wir es nur ganz im Allgemeinen mit dem

Gleichgewicht von Production und Consumtion zu thun. Formuliren wir daher unsere Gedanken dahin: Der Mensch wird in einen Consumenten und in einen Producenten derartig gespalten, dass beide Hälften sich nicht mehr recht an einander fügen wollen. Der eingetriebene Keil, durch welchen diese Spaltung vollführt wird, ist die oligarchische Macht des sogenannten Capitals.

Glücklicherweise ist die gekennzeichnete Entfremdung der für einander geschaffenen Functionen des Menschen nur eine den Uebergangsepochen eigenthümliche Erscheinung. Wir haben oben von der centralistischen Gestaltung der oligarchischen Herrschaften geredet. Diese Centralisation entwickelt zunächst eine ganz einseitige Kraft. Die Massen werden von ihr zunächst als träger Stoff absorbirt. So geschieht es, dass der Mensch der grossen Mehrheit in seiner Production wie in seiner Consumtion vorläufig annähernd zum Sclaven wird. Fragen wir danach, welche Ursachen diese Umwandlung für die laufende Entwicklungsphase mit sich gebracht haben, so müssen wir den modernen Mechanismus der Production d. h. die Herrschaft der Maschine wohl als den hauptsächlichsten Grund gelten lassen. Der Besitz der Maschine hat auch den des Menschen vermittelt. Das grosse Capital ist in der Form des Maschinenbesitzes ohne sonderliche Anstrengung zum centralistischen Beherrscher der Production geworden. Was den Massen Erleichterung verschaffen sollte, ist zunächst zum Werkzeug einer Knechtung geworden, die unter einem andern Productionssystem weniger mächtig und weniger erfolgreich geblieben wäre. Die kleinen Gliederungen des gesellschaftlichen Körpers wurden aufgelöst, und es bildeten sich Mittelpunkte einer ausgedehnteren Herrschaftsübung. So stehen wir denn jetzt bei der oligarchischen Verfassungsform der Volkswirthschaft, und diese Form ist es, welche der Menge stets verhältnissmässig ungünstig sein muss. Diese Form hindert die volle Kraftentfaltung der wirthschaftlichen Fähigkeiten. Sie ist, obwohl die natürliche und unvermeidliche Einleitung der modernen Production, dennoch mit Uebeln verbunden, die wohl kaum durch die technischen Vortheile der neueren Productionsmittel ausgeglichen werden. Jedenfalls wäre sie ein maassloses Unheil, wenn·

sie nicht zugleich Aussichten auf eine wohlthätige Aenderung der Zustände darböte.

In Uebergangsepochen müssen die Menschen zum grossen Theil von Hoffnungen leben und sich gleichsam mit dem Vorgefühl des Fortschritts nähren. Sie leben alsdann ein wenig in der Zukunft und überwinden die gegenwärtigen Uebel dadurch, dass sie dieselben als Geburtswehen einer neuen Schöpfung betrachten. Die centralistische Gestaltung und die mit ihr verbundene Sclaverei sind nur Durchgangsformen, nur Uebergangsgebilde, die in sich selbst keinen dauernden Halt haben. Die Consolidation des Grund und Bodens ist auch eine Art der Centralisation. Allein sie führt unvermeidlich zu einer neuen Art, an dem Grund und Boden Antheil zu haben. Sie ist weniger widerstandsfähig als der kleine und mittlere Grundbesitz. Sie steht einer künftigen rationellen Bewirthschaftung durch associirte Theilhaber nicht so sehr im Wege, als das atomisirte Eigenthum. Weit entfernt aber, dass sie etwa die Aussicht böte, Volk oder Staat an die Stelle des grossen Grundherrn zu setzen, deutet sie vielmehr auf eine echte Gegenbestrebung gegen die einseitige Gesammtherrschaft. Manche (und wie es scheint unter ihnen auch Stuart Mill) stellen sich den Staat als den einstigen Erben des consolidirten Grundbesitzes vor. Sie sehen in der centralistischen Anhäufung eine günstige Vorbereitung für einen letzten Griff des Staats. Sie übersehen aber, dass der Staat im Fall, dass sich eine solche Perspective verwirklichte, nur eine neue Form der absorbirenden Macht sein würde. Auf diese Weise gehen nun einmal die Gestaltungen nicht in einander über. Zeitweilig mag der Staat die Macht einer Oligarchie erben; aber schliesslich muss die andere Seite des natürlichen Antagonismus der Kräfte zu ihrem Recht kommen. Die Centralisation ist nur eine erste rohe Formirung der stärkern Vereinigung bisher ganz getrennter oder nur in kleinen Gruppen zusammengehaltner Elemente. Diese rohe Centralisation ist noch ganz mechanisch und äusserlich. Sie muss den gegliederten Formen der Aufrechterhaltung einer gewissen Einheit weichen. Indem sie Letzteres thut, giebt sie nur dem tieferen Princip nach, aus welchem sie selbst stammt. Es handelte sich um Organisation. Diese musste zunächst die Gestalt einer einseitigen Mittelpunktsbildung annehmen. Von diesem Mittelpunkt aus musste der zersetzte Stoff der früheren ungenügenden Gebilde angezogen werden. Mit dieser Anziehung ist aber der Vorgang nicht beendet. Die Bestandtheile streben innerhalb der neuen Form, in die sie zunächst gezwängt worden sind, nach einer neuen Selbstständigkeit, und da sie durch blos zersetzende Kräfte gegen die mechanisch bindende Gewalt nichts ausrichten, so müssen sie in einer gegliederten Formirung ihr Heil suchen. Die Association im weiteren Sinne des Worts, aber wohl gemerkt, nicht die lose, sondern die in einem gewissen Maass gebundene Association ist dann die natürliche Nachfolgerin der centralistischen Herrschaft.

Die eben schematisch angedeutete Entwicklung muss ebenso für die Fabrikindustrie wie für die Landwirthschaft eintreten. Es ist nicht möglich, dass die oligarchische Betriebsart die dauernde Verfassungsform der Volkswirthschaft bleibe. Zunächst wird der Weg der Beschränkung wie im Politischen, so auch im Wirthschaftlichen und Socialen der natürliche sein. Eine Art Constitutionalismus wird dem wirthschaftlichen Absolutismus der einzelnen Oligarchen gegenübertreten. Jedoch ist diese Form der einstweiligen und allmäligen Beschränkung nicht anders zu beurtheilen, als ihr politisches Seitenstück (vgl. den ersten Abschnitt von »Capital und Arbeit«). Die Formveränderung einer Verfassung vollzieht sich nur durch Hülfe von allerlei Mischgebilden, Compromissen und Transactionen. Die Geschichte arbeitet der Regel nach nicht ruckweise. Wo ein plötzlicher Umschlag eintritt, ist er entweder durch Steigerung bis zum Extrem oder durch Annäherung vorbereitet. Entweder handelt es sich um den Abschluss einer lange vorbereiteten Form, oder um die Einleitung einer Metamorphose. In dem einen Fall ist eine Gestaltung vollzogen und das Ziel erreicht. In dem andern Fall ist der plötzliche Formenwechsel nur der Entwurf, der in der Wirklichkeit noch erst durch eine Reihe von Hülfsbildungen auszuführen ist.

Man hüte sich also anzunehmen, dass sich die Gestaltungen

anders als durch einen Antagonismus vollziehen können. Auf die Centralisation muss irgend eine Decentralisation folgen, welche aber freilich nicht eine Rückbildung sein kann. Von der Centralisation wird, um einen Ausdruck Carey's zu brauchen, die Concentration der Functionen beibehalten, während die absobirende Kraft des Mittelpunktes in der relativen Selbständigkeit der vereinigten Glieder ein Gegengewicht findet. In dieser Form, nicht aber in einem blossen Wechsel des Besitzers der centralistischen Macht, haben wir uns die Ausbildung des gesellschaftlichen Gleichgewichts zu denken. In dieser Form ist eine ernstliche Verlegung des Schwerpunktes der Wirthschaftsleitung und Speculation zu erwarten. In dieser Form ist es allein möglich, dass der Mensch als Producent leiste, was er als Consument beansprucht. Ohne diese Form ist, wie wir bald sehen werden, auch keine wirthschaftliche Gerechtigkeit im weiteren Umfange zu verwirklichen.

Das dauernde Interesse der ganzen Unternehmerschaft ist mit dem dauernden Interesse der Massen nicht in Widerspruch. Allein diese Uebereinstimmung ist nichts weiter als eine unerlässliche Vorbedingung der Harmonisirung der Classeninteressen. Es besteht, wie wir früher gezeigt haben, durchaus keine augenblickliche Harmonie, sondern nur eine Möglichkeit der Vermittlung einer dauernden Zusammenstimmung der Interessen. Die ganze Unternehmerschaft darf nicht mit dem einzelnen Unternehmer verwechselt werden. Sie darf nicht als ein nach einheitlichen Interessen handelndes Collectivwesen gedacht werden, welches sich willkürlich entschliessen könnte, die Production auf den vortheilhaftesten Fuss einzurichten. Die Concurrenz steht dazwischen, und keine Rechnung kann richtig sein, die mit etwas Anderem als den nächsten kurzlebigen Interessen operirt. Was durch Vermittlung dieser Interessen möglich ist, geschieht durchschnittlich auch wirklich. Diese Interessen sind aber grade eine Hemmung der Herstellung eines Productionsmaximum. Das Gleichgewicht zwischen Production und Consumtion kann nur durch diejenigen vollkommen angemessen regulirt werden, welche das erste, natürliche und entscheidende Interesse an seiner Herstellung und Erhaltung haben.

Die arbeitende Menge ist mithin der durchgreifende Factor dieser Regelungen. Sie ist es durch ihre Lohnansprüche, und in dem Maasse, als sie fähig wird, an der Regulirung der Lohnsätze verständigen und nachdrücklichen Antheil zu nehmen, wird auch derjenige Fuss der Werthcirculation immer mehr gewährleistet, bei welchem der allgemeine Wohlstand sein jeweilig grösstes Maass erreicht.

Sechster Abschnitt.

Rechtsbegriffe und Gerechtigkeit in der Volkswirthschaft.

Erstes Capitel.

Rechtsverfassung und wirthschaftliche Ordnung.

1. Seit die Vertheilungsideen in den Vordergrund der socialen und ökonomischen Erörterungen getreten sind, hat man auch in den volkswirthschaftlichen Handlungen ein wenig von Gerechtigkeit gesprochen. Vorzüglich haben die Socialisten das Verdienst, die einseitige und beschränkte Anschauungsweise der Oekonomiker angegriffen und gewisse Gerechtigkeitsvorstellungen, wenn auch oft in sehr roher Weise und mit den ärgsten Missgriffen, so doch meist in gutem Glauben gepflegt zu haben. Das Beste am Socialismus ist, wie man nicht oft genug wiederholen kann, die natürliche Vertretung gewisser Instincte und namentlich des Rechtsgefühls im Gebiete der wirthschaftlichen Handlungen. Socialisten und Communisten haben den Versuch gemacht, die vom achtzehnten Jahrhundert überlieferte Idee eines Naturrechts in der wirthschaftlichen Sphäre zur Geltung zu bringen. Sie bedeuten für das neunzehnte Jahrhundert und die Wirthschaftsverfassung das, was die Naturrechtstheoretiker des siebenzehnten und achtzehnten Jahrhunderts für die Kritik der politischen Gestaltung des öffentlichen und des Privatrechts waren.

Blickt man nur auf die Thorheiten des theoretischen Träumens, so könnte man leicht sehr abgeschreckt werden und sich
angetrieben fühlen, die einschlagenden Erscheinungen und Vorgänge
als gänzlich gehaltlos zu verurtheilen. Mit einem solchen einseitigen
Maassstabe wird aber die socialistische Kritik nicht abgefertigt.
Erst überzeuge man sich von der colossalen Beschränktheit ihrer
conservativen Gegner und dann urtheile man. Ich glaube, dass
die bornirte Nüchternheit und der kurzsichtige Philisterverstand,
mit welchem die politische Oekonomie alle Rechts- und Gerechtigkeitsvorstellungen abgewiesen hat, den Ausschweifungen auf der
andern Seite die Waage halten. Man wird künftig Mühe haben,
sich auf den ökonomistischen Standpunkt zu versetzen, der nichts
als das gewöhnliche juristische Recht zu sehen erlaubte, und der
jegliche Vorstellung von dem Bedürfniss eines gerechten Verkehrs
als ungehörig zurückwies. Sicherheit des Lebens und Schutz des
Eigenthums, wird man einst sagen, waren die zwei Gebote, in
denen sich der ökonomische Rechtskatechismus erschöpfte. Wie
armselig, wie spiessbürgerlich beschränkt, wird der spätere Historiker ausrufen! Keine Vertiefung der Gerechtigkeitsidee, sondern
pure nackte Hinweisung auf die rohesten Grundformen, deren auch
das elendeste Gemeinleben, ja die blosse Räubergemeinschaft nicht
entrathen kann; — und dann auf Grundlage dieser beiden grossen
Güter, dieser beiden gewaltigen Garantien ein völlig losgebundenes
Spiel der Einzelwillkür mit allen möglichen Freiheiten für die hin
und her geschnellten Atome, sich bald von dieser bald von jener
Centralkraft einfangen zu lassen. Ein halbes Dutzend von lauter
negativen Freiheiten, die für die Menge nur Freiheiten sind, sich
unterdrücken zu lassen, mit einem halben Dutzend solcher Freiheiten in der Hand fordert die politische Oekonomie des neunzehnten Jahrhunderts die Kritik heraus. Sie dünkt sich sogar ganz
ganz besonders weise, indem sie die Gerechtigkeit in den engen
Rahmen des juristischen Rechts bannt. Man hat ihr geantwortet,
aber freilich oft in einer sehr verworrenen Weise. Wo man sich
gegen sie blos verneinend verhalten hat, ist man meist glücklich
gewesen. Wo man dagegen eine Form für die Verwirklichung
der natürlichen Gerechtigkeitsvorstellungen suchte, ist man fast

durchgängig allzu leichtfertig über die unerlässlichen fundamentalen Grundgestalten der gesellschaftlichen Ordnung hinweggegangen. Man hat geglaubt von Formen abstrahiren zu können, die in der That als blosse Formen sowohl unumgänglich als auch unschuldig am Unrecht sind. Die am meisten betroffene dieser Fundamentalformen ist das Eigenthum gewesen, und so kann man denn behaupten, dass grade die unerlässlichste Voraussetzung alles geordneten und gerechten Verkehrs der Gegenstand der heftigsten Anfeindungen geworden ist. Diese Anfeindungen richteten sich allerdings in ihrem Kern gegen etwas Anderes, als die nackte und unerlässliche Form des Eigenthums. Sie richteten sich gegen den Inhalt und gegen den Gebrauch dieser Form. Da sie sich aber selbst nicht klar genug waren, kehrten sie sich gegen das ganze Institut und bisweilen sogar grade gegen die am wenigsten schuldigen Seiten desselben. Ganz besonders wurde das Grundeigenthum zum Träger aller Schuld gestempelt, und in dieser Beschuldigung begegneten sich die händlerische Oekonomie und der Socialismus. Die von Ricardo erdachte Grundrechte wurde der gemeinsame Vorwurf, und in einer merkwürdigen Inconsequenz kehrte der Socialismus seine Schärfe nicht gegen seinen ärgsten Feind, nämlich gegen das bewegliche Eigenthum in der Form des Capitals, sondern gegen dasjenige Eigenthum, welches am wenigsten im Stande ist, unter unsern modernen Verhältnissen eine Massenherrschaft auszuüben. Freilich wurde dieser Fehlgriff von den mehr praktischen Socialisten verbessert. Man war schliesslich doch consequent genug, alles Eigenthum zum Gegenstand der Kritik zu machen, und sich nicht auf den Grundbesitz zu beschränken. Hierbei stiess man aber auf Schwierigkeiten. Man musste nämlich irgend eine Besitzform gelten lassen, und grade Proudhon, der ausser der Bodenrente auch noch den Zins beseitigt wissen wollte, musste sich darauf berufen, dass er nicht die Form eines Besitzes, sondern nur die aneignenden Kräfte des Eigenthums ausgetilgt wissen wolle. Ehe wir jedoch auf diese Unklarheiten eingehen, müssen wir noch erst die politische Oekonomie wegen ihrer Vernachlässigung aller Gerechtigkeitsbegriffe zur Rechenschaft ziehen.

2. Das durch die Gerichte geschützte Recht ist nicht das

einzige, welches man zu berücksichtigen hat. Rechtsverletzungen im juristischen Sinne beziehen sich nur auf gewisse Formen des Unrechts, die sich zu einer reactiven Ausgleichung eignen. Der Schutz des Eigenthums und die Integrität der Person sind die beiden Angelpunkte, um welche sich die juristische Rechtspflege bewegt. Nun giebt es aber ausser dem directen Unrecht auch noch ein indirectes und keineswegs blos moralisches, welches vorzüglich in der wirthschaftlichen Auspressung geübt wird. Sobald ein Vertrag geschlossen ist, so ist der Bruch des Vertrages eine juristische Verletzung, die im günstigen Fall, sobald nämlich die Rechtswahrnehmung nicht zu viel Schwierigkeiten und Kosten mit sich bringt, durch Vermittlung der öffentlichen Gerechtigkeit ausgeglichen werden kann. Ehe aber jener Vertrag zu Stande kam, befanden sich die Parteien in der Lage, auf Selbsthülfe angewiesen zu sein. Wenn nun diese Lage etwa vermöge der allgemeinen gesetzlichen Formgebung der Gesellschaft für die eine Partei von vornherein ungünstig war und eine Verletzung unvermeidlich machte, so kann man doch wohl diese Verletzung, die im Vertrage selbst erst eine bestimmte Gestalt annimmt, ein gesetzmässiges Unrecht nennen. Der Arbeiter, welcher ein Lohnabkommen trifft, kann als Beispiel dienen. Er ist innerhalb der Gesetze völlig frei; aber diese Gesetze verpflichten ihn zur Arbeit überhaupt, wie den Staatsbürger zum Militairdienst. Er darf den wirthschaftlichen Gehorsam nicht verweigern. Seine Leistung gilt als eine Art öffentlicher Pflicht und ist den Arbeitgebern durch polizeiliche Vorkehrungen im Allgemeinen gewährleistet. Kann man sich wundern, dass unter einem solchen System der Lohn zum blossen Solde wird? Die formale Vertragsfreiheit ist vorhanden; aber dieser Freiheit ist die Bahn bereits vorgezeichnet, auf welcher sie der Unterdrückung nachgeben muss.

Gesetzt nun aber auch, diese gesetzlichen Benachtheiligungen wären beseitigt, so blieben doch noch weit höhere Gesetze bestehen, kraft deren die sociale Lage einer Classe nothwendig zu einer schwachen Position und mithin zu einem Gegenstand der Unrechtsübung gemacht wird. Die Gesetze, welche der Volkswirthschaft und Gesellschaft eine bestimmte Form verleihen, und welche

nicht immer als willkürlich gegeben, sondern meist sogar als Naturnothwendigkeit zu betrachten sind, haben entlegne, darum aber
nicht minder wirksame Consequenzen für die Macht des Einzelnen.
Der letztere kann zur Unterordnung determinirt sein, ohne dass
,er es weiss. Die gesetzmässige, formgebende Gewalt bestimmt die
Chancen seines unbedeutendsten Abkommens. Ist nun auf diese
Weise nicht ein gesellschaftliches Unrecht möglich? Ist das Unrecht, welches in regelmässiger Form nothwendig gemacht wird,
minder ein Unrecht? Begrenzt sich der Begriff der Verletzung
mit dem juristischen Recht, und kann man bei constitutiven Gesetzen und Verfassungsformen nicht auch nach Verletzungen fragen?
Man merke es wohl, dass es sich nicht um moralisches und
rein subjectives, sondern um ganz positives oder, besser gesagt,
positivistisches Unrecht handelt. Es ist zwar ein grosser Unterschied, ob die auf Kosten des Andern vor sich gehende Aneignung
in der Form des Diebstahls oder in der eines Vertrages ausgeführt
werde. Aber so gross ist der Unterschied doch nicht, dass man
das gemeinschaftliche Element beider Verfahrungsarten bestreiten
könnte, und so wollen wir es denn Proudhon nicht verargen, dass
er die berühmte Paradoxie, Eigenthum sei Diebstahl, gewagt hat.
Wer tiefer nachdenkt und sich selbst klar zu werden versteht, wird
die beiden Aneignungsfälle unter einen gemeinsamen Gesichtspunkt
zu bringen verstehen. Jemandem durch blosse Bethätigung der
Uebermacht das vorenthalten, was er unter Voraussetzung gleicher
Vertragschancen erhalten würde, ist nur eine specielle Form der
grundlosen Aneignung, deren einziger Rechtstitel die Macht ist.
Der Dieb hat nun auch nichts weiter als seinen Willen und seine
Chancen für sich. Der Ausbeuter unterscheidet sich von ihm nur
dadurch, dass er die Procedur abkürzt und einen Diebstahl durch
seine Anticipation unnöthig macht. Wie man nun übrigens über
diese Vergleichung denken möge, so viel steht fest, dass beide
Fälle darin übereinkommen, Formen der verletzenden Aneignung
zu sein. Offenbar werde ich nicht blos durch den Diebstahl, sondern auch dadurch verletzt, dass man im Bereiche meines Ver-
mögens und Könnens innerhalb der gesetzlichen Formen Beute
macht. Der wesentliche Unterschied, der hier sicherlich nicht

verhüllt werden soll, besteht nun aber darin, dass im Fall des
Diebstahls ein bereits verwirklichtes und von der Gesellschaft an-
erkanntes Recht, im Fall der ausbeutenden Aneignung aber nur
ein natürliches noch nicht durch gemeinsame Vorkehrungen ge-
schütztes Recht verletzt wird. Unter Voraussetzung eines Kriegs-
zustandes ist das Beutemachen eben nur eine Form der Selbsthülfe.
In einem Kriegszustand befindet sich aber auch die Gesellschaft
stets in so weit, als sie noch nicht Vorkehrungen für einen gleichen
Schutz gegen blos sociale Verletzungen getroffen hat.
Vergleichen wir die Formen der internationalen Aneignung
z. B. den Nachdruck, wie er in den grössten Dimensionen in den
Vereinigten Staaten geübt wird, mit dem Verfahren zwischen den
einzelnen Gliedern desselben Staats, so werden wir erkennen, dass
der Unterschied zwischen einem socialen oder wirthschaftlichen
und einem juristischen Unrecht wirklich nur in dem Grade der
Verwirklichung des entsprechenden Rechts zu suchen ist. Es giebt
Rechte, für welche ein directer staatlicher Schutz existirt. Es
giebt andere Rechte, für welche ein indirecter vorbeugender Schutz
existiren könnte, aber thatsächlich noch mangelt. Es giebt endlich
solche Rechte, von denen man gar nicht reden würde, wenn nicht
das correspondirende Unrecht durch die allgemeine Verfassung des
wirthschaftlichen Lebens selbst erst erzeugt würde. Was ist z. B.
ein Recht, nicht ausgebeutet zu werden? Offenbar eine Caricatur,
insofern die Grundgesetze des Verkehrs gar nicht erst die Chancen
der Ausbeutung hervorbringen sollten. . Unter Voraussetzung der
gehörigen politischen Rechtsverfassung der Gesellschaft wird ein
ausbeutendes Uebergewicht ganz einfach unmöglich gemacht, und
das Gleichgewicht der pacisirenden Kräfte sorgt für gerechte Bestimmung von Leistung und Gegenleistung. Abgesehen aber von
solchen Garantien der Ordnung erscheint wirklich der Diebstahl
nur als die positivere Form desjenigen Unrechts, welches in weniger
positivistisch erheblichen Gestalten alle Tage unter Einzelnen und
Nationen ausgeübt wird. Man kann sich von den beschränkten
Vorurtheilen, durch welche das gesellschaftliche Unrecht zum Recht
gestempelt wird, nicht besser befreien, als indem man das internationale Verhalten der Völker studirt und in die Motive wie in

die Wirkungen ihrer Politik, sei dieselbe nun eigentliche Wirthschaftspolitik oder nicht, tiefer eindringt. Alsdann wird man auch
das Verhalten der Einzelnen richtiger würdigen lernen. Man wird
begreifen, dass das Unrecht zwar eine potenzirtere Form annimmt,
indem es die von den positiven Gesetzen vorgesehenen Verletzungen
begeht, dass es aber keineswegs seinen allgemeinen Charakter erst
durch den Widerstreit mit dem Positivistischen erhält. Das Unrecht, dem das Recht correspondirt, existirt in einem sehr ansehnlichen Maasse bereits vor dem Gesetz, welches gegen dasselbe
zu reagiren verspricht. Dennoch ist dieses ausser der Sphäre des
juristisch geschützten Rechts begangene Unrecht, wie es scheint,
eine wesentliche Form alles socialen Daseins, da die Geschichte
keinen Zustand kennt, in welchem es nicht geherrscht und zu einem
Theil sogar durch die Verfassung von Staat und Gesellschaft zur
Regel gemacht worden wäre. Die Sclaverei ist offenbar der einfachste und klarste Fall der Ausbeutung; die Sclaverei ist aber
eine Institution der öffentlichen Rechtsverfassung.

3. Wenn die vorherrschende Schule der politischen Oekonomie
in ihren gegenwärtigen Vertretern überhaupt dialektischer Feinheiten fähig wäre und ihre Gespinnste über den groben Faden
Mill'scher Logik hinauskämen, so würde sie sich vielleicht mit ihrer
Verachtung alles nicht juristischen Rechts hinter einen gewissen
Skepticismus verschanzen. Sie würde die socialistischen Angreifer
fragen, woher denn das Kennzeichen ungerechter Verletzung kommen solle, da doch alle geschichtlichen Gestaltungen irgend eine
Aneignung auf Kosten dienstbarer Classen und Gesellschaftselemente
jederzeit geheiligt haben. Zu einer solchen Frage besitzt jedoch
unsre liberalisirende Oekonomie nicht Muth genug und auch nicht
hinreichende Aufrichtigkeit gegen sich selbst. Ihre Freiheitsphrasen
sind eine Schule der Heuchelei; ihre Gleichheitsphrasen sind noch
mehr, sie sind Schauspielerei vor dem eignen Gedanken. Wie soll
wohl eine Parteischule, in der die Parole der Gleichheit zu politischen Zwecken alle Tage ausgegeben wird, den Ursachen der Ungleichheit offen ins Angesicht schauen? Für die Parteischule versteht es sich ja ganz von selbst, dass die Gleichheit verwirklicht
sei. Es ist daher gar nicht nöthig, geschichtliche Ungleichheiten

20'

zu begreifen oder auch nur einzugestehen. Man ködert die Menge
mit der Gleichheit vor dem Gesetz und hütet sich, ihr zu sagen,
dass diese Art von Gleichheit nie bestanden habe und unter den
gegenwärtigen Umständen nicht bestehen könne. Man hütet sich,
die rechtlichen Verfassungsformen der Volkswirthschaft, wie sie
früher bestanden haben, redlich zu untersuchen, und sich kühn zu
fragen, ob es denn ein Princip gebe, demzufolge man wissen könne,
wo Verletzung und Unrecht ihre Grenze haben. Statt dessen nimmt
man echt philisterhaft die Dinge, wie sie sind, macht sich über
Recht und Unrecht weiter keine Scrupel, und findet sich im besten
Fall mit der hohlsten aller Phrasen ab, nämlich mit der Berufung
auf die Veränderung der geschichtlichen Verhältnisse. Wie sich
aber Recht in Unrecht verwandeln könne, davon hat man keine
Ahnung. Man meint lieber, unsere grosse unvergleichliche Zeit
sei erst zu dem Uebermaass der Klugheit gelangt, einzusehen, dass
die Ausbeutung in Form der Sclaverei nichts tauge und sogar
Unrecht sei. Man verspeist die Jahrhunderte, die Jahrtausende,
ja die ganze Geschichte zu Gunsten der allein liberalen und gerechten Gegenwart. Man hat keine Idee von der Möglichkeit eines
Radicalismus, der sich und Andere über die ganze Gleichheits-
und Rechtsheuchelei gründlichst enttäuschen werde, und doch ist
es mit diesem Plunder von Weltauffassung, wie sie in der Bour-
geois-Oekonomie vorherrscht, allen Anzeichen nach bald zu Ende.
Das Naturrecht ist nicht blos eine Erfindung für das achtzehnte
Jahrhundert; es ist weit entfernt, im neunzehnten zu einem todten
Leichnam zu werden. Nur das ist gewiss, dass wir uns nicht mehr
mit gleissnerischen Gleichheitsfictionen täuschen wollen. Wir fragen
nach dem Grunde alles Rechts und finden ihn in der Reaction gegen
Verletzungen. Unter welchen Bedingungen aber wirklich Verletzungen
vorhanden seien, das entscheiden wir nach dem besondern Fall.

Wir behaupten also nicht, wie die beliebte Phrase von der
geschichtlichen Berechtigung, die Verwandlung von Recht in Unrecht. Es giebt keinen geschichtlichen Unterschied, der das Princip
des Gegensatzes von Recht und Unrecht zu confundiren vermöchte.
Derartige Kunststückchen überlassen wir den nebelnden und schwe-
belnden Sophisten und den beschränkten Empirikern der Geschichte.

Für uns sind Recht und Unrecht Begriffe, die von keiner Zeit gewandelt werden, sondern maassgebend über aller Zeit und Geschichte walten. Nichtsdestoweniger verwerfen wir die thörichten Gleichheitsideen, welche darauf hinauslaufen, den gegliederten socialen Körper als einen losen Sandhaufen vorzustellen und jede Unterordnung oder Ueberordnung zu verleugnen. Das Verhältniss von Herrschaft und Beherrschung kann in keinem Gebiete des Lebens jemals aufhören, und nur die Formen der Ueberordnung und Leitung ändern sich. An sich ist die Zumuthung, zu gehorchen, keine ungerechte Verletzung. An sich ist die Dienstbarmachung fremder Kräfte und die Verwendung derselben in dem eignen Nutzen die Regel der Geschichte. In wie fern in der Geltendmachung der ·überlegenen Kraft ein Unrecht liege, kann sich erst durch eine specielle Ueberlegung des bestimmten Falls herausstellen. Der Schwächere unterwirft sich der Leitung des Stärkeren, ohne dieselbe als ein Unrecht zu empfinden. Nur durch die Initiative der Kraft und der Tüchtigkeit werden in allen Gebieten menschlichen Einflusses Herrschaften und Principate gebildet. Die Nöthigung zur Unterordnung wird nur dann von dem Betroffenen als Unrecht empfunden, wenn der letztere glaubt, in der Beschaffenheit seines Wesens einen Grund zur vollen oder annähernden Gleichstellung zu finden. Die Menschen verlangen von Natur nicht nach Gleichheit, sondern nach Proportionalität. Sie nehmen einen Zwang oder eine Auferlegung, die ihnen von einer Seite widerfährt, deren überlegene Vorzüge sie empfinden, nicht als ungerechte Verletzung auf. Sie streben nach nichts, als zu verhindern, dass ihnen etwas widerfahre, was sie in derjenigen Hinsicht, in welcher sie sich als gleich geltend machen, als Verletzung dieser proportionalen Ordnung erscheint. Die niedere Race reagirt nicht gegen die Herrschaft der höheren, wenn die Form und Ausdehnung dieser Herrschaft im Verhältniss zu den eingestandenen Differenzen der Vorzüglichkeit steht. Ebenso macht sich andererseits die Vorherrschaft des vorzüglicheren Elements ursprünglich stets als etwas geltend, was aus dem eignen Recht stamme, d. h. was nicht zu respectiren ein Unrecht sein würde.

Nun kann ein Missverhältniss zwischen den Ansprüchen und

der wirklichen Beschaffenheit der Träger dieser Ansprüche eintreten. Es kann sich auf der einen oder auf der andern Seite das Verhältniss geändert haben. Mehr oder minder geleitete Classen können durch die Cultur zu einem grösseren Maass von Selbständigkeit und Leistungsfähigkeit gelangt sein. Sie können thatsächlich mehr bedeuten als früher. Auf der andern Seite können bisher leitende Classen und Gesellschaftselemente entweder an sich oder in Beziehung auf die von ihnen beherrschten Bestandtheile des socialen Organismus im Werthe gesunken sein. Nach einer solchen Veränderung des Werthverhältnisses und der relativen Bedeutung kann die alte Rechtsordnung selbst als ein einziger grosser Act der Verletzung der Proportionalität erscheinen. Hiermit ist aber nicht das Princip des Rechts selbst ein anderes geworden, sondern es wird nur dieselbe Regel der Unterscheidung von Recht und Unrecht, welche die frühere Ordnung bestimmte, auch jetzt wieder zur Etablirung der neuen Ordnung benutzt. Es ist das sich ewig gleiche Rechtsprincip, welches in Anwendung auf verschiedene Thatbestände auch verschiedene Ergebnisse liefern muss. Die Beschränktheit der gewöhnlichen Gleichheitsphrase besteht nicht in der Beanspruchung der Herstellung eines gleichen Rechts in bestimmten Fällen, sondern in der Meinung, eine schablonenmässige Gleichheit sei entweder schon verwirklicht oder müsse verwirklicht werden. Nicht darin, dass man bestimmte Unterordnungen aufhebt oder deren Gestaltung umwandelt, liegt die Verkehrtheit des Unternehmens, sondern darin, dass man glaubt, der politische oder sociale Organismus könne überhaupt ohne Gliederung bleiben und sich in allen seinen Theilen in dieselbe Schablone zwängen lassen. Der Krieg gegen sociale Unterschiede hat nur insofern Sinn, als er an die Stelle der bestehenden Unterschiede andere zu setzen gedenkt.

Die Frage, ob Verletzung vorhanden sei oder nicht, wird im besondern Fall entschieden. Allerdings lassen sich auch in dieser Beziehung Schemata aufstellen, und die Gesetze sind derartige Schemata. Aber dieser Schematismus steht nicht über der Natur und Geschichte, oder über der Wirklichkeit, sondern er ist die Form, in welcher sich die Verwirklichung des Rechts producirt. Wir können also getrost an die subjective Empfindung und das subjective Urtheil appelliren. Recht und Unrecht giebt es eben nur in dieser subjectiven Sphäre. Das Erkenntnissprincip desselben ist die reactive Empfindung oder das Ressentiment. Ein anderer Weg, eine materielle Erkenntniss von dem Gegensatze des Rechts und des Unrechts zu gewinnen, ist nicht vorhanden. Die Paradoxie der Analogie von Rache und Rechtsgefühl liegt nicht an der einfachen Natur der Sache, sondern an unseren Gewöhnungen und Vorurtheilen (vgl. hierüber »Werth des Lebens«, zweite Beilage). Das Material, aus welchem die Bilanz zwischen Recht und Unrecht zunächst in der rohen Form der Empfindung und des Instincts gezogen wird, kann sehr reichhaltig und zusammengesetzt sein. Die verschiedensten Momente können auf das einheitliche Resultat eingewirkt haben. Der Verstand disciplinirt die rohe Empfindung und macht deren Schätzungen exact. Das Erkenntnissprincip von Recht und Unrecht bleibt aber unter allen Umständen wesentlich dasselbe. In den rohesten Zuständen wie auf der höchsten Stufe der Entwicklung ist es von gleicher Natur. Die Producte, die es hervorbringt, ändern sich sowohl mit den Thatbeständen als auch mit der Ausbildung des unterscheidenden Verstandes. Die letzte hervorbringende Kraft oder das leitende Princip ist aber überall und durchgängig unter allen Zonen und zu allen Zeiten dasselbe.

Durch unsere rechtsphilosophischen Andeutungen haben wir die haltungslose Skepsis ein für alle Mal in Verlegenheit gesetzt. Das Erkenntnissprincip, durch welches Recht und Unrecht auf allen Gebieten und weit über den Kreis des juristischen Rechts hinaus unterscheidbar werden, ist unzweideutig durch eine Analogie bezeichnet, an die bisher Niemand gedacht hatte, und die in ihrem Gebiet dasselbe bedeutet, was für Newton die Analogie der gemeinen Schwere und der centripetalen Haltung des Mondes im Bereich der Naturphilosophie gewesen ist. Ausser durch die Beseitigung des die Gemüther aushöhlenden Skepticismus und der ihn begleitenden frivolen Neigungen ist aber an dieser Stelle und im grade vorliegenden Zusammenhang unsere Theorie noch dadurch wichtig, dass sie den Gerechtigkeitsgesichtspunkt überall mit Leichtigkeit geltend zu machen erlaubt, wo nur überhaupt zwei Sphären der menschlichen Thätigkeit in einander einbrechen können.

Diese Theorie wird uns niemals verlassen, wo es gilt, den Rechtsbegriff über das positive Recht und über die fachmässige Beschränkung hinaus zu verfolgen.

Um nun zu dem Unrecht der Aneignung zurückzukehren, so
ist erstens festzustellen, dass nicht jede Dienstbarmachung fremder
Kräfte und daher nicht jede Aneignung ein Unrecht sein könne.
Sonst würden uns für ewig die Formen fehlen, dem socialen Gemeinwesen eine Gliederung zu geben. Jede Herrschaftsübung bringt
eine Nutzung fremder Kräfte mit sich, und das Aequivalent kann
nur dann völlig entsprechend sein, wenn Coordination, nicht aber
wenn Subordination statthat. Es ist ein eitler Wahn sich einzu-
bilden, dass jemals die Nutzung fremder Kräfte ohne vollständiges
Aequivalent, mithin also ein gewisses Maass der Aneignung der
Resultate fremder Thätigkeit gänzlich aufhören könne. Es gehört
die ganze Seichtigkeit der unecht liberalen oder, wie man sagen
sollte, der liberalistischen Anschauungsweise dazu, zu meinen, es
werde jemals ein Zustand eintreten, in welchem alle Elemente der
Gesellschaft alles, was sie in der Form irgend welcher Leistungen
in die allgemeine Wirthschaft eingeworfen haben, ohne irgend welche
Kürzung von Seiten der aneignenden Kräfte und daher blos der
Form nach verändert zurückerhalten werden. Ein solcher Zustand
wäre die offenbare Ungerechtigkeit gegen die vorzüglicheren Bestandtheile der Gesellschaft, und derartige vorzüglichere Bestandtheile wird es jederzeit geben. In der That bedeutet diese Art von
gerechter Aneignung, gegen die sich auch durchschnittlich das
natürliche Gefühl der Massen nicht empört, nichts weiter als die
Geltendmachung der natürlichen Vorzüge. Wenn in irgend einem
Erwerbszweig vermittelst der Concurrenz ein Sieg erfochten wird,
so ist dies stets eine Aneignung auf Kosten fremder Kräfte, die
nothwendig verloren gehen. Wie weit ist aber diese negative Beeinträchtigung noch von jener positiven Dienstbarmachung entfernt,
die in jeder Organisation eintreten muss? Wo das Talent mit
mechanischen Kräften arbeitet, wo es sich eine Menge von Thätigkeit gehorsam macht und diese Thätigkeit als Stoff für seine Zwecke
verwendet, da möchte doch wohl sehr schwer zu leugnen sein, dass
dieser Vorgang keine Aneignung fremder Dienste einschliesse. Man

nennt den persönlichen Gewinn, den die vorzüglichere leitende
Kraft macht, alsdann allerdings gewöhnlich ein Aequivalent, nämlich ein Aequivalent einer Leistung höheren Ranges. Aber wodurch bestimmen sich Rang und Ordnung des Entgelts? Wo ist
die Waage für diese Verhältnisse zu suchen? Wer sieht nicht ein,
dass die Bestimmung des Werths der qualificirten Leistung wesentlich von dem eignen Gewicht abhängen werde, mit welchem sie
sich in der socialen Kräftegravitation als überlegenes Element einführt? Allerdings kann es auch in diesem Fall eine ungerechte
Aneignung geben. Es kann ein Zuviel in Anspruch genommen
werden, welches als offenbare Erpressung empfunden wird. Für
diese Grenze besitzen die Unterdrückten ein sehr feines Gefühl,
und es wird wahrlich im einzelnen Fall niemals sonderlich schwer
sein, aus den Umständen zu schliessen, ob eine berechtigte oder
unberechtigte Aneignung statthabe. Die verschiedenen socialen
Classen und Berufsstände hegen und pflegen über ihre Ansprüche
gewisse traditionelle Begriffe. Auch bilden sich derartige Begriffe
mit den Verhältnissen um oder werden ganz neu eingeführt. So
sind z. B. die gegenwärtigen Forderungen des Arbeiterthums die
Folge einer solchen Fortbildung der Vorstellung über die verhältnissmässigen Ansprüche. Welchem Arbeiter von gesundem Sinne
fiele es nun wohl ein, eine vollständige Absorption der Gewinne der
höheren Classen zu verlangen? Welcher Arbeiter von gesundem Sinne
verstiege sich wohl zu der Tollheit einiger socialistischer Theoretiker, welche die Consequenzen der Vorzüglichkeit der Leistungen
nivellirt und den schlechten gleich dem guten Arbeiter abgelohnt
wissen wollten? Wo wäre der, welcher bei gesundem Hirn zu
behaupten wagte, dass es keine Rangunterschiede zwischen Thätigkeiten und Leistungen gebe und dass daher die qualificirte Arbeit
nicht höher als die gemeine bezahlt werden dürfe? Niemand sieht
in den unterschiedlichen Erfolgen, welche durch die natürlichen
Rangstufen oder erworbenen Vorzüge bedingt werden, eine Ungerechtigkeit. Niemand, dessen natürliche Sinnesart nicht durch
theoretische Ausgeburten verschroben ist, wird leugnen, dass sich
der Entgelt der höher qualificirten Functionen in Staat und Gesellschaft durch Vermittlung eine Aneignung vollziehe, die zwar im

besondern Fall sehr ungerecht ausfallen kann, im Princip selbst
aber anerkannt wird.

Die sociale Gerechtigkeit, von der wir im folgenden Capitel
noch besonders zu handeln haben werden, ist nicht durch eine
Schablone zu decken oder auch nur zu kennzeichnen. Die Frage
des socialen Unrechts ist stets eine positive, die stets eine quaestio
facti einschliesst. Sie ist freilich keine blosse Frage nach dem
Thatbestand; eine derartige Annahme wäre einer der schlimmsten
Irrthümer. Sie ruht aber auf einer Frage nach dem Thatbe-
stande. Das Princip der Unterscheidung zwischen gerechter und
ungerechter Vertheilung, — ein Princip, welches sich als solches
immer gleich bleibt, wird auf den besonderen Thatbestand angewendet. Die Proportionen, welche maassgebend werden müssen,
sind gegebene Thatsachen. Das Recht hat nichts mit der Hervorbringung natürlicher Vorzüge zu schaffen. Das Recht ist nicht der
Grund der Nothwendigkeit von Berufsunterschieden. Das Recht
ist vielmehr eine Folge der Ausbildung solcher Unterschiede.
Haben wir also eine Frage der socialen Gerechtigkeit zu entscheiden, so werden wir die Ansprüche der verschiedenen Gesellschaftselemente untersuchen müssen. Wir werden eine Vergleichung
zwischen den Ansprüchen und den Leistungen oder vielmehr der
Bedeutung der verschiedenen Functionen zu ermitteln und so die
sogenannten Aequivalente, die aber in Wahrheit Aneignungen sind,
auf ihre Gerechtigkeit oder Ungerechtigkeit zu prüfen haben
Dieses Unternehmen wäre jedoch, was wohl zu merken ist, von
vornherein haltlos und sogar sinnlos, wenn nicht der Verkehr und
die Wirklichkeit bereits vorgearbeitet hätten. Ganz wie wir in
der Werththeorie auf die Werthschätzungen des Verkehrs als auf
die allgemeinen Grundlagen aller Theorie hinweisen mussten, so
sind wir auch hier genöthigt, die wissenschaftliche Lehre vom socialen Recht und Unrecht an die thatsächlichen und praktischen
Urtheile, wie dieselben unmittelbar in der Wirklichkeit gegeben
werden, mit vollem Bewustsein der methodischen Natur dieses Verfahrens anzuknüpfen. Allerdings steht die Wissenschaft nicht unter
sondern über der Praxis; aber sie steht über derselben als über
ihrem Fundament, ohne welches sie haltungslos werden würde.

Die wissenschaftliche Kritik von Recht und Unrecht verliert ja grade ihren Stoff, indem sie von dem concreten Urtheil der Wirklichkeit gänzlich absehen und von vornherein maassgebende Bestimmungen schaffen will. Freilich muss sie sich auf den Standpunkt der concreten Wirklichkeit stellen, das besondere Urtheil über Recht und Unrecht prüfen und so über die Beschränktheiten des speciellen Falles hinauskommen. Aber diese Prüfung ist nicht so zu denken, als wenn die Wissenschaft mit einem ihr eigenthümlichen Maass an die Satzungen des Verkehrs herantreten und dieselben aus ihrer höhern von vornherein fertigen, schablonenmässig gegebenen Erkenntniss verbessern könnte. Die Wissenschaft ist nur ein Resultat der Fortbildung der gemeinen Begriffe. Sie ist auf demselben Boden, wie die gemeinen Einsichten und Urtheile, gewachsen. Sie ist sogar nichts als das gemeine Urtheil der Wirklichkeit, aber in einer höhern Form. Sie streift den besondern Urtheilen die Elemente der Zufälligkeit und des rein der Intelligenz angehörenden Irrthums ab. Das praktische Element der Intelligenz d. h. die Empfindung der Verletzung oder die instinctive Regung ist ein durch kein Verstandesraisonnement zu ersetzendes Material, welches von der eigentlichen Wissenschaft überkommen, aber nicht erzeugt wird.

4. Um Missverständnisse zu vermeiden, sei noch bemerkt, dass die Wissenschaft als solche allerdings ihr eignes höheres Gebiet hat, indem sie die Erscheinungen der Praxis erklärt. Wir sprachen jedoch vorher nicht allein von solchen rein theoretischen Erklärungen, sondern von praktischen Willensbestimmungen. Nun wird das natürliche Urtheil über Recht und Unrecht nimmermehr begriffen werden, so lange man es als einen rein theoretischen Act anzusehen beliebt. Grade darin besteht ja der Vorzug unserer Theorie, dass sie das praktische Element dieses Urtheils wahrnehmen und achten lehrt. Der reactive Vorgang, in welchem sich das Gefühl des Unrechts kundgiebt, bedeutet Nichts weiter, als dass eine Verletzung stattgefunden hat und ausgeglichen werden soll. Dieses »soll« ist die Hauptsache, auf welche die Natur mit der Erzeugung des Rachegefühls hinzielt. Die Erkenntniss, die gleichsam nebenherläuft, ist an sich selbst ein ganz untergeord-

netes Phänomen des Bewusstseins. Sie aber grade ist es, die durch
die Wissenschaft abgesondert und zur Hauptsache gemacht wird.
Der Natur kommt es nur auf die Erzielung praktischer Resultate
an, und die Triebempfindung ist nur das psychologische Mittel,
den im Vergeltungstriebe ins Auge gefassten Zweck zu erreichen.
Wenn der Verkehr also Schemata schafft, in denen sich dieser
Zweck im Allgemeinen verwirklicht, so sind diese Schemata für
ihn in erster Linie Formen des Handelns, aber nicht Formen der
Einsicht. Die praktischen Bestimmungen des Verkehrs bilden mithin das Material, von welchem alle höhere Einsicht auszugehen
hat. Um Recht und Unrecht abzuwägen, bedarf es einer Waage,
und diese Waage findet sich in den Gemüthern der Menschen. Die
Wissenschaft kann die Unvollkommenheiten dieses Instruments berücksichtigen, aber sie kann ohne dieses Instrument nicht die geringste Entscheidung treffen. In diesem Sinne haben wir den Posi-
tivismus des Rechts zu verstehen. Es ist ein für alle Mal unmöglich
geworden, sich über den positiven Ursprung alles Rechts zu täuschen. Ohne Vermittlung einer positivisten Form kann das Recht
gar nicht existiren. Die concreten Satzungen des Verkehrs müssen
wenigstens in psychologischer Form gegeben sein, ehe sich irgend
Etwas über Recht und Unrecht entscheiden lässt. Der Irrthum
des vernünftelnden Naturrechts bestand in der Meinung, es gebe
rein theoretische von aller Wirklichkeit abstrahirende Verstandes-
principien, aus welchem sich das Recht bis in das kleinste Detail
hinein ableiten liesse. Auch die Socialisten begehen einen ähnlichen
Irrthum, wenn sie von vornherein, ohne Rücksicht auf die Forderungen der Wirklichkeit, apriorische Schemata und Ansprüche zu
maassgebenden Normen der Gestaltungen erhoben wissen wollen.

    5. Wir haben oben gesagt, dass es in der Unterscheidung
der gerechten und ungerechten Aneignung auf die Grenze des Zuviel ankomme. In dieser sich hier unwillkürlich ergebenden Nothwendigkeit, den Begriff der Verletzung durch quantitative Voraussetzungen zu bestimmen, bekundet sich wiederum die Tragweite
unseres kritischen Hauptprincips. Im nächsten Capitel werden wir
sehen, wie der Gleichgewichtsbegriff, auf welchem die Idee der
socialen Gerechtigkeit beruht, ebenfalls ein quantitatives Moment

einschliesst. Kehren wir jetzt zu den bestimmteren, wirthschaftlichen und socialen Rechtsinstitutionen zurück. Das Eigenthum hat rücksichtlich seiner wirthschaftlichen Ausübung eine Fundamentalvoraussetzung, nämlich die Verwerthung und deren Chancen. Beginnen wir mit dem Grundeigenthum. Die volle und ausschliessliche Herrschaft über 'die Sache kann nichts nützen, so lange sie nicht eine gewisse Herrschaft über den Menschen einschliesst. Diesen folgenreichen Grundsatz, den ich zuerst in der Vorrede zu »Capital und Arbeit« in aller Strenge formulirt habe, müssen wir als Compass im Labyrinth des Socialismus und der Nationalökonomie betrachten. Die Herrschaft über die Sache ist ohnmächtig, so lange sie nicht mit einer Herrschaft des Menschen über den Menschen verbunden ist. Will man also die verschiedenen Gestaltungen des Eigenthums wirthschaftlich und social prüfen, so muss man sich nach dem System der socialen oder politischen Herrschaft des Menschen über den Menschen erkundigen, welches mit jenen Formen verbunden war oder ist. Wie unschuldig ist nicht der Begriff der vollen und ausschliesslichen Herrschaft über die Sache, wenn man aus ihm alle Voraussetzungen aller directen oder indirecten Herrschaftsübung über den Menschen hinwegdenkt?

Die volle und ausschliessliche Herrschaft über eine Sache ist für das isolirte Subject denkbar, ist alsdann ein blos factisches Verhältniss d. h. blosser Besitz und enthält keine Spur eines Rechtsbegriffs. Zwischen dem Menschen und der Sache ist eben nur ein thatsächliches, aber kein Rechtsverhältniss möglich. Der isolirte Mensch steht nie in einem Rechtsverhältniss. Der Rechtsbegriff beginnt erst mit der Doppelheit des Individuum, d. h. erst dann, wenn ein zweiter Mensch hinzutritt. Die Beziehung auf die Sache ist also im Eigenthumsrecht nicht unmittelbar, sondern mit Rücksicht auf die andern Menschen gedacht. Einen faktischen Besitz der Sache kann ich als isolirtes und einziges Wesen haben. Ein Recht an der Sache ist aber ein Begriff, der den Gedanken des entsprechenden Unrechts voraussetzt. Ein Recht an der Sache habe ich nur insofern, als ich verletzt werden würde, wenn man mein factisches Verhältniss zur Sache nicht gelten lassen wollte. Das Recht des Eigenthums ist also die Geltung der vollen und

ausschliesslichen Herrschaft. Diese Geltung beruht nun allerdings
nicht, wie man besonders im achtzehnten Jahrhundert glaubte, auf
willkürlicher Vereinbarung unter den Menschen, sondern sie ist
eine ursprüngliche Forderung, welche das Individuum gegenüber
einem andern Individuum von vornherein stellt. Das Geltenlassen
der factischen vollen und ausschliesslichen Herrschaft über die
Sache wird gradezu ursprünglich zugemuthet, und im Allgemeinen.
ist die Nichtachtung dieser Zumuthung ja gradezu die Verletzung
oder das Unrecht.

Was sind nun aber die Gründe, die der isolirte Einzelne beizubringen hat, sobald ein Anderer hinzutritt und ebenfalls die
Herrschaft über die Sache ausüben will? Auf diesen Gründen beruht die Verwandlung des Besitzes in Eigenthum d. h. die dauernde
und vor den Gesetzen der menschlichen Natur haltbare Zurück-
weisung der fremden Ansprüche. Man hat die Arbeit für einen
derartigen Grund erklärt. Grade bei den Volkswirthschaftslehrern
ist die Ableitung des Eigenthums aus der Arbeit sehr beliebt.
Dennoch ist sie eine arge Täuschung. Es ist lächerlich, die Entstehung des Eigenthums am Grund und Boden auf Bearbeitung
zurückführen zu wollen. Es mag diese Erklärungsart dem beschränkten industriellen Horizont der heutigen Zeit entsprechen;
aber sie ist völlig ungeschichtlich und auch mit der Logik nicht
zu vereinbaren.

Was sagen die Socialisten in Rücksicht auf das Eigenthum?
Durchschnittlich behaupten sie, dass der Mensch ein ausschliessliches Recht auf die Erzeugnisse seiner eignen Thätigkeit, aber
nicht auf das von der Natur geschaffene Material habe. Herr
Stuart Mill, der in diesem Punkte ganz und gar der Logik des
Socialismus verfällt, meint, dass der Mensch den Boden, den er
nicht gemacht habe, auch nicht nach natürlichem Recht zum Eigenthum haben könne. Hiernach entsteht ein Antagonismus zwischen
dem Rechte an der hervorgebrachten Form und zwischen dem
Mangel des Rechts an der Materie, an welcher sich diese Form
verwirklicht hat. Specification und Bearbeitung sollen das Recht
gewähren; aber das Naturproduct, welches Niemandem ausschliesslich gehören soll, lässt sich leider von der Form nicht trennen,

die ihm durch den Menschen ertheilt ist. Man verwirft das Eigenthum an Allem, was sich nicht auf die eigne Arbeit zurückführen lässt; aber man weiss sich mit der unglückseligen Gefolgschaft der Arbeitserzeugnisse nicht abzufinden. Durch Bebauung des Bodens soll ein Recht auf die Ergebnisse der in den Boden gelegten Arbeit erworben werden; oder um in unserer eigenen deutlicheren Sprache zu reden, es würde Verletzung und mithin Unrecht sein, Jemandem die Frucht seiner Arbeit wegnehmen zu wollen. Nun soll aber das Recht am Grund und Boden selbst gar nicht bestehen. Die Naturkräfte und überhaupt die Naturvoraussetzungen der Production sollen kein Gegenstand eines Rechtes werden. Denn die Natur, so lautet die geistreiche Anführung, ist nicht vom Menschen gemacht. Freilich ist auch der Mensch selbst nicht durch menschliche Industrie erzeugt; wenigstens ist er nur durch Naturhülfe und nicht durch absolute Selbsthülfe ins Dasein gelangt. Er ist nicht Product seiner eignen Arbeit; man könnte ihm also sehr wohl mit der geistreichen Logik eines Mill sein Recht an sich selbst und seiner Persönlichkeit bestreiten. Lassen wir indessen diese billige Dialektik gegen ein ganz ohnmächtiges logisches Stottern. Um den arbeitsseligen Deductionen des Eigenthums zu genügen, müsste man die Natur absondern und auf die eine Seite stellen, aber auf der andern Seite die menschliche Arbeit in gespensterhafter Isolirtheit produciren. Alsdann hätte man zu den Arbeitsrechtlern zu sagen: Besitzt eure Arbeit ausschliesslich und die Natur in Gemeinsamkeit. Theilt euch in die Natur oder vielmehr benutzt sie unterschiedlich, aber hütet euch, den Elementen des natürlich Gegebenen etwas von eurer Arbeit hinzuzufügen. Der Unsinn ist offenbar. Man hat einen andern Ausweg gewählt. Man hat erklärt, dass der Naturfactor wirklich gemeinsam und nicht Gegenstand des Eigenthums sei. Diese glänzende Wendung, die uns von unsern Illusionen über die Existenz eines Eigenthums an Naturdingen befreien soll, gehört Bastiat. Carey hat stets nur die Unentgeltlichkeit der Theilnahme an den Consequenzen des Naturfactors der Production behauptet. Erst Bastiat kann sich rühmen, uns von dem metaphysischen Schein befreit zu haben, der uns bisher verleitet hat, an ein Eigenthum zu glauben, dessen Gegenstand der Naturfactor, also z. B. die Pflanzennährstoffe des Grund und Bodens wären. Nach Bastiat haben wir gar kein Eigenthum an der Sache, sondern nur an ihrem Werth, und dieser Werth hat mit den natürlichen Eigenschaften und Vorzügen derselben nach Bastiat nichts zu schaffen. Wir haben ein Eigenthum an diesem Werth und dieser Werth ist ja nichts, als der Index eines Quantums von Dienstleistungen. Der Gegenstand des Eigenthums ist also nach Bastiat ein Inbegriff von Diensten. Doch wir haben nicht Raum, die Blüthe dieser Dialektik vollständig zu würdigen. Ein Mensch soll nur in Folge der Arbeit Eigenthümer an der Arbeit werden. Wie kommt es nun wohl, dass ein Mensch so colossales Eigenthum besitzen kann? Wie entstehen diese Werthungeheuer, wenn sie nur durch eigne Arbeit gezeugt werden? Indessen alle Bedenken schwinden, wenn wir uns erinnern, dass Bastiat mit fremden Gedanken hausgehalten und sich daher ein klein wenig über die Bedeutung dieser Gedanken getäuscht hat. Es war nicht die Absicht Carey's gewesen, den Naturfactor von den Gegenständen des Eigenthums, sondern nur von denen der eigentlichen Verwerthung auszunehmen. Die Gemeinsamkeitsideen sind auch an sich nicht falsch; ein gewisser Communismus der Naturkräfte und Naturstoffe hat allerdings statt; allein die gewaltigen Einschränkungen desselben sind nicht zu übersehen.

Grade die wirthschaftliche Ausübung des Eigenthumsrechtes beschränkt die Ausschliesslichkeit der Herrschaft über die Sache. Derjenige, welcher als Käufer auf die Preisbestimmung einwirkt, übt ebenfalls eine Herrschaft über die Sache aus. Er bestimmt die Bedingungen des gemeinsamen Genusses. Der Grundbesitz ist mithin zwar ein der abstracten Form nach volles und ausschliessliches Recht der Herrschaft; aber diese Herrschaft kann in der socialen Gestalt der Ausnutzung und Verwerthung gewaltige Beschränkungen erfahren. Jene Fundamentalform der vollen und ausschliesslichen Herrschaft ist gar nicht zu entbehren. Sie ist die Vorbedingung der persönlichen Freiheit. Grade um dieses Umstandes willen ist die strenge römische Ausbildung des Eigenthumsbegriffs eine Errungenschaft der Geschichte und für immer ein classisches Muster. Proudhon hat zwischen Eigenthum und

Besitz unterschieden wissen wollen, in seinen Formen des Besitzes aber nichts weiter gekennzeichnet, als das wirkliche geschichtliche Eigenthum, in welchem man die ungerechten Aneignungskräfte desselben durch irgend ein Gegengewicht paralysirt denken soll. Dies scheint mir wenigstens der Kern der äusserst schwankenden und sich selbst unklaren Conceptionen des paradoxen Franzosen zu sein.

6. Das Eigenthum sollte nach Proudhons früheren Ansichten auf eine blosse Form des Besitzes reducirt werden, d. h. es sollte der Macht zur eigentlichen Aneignung entkleidet werden. Die Ricardo'sche Bodenrente sollte fortfallen. Die Mittel, durch welche Proudhon eine solche unschuldige Besitzform herstellen wollte, interessiren uns hier nicht. In seiner nachgelassenen Eigenthumstheorie hat er nun aber selbst das mit Aneignungskräften ausgestattete Eigenthum, d. h. das Recht der vollen und ausschliesslichen Herrschaft für eine Nothwendigkeit erklärt, gegen deren Consequenzen ein Gegengewicht zu schaffen sei. Das Eigenthumsprincip und das Gemeinsamkeitsprincip stehen nach dieser letzten Ansicht Proudhons in einem dauernden Gegensatz, der sich nie in eine höhere Einheit überführen lasse. Proudhon bekennt, dass er durch die von ihm nun als irrthümlich bezeichnete Hegel'sche Dialektik früher verleitet worden sei, an die Bildung einer höheren Formation zu glauben. Indessen habe er nun erkannt, dass es sich in der Realität des Daseins nicht um aufzulösende logische Widersprüche, sondern um wirkliche »Balancen« handle. Die gegenseitige Gravitation der in entgegengesetzter Richtung wirkenden beiden Kräfte, von denen die eine das egoistische Eigenthum, die andere die communistische Beschränkung desselben anstrebe, könne niemals aufhören und in einem höheren Gebilde aufgehen, da sonst das Motiv alles lebendigen Lebens fortfallen würde. Diese Emancipation Proudhons von der Hegel'schen Dialektik und diese Annäherung an den Gedanken des Gleichgewichts oder des statischen Verhaltens der Kräfte ist sehr verdienstlich. Das Bekenntniss dieser Wendung zeugt von einer gewissen Ehrlichkeit, und da das Zugeständniss wenigstens für die Psychologie des Socialismus und die natürliche Dialektik der das Eigenthum anklagenden und vertheidigenden Gedanken sehr lehrreich ist, so haben wir an dieser Stelle unsere Gewohnheit

verlassen, derzufolge wir uns nicht gern mit unklaren und ungreifbaren Formulirungen des mehr oder minder phantastischen und unklaren Denkens befassen.

Proudhon's Besitzform muss, wenn sie ihrem Zweck entsprechen soll, dem strengen Eigenthum auf das Haar gleichen. Das Eigenthum ist eben nichts Anderes als eine nothwendige Fundamentalform der factischen Herrschaft über die Sache. Man kann sich die Abgrenzung der Thätigkeitssphären der Menschen von der Wirklichkeit nicht anders dauernd vollzogen denken, als indem für die Einzelnen eine Beziehung der vollen und ausschliesslichen Herrschaft auf die Sache geschaffen wird. Diese Constituirung der Herrschaft ist nun aber freilich ursprünglich und in erster Linie keine Consequenz der Arbeit, sondern eine reine Folge des natürlichen Uebergewichts, welches mit gewissen Formen der Persönlichkeit verbunden ist. Die geschichtliche Wahrheit ist etwas Anderes als die ökonomistische Dichtung. Die Herrschaft über den Grund und Boden ist zunächst eine Folge der Herrschaft über den Menschen gewesen. Das ausschliessende Moment ist mehr als eine blosse Fernhaltung des Eingriffs. Es ist eine positive Vertreibung gewesen. Je nachdem sich Ueberordnung und Unterordnung unter den Menschen gestaltet hat, ist auch die Herrschaft über den Grund und Boden in verschiedenen Formen ausgeprägt worden. Man denke an das Lehnssystem. Die Gründe, welche also ursprünglich für die im Eigenthum liegende Herrschaft über die Sache angeführt wurden oder hätten angeführt werden können, mussten wesentlich persönlicher Natur sein. Sie konnten gar nicht von den Gründen der persönlichen Ueber- und Unterordnung abweichen. In der Gegenwart ist innerhalb gewisser Kreise der erzeugende Grund des Eigenthums in einem gewissen Maasse allerdings die Arbeit. Dieser Grund reicht aber weder zur Erklärung der gegenwärtigen und zukünftigen noch zum Verständniss der vergangenen Bildungen aus. Es ist die ganze Summe von socialen und politischen Eigenschaften, welche früher in die Waage geworfen worden ist und auch fernerhin den Ausschlag der Waage bestimmen wird. Die Gestaltung der Beziehungen zur Sachenwelt wird regelmässig eine Folge der so zu sagen interhumanen Relationen sein. Jegliches

Recht, es heisse, wie es wolle, ist in erster Linie eine Beziehung des Menschen auf den Menschen. Halten wir diesen Fundamentalsatz fest, so hat es mit der Theorie des Eigenthums keine Schwierigkeiten mehr. Das Eigenthum ist die allgemeine Grundform, in welcher allein eine vollkommene Ordnung und Abgrenzung der menschlichen Thätigkeitssphären möglich ist; es wird daher allen Anfechtungen trotzen. Etwas Anderes ist aber die specielle Gestaltung des Eigenthums und besonders diejenige seiner wirthschaftlichen Verwerthung. Das Grundeigenthum sowie überhaupt alle Capitalherrschaft lässt sich zwar niemals ihrer Grundform nach und direct, wohl aber ihrer Materie nach und indirect beschränken und zügeln. Man denke an die Preisbestimmungen der Erzeugnisse und der Arbeit. Die wirthschaftliche Verwerthung des Eigenthums oder des Capitalbesitzes ist abhängig von der directen und indirecten positiven Herrschaftsausdehnung über den Menschen. Diese Herrschaft kann ein Gegengewicht erhalten und hierdurch hinreichend beschränkt werden. Das sociale Problem besteht darin, das Eigenthum seiner Grundform nach unangetastet zu lassen, und ihm dennoch seine ungerecht ausbeutende Kraft zu nehmen. Dieses Ziel wird durch alle Mittel erreicht, welche die Menge der Nichteigenthümer und Nichtcapitalisten in den Stand setzen, der indirecten Benachtheiligung in der Bestimmung der Löhne Widerstand zu leisten. Die Achillesferse des Eigenthums ist mithin ganz wo anders zu suchen, als wo die Socialisten und Communisten hingezielt haben. Nicht die Grundform, sondern die Mittel, durch welche diese Grundform einen Inhalt gewinnt, sind der Kritik zu unterwerfen. Die Grundform selbst ist als etwas rein Formales das unschuldigste Ding von der Welt. Aber der materielle Gehalt dieser Grundform wird nur durch positive Herrschaftsformen gewonnen, in denen der Mensch den Menschen positiv dienstbar macht und unter Umständen ausbeutet. Diese Dienstbarkeiten sind nun geschichtlichen Wandlungen unterworfen. Auf die Metamorphose dieser indirecten und positiven Herrschaften ist alle Socialpolitik derjenigen Classen zu richten, welche nicht Eigenthümer sind.

7. Gewisse wirthschaftliche Begriffe sind ohne Anknüpfung an Rechtsbegriffe gar nicht denkbar. Das Eigenthum als blosse Rechtsform

und unabhängig von der factischen Herrschaft über die Sache gedacht, ergiebt schon an sich die Möglichkeit einer Verwerthung. Die Entäusserung der Macht, welche es einschliesst, ist Uebertragung von Macht und hat daher, möge sie vollständig oder partiell sein, für den Erwerber einen ökonomischen Werth. Die Arbeit ist hierbei ganz ausser dem Spiele zu lassen. Das blosse Verfügungsrecht hat einen Werth. Die Einkünfte, welche der Grundeigenthümer als Consequenzen seines abstracten Herrschaftsrechtes ohne Rücksicht auf eigne wirthschaftende Thätigkeit oder auf Anwendung von Capitalien bezieht, machen die eigentliche Bodenrente aus. Dieselbe steht also jedem andern Capitalzins völlig gleich. Auch der Zins ist das Aequivalent für die Entäusserung der Verfügungsmacht, welche mit dem abstracten Eigenthum am Gelde gegeben ist. Dagegen ist der Capitalgewinn nicht immer ein blosses Aequivalent des Eigenthums, sondern meist mit Elementen gemischt, die auf Rechnung irgend einer wirthschaftlichen Thätigkeit zu setzen sind. Indessen muss auch hier stets streng unterschieden werden. Es giebt einen Capitalgewinn, der eben nur ein Aequivalent für die Entäusserung des Verfügungsrechtes über irgend eine Form des Naturalcapitals ist. Besondere Species dieses Capitalgewinns sind die erwähnten Fälle der Bodenrente und des Geldzinses. Man kann aber auch jeden andern Capitalgewinn, z. B. die Dividenden der Actiengesellschaften, in zwei Bestandtheile zerlegen, von denen der eine die Folge einer positiven Theilhaberschaft am Geschäft, der andere nur eigentlicher Zins ist. Der Umstand, dass die Actionäre thatsächlich nicht vielmehr als blosse Darleiher sind und sich von dem blossen Darlehnsgeber nur durch die Uebernahme der Geschäftsgefahr unterscheiden, begründet keinen wesentlichen Einwand. Denn grade die Theilhaberschaft am Risico ist eine sehr wichtige Form der Theilnahme an einem Geschäft. Die Arbeit tritt hierbei ganz in den Hintergrund. Die wichtigste Thätigkeit in Beziehung auf die Nutzbarmachung eines Capitals ist die Fürsorge für dessen Erhaltung. Hüten wir uns also, in den Fehler der vorherrschenden Oekonomie zu verfallen und überall eine Arbeit als nothwendige Voraussetzung des Gewinns nachweisen zu wollen. Wir würden hierdurch unserer Socialpolitik eine schlimme Fessel anlegen. Anstatt also den kleinbürgerlichen und philisterhaften Grundsatz gelten zu lassen, dass genug geschehe, wenn jeder nur die Früchte seiner Arbeit ernte, wollen wir vielmehr darauf hinweisen, dass der Mensch nicht nur ein Recht auf den Erfolg von Arbeit, sondern auch auf diejenigen Erfolge hat, die ohne Arbeit errungen werden. Warum sollen die Massen nicht das Recht ansprechen, das Risico der volkswirthschaftlichen Unternehmungen direct und positiv zu vertreten, welches sie doch indirect jederzeit thatsächlich tragen müssen?

Zweites Capitel.
Sociale Gerechtigkeit.

1. Die Gewährleistung aller Arten von Gerechtigkeit beruht auf einem gewissen Gleichgewicht der Kräfte. Der schwächere Theil ist der natürliche Anwalt des Rechts. Hieraus scheint nun freilich unvermeidlich zu folgen, dass die Gerechtigkeit stets sehr unvollkommene Garantien haben müsse. Indessen wir vermögen die Thatsache nicht zu ändern. Das erlittene Unrecht ist der Lehrmeister des Rechts. Der verletzte Theil ist und bleibt der natürliche Advokat gegen die Verletzung. Geschichte und Gegenwart bestätigen diesen Sachverhalt. Interprivate und internationale Gerechtigkeit bilden sich in dem Maasse aus, als ein organisches Gleichgewicht der Kräfte geschaffen wird. Ich sage absichtlich nicht blos Gleichgewicht, sondern organisches Gleichgewicht; denn es fehlt sehr viel daran, dass eine mechanische Gleichheit von Action und Reaction die Vorbedingung der Rechtsbildung sei. Der Unterdrückte braucht nur grade so viel Kraft zu gewinnen, um erheblichen Widerstand zu leisten. Er braucht keineswegs mächtig genug zu sein, um dem Gegner in allen Beziehungen die Waage zu halten. Er kann sich in einem unauflöslichen Unterordnungsverhältniss befinden und dennoch hinreichende Spannkraft entwickeln, um kein Unrecht zu dulden.

Der übermächtige Theil hat als solcher nie ein Gewissen.

Rücksichtslosigkeit ist ihm Natur und selbstverständliches Verfahren. Das Gewissen entwickelt sich in ihm erst indirect, bedarf der Nachhülfe von Seiten des verletzten Theils und hat daher seinen Schwerpunkt im fremden Wesen. Die gefürchteten Reactionen sind der einzige Damm der übermächtigen Willkür. Die reactiven Wirkungen werden aber nur gefürchtet, wenn sie sich bereits in reactiven Thaten deutlich und nachdrücklich bekundet haben. Es giebt gesellschaftliche Strafacte, die sich nicht auf die Vergehen der Individuen, sondern auf allgemeine sociale Unbilden beziehen. Niemand, der die Geschichte kennt, wird leugnen, dass auch sie ihre Criminaljustiz hat. Da der Begriff der Gerechtigkeit weit über das juristische Recht hinausreicht, so kann es eine Nemesis geben, die gleichsam über den corporativen Verbrechen der Menschheit zu Gericht sitzt. Was wir auch von den geschichtlichen Functionen der generellen Rache und Gerechtigkeit denken mögen, diese Functionen sind Thatsachen. Unsere Metaphysik mag zusehen, wie sie sich mit ihnen abfinde. Für uns sind diese Thatsachen nicht überraschender, als jeglicher Gerechtigkeitsact der öffentlichen Justiz, der den Einzelmenschen trifft. An die individuelle Strafe haben wir uns als an etwas Selbstverständliches gewöhnt; mit den generellen und summarischen Criminalprocessen der Geschichte sind wir weniger vertraut, und wir sträuben uns daher, zu der individuellen auch noch eine höhere Art von Verantwortlichkeit hinzuzufügen. Indessen sind im letzten Grunde beide Fälle von gleicher Natur. Die Solidarität des Verhaltens bedingt auch solidarische Haftung, und es ist ziemlich gleichgültig, welche Individuen betroffen werden. Vor der über den positiven Gesetzen stehenden Geschichte gelten die Völker und die socialen Gruppen als verbindliche Einheiten, und die Reactionen des verletzten Rechtsgefühls wenden sich gegen Gattung und Art, nicht aber gegen das besondere Individuum. Es wäre daher eine sehr beschränkte Auffassung, wenn wir uns über den Zufall in den Gerechtigkeitsacten der Geschichte beklagen wollten. Die Selbsterhaltung der Nationen treibt zum Nationalitätenkampf, und wer wollte in diesen grossen Actionen mit Schuld oder Unschuld der Atome rechnen?

Von ähnlicher Art ist die sociale Gerechtigkeit. Sie hat ihre criminelle und ihre privatrechtliche Seite. Sie unterscheidet zwischen blosser Entschädigung und eigentlicher Genugthuung. Sie hat ihre vorbeugenden und ihre strafenden Functionen. Sie waltet vor der That und nach der That. Sie versucht es, das Angemessene im regelrechten, ungestörten Gange der Dinge durch positive Veranstaltungen zu gewährleisten; aber sie versteht es auch, hinterher die ausschweifenderen Verletzungen zu rächen. Eine solche Beschaffenheit der menschlichen Dinge mag bedauert werden; denn sie fügt Uebel zu Uebel. Aber was dazu dienen kann, die individuelle Strafe als eine Minderung des Uebels, welches schon im Verbrechen liegt, erscheinen zu lassen, das kann auch mit der Existenz jener übergreifenden und mit den Individuen spielenden Gattungsrache aussöhnen. Die bewussten Atome müssen dahin streben, ihre Handlungen aus einem höheren Standpunkt als aus demjenigen der Privatbeziehungen zu betrachten. Alsdann werden sie sich den reactiven Kräften der geschichtlichen Action gegenüber unverletzt erhalten können. Sie werden sich den blos elementaren Gewalten zu entziehen vermögen, von denen die Menge derjenigen, die alle Verantwortlichkeit abweisen, unfehlbar ergriffen werden muss.

Es war nichts als ein Act der socialen Gerechtigkeit, durch welchen der Süden der Vereinigten Staaten niedergetreten wurde. Der Uebermuth der Pflanzer hat nichts als eine natürliche Gegenwirkung erfahren. Das allgemeine Unrecht ist von der Allgemeinheit gebüsst worden. Die vergeltende Gerechtigkeit der Geschichte rechnet mit ganzen Generationen ab und zieht die Gegenwart zur Rechenschaft für die Verbrechen der Vergangenheit. Warum sollte es auch nicht generelle Verbrechen ebenso wie individuelle geben? Die Hinwegsetzung über die natürlichen Interessen des andern Theils ist in beiden Formen möglich. In beiden Formen können alle Schädigungen verübt werden, die nur irgend im Bereich des Menschlichen erdenkbar sind. Ja der Spielraum für das Verbrechen wie für die Tüchtigkeit, für das Unrecht wie für' das Recht, für den Schaden wie für den Nutzen ist in den grossen Dimensionen des öffentlichen und geschichtlichen Handelns weit umfangreicher, als in den elementaren und atomistischen Privatbeziehungen. Vermittelst der Politik und Gesetzgebung lassen sich schlimmere Verbrechen begehen als vermittelst der Einzelthätigkeit. Die letztere tödtet oder schädigt den Einzelnen; der politische Act kann Nationen tödten und ganze Classen dem Elend überliefern. Soll nun etwa die reactive Empfindung blos individualistisch sein? Soll es keine Gefühlsempörung gegen das Unrecht geben, welches eine ganze Classe der Gesellschaft trifft? Ueber den Völkerhass und die Nationalitätsrache wundert sich Niemand; aber das Classenressentiment soll nicht begreiflich, soll eine krankhafte Ueberspannung der Empfindung sein. Das Classenressentiment ist aber in Wahrheit von keinem andern Schlage, als jede andere Regung des Rechtsgefühls. Man sei daher überzeugt, dass wo sich auch einmal ein solches Ressentiment in höherem Grade zeigen möge, eine allgemeine Verletzung der socialen Gerechtigkeit im Spiele sein müsse.

2. In wie fern sich die wirthschaftliche Seite der socialen Gerechtigkeit auf die Einhaltung oder Verletzung einer gewissen Proportion von Leistung und Gegenleistung beziehe, ist in »Capital und Arbeit« ausführlich gezeigt worden. Der indirecte Zwang, der die Verträge beherrscht und die Vereinbarungen zu einseitigen Octroyirungen entarten lässt, ist die Grundform der socialen Uebervortheilung. Die Cooperation der benachtheiligten Menge ist das einzige Mittel, durch welches sich den einseitigen Auferlegungen Widerstand leisten lässt. Dieser Widerstand muss organisch sein, und darum müssen wir auch das Gleichgewicht der Kräfte nur als eine Metapher betrachten, deren wahrer Sinn in einer solchen Organisation zu finden ist, welche zwar Ueber- und Unterordnungen in grosser Mannichfaltigkeit enthält, aber dennoch dem untergeordneten Theil eine relative Selbständigkeit und Elasticität des Verhaltens ermöglicht. Auf einer solchen Elasticität der beherrschten Massenkräfte beruht nicht blos alle sociale und politische Gerechtigkeit, sondern auch alle Spannkraft des Gemeinwesens. Es verhält sich mit den socialen Gleichgewichtsverhältnissen, wie mit den politischen. Jegliches Recht, es habe einen Namen, welchen es wolle, muss durch eine materielle Kraft gewährleistet sein. Diese materielle Kraft kann durch eine Organisation gesteigert, aber

niemals entbehrlich gemacht werden. Die letzte Frage bleibt stets, wo die Rechtsgarantien letzter Instanz zu suchen sein. Hierauf giebt es nur eine Antwort, die nicht blos für den rohen, sondern auch für den civilisirten Zustand gilt, dass nämlich jegliches Recht eitle Phrase sei, hinter welchem keine Gewalt zum Schutz desselben bereit steht. Das Recht existirt eben nur im Gleichgewicht der Kräfte; es mag übrigens der Idee nach noch so unzweifelhaft sein, seine Verwirklichung hängt von dem organischen Kräftespiel ab, durch welches zwei entgegengesetzte Interessen in den Stand gesetzt werden, einander die Waage zu halten. Wie sociale Coalitionen aus ohnmächtigen Heerden und Gruppen organisch eingreifende Mächte machen können, ist in »Capital und Arbeit« gezeigt worden. Dort findet sich auch der Begriff des gerechten Arbeitslohns entwickelt, ein Begriff, den die vorherrschende Brittische Oekonomie als Chimäre behandelt. Hierin bleibt sich die Taktik der ökonomischen Parteischule gegen die kritische Oekonomie offenbar treu. Wie sollten auch diejenigen, die von Recht und Gerechtigkeit keinen andern als jenen beschränkten Begriff haben, auf welchen man die Juristen einschult, die materielle Gestaltung der Verträge aus dem Gesichtspunkt eines socialen Rechts betrachten? Zwang heisst diesen Leuten Freiheit, Unterdrückung heisst ihnen Fürsorge für die Capitalbildung. Angesichts einer solchen Corruption aller gesunden und natürlichen Begriffe ist kaum noch eine Auseinandersetzung mit den gegnerischen Ansichten möglich. Es fehlt nicht nur an wissenschaftlicher Einsicht, der sich durch Erörterung der Irrthümer mit der Zeit allenfalls abhelfen liesse; es fehlt vielmehr hauptsächlich am guten Willen. Dem letzteren Schaden ist aber durch verstandesmässiges Raisonnement nicht beizukommen. Wir würden unserer eignen Theorie untreu werden, wenn wir auch nur einen Augenblick voraussetzen wollten, das corrumpirte Verhalten der Parteiökonomie lasse sich durch blosse Theorien aufwiegen und zur Anerkennung socialer Rechte nöthigen.

Wir sind daher in diesen philosophischen Andeutungen möglichst kurz gewesen. Es genügt uns, diejenigen zu überzeugen, die nicht von vornherein zu frivol denken, um noch überhaupt für den Unterschied von Recht und Unrecht empfänglich zu sein. Zum

Verständniss alles in Beziehung auf die Gerechtigkeit Abgehandelten, ist natürlich unser Grundsatz von der Wesensgleichheit der Rache und des Rechtsgefühls unentbehrlich. Das bisherige Naturrecht war ohne materielles Princip, nach welchem hätte entschieden werden können, was Verletzung sei und nicht sei. Es beschränkte sich auf lauter formale Bestimmungen und vermochte niemals die Brücke zu den positiven Gestaltungen zu finden. Es war ausserdem ganz ohnmächtig, sobald es die Kreise des juristischen Rechts verliess. Im Völkerrecht zeigte sich die Unzulänglichkeit der bisherigen Theorien am entschiedensten; aber sie hätte sich noch deutlicher bekundet, wenn man es auch nur versucht hätte, die sociale Gerechtigkeit und deren Schutz zum Gegenstand der Untersuchung zu machen.

3. Es giebt zwei wesentlich verschiedene Arten der social-ökonomischen Gerechtigkeit. Entweder beschränkt man sich darauf, die einseitigen Parteigesetze aufzuheben und so die Chancen anscheinend wieder gleich zu machen; oder man organisirt den Widerstand gegen mögliche Beeinträchtigungen in positiver Weise. Das rein negative Verfahren, welches blos auf eine Zersetzung und Auflösung alter Bindemittel hinaus will, ist in den Kreisen der freibeuterischen Oekonomie das beliebteste. Es ist nämlich blos dem Anschein nach ein Zugeständniss an die Gerechtigkeit, in Wahrheit und Wirklichkeit aber die Anlegung einer neuen, weit schlimmeren Fessel. Indem man auf der starken wie auf der schwachen Seite die formale Freiheit erweitert, schafft man ein noch grösseres Uebergewicht des bisher stärkeren Theils. Ueberall aber, wo die formale Freiheit des schwächeren Theils zu materiellen Organisationen führen könnte, verbittet man sich derartige Entwicklungen und sucht denselben durch allerlei Einschränkungen vorzubeugen. Sehr lehrreich ist in dieser Beziehung das Verhalten der Parteischule gegen die Coalitionen. Sie hasst dieselben aufrichtig und giebt sich dennoch den Anschein, dieselben zu gestatten oder wohl gar zu fördern. Der erste Grundsatz der Parteitaktik lautet: Der sociale Kampf darf nur atomistisch geführt werden. Im günstigsten Falle wird eine Summirung der Atomkräfte, aber nur nie eine Organisation derselben zugestanden. Die Freiheit des

Individuums ist der Partei so überaus heilig, dass sie dieselbe sogar bei ihren natürlichen Widersachern schützen zu müssen glaubt. Kein dauerndes und wirklich verpflichtendes Band soll die Glieder eines gesellschaftlichen Bündnisses zusammenhalten. Es soll sich um des Himmels willen kein wahrhaft gemeinsames Interesse constituiren. Der Einzelne soll mit seinem Belieben stets die letzte Instanz bilden, damit der Haufen nur immer recht locker bleibe und keine Fürsorge von grösserer Tragweite möglich sei. Ein systematisches Zusammenwirken, das weiss die Parteiökonomie, würde die Nichtigkeit der Ansprüche ihrer Schutzherrn thatsächlich gar bald beweisen. Es gilt also, dem Grundsatz »theile und herrsche« eine intensive Folge zu geben. Verhindere die Vereinigung, so lautet die geheime Formel der ganzen Parteiökonomie. Ein solches Princip lässt sich nun ausführen, indem man sich den Anschein giebt, die Vereinigung zu fördern. Zunächst lenkt man alle Association möglichst in die Bahnen des grössten natürlichen Widerstandes, so dass man von vornherein sicher ist, dass sie unschuldig bleiben werden. Alsdann verbreitet man die Meinung, dass nicht Socialpolitik, sondern wirthschaftliche Mitbewerbung die Aufgabe der Vereinigungen sei. Ferner lehrt man theoretisch die Schwäche derjenigen Kraft, die man am meisten fürchtet. Mit einem mitleidigen Blick deutet man auf das Fehlschlagen von Strikes und glaubt so die Gegner durch das sorgfältig unterhaltene Bewusstsein ihrer Ohnmacht in Schranken zu halten. Man hütet sich aber wohl, die eigentlichen Gründe jener Schwäche merken zu lassen. Die leitende Absicht ist ja die Verhinderung eigentlich gesellschaftlicher Bündnisse, deren principielle Aufgabe es wäre, eine Garantie der socialen Gerechtigkeit zu sein und die einzelnen Acte des socialen Unrechts zu controliren.

Die Reducirung aller Vereinigungsbestrebungen auf individuelle Action ist im wesentlichen nichts Anderes, als ein modernes Surrogat des früheren directen Verbots. Bedenkt man nun, dass überdies die formale Freiheit des Stärkeren ebenfalls erweitert werden soll, und dass diese Erweiterung unvermeidlich materielle Kraftanhäufung zur Folge haben muss, so kann es keinen Augenblick

zweifelhaft sein, dass die vermeintliche Freiheitspolitik der Parteiökonomie ihrem wahren Wesen nach eine Unterdrückungspolitik
sei. Der Arbeitgeber wird in den Stand gesetzt, sich nicht nur
mit Seinesgleichen zu gemeinsamen Maassregeln zu verhindern, sondern auch seine Operationen über ein ganzes Land oder wohl gar
international auszudehnen. Seine materielle Herrschaft über den
Arbeiter wird um so grösser, je weiter sich die Freizügigkeit aus-
dehnt. Von allen Punkten kann für die den Gehorsam aufkündi-
genden Colonnen Ersatz geschafft werden. Diese centralistischen
Aushülfen machen den rein localen Kampf der Arbeit völlig ungleich. Es bedarf also, um ein ausreichendes Gegengewicht zu
schaffen, einer sich allermindestens über einen ganzen Industrie-
zweig und dessen in unserm Fall in Frage kommende, geographische Grenzen erstreckenden Organisation. Ohne eine solche
übergreifende Verbindung ist keine Durchsetzung der Majoritäts-
interessen und keine Garantie der socialen Gerechtigkeit möglich.
Soll aber eine solche Organisation nicht unheilvoll wirken, so muss
sie dem öffentlichen Interesse dienstbar gemacht werden. Der Staat
kann nicht zugeben, dass sich in den Bereich seiner Functionen
eine neue organische in allen Richtungen wirksame Function ein-
führe, ohne sich mit den übrigen Sphären des öffentlichen Lebens
zu vermitteln. Ohne positive Regelung und Gesetzgebung sind
also die gesellschaftlichen Bündnisse gar nicht zu verwirklichen.
Gegen eine solche positiv gestaltende Initiative der Gesetzgebung
wehrt sich nun aber die Parteiökonomie mit allen Kräften.

Die erste natürliche Art des Schutzes ist die Ausschliessung
und Fernhaltung des Feindlichen. Eine zweite vollkommnere Art
ist die Zulassung der fremden und nur unter Umständen feindlichen Thätigkeit, unter gleichzeitiger Kräftigung der eignen Wider-
standsfähigkeit. Die letztere Art des Schutzes ist für die modernen und mehr entwickelten Zustände die angemessenste. Doch hat
man stets zu erwägen, wie weit die Ausschliessung oder Beschränkung bereits durch positive Garantien ersetzt werden könne. Hebt
man alle Beschränkungen der Freizügigkeit auf, so verlässt man
hiermit den früher möglichen kleinen Krieg und erweitert die Di-

mensionen des Kampfplatzes. Der schwächere Theil hat nun offenbar zu fordern, dass man ihm neue positive Garantien schaffe, welche die Entwicklung seiner Kräfte auf dem erweiterten Plan ermöglichen. Versagt man ihm diese Garantien, so verräth man hierdurch, dass man gesonnen sei, die Mittel der socialen Verletzung zu vermehren und dem socialen Unrecht einen weiteren Spielraum zu schaffen. Ausschliessung und positiver Widerstand sind die beiden einzigen Formen, in denen ein Schutz gegen internationale Uebung des wirthschaftlichen Unrechts zu finden ist. Völlige oder partielle Ausschliessung der Mitbewerbung ist das natürliche Mittel der noch nicht zum directen Kampf befähigten Völker. Der Uebergang zur formalen Freiheit ist auch in internationaler Hinsicht zunächst ein blosser Zersetzungsprocess, durch welchen die auf Ausschliessung beruhenden Organisationen zunächst ernstlich in Gefahr gerathen. Wie wir in dem Capitel vom Schutzzol nachweisen werden, ist das Princip desselben, so weit es nur die Aufrechterhaltung einer selbständigen Volkswirthschaft und der natürlichen Solidarität der Producenten und Consumenten betrifft, keine zeitlich beschränkte Maxime, die in dieser oder jener historischen Periode aufgegeben werden könnte. Das Gleichgewicht der internationalen Wirthschaftskräfte und der socialen Stellung der Nationen gegen einander ist fortwährenden Störungen ausgesetzt und es muss ein Mittel geben, der absorbirenden Gewalt des fremden Capitals und einer despotischen Centralisation der Weltwirthschaft Widerstand zu leisten. Die Nationen dürfen sich nicht zu einer so zu sagen proletarischen Existenz herabdrücken lassen. Die Möglichkeit einer solchen Unterdrückung wird aber jederzeit bestehen, und es werden daher jederzeit nationalpolitische Maassregeln nöthig sein, um nicht blos die politische, sondern auch die sociale Selbständigkeit der Staaten zu garantiren. Der Begriff der socialen Gerechtigkeit gestattet auch eine internationale Anwendung. Ist Coordination und annäherndes Gleichgewicht der Kräfte vorhanden, so ist die formale Freiheit ohne Gefahr. Sind aber die Kräfte sehr ungleich, so muss für eine nationale Harmonisirung der Interessen der Consumenten und Producenten d. h.

des Menschen als Consumenten und desselben Menschen als Producenten gesorgt werden. Dies kann nun entweder in Form der Schutzzölle oder aber dadurch geschehen, dass der Staat als der mächtigste Capitalist die schwachen Positionen der Industrie künstlich verstärkt und die Richtung des Consums organisch regelt. Hiervon werden wir ausführlicher bei Erörterung des Schutzzolles zu reden haben.

Siebenter Abschnitt.

Concurrenz und Aneignung.

Erstes Capitel.
Concurrenz und Schutz.

1. An die Betrachtungen über Rechtsbegriffe und Gerechtigkeit in der Volkswirthschaft schliesst sich ungezwungen die Untersuchung einer speciellen modernen Form der Kräftegravitation an. Diese Form ist die freie d. h. die organisch nicht gebundene, individuelle, atomistische oder, um es mit einem Wort zu sagen, die freibeuterische Concurrenz. Eine freie Concurrenz kann innerhalb organischer Schranken gedacht werden; das Ideal der Parteischule verdient jedoch nicht den Namen der freien Concurrenz, sondern ist ein ebenso bedenklicher Begriff, wie derjenige des Freihandels. Wir werden daher, um Begriffsverwechselungen vorzubeugen, an die Stelle des verführerischen Wörtchens »frei« in allen fraglichen Zusammensetzungen lieber die unzweideutige, wenn auch etwas einseitig zugespitzte Bezeichnung »freibeuterisch« gebrauchen. In diesem Ausdruck ist das liberal scheinende Wörtchen ja auch enthalten, und unsere Gegner haben sich nicht zu beklagen, dass wir ihnen ihre Freiheit vermittelst des Sprachgebrauchs nehmen wollen. Im Gegentheil kommt es uns darauf an, diese Freiheit recht gründlich und besonders in ihrer aneignenden Rolle kennen zu lernen. Um dies zu vermögen, müssen wir unser Bild ein wenig erläutern.

Es handelt sich in der Bethätigung der freien Concurrenz ganz einfach um ein Beutemachen. Man wird fragen, wo das Jagdrevier oder der Ocean sei, in welchen Jagdlust und Piratenkraft ihr Wesen treiben. Wenn die Concurrenz für alle eine active wäre, so würde ja der Gegenstand fehlen, an welchem die Beute gemacht werden könnte. Es muss also ein rein passives Bereich, ein Gebiet der Aneignung geben, welches seinem Wesen nach der blossen Sache verwandt ist, und in welchem keine energische Reaction stattfinden kann. Ein solches Gebiet ist die grosse Menge der ökonomisch blos duldenden und nicht handelnden Classen.

Nur wenn man sich die Gesellschaft in zwei Bereiche getheilt denkt, von denen das eine den concurrirenden Bestrebungen ohne Widerstandskraft preisgegeben ist und diesen Bestrebungen als Object der Aneignung dient, ist die freibeuterische Concurrenz vollkommen begreiflich. Ohne eine solche Theilung wird aber die allgemeine Concurrenz nie den Charakter des Freibeuterthums annehmen können. Ohne eine solche Theilung wird die Concurrenz nur zu einem Gleichgewicht der Kräfte führen. Ehe wir also die positiven Zustände betrachten, müssen wir erst das concurrirende Kräftespiel rein schematisch und völlig an sich selbst d. h. ohne Rücksicht auf die Entartungs- und Uebergangsformationen erwägen.

2. Concurrenz ist überall da vorhanden, wo mehrere Bestrebungen auf dasselbe Ziel und zwar unter solchen Verhältnissen hinwirken, dass sie einander ihre Theilerfolge beschränken müssen. Die Concurrenz beruht also auf Gleichheit des Zweckes und auf Widerstreit in der Verwirklichung unbeschränkter Erfolge. Die Concurrenz ist, wie wir schon früher bei Gelegenheit der quantitativen Erwägung der gegen einander spielenden Kräfte gesehen haben, ein abstossendes und einschränkendes Moment. So weit eine blosse Summirung und Coordination der Bestrebungen möglich ist, kann von eigentlicher Concurrenz nicht die Rede sein. Die Concurrenz ist nicht die anziehende, sondern die abstossende Macht. Sie findet daher ihre Schranke an dem gemeinsamen Interesse, welches zugleich bei Vielen ohne gegenseitige Störung verwirklicht werden kann. Das Band, welches die Gemeinschaften umschlingt, ist eine Mässigung der Concurrenz. Ja es ist, insofern man es isolirt

betrachtet, gradezu die Aufhebung oder Paralyse einer Concurrenz, die, wenn es nicht vorhanden wäre, eintreten müsste. So weit eine Gemeinsamkeit des Interesses nicht blos vorhanden, sondern auch organisch verwirklicht ist, kann es sich nicht mehr um gegenseitige Aufreibung der atomistischen Bestrebungen handeln. Die verlornen Kräfte, welche, um ein Bild aus der Mechanik zu brauchen, aus den innern Spannungen des Systems hervorgehen und die zweckmässige Wirkung desselben mindern, müssen in dem Maasse geringer werden, als sich irgend eine Organisation der atomistisch gravitirenden Zwecke vollzieht. Bisher hat man durchschnittlich geglaubt, die elementare Concurrenz der Individuen sei ein zureichender Erklärungsgrund für das Verständniss, wenn nicht aller, so doch der modernen Wirklichkeit. Diese Vorstellung ist ein ähnlicher Irrthum wie derjenige der Naturphilosophen und Physiker, welche glaubten, aus der mechanischen Gravitation der Theilchen der Materie die Fülle der Gestaltungen und die Anordnung der Himmelskörper erklären zu können.

Wie es ein für alle Mal ein verfehltes Unternehmen ist, aus der zufälligen Thätigkeit der isolirten Elemente ein gegliedertes Ganzes construiren zu wollen, ebenso muss es auch stets misslingen, die Vorgänge des ökonomischen Lebens aus der Häufung individuell vereinzelter Bestrebungen begreiflich zu machen. Ueberhaupt ist es eine ganz verkehrte Methode, das Höhere durch das Niedere vollständig erklären zu wollen. Schwere und Wärme genügen nicht, die lebendigen Gestaltungen verständlich zu machen. Dennoch sind Schwere und Wärme allgemeine Naturerscheinungen, die in jeglichem Theilchen der Materie im Spiele sein müssen. Aehnlich verhält es sich auch mit der Concurrenz. Sie ist die letzte unorganische Form des Verhaltens der wirthschaftlichen Kräfte. Sie ist dem wirthschaftlichen Streben ebenso natürlich, wie den gleichnamigen Polen die Abstossung. In der blossen Bestrebung haben wir bereits das Positive und das Negative, das Verbindende und das Abstossende. Wo zwei Willen ins Spiel gesetzt werden, müssen sie grade durch die Gemeinsamkeit oder vielmehr Identität des Zieles in partiellen Conflict gerathen. Ein Theil der Absicht kann für jeden dieser beiden Willen erreicht werden; ein anderer

Theil wird aufzugeben sein, und die Nöthigung zu diesem Aufgeben erfordert einen gegenseitigen Kraftaufwand, der offenbar die Natur der Reibung hat und für das beiderseitige Ziel verloren geht. Es liegt also im Wesen der Concurrenz, eine Masse von Kräften in gegenseitigen Störungen zu vergeuden. Die nackte Concurrenz ist daher eine natürliche Hemmung der Productivität der Thätigkeiten.

Gäbe es nicht gestaltende Kräfte höherer Ordnung, welche den concurrirenden Bestrebungen gleichsam die Bahn vorzeichneten, so würde es zu gar keiner wirthschaftlichen Ordnung kommen können. Ja, das ganze Spiel der wirthschaftlichen Kräfte ist stets durch irgend eine Grundgestalt der wirthschaftlichen Verfassung bestimmt gewesen, so dass die Vorstellung von einer gleichmässigen freien Concurrenz für alle geschichtlichen Zustände bis auf die Gegenwart herab völlig unzutreffend ist. Die Organisationen, innerhalb deren sich die unorganische Kraft der individuellen Concurrenz bethätigte, sind verschieden gewesen, haben aber niemals gefehlt. Auch jetzt ist eine Organisation vorhanden, freilich aber eine solche, an deren Umwandlung gearbeitet werden muss, da sie nur ein haltloses Uebergangsgebilde repräsentirt. Die Zersetzung der kleineren Gliederungen hat zu einer centralistischen und völlig einseitigen Beherrschung der Concurrenz geführt und dieses Ergebniss ist es, welches von den freibeuterischen Doctrinen als Regime der freien Concurrenz bezeichnet wird. Grade in dieser Auffassung der Zustände als der Gegenbilder der wahren Freiheit liegt die Beschränktheit oder die Heuchelei.

Vom Standpunkt der wirthschaftlichen Oligarchie ist die Concurrenz allerdings eine nicht blos formal, sondern auch materiell freie. Von diesem Standpunkt aus reden nun aber auch die Doctrinäre der Parteischule. Diese Theoretiker begränzen die lebendige Welt bei denjenigen Classen, welche in der Concurrenz auch materiell frei sind, und sehen jenseit dieser Grenze nur Stoff, aber keine Subjecte der Volkswirthschaft. Hieraus wird es erklärlich, wie die Leute zum Theil selbst an ihre Theorien glauben können. Denn es ist sehr wohl denkbar, dass eine freie Ausbeutung nach den Grundsätzen einer annähernden Gleichheit oder wenigstens nach

Maassgabe der Kräfte zur Zufriedenheit aller Theilnehmer auf-
gerichtet werde. Die römische Freiheit in der Beherrschung der
Welt war ja eben nur dadurch möglich, dass es eine colossale
unterdrückungsfähige Masse von Nationen gab. Ein lebendiger
Gegenstand als Object der Bestrebungen ist daher die unerlässliche
Voraussetzung der Möglichkeit der freibeuterischen Concurrenz.

Am einfachsten stellt sich das fragliche Verhältniss in der
Sclaverei. Auch unter ihrer Herrschaft ist die von den Oekonomen
gemeinte freie Concurrenz vorhanden, und sie kann es sogar im
höchsten Maasse sein, wie dies der Süden von Amerika gezeigt
hat. Die Sclavenbesitzer sind die natürlichen Vertheidiger der freien
Concurrenz und des Freihandels im Sinne des Freibeuterthums.

Nehmen wir die Vertheidiger der freien Concurrenz beim Wort,
so werden dieselben in arge Verlegenheit verwickelt. Soll nämlich
die Concurrenz der individuellen Bestrebungen wirklich frei sein,
so müssen die Massen ebenfalls concurriren können. Diese Massen
müssen anstatt das blosse Object der Concurrenz zu bleiben, selbst
mit ihren Kräften eingreifen. Als das gemeinsame Object aller
menschlichen Concurrenz denkt man sich häufig die Naturvoraussetzungen der Production. Diese würden es auch wirklich sein
müssen, wenn alle Elemente der Gesellschaft active Concurrenz
machten. Allein zwischen der Natur und denen, welche in der
Concurrenz wirklich thätig sind, steht eine blos leidende Masse,
deren Arbeitskräfte der nächste Gegenstand der sogenannten freien
Concurrenz d. h. der Concurrenz in Form der Aneignung werden.
Die durchgreifend freie Concurrenz müsste diese Spaltung der Gesellschaft beseitigen. Allein sie ist es ja grade, was ohne organische Vermittlungen gar nicht existiren kann.

Die Fictionen der Parteiökonomie lieben es allerdings, das
Regime der freien Concurrenz so darzustellen, als wenn es in ihm
nur Herrschende, aber nicht Beherrschte gebe. Sie stellen es so
dar, als wenn sich in ihm die Kräfte coordinirten, und als wenn
jeder Arbeiter auf gleichen Fuss mit dem Unternehmer seine Bestrebungen geltend machen könnte. Eine derartige gleiche Neben-
ordnung ist aber überall da, wo es Organisationen gilt, eine Chimäre. Unterordnung ist das Wesen aller organischen Gestaltungen,

22·

und wir sind daher weit entfernt, eine Nivellirung zu verlangen. Eben weil wir mit der Heuchelei, welche diese Nivellirung in Aussicht stellt oder gar als annähernd verwirklichte Thatsache voraussetzt, gründlich brechen wollen, müssen wir uns stets die unvermeidlichen natürlichen Formen einer jeglichen Ordnung und positiven Gestaltung gegenwärtig erhalten.

Die Massen können nicht wirksam gegen die Minderzahl concurriren, ausser indem sie sich organisiren. Der lose Haufe ist keiner Kraftäusserung fähig. Die Einzelnen hemmen einander nur, und es giebt kein Mittel, ihre Bestrebungen auf einen Punkt zu vereinigen, ausgenommen irgend eine Form von Coalition. Die wahrhaft freie Concurrenz, die nicht blos formal, sondern materiell existirt, setzt daher eine Organisation voraus. Nur in einer Organisation, welche die Atomkräfte ordnet und zu bestimmten Zwecken verbindet, kann das Individuum ein gewisses Maass von Kraft entfalten. Abgesehen von einer Organisation bleibt die freie Concurrenz ein gestaltloses Chaos. In der Wirklichkeit kann aber der anarchische Zustand nicht unbeschränkt existiren. Die Natur der Sache treibt zu einer Organisation. ·Es bilden sich Gruppen und Grenzen; die gemeinschaftlichen Interessen vereinigen sich, um nach Aussen ausschliessend aufzutreten. Diese Schrankenbildung repräsentirt das wahrhaft natürliche Verhalten, während die gewöhnlich gerühmte Natürlichkeit der wirthschaftlichen Entfaltung nichts als ein Schablonenwesen d. h. eine ganz abstracte Idee ist, in deren Conception man grade die wichtigste Seite der menschlichen Natur, nämlich die abstossende Kraft und die Schrankenbildung ganz und gar verleugnet.

Die Concurrenz selbst ist es, die zur Organisation und mithin zur Selbstbeschränkung und Selbstgestaltung führt. Der Schematismus des individuellen Concurrirens ist nie und nirgend ganz unorganisch gewesen. Selbst die gegenwärtige Gestalt der Concurrenz ist eine natürliche Organisation, wenigstens in so fern, als es in ihr ein Verhältniss der Ueber- und Unterordnung giebt. Die Massen bewegen sich auf den ihnen einseitig vorgeschriebenen Bahnen. Die wirthschaftliche Oligarchie sorgt täglich dafür, dass die concurrirenden Bestrebungen der grossen Zahl nichts als deren

Unterwerfung zu Wege bringen, wie wir dies schon im zweiten Abschnitt gezeigt haben. Careys Unterscheidung der Concurrenz im Kauf und derjenigen im Verkauf der Arbeit ist sehr erheblich. Diese Unterscheidung lehrt uns etwas von den gestaltenden Kräften kennen, unter deren Einfluss die Chancen des verschiedenartigen Strebens von vornherein bestimmt werden. Ohne diese gestaltenden Kräfte, welche in der socialpolitischen Verfassung ihren Ausdruck finden, würde ein Dasein der concurrirenden Bestrebungen gar nicht vermittelt werden können. Die blosse Gravitation der socialen Kräfte verfällt den gestaltenden Principien, die einen höheren Rang haben, als die blos mechanischen Massenkräfte. Nun will man aber das bewusste Eingreifen und die Geltendmachung rein socialer Motive aus der Gestaltung der Wirthschaftsverfassung verbannen. Die antisociale Oekonomie wünscht ein rein wirthschaftliches Concurriren, mit Ausmerzung der socialen Kräfte im engeren Sinne. Diese antisociale Oekonomie will wirthschaftliche aber nicht sociale Concurrenz.

3. Die sociale Concurrenz im engern Sinne, d. h. die Geltendmachung der auf ein gemeinsames Ziel gerichteten socialwirthschaftlichen Bestrebungen (z. B. des Verkaufs der Arbeit unter günstigen Bedingungen) führt ganz von selbst und mit der grössten Natürlichkeit zu Schutzeinrichtungen, durch welche eine Gesammtheit ihre gemeinsamen Interessen gegen die sich in ihrem Bereich kreuzenden individuellen Benachtheiligungen wahrnimmt. Wo die Concurrenz sich selbst versteht, nimmt sie höhere Formen an, und gelangt so auch zu einem höheren Grade von Freiheit. Dies gilt natürlich für die interprivate wie für die internationale Concurrenz. Die ältere, geschichtlich unhaltbar gewordene Form, die interprivate Concurrenz zu organisiren, war die Einführung der Zünfte. Sie sind durch ihren ausschliessenden Charakter zu Grunde gegangen; aber wohlgemerkt nicht darum, weil sie überhaupt ausschliessend waren, sondern weil sie sociale Elemente unterdrückten, die ihnen später als respectable Macht gegenübertreten konnten. Sie reducirten die Concurrenz auf ein Minimum oder sie liessen vielmehr dieselbe nur wenig zu einer freieren Entwickelung gelangen. Sie waren Organisationen, die ihre Zeit hatten und eine gewisse Ent-

wickelungsphase hindurch grade die natürlichsten und zweckmässigsten waren. Alsdann kam die Zeit ihrer Zersetzung und Entartung. Das Hemmungsprincip, welches zugleich das Organisationsprincip ist, war in derjenigen Gestalt, in welcher es sich in den Zünften verwirklicht hatte, nicht mehr den Bedürfnissen entsprechend. Die Zersetzung musste eine neue Organisation einleiten, deren einseitige Anfänge wir schon mehrfach gekennzeichnet haben. Diese neue Organisation ist zunächst die centralistische Unterwerfung der Atomkräfte und die Bildung von Massenkräften. Indem die letzteren nun aber ihr eignes und selbständiges Dasein zu vertreten beginnen, wird die neue Organisation weiter ausgebildet. An die Stelle der Zünfte treten die Coalitionen, die dem Individuum einen freieren Spielraum verstatten.

Was die internationale Concurrenz anbetrifft, so erhält sie Gestalt und Leben erst dadurch, dass das atomistische Chaos in nationaler Weise gegliedert wird. Eine Nation hat ein solidarisches Interesse und muss es gegen die kurzsichtigen und kurzlebigen Neigungen ihrer Bestandtheile aufrecht erhalten. Sonst verfällt sie der Zersetzung und Fäulniss. Die internationale Organisation der Concurrenz, d. h. die Ausbildung einer Verfassung der Weltwirthschaft, vollzieht sich in sehr natürlicher Weise und entspricht mehr den Principien der menschlichen Natur, als die erdichteten Schablonen von Natürlichkeit, welche von der Manchesterökonomie heut so sehr gefeiert werden. Der Schutzzoll ist die natürlichste Organisation der internationalen Concurrenz, so lange ein gewisses Maass relativer Abschliessung noch zweckmässig ist. Zwischen ziemlich gleich entwickelten Nationen, die im Verhältniss zur Lebendigkeit und Ausdehnung des Weltverkehrs eigentlich nur eine einzige, ziemlich homogene volkswirthschaftliche Gruppe bilden, — zwischen Nationen, die einander wirthschaftlich und politisch annähernd die Waage halten, und innerhalb deren Gesammtgebiet grössere und länger andauernde Störungen durch Krieg nicht sehr wahrscheinlich sind, mag sich allmälig eine zolche Solidarität der wirthschaftlichen Interessen constituiren, dass ein gegenseitiges Verhalten auf dem Fuss der Gleichheit möglich wird. In so weit letzteres Verhalten praktisch nützlich ist, werden dann auch die

Schutzzölle schwinden. Dennoch bleibt aber stets die Möglichkeit einer Verletzung der nationalwirthschaftlichen Integrität bestehen. Es kann durch die Veränderung der Verhältnisse eine Störung in der Gleichheit der Chancen eintreten. Es muss ein Mittel geben, solche Störungen auszugleichen. Die Nationalpolitik wird daher entweder wieder zu Schutzzöllen greifen oder sich auf einem andern Wege einen gewissen Schutz beschaffen müssen. Das Princip, welches die Schutzzölle geschaffen hat, wird dies sein historisches Product überleben. Nicht die Schutzzölle, aber wohl das Princip, von welchem sie ins Leben gerufen sind, ist unabhängig von der jeweiligen geschichtlichen Gestaltung. Dieses Princip ist so zu sagen ewig, und ich halte es für eine sehr unvollkommene Vertheidigung der nationalen Politik, wenn man sich damit begnügt, für die Schutzzölle ein paar Jahrzehnte in Anspruch zu nehmen und für die ganze weitere Geschichte dem Freibeuterhandel das Feld zu räumen. Wie für die Zünfte, so muss es auch für den Schutzzoll ein modernes Gebilde geben, welches den Bedürfnissen der hoch entwickelten Nationen zu entsprechen vermag. Die Weltwirthschaft hat eine Geschichte und die Organisation der Concurrenz, die ihr in dem einem Stadium der Entwicklung genügt, kann in einem anderen zersetzt und in noch einem andern ersetzt werden müssen. Der Ersatz für den Schutzzoll kann offenbar nur eine andere Art der politischen Intervention sein. Denn ohne politische Intervention ist ja das Nationalinteresse als solches gar nicht einheitlich zu vertreten. Positive Kraftäusserungen des Staates werden also an die Stelle der negativen Maassregeln treten müssen. Die Organisation und Regelung der Concurrenz in positiver Weise wird in den höheren Stadien des volkswirthschaftlichen Lebens der beste Schutz sein. Der Staat ist berufen, da mit seinen verschiedenartigen Hülfsleistungen einzutreten, wo die Privatindustrie erliegen müsste, aber dennoch ein nationales Interesse vorhanden ist, dass sie nicht erliege. Es ist hier noch nicht der Ort zu entwickeln, dass überhaupt eine einheitliche Volkswirthschaft gar nicht möglich ist, ohne dass der Staat dieselbe zunächst durch Gesetzgebung und dann weiter auch durch eine, partiell eingreifende höchste Verwaltung gleichsam formirt. Eine gewisse Trennung der

Gesellschaft vom Staat wird hierbei natürlich das leitende Princip bleiben müssen. Der Staat wird seine Functionen üben und die Gesellschaft die ihrigen. Allein in Beziehung auf das wirthschaftliche und sociale Dasein wird es stets gewisse allgemeine und übergreifende Functionen geben, deren Ausübung die Gesellschaft vom Staate fordern muss, wenn sie ihr Interesse versteht. Gewisse Zweige der volkswirthschaftlichen Thätigkeit 'sind bereits thatsächlich mehr oder minder von der Staatsindustrie in Anspruch genommen. Das Eisenbahnwesen verfällt immer mehr der staatlichen Organisation, und es bedarf derselben in weit höherem Grade als bisher. Die Tariffragen können im Eisenbahnwesen nicht durch freie Concurrenz entschieden werden. Selbst eine Verdopplung der Bahnlinien würde noch keine sonderliche Wirkung haben, und vorläufig erfordert der Verkehr die Vermehrung der einfachen, aber nicht die Verdoppelung der bestehenden Linien. Das Transportwesen dürfte daher den Einflüssen der obersten Verwaltung des Staats immer mehr anheimfallen. Das Postwesen eignet sich ebenfalls vortefflich für die Staatsinitiative, wenn es auch durchaus nicht eine büreaukratische Detailverwaltung in Anspruch zu nehmen braucht. Das Versicherungswesen kann der staatlichen Organisation auf die Dauer nicht entgehen; denn es ist die Solidarität des Ganzen, welche sich mit dem grössten Erfolg und den geringsten Kosten gegen den Zufall zu kehren vermag. Angesichts dieser unverkennbaren Nöthigungen, Staat und Gesellschaft immer mehr zu trennen und für den Staat einen Inbegriff von volkswirthschaftlichen Functionen abzugrenzen, kann es nicht überraschen, wenn wir behaupten, dass die Organisation der Concurrenz in letzter Instanz dem Staate und den international übergreifenden politischen Mächten anheimfallen müsse. Man wird sich, da die innere Besteuerung doch auch in die Waage der innern und der internationalen Concurrenz eingreift, auch zu einem nationalen Besteuerungssystem bequemen müssen. Es ist also, ohne dass wir nöthig hätten, willkürlich zu construiren, eine ansehnliche Entwicklung der staatlichen, die Concurrenz organisirenden Functionen bereits in Aussicht, und zwar ist diese Entwicklung nichts als eine einfache Fortsetzung des geschichtlichen Herganges, durch wel-

chen Volks- und Weltwirthschaft ihre gegenwärtige Form erhalten
haben.

Zweites Capitel.
Rolle der Aneignung.

1. Keine Concurrenz ohne Aneignung; dieser Grundsatz kann
uns eine Menge von Erscheinungen begreiflich machen, die für die
bisherige Oekonomie nicht nur ein Stein des Anstosses, sondern
auch ein Grund mannichfaltiger Widersprüche geworden sind.
Denken wir uns Kräfte und Chancen von zwei Concurrenten völlig
gleich, so kann keine Aneignung von Seiten des einen auf Kosten
des andern stattfinden. Jeder von beiden wird eine Hälfte des
objectiv möglichen Erfolges davon tragen. Nennen wir diese Art
die coordinirte oder gleiche Concurrenz, und setzen wir voraus,
dass das Ziel derselben theilbar sei. Alsdann ist die Concurrenz
nur ein Mittel der gerechten Vertheilung. Jeder von jenen beiden
Concurrenten macht seine Kräfte geltend, um eine Aneignung von
Seiten des andern zu verhindern. Jeder tritt für seinen Zweck
ein, und da beide gleiche Kräfte ins Spiel zu bringen haben, so
ist Verletzung oder einseitige Aneignung mechanisch unmöglich.
Denken wir uns nun aber die Kräfte oder Chancen ungleich,
so wird das Ergebniss der in der Concurrenz statthabenden gegenseitigen Messung eine einseitige Aneignung sein müssen. Der
Ueberdruck wird das Maass des Erfolges bestimmen; auch die
schwächere Kraft wird sich in einem gewissen Grade zur Geltung
bringen, aber sie wird um so mehr zur Rolle des passiven Widerstandes und der blossen Abwehrung des Maximums der Verletzung
genöthigt werden, je kleiner sie im Verhältniss zur Gegenkraft ist.
Es kann ein Punkt erreicht werden, bei welchem sie gar nicht
mehr im Stande ist, für sich zu wirken. Dieser Punkt der unzu-
rechnungsfähigen Schwäche ist sehr oft der Fall der Wirklichkeit.
In diesem Fäll hört die Concurrenz im eigentlichen Sinne auf; es
tritt Unterwerfung ein. Der schwächere Theil erreicht dann nichts

weiter, als was auch im Interesse des Stärkeren liegt. Dieser Art
ist die Concurrenz zwischen dem Arbeiter auf der einen und dem
Capitalisten auf der andern Seite. Beide bestreben sich, einen
Theil des volkswirthschaftlichen Ertrages zu erhalten. Aber der
Arbeiter kann durchschnittlich nur so viel erlangen, als es im Interesse des Capitalisten liegt, ihn erlangen zu lassen. Hier haben
wir die Aneignung in ihrer wichtigsten, wenn auch nicht in ihrer
deutlichsten Gestalt.

Da ein System der Concurrenz nicht aus lauter völlig gleichen
Elementen bestehen kann, so gilt unser obiger Satz »keine Concurrenz ohne Aneignung« für jeglichen Zustand. Die coordinirte
oder gleiche Concurrenz tritt nur ein, wo alle Qualitätsunterschiede
aufhören; aber auch sie hat nur scheinbar statt. In der Wirklichkeit ist das Ziel von zwei Concurrenten, die einander die Waage
halten, [grade in den wichtigsten Fällen nur für einen erreichbar.
Wenn aber auch überhaupt die proportionale Theilung des erstrebten Objects ausgeschlossen ist, so muss die coordinirte Concurrenz einen ganz andern Erfolg, als denjenigen der gerechten
Vertheilung haben. Diese Concurrenz wendet sich alsdann gegen
die ganze Schlachtlinie selbst. Im Ueberangebot von Arbeit wird
entweder eine Anzahl der Arbeitsucher ihr Ziel gar nicht erreichen
und die übrigen werden bis zur äussersten Grenze der Möglichkeit
gedrückt werden, oder aber es werden zwar Alle ihre Arbeit unterbringen, aber dafür in Gesammtheit noch nicht so viel erhalten
als die geringere Zahl erreicht haben würde.

Die Concurrenz ist nichts Anderes als die Form aller menschlichen Bestrebungen. Sie greift weit über das wirthschaftliche Gebiet hinaus, und es wäre ebenso thöricht, ihren Gesetzen entgehen
zu wollen, als sich etwa gegen die Existenz der Gravitation auf-
zulehnen. Allein ich leugne nicht die Gesetze der Schwere, indem
ich Vorkehrungen treffe, dieselben meinen Zwecken dienstbar zu
machen. Ich leugne die Schwere nicht, indem ich mich in Acht
nehme, von ihren gelegentlich unangenehmen Wirkungen im eigentlichen Sinne des Worts getroffen zu werden. Der Stein, der mir
auf den Kopf fallen würde, dürfte doch auch nur einem Naturgesetz zufolge den unerwünschten Effect haben. Ich kann also

sehr wohl die Gravitation anerkennen und dennoch dafür sorgen, dass sie mir nicht gefährlich werde.

Die ungleiche Concurrenz hat eine gewisse Aneignung unvermeidlich zur Folge. Ungleich muss aber alle Concurrenz im Grossen und im Ganzen ausfallen, und zwar um so mehr, je roher und natürlicher sie ist. Zur Ungleichheit der natürlichen Uebermacht wird noch die künstliche Befestigung dieser Uebermacht gefügt. Diese Befestigung vermittelt sich durch Aufstellung von Rechtsregeln und unter entwickelteren Verhältnissen durch die eigentliche Gesetzgebung. Gewohnheitsrecht oder instinctiv gebildetes Recht in den früheren und bewusste Gesetzgebung in den späteren Stadien der Entwicklung bilden die beiden grossen Hülfsmittel der socialen Organisation und der mit derselben unvermeidlich verbundenen Aufrichtung eines Systems der Aneignung. Die Gesetze sind zu einem grossen Theil nichts weiter als Normen der Aneignung.

Da wir die Aneignung als solche aus dem System nicht verbannen können und es auch ein ganz thörichter Wunsch sein würde, sie entfernt zu sehen, so bleibt nichts übrig, als sie quantitativ unschädlich zu machen. Ein Rest von Aneignung wird auch in dem vollkommensten socialen System bestehen bleiben. Es kommt nicht darauf an, dass alle Aneignung absolut verschwinde, sondern nur dass diese Aneignung die Interessen der Mehrheit nicht beeinträchtige. Da eine Gesellschaft ohne Gliederung und natürliche Rangstufen nicht denkbar ist, so muss es auch jederzeit Ungleichheiten der socialen Stellung geben, und diese Ungleichheiten werden unvermeidlich mit dauernden Aneignungen von Seiten des stärkeren Theils verbunden sein. Es giebt kein Mittel, die Aneignung gänzlich auszutilgen. Es giebt nur Wege, sie zu mässigen und gerecht zu gestalten. Nicht jegliche Aneignung, sagten wir schon früher, ist eine ungerechte Verletzung. Die vollständige Gleichheit der Theile ist niemals das Princip der organischen Gestaltung. Das organische Gleichgewicht ist nicht nothwendig ein statisches Verhalten. Die mechanische Aufwägung ist fast niemals der Fall des organischen Gravitirens. Da nun Aneignung nur dann absosut vermieden werden könnte, wenn der

Eine dem Andern völlig gleich gegenüberstände, und da eine solche
einfache Gleichheit nie in allen Richtungen verwirklicht sein kann,
so lässt sich das harmonische Verhältniss der Bestrebungen nur
dadurch herstellen, dass die Aneignung stets auf ihr geringstes
Maass zurückgeführt wird.

2. Sobald irgend ein Vorzug, möge er nun natürlichen Ur-
sprungs oder der socialen Stellung zu verdanken sein, im wirthschaftlichen Verkehr zu ökonomischer Geltung gelangt, so ist diese
Geltung oder der Werth offenbar von einer Aneignung unzertrennlich. Wenn Jenny Lind ihren Gesang ökonomisch verwerthet, so
nützt sie eben nur den Vortheil ihrer Einzigkeit und eignet sich
in Form hoher Eintrittspreise einen Theil des für derartige Kunst-
genüsse disponiblen Fond der Gesellschaft an. Ist nun diese Aneignung nicht sehr unschuldiger Natur? Und doch kann Niemand
sagen, was etwa der fragliche Gesang ökonomisch an sich und abgesehen von der gekennzeichneten Aneignung werth sei. Nicht
alle qualificirten Leistungen bestimmen sich vorherrschend aus der
Gravitation der aneignenden Kräfte. Man kann bei der qualificirten Arbeit, sobald sie eigentlich wirthschaftliche Arbeit ist, nach
ihren Ergebnissen fragen, und sie dann vermittelst der Vergleichung
dieser Ergebnisse mit andern Ergebnissen messen. Man kann dann
eigentliche Aequivalente aufstellen, und die Aneignung wird als
Zuschlag zu diesen Aequivalenten charakterisirt werden können.
Ein solcher Zuschlag ist nun durchgängig vorhanden, ausgenommen
in der Verwerthung der gemeinen Arbeit, deren geringe Unterschiede keine sociale Kraft entwickeln können, und für welche daher nicht einmal die geschuldeten Aequivalenzunterschiede zu voll-
ständigem Ausdruck gelangen. Der geschicktere Arbeiter in derselben Gattung von gemeiner Arbeit wird zwar gewöhnlich etwas
höheren Lohn erhalten, aber die Differenz wird der Regel nach
seiner Mehrleistung nicht entsprechen. An die Stelle des Zuschlags
wird also ein negatives Element, nämlich der Abzug treten, welcher der fremden Aneignung von Seiten des Capitals entspricht.

Aneignung ist an sich selbst zunächst ein ganz neutraler Begriff. Aneignung auf Kosten eines Andern kann wenigstens in denjenigen Sinne gerecht sein, in welchem es die Sclaverei vor Jahr-

tausenden gewesen ist. Dennoch lässt sich eine Grenze zwischen gerechter und ungerechter Aneignung ziehen. Diejenige Aneignung, bei welcher sämmtliche Glieder und Bestandtheile des socialen Organismus das grösste Maass von Wohlsein erreichen, kann gerecht sein. Sie ist jedenfalls keine volkswirthschaftliche Gesammtverletzung. Denn wäre sie dies, so würde sie nicht das jeweilige Maximum des wirthschaftlichen Erfolges möglich machen. Sie hindert nicht, dass sich auch die unterste Klasse wohler befinde, als sie sich unter jedem andern Zustande befinden müsste. Solche Aneignung kann ein wesentliches und normales Moment des socialen Lebens sein.

Die ungerechte Aneignung ist die wirthschaftlich verletzende. Die wirthschaftliche Schädigung·der Theile des Organismus ist das Kennzeichen der ungerechfertigten Aneignung. Hierher gehört der einseitige Druck auf die Arbeitslöhne, von dem wir hinreichend gesprochen haben. Die heutige Bildung des Privatcapitals, insoweit dasselbe durch das sogenannte Sparen wirklich beeinflusst wird, beruht durchschnittlich auf der ungerechtfertigten Aneignung, d. h. auf einer Kürzung der Löhne, die nicht nur dem einzelnen Arbeiter augenblicklich etwas entzieht, sondern auch die ganze volkswirthschaftliche Production einschnürt, wie wir dies früher bei Erörterung des Gleichgewichts von Consumtion und Production gezeigt haben. Von der vermeintlichen Capitalbildung durch Sparen oder, in unserer Sprache zu reden, durch ungebührliche Kürzung der Löhne werden wir im nächsten Abschnitt zu handeln haben.

3. Es giebt Fälle, in denen die Aneignung vermöge eines socialen Gesetzes und ohne Zuthun des Aneigners vor sich zu gehen scheint. Wenn der Güter- und Häuserwerth dadurch steigt, dass sich Bevölkerung und Verkehr in der nächsten Umgebung vermehren, oder dadurch, dass eine Eisenbahn die Gegend berührt, so entsteht dieser Werthzuwachs für die Aneigner desselben offenbar ohne Bemühung. Er fällt ihnen als eine Frucht der socialen Vorgänge zu, an denen sie meist vollkommen unschuldig sind, und die sie jedenfalls nicht im wirthschaftlichen Sinne producirt haben. Die Häuser- und Güterspeculanten rechnen mit

blosser Zeit. Der Zeitablauf ist für sie das Entscheidende. Ein paar Jahre, und in einer Gegend, deren Verkehr energisch zunimmt, hat ein Haus den doppelten Werth erreicht. Der Eigenthümer profitirt so durch blosses Zuwarten. Es wäre aber ein Irrthum, reine Passivität des gegenwärtigen Besitzers oder Käufers voraussetzen zu wollen. Der Gesammtwerth kann nur steigen, insofern (um unsere Gedanken auf das Beispiel des Hauses zu fixiren) die Verwerthung der einzelnen Nutzungen, d. h. indem die Miethen erhöht werden. Diese Erhöhungen der Ansprüche in der Verwerthung der einzelnen Nutzungen werden zwar durch die sociale Position sehr leicht gemacht; aber sie erfordern doch immer eine active Benutzung dieser Position. Der Hauswirth steigert seine Miether nach Maassgabe der Nachfrage nach Wohnungen; er nimmt, was er bekommen kann, und verfährt also genau wie jeder Händler, für den ja auch die Grenze des Preises nur durch die Concurrenz bestimmt wird. Sind derartige Vorgänge nun etwa nicht Aneignungen? Wir sind weit entfernt, diese Aneignungen beseitigt wissen zu wollen. Sie sind an sich nicht einmal ein Uebel, sondern die nothwendigen Formen, ohne welche ein Verkehr gar nicht möglich ist. Allein wir sind der Meinung, dass es nicht blos einseitige Aneignungskräfte, sondern auch Widerstandskräfte geben müsse, und dass daher ein organisches Gleichgewicht der Aneignung hergestellt werden müsse. Die Concurrenz lässt sich mannichfaltig beeinflussen, und die wahre Socialpolitik wird ihre Maassregeln nehmen, um die allzu grosse Concentrirung und daraus entstehende Verlegenheit der Nachfrage zu hindern. Ferner werden die Arbeiter, sobald sie nicht mehr eine lose Masse bilden, nicht mehr widerstandslos den aneignenden Kräften preisgegeben sein. Sie werden in die Concurrenz organisch eingreifen und das Gewicht ihrer Verbände in die Schaale werfen. Es ist also ein System möglich, in welchem die Aneignungen in ihren schlimmsten Wirkungen aufgewogen werden. Dieses System erfordert nichts als ein organisches Gleichgewicht der Kräfte, d. h. die Beseitigung der Vorbedingungen der einseitigen Unterdrückung. Der Inbegriff von Gesetzen, durch welche eine Art Gehorsam des Arbeiters polizeilich erzwungen wird, steigert die aneignende Kraft des Capitals durch Verbesserung der socialen Position. Der Staat hat nun allerdings die politische Ordnung aufrecht zu erhalten; allein er hat auch die Aufgabe, die Consequenzen seiner hierher gehörigen Maassregeln nicht zu Schädigungen des wirthschaftlichen und socialen Rechts werden zu lassen. Er hat die Aufgabe, auch eine wirthschaftliche Rechtsordnung herzustellen und den Arbeiter in den Stand zu setzen, wirklich frei zu contrahiren. Dies kann aber nur geschehen, indem er die Coalitionen nicht blos zulässt, sondern auch positiv organisirt, ihnen mit der nöthigen Gesetzgebung und der Schöpfung des neuen Verkehrsrechtes zu Hülfe kommt, und schliesslich der Gesammtheit als Vermittler dient. Die Arbeitermassen müssen ein Heer bilden, welches sich in seinen einzelnen Bestandtheilen leicht in Bewegung setzen und mit der grössten Leichtigkeit zweckmässig vertheilen lässt. Das Interesse der Gesammtindustrie und mithin des Staates fordert gebieterisch, dass es möglichst wenig zu umfangreicheren Arbeitseinstellungen komme. Die Staatspolizei hat unzweifelhaft das Recht, einem Kriege zwischen Arbeit und Capital, welcher zerstörend wirken müsste, vorzubeugen oder wenigstens die mit dem Gemeinwohl verträglichen Formen vorzuschreiben. Wenn sich die Staatsgewalt nun aber zu diesem Zweck parteiisch auf die Seite des Capitals stellt, so fördert sie das Princip der ungerechten Aneignung noch mit polizeilichen Mitteln. Der Staat muss über den widerstreitenden Interessen stehen; er soll eben die vereinbarende Kraft sein. Er kann daher und muss unter den gegenwärtigen Verhältnissen gegen die Ausbeutung der Arbeiter von Seiten des Capitals einschreiten. Er hat nicht nur die Organe der juristischen Rechtspflege, sondern auch diejenigen der wirthschaftlichen und socialen Rechtsübung zu schaffen. Diese seine Aufgabe wird er am einfachsten so erfüllen, dass er zunächst beide Parteien gewähren und durch ihre Coalitionen wirken lässt, für den Fall gemeinschädlicher und erheblicher Störungen aber bestimmte Formen der Beilegung des Streites vorschreibt. Ein wirthschaftliches und sociales Recht wird sich unvermeidlich ausbilden. Die bisherige einseitige Verfassung, die auf der socialen Rechtlosigkeit der Massen beruhte und nur durch die Aufrechthaltung dieser Rechtlosigkeit anarchischen Zuständen entging, kann nicht dauern. Es muss zu Organisationen kommen und ohne die Beihülfe des Staats d. h. seiner Gesetzgebung ist nicht die geringste irgendwie erhebliche Gestaltung denkbar.

Die juristischen Verkehrsformen sind bis jetzt nur für das Individuum, für die alten eigentlichen Corporationen und für die Actien- und Handelsgesellschaften eingerichtet. Was unsere Frage anbetrifft, so fehlt es z. B. an einer Form, in welcher eine Gesammtheit als solche einen Lohnvertrag schliessen könnte. Derartige Formen müssen geschaffen d. h. durch die Gesetzgebung anerkannt werden. Uebrigens wäre es auch grade nicht undenkbar, dass der Staat selbst als Bürge von Lohnverträgen fungirte. In diesem Fall würde er, wenn er, wie sich von selbst versteht, auch bei der Contrahirung selbst Einfluss hätte, aller ungebührlichen Aneignung entgegen treten können. Doch es ist hier nicht unsere Aufgabe, die organischen Gestaltungen zu kennzeichnen, durch welche in die Aneignungen Gerechtigkeit gebracht werden möchte. Hier ist es für unsern Zweck genug, dargethan zu haben, dass die aneignenden Wirkungen der Concurrenz nur durch die organische Gestaltung dieser Concurrenz selbst ins Gleichgewicht zu setzen sind. Das Fortbestehen gewisser Aneignungen innerhalb der juristischen Verkehrsformen ist nicht das eigentliche Uebel. Die Vermittlung der einseitigen Aneignung durch die geltenden Gesetze selbst, d. h. der Fortbestand einer ungebührlichen Aneignung als Folge früherer Rechtsbildung und Gesetzgebung, ist offenbar ein weit grösseres Uebel. Die Rechtsverfassung, insofern dieselbe die sociale Position bestimmt, muss unvermeidlich auch für die Chancen der Aneignung von vornherein maassgebend sein. Man richte daher den Kampf nicht gegen die sogenannten Monopolwerthe, nicht gegen die mässigen Gewinne der Häuserbesitzer, nicht gegen den Aneignungsbestandtheil in den Ergebnissen der Bodenverwerthung; — alle diese Erscheinungen sind verhältnissmässig sehr unschuldiger Natur, da sie ihrer Quantität nach, verglichen mit den das Schicksal der Gesammtheit entscheidenden Werthgrössen, nicht so viel zu bedeuten haben, als man gewöhnlich annimmt. Wenn diesen unvermeidlichen Aneignungen gegenüber nur auch höhere Einkünfte derjenigen, welche ihnen anheimfallen, durchzusetzen sind, so lässt sich das sociale Gleichgewicht aufrecht erhalten. Man kehre daher den Widerstand gegen die ungebührlich aneignenden Kräfte dahin, wo die sociale Waage gleichsam ihren Standort hat. Man kehre den Widerstand dahin, wo der grosse Regulator des socialen Gleichgewichts, wo der Arbeitslohn entschieden wird. Dort kann man die ungebührlichen Aneignungen in ihrem Heiligthum treffen. Dort entspringen alle Probleme, welche die Regelung der einheimischen und der internationalen Concurrenz fordern. Dort ist der Ursprung alles Guten und alles Schlimmen, welches der Volkswirthschaft im Wege der angemessenen oder ungebührlichen Aneignung begegnen mag. Die Concurrenz entscheidet über die Gestaltung des socialen Werthes der Leistungen; sie entscheidet über den Werth der Dinge und Leistungen, insofern derselbe auf einem socialen Widerstand beruht. Die von der Aneignung herrührenden Werthe sind nicht allein auf den Naturwiderstand, sondern auch auf die socialen Hemmungen zurückzuführen, die überwunden werden müssen, damit der Gegenstand oder die Leistung zugänglich werde. Diese Hemmungen sind nun an sich selbst unvermeidlich und auch, was hier nicht erläutert werden kann, für das Getriebe unentbehrlich. Aber die Quantität dieser Hemmungen ist oft das Bedenkliche und Schädliche. Die Aneignung kann ausserdem für den verletzten Theil mehr Uebles stiften, als sie ihrem Ausüber Gutes zu erweisen scheint. Die Entziehung von Werthsummen ist an sich selbst die geringere Schädigung. Die hemmende Kraft, die in dieser Entziehung liegt, ist das am meisten zu Veranschlagende. Wäre es wahr, dass die Aneignungen in einer andern Form der Volkswirthschaft wieder zu Gute kämen und gleichsam zurückgegeben würden, so wäre aller Streit überflüssig. Allein das ist ja grade die unheilvolle Wirkung der ungebührlichen Aneignungen, dass sie nicht blos nehmen, sondern auch hindern und hemmen, und dass diese Hemmungen der Production grade in dem wichtigsten Fall von entscheidender Grösse sind. Doch hiervon werden wir noch speciell bei Behandlung der Capitalbildung zu reden haben.

Achter Abschnitt.

Capital, Geld und Credit.

Erstes Capitel.

Feststellung des Capitalbegriffs.

1. Nächst dem Begriff des Werthes ist derjenige des Capitals bisher am meisten streitig gewesen. Fragt man aber nach der verhältnissmässigen Wichtigkeit beider Vorstellungen, so dürfte für die Zukunft diejenige des Capitals am bedeutsamsten werden. Die Theorie des Werthes und die Fassung seines Begriffs hat eine Geschichte; die Fassung des Capitalbegriffs ist dagegen noch sehr embryonisch. Erst seitdem der Gegensatz von Arbeit und Capital praktisch so überaus wichtig geworden ist, fängt man an zu merken, dass die theoretischen Vorstellungen von dem, was man in dem Begriff Capital zu denken habe, nicht gleichgültig bleiben können. Eine bessere Werththeorie ist schon vor einem Menschenalter von Carey eingeleitet worden; aber eine Theorie des Capitals, die nur den mässigsten Anforderungen genügte, ist auch jetzt noch nicht vorhanden. Wenigstens fehlt es den zerstreuten, zum Theil materiell besseren Ideen an formaler Durchbildung. Die Sophistik kann im Gebiete des Capitalbegriffs noch immer ihre reichste Ernte halten, und da es an praktischer Veranlassung zu Schleichwendungen nicht fehlt, so treffen wir dieselben denn auch in gehöriger Menge an. Der praktische Streit zwischen den Ansprüchen der Arbeit und den Ansprüchen des Capitals ist das Feld, in welchem die bewusste Sophistik und auch wohl bisweilen der unwillkürliche Irrthum ihr Spiel treiben. Was nun die Sophistik des Capital-

begriffs anbetrifft, so verweise ich auf den mit dieser Ueberschrift versehenen Abschnitt von »Capital und Arbeit«. Dort ist erstens deutlich gemacht, dass das eigentliche Capital keineswegs mit dem Inbegriff der Mittel identisch sei, durch welche der wirthschaftliche Absolutismus aufrecht erhalten wird. Zweitens ist in Uebereinstimmung mit Carey die irrthümliche Annahme eines Irrthums, demzufolge die gemeine Ansicht Capital und Geld nicht gehörig unterscheiden soll, zu Gunsten des gesunden Verstandes und im Gegensatz zu der Ueberweisheit mehrerer Theoretiker widerlegt worden. Auch in Beziehung auf die verhältnissmässige Richtigkeit der Vorstellungen, welche sich der Geschäftsmann vom Capital macht, verglichen mit der colossalen Einseitigkeit eines Theils der Theorie, kann ich auf den angegebenen Ort verweisen. Hier bleibt daher nur noch die allgemeine Formulirung des Capitalbegriffs und die Abweisung der schulmässigen Irrthümer übrig, auf welche ich in der andern Schrift nicht eingegangen bin.

Wir haben bereits öfter den Ausdruck Naturalcapital gebraucht. Friedrich List bediente sich auch häufig einer bestimmteren Bezeichnung, indem er von materiellem Capital redete. Indessen ist unsere Vorstellung nicht nur durch ihren Gegensatz scharf bestimmbar, sondern auch für eine ökonomische Theorie, welche Irrthümer vermeiden will, unentbehrlich. Wir unterscheiden zwischen Naturalcapital und abstractem Werthcapital. Um jedoch allen Vexationen der Pedanten zu begegnen, wollen wir auch der schulmäs sigen Forderung der Voranschickung einer allgemeinen Definition des Capitals Rechnung tragen.

In dem allgemeinen Begriff des Capitals liegt zunächst nichts weiter als die ganz abstracte Idee von einem Stamm ökonomischer Nutzungen. Diese allgemeine Idee hat einen Macleod verleitet, das Capital zu definiren als alles das, womit Profite gemacht werden. Da dieser Schriftsteller in Uebereinstimmung mit vielen andern die reale Nutzung nur in der Form des Profites kennt und sich daher alle Gewinne nach Analogie der kaufmännischen Profite denkt, so ist seine [Bestimmung des Capitalbegriffs nicht überraschend. Setzen wir an die Stelle des Profites, der eine privatwirthschaftliche Vorstellung ist, die auch volkswirthschaftlich brauchbare Idee der realen Nutzung, so würden wir die Macleod'sche Formel in folgender Weise umgestalten: Capital ist Alles, was eine Quelle von Nutzungen ist. Hiernach würde selbst der Inbegriff der Arbeitskräfte eines Menschen Capital sein, und diese Consequenz wird auch von Macleod selbst gezogen.

Sehen wir jetzt zu, welche allgemeine Vorstellung wir abgegrenzt haben. Der specifische Capitalbegriff, den wir meinen, ist es offenbar nicht. Allein es hindert uns ja nichts, aus der Möglichkeit aller in der hier fraglichen Richtung anzutreffenden Conceptionen irgend eine Vorstellung herauszuheben und auszuzeichnen. Wir haben im Gegentheil positive Gründe, die vorher bezeichnete ganz allgemeine Vorstellung als solche festzuhalten. Wir können dieselbe in dem ökonomischen Raisonnement, ja wir müssen dieselbe brauchen, sobald es sich um Nichts als um den Gegensatz der periodischen Nutzungen und der irgend eine Zeit hindurch dauernden Ursache derselben handelt. Für die Capitalisirungsrechnungen ist die scharfe Auffassung dieses Gegensatzes unerlässliche Vorbedingung. Frage ich z. B. nach dem Werth der Arbeit, so wird man mir in einem Lande, in welchem Sclaverei herrscht, wahrscheinlich (wenn auch dies nicht ganz richtig ist) mit der Angabe des durchschnittlichen Marktpreises eines Sclaven antworten. Das Analogon des Arbeitslohnes ist in diesem Preise freilich nicht capitalisirt; aber es soll die Hinweisung auf den ein für alle Mal gezahlten Preis des Sclaven auch nichts weiter bedeuten, als dass sich überhaupt die periodischen Leistungen der Menschenkraft in der Veranschlagung anticipiren und daher auch als ein Stammwerth ausdrücken lassen. Ferner hindert nichts, den Arbeitslohn des freien Arbeiters, d. h. den Entgelt für die tägliche Leistung zum Ausgangspunkt einer Capitalisirungsrechnung zu machen und die Arbeit so als Capital in jenem weiten Sinne des Begriffs zu betrachten. Die einzelnen Arbeitsleistungen entspringen aus einer Art Kraftfond. Dieser Fond, welcher der künftigen Arbeitsfähigkeit ebenso wie der augenblicklichen entspricht und die ganze Reihe von möglichen Leistungen zusammengefasst vorstellt, kann mit andern Fonds nur verglichen werden, wenn man entweder periodische Leistung mit periodischer Leistung oder aber capitalisirten Werth mit capitalisirtem Werth vergleicht. Die Art der Veranschlagung, welche man Capitalisirung nennt, ist ein rein formales Verfahren, welches auf alle Leistungen, die sich regelmässig wiederholen und eine gemeinsame Kraftquelle haben, anwendbar sein muss. Der Gegensatz, um den es sich handelt, ist so abstracter und formaler Natur, dass man ihn fast metaphysisch oder wenigstens logisch nennen könnte. Ich betrachte entweder die einzelnen Elemente in der Reihe der regelmässig wiederholten wirthschaftlichen Leistungen; oder ich vertausche die Reihenform mit einer Art von Summe oder, wenn man will, von Integral. Diese anticipirende Summation kann selbstverständlich nur mit Rücksicht auf eine bestimmte Zeit geschehen, und wir werden nachher sehen, dass die tieferen Gründe der Capitalisirungsrechnungen der bisherigen Oeconomie vollständig verborgen geblieben sind. An dieser Stelle ist es genug, von der allgemeinen Anwendbarkeit derjenigen Veranschlagungsform, welche man Capitalisirung nennt, einen vorläufigen Begriff gegeben zu haben.

2. Der Gegensatz von Stamm und Nutzung, von bleibender Kraftquelle und periodischer Wirkung, von Capital und Einkommen u. s. w. ist, wie wir gesehen haben, in allen Richtungen anzutreffen. Keine Art der Arbeit, weder qualificirte noch unqualificirte, entzieht sich ihm, und so scheint es denn, als müsste der ganz concrete Capitalbegriff, wie sich derselbe in der Entgegensetzung von Capital und Arbeit ausgeprägt hat, jener allgemeineren rein formalen, aber jedenfalls wissenschaftlich abgegrenzten Idee weichen. Macleod glaubt auch in der That annähernd in diesem Sinne verfahren zu müssen. Obwohl er zwar keine deutliche Einsicht der wesentlichen Grundform seiner Conception verräth, so fühlt er doch die Tragweite seines Capitalbegriffs und will denselben als den einzig haltbaren an die Stelle der bestimmteren Vorstellungen gesetzt wissen, die stets nur etwas Unwesentliches hinzufügen sollen. Grade aber die Beschränkung auf den ganz allgemeinen Begriff, selbst wenn derselbe völlig scharf abgegrenzt wird, ist das Verwerfliche. Wir müssen in der Specification einen Schritt weiter thun und die Grundform, welche sich im Denken

des Capitalbegriffs immer finden muss, noch durch einen Inhalt bestimmen.

Grade bei den wissenschaftlich schwierigsten Begriffen werden sich die Verlegenheiten, in denen man sich bezüglich einer deutlichen Fassung derselben befindet, gar sehr mindern, sobald man in jenen Begriffen das rein formale, der Gestalt des Denkens als solcher angehörige Element von den materiellen und empirischen Bestandtheilen unterscheidet. Den formalen Capitalbegriff haben wir kennen gelernt. Er ist jedoch weit entfernt, den Vorstellungen zu entsprechen, die wir zusammenzudenken gewohnt und berechtigt sind. Das wirthschaftliche Capital, im Gegensatz der Arbeit gedacht, ist die Voraussetzung der Bethätigung der Arbeit. Das Instrument der Production, als welches das Capital von Carey gekennzeichnet wird, ist nun aber ein Begriff, der selbst erst der Erläuterung bedarf, ehe er anwendbar wird. Voraussetzung, Vorbedingung, Mittel, Werkzeug der Production, — das sind Begriffe, die ohne nähere Bestimmung viel zu allgemein bleiben. Was wäre nicht Productionsmittel? Alle Momente, die zusammenwirken müssen, damit die Production vor sich gehe, können als Mittel derselben betrachtet werden. Der Mensch ist sicherlich ein Werkzeug der Production; er ist es als Sclave und wird alsdann sogar herkömmlich zum Capital gerechnet. Er ist es aber auch in der Gestalt eines juristisch freien aber ökonomisch unfreien Fabrikarbeiters, wird aber alsdann nicht zum Capital gerechnet. Letzteres geschieht aus einem sehr einfachen Grunde. Es würde nämlich doch zu sehr befremden, den ökonomisch unfreien Menschen zum Privatcapital rechnen zu wollen. Von dem Nationalcapital hat aber die vorherrschende Oekonomie keine bessere Vorstellung, als dass es nichts als die Summe der Privatcapitalien sei.

Der Begriff eines Werkzeuges der Production erinnert an die eigentlichen Werkzeuge und an die Maschinen, mit deren Hülfe die Arbeit verrichtet wird. Wirklich ist nun das Naturalcapital nach der gemeinen Vorstellung (z. B. Bastiats) nichts Anderes als der Inbegriff der Vorrichtungen, Werkzeuge und Maschinen, zu denen man dann aber noch regelmässig als ganz ungleichartigen Bestandtheil die zur Fortsetzung der Production nöthigen Nahrungsvorräthe hinzufügt. Hiernach gehört also zum Inbedriff der Bestandtheile, die das Capital bilden, auch ein gewisser Stamm (stock) beständig vorräthiger Lebensbedürfnisse. Da diese Lebensbedürfnisse überhaupt alle Gegenstände der unmittelbaren Consumtion der arbeitenden und der die Production leitenden Classen einschliessen, so gehört so ziemlich die ganze Consumtion eines Volkes beständig unter jenen merkwürdigen Capitalbegriff. Um produciren zu können, muss während der Production und ehe das Erzeugniss vollendet sein kann, gelebt werden. Der Vorschuss, der zur Unterhaltung des Lebens vor der Verwerthung der Production nöthig ist, heisst nun der privatökonomischen Nationalökonomie regelmässig Capital Scheiden wir also hier diesen fremdartigen' Bestandtheil aus. Die Idee von dem Capital als dem Inbegriff der Productionswerkzeuge verträgt die Gesellschaft der Lebensbedürfnisse nicht. Die Arbeitskraft ist ja als gegeben vorausgesetzt, und es handelt sich blos um deren Hülfsmittel, d. h. um die technische Unterstützung der Leistungen des Menschen oder der Natur. Die Arbeit würde aber nicht als gegeben zu betrachten sein, wenn ihre Kraft erst durch Darbietung von Lebensbedürfnissen erzeugt werden sollte. Der ganze Gegensatz würde verschoben werden, wenn man die Arbeit als blosse Möglichkeit der Thätigkeit fassen wollte. Es combiniren sich actuelle menschliche Thätigkeit und technische Hülfsmittel; auf diese Weise vollzieht sich die Production. Es ist daher nicht erlaubt, den Capitalbegriff als denjenigen des Werkzeuges der Production zu bestimmen und dennoch die Vorräthe an Lebensbedürfnissen in denselben einzuschliessen. Diese Verbindung ganz ungleichartiger Bestandtheile ist nicht blos falsch, sondern auch geschmacklos. Schon der wissenschaftliche Instinct, das Gefühl für Symmetrie und Ordnung, also eine blos ästhetische Instanz kann uns vor der Beibehaltung dieser wunderlichen Begriffsmischung bewahren. Es kommt aber noch ein weiterer Grund hinzu, der uns recht schlagend von der Verkehrtheit des ganzen Aggregats von Vorstellungen überzeugen kann.

Der allgemeine Capitalbegriff sollte doch jedenfalls gegen die Unterschiede des privatökonomischen und des volkswirthschaftlichen Capitals gleichgültig bleiben. Wie schlecht steht es nun aber in dieser Hinsicht mit jener Capitalidee, welche sich die Vorräthe an Nahrungsmitteln oder überhaupt Lebensbedürfnissen nicht nehmen lassen will? Die Nahrungsmittel werden durch periodische Nutzung eines beständigen Fonds (im eigentlichen Sinne fundus) des Grund und Bodens geliefert. Wenden wir nun auf die ganze gesellschaftliche Production derselben unsern oben erläuterten formalen Capitalbegriff an, so gewinnen wir den Gegensatz zwischen dem bleibenden Stamm dieser laufenden Nutzungen und Consumtionen einerseits und diesen periodischen Lieferungen selbst andererseits. Volkswirthschaftliches Capital im formalen Sinne wäre also der Grund und Boden (fundus); er wäre der Fond, von welchem sich periodisch die einzelnen Nutzungen ablösen. Er wäre also das Capital und zwar grade im Gegensatz der Nutzungen, deren abgelösten Complex die Privatökonomie der meisten Nationalökonomen als Capital begriffen wissen will. Man könnte aus der verhältnissmässigen Dauer der Periode, in welcher das als Boden bezeichnete Naturalcapital seine Nutzungen liefert, gegen unsere Kritik Einwände herleiten. Wir wollen daher ganz exact sein, und hier wie überall, nicht blos der verhältnissmässigen sondern auch der absoluten Quantität Rechnung tragen. Auf den Intermittenzen sowohl der natürlichen als der verhältnissmässigen Production beruht die Nothwendigkeit von Vorräthen. Das Getreide muss von der einen bis zur andern Ernte reichen. Jedenfalls muss man mit der einen Lieferung der Naturproduction so lange auskommen, bis man irgendwoher einer andern gewärtig sein kann. Ist dieses Minimum von Aufbewahrung nun aber wohl eine Anhäufung zu nennen? Die Speculation mag einen Theil früherer Erträge mehrere Jahre hindurch reserviren. Sie functionirt, falls sie die richtige ist, dann aber nur als Vertheilungsmaschinerie. Sie sucht eine Uebertragung des Ueberflusses auf die Zeit des Mangels zu bewerkstelligen und macht im günstigsten Falle den Betrag der Consumtion weniger schwankend. Die Aufspeicherung schafft also auch keinen Stamm, von welchem sich einzelne Nutzungen ablösen könnten. Sie bedeutet dasselbe für die Zeit, was die Ortsveränderungen für den Raum sein sollen. Sie schafft kein Capital; die Nutzung bleibt, was sie ist, und die Vorräthe als solche sind noch nicht Capital.

Das Einzige, was man behaupten darf, ist die Thatsache selbst, derzufolge stets im Voraus producirt werden muss, damit überhaupt consumirt werden könne. Diese Vorausproduction, sei es der Nahrungsmittel, sei es anderer Lebensbedürfnisse, ist aber keineswegs Capitalisirung. Die Erzeugnisse werden durch den Umstand, dass sie für die nächste Unterbrechung d. h. für den nächsten Zwischenraum von zwei auf einander folgenden Productionen bestimmt sind, nicht im Geringsten zu Capital. Sie könnten gar nicht anders consumirt werden, wenn überhaupt nur der Zweck der Consumtion maassgebend wäre. Eine über die Zeit vertheilte Consumtion ist das einfache Ziel, und dieses Ziel kann nicht anders erreicht werden, als indem man je nach der Periodicität der Productionen die nöthigen Vorräthe hält. Eine ganze Ernte auf einmal vertilgen, hiesse nur so viel als unzweckmässig consumiren. Das Vorrathhalten ist daher gar nichts, was irgendwie unmittelbar mit der Production zu schaffen hätte. Schon die blossen Gesetze einer regelmässigen Consumtion erfordern die Haltung gewisser Vorräthe. Nur wenn es das Wesen der Consumtion wäre, sich in einen Augenblick zusammenzudrängen, dann könnte man sagen, dass das Vorrathhalten mit ihr nichts zu schaffen habe. So aber erstreckt sich die Consumtion gleichsam über die Zeit hin, und es ist daher schon um der Consumtion willen nothwendig, den jedesmaligen Ertrag eines Actes der intermittirenden Production bis zum Ende des Intervalls aufzubewahren. Das Vorrathhalten ist also nicht Ursache, sondern Wirkung der Production. Wäre die Production in den entscheidenden Artikeln, namentlich bezüglich der Nahrungsmittel ebenso stetig wie die Consumtion, wären also die Perioden beider Acte zusammenfallend, so würde gar kein Grund zu sonderlicher Aufspeicherung vorhanden sein. Man würde für jeden der kleinen Zeitabschnitte, um die es sich dann nur handeln könnte, entsprechend produciren und consumiren. Die Aufhäufung ist also eine reine Folge der verschiedenen Grösse der Zeitintervalle, in denen sich die einzelnen Acte der Production und der Consumtion bethätigen. Wäre diese Periodicitätsdifferenz nicht vorhanden, so würde die Consumtion der Production ebenmässig entsprechen können, ohne dass sich in den Intervallen irgend Etwas

aufzuhäufen brauchte. Nur eine gewisse Abfolge würde auch dann
nicht zu entbehren sein; die Production müsste in dem einen Zeit-
theil schaffen, was in dem andern zu verzehren wäre. So würde
ein Wechsel gleichsam von Hebungen und Senkungen, von Schöpfungen
und Vernichtungen eintreten. Ein solcher' Wechsel ist nun freilich
auch der Fall der Wirklichkeit; aber die Intervalle entsprechen
einander nicht. Der Dauer eines einzigen Productionsactes gewisser
Art correspondirt eine ganze Reihe von täglichen und gleichmässigen Consumtionen derselben Art. Das lange vorbereitete und
langsam gereifte Erzeugniss der Periode des Productionsactes wird
auch ebenso langsam consumirt, und im Vergleich mit der täglichen Consumtion ist daher die ganze Ernte offenbar ein Vorrath,
aber wohlgemerkt ein wesentlich den Zwecken der Consumtion
dienstbarer Vorrath. In Beziehung auf diesen Vorrath ist die fernere Production in der folgenden Periode etwas Zufälliges, nur
Hinzukommendes, aber nicht Wesentliches.

Das einheitlich gedachte ökonomische Subject unterhält sich
durch laufende Consumtionen. Es wird dadurch in den Stand gesetzt, thätig zu bleiben; aber dieser Erfolg ist die Nebensache.
Der Endzweck ist die Existenz selbst. Die Consumtion ist der
Schwerpunkt. Es wird producirt, um die Consumtion möglich zu
machen. Man denke an das isolirte Subject oder, was in unserem Zusammenhang auf dasselbe hinausläuft, an das einheitliche
Subject einer ganzen Volkswirthschaft oder, wenn man will,
auch der Weltwirthschaft. Die Consumtion durch dieses Subject
ist das Ziel aller wirthschaftlichen Bemühungen. Die Vorräthe sind
daher zunächst und wesentlich nur um der Anordnung und Vertheilung des Verbrauchs willen vorhanden. Das Vorrathhalten ist
eine Form, ohne welche keine geregelte Consumtion stattfinden
kann. Man abstrahire aber streng von den interprivaten und socialen Beziehungen, also von allen Verhältnissen der Privatökono-
mieen unter sich. Ohne diese Abstraction wird man den eben aus-
gesprochenen Gedanken nicht begreifen. Ich verweise ausserdem
auf meine Entwicklungen über den Capitalbegriff in dem Capitel,
welches von der Production ohne Rücksicht auf Vertheilung oder
socialen Zusammenhang handelt.

Giebt es denn nun aber nicht Vorräthe, die mit der unmittelbaren Consumtion nichts zu schaffen haben, sondern ausschliesslich der weiteren Production dienstbar gemacht werden? Ganz gewiss; das Saatkorn ist ein Beispiel einer solchen Art von Vorrath. Man muss es daher auch aus dem eigentlich volkswirthschaftlichen Gesichtspunkt und nicht blos in privatwirthschaftlicher Hinsicht zu dem Inbegriff der Voraussetzungen einer ferneren Production rechnen. Wir hätten also doch wieder den Bestandtheil, den wir aus dem Capitalbegriff verwiesen zu haben glaubten, zu Gnaden annehmen müssen? Sicherlich nicht; denn grade als Nahrungsmittel kommt dieses Saatkorn nicht in Betracht. Es ist nur dadurch eigentliches Werkzeug der weiteren Production, dass es gar nicht der Consumtion anheimfällt. Bedenken wir nun, wie unbeträchtlich diejenigen Vorräthe von Lebensbedürfnissen sind, welche, ohne consumirt zu werden, der künftigen Production dienen, so werden wir wahrlich nicht mehr in Versuchung kommen, die gewöhnliche Kategorie der Vorräthe als volkswirthschaftliches Capital anzusehen. Diese gewöhnliche Kategorie befasst ja sämmtliche Artikel, die in einer gewissen Zeit unmittelbar consumirt werden sollen. Im Verhältniss zur Weite dieser Kategorie sind die Vorräthe, die der ferneren Production dienstbar gemacht werden, ein winziger Bestandtheil. Man vergleiche die ganze Consumtion an vegetabilischen Nahrungsmitteln mit dem reservirten Saamen, Saatkorn, Saatkartoffeln u. dgl.

3. Der Begriff eines Productionsmittels lässt sich nur empirisch kennzeichnen. In der blossen Gedankenform kann zwar die Andeutung des Wesentlichen enthalten sein; es wird aber der blos formale Begriff stets ein auszufüllendes Blankett bleiben, so lange man sich nicht entschliesst, die Production in ihren bestimmten Gestaltungen zu untersuchen. Es giebt einen Inbegriff von Vorbedingungen der Production, ohne welche dieselbe, auch abgesehen von der Bereitschaft der arbeitenden Thätigkeit nicht angefangen oder fortgeführt werden könnte. Der Grund und Boden ist eine Productionsvoraussetzung, und zwar ist er dies ohne Rücksicht auf irgend welche Arbeit, welche auf ihn gewendet sein möge oder nicht. Er ist die unentbehrliche Vorbedingung, der Naturproduction wie der menschlichen Leitung und Steigerung derselben. In-

sofern wäre er nicht blos Privatcapital, sondern auch Capital für das einheitlich gedachte volkswirthschaftliche Subject. Er hat also nicht blos die oben erläuterte formale Capitaleigenschaft, derzufolge er ein dauernder Stamm von Nutzungen ist, sondern er entspricht auch dem bestimmtern Inhalt des specifischen Capitalbegriffs, welcher die Qualificirung eines Gegenstandes als eines Productionsinstrumentes fordert. Gleiches wird man nun von allen mit dem Boden verbundenen Anlagen und Einrichtungen sagen können, insofern dieselben periodisch genutzt und zwar als Hülfsmittel der Production genutzt werden. Dies »insofern« ist aber wichtig; denn die Capitaleigenschaft hängt eben an jener Dienstbarkeit für die weitere Production.

Der denkende Leser wird jetzt absehen können, dass sich unser Capitalbegriff gar sehr verengt hat. Es kann uns nun gar nicht mehr einfallen, die Gesammtheit der Wohnräume, die blos wie die Nahrungsmittel der unmittelbaren Consumtion, d. h. dem blossen Wohnungsbedürfniss dienen, als Capital im Sinne des einheitlich gedachten Vollswirthschaftsbetriebes anzusehen. Die Benutzung einer Wohnung kann in sich selbst ihren letzten Zweck haben; dann ist sie einfache Consumtion und entspricht genau dem Verbrauch von Nahrungsmitteln oder dem Abtragen der Kleider. In diesem Fall mag immerhin jener ganz allgemeine und formale Capitalbegriff zutreffen; denn das Haus ist eine dauernde Ursache von Nutzungen. Allein es fällt das Merkmal, Productionsmittel zu sein, hinweg. Nur diejenigen Gebäude und Anlagen, welche die Hülfsleistung für die Production zum eigentlichen Zweck haben, sind hiernach eigentliches Capital und zwar, was hier freilich noch unerheblich ist, Naturalcapital.

Wir verfolgen diese Sonderungen nicht weiter. Es genügt uns, auf die Nothwendigkeit scharfer Unterscheidungen aufmerksam gemacht zu haben. Da wir aber früher bereits von der Metamorphose des Capitals geredet haben, so müssen wir hier noch eine dahin einschlagende bedenkliche Schlussweise kritisiren. Wir würden uns sonst dem Schein aussetzen, als läge uns daran, den Kreislauf der Production und Consumtion zu leugnen und das Capital in Form des Menschen als widersinnigen Begriff fernzuhalten.

Wir haben uns grade absichtlich bemüht, den Durchgangspunkt
aller Consumtion, d. h. den Menschen als den Mittelpunkt festzuhalten, von dem alle Production ausgeht und zu dem alle Production hinstrebt. Er selbst, dieser Mensch, und seine Anzahl ist
nun aber freilich nichts Unveränderliches. Er selbst wird in einem
gewissen Sinne producirt; er selbst ist ein Werkzeug der sachlichen Production; er selbst ist die wichtigste Maschine, durch
welche die Production vermittelt wird. Dennoch sind alle diese
Begriffe von einer bedenkenerregenden Allgemeinheit. Man thut
dem Zuge des umfassenden und dem Kreislauf folgenden Denkens
genug, wenn man den festen Mittelpunkt auch als Durchgangspunkt
kennzeichnet und so, wie wir dies schon früher gethan haben, die
productiven Kraftäusserungen als unmittelbare Wirkungen einer
bestimmten Consumtion denkt. Aus diesem Gesichtspunkt muss
man dann darauf hinweisen, wie der Mensch gleichsam für sich
selbst ein Stamm von Nutzungen oder so zu sagen ein Kraft-
magazin sei, und wie er fernerhin auch sich selbst sich gegenüber
stellen und als Productionsmittel betrachten könne. Leider ist nun
aber diese Betrachtung rein formal. Das wirthschaftliche Collectivsubject kann sich freilich in der einen Hinsicht als Productionsmittel und in der andern als Consumtionscentrum ansehen. Eine
reale Trennung beider Kategorien ist aber nur im Hinblick auf
die Form der Gesellschaft und auch hier nur in mannichfaltigen
Variationen, Abstufungen und Quantitäten vorhanden. Der Sclave
ist, wie schon oben gesagt, reines Productionsmittel; er zählt zu
den Werkzeugen. Der juristisch freie Arbeiter ist je nach dem
Maasse seiner ökonomischen Abhängigkeit zu einem Theil Productionsmittel und zu einem andern Theil ein mit einer gewissen,
meist sehr mässigen Anziehungskraft ausgestattetes Consumtionscentrum. So weit die Menschen Werkzeuge für die wirthschaftlichen Productionszwecke Anderer sind, insofern ihnen also nur die
für die Production unerlässliche Consumtion gestattet wird, sind
sie wirklich Capital, d. h. selbstlose Mittel für eine Bestimmung, die
nicht ihre freie und um des Genusses willen begehrte Consumtion ist.

Wer die Menschen als für sich selbst eintretende Werkzeuge
der Production betrachtet (was allerdings angeht), kann auch den

Inbegriff der ganzen Consumtion, wie z. B. Carey thut, die Form des Capitals annehmen lassen. Denn der beständig bleibende Stamm dieser lebendigen Productionsmittel, die man Menschen nennt, nährt sich und seine Kraft ja ganz und gar aus den oben erwähnten der Consumtion dienstbaren Vorräthen. Sieht man diese Vorräthe als Capital an, so kann man auch sagen, dass dieses Capital die Form des Menschen annehme. Sieht man sie aber, wie wir thun, nicht als Capital an, so kann man sagen, dass sich die laufende Consumtion, deren Bestandtheile nach der Ablösung von den dauernden Fonds nicht mehr als Capital gelten können, nun doch wieder vermittelst der Gestaltung und Unterhaltung menschlicher Productionsmaschinen capitalisire. Indessen sind alle diese Vorstellungsweisen nur möglich durch Anlehnung an den formalen Capitalbegriff. Schon die Idee eines Werkzeuges der Production erscheint, auf den Menschen angewendet, sobald derselbe volkswirthschaftlich freies Subject ist, als unzutreffend oder wenigstens schielend. Der Einzelne sowohl als das Gesammtsubject der Volkswirthschaft kann sich allerdings als ein sich selbst dienstbares Werkzeug der Production denken. Beide können fragen, wie viel die Productionskosten dieses Werkzeugs jeweilig ausmachen. Der Mensch kann sich selbst als Product ansehen, für dessen Erzeugung gewisse ökonomische Vorbedingungen erfüllt sein müssen. Die Möglichkeit seines Unterhalts ist ein Ergebniss der Production, und so bildet er selbst einen Bestandtheil der Gesammtproduction. Allein diese ganze Vorstellung ist nur anwendbar, wenn man die Production ganz unpersönlich, d. h. ohne Rücksicht auf ein bestimmtes Subject denkt. In Wahrheit ist aber die Production nie ohne eine solche Beziehung auf ein solches Subject; und es muss daher eine Confusion der Begriffe eintreten, sobald man sich jener unterschiedslosen Vorstellung einer gleichsam in der Luft schwebenden Production überlässt. Um Schärfe und Exactheit des Denkens zu wahren, muss man das ökonomische Collectivsubject theilen und die Functionen dieser Theile untersuchen. Dann wird man finden, dass allerdings ein Theil jenes Subjects, d. h. eine Anzahl Menschen als Productionsmittel für eine andere Gruppe angesehen werden können und es sogar auch dann müssen, wenn beide Bestandtheile als neben- und nicht einander untergeordnet gedacht werden. Der Mensch ist zugleich Zweck und Mittel der Production. Er ist Zweck der Production, insofern er nur sich selbst ohne Rücksicht auf den Andern betrachtet; er ist Mittel der Production, insofern seine Thätigkeit dem Zwecke des Andern dienstbar ist. So zeigt sich denn, dass die Betrachtung des Menschen als eines Werkzeuges der Production erst Bedeutung erlangt, sobald man die sociale Vielheit und deren Wechselbeziehungen in Anschlag bringt. Wir können allerdings jeden Zuwachs der Menschenzahl innerhalb des einheitlich verbundenen wirthschaftlichen Gemeinwesens als eine Vermehrung der Productionsmittel, d. h. der Werkzeuge der künftigen Production und mithin auch allenfalls als eine Capitalvergrösserung betrachten. Indessen setzt doch diese Vorstellungsart immer voraus, dass es auch (wenigstens formal) möglich sei, dass sich der einzelne und isolirte Mensch als Werkzeug der Production und mithin als Capital auffassen könne. Letztere Auffassung würde aber die arbeitende Thätigkeit selbst zum Productionsmittel stempeln und dadurch den Gegensatz von Arbeit und Arbeitswerkzeug, den wir festhalten müssen, gänzlich confundiren.

Im Interesse eines consequenten und exacten Begriffsgebrauchs möchte es daher kein unbilliger Anspruch an die Gewohnheiten des wissenschaftlichen Denkens sein, wenn man denselben zumuthet, die Gegensätze hübsch festzuhalten und die bestimmteren Begriffe nicht mit den allgemeineren Conceptionen zu verwechseln. Es ist dies nur eine ganz simple Forderung der gemeinsten Logik, die glücklicherweise, wenn auch Metamorphosen der Dinge, so doch sicherlich keine Metamorphosen der Begriffe kennt. Die Begriffe sind eben das Beharrliche, und sie müssen daher absolut unveränderlich festgehalten werden. Haben wir einmal den Capitalbegriff so bestimmt, dass das Capital Werkzeug des producirenden Subjects ist, so können wir dieses Subject nie als Werkzeug seiner selbst hinstellen, ohne aus dem Gegensatz herauszutreten und zu einem allgemeineren, abstracteren Begriff überzugehen. Dieser abstractere Begriff ist dann aber nicht mehr der ursprüngliche, und darf daher mit demselben nicht als identisch gesetzt oder verwechselt oder ihm ohne besondere Einschränkung substituirt werden. Aus solchen nur gar zu unwillkürlichen Substitutionen entspringen die unrichtigsten Folgerungen. Alles sichere Denken wird unmöglich gemacht, sobald man, wie man auch übrigens den Sprachgebrauch handhaben möge, nicht wenigstens den Begriffsgebrauch constant erhält.

Was den Sprachgebrauch anbetrifft, so sind wir dessen Sclaven. Wir können an ihm nur sehr wenig ändern, und wenn ein Wort vom Verkehr für vielerlei verschiedene, wenn auch verwandte Vorstellungen und noch dazu ungenau gebraucht wird, wenn also der Begriffsgebrauch des Verkehrs oder der Wissenschaft selbst verworren ist, so dürfte es schwer sein, sogleich völlige und ungetrübte Deutlichkeit einzuführen. Wir müssen uns nach dem Sprach- und Begriffsgebrauch richten, der Geltung hat; sonst können wir uns nicht verständlich machen. Wir können nun freilich den Begriffsgebrauch für den Zusammenhang eines Systems fixiren. Wir können sicherlich von den geltenden Mischungen der Begriffe unabhängig werden; aber der Sprachgebrauch wird uns immer in einem gewissen Maasse binden. Die sogenannte Wissenschaft ist nun oft schlimmer als der Verkehr des gemeinen Lebens. Sie ist in ihren Verunstaltungen weit willkürlicher als der gemeine Begriffsverkehr, der durch einen gewissen Instinct oft vor Verirrungen bewahrt bleibt, denen die Doctrin anheimfällt. Der Capitalbegriff ist hierfür ein Beispiel Der Capitalbegriff des Geschäftsmannes ist eine sehr deutliche Conception, und ich habe schon in »Capital und Arbeit« die Vorzüge dieser einfachen Vorstellung hervorgehoben. Die Conceptionen der Brittischen National-ökonomie zeigen dagegen eine rathlose Confusion. Schon der plumpesten Dialektik wird es leicht, diese Capitalbegriffe, die in der Privatökonomie stecken und doch gern nationalökonomisch sein möchten, in lauter Widersprüchen gegeneinander zu treiben. Wir verzichten hier auf derartige billige Triumphe, die von Andern übrigens auch schon vorweg genommen sind. Wir halten uns einfach an unsere elementaren Bestimmungen. Diese resümiren sich folgendermasen: 1) Dauer eines Stammes im Verhältniss zu den periodischen Nutzungen, 2) Werkzeug der Production, 3) Gegensatz zu dem producirenden Subject.

4. Schon früher haben wir uns genöthigt gesehen, in den Capitalbegriff dadurch Gleichartigkeit zu bringen, dass wir die Vorräthe an Lebensbedürfnissen nicht specifisch, sondern nur ihrem Werth nach als Capital gelten liessen. Im Zusammenhange des Capitels, welches wir gegenwärtig behandeln, haben wir aber die Vorräthe aus dem Begriff des Naturalcapitals in so weit entfernt, als diese Vorräthe nicht etwa, wie das Saatkorn unmittelbare Productionsmittel sind. Wie vereinigt sich jene frühere Entwickelung mit unserer gegenwärtigen Kritik? Ganz einfach durch die Unterscheidung des Privatcapitals und des Nationalcapitals. Um jedoch naheliegenden Missverständnissen zu begegnen, sei sogleich bemerkt, dass wir unter Nationalcapital nicht etwa ein der Nation als solcher, aber rein in privater Weise zugehöriges Capital verstehen. Wo der Staat neben dem Privatmann und gleich dem Privatmann Capital besitzt, da ist dieses Capital von dem Privatcapital in der uns hier angehenden Beziehung gar nicht unterschieden. Wie der Staat als Fiscus Eigenthümer neben andern Eigenthümern, so kann er auch Capitalist neben andern Capitalisten, Unternehmer neben andern Unternehmern sein. In dieser Rolle hat er auch kein anderartiges Capital zur Verfügung, als jeder andere Capitalbesitzer. Die Fonds, aus denen er Arbeitslöhne zahlt, verlieren durch ihre fiscalische Zugehörigkeit nicht den Charakter des Privatcapitals. Eine Nation kann mithin Privatcapital besitzen, wie der Einzelne. Ganz etwas Anderes ist aber das von uns gemeinte Nationalcapital. Zu demselben können die Fonds, aus denen die Arbeitslöhne gezahlt werden, nicht gehören. Denn die Arbeitslöhne repräsentiren ja die stetige Consumtion, und die Vorräthe, welche dieselbe regeln, sind ja gar nicht Werkzeuge der Production. Freilich ist der Gegenwerth dieser laufenden Consumtionen für den Privatunternehmer Werkzeug der Privatproduction oder vielmehr der Privatunternehmung. Aber diese Eigenschaft, Werkzeug der Privatunternehmung zu sein, verliert doch offenbar ihre Anwendbarkeit, sobald es sich nicht mehr um Privatunternehmungen, sondern um Erfolge der gesammten Volkswirthschaft

handelt. Denkt man das Subject der gesammten Volkswirthschaft einheitlich, und abstrahirt man von den Unterschieden, welche blos die Verhältnisse der socialen Bestandtheile dieses Collectivsubjects betreffen, so wird die Thorheit offenbar, die darin liegen würde, den Gesammtbetrag der durch die Arbeitslöhne vermittelten Consumtion für Volkswirthschaftscapital zu erklären. Diese laufenden Consumtionen, in welche thatsächlich der Schwerpunkt aller Consumtion fällt, sind nicht Werkzeuge der volkswirthschaftlichen Production. Sie sind Wirkung und Zweck, aber nicht Ursache und Mittel derselben. Vom Standpunkt der ganzen Volkswirthschaft ist also der Capitalbegriff weit reiner zu erfassen, versteht sich derjenige Capitalbegriff, welcher in der Nationalökonomie als solcher interessirt. Das Nationalcapital ist daher weit entfernt, die Summe der Privatcapitalien zu sein. Es ist einerseits beschränkter und andererseits wieder von unverhältnissmässig grösserer Tragweite. In ihm können die Fonds, aus denen die Arbeitslöhne bezahlt werden, nicht wirksam sein. Denn die Wirksamkeit dieser Fonds beruht auf dem Gegensatz des Unternehmers und des Arbeiters und mithin auf der Unterordnung des letzteren unter den ersteren. Das einheitliche Subject der Volkswirthschaft ist aber Unternehmer und Arbeiter zugleich. Es braucht um die Fonds, aus denen Arbeitslöhne bezahlt werden, keine Sorge zu tragen. Die Consumtion ist Zweck und Wirkung der Production, und die Mittel der letzteren sind die arbeitersparenden Werkzeuge, sowie die nothwendigen Anlagen und Verkehrseinrichtungen. Die Arbeit und deren Ernährung ist eine Voraussetzung der Production. Jedoch wollen wir ja den Capitalbegriff grade im Gegensatz zur Arbeit festhalten. Das volkswirthschaftliche Subject kennt daher als Productionswerkzeuge nur den Inbegriff der technischen Hülfsmittel und der fixirten Veranstaltungen, welche der Gesammtproduction ohne Rücksicht auf sociale Werthschöpfungen dienen. Der Privatunternehmer producirt Werthcapital, indem er Werthcapital spielen lässt. Ein Bestandtheil dieses Werthcapitals repräsentirt die Macht über den Arbeiter. Der Fond, aus denen die Arbeitslöhne gezahlt werden, ist das, was wir früher einmal consumtives Capital genannt haben. Er ist dies aber nur aus dem Standpunkt der ganzen Volkswirthschaft. Für die Privatwirthschaft ist er reproductives Capital. Dieser Fond gilt uns nun aber im Zusammenhange dieses Capitels aus dem Gesichtspunkt unseres bestimmten Capitalbegriffs gar nicht als Nationalcapital. Das letztere kann die regelmässige Consumtion nicht als Bestandtheil enthalten. Capital ist Werkzeug des producirenden Subjects. Dies producirende Subject ist eine Nation oder eine Gruppe von Nationen. Dieses Subject kann nun seinen eignen Consum doch wohl nicht als Productionsinstrument ausgeben? Wollte es dies, so müsste es sich erst selbst zu einem solchen Instrument degradiren, und hiermit hätten wir nicht blos eine unwürdige Auffassung, sondern auch die alte Begriffsconfusion, welche den Gegensatz zwischen subjectiver Thätigkeit und objectivem Werkzeug umnebelt.

Das Nationalcapital ist der Inbegriff aller objectiven Productionshülfen. Diese sind zweierlei Art. Entweder ist es die vom Menschen geschaffene zweite Natur, d. h. das Reich der durch menschliche Thätigkeit und menschlichen Erfindungsgeist hergestellten Productionsmittel, was wir vor Augen haben, oder aber wir blicken auf die natürlichen Hülfsquellen, auf die Ergiebigkeit des Bodens an Pflanzennährstoffen und Mineralien, auf die klimatische Gunst der Naturkräfte u. dgl. Sollen wir nun die Natur als solche, also etwa den Grund und Boden ohne Rücksicht auf die an ihm haftende Arbeit zum Nationalcapital rechnen? Der Grund und Boden ist ein Werkzeug der Production. Er lässt sich als Maschine betrachten, an und in welcher die Naturkräfte ihr Spiel treiben, und welche vom Menschen für seine Zwecke benutzt wird. Diese Maschine wird nun aber auch verbessert. Es wird in ihr manches neue Arrangement vorgenommen, und so kann sich der Mensch selbst an der Construction dieser Maschine einen Antheil zuschreiben. In der letzteren Beziehung ist die Capitaleigenschaft kaum zweifelhaft, und dennoch wehren wir uns instinctiv gegen die Zumuthung, den Grund und Boden als Capital zu betrachten. Woher stammt dieser Widerwille? Die arbeitende Thätigkeit einerseits und das letzte Object derselben, die Natur, andererseits bilden zwei äusserste Enden, zwischen denen der Inbegriff der Productionsmittel liegt. Es hat etwas Ungehöriges, den

Stoff als solchen als Productionswerkzeug zu bezeichnen. Die Summe der im Boden enthaltenen Pflanzennährstoffe ist doch kein Productionswerkzeug. Der Stoff circulirt und geht in alle Formen ein, die ihm von der Production ertheilt werden; aber er ist kein Organ der productiven Thätigkeit und auf dieser letzteren Eigenschaft beruht ja grade die Function als Capital. Auch unterscheidet man in der That häufig sehr sorgfältig zwischen den Hülfsquellen eines Landes und dem Capital desselben. Die althergebrachte Erwähnung von Natur, Arbeit und Capital als drei Factoren der Production bekundet ein richtiges Gefühl für die Nothwendigkeit, das Capital von den Naturvoraussetzungen der Production zu unterscheiden und so einen engeren Begriff abzugrenzen. Hieraus folgt nun aber keineswegs, dass der Grund und Boden aus der Capitalvorstellung zu streichen sei. Die Zurichtung der Maschine, die man Grund und Boden nennt, lässt sich nicht von der Maschine selbst abtrennen. Alles kommt darauf an, ob die Natur und in welchem Umfang dieselbe bereits als Organ der Production von Menschen benutzt werde. So weit diese Benutzung statthat, haben wir eigentliches Capital, d. h. einen Inbegriff von Anlagen für die Zwecke der Production vor uns. Sehen wir aber von diesen Anlagen ab und denken wir uns den Grund und Boden als Object einer blos möglichen Thätigkeit, die ihn noch erst zum Organ der Production machen soll, so repräsentirt er kein Capital. Er ist allerdings in jenem formalen Sinne Capital, insofern er ein bleibender Stamm von Nutzungen werden kann. Das Organ der Production oder das Capital kommt an ihm aber erst in Betracht, sobald auf oder in ihm gewisse auf die Förderung der Production berechnete Veranstaltungen getroffen sind. Das Nationalcapital ist der Inbegriff der die nationale Gesammtproduction steigernden, so zu sagen technischen Organe. Es ist das vermittelnde Band zwischen zwei Extremen, nämlich der Arbeit und dem Grund und Boden in seiner natürlichen Beschaffenheit.

Das Nationalcapital, sagten wir, ist nicht die Summe der Privatcapitalien. Wir haben hinzuzufügen, dass es durch diese Summe selbst dann nicht repräsentirt wird, wenn wir aus den Privatcapitalien die Fonds für die Arbeitslöhne und die rein zur Consumtion aber nicht zur Production bestimmten Anlagen fortdenken. Die Summe der eigentlichen Organe der Privatproduction ergiebt keineswegs das Nationalcapital. Das letztere darf nicht als Summe, sondern muss als zweckmässige Combination aller dieser vereinzelten Organe gedacht werden. Das Werkzeug der nationalen Gesammtproduction ist die übergreifende Verbindung der einzelnen Werkzeuge und Einrichtungen. Es fehlt daher einer Nation oder überhaupt einer volkswirthschaftlichen Gesammtheit, oder, wenn man will, sogar der Weltwirthschaft an Naturalcapital, insofern die einzelnen Organe nicht gehörig ausgebildet und zu einem mächtigen Gesammtorgan verbunden sind.

Eine Nation ist arm an Capital, wenn sie keine Manufacturen und keine technisch ausgebildete Landwirthschaft hat. Sie ist ferner arm an Capital, wenn ihr die Veranstaltungen zum Transport und zum Vertrieb ihrer Producte fehlen. Wie aber soll man den Capitalreichthum einer Nation schätzen? Etwa durch die Summirung der Werthe jener einzelnen Organe der Production? Durch eine solche Summirung erhalten wir nur den Betrag eines Theils der Privatcapitalien. Ausserdem ist es gar nicht möglich, dass der Werth der Elemente des Nationalcapitals der Leistungsfähigkeit proportional sei. Hat etwa die Leistung einer Maschine etwas mit dem Preise derselben unmittelbar zu schaffen? Der Werth ist das Maass der Reproductionshindernisse. Der Werth eines Elements des Naturalcapitals wird also wohl einen Schluss auf die Beschaffungsschwierigkeiten aber nicht auf die Tragweite der Functionen desselben erlauben. Der Werth bezieht sich auf die Schätzung der Kräfte, durch welche das Capitalelement hervorgebracht ist, während sich die Leistung dieses Capitalelements ja als weitere Wirkung darstellt, die mit jenen Ursachen nichts zu thun hat. Das Organ der Production hat einen Werth, weil es selbst producirt oder beschafft werden musste. Es entwickelt nun aber selbst Kräfte, deren Schätzung mit dem Werthe des Organs nicht zusammenfallen kann. Was eine Maschine oder eine Anlage kostet, und was sie für die Gesammtwirthschaft leistet — das sind ganz verschiedene Begriffe. Ich habe also in meinem Aufsatz: »Kritik des Capitalbegriffs« (Hildebrands'che Jahrbücher

zweites Halbjahr 1865) mit Recht behauptet, dass das Capital
ebenso wenig wie das Geld ein directer Anzeiger des National-
reichthums sei. Die Werthsummen, welche sich aus der Veranschlagung der einzelnen Elemente des Nationalcapitals ergeben,
sind nicht ohne Weiteres als Repräsentanten des Reichthums zuzulassen. In diesen Werthsummen ist das wichtigste Moment,
nämlich die Wirkung der Combination der einzelnen Productions-
organe, nicht veranschlagt. Die Bedeutung des Nationalcapitals
kann nur geschätzt werden, d. h. seine Functionen können nur in
Werthen veranschlagt werden, indem man die Ergebnisse der Production ins Auge fasst. Die Bedeutung des Nationalcapitals muss
also entweder durch eine Naturalbetrachtung oder aber wenn eine
Geldschätzung eintreten soll, durch Veranschlagung seiner Leistungen deutlich gemacht werden. An diesen Wirkungen und Leistungen hat die organische Verbindung der einzelnen Capital-
elemente Antheil und der Werth dieser Verbindung wird daher
in der Veranschlagung der Ergebnisse der Production mitgeschätzt.
In allen derartigen Rechnungen oder vielmehr Schätzungen wird
es aber niemals möglich sein, den Antheil der Arbeit und den Antheil des Capitals völlig zu trennen. Das Resultat, d. h. der Gesammtbetrag der Production, ist offenbar nur zum Theil den
Organen der Arbeit, wesentlich aber der Arbeit selbst zu danken.
Wir können daher die Trennung nur in so weit vornehmen, als
es uns möglich ist, zu beurtheilen, welche Veränderungen bei con-
stanter Arbeitskraft durch die Hinzufügung eines neuen Organs
bewerkstelligt werden. Der Fall der Wirklichkeit ist nun aber
regelmässig die gleichzeitige Vermehrung der Arbeitskraft, d. h.
der Menschenzahl, und des Capitals, d. h. der Organe der Production. In jedem besonderen Fall können wir aber dennoch ziemlich leicht bemessen, in wie weit die frühere Leistungsfähigkeit der
Arbeit durch eine neue Productionshülfe gesteigert werde.

Zweites Capitel.

Capitalbildung.

1. Die Lehre von der Capitalbildung ist ursprünglich rein auf das Privatcapital und zwar noch dazu auf das Werthcapital beschränkt worden. Ad. Smith ist in dieser Lehre höchst einseitig verfahren und daher zu keiner befriedigenden Theorie gelangt. Seine Aussprüche, die im Zusammenhang seines Gedankenkreises noch einigermaassen haltbar sind, haben in ihrer Isolirung zu argen Irrthümern verleitet. Vornehmlich ist es die beschränkte Idee, dass Capitalien durch Sparen oder durch Enthaltung von der Consumtion entstehen, welche in Ad. Smiths einseitiger Auffassungsart ihre Stützpunkte gefunden hat. Selbstverständlich ist diese Idee kein willkürliches Gebilde der Theorie Ad. Smiths, sondern eine natürliche Consequenz des privatökonomischen Standpunktes, aus welchem die wirthschaftlich leitenden Classen die politische Oekonomie ansahen und noch ansehen. Wie das Staatsrecht der Feudalzeit die öffentlichen Functionen (Ausübung der Gerichtsbarkeit, Einziehung von Steuern u. dgl.) als Gegenstände des Privatbesitzes denkt und sogar das Regierungsrecht als Element der Privatrechtssphäre vorstellt, ebenso bringt es gegenwärtig unsere Wirthschaftsverfassung mit sich, alle in derselben wirksamen Verrichtungen von wesentlich allgemeinem und öffentlichem Interesse als Objecte des Privatrechts zu nehmen und in diesen Verrichtungen vorherrschend die Privatökonomie zu bedenken. Nicht nur die practische Schöpfung einer eigentlich nationalen oder öffentlichen Oekonomie, sondern auch die theoretische Gewinnung von Einsichten, die über das wirthschaftliche Privatinteresse der leitenden Classen hinaustragen, wird durch diese wirthschaftlich feudalistische Handlungs- und Betrachtungsweise gehemmt. Die thatsächliche Capitalbildung, sowie die theoretische Lehre von der Capitalbildung zeigt die Spuren der privatökonomischen Grundsätze. Die fast ausschliesliche Herrschaft dieser mit einer eigentlich nationalen Oekonomie nicht verträglichen Grundsätze und An-

sichten ist es denn auch, die der ferneren praktischen und theoretischen Kritik immer mehr weichen muss. Dieselbe Nothwendigkeit, vermöge deren sich das moderne Staatsrecht gegen die privatrechtlichen Ueberlieferungen älterer Zustände durchsetzt, besteht auch für die Wirthschaftsverfassung. Wie die heutige Staatsrechtstheorie nicht mehr die des Mittelalters sein kann, ebenso ist es auch ganz unmöglich, dass die privatökonomisch beschränkte Volkswirthschaftslehre ihre Stellung behaupte. Der Hauptangriff gegen die unentwickelte, noch zu sehr in privatökonomischen Anschauungen befangene Wirthschaftstheorie ist nun im Gebiet der Lehre von der Capitalbildung gemacht worden. Analog werden die practischen Hauptreformen ebenfalls die Capitalbildung betreffen. Der Staat übt capitalbildende Functionen in verschiedenen Richtungen. Er kann durch Vermittlung der Anleihen das Capital nicht nur concentriren, sondern ihm auch eine höhere und mächtigere Form geben. Er kann ferner durch die Pflege des Bandes zwischen den einzelnen Bestandtheilen des Naturalcapitals das Nationalcapital steigern, ja bisweilen durch blosse Maassregeln zum grossen Theil erst schaffen. In den früheren Perioden einer wirthschaftlichen Entwicklung haben die Schutzzölle eine capitalbildende Kraft. In den späteren Stadien muss eine andere Form der einheitlich nationalen oder öffentlichen Capitalbildung angewendet werden, und es ist dann wiederum der Staat, dessen allgemeine Function allein geeignet ist, diese Vollendung der Wirthschaftsverfassung zu vollziehen.

Wie weit sind die eben angedeuteten Gedanken von den gewöhnlichen Lehren über die Capitalbildung entfernt? Sicherlich um ein Jahrhundert, und die privatökonomische Auffassung muss unvermeidlich stutzig werden, wenn sie plötzlich ihr grades Gegentheil practisch und theoretisch vertreten sieht. Sie weiss nichts von der positiven Capitalbildung zu sagen, geschweige denn von öffentlichen Functionen, durch welche das Capital erst seine höchste Form erhält. Alles, was die alte Theorie zu sagen weiss, beschränkt sich auf die Beschreibung derjenigen Vorgänge in der Privatwirthschaft, durch welche Privatcapital und zwar auch dieses nur in der Bedeutung von Unternehmungsmitteln gebildet wird.

Es giebt ein Werkzeug, durch welches das Auftreten als Unternehmer möglich wird. Dieses Werkzeug heisst der privatökonomischen Volkswirthschaftslehre Capital. Da wo sich diese Lehre rationeller ausgebildet hat, kommen nur abstracte Werthsummen in Betracht, und da die Fähigkeit, über solche Werthsummen eine Zeit lang zu verfügen (wenn man dieselben nachher auch restituiren muss), ebenfalls Unternehmungen möglich macht, so ist es ganz richtig, dass Macleod den Credit in dieser seiner Function anerkannt hat. Der Credit ist ebenso ein Unternehmungsmittel wie das eigentliche Capital. Der Credit wirkt daher wie dasjenige Privatcapital, welches nicht restituirt zu werden braucht. Die grosse Masse aller uns im Getriebe der Volkswirthschaft auffallenden Unternehmungen wird zu einem grossen Theil mit fremdem Capital bewerkstelligt. Man denke an die Anleihen der Actiengesellschaften und ganz besonders an die grossen Europäischen Banken.

Im Capital denkt die ältere Doctrin vornehmlich die Macht des Unternehmers verkörpert. Diese Macht beruht nun aber nur zu einem geringen Theil auf dem actuellen Besitz und bethätigt sich gegenwärtig wesentlich durch den Credit, der für die Unternehmerclasse und nur für diese zugänglich ist. Man vergleiche über das Verhältniss des eigentlichen Capitalbesitzes und jener andern Mittel der wirthschaftlichen Herrschaft meine Schrift »Capital und Arbeit« (Sophistik des Capitalbegriffs). Dort findet man eine Kennzeichnung der Macht des Credits und eine Angabe der innern Gründe dieser Macht. Es ist nur eine ganz richtige Consequenz, wenn Macleod den Credit gradezu für Capital erklärt hat. Er that dies allerdings nur in Gemässheit seiner Definition. Alles, wovon dauernd Profite gemacht werden, war ihm Capital, und er konnte daher mit Fug und Recht den Credit für eine derartige Gewinnquelle, also nach seiner Begriffsbestimmung für Capital erklären. Der Verkehr fragt nun aber freilich nicht nach den Definitionen der Schulmeister, und das Richtige an Macleods Behauptung bedarf einer andern Rechtfertigung, als diejenige ist, die sich an die formale Willkür der Begriffsbestimmung anknüpft. Credit ist stets etwas Anderes als Capital, aber er stimmt darin mit dem letzteren Begriff überein, dass er zu einem grossen Theil die Grundlage des Geschäftsbetriebes und der Geschäftsausdehnung abgiebt. In einer übergreifenden allgemeinen Vorstellung treffen Credit und Capital zusammen. Beide sind Unternehmungsmittel. Die Verfügung über Werthe, die lange genug dauert, um eine Unternehmung möglich zu machen, ist beiden gemeinsam. Dennoch ist es äusserst wichtig, die specifischen Unterschiede nicht zu vergessen. Der Credit giebt die Macht über Werthe in die Hand Jemandes, der nicht der Eigenthümer dieser Werthe ist. Creditgewährung ist Machtübertragung. Der Credit braucht sich gar nicht auf Capital zu beziehen, sondern kann einen Inbegriff von Leistungen betreffen. Das Capital ist aber stets ein Inbegriff von Werthen, die als dauernder Stamm der Unternehmung dienstbar sind. Die Begriffe Credit und Capital decken daher einander sicherlich nicht. Nur in dem einen Punkt, der für die Privatökonomie der wichtigste ist, nämlich in der Eigenschaft, einander innerhalb gewisser Grenzen ersetzen zu können, bekundet sich die Verwandtschaft der beiden Begriffe. Uebrigens kann die Confusion derselben nur zu praktischen Phantastereien führen. Wer vergisst, dass der Credit einen Gegenstand haben muss, und dass dieser Gegenstand in letzter Instanz eine reale Leistung sein werde, der wird glauben, dass man durch Reformen des Creditsystems so ziemlich Alles erreichen könne.

Das Privatcapital und der Privatkredit haben eine ähnliche Function, indem sie zusammen die regelmässig angewendeten Unternehmungsmittel bilden. Wie eng in dieser Beziehung Credit und Capital verwandt sind, beweisen die bekannten Auslassungen über das Unternehmercapital, in denen stets von Vorschüssen an die Arbeiter die Rede ist. Grade diejenigen, welche sich gegen Macleods Annäherungen des Capital- und des Creditbegriffs am entschiedensten aussprechen, bekunden durch ihre Vorliebe für die gewöhnliche Erläuterung des Capitalbegriffs, dass sie im Grunde mit ihrem Gegner derselben Meinung sind und es nur selbst nicht wissen. Es seien, sagen sie, Vorschüsse nothwendig, aus denen die Arbeit während der Dauer der Production und vor Vollendung und Umschlag der letzteren unterhalten werde. Diese Vorschüsse

werden sogar von dieser Seite als die wesentliche Function des
Capitals angesehen. Soll man nun Angesichts solcher Auffassungen
nicht in die Versuchung gerathen, an eine andere Form dieser
Vorschüsse zu denken und so das Capital dieser Art gänzlich durch
den Credit ersetzen zu wollen? Wenn die wesentliche Function
des Unternehmungscapitals das Vorschiessen des Unterhalts ist,
warum soll sich die Menge nicht in irgend einer Form selbst diese
Vorschüsse machen können? Oder warum soll es nicht Mittel
geben, ein Vorschusssystem unabhängig vom eigentlichen Capital
d. h. dem Organ der Production, ins Leben zu rufen, — ein Vorschusssystem, durch welches nur der Consum der Arbeiter möglich
gemacht und das Ergebniss der Production gleichsam nur in der
Zeit vertheilt wird? Kann man die Producenten der Unterhaltsmittel auf die fernere Production anweisen und so den Kreislauf
von Production und Consumtion durch blosse Anweisungen vermitteln, so ist ja der Vorschuss, den die Unternehmer machen,
ebenfalls, aber nur in einer andern Form ausgeführt. In Wahrheit ist der Arbeitslohn auch nur eine Anweisung und das Geld
nur ein Creditinstrument im weiteren Sinne des Worts, wie ich
dies in »Capital und Arbeit« ausgeführt habe. Nun geht es freilich
nicht an, die eine Art von Credit, die eine ganz eigenthümliche
Art von Garantien hat, durch die andere vollständig zu ersetzen.
Allein der Gedanke, dass die Consumtionen der Arbeiter durchaus
auf Vorschüssen in der gebräuchlichen Form beruhen sollen, ist
mindestens voreilig. Der Fond, aus welchem die Arbeitslöhne gezahlt werden, hat mit dem Begriff des Naturalcapitals, ja des Capitals als eines Organs der volkswirthschaftlichen Production, gar
nichts zu schaffen. Seine Function ist nur die einer Form, in
welcher die gleichsam zu creditirenden fertigen Ergebnisse der
Production denjenigen zugänglich gemacht werden, welche dafür
mit weiterer Production beschäftigt sind. Diese Vermittlung zwischen Leistungen, die bereits vollendet sind, und Leistungen, die
erst im Werke sind, ist aber das Wesen des Credits. Hiernach
dürfte die nahe Verwandtschaft des Credits und desjenigen Bestandtheils des Unternehmercapitals, aus welchem die Arbeitslöhne gezahlt werden, klar gestellt sein. Die andern Bestandtheile des

Privatcapitals oder wenn man will des Geschäftscapitals, sondern wir sorgfältig von dem Lohnfond ab; denn sie sind von ganz anderer Natur und daher nicht so leicht mit dem Begriff des Credits in Beziehung zu setzen.

2. Von Capitalbildung im Allgemeinen reden, ohne zwischen den Privatunternehmungsmitteln und dem volkswirthschaftlichen Capital zu unterscheiden, ist ein von vornherein aussichtsloses Verfahren. Bisher ist, wie gesagt, die Bildung des Privatcapitals fast allein Gegenstand der vorherrschenden Doctrinen geblieben. Aber selbst auf diesem Felde hat die Theorie, derzufolge Sparen oder Enthaltung von der Consumtion der in der Capitalbildung entscheidende Vorgang sein soll, Schiffbruch gelitten. Allerdings kann das Unternehmercapital d. h. der Inbegriff der Fonds, welche dem Geschäftsbetrieb dienstbar sind, nur durch Hinzufügung von neuen Elementen wachsen. Aus den Einkünften des ursprünglichen kleineren Capitals müssen neue Werthe zu dem jeweiligen Stamm hinzugefügt werden. Will man dieses Hinzufügen Sparen nennen, so steht es, was den Sprachgebrauch anbetrifft, frei, eine solche Bezeichnung, die den kleinsten und engsten Verhältnissen entlehnt ist, beizubehalten. Indessen hat Sparen doch stets einen Sinn, der auf den Gegensatz des Ausgebens und Verbrauchens deutet. Sparen ist also ein wesentlich negativer Begriff. Es besteht darin, etwas Gegentheiliges zu unterlassen. Die Capitalbildung wird daher von der Spartheorie auf blosse Unterlassungen gegründet. Bleiben wir nun vorläufig bei dem Privatcapital, und fragen wir, ob auch nur für dieses die Spartheorie haltbar sei.

Friedrich List hat die Bildung des Privatcapitals durch das grade Gegentheil des Sparens sehr deutlich gemacht. Er hat eine Parallele zwischen einem Manne, der die Gewinne zum Capital schlägt und ängstlich über dessen Erhaltung wacht, und einem solchen gezogen, der die Vermehrung seiner wirthschaftlichen Macht in der Transformation seiner Capitalien und in der energischen positiven Benutzung derselben sucht. Beide werden dem ursprünglichen Stamm von Werthen neue Elemente hinzufügen. Der Eine wird dies aber in engherziger Weise thun, indem er das positive Element der Capitalbildung willkürlich und zwar aus Spartrieb einschränkt. Er wird nicht sonderlich ausgeben wollen und daher auch nicht sonderlich einnehmen. Er wird sich die unerlässlichen Vorbedingungen der Möglichkeit des Sparens selbst beschränken. Der Andere wird dagegen den Zuwachs seines Capitals in der Consumtion desselben suchen, freilich nicht in seiner eignen, aber wohl in fremder Consumtion, durch deren Vermittlung das Capital nicht blos reproducirt, sondern auch vermehrt wird. Diese Hinzufügung von Zuwachselementen ist etwa das, was man Bildung des Privatcapitals nennt. Die Vorbedingung dieses Bildungsprocesses ist die positive Anlegung.

Nun erinnere man sich, dass das Privatcapital als Unternehmercapital seinem wesentlichsten Theil nach Lohnfond ist. Die Spartheorie hat es auf Kürzung der Löhne abgesehen und ist deshalb auch von Friedrich List, wie nicht oft genug wiederholt werden kann, als Hunger- und Sparsystem bezeichnet worden. Selbst der einzelne Unternehmer wird innerhalb gewisser Grenzen von dem Umstande, dass er sein Capital in liberaler Weise anlegt, grösseren ökonomischen Nutzen ziehen, als wenn er mit seinen Anweisungen auf die Consumtion gar zu sparsam verfährt. Doch will ich auf diese untergeordneten Folgen kein Gewicht legen. Ich will zugeben, dass der einzelne Unternehmer der Regel nach gewinnt, indem es ihm gelingt, an Ausgaben für Arbeitslohn zu sparen. Greift man den einzelnen Unternehmer gleichsam aus der Masse heraus, isolirt man sein Verfahren und verschliesst sich gegen die Betrachtung der volkswirthschaftlichen Folgen desselben, so muss man sich allerdings in die beschränkte Idee bannen, es sei das Enthalten von der Ausgabe höherer Löhne, wenn nicht das Mittel, so doch eines der Hülfsmittel der privaten Capitalbildung. Auch ist es ganz unzweifelhaft, dass die verhältnissmässige Anhäufung von Reichthum (aber nicht die absolute) im Wege des Sparens vermittelt wird.

Kann man sich daher wundern, dass die Lehre, das Capital bilde sich im Wege des privatwirthschaftlichen Sparens, seit Adam Smith von der privatökonomischen Nationalökonomie so zähe festgehalten worden ist? Die Bildung des gesammten Privatcapitals d. h. des Privatcapitals, abgesehen von dem Lohnfond als dem wesentlichen Bestandtheil des Unternehmercapitals, — die Bildung des Privatcapitals überhaupt kann selbstverständlich nicht auf diese Kürzungen des Arbeitslohns und nicht auf den unmittelbaren Zwang Anderer zur Enthaltung von der Consumtion oder etwa gar auf die eigne Ascese zurückgeführt werden. Man hat in der Widerlegung beschränkter Ideen, die in diese Richtung gleichsam gebannt sind, sehr leichtes Spiel. Man hat nur nöthig, auf die Veränderungen der Häuser- und Güterwerthe, ja der Werthe aller Etablissements und Geschäfte hinzuweisen, die ohne positives oder negatives Zuthun der Eigenthümer vor sich gehen und deren Capital gewaltig wachsen machen.

Wenn der ökonomische Werth eines Rechtes, sei es nun Grundeigenthum oder Geschäftseigenthum, durch die Erweiterung des Verkehrs der Umgebung wächst, so ist dieser Capitalzuwachs doch sicherlich nicht die Folge eines Sparens der Rechtsinhaber. Jedem, der die Verhältnisse ein wenig kennt, leuchtet dies ein. Man braucht nicht Nationalökonomie studirt zu haben, um dies zu wissen. Es ist daher auch kaum der Mühe werth, noch besonders auseinanderzusetzen, was jeder Häuser- oder Güterspeculant besser weiss, als der scholastisch verkommene Theil der Nationalökonomie. Es ist übrigens auch hier gar nicht unsere Aufgabe, die Bildung des Privatcapitals ausführlich zu behandeln. Uns geht die Entstehung des volkswirthschaftlichen Capitals mehr an; denn wir haben es nicht mit privater, sondern mit politischer Oekonomie zu thun. Für unsern Zweck genügt es daher zu erkennen, dass das Sparen ein ganz untergeordneter Umstand ist, von dem man nicht einmal die Bildung des Privatcapitals abhängigmachen darf.

3. Niemand, der gesunden Verstand hat, wird leugnen, dass Sparsamkeit eine treffliche Eigenschaft sei, von welcher das Gedeihen der Privatwirthschaft unzweifelhaft sehr erheblich berührt wird. Allein, was in aller Welt hat diese Sparsamkeit mit der volkswirthschaftlichen Spartheorie zu schaffen? Die Sparsamkeit besteht in der Erzielung des grössten Erfolges mit den verhältnissmässig geringsten Mitteln. Sie besteht in der Vermeidung unnützer Umwege der Production und in der rechtzeitigen Verwendung der verfügbaren Mittel. In diesem Sinne ist daher Sparsamkeit beinahe gleichbedeutend mit Oekonomie überhaupt, wie dies

auch schon der französische Sprachgebrauch (des Wortes économiser) zeigt und wie sogar bei uns die vulgäre Redensart »ökonomisch sein« andeutet. Wenn in derartigen Wendungen auch der Gedanke des Enthaltens von Ausgaben ganz allgemein und bisweilen mit der Nebenbedeutung der allzu grossen »Genauigkeit« enthalten ist, so darf dies nicht überraschen, da die gute Eigenschaft und deren Entartung in der Wirklichkeit sehr nahe bei einander wohnen. Die positiv energische Thätigkeit gilt als selbstverständliche Voraussetzung der Förderung des Wohlstandes, und insofern diese Voraussetzung stillschweigend gemacht wird, kann man allerdings den Ton auf das Gegentheil der Verschwendung legen. In diesem beschränkten Sinne ist das Sparen eine rein negative Tugend, ein so zu sagen blos conservativer Vorzug und eine an sich selbst unfruchtbare oder wenigstens zeugungsunfähige Instanz. In diesem beschränkten Sinne wird es aber von der hier fraglichen volkswirthschaftlichen Doctrin genommen. Es ist ein gewisses Maass der Enthaltung von der Consumtion oder vielmehr der Nöthigung anderer zu dieser Enthaltung, wodurch die Capitalbildung nach dieser Ansicht vor sich gehen soll. Der Unternehmer sorgt dafür, dass die Arbeiter möglichst wenig consumiren. · Auf diese Weise soll die Capitalvermehrung am erfreulichsten fortschreiten.

Es ist selten eine Idee so falsch, dass sich nicht in ihr ein Körnchen Wahrheit entdecken liesse. Wenigstens gilt diese Behauptung von allen solchen Ideen, die naturwüchsig entstanden sind und deren Gegenstand der menschlichen Erkenntniss sehr nahe liegt. In diesem Fall ist es nämlich gar nicht möglich, in jeder Beziehung fehlzugreifen, und so hat denn auch die Spartheorie in der Gestalt, in welcher sie von Ad. Smith aufgestellt worden ist, eine haltbare Seite. Der grosse Schotte war denn doch in einem ganz anderen Maasse Nationalökonom, als seine privatwirthschaftlich theoretisirenden Brittischen Nachfolger. Er suchte sich aus der Privatökonomie herauszuarbeiten, während seine vorgeblichen Nachfolger sich in dieselbe immer mehr hineinarbeiteten. Ad. Smith half sich häufig durch das, was wir bisweilen Naturalbetrachtung der Volkswirthschaft genannt haben. In dem hier fraglichen Falle hat er dies methodische Hülfsmittel freilich nicht zur gehörigen Anwendung gebracht; aber wer in seine Entwicklungen nachdenkend eingeht, wird diesen Mangel ergänzen können. Wir wollen daher die berüchtigte Enthaltung von der Consumtion einmal wahrhaft volkswirthschaftlich erläutern. Hierdurch wird klar werden, in wie fern ein negativer Act der Einschränkung des Consums allerdings stillschweigende Voraussetzung aller Oekonomie sei. Es wird sich aber auch ebenso zeigen, ˙dass es mit diesem negativen Act eine ähnliche Bewandtniss wie mit der Malthus'schen Ascese und dessen moralischen Zwang habe.

Schon bei Behandlung des Gleichgewichts von Production und Consumtion haben wir die uns hier interessirende Frage berührt. Im Zusammenhang dieses Capitels muss es uns nun darauf ankommen, die Vorstellung von dem Ueberschuss der Production über die Consumtion zu prüfen. Denn diese Ueberschussidee ist grade das Bedenkliche der Lehre Ad. Smiths. Dieser Idee zufolge hat man den Betrag der volkswirthschaftlichen Consumtion von dem Resultat der Production abzuziehen. Der Rest d. h. der nicht consumirte Bestandtheil der producirten Erzeugnisse ist das Capital. Je grösser dieser Rest wird, um so mehr wächst das Capital. Capital ist also hiernach ein Inbegriff von Erzeugnissen· der Production, die consumirt werden könnten, aber nicht consumirt worden sind. In dieser Formulirung muss die Idee völlig verdächtig werden. Grade die Hauptbestandtheile des Nationalcapitals (und von diesem soll hier die Rede sein) sind gar nicht Gegenstände der augenblicklichen Consumtion. Ja sie sind überhaupt nicht Gegenstände einer Consumtion, die von ihrer productiven Benutzung getrennt gedacht werden könnte. Eine Maschine wird abgenutzt, und dies ist eine Art, wie sie wirthschaftlich consumirt wird. Eine Eisenbahn wird mit der ˙Zeit verbraucht, d. h. sie muss in wesentlichen Theilen ersetzt werden. Ausbesserungen können ebenfalls als Reproductionen des Consumirten betrachtet werden. Der zum Ackerbau verwendete Grund und Boden, in so weit er Organ der Production ist und als Maschine betrachtet wird, kann ebenfalls nur dadurch gleichsam consumirt werden, dass die auf und in ihm gemachten Anlagen verfallen oder abgenutzt werden.

Das ganze landwirthschaftliche Naturalcapital ist wie jedes Werkzeug der Production wesentlich nur durch reproductive Benutzung consumirbar. Bei allen diesen letztgenannten Consumtionen handelt es sich, was wohl zu merken ist, nicht um einen directen Verbrauch für die unmittelbaren Bedürfnisse eines Menschen. Es findet vielmehr nur jener weitere Begriff der Consumtion Anwendung, der sich auf die Abnutzung als Werkzeug bezieht. Ist nun wohl der Inbegriff der Elemente, welche das Naturalcapital eines Volkes oder überhaupt einer wirthschaftlichen Gruppe bilden, die Differenz zwischen der Production und der Consumtion? Grade im Gegentheil würde die wirkliche Vergeudung erst dadurch eintreten, dass man die Organe der Production in einem erheblichen Umfange unbenutzt d. h. unconsumirt liesse. An diesem Punkt zeigt es sich recht deutlich, wie die Capitalbildung d. h. die Schöpfung der Productionsmittel wesentlich ein Act der Arbeitsanlegung, aber nicht der Ersparung von Erzeugnissen ist. Auf die richtige Vertheilung der verfügbaren Arbeitskräfte kommt es daher fast ausschliesslich an. Verschwendung würde eintreten, wenn man denjenigen Theil der Arbeit, welcher der Herstellung von Productionswerkzeugen gewidmet werden muss, unzweckmässig minderte. Diese Arbeitsvergeudung ist nun aber gar nicht das, was von der Spartheorie als der Punkt bezeichnet wird, bei welchem die heilsame Enthaltung von der Consumtion Platz zu greifen habe. Grade diejenigen, welche dieser Theorie noch neuerdings folgen, machen sich über die unzweckmässige Consumtion von Arbeitskraft kein Gewissen. Die Entstehung des Capitals wird gehemmt, indem man die productiven Kräfte vergeudet, von denen es in viel weiterem Umfange, als geschieht, geschaffen werden sollte.

Es bleibt ein einziger Bestandtheil des volkswirthschaftlichen Naturalcapitals übrig, für welchen die Enthaltung von der Consumtion einen Sinn hat. Wenn die ganze Welt das zur Aussaat bestimmte Getreide verzehren wollte, so wären wir allerdings mit unserer Weltwirthschaft zu Ende. Aber dieser Gedanke lässt sich nicht einmal analog auf andere Gegenstände der unmittelbaren Consumtion übertragen. Kleidungsstücke sind niemals Productionswerkzeuge, wenn man nicht etwa den Menschen selbst als Productionsmaschine gelten lassen und dann behaupten will, dass diese Maschine doch ebenso gut wie ein Ofen eine Verkleidung haben müsse, um fungiren zu können. Diese Betrachtungsart ist aber bereits früher von uns zurückgewiesen worden. Kleidungsstücke sind daher ganz einfach in demselben Maasse Gegenstände der Consumtion als der Production; und ein Rest ist hier nicht denkbar. Aehnlich stellt sich der Sachverhalt bei andern Existenzbedürfnissen, wie z. B. der Wohnung. Die Production ist der Consumtion im Grossen und Ganzen annähernd gleich, so lange man sie in Beziehung auf dieselbe Zeiteinheit betrachtet. Die gleichzeitige Production und Consumtion müssen einander der Grösse nach entsprechen. Zu verschiedenen Zeiten betrachtet, werden dagegen die Productionen auch verschiedene Grössen zeigen müssen. Die Consumtionen werden dann aber in gleicher Richtung verändert sein. In diesen Veränderungen wird nun auch das eigentliche Capital wachsen; aber es wird dies nur vermöge der zweckmässigen Vertheilung der jeweilig verfügbaren Arbeitskräfte. Eine bestimmte Gattung der Production kann also im Verhältniss zu einer andern Gattung schneller wachsen und auf Kosten der letzteren begünstigt zu werden scheinen. Die Capitalproduction ist nun Nichts als eine gewisse Art der Anlage von wirthschaftlicher Thätigkeit. Wenn also zu seiner Hervorbringung irgend etwas zu sparen und zu schonen ist, so dürfte es die Arbeitskraft sein. Die letztere wird nun aber grade dann vergeudet, wenn die Production im Geiste der engherzigen Spartheorie und der ungebührlichen Niederhaltung der Arbeitslöhne eingerichtet wird.

Doch kehren wir zu dem Körnchen Wahrheit zurück, welches selbst noch in der Ueberschussidee enthalten ist. Für das Nationalcapital ist der sociale Zusammenhang der Werthe bedeutungslos. Der Inhaber des Nationalcapitals kann daher als ein isolirtes Subject betrachtet werden. Wie könnte nun wohl der einzelne Mensch, in völliger Isolirung gedacht, zu sich sagen: »Ich producire mehr als ich consumire?« Er könnte dies thun, wenn er etwa Vorräthe von Lebensbedürfnissen anhäufte und zwar um der blossen Anhäufung willen anhäufte. Denn wenn er die Vorräthe blos für eine gewisse Zeit im Voraus beschaffte, damit er sie dann

wiederum in einer bestimmten Zeit verbrauchen könnte, so wäre
ja sein ganzes Verfahren nichts als ein Arrangement seiner Consumtionen. Man würde noch immer sagen müssen, dass er den
Betrag seiner Productionen auch wieder regelmässig consumirte.
Ein Ueberschuss würde sich nicht ergeben. Das Vorrathhalten
würde, wie wir schon früher entwickelt haben, nur die unerlässliche Form sein, eine in der Zeit gehörig vertheilte und geregelte
Consumtion möglich zu machen. Die Vorräthe würden sich auf
ein oder einige Jahre beziehen und in diesen Zeiträumen verbraucht
und etwa wieder durch andere ebenfalls der Ordnung und Regelung der Consumtion dienstbare Vorräthe ersetzt werden. Vorrath
ist also kein Ueberschuss der Production über die Consumtion.
Grade um die Consumtion gleichmässig zu machen und der Production anzupassen, werden Vorräthe gehalten.

Wollte nun aber das isolirt gedachte Subject aus blosser Laune
allerlei Producte anhäufen, so wäre dies eine Thorheit. Derartige
Anhäufungen würden noch immer keine Capitalbildung sein. Gesetzt, der einzelne und isolirte Mensch, den wir uns hier zur sche-
matischen Verdeutlichung der Sache denken, producirte möglichst
viel, consumirte möglichst wenig und häufte so Berge von Erzeugnissen um sich, so würden diese Ueberschüsse seiner Production
noch immer kein Capital formiren. Sie würden vielmehr ganz nutz-
lose Aufspeicherungen sein, und nur der geringe Bestandtheil derselben, welcher (z. B. als Saatkorn) der künftigen Production dienstbar gemacht werden könnte, wäre als eigentliches Capital anzusehen. Ein anderer ebenfalls geringer Bestandtheil würde die Ordnung und Regelung der Consumtion vermitteln, während die ganze
übrige Masse ein zweck- und nutzloser Ueberschuss bliebe. Derartige Ueberschüsse sind nun selbst da, wo sie sich innerhalb der
Volkswirthschaft unwillkürlich bilden wollen, möglichst zu vermeiden.
Sie sind jederzeit und unter allen Umständen ein Uebel. Denn
der geringe Bestandtheil derselben, der etwa noch für ausserordentliche und unvorhergesehene Consumtionen reservirt werden mag,
mindert sich mit der Zunahme der Beständigkeit der Productionen
und Consumtionen. Je weiter sich eine Volkswirthschaft entwickelt,
um so weniger ist es nöthig, verhältnissmässig grosse Vorräthe zu

25 *

halten. Die Consumtion ist dann im Stande, sich der Periodicität des Producirens immer zuversichtlicher anzuvertrauen. Die Vorräthe für ausserordentliche und unvorhergesehene Consumtion haben also die Tendenz, relativ d. h. im Verhältniss zur ganzen Masse des laufenden Consums unbeträchtlicher und unerheblicher zu werden. Aber selbst, wenn sie letzteres noch nicht sind, können sie dennoch nicht als Bestandtheil des Nationalcapitals betrachtet werden. Denn die Formirung derselben ist, wie nicht oft genug wiederholt werden kann, nur eine Methode, die Consumtion in ihrer zeitlichen Ausdehnung gleichmässig und stetig zu machen oder um einen früher erläuterten Ausdruck zu gebrauchen, die consumirenden Functionen innerhalb einer gewissen Dauer nach Maassgabe der voraussichtlichen Productionen zweckmässig zu vertheilen.

Abgesehen von ganz nutzloser Aufspeicherung kann unser isolirtes Subject streng genommen gar nicht behaupten, dass es mehr producire als consumire. In einem gegebenen Augenblick muss allerdings die Summe der verfügbaren Erzeugnisse grösser sein als der Betrag der diesem Augenblick entsprechenden Consumtion. Sonst würde unser isolirt gedachter Mensch, wie man zu sagen pflegt, von der Hand in den Mund leben. Ja, es würde noch nicht einmal dies streng der Fall sein; denn der isolirte Einzelne kann nicht mit dem Gliede der Gesellschaft verglichen werden. Sobald eigentliche Production vorhanden ist, hat sie auch stets eine von natürlichen Ursachen abhängende Periodicität, und letztere trifft nicht mit derjenigen der menschlichen Bedürfnisse zusammen. Ein gewisses Maass von Ansammlung oder vielmehr Aufbewahrung ist also stets unerlässlich. Dies ist aber keine Mehrproduction über den Betrag der Consumtion; dies ist kein Ueberschuss und keine Differenz zwischen den Quantitäten der Hervorbringungen und des Verbrauchs. Dies ist im Gegentheil nur das Mittel, die Gleichung zwischen Production und Consumtion statt für einen Tag etwa für ein Jahr oder einen längeren Zeitraum einzurichten. Man enthält sich hierbei keiner Consumtion, sondern verlegt nur den Verbrauch in diejenige Zeit, in welcher voraussichtlich das Bedürfniss empfunden werden wird. Die einzige Abirrung, die hier in Frage kommen könnte, wäre die leichtsinnige

Preisgebung der Resultate der Production innerhalb einer kürzeren Zeit, als diejenige Periode ist, für welche sie vorhalten müssen. Durch eine derartige augenblickliche Vergeudung, die in den meisten Fällen und namentlich für ein ganzes Volk kaum denkbar ist, würde allerdings die Consumtion selbst in Unordnung gerathen und sich unmöglich machen. Die Capitalbildung als solche hätte aber mit dieser Lüderlichkeit der Haushaltung direct nicht das Geringste zu schaffen. Denn das Nationalcapital ist das Werkzeug der nationalen Production, nicht aber die Summe des Consums.

Die Enthaltung von der Consumtion kann im volkswirthschaftlichen Sinne nur um der Consumtion selbst willen geübt werden. Sie hat mit der Production und mit der Capitalbildung direct nichts gemein. Der ganze Ausdruck »Enthaltung« ist übrigens auch sehr einseitig; denn wer nichts weiter thut, als seinen Verbrauch nach Maassgabe der Zeit, für welche er Befriedigungsmittel seiner Bedürfnisse besitzt, proportional reguliren, von dem kann man doch wohl nicht sagen, er enthalte sich der Consumtion, oder er übe eine Art wirthschaftlicher Ascese. Er kann ja gar nicht mehr verbrauchen, wenn er überhaupt bestehen will. Nicht das Capital, sondern die Consumtion wird ruinirt oder ruinirt sich vielmehr selbst, indem sie auf eine Selbstregulirung verzichtet. Nicht zu Gunsten der Capitalbildung wird die Consumtion beschränkt, sondern zu Gunsten seiner selbst wird der Verbrauch auf die Zeit vertheilt.

Die gewöhnliche Vorstellung vom Ueberschuss der Production über die Consumtion hätten wir hiermit beseitigt. Indessen haben wir noch auseinanderzusetzen, was bei dieser Idee denen, die sich ihr zuerst anvertrauten, in wenn auch nebelhaft concipirten so doch auf das Richtige hinzielenden Gedanken vorgeschwebt haben mag. Man kann mehr produciren, als man consumirt, insofern man etwas producirt, was gar nicht unmittelbares Befriedigungsmittel unmittelbarer menschlicher Bedürfnisse ist und insofern überhaupt gar nicht Gegenstand der eigentlichen oder, wie wir dieselbe auch genannt haben, der letzten Consumtion wird. Jedes der Production dienstbare Werkzeug d. h. jedes Naturalcapital ist hierfür ein Beispiel. In welchem Sinne man auch von einer Maschine

oder Anlage sagen könne, dass sie consumirt werde, haben wir
vorher erläutert. An dieser Stelle handelt es sich nun grade um
den Unterschied der beiden Consumtionen und ausserdem noch um
die verhältnissmässig grossen Abweichungen der Consumtions-
perioden. Die indirecte Consumtion im Interesse eines productiven
Zwecks ist offenbar von völlig anderer Natur, als der unmittelbare
Verbrauch, welcher den Bedürfnissen der menschlichen Persönlichkeit unmittelbar entspricht. Das Naturalcapital muss bald in kürzeren bald in längeren Perioden reproducirt werden. An die Stelle
der alten Maschinen und Anlagen müssen neue treten. Es giebt
also auch auf diesem Gebiet eine Art Consumtion, die sich mit
der Production ins Gleichgewicht zu setzen hat. Ein Theil der
wirthschaftlichen Thätigkeit muss auf Erhaltung und Reproduction
des Naturalcapitals verwendet werden. Will man nun diesen Theil
der Production so betrachten, als würde die in ihm angelegte wirthschaftliche Thätigkeit den Interessen der unmittelbaren Consumtion
entzogen, so geht dies allenfalls an, obwohl die Vorstellung immer
schielend bleiben wird. Denn was in Wahrheit Gegenstand der
Enthaltung ist, möchte doch wohl nicht im Gebiet der consumtiven
Thätigkeiten zu suchen sein. Was man spart und schont, ist die
positive wirthschaftliche Thätigkeit. Diese ist es, der man zu einem
grossen Theil die Richtung auf die Formirung von producirenden
und arbeitersparenden Werkzeugen, Anlagen und Einrichtungen zu
geben hat. In dieser richtigen Zutheilung der wirthschaftlichen
Thätigkeit ist das wahre Gleichgewicht von Consumtion und Capitalproduction zu suchen. Der Ueberschuss ist also seinem wahren
Sinne nach eine für die Capitalbildung verfügbar gewordene Summe
productiver Kräfte. Die Capitalvermehrung ist das Resultat einer
richtigen Organisation der wirthschaftlichen Thätigkeit und auch
Ergebniss einer Enthaltung, aber wohl gemerkt der Enthaltung
von einer Vergeudung der Arbeitskräfte. Wenn daher Ad. Smith
einen Trumpf auszuspielen glaubte, indem er den Theorien der
Handelsbilanz gegenüber auf eine andere Bilanz, nämlich auf diejenige der Production und Consumtion als die ungleich wichtigere
hinwies, so können wir diese Erinnerung getrost gelten lassen,
und wir werden noch den Vortheil haben, sie später gegen ihren

Urheber kehren zu können. Grade die Vorstellung vom Gleichgewicht der Production und Consumtion ist bei Ad. Smith der
allerschwächste Punkt des Systems. Der jetzt traditionelle Fehler,
die sogenannte Ueberschussbildung auf den rein negativen Act der
Einschränkung der Consumtion zurückzuführen, ist auch insofern
derjenige Ad. Smiths, als dieser Denker sich nicht von der Vorstellung losmachen kann, derzufolge Consumtionsartikel, nicht aber,
wie es richtig gedacht sein würde, productive Kräfte der Gegenstand des Sparens und Schonens sein sollen. Ad. Smith hat das
Gleichgewicht zwischen Consumtion und Consumtion mit demjenigen
zwischen Consumtion und Production verwechselt und daher die
letztere Bilanz ihrem Wesen nach niemals gehörig begriffen.

Fassen wir das Ergebniss unserer Erörterungen kurz zusammen, so beruht die Capitalbildung nicht auf der Ersparung
von Lebensbedürfnissen, ja nicht einmal auf der Schonung der
eigentlichen Nahrungsmittel und mithin niemals auf der Enthaltung
von der Consumtion, sondern im Gegentheil auf der zweckmässigen
Anlegung der verfügbaren wirthschaftlichen Kräfte und Mittel. Diese
zweckmässige Anlegung schliesst selbst dann keine Enthaltung von
der Consumtion ein, wenn es sich darum handelt, von blossem
Ackerbau zu umfangreicherer Industrie überzugehen. Denn alsdann wird grade die heimische Consumtion der Nahrungsmittel und
sogar deren Production gesteigert. Dieser Uebergang ist aber eines
der grossartigsten Beispiele der Schöpfung von Nationalcapital.

4. Ueber die Vermehrung des Capitals hat man rein formale
Reflexionen gemacht und ist zu dem Satze gelangt, dass das Capital in geometrischer Reihe wachse. Dieser mit der grössten Entschiedenheit von Macleod vertheidigte Satz begreift sich nur, wenn
man an das private Werthcapital und überdies noch an einen solchen Begriff desselben denkt, welcher die Lohnfonds, ja überhaupt
alle zu Unternehmungen verfügbaren Werthsummen einschliesst.
Aber auch unter dieser Voraussetzung, ja selbst, wenn man unter
Capital nur einen Stamm von Werthen versteht, der die zeitlich
abzulösenden Leistungen anticipirt und zusammenfasst, — selbst
unter diesen günstigen Voraussetzungen ist der Satz von der geometrischen Vermehrung des Capitals ganz denselben Anfechtungen

unterworfen, über die wir uns bezüglich des Malthus'schen Gesetzes ausführlich ausgesprochen haben. Da diese Anfechtungen rein formaler Natur sind und sich daher mit leichter Mühe auf unsern Gegenstand übertragen lassen, so beschränken wir uns auf folgende Erinnerung. In einem einfachen Verhältniss und in einem zusammengesetzten Verhältniss wachsen, sind zwei Begriffe, die wir in der Volkswirthschaftslehre oft anzuwenden haben. Grade aber um dieses Umstandes willen müssen wir uns hüten, das Wachsthum im zusammengesetzten Verhältniss mit demjenigen in geometrischer Reihe für einerlei zu halten. Jedes Anwachsen in geometrischer Progression ist auch eine Vermehrung in zusammengesetztem Verhältniss; aber das Letztere ist nicht nothwendig das Erstere. Eine Zunahme, bei welcher der Grund des Zuwachses selbst wieder eine Quelle der Vermehrung wird, findet offenbar aus einem doppelten Gesichtspunkt oder genauer geredet, in zusammengesetztem Verhältniss statt. Dieses zusammengesetzte Verhältniss lässt nun aber die mannichfaltigsten Variationen und Specificationen des Fortschreitens zu, und nur eine einzelne, ganz einfache und abstracte Gestaltung aus dem ganzen Bereich dieser Mannichfaltigkeiten ist die geometrische Reihe, d. h. die Vermehrung nach Maassgabe eines beständigen Factors. Die Wirklichkeit kennt nun aber derartige constante Factoren nur annähernd. Die Gesetze der Wirklichkeit, ja selbst der Tendenzen zur Verwirklichung irgend welcher Grössen, werden nun aber grade lehren, dass die Annahme der Constanz oder Unveränderlichkeit des einem gewissen Zeitraum entsprechenden Vermehrungsfactors eine arge Täuschung sein würde. Der Factor, um den es sich in unserer Frage handelt, hängt vom Zinsfuss und so zu sagen vom Gewinnfuss ab. Wir werden daher die ganz abstracten Capitalisirungsvorstellungen zur Aufklärung der materiellen Seite der Frage kurz erläutern müssen.

5. Man kann in ganz abstracter Weise die Vermehrungsform einer Grösse in der Zeit ohne Rücksicht auf die materielle Beschaffenheit und die Eigenschaften dieser Grösse erörtern. Die hierzu nöthigen Grundbegriffe sind rein mathematisch. Wir setzen sie daher voraus. Im wirthschaftlichen Gebiet ist die Capitalver-

mehrung in Gestalt des Zuschlags von Zinsen, also die Vermehrung einer Werthsumme im Wege der Zinseszinsveranschlagung das allgemeine übergreifende Schema, durch welches man das Wachsthum beliebiger natürlicher Stammwerthe vorzustellen pflegt. Hierbei vergisst man (wenigstens in der allgemeinen volkswirthschaftlichen Theorie) fast regelmässig zwei wesentliche Umstände. Erstens sind die künstlichen Zeiteinheiten oder Intervalle, durch welche man die Hinzufügung der Incremente unterbricht, nicht immer die natürlichen. Die Periodicität der Zuwachsungen ist aber entscheidend. Alsdann vernachlässigt man zweitens die nothwendigen Veränderungen des Verhältnisses, in welchem der Zuwachs zum Stamme steht. Dieses Verhältniss wird durch den Procentsatz ausgedrückt. Nun bleibt, wie die Thatsachen lehren, weder der eigentliche Zinsfuss noch der Gewinnfuss derselbe. Der Zinsfuss sinkt mit der höheren Entwicklung der Volkswirthschaft. Dasselbe muss vom eigentlichen Profitfuss gelten, d. h. von dem Verhältniss, in welchem die Profite der den Verkehr zwischen Consumenten und Producenten vermittelnden Classen zum Stamm der von ihnen in einer gewissen Zeit umgeschlagenen Werthe stehen. Aber es kann auch schliesslich der natürliche Ertragsfuss, den ich in diesem Zusammenhang absichtlich nicht Gewinnfuss nenne, nicht unverändert bleiben. Er muss steigen oder fallen, und es liesse sich im besten Falle nur auf die Analogie der Volksvermehrung hinweisen. Der Ertragsfuss könnte einst annähernd constant werden; aber diese Constanz würde dann auch gar nicht mehr unter das Gesetz der im zusammengesetzten Verhältniss erfolgenden Vermehrung fallen. Die Constanz der Erträge ist daher nicht mit der Beständigkeit des Ertragsfusses zu verwechseln. Der Ertragsfuss soll sich ja auf die Bildung eines Ueberschusses beziehen. Jene scheinbare Constanz des Ertragsfusses würde aber nur dadurch möglich werden, dass er Null wäre, d. h. dadurch, dass gar kein Ueberschuss mehr gebildet würde. Die Bildung eines solchen Ueberschusses ist ja aber die Voraussetzung, von der die hier fragliche Nationalökonomie ausgeht, und von der auch wir ausgehen müssen, wenn die Zuschläge die wirkliche Vermehrung eines Werthstammes vermitteln sollen. Es liegt auf der Hand, dass das Wachsen des Naturalcapitals andern Gesetzen folgen muss; als jener einfachen abstracten, rein mathematischen Idee. Das mathematische Schema des geometrischen Zuwachses einer Grösse wird für eine gewisse Zeit der Wirklichkeit entsprechen können. Ein Naturgesetz kann aber schon darum durch dasselbe nicht ausgedrückt werden, weil die Natur auch noch Gesetze kennt, welche die Veränderungen des Procentsatzes regeln und nicht erlauben, dass die sogenannten Ueberschussbildungen ins Unendliche fortschreiten. Ausserdem sind die natürlichen Erträge ja regelmässig Gegenstände der Consumtion. Die Vermehrung des Stammes oder Capitals kann daher nicht von einer Gattung von Erträgen herrühren, die gar nicht Zuschläge werden können.

Es ist daher ein ganz falsches Raisonnement, wenn man das Capital nach einem beständigen Procentsatz gleich einer auf Zinseszins angelegten Summe wachsen lässt.. Ein hoher Zinsfuss würde dieser Schlussart zufolge die Vorbedingung der raschen Capitalbildung sein. Nun ist aber erfahrungsmässig der niedrige Zinsfuss grade der Begleiter des grössten Capitalreichthums und der ausgedehntesten Capitalvermehrung. Ja dies gilt nicht blos vom eigentlichen Zinsfuss, sondern auch vom Profitfuss. Wenn die Profitquoten im Verhältniss zu dem Werthstamm, an welchem der Profit gemacht wird, für dieselbe Zeiteinheit kleiner werden, so ist dieser Vorgang ein volkswirthschaftlicher Fortschritt und mit einer ausgedehnteren Vermehrung des Capitals verbunden. Ich verweise in dieser Beziehung auf Careys Capitel über Lohn, Gewinn und Zins. Die abstracte Capitalisirungsvorstellung entspricht also der Wirklichkeit so wenig, dass die Wahrheit vielmehr grade auf das Gegentheil hinausläuft. Der anscheinende Widerspruch löst sich auf, indem man bedenkt, dass das Naturalcapital keine auf Zinsen ausgeliehene Geldsumme ist, ja dass sein Zuwachs nicht in der Form von Zuschlägen vor sich geht, die sich von einem Werthstamm gleichsam ablösen und wiederum in der früheren Weise Ursache eines neuen Werthzuschlages werden. Das Naturalcapital ist das Werkzeug der Production und hat in jeder seiner verschiedenen Formen specifische Bildungs- und Vermehrungsvoraussetzungen. Sein abstracter Werth vermehrt sich zwar parallel, aber

nicht proportional mit seiner Nützlichkeit. Wir dürfen daher auch
nicht von vornherein annehmen, dass die Function als Capital und
deren Steigerung von einem entsprechenden Fortschreiten der
Werthe des Capitals begleitet sein müsse.

Endlich dürfen wir nicht vergessen, dass diejenigen, welche
die schnellere Vermehrung des Capitals bei grösserem Zins- und
Profitfuss behaupten, stets das Privatcapital und zwar in seiner
Form als Werthcapital (den Lohnfond eingeschlossen) vor Augen
haben. Es ist ganz selbstverständlich, dass das private Werthcapital in Form einer auf Zinsen ausgeliehenen oder in Actien angelegten Werthsumme um so schneller wachsen müsse, je grösser
die Zins- oder Dividendenquote ist. Aber folgt hieraus etwa das
Gesetz für die Vermehrung des Nationalcapitals? Sociale Werthe
sind das Maass des Widerstandes, den es kostet, die Objecte dieser
abstracten Werthe zu erlangen. Sie sind ein Aequivalent der socialen Macht, und es handelt sich im Gebiet ihrer Gesetzmässigkeit um den Gegensatz von Capital und Arbeit. Die Bildung solcher Werthe ist gar kein blos wirthschaftliches, sondern wesentlich
ein sociales Phänomen. Es handelt sich bezüglich dieser Werthe
nicht um Production, sondern um Vertheilung. Ganz anders stellt
sich aber sogleich die Sachlage, sobald wir das Capital im engeren
Sinne und zwar das Nationalcapital betrachten. Alsdann kann von
einer Vermehrung nach dem einfachen Schema der Zinseszinsrech-
nung nicht die Rede sein. Ueberhaupt haben wir es dann nicht
mehr mit etwas zu thun, dessen Bedeutung für die Volks- und
Weltwirthschaft dem Gesetze der Werthvermehrung folgt. Auf
der Verwechselung des Werthes mit dem Verhältniss mehrerer
Werthe gegen einander, auf der Vertauschung des socialen Werthes
der Macht über das Naturalcapital mit der absoluten wirthschaftlichen Bedeutung des Naturalcapitals beruhen alle Trugschlüsse,
deren man sich mit einem an Frivolität grenzenden Leichtsinn
schuldig gemacht hat.

Es ist gradezu lächerlich zu nennen, dass man in den Tag
hinein gefaselt und ganz dreist behauptet hat, die volks- und weltwirthschaftliche Capitalbildung entspreche dem Zinseszinsschema
und ein hoher Zins- oder Profitfuss sei der Vermittler einer reissend

schnellen Capitalformation. Diese Behauptung ist die Blüthe der
privatökonomischen Nationalökonomie. Um sie zu widerlegen, war
das grossartige Careysche System gar nicht erforderlich. Ein wenig
Rücksicht auf die Thatsachen und ein wenig Besinnung wären
hinreichend gewesen, jenen groben Irrthum zu vermeiden. In der
That haben sich zu demselben neuerdings in seiner vollständigen
Nacktheit wirklich nur compilatorische Schriftsteller bekannt, während die bedeutenderen Autoren sich wohl gehütet haben, sich
durch rücksichtslose Consequenzenziehung zu compromittiren. Das
Capital ist noch immer für die meisten ein mystischer Gott, der
nur um so heiliger und unnahbarer erscheint, je mehr Widersprüche in seinen Begriff verwebt worden sind.

6. Wir haben schliesslich eine mit dem Thema von der Capitalbildung verwandte Frage zu beantworten, deren Erörterung
wir bis auf dieses Capitel verspart haben. Warum wird der Fond
von Kräften, die sich als wirthschaftliche Arbeit äussern, unter
gewissen Umständen als Capital, d. h. als Stammwerth vorgestellt,
unter andern Verhältnissen aber weder vom Verkehr noch von
der Wissenschaft capitalisirt? Wo Sclaverei herrscht, ist die Arbeit
oder vielmehr die Maschine, von der sie verrichtet wird, nicht
blos Capital überhaupt, sondern sogar Privatcapital und kommt
als solches in Rechnung. Wird die Sclaverei aufgehoben, so sind
(um aus dem Herzen der privatökonomischen Nationalökonomie zu
reden) mit einem Male ungeheure Capitalien vernichtet. Denn in
der Summirung der Privatcapitalien waren die Werthe oder Markt-
preise der Sclaven sehr erhebliche Summanden. Das Nationalcapital, welches der von mir bekämpften Doctrin nichts als die
Summe der Privatcapitalien ist, müsste daher durch den Befreiungs-
act in seinem Hauptbestandtheil fast vernichtet sein.

Wohin, fragt Ihr, soll dieses Raisonnement führen? Ich antworte: Es soll denjenigen die Augen öffnen, die bisher noch nicht
deutlich erkannt haben, was der Begriff des socialen Werthes theoretisch und praktisch zu bedeuten habe. Ein einziger politischer
Act, ein Federstrich der Gesetzgebung, und eine ganze Kategorie
socialer Capitalwerthe ist verschwunden. Die directe Capitalisirung
ist unmöglich gemacht, und es bleibt nur noch diejenige durch in-

directe Ausbeutung übrig. Die Aneignung der ganzen menschlichen Productionsmaschine ist nicht mehr möglich, und es giebt daher für dieselbe keinen Capitalwerth mehr. Es sind fernerhin nur noch die einzelnen Leistungen, die in den Verkehr kommen. Das Privatcapital wird um einen beträchtlichen Bestandtheil geschmälert, und an Stelle des Capitalwerths der menschlichen Maschine figurirt später nur noch der Lohnfond, der gar nicht als· Anticipation der ganzen Leistungsfähigkeit, sondern nur als Aequivalent eines zeitlich sehr bemessenen Unterhaltsvorschusses angesehen werden darf. Wer früher den Sclaven kaufte, erwarb die ganze nur durch den Tod begrenzte Leistungsfähigkeit der menschlichen Maschine. Wer aber jetzt eine Geldsumme als Lohnfond benutzt, braucht nur auf eine verhältnissmässig kurze Zeit zur Bezahlung der Arbeitslöhne im Stande zu sein. Er hat nicht nöthig, die ganze Reihe möglicher Leistungen auf einmal zu kaufen; in seinem Lohnfond findet sich nur eine kurze Periode von Arbeitsleistungen anticipirt und gleichsam capitalisirt. Von eigentlicher Capitalisirung, welche stets die unbegrenzten Leistungen vor Augen haben muss, ist aber nicht mehr die Rede.

Im Gebiet der Amerikanischen Volkswirthschaftslehre ist die Veranschlagung des Capitalwerthes des durch Einwanderung vermittelten Menschenzuwachses nicht ungebräuchlich. Man setzt die Arbeitskraft des Einwanderers einem Capital gleich, dessen Zinsen dem Arbeitslohn entsprechen. Diese Art von Capitalisirung ist aber rein formal und könnte bei uns höchstens dazu dienen, zu beweisen, wie verhältnissmässig geringe Grössen von den noch ausser der eigentlichen Arbeit vorhandenen Factoren der Production repräsentirt werden. Capitalisirt man in Volkswirthschaften mit sogenannter freier Arbeit die Arbeitslöhne, so dass man für den Kopf einen capitalartigen Stammwerth erhält, so dürfte die Summe aller dieser Capitalwerthe gewaltig gross werden und die eigentlichen Capitalisten belehren, wo der Schwerpunkt der Production sowohl als der Consumtion zu suchen ist. Will man nämlich eine gerechte Vergleichung der eigentlichen Capitalmacht und der Arbeitsmacht anstellen, so ist man verpflichtet, beide mit gleichem Maass zu messen und daher auf beiden Seiten die productive Kraft als solche zu veranschlagen. In der gewöhnlichen Betrachtungsweise denkt man nur an den augenblicklichen Werth der Arbeit, d. h. an den Werth der Arbeit für eine sehr kurze Zeit und stellt ihm Capitalwerthe oder mit andern Worten solche Werthe entgegen, welche der Anticipation einer unbegrenzten Reihe von Wirkungen entsprechen. Ein Grundstück, ein Haus, ein Etablissement haben einen Stammwerth. Das Recht an ihnen ist das Recht an allen künftigen Nutzungen, und mit Rücksicht auf die anticipirten Nutzungsrechte wird der Preis in Gestalt eines Capitals bestimmt. Dieser Preis ist ein Stammpreis oder mit andern Worten er ist kein Preis für eine einmalige, zeitlich bemessene Nutzung. Die Arbeitskraft wird in den Gebieten des sogenannten freien Verkehrs von diesem Verkehr selbst niemals in dieser Weise geschätzt. Nur ihre einzelnen Leistungen sind Gegenstand der Schätzung und kommen daher als sociale Werthe in Betracht. Will man nun aber exact verfahren, so muss man bei jeder Werthvergleichung auf die Einheit der Zeit halten und daher, um die wirthschaftliche Bedeutung der Arbeit mit derjenigen des Capitals im engern Sinn zu vergleichen, die Arbeitslöhne mindestens durch Vermittlung von Capitalisirungsrechnungen veranschlagen. Das Capital ist eine productive Potenz, die Arbeit ebenfalls. Sollen beide in ihrer verhältnissmässigen Rolle verglichen werden, so muss man eine Form finden, die Leistungen des Capitals und diejenigen der Arbeit ohne Rücksicht auf zeitliche Beschränkungen vorzustellen. Bei dem Capital ist diese Forderung bereits erfüllt; für die Arbeit kann ihr nur Genüge geschehen, indem dieselbe wenigstens formal capitalisirt wird.

Es würde nun aber ganz verkehrt sein und den specifischen Unterschied der Arbeit und des Capitals gradezu verwischen, wollte man aus der formalen Capitalisirung auf die materielle Capitaleigenschaft schliessen. Die Arbeitskraft ist real und thatsächlich Capital, so lange der arbeitende Mensch eine im Eigenthum befindliche Sache als ein Ganzes, nämlich als ein lebendiges Werkzeug Gegenstand des Verkehrs ist. Die Freien sind alsdann in Beziehung auf die Sclaven die Capitalisten, und die Sclaven gehören dann zu den Werkzeugen der Production, sind mithin auch Naturalcapital. Die sogenannten freien Arbeiter sind nun aber kein Capital, da sie selbst in irgend einem Maasse Mittelpunkte der Consumtion und daher sich selbst Zweck sind. Nur noch ein Rest von Capitaleigenschaft ist allerdings nicht zu übersehen. Durch Vermittlung des Lohnfonds wird nämlich über die Arbeiter indirect und über eine gewisse Zeit gleichsam übergreifend verfügt. Die Arbeit ist in dieser Beziehung noch immer in einem gewissen Maasse sachlich determinirtes und ökonomisch wenigstens zum Theil capitalartiges Werkzeug. Auch kann ich nicht absehen, wie diese indirecte und partielle Privatcapitalisirung der Arbeitskraft sollte beseitigt werden können. Der Lohnfond müsste in den Besitz der Arbeit selbst übergehen. Die Arbeit müsste sich selbst die offenbar nur für sehr kurze Fristen nöthigen Vorschüsse ertheilen können. Wer dieser Forderung durch ein praktisches Mittel zu genügen vermöchte, der würde freilich zu der formalen und directen Freiheit auch die materielle und indirecte mit einem Schlage hinzufügen. Bis jetzt ist aber noch keine derartige praktische Erfindung gemacht worden. Alles was man in dieser Richtung vorgebracht hat, bezieht sich im besten Falle auf die Gestaltung des Creditsystems, und es ist allerdings nicht zu leugnen, dass die Beschaffung von Credit eine der Formen der partiellen und materiellen Capitalisirung der Arbeit ist. Seit die gründlicheren Untersuchungen über den Credit und dessen Wirkungen begonnen haben, seitdem also durch Carey eine neue Geldtheorie geschaffen und durch Macleod eine auch in formaler Hinsicht bessere Credittheorie wenigstens angebahnt worden ist, kann man die veralteten Sparvorstellungen auf sich beruhen lassen und jetzt den Ton auf die Bildung des socialen Privatcapitals im Wege der Creditvermittlung legen. Creditformation ist sociale Machtschöpfung; sie ist ausserdem eine Form, den Inbegriff einer Reihe von Arbeitsleistungen sowohl in Rücksicht auf die Vergangenheit als auf die Zukunft collectiv zusammenzufassen, also die wirthschaftliche Ordnung zu gestalten. Sie ist es daher einzig und allein, an welche sich vielleicht einst eine freilich noch nicht abzusehende Veränderung in der Rolle des Lohnfonds und der durch ihn vermittelten partiellen und indirecten Capitalisirung der Arbeit knüpfen liesse.

Drittes Capitel.

Grundlagen des Credits.

1. Mit der Untersuchung des Credits treten wir in das abstracteste und subtilste Gebiet der socialen Oekonomie. Der Credit ist der Vermittler des Verkehrs in der Zeit und mithin alles Verkehrs. Denn das Wesen der wirthschaftlichen Production bringt zwischen den einzelnen Leistungen natürliche Intervalle mit sich. Leistung und Gegenleistung können nicht unmittelbar auf einander folgen, so bald es sich um mehr als einen augenblicklichen Austausch bereits fertiger Erzeugnisse oder augenblicklich zu vollziehender Leistungen handelt. Ja streng genommen ist selbst in dem letzteren Falle ein Minimum von Credit von der einen oder andern Seite unumgänglich. Insofern nämlich die Arbeitsleistung eine Zeit erfüllt, wird die Gegenleistung entweder vorher oder nachher erfolgen. Erfolgt sie vor der Arbeitsleistung, so wird ja die letztere creditirt, und umgekehrt, wenn der Lohn erst nach verrichteter Arbeit gezahlt wird, so ist der Arbeiter selbst der Creditirende. Nun haben allerdings solche Credite für den Verkehr keine technische Bedeutung, und wir haben sie auch nur der strengen Fassung des allgemeinen und ganz formalen Creditbegriffs wegen angeführt. In den Leistungen Zug um Zug ist das, was der Verkehr Credit nennt, gar nicht vorhanden. Das Zeitintervall ist beseitigt. Leistung und Gegenleistung erfolgen, wenn auch nicht mit so zu sagen metaphysischer Genauigkeit, so doch in Rücksicht auf die Rechnungsart des Verkehrs wirklich gleichzeitig. Ich gebe den Preis und erhalte die Waare. Beide Acte werden als Zug um Zug erfolgend vorausgesetzt. In diesem Fall tritt kein privates Creditiren dazwischen. Das Privatgeschäft gelangt zu seinem vollständigen Zweck und zu seiner Vollendung ohne die Dazwischenkunft einer Creditgewährung. Noch unbedenklicher würde unser Beispiel oder Schema der Zug um Zug erfolgenden Leistung sein, wenn wir an Stelle des Kaufs einen eigentlichen Naturaltausch gesetzt hätten. Da nämlich, wie ich in meiner Schrift »Capital und

Arbeit« ausgeführt habe, das Geld selbst ein Creditinstrument im
weiteren Sinne des Worts ist und mithin das Geldsystem selbst,
insofern es nur im Verkehr mit edlen Metallen besteht, ein Element des Credits, nämlich des Credits Aller gegen Alle einschliesst,
bilden die durch Geld vermittelten Privatgeschäfte stets so zu
sagen zur Hälfte Creditvermittlungen. Schon der alte Satz, dass
die Zerlegung eines Naturaltausches in zwei durch die Functionen
des Geldes vermittelte Geschäfte eben zu zwei socialökonomisch
einander ergänzenden Transactionen führe, kann uns belehren, dass
wir die Zahlung einer Summe Metallgeld stets aus einem doppelten
Gesichtspunkt zu betrachten haben. Erstens ist sie die Ueberlieferung einer Waare, die in sich selbst den Ursprung und die
Garantie ihrer Bedeutung hat. Zweitens ist sie die Uebertragung
einer Anweisung auf die Gesellschaft, und zwar einer Anweisung,
die bis zu einem gewissen Grade Blankett bleibt und die Bestimmung des sachlichen Gegenstandes, der auf dieselbe hin geleistet werden mag, von Aussen her, d. h. von den wirthschaftlichen Verhältnissen oder Werthgestaltungen zu erwarten hat. Ist
nun auch in dieser Anweisung ein Element der Beständigkeit, und
ist auch die Erwartung, die man an deren Realisirbarkeit knüpft,
der Regel nach gut begründet, so sind doch in ihr die beiden
wesentlichen Elemente des Credits, nämlich einerseits Vertrauen
oder Erwartung und andererseits Warten, d. h. ein Zeitintervall
vertreten.

. 2. Gäbe es nicht natürliche Intervalle, welche für den volkswirthschaftlichen Kreislauf eine Anzahl zeitlich geschiedener Leistungen
vermitteln oder vielmehr deren unmittelbares Ineinandergreifen hindern, so wäre gar kein Credit nöthig. Die zeitliche Differenz zwischen
den volkswirthschaftlichen Realleistungen ist in dem Wesen der
Production selbst begründet. Der Käufer der Rohstoffe, der dieselben in Fabrikate umwandeln will, kann, abgesehen von eignen
Mitteln, erst seinen Kaufpreis zahlen, nachdem er seine Fabrikate
verkauft hat. Dieser Satz soll allerdings nicht einen individuellen
Fall des Verkehrs kennzeichnen; er soll nur deutlich machen, wie
der volkswirthschaftliche Kreislauf der einander äquivalenten Realleistungen so zu sagen seinen Pulsschlag haben müsse. Die Pro-

duction hat ihre Periodicitäten, so dass der Anfang und das Ende zwar in einander greifen, aber nur nach Maassgabe gleichsam des natürlichen Rhythmus einander entsprechen. Denken wir, um ganz von den Begriffen des Tausches und des Verkehrs abzusehen, an unser altes Schema, nämlich an das isolirt producirende Subject. Für letzteres werden die natürlichen Intervalle der Production ebenfalls existiren und es werden nur diejenigen Zwischenzeiten fehlen, welche allein für die Herstellung der socialen Circulation erforderlich sind. Die Bearbeitung der Rohstoffe wird eine Zeit erfordern, und unterdessen werden sie für das isolirte Subject und dessen unmittelbare Bedürfnisse ohne unmittelbare Bedeutung sein. Einen unmittelbaren Werth werden erst die fertigen Fabrikate haben. Stellt man sich nun vor, das isolirte Subject fertige sich eine arbeitersparende Maschine an, so hat alle Arbeit vor der Vollendung derselben keinen unmittelbaren Werth. Erst nach Verlauf einiger Zeit entwickelt sich gleichsam die Reihe der Nutzungen, und man kann daher sagen, dass das isolirte Subject die erforderliche Thätigkeit sich gleichsam selbst vorgeschossen habe. Um jedoch jede Missdeutung dieser blossen Metapher auszuschliessen, bemerke ich, dass das Wesentliche in dem ganzen Hergang die Nothwendigkeit der Zeitdifferenz zwischen dem Mühaufwand und der schliesslichen Nutzbarmachung dieses Mühaufwandes ist. Auch das isolirte Subject muss warten, wenn auch für dasselbe der Begriff des Credits nicht zutrifft, für welchen es an dem wesentlichen Element des Vertrauens fehlt. Das Vertrauen oder die Erwartung einer gewissen Periodicität (z. B. in den Productionen der Natur) kann allerdings vorhanden sein; aber dieser allgemeine Begriff eines Rechnens auf die nicht durch den Menschen vermittelten Leistungen ist nicht genügend. Credit ist nur vorhanden, insofern wenigstens zwei Subjecte auf ihre gegenseitigen Leistungen zählen. Das Moment des eigentlichen Vertrauens ist daher wesentlich.

Die Macleodsche Theorie hat sich bemüht, die ganze Creditvermittlung des Verkehrs als eine blosse Form darzustellen, in welcher sich der Austausch in der Dimension der Zeit vollzieht. Diese Vorstellungsart ist von anerkennenswerther Schärfe und die ihr zu Grunde liegende Hauptidee von grosser Tragweite. Cernuschi's

Mechanik des Austausches hat ebenfalls, ohne aber Spuren des Studiums der Macleodschen Schriften zu verrathen, die Creditvermittlungen als blosse Uebertragungsarten gleichwerthiger Leistungen darzustellen versucht. Nach diesem Schriftsteller ist das Zeitintervall das Wesentliche, und das Element des Vertrauens ebenfalls das gänzlich Gleichgültige. Man würde die Ideen desselben sehr scharf formuliren und wohl noch schärfer als er selbst gethan hat, wenn man sagte: Es giebt ein Gleichgewicht von Leistung und Gegenleistung, in welchem von der Zeit abstrahirt wird; es giebt aber auch ein Gleichgewicht, bei welchem in der einen Schaale der Waage gleichsam die Zeit mitgewogen wird.

Alsdann besteht, um unser Bild mit einer wirklichen Analogie zu vertauschen, eine Gleichung zwischen einer früheren und einer späteren Leistung. Diese spätere Leistung hat, auf den Augenblick der früheren bezogen, noch nicht dieselbe unmittelbare Bedeutung für den Verkehr. Sie muss daher an Masse ersetzen, was ihr an Zeit gleichsam fehlt. Alle Vergleichung von Werthen muss auf denselben Zeitpunkt bezogen werden. Die frühere Leistung hat innerhalb des Intervalls natürliche Wirkungen, d. h. sie ist productiv. Diese Productivität beginnt für die spätere Leistung erst mit deren Eintritt, da diese spätere Leistung ja dann selbst erst zum Dasein gelangt. Soll also eine Messung des Früheren durch das Spätere stattfinden, so müssen die beiden Leistungen mit Rücksicht auf die Zeit veranschlagt werden. Die frühere Leistung muss mit der Reihe ihrer Consequenzen zusammen vorgestellt werden. Durch diese Consequenzen erhält sie einen Zuwachs, und dieser Zuwachs ist, in der gewöhnlichen Sprache zu reden, die Summe ihrer Nutzungen. Diese müssen hinzugefügt werden, um ihren künftigen Werth zu ergeben.

In der eben gekennzeichneten Vorstellungsart sehen wir ganz von der unhaltbaren Voraussetzung ab, derzufolge Aequivalenz oder Gleichwerthigkeit das Grundgesetz alles Austausches sein soll. Wir lassen an ihr vielmehr nur das gelten, dass die blosse Zeit in Rechnung zu bringen ist, insofern dieselbe in der Wirklichkeit, um die es sich hier handelt, d. h. in der ökonomischen Welt, regelmässig die Möglichkeit eines diese Zeit erfüllenden wirthschaftlichen

26*

Erfolges repräsentirt. Die Zeit muss in Rücksicht auf das wirthschaftliche Leben als von ökonomischen Kraftleistungen erfüllt gedacht werden. Diese Vorstellung ist ebenso exact als diejenige der Mechanik, für welche die Zeit nur als Form des mechanischen Kraftinhalts in Betracht kommt. Die Bewegung der ökonomischen Leistungen ist die sogenannte Circulation. Die Substituirung einer Leistung an die Stelle der andern innerhalb der Zeitreihe ist nun aber nicht möglich, ohne dass den zu durchmessenden Zeitintervallen und der ihnen entsprechenden ökonomischen Kraftentwicklung Rechnung getragen wird. Der Satz, dass eine künftige Leistung geringern Werth hat als genau dieselbe Leistung in der Gegenwart, — dieser entscheidende Satz erklärt sich nur aus der Einsicht, dass die Dauer in der Oekonomie stets eine Kraftentwicklung repräsentirt.

Der Zeit entsprechen Nutzungen. Aus diesem Satz hat man die Rechtmässigkeit des Zinses abgeleitet, der ja nichts als ein Gegenwerth der realen Nutzung sein soll. Eine solche Deduction ist jedoch zu leichtfertig. Der eigentliche Zins ist bekanntlich nur ein Bestandtheil des Gewinnes oder der ermöglichten Nutzung. Der Geldzins oder der Preis des Credits ist der Regel nach weit geringer, als die mögliche Nutzung oder der wirkliche Gewinn, der sich durch den Gebrauch der dargeliehenen Summe oder des Credits vermittelt. Der eigentliche Zins will in socialer Weise erklärt sein. Er ist kein rein wirthschaftlicher Begriff, sondern hängt, wie wir schon in unserm Capitel über die Rechtsbegriffe angedeutet haben, mit der socialen Machtentäusserung zusammen. Er ist gar nicht das Aequivalent der ganzen wirthschaftlichen Nutzbarkeit des Gegenstandes, von dessen Stammwerth er gezahlt wird. Er ist vielmehr nur die Consequenz der Möglichkeit, die Benutzung des Gegenstandes vorzuenthalten. Er ist daher das Maass des socialen Widerstandes, welcher in Rücksicht auf die Ueberlassung der zu benutzenden Sache oder Macht geleistet werden kann. Allerdings richtet sich die Wirkung dieser socialen Macht auch nach den natürlichen Productionsvoraussetzungen, und es hängt daher die Grösse des Zinses und dessen reale Bedeutung zunächst und ganz im Allgemeinen von der Möglichkeit der wirthschaftlichen Nutzungen ab; aber diese möglichen realen Nutzungen entscheiden nicht über das Verhältniss des Antheils, den der Machthaber für den zur Benutzung überlassenen Gegenstand erhalten wird. Es entscheidet vielmehr die sociale Gravitation und zwar auf der Grundlage der wirthschaftlichen Chancen der eignen oder fremden Ausnutzung. Wenn man in letzter Instanz die Concurrenz als das bestimmende Moment angeführt hat, so ist diese Behauptung in so weit richtig, als diese Concurrenz selbst nichts als eine Form der socialen Gravitation ist.

Was hat man also schliesslich durch die Hinweisung auf die Zwischenzeit zwischen Leistung und Gegenleistung rücksichtlich des Zinses erklärt? Nichts als ein Princip der Werthschätzung, welches auch für das isolirte Subject gilt. Der künftige Erfolg ist weniger werth, als der gegenwärtige, insofern es sich nämlich um die Föderung der gegenwärtigen Production handelt. Die helfende Maschine, die erst später zu spielen beginnt, kann in der Zwischenzeit weder als Arbeit verrichtend noch ersparend betrachtet werden und ist daher nicht so viel werth, als ein augenblicklich zur Verfügung stehendes Werkzeug. Diesem Princip der Werthschätzung muss auch das isolirte Subject Folge geben, wenn es z. B. einen Verwendungsplan für die ihm zur Disposition stehenden Kräfte und Mittel entwerfen will. Dennoch kann es den Begriff des Zinses von seinem Standpunkt aus gar nicht concipiren. Es muss also wohl der Zins auf intersubjectiven oder socialen Verhältnissen beruhen und in Rechtsbegriffen seinen Ursprung haben. Aus rein wirthschaftlichen Verhältnissen erklärt man nun einmal keine wesentlich sociale Formation und keinen eigentlichen Rechtsbegriff.

3. Nachdem wir die den Zins selbst compromittirende Ableitung desselben zurückgewiesen haben, können wir uns um so zuversichtlicher jener Vorstellung überlassen, derzufolge das Schema der Uebertragung der Leistungen innerhalb der Zeitreihe ins Auge gefasst werden soll. Dieses Schema ist weit allgemeiner als der Begriff des Credits; denn, wie wir gesehen haben, umfasst es auch die Naturproduction und findet auch da Anwendung, wo ein eigentliches Vertrauen gar nicht hinzutritt und daher kein eigent-

licher Credit vorhanden ist. Es ist mithin auch nicht zu rechtfertigen, wenn man neuerdings, wohl in Folge der Wirksamkeit
der Macleod'schen Anschauungsweise, die Neigung bekundet, das
Element des Vertrauens entweder, wie Cernuschi, ganz aus dem
Begriff des Credits zu entfernen, oder es doch ungebührlich zu
vernachlässigen und wohl gar für einen ganz secundären Umstand
zu erklären.

Das Vertrauen, welches dem Creditgeben im weiteren Sinne
des Worts zu Grunde liegt, bezieht sich entweder auf Verhältnisse,
die ganz ausser dem Bereich des Menschlichen liegen, oder auf
socialökonomische Chancen, oder endlich auf die privatökonomische
Lage eines Einzelnen. Gewöhnlich beginnt man in der Erläuterung
des Credits mit der Hinweisung auf die Zutrauen erweckende oder
nichterweckende Beschaffenheit einer Privatwirthschaft und unterscheidet zwischen dem rein persönlichen und dem sachlichen Credit. Wir haben indessen die allgemeineren Ursachen vorangestellt,
da dieselben die Volks- und Nationalwirthschaft als solche weit
mehr angehen, als es die privatökonomischen Raisons der Credit-
ertheilung thun. Die letzteren finden stets nur auf der Grundlage
einer Veranschlagung der allgemeinen Chancen Anwendung. Selbst
wer nicht an die Veränderungen im öffentlichen Wirthschaftsleben
und an die allgemeinen volkswirthschaftlichen Aussichten denkt,
setzt doch wenigstens stillschweigend und bisweilen sogar nur in-
stinctartig voraus, dass er sich auf die Beharrlichkeit des gewöhnlichen Laufes der Dinge verlassen könne. Er scheint daher oft nur
nach der individuellen Beschaffenheit des Schuldners und nach
dessen Mitteln oder aber im Fall des Realcredits nach der individuellen Beschaffenheit des verpfändeten Grundstückes zu fragen,
ohne das allgemeine volkswirthschaftliche Schicksal besonders in
Anschlag zu bringen. In der That und Wahrheit ist aber dieses
Schicksal d. h. es sind die allgemeinen Ursachen stets in die Rechnung eingeschlossen, und wäre dies auch nur vermöge der stillschweigenden und vielleicht täuschenden Voraussetzung geschehen,
es werde vorläufig Alles seinen alten Gang gehen und keine Veränderung erfolgen. Hiernach ist die Ueberlegung des speciellen
Falls ihrem Wesen nach gar nicht ausführbar, ohne in irgend einer

Form den allgemeinen Ursachen Rechnung zu tragen. Der rein persönliche Credit, der auf die freilich auch sachlich begründete Leistungsfähigkeit der Person zählt, kann das Individuum nicht als eine ausserhalb des socialen Zusammenhanges stehende Macht veranschlagen. Das Vertrauen, welches man der Person gewährt, bezieht sich sogleich auf die nicht von der Willkür dieser Person abhängigen Schicksale derselben, also auf Schicksale, unter denen die möglichen allgemeinen Störungen oder gar Umwälzungen eine Hauptrolle spielen. Der Uebergang von einer vorherrschend papiernen Währung zur Wiederherstellung eines Metallfusses bringt erfahrungsmässig colossale Werthveränderungen und Verschiebungen der socialen Positionen der verschiedenen Classen mit sich. Ein Theil der Grundbesitzer wird fast regelmässig ruinirt, und die Pfandgegenstände selbst, die doch nicht als Dinge, sondern wesentlich ihrem Werthe nach für die Sicherstellungen der Forderungen Bedeutung haben, werden von dem Schicksal der allgemeinen Entwerthung ergriffen. Die von der vorherrschenden Volkswirthschaftslehre mit Unrecht empfohlene künstliche, willkürliche und daher verhältnissmässig plötzliche Rückkehr zum Metallfuss macht alles Zählen auf die Zuverlässigkeit der Einzelnen zu Schanden. Eine Hypothekenkrisis ist offenbar eine kleine sociale Revolution; denn sie ist eine indirecte Expropriation und betrifft einen ansehnlichen Theil aller Grundeigenthümer. Sie spielt das Grundeigenthum in die Hände der jeweiligen Geldbesitzer und ist daher dem händlerischen System durchaus nicht unerwünscht. Ueberhaupt sind ähnliche allgemeine Creditstörungen den Besitzern so zu sagen flüssiger Mittel stets vortheilhaft und hieraus begreift sich, warum es stets gewisse Classen geben müsse, die an der Erzeugung der Creditanarchie ein Interesse haben. Diese Classen greifen alsdann, wenn der allgemeine Credit ruinirt und die Vermittlung des wirthschaftlichen Kreislaufs mehr als je auf Metallgeld angewiesen ist, mit ihren so zu sagen metallnen Waffen ein, und bemächtigen sich solcher Rechte und Werthe, die sonst nie in ihre Hände gelangt sein würden.

4. Der sogenannte persönliche Credit ist nicht so zu denken, als wenn er keine sachlichen Voraussetzungen hätte. Man erwägt

die ökonomische Leistungsfähigkeit Jemandes zunächst nach seiner wirthschaftlichen Lage und seinem wirthschaftlichen Können. Die im eigentlichen Sinne persönlichen Eigenschaften sind freilich nicht gering anzuschlagen; aber sie können nur dann eine Grundlage für die Creditgewährung abgeben, wenn sie selbst auf Grundlage sachlicher Voraussetzungen wirksam zu werden vermögen. Die blosse Geschicklichkeit und Geschäftstüchtigkeit ist zwar von durchgreifender Bedeutung; aber sie wird nur selten der vollständig zureichende Grund der Creditgewährung werden können. Der Credit wird der Regel nach nur im Hinblick auf das Vorhandensein eines gewissen Maasses von eignem Capital d. h. von eignen Unternehmungsmitteln ertheilt, und so weit er auch diese Capitalbasis überschreiten mag, so bleibt doch dieselbe das der Regel nach nothwendige Fundament desjenigen Vertrauens oder derjenigen Erwartung, deren Vorhandensein dem Creditgeben zu Grunde liegt. Man muss daher in dem sogenannten Personalcredit das sachliche und das rein persönliche Element unterscheiden.

Der Realcredit, dessen Wesen darin besteht, nicht von dem Schicksal der so zu sagen blos obligatorischen Leistungsfähigkeit der juristischen Persönlichkeit abzuhängen, bezieht sich direct auf die Eigenschaften der verpfändeten Sache. Diese Eigenschaften kommen aber wiederum nicht in natura, sondern nur nach ihrer gleichsam flüssigen Verwerthbarkeit in Frage. Die sichergestellte Forderung ist es ja eben nur dadurch, dass der Gegenstand derselben d. h. eine Werthsumme durch den Verkauf des Pfandobjects zu einer bestimmten Zeit beschafft werden kann. Die zeitliche Präcision des Ineinandergreifens bestimmter Werthleistungen ist die Voraussetzung der Aufrechterhaltung des ganzen Creditsystems. Man kann ein Recht auf abstracte Werthe, die circulationsfähig sein müssen, durch ein Naturalrecht, also etwa durch das Eigenthum am Grund und Boden, an Häusern oder auch selbst an Waarenvorräthen nicht ersetzen. Man kann dies wenigstens niemals unmittelbar, und es ist die augenblickliche Verwerthbarkeit oder Umsetzbarkeit eines solchen Naturalrechts die Vorbedingung derjenigen seiner Functionen, vermöge deren es als Creditfundament Geltung hat. Das ganze Creditsystem gründet sich auf das voraussichtliche Ineinandergreifen von Leistungen. Es muss eine Leistung an die Stelle einer andern treten, und diese nicht blos zweigliedrige, sondern wiederholte vielgliedrige Bewegung darf an keinem Punkte durch eine unbrauchbare Naturalleistung gehemmt werden. Mit der Uebertragung von Eigenthumsrechten an Grund und Boden, Häusern oder beliebigen Waaren ist dem Inhaber einer abstracten Werthforderung nicht gedient. Er will vielmehr bezahlt sein, damit er wieder bezahlen könne. Er muss also die Sicherheit haben, allgemein umlaufende abstracte Werthe erhalten zu können. Er braucht zwar nicht nothwendig Metallgeld, aber jedenfalls Currency d. h. ein allgemein umlaufendes Zahlungsmittel, bestehe dieses nun in Metallgeld, Banknoten, Checks oder Wechseln, welche bei den Banken ohne Weiteres discontirbar d. h. gegen augenblickliche Credite in den Büchern dieser Banken umtauschbar sind. Auf diese Credite können dann die Anweisungen (Checks) gleichsam gezogen werden, und so werden diese Credite selbst die Grundlage einer Currency. Auf das Umlaufen der Werthe kommt also in dem Spiel der Creditmaschinerie Alles an, und es ist klar, dass die Einschiebung eines Naturalrechts an Stelle eines wirklichen Zahlungsmittels einer Störung oder gar Hemmung des normalen Ganges gleichkommt, auf dessen ordnungsmässigen Verlauf alle Zuversicht des activen Credits gebaut ist.

Merkwürdigerweise ist nun aber das Creditsystem grade dazu bestimmt, eine der eben erwähnten Hemmung ähnlicher Art von Hindernissen des Verkehrs möglichst zu beseitigen. Grade der Umstand, dass Jemand Naturalrechte hat, aber Rechte an wirklichen Zahlungsmitteln braucht, ist der Hauptgrund, aus welchem z. B. von den Landwirthen und von den Besitzern augenblicklich nicht verkaufbarer Waarenmassen der Realcredit gesucht wird. Das Creditsystem scheint also einen Widerspruch einschliessen zu müssen; seine Vorbedingungen und seine Zwecke scheinen mit einander zu streiten. Die Aufhebung einer natürlichen Hemmung der Circulation der Leistungen ist die Ursache, welche zur Organisation des Credits antreibt, und grade eine solche in das Getriebe der sich gegen einander umsetzenden Leistungen eingreifende Hemmung scheint der Tod aller normalen Creditvermittlung zu sein.

Jedoch wird sich dieser Anschein von Widerspruch sogleich aufklären.

5. Seit Law's Operationen hat sich die Ansicht immer mehr Geltung verschafft, dass sich auf den Werth der Grundstücke hin kein Papiergeld ausgeben lasse. Auf Naturalcapitalien im weitern Sinne des Worts lässt sich (dies ist etwa die vorherrschende Meinung) kein Banknoten- oder überhaupt Zettelcredit fundiren. Sehr scharf ist diese Vorstellung neuerdings von Macleod (vgl. den Art. Credit in seinem Wörterbuch I. B. 1863, sowie seine Theorie und Praxis des Bankwesens 1855—56) ausgeprägt worden. Dieser um eine recht genaue und deutliche Auseinandersetzung einzelner Seiten des Bankwesens verdiente Schriftsteller erklärt es für den unheilvollsten Irrthum und für den intellectuellen Grund aller phantastischen, auf eine Organisation des Zettelcredits gegründeten Hoffnungen, wenn von vornherein angenommen wird, der Grund und Boden und was mit ihm zusammenhängt, könne eine Garantie von papiernen Werthzeichen sein. Diese Ansicht Macleod's lässt sich auch dadurch ausdrücken, dass man sagt, der Grund und Boden könne nicht ausgemünzt werden. Der Werth des Grund und Bodens kann, würden wir am liebsten sagen, niemals zum Zahlungsmittel umgeschaffen werden. Woher soll denn nun aber die reale Garantie für die Currency kommen, deren man so sehr bedarf?

Wir müssen, bevor wir weiter schliessen können, erst hinter den tieferen Grund kommen, aus welchem es unmöglich ist, das Naturaleigenthum in seiner Gesammtheit zur Gewährleistung von Creditzeichen zu gebrauchen. Es ist nämlich gar nicht einmal wahr, dass eine Realgarantie der Umlaufsmittel im Wege der Fundirung auf Naturaleigenthum ganz unmöglich sei. In einem gewissen Maass und mit einigen Beschränkungen ist sogar diese Art von Garantie der Fall der Wirklichkeit. So unvollkommen auch noch das Currencysystem ausgebildet ist, so sind die Hypothekenbanken und überhaupt die Bodencreditanstalten zum Theil schon erhebliche Bindeglieder des dauernden und des mehr augenblicklichen Credits. Was aber niemals ausgeführt werden kann, ist die Verwandlung aller Capitalwerthe in Zahlungsmittel. Wir können daher behaupten,

dass der auf kurze Intervalle berechnete Credit niemals auf die
eventuelle Flüssigmachung aller Stammwerthe gegründet werden
könne. Die Flüssigmachung des Bodenwerthes lässt sich stets nur
für einen Theil der Grundstücke gleichzeitig verwirklicht denken.
Diese Flüssigmachung hängt nicht blos von dem Vorhandensein
von Käufern, sondern auch von den Chancen des Verkaufs ab.
Was hilft es, wenn die plötzliche Nothwendigkeit massenhafter
unfreiwilliger Verkäufe den Preis der Grundstücke auf einige Pro-
cente des früheren Werthes reducirt? Jedenfalls muss stets eine
Anzahl von Leuten vorhanden sein, die im Stande sind, mit baaren
Mitteln zu kaufen, wenn überhaupt eine Flüssigmachung der Boden-
werthe statthaben soll. Nun ist es aber ganz undenkbar, dass die
verfügbaren, für den laufenden Umsatz bestimmten Zahlungsmittel
(versteht sich die nicht auf den Bodenwerth fundirten Creditzeichen)
den Betrag des Bodenwerthes erreichen oder auch nur ausreichen,
um den Rechtsübergang nach Maassgabe des früheren Werthes der
Grundstücke zu bewerkstelligen. Die natürliche Folge ist mithin
eine Entwerthung grade derjenigen Objecte, deren Eigenthümern
durch den Credit geholfen werden sollte.

Capital oder Stammwerthe einerseits und laufende Natural-
oder Geldleistungen andererseits müssen streng unterschieden werden, wenn ein Verständniss des wirklichen Creditsystems und der
möglichen Ausdehnungen desselben vermittelt werden soll. Die entscheidende Frage, die man mit der nöthigen Allgemeinheit bisher
noch nicht einmal gestellt, geschweige beantwortet hat, ist folgende:
Kann der Credit, welcher der Vermittlung der Circulation dient,
auf Stammwerthe gegründet werden? Aller Credit bezieht sich
wesentlich auf Leistungen, von denen eine immer an die Stelle
einer andern treten und so die Bewegung des volkswirthschaftlichen
Kreislaufs weiter treiben soll. Der Gegenstand der Erwartung ist
das regelmässige Eintreffen und pünktliche Ineinandergreifen der
Leistungen. Die Stammwerthe haben nun ihrer Natur nach eine
gewisse Unbeweglichkeit. Sie repräsentiren eine ganze Reihe von
Leistungen, deren Anticipation sie sind. Die formale Werthcapitali-
sirung des Grund und Bodens und der dauernden natürlichen Quellen
periodischer Naturalleistungen ist ja eben Nichts als eine Vorwegnahme

der ganzen sich erst in der Zukunft entwickelnden Abfolge von
Nutzungen. Das volkswirthschaftliche Circulationssystem bezieht
sich nun aber doch nur auf die wirklich eintreffenden Leistungen.
Innerhalb einer gewissen Zeit vollzieht sich ein Umlauf, und was
über diese Zeit hinausliegt, kann als Befriedigungsmittel der Natu-
ralbedürfnisse nicht eingreifen. Wollen wir uns noch genauer ausdrücken, so müssen wir zwischen einer Werthcirculation und einer
Naturalcirculation unterscheiden. Der Umlauf der Naturalleistungen
ist, wie gesagt, innerhalb einer gewissen Zeit nothwendig, und
selbst die abnormen und daher seltenen, lange andauernden Aufspeicherungen beeinträchtigen die Wahrheit dieses Satzes keineswegs. Alles Vertrauen beruht seinen natürlichen Grundlagen nach
auf einer Veranschlagung des Mechanismus der in einander greifenden, durch die Currency vermittelten Naturalleistungen.

Nun besteht aber ein wesentlicher Unterschied zwischen dem
Capitalwerth eines naturalen Verfügungsrechtes (z. B. des Grund-
eigenthums) und zwischen den Werthen der periodischen Erträge.
In einer gegebenen kürzeren Frist sind offenbar nur Naturalleistungen von solcher Grösse disponibel, wie sie nicht dem Capitalwerth, sondern dem Werth des laufenden Capitalgewinns und bisweilen sogar nur dem Zins entspricht. Der landwirthschaftliche
Jahresertrag sowie eine beliebige Leistung der eigentlich industriellen Production oder des Handels, welche einer kürzeren Frist
correspondirt, ist regelmässig dem Werthe nach nur ein mässiger
Bruchtheil desjenigen Stammwerthes, der als Basis der Erzeugung
dient. Der Capitalwerth eines Landgutes kann daher der Regel
nach nicht in den Verkehr der kürzeren Frist eingehen. Er kann
seiner Natur nach nicht dem schnelleren Umlauf d. h. nicht dem
Umlauf von kürzerer Periode dienstbar werden. Ganz deutlich
wird dieser Sachverhalt, wenn man vom Gelde absieht und unserer
oft erprobten Methode gemäss eine Naturalbetrachtung anstellt.
Die natürlichen Leistungen (im Gegensatz der Geldleistungen) sind
nur nach Maassgabe des Zeitverlaufs zu vollziehen. Der landwirthschaftliche Grundeigenthümer ist Rechtsinhaber in Beziehung auf
die unbegrenzte Reihe von Nutzungen und Erträgen die er dem
Boden von Ernte zu Ernte abgewinnt. Allein er besitzt keinen

Zauber, vermöge dessen er das Künftige nach Belieben gegenwärtig machen und mit seinen späteren Productionen in natura in die jeweilige Circulation der Realleistungen, also der Lieferung von Lebensbedürfnissen eingreifen könnte. In letzter Instanz beruht nun aber der Mechanismus des volkswirthschaftlichen Naturalumlaufs auf einer Zeitrechnung. Das richtige Ineinandergreifen der Leistungen ist hauptsächlich von deren Rechtzeitigkeit und von dem absoluten Zeitpunkt ihres Eintreffens abhängig. Wie soll es nun wohl möglich sein, bezüglich der natürlichen Leistungen (im Gegensatz der blossen Anweisungen auf weit hinausliegende künftige Leistungen) das, was dem Wesen der Sache nach so zu sagen eine lange Strecke der als Linie vorgestellten Zeit erfüllen muss, in einen kleinen Theil dieser Zeit zusammenzudrängen? Ein solches Verlangen wäre absurd, und dennoch wird es stillschweigend von allen denen gestellt, die sich einbilden, die Currency könne ein Gegenwerth der natürlichen Stamm- oder Capitalwerthe sein. Der Credit im weitesten Sinne des Worts bezieht sich, wie nicht oft genug wiederholt werden kann, auf die Erwartung von Leistungen. Diese Leistungen sind ihrem wesentlichen Inhalt nach und in letzter Instanz stets Lieferungen von sachlichen Gegenständen oder von Thätigkeiten, und der ganze Inbegriff der Zahlungsmittel, also die ganze Currency kann keine andere Aufgabe haben, als diese natürlichen Leistungen mit einander zu vermitteln und so im Umlauf zu erhalten. Es giebt einerseits specifische Naturalleistungen und andererseits mehr oder minder allgemeine Anweisungen auf solche Leistungen. Das System dieser Anweisungen ist das Creditsystem in der weitesten Fassung des Begriffs. Nehme ich eine solche Anweisung anstatt eines speciellen Gegenstandes, so ist meine Naturalbefriedigung verschoben. Ich bin nur in den Stand gesetzt, die blosse Möglichkeit der Leistung zur Wirklichkeit zu machen und mein abstractes Werthrecht in das Recht an einer bestimmten Sache zu verwandeln oder gegen einen bestimmten Dienst umzusetzen. Es ist hiernach ganz offenbar, dass sich die Zahlungsmittel nicht nach den capitalisirten Stammwerthen, sondern nach den in den kürzesten Fristen umlaufenden Werthen, dem sogenannten umlaufenden Capital zu richten haben.

Die Erwartung einer Leistung darf in zeitlicher Beziehung keinen Widerspruch einschliessen. Letzteres würde aber der Fall sein, wenn man den der Circulation von kürzester Periode dienstbaren Credit auf das Eintreffen von Leistungen gründen wollte, die ihrer Natur nach erst im weiteren Verlauf der Zeit gemacht werden können.

Dieselbe Untersuchung, welche uns gelehrt hat, dass aller Credit ein System von Leistungen im Auge habe, die sich in bestimmten Zeitintervallen verwirklichen, kann uns nun aber auch begreiflich machen, wie es allerdings angehe, den Credit auf ganze Reihen von Leistungen, die erst von den folgenden Generationen erwartet werden, auszudehnen und so ein System von Verbindlichkeiten und Forderungen zu schaffen, deren Wesen darin besteht, sich erst in langen Zeiträumen und stets allmälig auszugleichen und umzusetzen. Die Zeit ist nicht blos im Allgemeinen, sondern auch ihrer bestimmten Dauer nach für Wesen und Arten des Credits maassgebend. Die Fristen der Credite sind, wie der Geschäftsmann sehr wohl weiss, die wichtigste Bestimmung. Aber auch ausser dem Bereich der Handels- und Geschäftscredite ist die Periode das Entscheidende. Man kann das gesammte Creditsystem gar nicht begreifen, wenn man nicht bedenkt, dass sich die äussersten Enden desselben wesentlich dadurch unterscheiden, dass es sich in dem einen Fall um kürzeste Fristen, in dem andern aber um längste Perioden handelt. Das Creditsystem ist völlig einheitlich und umfasst den Hypothekencredit, sowie die öffentlichen Anleihen an dem einen, und den Banknoten- sowie Geldcredit an dem andern Extrem der Stufenleiter. Die verschiedenen Gattungen sind wesentlich von der Zeitbestimmung abhängig. Der fixe Credit hat streng genommen nur die Bestimmung, auf unbegrenzte Zeit gewährt zu werden. Er kann mit einem Rentenkauf verglichen werden, sobald, was freilich aus nicht hierher gehörigen Gründen nur annähernd geschieht, auf die Rückerstattung des Stammwerthes thatsächlich verzichtet wird. Mit demselben Recht, mit welchem man fixes und umlaufendes Capital unterschieden hat, kann man auch fixen und umlaufenden Credit unterscheiden. Dennoch bleibt ein wesentlicher Formunterschied zwischen dem Kauf einer

Reihe periodischer Leistungen für eine einmalige vorangehende
Gegenleistung und dem stets, wenn auch in langen Fristen tilg-
baren Darlehn. Thatsächlich und abgesehen von der juristischen
Form ist freilich der öffentliche Credit etwas ins Unbegrenzte
Dauerndes. Die Amortisation ist wesentlich; aber es treten an die
Stelle der amortisirten Anleihen immer wieder neue, so dass auch
hier eine, wenn auch in sehr langsamen Umläufen vollzogene Bewegung und mithin eine eigentliche Circulation vorhanden ist. Etwas
thatsächlich Stehendes und Bleibendes ist diesen Crediten wesentlich. Eine höher entwickelte Volkswirthschaft kann ohne sie gar
nicht gedacht werden. Nicht blos die Finanzwirthschaft des Staates,
sondern auch die rein gesellschaftliche Volkswirthschaft bedarf der
Anleihen. So kindisch es ist, zu meinen, der Grundbesitz könne
im Grossen und Ganzen schuldenfrei bleiben, ebenso einfältig würde
es sein, anzunehmen, die Staatswirthschaft könne ohne Anleihen
betrieben werden. Die Anleihen sind eine höhere Form des Credits; sie sind ein Triumph über die frühere zeitliche Beschränktheit aller Operationen. Sie sind die Form, in welcher eine über
die Zeit übergreifende wirthschaftliche Macht und Ordnung constituirt wird. Die Ausbildung des Anleihesystems wird daher den
Fortschritt der Volkswirthschaft begleiten. Nicht blos die gewöhnlichen Staatszwecke werden hiervon Nutzen haben; nicht blos die
eigentlichen Finanzzwecke werden in dieser Form gefördert werden.
Auch die Volkswirthschaft selbst wird nur durch Vermittlung
grossartiger und concentrirter Anleihen eine vollkommnere Gestalt
erhalten. Die Concentrirung der Werthcapitalien ist schon jetzt
das Mittel, grössere Unternehmungen möglich zu machen. Die
höchste Form dieser Concentrirung wird aber nur erreicht. indem
die Volkswirthschaft als ein Ganzes die Bürgschaft dieser colossalen Credite übernimmt. Letzteres kann nur dadurch geschehen,
dass sich über der Gesellschaft und in Trennung von derselben
gewisse allgemeine volkswirthschaftliche Functionen des Staates entwickeln. Auf diese Weise reift das Creditsystem den mächtigsten
Gestaltungen entgegen. Nur in dieser Richtung kann man im
eigentlichen Sinne des Worts von Organisationen des Credits reden.

6. Die Banken sind vorherrschend Werkzeuge des umlaufen-

den Credits, und wo sie, wie die Hypothekenbanken oder die ländlichen Creditinstitute den fixen Credit vermitteln, da ist doch stets
das Bedürfniss vorhanden, die beiden Enden des Creditsystems
gleichsam zusammenzufassen und ein gewisses Maass von Circulation auf die partielle und ausnahmsweise Umsetzbarkeit der Bo-
den- und sonstigen Stammwerthe zu gründen. Die letztere Möglichkeit beruht auf der durch den normalen Gang der Dinge gerecht-
fertigten Erwartung, dass nur ein geringer Bruchtheil der Stammwerthe in die Lage kommen kann, flüssig gemacht werden zu
müssen. Es kommt hier wie überhaupt in dem ganzen Creditsystem auf die Erwägung der absoluten und relativen Quantitäten
an. Unser kritisches Princip bewährt sich also in allen Richtungen.
Zunächst haben wir die Zeitintervalle betont; jetzt müssen wir den
Gegensatz zwischen partieller und totaler Nöthigung, das fixe Capital gegen circulirendes umzusetzen, sorgfältig unterscheiden.
Wahrscheinlichkeit ist ein schlechtes Wort, weil es immer den
Gedanken der Unbestimmtheit mit sich führt. Es ist ein Wort, das
vom Standpunkt des Individuum und seines Schicksals Bedeutung
hat. Die über die Schicksale der Individuen übergreifende Möglichkeit hat aber ihre festen Normen. Man denke an das sogenannte Gesetz der grossen Zahlen. Der Credit in seinen höheren
Formationen bleibt nicht individuell und schliesst daher eine Art
Versicherung gegen den Zufall ein, oder beugt vielmehr der Nothwendigkeit derselben vor.

Es kann stets nur ein verhältnissmässig geringer Theil des
fixirten Credits so zu sagen flüssig gemacht werden. Ja streng
genommen kann nicht einmal eine eigentliche Verwandlung von
fixem Credit in umlaufenden Credit vorgenommen werden. Was
wirklich geschieht, wenn z. B. Grundeigenthum zur Deckung von
Verbindlichkeiten verkauft wird, ist eine blosse Vertauschung. Ein
Element des fixen Credits wechselt nur den Creditgeber. An sich
selbst muss abgesehen von starken Entwerthungen der fixe Credit
bestehen bleiben. Ebenso kann der circulirende Credit nicht sofort
wie aus dem Nichts geschaffen werden. Wenigstens kann, abgesehen von ursprünglichen Creditgewährungen auf neu geschaffenen
volkswirthschaftlichen Grundlagen, auch der umlaufende Credit nur

das Subject wechseln. In den hier fraglichen Deckungen des circulirenden Credits durch fixen Credit kann also nur eine Vertauschung der Subjecte vor sich gehen, von welcher die Massen
des fixen und diejenige des umlaufenden Credits der Regel nach
nicht berührt werden. Nur wenn durch diese Translocationen erhebliche Entwerthungen eintreten, wird eine ganze Menge von
Forderungen in enorm gewachsenen Verhältnissen getilgt. Dieser
Fall tritt ja aber nur ein, wenn gegen die normale Möglichkeit
eine abnorme Gesammtversteigerung nothwendig wird. Alsdann
zeigt es sich, dass die Fundirung des umlaufenden Credits auf die
Verpfändung fixer Werthe nur insofern einen Sinn hat, als man
auf die exceptionelle Natur der einzelnen Nöthigungen zum Umsatz
jener fixen Werthe rechnen kann.

Die wichtigste und bis jetzt vorherrschende Formation des
Bankgeschäfts bezieht sich nun fast ausschliesslich auf den schnell
circulirenden Credit. Die Diskontobanken, die man sich in abstracter Weise allenfalls auch unabhängig vom Depositengeschäft
im engeren Sinne denken könnte, haben keinen anderen Zweck,
als die Wechselcredite in augenblicklich zur Verfügung stehende
Credite umzuwandeln, oder mit anderen Worten, allgemein umlaufende Credite zu vermitteln. Die Zeichen dieser allgemein umlaufenden Credite sind Banknoten u. dgl. Die Credite selbst, die
zur Circulation dieser Zeichen Veranlassung geben, stehen in den
Büchern der Bank und heissen Depositen, ein Ausdruck, der nicht
im juristischen Sinne des Depositum zu verstehen ist, obwohl er
natürlich auch für die eigentlichen Geldniederlegungen in Gebrauch
ist. Die Discontirung eines Wechsels kann durch blosse Credit-
eröffnung zum Betrage des Wechsels (nach Abzug des Disconto)
geschehen. Alsdann heisst dieser durch beliebige Anweisungen auf
die Bank realisirbare Credit ein Depositum. In Wahrheit ist dies
nun kein sachliches Depositum im Sinne des Römischen Rechts,
sondern geradezu die Ueberlassung einer Forderung, gegen welche
von Seiten der Bank eine Verbindlichkeit anderer Gattung eingegangen, d. h. eine Forderung von mehr flüssiger Natur gewährt
wird. Es ist hier nicht der Ort, die sehr natürliche Bewegung des
Begriffs- und Sprachgebrauchs bezüglich der Depositen zu erklären.

Dagegen ist es nöthig, besonders zu erinnern, dass das Wesen der Discontirung zwar nicht eigentliche Geldniederlegungen von Seiten des Publicums zur unerlässlichen Vorbedingung hat, wohl aber das Zettelwesen in irgend einer Form ganz natürlich mit sich bringt. Die Kluft zwischen Wechsel und Metallgeld muss ausgefüllt werden. Der auf sogenannte Wahrscheinlichkeiten oder vielmehr auf die Gesetze der normalen Möglichkeiten gegründete, im höchsten Maasse flüssige Credit ist ebenso berechtigt wie der Wechsel. Die jederzeit gegen eine Metallleistnng umsetzbaren Zettel verhalten sich zum Metall, wie der Wechsel zu dem Inbegriff der natürlich umlaufenden und durch abstracte Werthe auszugleichenden, in verschiedenartiger Weise periodisirten Realleistungen. Es würde ein Grad der Flüssigkeit des blossen Credits fehlen, wenn man von dem Zettelcredit absehen müsste. Die Auffassung der in Europa vorherrschenden Volkswirthschaftslehre ist den Noten mit Unrecht feindlich und führt, wie sich dies z. B. bei Cernuschi gezeigt hat, zu der reactionären und um ein paar Jahrhunderte zurückgreifenden Forderung, die vermeintliche Fälschung des Geldes dadurch abzuschaffen, dass man volle Deckung verlangt, d. h. die Noten in wahrhafte Quittungen für Metalldepositen umwandelt, oder mit anderen Worten, die eigentliche Banknote ganz und gar ächtet. Die Grundsätze des Freibeuterhandels werden hier ihrem Princip untreu. Die Erklärung dieser paradoxen Erscheinung würde uns hier zu weit führen.

Die Discontirung von Wechseln ist die Hauptfunction der gewöhnlichen Banken. Wir können hier auf die ursprünglichen sehr einseitigen und unvollkommnen Verrichtungen der verschiedenen Bankgattungen nicht eingehen. Sichere Aufbewahrung des Geldes gehört nicht in das Capitel vom Credit, ebenso wenig gehört hieher die blos mechanische Erleichterung von Zahlungen. Obwohl das Discontogeschäft ohne Notenemission betrieben werden und auch von Metalldepositen wenigstens dem abstracten Gedanken nach unabhängig vorgestellt werden kann, so gehören doch diese Functionen, da sie sich gegenseitig unterstützen, naturgemäss zusammen. Banken sind Knotenpunkte des Creditumlaufs. Sie müssen

daher alle Functionen vereinigen, deren Combination die Leichtig-
keit dieses Umlaufs befördert. Wir müssen uns hier des verfügbaren Raumes wegen sehr kurz
fassen. Der Credit vollendet sich nur in einer gewissen Concen-
trirung seiner Organe. Banken sind Vermittler des Credits, welchen das Publicum sich durch diese Organe gewährt. Die Grundlage des durch die Bank gewährten Credits ist nur zu einem Theil
in den Mitteln derselben zu suchen. Zu einem andern Theil hat
dieser Credit seine Quelle im Publicum, und die Function der
Bank besteht nur in der organischen Vermittlung desselben. Die
Banken sind daher Institutionen, die weit mehr als subjective Ver-
kehrsvermittler, denn als Disponenten über eigne Capitalien in
das Creditsystem eingreifen. Hieraus folgt denn auch, dass man
sich zu hüten habe, die Forderungen der Centralisten dieses Gebiets von vornherein als blinde Parteinahme für die Privilegien
der grossen Staatsbanken auszulegen. Wenn irgendwo eine einheitliche Organisation die Zukunft für sich hat, so ist dies im Gebiete der bankmässigen Vermittlung des Credits der Fall. Auch
würde die natürliche Gravitation der Capital- und Creditkräfte
grade unter Voraussetzung einer völlig freien Concurrenz des
Bankgeschäfts sehr bald zu Centralisationen und natürlichen Monopolen führen. Die grosse Creditmacht würde die kleineren Kräfte
bewältigen. Es würde der Credit im grossen Stile ebenso triumphiren, wie das grosse Capital. Ein Institut würde innerhalb
einer politisch wirthschaftlich abgeschlossenen Gruppe doch bald
das Vorherrschende werden. Die natürlichen Monopole sind nun
einmal das Ergebniss der schrankenlosen Bethätigung der freien
Concurrenz. Man schliesse jedoch nicht aus historischen Gestaltungen; denn diese sind nie das Ergebniss einer völlig ungebun-
denen Ausbeutungsfreiheit gewesen.

Allgemeine staatliche Functionen werden nirgend mehr eingreifen und die einzelnen Gestaltungen so zu beherrschen und zu
concentriren haben, als grade im Gebiet des Bankwesens und überhaupt aller Creditvermittlung. Die Streitfragen über Freiheit der
Notenemission, beschränkte Haftbarkeit, Ausdehnung des Depositen-
geschäfts, Concentration und Vereinzelung u. s. w. können hier

nicht erledigt werden. Ich verweise in dieser Beziehung auf meine
Abhandlung bezüglich der Careyschen Lehren über Banken und
Geld (Berlin Eichhoff 1866).

Der Gesichtspunkt einer gewissen Vormundschaft war früher mit
Recht maassgebend, wenn es sich darum handelte, das Publicum gegen
Schädigungen und Ausbeutungen von Seiten der Banken zu sichern.
Die kenntnisslose Menge musste gegen den Missbrauch der gesellschaftlichen Creditoperationen geschützt werden. Gegenwärtig, da
wir uns so gern einbilden, dass der Selbstschutz durch die bessere
Einsicht gewährleistet sei, ist jedoch an Etwas zu erinnern, was
gar nicht mit dem bevormundenden Geiste zusammenhängt und
nie in Wegfall kommen kann. Das Publicum bedarf zur Ausübung einer jeden Controle, die nicht durch das Individuum selbst
geschehen kann, öffentlicher Organe. So wenig es durchschnittlich
im Stande ist, die Fähigkeit eines Lehrers irgend einer Wissenschaft unmittelbar und ohne organische, sei es gesellschaftliche,
corporative oder staatliche Hülfe zu prüfen, ebenso wenig vermag
es, sich ohne Weiteres über die Creditinstitute und noch weniger
über deren ganzen Zusammenhang ein ausreichendes Urtheil zu
bilden. Die beste Einsicht, die etwa durch gesellschaftliche Gruppen
repräsentirt und durch Vereine zu einem annähernd organischen
Ausdruck gebracht werden möchte, würde an der praktischen
Uebung der Controle scheitern. Einsicht ist allein nicht genügend;
eine gewisse Nöthigung zu einem verhältnissmässig offenen Geschäftsbetriebe würde gar nicht zu entbehren sein. Diese Nöthigung, eine praktische Controle zu dulden, kann aber nur von dem
Gemeinwesen selbst auferlegt werden. Ferner ist blosse Controle
gar nicht genügend; eine einheitliche Verwaltung kann nur durch
einheitliche Gestaltung des Willens vermittelt werden. Die über
den Einzelwillen übergreifende Macht, die Macht, durch welche ein
allgemein bindendes Creditrecht ausgebildet und gewährleistet werden kann, ist aber einzig und allein das politische Gemeinwesen
als solches, d. h. in letzter Instanz der Staat und über diesen hinaus nur noch in sehr unvollkommner Weise die bindende Kraft
der internationalen Verträge. Das Creditsystem hat daher eine
Zukunft, in welcher die organisirende einheitliche Macht des öffent-

lichen Willens eine Rolle spielen wird. Die Einwirkung dieses öffentlichen Willens, die man politisch nennen muss, und die erst zu einer eigentlich politischen Oekonomie führt, wird sich aber, wie aus den bisherigen Andeutungen schon ersichtlich sein muss, nicht etwa auf blosse Gesetzgebung im engern Sinne, sondern auch auf die Verwaltung und deren Controle erstrecken müssen. Die staatliche Volkswirthschaft wird bei der weiteren Organisation des Credits den Anfang zu machen und dieselbe ebenso wie das Münz-, Maass- und Gewichtswesen zu concentriren haben.

Viertes Capitel.
Verrichtungen des Geldes.

1. In der Europäischen Oekonomie waltet seit A. Smith die Neigung vor, die Bedeutung der Geldmenge zu verkennen und das absolute Quantum der edlen Metalle für gleichgültig zu halten. Das achtzehnte Jahrhundert hat uns durch Adam Smith den höchst einseitigen und in seiner Einseitigkeit gradezu falschen Gedanken überliefert, die Geltung des Geldes beruhe auf willkürlicher Ueber-einkunft. Dieser oberflächliche Conventionalismus, der in andern Gebieten (z. B. was die Rechtsinstitutionen betrifft) theils durch die geschichtliche, theils durch die empirische Anschauung, sowie auch durch eine tiefere Speculation überwunden worden ist, herrscht noch heute in der Geldtheorie. Noch immer geht man davon aus, dass die absolute Quantität der edlen Metalle in der Hauptsache gleichgültig sei, oder dass gar die Vermehrung dieser Quantität unnütze Unbequemlichkeiten in den Zahlungen veranlassen könnte. Man verfährt in dieser Beziehung offenbar zu abstract; man hält das Metallgeld ganz einseitig für ein blosses Mittel, Verbindlich-keiten gegen einander auszuwechseln. Noch immer behauptet sich die alte Lieblingsidee, als wenn ein blosses Creditsystem die Ver-richtungen des Geldes ersetzen könnte. Auf der anderen Seite wehrt man sich wieder gegen die Freiheit der Ausgabe von Werth-

zeichen, und dieser wunderliche Widerspruch rechtfertigt in der
That die Aeusserung Careys, dass es ein ganz vergebliches Unternehmen sei, in den Ansichten Ad. Smiths über das Geld Consequenz zu suchen.

Carey hat der heutigen Theorie nachgewiesen, dass sie von
der Bedeutung der absoluten Quantität, die an edlen Metallen in
einem Wirthschaftskreise festgehalten wird, Nichts begreift, sondern grade im Gegentheil in den vollsten Widerspruch mit den
Thatsachen tritt. Die Ideen des sogenannten Mercantilsystems waren
um nichts weniger einseitig, als die gegenwärtig vorherrschenden
Lehren. Hatte jenes System die Menge des edlen Metalls in ihren
Wirkungen überschätzt, so sind die heutigen Ansichten nach der
andern Seite hin noch weiter von der Wahrheit entfernt, indem
sie die Bedeutung der Metallmenge nicht etwa blos unterschätzen,
sondern gradezu missverstehen. Diese von Ad. Smith entlehnten
Ansichten haben keine Ahnung von der Rolle, welche die absoluten
Quantitäten der edlen Metalle in der Wirthschaftsgeschichte spielen
müssen. Sie fussen fortwährend auf der vermeintlichen Ersetzbar-
keit des Metalls durch Werthzeichen. Sie verleugnen in ihrer
ideologischen Haltung alle empirische Nothwendigkeit. Der tiefere
Grund dieser Verirrungen der Anschauungsweise ist das Missverständniss derjenigen Werthzeichen, die wirklich im Verkehr gleich
dem Metallgelde volle Geltung haben.

Man kennt aus der Erfahrung ein System der Tauschvermitt-
lung im Wege blosser Werthzeichen, d. h. blosser Anweisungen
auf Werthe. Man übersieht nun in Gedanken die reale Grundlage
dieser Creditzeichen, oder verkennt, wo man diese Grundlage auch
sonst richtig bezeichnet, die Unentbehrlichkeit der vermittelnden
Rolle, welche das Metall oder in weniger entwickelten Zuständen
irgend eine andere Waare spielt. Man construirt sich ein Tausch-
system in abstracten Werthen und auf Grundlage von blossen
Werthzeichen, ohne zu bedenken, dass das Mittelglied, nämlich
das Metall, niemals ausgemerzt werden kann. Der Werth des
Geldes beruht nicht auf einer willkürlichen Convention, sondern
auf einer natürlichen und geschichtlichen Nothwendigkeit, die sich

freilich nicht so leicht begreift, wie die hier bekämpften Theoretiker vielleicht annehmen möchten.

2. Es giebt mehrere Umstände, von denen die falschen Theorien über das Geld begleitet zu sein pflegen. Erstens ist die Vergleichung des Geldsystems mit einem blossen Markensystem der gewöhnliche Ausdruck des zu Grunde liegenden Cardinalirrthums. Ferner ist auch noch auf Seiten der falschen Theorie die Behauptung gebräuchlich, die Vermehrung des Metallgeldes in der Tasche eines Jeden, etwa auf das doppelte, würde keine Veränderung in den Tauschbedingungen hervorbringen. Die Preise würden sich vielmehr ebenfalls in allen Richtungen verdoppeln. Endlich ist auch noch die stillschweigende Voraussetzung zu erwähnen, derzufolge die Preise der Waaren zu dem Geldvorrath in dem ganz einfachen Verhältniss der Proportionalität stehen sollen. Nach dieser falschen Annahme würde eine Verdopplung des verfügbaren Geld-vorraths auch eine Verdopplung aller Preise mit sich bringen.

Was zunächst die Vergleichung des Geldsystems mit einem willkürlich eingerichteten Markenverkehr betrifft, so hat jede Marke ihre Bedeutung nur durch die Naturalleistung, auf welche sie Anweisung ertheilt. Die Marke hat keinen eignen Werth oder wenigstens keinen solchen, der in Betracht käme. Sie ist selbst keine Waare, die um' ihrer natürlichen Eigenschaften willen geschätzt wird. Ihre ganze Bedeutung geht in ihrer Bestimmung auf. Ihr Zweck und mithin der Umstand, dass sie eine Anweisung auf eine bestimmte Leistung ist, entscheidet über ihren Werth. Sie hat den Grund ihres Werthes gänzlich ausser sich selbst. Der Werth ist ihr durch fremde Bestimmung, um nicht zu sagen Willkür, erst mitgetheilt worden. Sie ist ein rein conventionelles Werthzeichen. Die Uebereinkunft oder auch die einseitige Willkür hat ihr den Werth gleich dem Stempel aufgedrückt. Die Marke an sich selbst ist nur die Urkunde eines Willensactes oder einer Vereinbarung, das Stückchen Pappe mit dem darauf befindlichen Vermerk als das Erkennungszeichen einer Verbindlichkeit gelten zu lassen. Die Vermehrung solcher Marken kann man sich nun gar nicht anders als wiederum durch Convention oder aber im Wege der Fälschung denken. Der letzte Fall geht uns hier Nichts an. Der erstere

Fall kann aber nie eintreten, ohne dass die contrahirenden Theile ihre Zustimmung geben, oder dass eine ganz neue Festsetzung des Tauschmodus beliebt wird. Die ursprüngliche Bestimmung setzte die Marke in eine feste Beziehung zu einer Naturalleistung. Vermehrt man den Fond, aus welchem die Naturalleistungen zu geschehen haben, so kann man auch die Anweisungen auf diesen Fond vermehren und alle an den ausgegebenen Marken haftenden Verbindlichkeiten später vollständig erfüllen. Die Grenzen der Leistungsfähigkeit sind auch die Grenzen der Ausgabe von Marken. Eine Vermehrung der Marken kann also unterhalb einer gewissen Maximalgrenze ohne irgend welchen Einfluss auf die Bedeutung der Marken vorgenommen werden. Ja es ist überhaupt thöricht, die Vermehrung der Marken im ordentlichen Wege mit einer Veränderung ihres Werths in Beziehung zu denken. Beliebt es aber, zwei Stücke statt eines als Anweisung auf dieselbe Naturalleistung auszugeben, so sind natürlich diese zwei Marken dieser Festsetzung zufolge jede nur halb so viel werth, als früher die eine. In Wahrheit hat aber nur eine Theilung der Naturalleistung stattgefunden, und es ist ganz ungehörig, zu sagen, der Werth der ursprünglichen Marke sei auf die Hälfte gesunken. Diese ursprüngliche Marke ist mit der neuen Halbmarke ja gar nicht identisch. Woher soll auch die Identität kommen, da die Marke an sich selbst gar keinen Werth hat und da der Werth, den sie repräsentirt, eben der Werth jener Naturalleistung war, die selbst gar keine Werthänderung erfahren hat? Eine Forderung als solche kann eine Werthminderung erfahren; allein es ist ja gar nicht vorausgesetzt worden, dass die von einer Marke repräsentirte Forderung zum Theil unrealisirbar, d. h. schlecht geworden sei. Nur in diesem einzigen Falle würde man sagen können, die Marke habe an Werth verloren. Die Marke ist das blosse Merkzeichen einer Forderung. Das Schicksal des Merkzeichens ist nun aber doch offenbar ganz ohne Einfluss auf den repräsentirten Werth. Die Vermehrung der Merkzeichen kann nur dann eine Kürzung der Forderungen einschliessen, wenn der Betrag jeder einzelnen Forderung erst durch die Anzahl der ausgegebenen Merkzeichen selbst festgesetzt werden soll. Alsdann hat aber vorher noch gar kein bestimmter Werth der Marke bestanden; er ist gar nicht individuell festgesetzt, sondern von der Theilung einer Gesammtleistung abhängig gemacht worden. In diesem Fall haben wir wiederum keine Analogie des Geldes, wie denn überhaupt die ganze Voraussetzung der Willkürlichkeit der Werthbestimmung der Hauptpunkt ist, bei welchem sich die Irrthümlichkeit der Vergleichung am klarsten herausstellt:

Grade weil wir selbst das Geld als eine Anweisung Aller auf Alle kennzeichnen, müssen wir uns gegen die Trugschlüsse verwahren, die aus der Vergleichung mit einem Markensystem hervorgehen. Das Creditgeld oder mit anderen Worten das Geld, welches in blossen Werthzeichen besteht und daher ohne eignen inneren dem Stoff in einem gewissen Maass anhaftenden Werth ist, hat zu jener falschen Betrachtungsart Veranlassung gegeben und auf der einen Seite ungenaue Ideen über die Tragweite des Credits, auf der anderen Seite aber beschränkte Ideen über die Rolle der edlen Metalle erzeugt. Jedes Werthzeichen stellt eine Forderung vor und zwar eine Forderung, die sich der Ordnung gemäss irgend einmal realisiren muss. Das Werthzeichen ist eine Anweisung auf die Gesellschaft; es repräsentirt eine, wenn auch ganz abstracte und daher variable Verbindlichkeit. Allein ein solches Werthzeichen (wie z. B. die Banknote) kann gar nicht gedacht werden, so lange es an einer sachlichen Basis fehlt, d. h. an einem Gegenstande, welcher nicht nur eignen Werth hat, sondern auch vermöge seiner eigenthümlichen Natur geeignet ist, einen Werth abzugeben, den man allgemein gelten lässt. Dieser Gegenstand muss eine Waare sein, die einerseits um ihrer selbst willen gesucht wird und andererseits auch noch die Eigenschaft hat, selbst in dem Falle annehmbar zu erscheinen, in welchem man derselben unmittelbar nicht bedarf. Diese Waare muss gleichsam das Vertrauen einflössen, es werde sie Jedermann selbst dann nehmen, wenn er sie nicht unmittelbar gebraucht. Eine solche Erwartung kann sich an eine Waare aber nur dann knüpfen, wenn sie einen allgemein gesuchten Vermögensbestandtheil bildet, wenn sie also z. B. wie das Vieh bei vorherrschend Viehzucht treibenden Völkern das hauptsächliche Bestandstück des Besitzes ausmacht.

Alsdann concentriren sich alle Wünsche auf den Besitz dieser
Waare, und sie wird selbst über den jeweiligen Bedarf der Einzel-
wirthschaft hinaus gern angenommen, insofern sich mit Bestimmtheit erwarten lässt, es würden sich stets Leute finden, welche diese
Waare als Zahlung gegen andere Artikel gelten lassen. Dieses
Geltenlassen einer Waare als des allgemeinen Ausgleichungsmittels
ist nun aber kein Act der Willkür, kein beliebiger Entschluss und
daher keine Convention im Sinne der Anschauungsweise des achtzehnten Jahrhunderts. Dieses Geltenlassen hat einen sachlichen
Grund, der nicht nur ausserhalb der menschlichen Willkür, sondern auch über derselben wirksam und für dieselbe maassgebend
ist. Andernfalls würde nur ein logischer Cirkel verwirklicht zu
sein scheinen. Denn die Erwartung, dass ein Anderer die Waare
auch über den unmittelbaren Bedarf hinaus annehmen werde, muss
bessere Garantien haben als die blosse Willkür und das reine Belieben. Die Person, die in dieser Weise auf das Verhalten Anderer
rechnet, ist ja selbst ein Element, dessen Verhalten und Willens-
bestimmung in Betracht kommt. Auf das Verhalten der Andern
zu rechnen, ohne eine objective Bürgschaft für dieses Verhalten zu
haben, wäre ein logischer Cirkel, da man ja selbst für die Uebrigen
auch ein Anderer ist. Es kann daher das Princip des eignen Verhaltens nicht in der fremden Willkür, sondern nur in einem Antrieb und in einer Nöthigung gesucht werden, die sich über Alle
und mithin auch über die eigne Willkür erstreckt. Die Beschaffenheit der Waare ist daher die natürliche Ursache der allgemeinen Uebereinstimmung, dieselbe als Zahlungsmittel gelten zu lassen, d. h.
ihr eine Bestimmung beizulegen, welche über ihren unmittelbaren
Gebrauchswerth hinausreicht. Die Waare gelangt zu dieser abstracten Function durch die principale Rolle, die sie als Bestandstück des Besitzes spielt, und durch die besonderen Eigenschaften,
welche sie ausserdem zu dieser Verrichtung besonders geeignet
machen. Ich habe in dieser Schrift keine Veranlassung, unbestritttne
Gemeinplätze zu wiederholen, und rede daher nicht weiter von den
besonderen Eigenschaften der edlen Metalle. Was aber die interessante Doppelheit dieser Metalle anbetrifft, so kann die Entscheidung über die Währung, d. h. über das principale Geltenlassen

des einen der beiden Metalle offenbar nur von dem Verkehr selbst naturgemäss getroffen werden. Ein Act der Gesetzgebung darf höchstens das zur formal vollendeten Thatsache machen, was bereits vorher durch die natürliche Entwicklung des Verkehrs und seiner Bedürfnisse die vorwaltende Regel geworden ist.

In dem Uebergang von der Silberwährung zur Goldwährung, die von England aus und vom Freibeuterhandel befürwortet wird, liegt eine grosse Gefahr für die nationale Unabhängigkeit. Doch gestattet uns hier der beschränkte Raum kein näheres Eingehen auf die Bedenklichkeit eines verfrühten Ueberganges zur Goldwährung oder überhaupt zu einer international einheitlichen Währung. Carey ist einwenig in die Parteimotive eingedrungen, welche die Oekonomie des Freibeuterhandels zur Empfehlung der Goldwährung treiben. Die Convention soll auch in diesem Punkt allmächtig sein, und es soll die gesetzgeberische Willkür an die Stelle der naturgemässen Verhältnisse gesetzt werden. Die Theoretiker der hier gemeinten Art verfallen in denselben Fehler, den sie bei ihren Gegnern, den Socialisten, so gern verspotten. Sie erwarten von der Gesetzgebung eine naturwidrige Hülfe, durch welche sie glauben, das Silber zu einer blossen Scheidemünze herabdrücken zu können. Nun kann aber keine Macht der Erde die natürlichen Verhältnisse ändern. Beide Metalle haben die Eigenschaften, welche dieselben zu einem allgemeinen, durch die ganze Welt gültigen Zahlungsmittel machen. Eine natürliche Differenz ist zwischen ihnen freilich vorhanden; aber die Gesetzgebung geht bereits zu weit, wenn sie das eine Metall auf Kosten des andern zum gerichtlich geschützten Zahlungsmittel macht und so ein künstliches in der Natur der Sache nicht begründetes Privilegium schafft. Merkwürdig ist es, dass grade diejenigen die Künste der conventionellen Gesetzgebung anrufen, die sich so gern gegen eine Papierwährung sträuben. Das Verhältniss des Werthes von Gold und Silber kann wesentlich nur durch den Verkehr selbst bestimmt, alsdann aber allerdings von den Regierungen unter Umständen annähernd fixirt werden. Richtet sich aber letxtere Fixirung nicht nach den maassgebenden Bestimmungen des Verkehrs, so ist sie ohnmächtig. Ueberhaupt kann diese Fixirung nur über kleine Variationen triumphiren. Jedes Münzsystem kommt in den Fall, eine solche Fixirung vornehmen zu müssen, und die annähernde Constanz des Werthverhältnisses der beiden Metalle ist eine der am meisten zum Nachdenken anregenden Erscheinungen. Diese verhältnissmässige Beständigkeit beweist auch für die annähernde Constanz in dem eignen Werth jedes der beiden Metalle. Die Vermehrung ihrer beiderseitigen Quantitäten ist offenbar nicht gleichmässig gewesen; aber das Californische Gold ist ohne erheblichen Einfluss auf das Werthverhältniss geblieben. Wenn irgend etwas gegen die herrschenden Theorien des Conventionalismus Einspruch thut, so ist es diese natürliche Constanz der Werthverhältnisse. Man irrt sich, wenn man glaubt, die Naturgrundlagen der Geltung der edlen Metalle durch die Macht der Gesetzgebung wandeln zu können. Die Gesetzgebung hat allerdings auf die Ausbildung des Creditsystems entscheidenden Einfluss, aber dieses Creditsystem bezieht sich stets auf eventuelle Metallleistungen und wurzelt in dieser Beziehung im Gebiet der objectiv geregelten Nothwendigkeit. Uebrigens ist es auch abgesehen von den Metallleistungen kein System der Willkür, sondern findet seine Normen im Gebiet der Naturalleistungen. Die Sphäre der Naturalleistungen und diejenige des blossen Creditumlaufs können nun aber nicht ohne das Fundament der Metallcirculation mit einander vermittelt werden. Der Conventionalismus glaubt, dass sich das sociale Getriebe auch ohne edle Metalle hätte entwickeln können. Der Conventionalismus glaubt, dass man die wirthschaftliche Ordnung in einer vollendeteren Entwicklung auch als ohne die edlen Metalle zu Stande gekommen vorstellen könne. Dies ist der Cardinalirrthum, der alle Schlüsse über das Wesen des Geldes fälscht. Carey hat das grosse Verdienst, die edlen Metalle in einer objectiveren Weise gewürdigt und auf die Wesentlichkeit derselben für die Entwicklung des Verkehrs hingewiesen zu haben. Jeder Verkehrskreis hält von denselben in dem Maasse fest, in welchem die wirthschaftliche Gliederung entwickelt ist. Daher findet sich denn auch der den Gegnern als völlig paradox geltende Satz, dass der naturgemässe Papiergeldverkehr von einer grösseren Kraft, die Metalle festzuhalten, begleitet ist, durch die einfachsten und allgemein zugänglichsten Thatsachen gerechtfertigt.

In dem Maasse, in welchem eine Volkswirthschaft entwickelt ist und daher auch ein ausgebildeteres Credit- und Werthzeichensystem besitzt, hält sie auch im Vergleich mit weniger entwickelten Nationen eine grössere absolute Quantität edlen Metalls in ihrer Circulation fest. Das Metall geht dahin, wo es die grösste Verwendbarkeit hat und seine Functionen als Geld am besten verrichten kann. Dies ist übrigens auch mit allen Arten von Capital der Fall. Dies Gesetz der organischen Anziehung greift über das mechanische Gesetz der atomistischen Concurrenz hinaus und modificirt das letztere in der bedeutsamsten Weise. Es ist mithin ganz unmöglich, aus dem rein mechanischen Gesetz der nur atomistischen Concurrenz richtig zu schliessen, wenn man nicht zugleich die organischen Attractionen in Rechnung bringt. Die Möglichkeit, die nothwendigen edlen Metalle in einem Verkehrsgebiet festzuhalten, beruht auf dessen wirthschaftlicher Entwicklung. Keine Macht kann die in der Circulation durch das Bedürfniss derselben festgelegten Metalle willkürlich entziehen; nur ein naturwidriges Papiersystem, aber nicht die in den dem Bedürfniss entsprechenden Grenzen gehaltene Werthzeichencirculation ist hierzu im Stande. Im Gegentheil ist die letztere grade das Mittel, die Functionen des Metalls zu vervollkommnen und so der Metallbasis eine immer entscheidendere Bedeutung zu ertheilen. Nicht das Metall wird entbehrlich gemacht und gleichsam frei gelassen, um in alle Welt zu gehen, sondern die Functionen, zu denen das vorhandene Metall ohne weitere Ergänzung nicht ausreicht, werden durch das Papiergeld ausgeübt.

Die Theorie der Preise muss ebenfalls organisch ausgebildet werden und so den verbesserten Vorstellungen über das Geld entsprechen. Es besteht offenbar ein Zusammenhang zwischen der absoluten Metallmenge und den Preisen. Allein die Annahme einer einfachen Proportionalität ist kaum einer Widerlegung bedürftig. Das fragliche Verhältniss vermittelt sich durch die Preisfestsetzungen des Verkehrs, und die letzteren haben offenbar wesentlich andere Motive, als etwa eine Rücksichtnahme auf die verfügbaren Metallquantitäten. Daher vollzieht sich denn auch durch das allgemeine Steigen der Preise keine gleichgültige Veränderung. Indem sich die Werthverhältnisse erst von der einen und dann von der andern Seite verschieben, steigt die absolute Quantität, welche an edlem Metall für die Lebensbedürfnisse gegeben werden muss. Diese Erhöhung der Preise hat also der Hauptsache nach ihren Grund nicht in den Quantitätsveränderungen, die das verfügbare edle Metall betreffen, sondern im Gegentheil wird die Grösse der in der Circulation festzuhaltenden Metallmengen durch diese allgemeine Preissteigerung bestimmt, welche mit der Entwicklung eines Wirthschaftsgebietes Schritt hält. Die herrschende Theorie verwechselt die Ursache mit der Wirkung. Sie glaubt, dass die Preissteigerungen wesentlich von den Veränderungen der Geldmenge abhängen, während nach unserer naturgemässen und den Thatsachen entsprechenden Theorie die Veränderung der von einem Wirthschaftskreise angezogenen Metallquantität von dem natürlichen und normalen Gange der allgemeinen Preissteigerung abhängt. Eine weitere Ausführung der hier nur skizzirten Gedanken findet sich in der oben angeführten Schrift über die Carey'sche Geld- und Banktheorie.

Neunter Abschnitt.

National- und Weltwirthschaft.

Erstes Capitel.

Schutzzoll und Freihandel.

1. Die gewöhnlichen und auch von Ad. Smith getheilten Vorstellungen über eine naturgemässe Entwicklung der wirthschaftlichen Verfassung vernachlässigen eine ganze hochwichtige Seite der menschlichen Natur. Sie repräsentiren in ihrer Art einen ähnlichen Fehler, ja vielleicht noch eine ärgere Ideologie als diejenige ist, deren sich die Socialisten schuldig gemacht haben. Wer von einer naturgemässen Entwicklung reden will, muss das ganze und volle menschliche Wesen mit seinen sympathischen und antipathischen Regungen und Leidenschaften in Anschlag bringen. Er darf nicht ein beliebiges willkürliches Excerpt der Menschennatur zur Grundlage seiner Raisonnements machen. Dies thut aber Ad. Smith und mit noch weit mehr Einseitigkeit z. B. Bastiat. Beide, die freilich nicht auf gleicher Linie genannt werden sollten, haben den friedensseligen Menschen, den Menschen ohne Rache und ohne Rechtsgefühl, den Menschen ohne nationale Eifersucht, kurz anstatt des Menschen nur ein Stück desselben, nämlich den blossen und noch dazu friedliebenden Industriebürger vor Augen. Es entgeht dieser Art von Wissenschaft der Umstand, dass alle Affecte des Mensch-

lichen zum vollen Menschen gehören und dass der Denker nicht
wie der schlechte Pädagog verfahren darf, der bei seinen Kindchen
und auch wohl bei sich selbst die Ansicht erzeugt und pflegt, Rache,
Hass, Eifersucht und Neid gehörten ganz offenbar zu den zufälligen
Unarten und Verirrungen der menschlichen Natur, und man habe
daher von vornherein davon auszugehen, dass jene Eigenschaften
nur gelegentliche und unangenehme Zuthaten seien, von denen
selbstverständlich in dem Begriff des Naturgemässen Nichts vorkommen könne. Der fromme Wunsch, von der menschlichen Natur
grade nur das zurückzubehalten, was der Willkür eines vereinzelten
gedankenlosen Triebes entspricht, — dieser fromme Wunsch mag
bei einem Schulmeister Entschuldigung finden, bei einem Denker
aber möchte die erste Anforderung darin bestehen, über dieses
Vorurtheil der Beschränktheit hinaus zu kommen und mit allen
Eigenschaften, die dem menschlichen Wesen seiner Verfassung gemäss anhaften, rechnen zu lernen.

Aristoteles hat den Menschen im Eingang seiner Staatslehre
als ein von Natur zum Gemeinleben geschaffenes Wesen aufgefasst
und gradezu ein politisches Geschöpf genannt. Er hätte gut gethan, hinzuzufügen, dass der Mensch auch ein Seinesgleichen nöthi-
genfalls bekriegendes Geschöpf sei; denn diese Eigenschaft wird
von den Theoretikern der hier bekämpften Art bereits für abgeschafft gehalten. Die Natürlichkeitsvorstellungen des achtzehnten
Jahrhunderts haben in der Nationalökonomie zu Ideen geführt, die
toller gerathen sind, als die ärgsten Ausgeburten der Socialisten.
Die freie Natürlichkeit der Entwicklung ist im besten Falle eine
Abstraction, im schlimmsten aber eine Illusion. Diese freie Natürlichkeit der Entwicklung, auf die von Ad. Smith hingewiesen wird,
ist eher alles Andere als eine wirkliche Darstellung des menschlichen Wesens. Das letztere verhält sich ganz anders, als Ad.
Smith voraussetzt. Dieses menschliche Wesen hat nicht die Gefälligkeit, von seinen wesentlichen Eigenschaften praktisch zu abstrahiren. So wenig es sich zum bildsamen Thon für die Erpro-
bung socialistischer Phantasien eignet, ebenso wenig ist es dazu
gemacht, die Verwirklichung der Schablone sogenannter natürlicher
Wirthschaftsentwicklung zu gestatten. Zunächst birgt dieses der

Theorie spottende menschliche Wesen den Trieb der Selbsterhaltung. sowie der Erweiterung und Steigerung des eignen Selbst in sich. Alsdann ist es auch nicht gewillt, Verletzungen ungerächt zu lassen. Es hält daher in allen Richtungen auf die Gestaltung einer Rechts: ordnung. Es muss Seinesgleichen bekämpfen; es muss bald zur. Unterwerfung zwingen, bald das Band der bestehenden Unterwerfung auflösen. Es muss sich um die Behauptung oder Durchsetzung von Ansprüchen bemühen, die es auf Nichts als auf natürliche oder geschichtlich formirte Ungleichheiten gründen kann. Es muss dafür eintreten, dass von der wirklichen Gestaltung der Dinge sowohl der Gleichheit als der Ungleichheit Rechnung getragen werde. In dieser letzteren Function werden die einzelnen Gruppen, lange bevor sie die Gründe ihres Verhaltens deutlich einsehen, durch natürliche Instincte geleitet, deren Aeusserungen man nicht zu den zufälligen und etwa angewöhnten Unarten der menschlichen Natur rechnen darf. Diese Instincte spielen eine gewaltige Rolle, und sie können dies nur, insofern sie unvermeidliche und gesetzmässige Kundgebungen der constitutiven Natur des menschlichen Wesens sind.

Ist das Ressentiment oder die Rache etwa eine zufällige Eigenschaft? Muss nicht jedes der reactiven Empfindung fähige Wesen unter gegebenen Umständen derselben auch wirklich verfallen? Ist es pure Willkür, wenn sich das Rechtsgefühl empört? Ist es ein zufälliges Belieben und eine blosse Laune, wenn sich der Mensch zum Kampf mit seinem Widersacher entschliesst? So gewiss sich die Elasticität des physikalischen Körpers unter gegebenen Umständen äussern muss, ebenso gewiss ist das menschliche Wesen der Träger von Eigenschaften, die unter bestimmten Verhältnissen zu reactiven Thaten und zum Kriege führen müssen. Jene Instincte sind die Mittel,. durch welche die Natur gewisse Acte der Selbsterhaltung vollzieht. Jene Instincte, unter denen uns z. B. der Nationalhass hier besonders interessiren muss, sind nicht zum Scherz in der Welt, wie sich eine Kinderschulenweisheit so gern überreden möchte. Jene Instincte gehören ebenso sehr in die Oekonomie des Menschlichen, als die ihnen entgegengesetzten und von der gemeinen Moral besser gewürdigten Regungen. Der Neid und

die Eifersucht sind keine Affectionen, deren sich ein Einzelner oder
eine Gruppe nach Willkür enthalten könnte, und denen man sich
nach Willkür überliesse. Die sympathischen wie die antipathischen
Regungen, die freundlichen wie die feindlichen, die verbindenden
wie die trennenden Affecte entstehen und vergehen nach Maassgabe
der sie bedingenden oder nicht bedingenden Voraussetzungen. Aehnlich einem physikalischen Phänomen muss die subjective Regung
und in Folge dieser auch die Handlung eintreten. Derjenige Mensch,
der glaubt, er könne von solchen Regungen praktisch abstrahiren,
ist in einem Wahn befangen, der sich in sehr populärer Weise ausdrücken lässt. Ein solcher Mensch weiss nämlich gar nicht, was
er eigentlich will d. h. im Grunde seines Wesens will, und so
wissen denn auch die Theoretiker, mit deren Bekämpfung wir es
hier zu thun haben, ganz und gar nicht, was die menschliche Natur
und sie selbst eigentlich wollen. Auf diesem Irrthum über das
Wollen und Können beruht die ganze Chimäre der unbedingten
Friedfertigkeit und der Austilgung der nationalen Eifersucht und
des Classenressentiment.

Verletzungen und Störungen interprivater und internationaler
Art sind unvermeidlich und naturgemäss; aber ebenso naturgemäss
sind auch die Rückwirkungen dieser Störungen. An dieser Stelle
unserer Schrift gehen uns die internationalen Machtgestaltungen
nur insofern an, als sich dieselben auf eine Gravitation der wirthschaftlichen Ansprüche und Kräfte gründen. Die naturgemässe
wirthschaftliche Entwicklung ist uns diejenige, in welcher auch die
das wirthschaftliche Recht bildende und schützende Seite der menschlichen Natur zum Ausdruck gelangt. Diese naturgemässe Entwicklung ist in ihren Grundformen auch diejenige der wirklichen Geschichte, und wir haben daher vor unsern Gegnern den Vortheil
voraus, uns nicht in Opposition mit den Handlungen und Thatsachen aller Zeitalter zu befinden. Auf dem Grunde und in den
Schranken der Natur und des menschlichen Wesens ist die Geschichte erwachsen, und was der Mensch seinem Wesen nach sei,
können wir eben nur auf zwei Wegen ausmachen, von denen der
eine auf die Thatsachen der Geschichte als auf die äusserlichen
Kundgebungen und Anhaltspunkte der Charakteristik hindeutet,

während der andere die nach innen gewendete Betrachtung der subjectiv und unmittelbar empfundenen Antriebe verwerthet, um die historischen Thatsachen selbst auch subjectiv begreiflich zu machen.

Die freie natürliche Entwicklung ist auch diejenige, welche im allgemeinen Schema der wirklichen Geschichte angetroffen wird. Es geht daher nicht an, die Grundformen, in denen sich das gegenseitige Verhalten der Menschen und Nationen einen Ausdruck gegeben, ohne Weiteres den Verirrungen beizuzählen. Die Selbsterhaltung der Individuen und der Nationen sowie der dazwischenliegenden natürlichen Gruppen hat unter gegebenen Voraussetzungen stets zur Fernhaltung des fremden und feindlichen Elements geführt. Das Bestreben, die eigne Macht zu steigern, hat das Niederhalten und Niedertreten fremden Daseins veranlasst, und die Verfassung der Weltwirthschaft ist durch diese übergreifenden Potenzen gebildet worden und wird noch heute auf diese Weise umgewandelt. Brechen wir daher mit allen Illusionen, mit allen jenen Täuschungen, welche eine Art paradiesischer Unschuld des Menschen oder besser gesagt, eine Creatur der Ideologie zur Grundlage des Raisonnements machen. Die wirthschaftliche Rechtsordnung ist auch in internationaler Beziehung nur als eine Reaction gegen die Ordnung des Unrechts zu betrachten. Es hat sich darum gehandelt, die Beeinträchtigungen und Verletzungen des fremden Elements fern zu halten und zugleich die eigne Macht auszudehnen. Der erste Theil dieser Aufgabe ist durch Ausschliessungen totaler oder particiler Natur, durch Prohibitionen oder durch Schutzzölle mit annähernder Vollkommenheit gelöst worden. Der andere Theil des Zieles hat aber im Gegentheil stets in die Richtung führen müssen, die fremden Schutzwehren niederzureissen. Auf diese Weise hat sich eine Art von internationalem Wirthschaftsrecht nur im Spiel und Widerspiel der gegenseitigen Abstossungen, Ausschliessungen und Beschränkungen ausbilden können. Merken wir es uns aber wohl, dass die blos abstossenden Functionen der Selbsterhaltung nur eine Wahrung des verletzten oder möglicherweise zu verletzenden Rechts sind, während dagegen die Initiative des Unrechts den positiven Uebergriffen, den freibeuterischen Neigungen angehört.

28 *

2. So lange man sich auf Ausschliessung beschränkt, wehrt man nur den fremden Eingriff und die fremde Verletzung ab. Man greift nicht selbt in die fremde Sphäre verletzend ein; denn man wird doch nicht annehmen können, dass Jedermann mit einem Recht auf den Besitz der Märkte aller Völker geboren sei. Die gesammten freihändlerischen oder vielmehr freibeuterischen Sophismen werden nicht vermögen, die blosse Versagung des nationalen Marktes als eine ungerechte Verletzung der andern Nation zu kennzeichnen: Eine jede Nation kann auf die Reinhaltung ihrer Thätigkeitssphäre Bedacht nehmen und gleich jedem Grundbesitzer das volle und ausschliessliche Recht über ihren Markt üben. Die Consumenten und Producenten sind solidarisch verbunden und jedes Glied der Nation muss in seiner doppelten Verrichtung als wirthschaftlich verzehrendes und schaffendes Wesen zur Geltung kommen. Jedes Glied will nicht blos Erzeugnisse kaufen, sondern auch Arbeit verkaufen. Die Elemente einer Nation können nur in dem Maasse consumiren, in welchem sie produciren. Die Freiheit der Consumtion und die Freiheit des Einkaufs auf dem billigsten Markte ist daher eine Fundamentaltäuschung und eine erste grosse Lüge, hinter deren Trug man kommen muss, um nicht dem System des Freibeuterhandels zu verfallen. Es giebt noch ausser der Frage, wo man sich am billigsten mit Erzeugnissen versorge, eine zweite unendlich wichtigere Frage, nämlich darnach, wo man seine Arbeit am theuersten verkaufen könne. Die Doctrinen des Freibeuterthums mögen daher die Gefälligkeit besitzen, (falls sie überhaupt noch auf Wissenschaftlichkeit Anspruch erheben wollen) von ihrer colossalen Einseitigkeit einmal zu abstrahiren und den Menschen nicht nach ihrer Gewohnheit blos als Consumenten und Abnehmer des Handels, sondern auch einmal als Producenten und Verkäufer von Arbeit zu betrachten. Ich adoptire die bekannte kleine Zauberformel, den Stein der Weisen und Gelehrten des Freibeuterhandels. Auch ich sage, dass man auf dem billigsten Markte zu kaufen und auf dem theuersten zu verkaufen suchen müsse. Aber ich habe die leidige Gewohnheit, hierbei nicht blos an die Händler, sondern auch an die Leute zu denken, die Arbeit zu verkaufen und daher

mit Recht darnach zu fragen haben, wo sie dieselbe am besten anlegen und verwerthen.

Ein internationales Kaufgeschäft ist so zweiseitig wie jedes andere. Es lässt sich ebenfalls in zwei Geschäfte zerlegen, so dass Waare gegen Geld und gegen dieses Geld wiederum Waare genommen wird. Die freihändlerisch freibeuterischen Lehren haben nun die aus dem Instinct sehr erklärliche Gewohnheit, stets nur die eine Seite der Angelegenheit sehen zu wollen und sich daher gern mit einer Gedankenhälfte zu begnügen. Die theoretischen Werkzeuge der praktischen Absichten des Freibeuterhandels mögen häufig in gutem Glauben sein, indem es ihnen an der nöthigen Einsicht und der Fähigkeit zum Denken fehlt. Diese doctrinären Werkzeuge der freibeuterischen Parteipolitik lassen getrost den halben Gedanken für einen ganzen passiren. Sie sind nicht im Stande, die andere Hälfte zu finden oder gar, wenn ihnen diese Hälfte vorgehalten wird, den Zusammenhang des einheitlichen übergreifenden Gedankens zu erfassen. Daher wird denn auch von ihnen die Frage, auf welchem Markte die Arbeit am theuersten zu verkaufen sei, ganz ignorirt. Das internationale Geschäft wird nur von der einen Seite betrachtet. Es wird, um in Carey's Sprache zu reden, nicht daran gedacht, dass das Fell für einige Groschen verkauft und später der Schwanz für einen Thaler zurückgekauft wird.

Um indessen die ganze colossale Einseitigkeit der freihändlerischen Betrachtungsart deutlich einzusehen, müssen wir unsere Vorstellung vereinfachen und den Vorgang, um den es sich hier handelt, in naturaler Weise d. h. ohne Vermittlung des Geldes kennzeichnen. Die grosse Masse der Arbeit kann stets nur auf dem nationalen Markte verkauft werden. Die Chancen der Anlegung der Arbeit bleiben in dem Maasse zurück, in welchem der natürliche Fortschritt der Industrie gehemmt wird. Auch als Arbeiter braucht der Mensch einen Markt und wehe ihm, wenn er sich diesen Markt durch das Freibeuterthum capern lässt. Er kann alsdann seine Arbeit nicht etwa blos nicht theuer, sondern zu einem grossen Theil gar nicht verkaufen und anlegen. Er wird nämlich von der fremden Industrienation auf die roheste

Form des Ackerbaues und der Rohstoffproduction angewiesen. Er kann daher seine Arbeit nur durch einen weitläufigen Vermittlungsprocess und eben deswegen nur in ganz beschränktem Maasse verwerthen. Erstens kann er wesentlich nur Rohstoffe produciren und selbst dies nur in eng gezogenen Schranken. Zweitens muss er sich in seiner Abhängigkeit von dem entfernten Markt, auf welchem er die Rohstoffe absetzt, gefallen lassen, was ihm die Industrienationen für seine Rohstoffe an Fabrikaten zurückgeben wollen. Die Bestimmungen des Vertragsgeschäfts sind hierbei nicht materiell frei, sondern haben den Charakter einseitiger Auferlegungen von Seiten der Industrienation. Es wiederholt sich hier dieselbe Erscheinung, welche wir innerhalb derselben Nation als Gegensatz von Arbeit und Capital bezeichnen. Die gleichsam proletarische Nation ist diejenige, in welcher die Summe der nationalen Arbeit nicht gehörig von Capital d. h. von technischen Werkzeugen der Production unterstützt wird. Die Arbeit dieser Nation kann ebenso wie die des einzelnen capitallosen Arbeiters nicht gehörig verwerthet werden, weil es an der eignen Verfügung über die Hülfsmittel fehlt, durch welche die Arbeit productiv gemacht wird. Ja die Lage einer solchen Nation, die den freibeuterischen Neigungen einer andern anheimfällt oder sich denselben vielmehr preisgiebt, ist noch weit bedenklicher und schlimmer, als diejenige der organisch nicht geschützten capitallosen Arbeit unserer Epoche. Wenn eine Nation die Sclavenrolle einer andern gegenüber spielen muss, so fällt sogar noch die Einheit des Interesses weg, welche innerhalb desselben Staates den Proletarier mit dem Arbeitgeber in einem gewissen Maasse verbindet. Die Ausbeutung, welche die Nationen gegen einander üben, ist weit intensiver als die interprivate Aneignung, welcher der Arbeiter unter der zügellosen Herrschaft des Capitals ausgesetzt ist.

Die Gestaltung der Weltconcurrenz muss ebenfalls den von uns als proletarisch bezeichneten Nationen sehr ungünstig sein, falls sie sich derselben ohne Widerstand preisgeben. Alle Rohproducte strömen auf den Weltmarkt, und es ist für die Eigenthümer derselben unmöglich, die Verkaufspreise derselben angemessen hoch zu stellen. Das wenige Geld, welches sie erhalten, wird verhältnissmässig noch weniger Fabrikate anzukaufen im Stande sein, und so wird die Nation, welche willig die Rolle des Sclaven und Barbaren spielt, sehr schlecht versorgt werden. Sie wird mit Hindernissen zu kämpfen haben, um ein Maximum von Rohproducten zu schaffen, und für dieses Maximum wird sie ein Minimum von Fabrikaten und eigentlichen Welthandelsartikeln erhalten. Ihre Rohproduction wird eine künstlich niedergehaltene bleiben, da die höhere Stufe der Rohproduction, wie List und Carey wieder und wieder zu betonen nicht müde geworden sind, von der vorgängigen Entwicklung eines gewissen Maasses von Industrie abhängt. So kann denn eine Nation wirthschaftlich gar nicht emporkommen, wenn sie nicht ein Mittel findet, ihre in der niedern Stufe der Rohproduction nicht mehr vollständig anlegbare Arbeit in der Umwandlung von Rohstoffen zu verwerthen. Diese ganze Arbeitsmasse, die in der verhältnissmässig capitallosen d. h. von Werkzeugen nicht gehörig unterstützten Rohproduction keine Anwendung mehr findet oder dieselbe dort nicht in einem zu grossen Maasse suchen darf, wenn das Volk nicht über ungeheure Bodenstrecken zerstreut und hiermit wirthschaftlich und politisch geschwächt werden soll, — diese ganze Arbeitsmasse, die übrigens zum grossen Theil gewöhnlich gradezu vergeudet werden muss, fordert einen Markt und kann ihn in der Hauptsache niemals anderswo finden als auf dem eignen Territorium und im Gebiete der eignen politischen Gemeinschaft. Die Hinderung des productiven Aufschwungs der Nationen ist das Wesen der international freibeuterischen Concurrenz-Aneignungen; eine gewisse Ueber- und Unterordnung sowie verhältnissmässige Dienstbarkeiten sind in dieser Sphäre der Concurrenz ebenso unvermeidlich wie in jeder anderen. Allein es kommt auf die Maassbestimmungen an, und die Nationen, die sich auf ihr Interesse verstehen, werden mit allen Mitteln dahin zu streben haben, in der Gravitation der wirthschaftlichen Nationalkräfte nicht ungebührlich niedergedrückt zu werden. Das Rechtsprincip und das Princip, welches dem Schutzzoll zu Grunde liegt, stimmen daher vollkommen mit einander überein. Auch die Nationen haben ein Recht auf Arbeit, d. h. es ist eine ungerechte Verletzung, wenn ihnen Anlegung und Verwerthung ihrer nationalen Arbeit unmöglich gemacht wird.

Der Staat als solcher muss andern Staaten gegenüber in irgend einem Maasse Capitalist im Sinne eines Beherrschers der zugänglichen Werkzeuge der Production sein. Ein wirthschaftliches Gemeinwesen muss weit mehr als der Einzelne darauf bedacht sein, eine Macht, vermöge deren es über die Productionsmittel verfügt, zu entwickeln, zu erhalten und zu vergrössern. Sonst weiss dieses Gemeinwesen nicht, wo und wie es die Arbeit seiner Glieder gehörig verwerthen soll. Sonst fehlt der Markt, wo die nationale Arbeit, um den händlerischen Ausdruck zu gebrauchen, am theuersten verkauft werden kann.

Die Fälle der wirthschaftlichen Coordination der Nationen und des internationalen Gleichgewichts der wirthschaftlichen Kräfte sind diejenigen, in welchen totale oder particlle Ausschliessungen am wenigsten erforderlich sein dürften. Wo das Gleichgewicht durch die gleiche materielle Kraft gesichert ist, da kann die internationale Arbeitstheilung dem Spiele der freibeuterischen und ungezügelten Concurrenz überlassen werden. In diesem Falle bürgt, unter Voraussetzung formaler Freiheit, die annähernde Gleichheit der Macht für eine Wahrung des wirthschaftlichen Rechts im Wege des individuellen Selbstschutzes. Allein die Annahme der Dauer einer solchen Gleichheit dürfte bedenklich sein, und so stellt sich denn heraus, dass das Princip, welches dem Zollschutz zu Grunde liegt, wenn auch nicht der Zollschutz selbst, der nur ein specieller Ausdruck dieses Princips ist, eine über alle absehbare Geschichte übergreifende Geltung haben müsse. Es steht der über den Standpunkt des Freibeuterthums und der falschen Natürlichkeit hinausgegangenen Wissenschaft wirklich sehr schlecht, sich auf das Betteln um eine Galgenfrist von einigen Jahrzehnten zu legen und zu versprechen, dann dem universellen Freibeuterhandel Thor und Thür öffnen zu wollen. Diese Art der Vertheidigung des dem Schutzzoll zu Grunde liegenden Princips ist von vornherein mit dem Fluche des Misslingens behaftet. Wer im Princip den Freibeuterhandel anerkennt, der mag sich nur lieber gleich getrost unter seine Fahne stellen. Grade im Princip leugnen wir ihn, und wo wir seine

Consequenzen, wie z. B. in der westeuropäischen Zollreform, versteht sich mit gewissen Vorbehalten gelten lassen, da geschieht dies nicht aus den mechanischen freibeuterischen Principien, sondern grade im Gegentheil aus unserem eignen organischen Princip, auf dessen Seite die wahre Natürlichkeit der Entwicklung und die ganze Geschichte, voraussichtlich aber auch die ganze Zukunft steht.

Meine kritische Auffassung des Schutzzolles weicht daher von denjenigen List's und Carey's insofern sehr erheblich ab, als ich nicht gewillt bin, vor dem Freihandel und seinen Doctrinen auch nur die geringste Verbeugung zu machen. Ein wahrhaftes Princip greift über alle Geschichte über und erhält sich in derselben, wenn auch in verschiedenen Metamorphosen. Was wird nun aber, muss man fragen, der fernere Ausdruck dieses Princips sein, sobald die Schutzzölle das Schicksal der Zünfte erlitten haben werden? Die Solidarität der Interessen des Menschen als Producenten und des Menschen als Consumenten wird jederzeit eine nationale Wirthschaftspolitik nothwendig machen. Diese Politik kann eben nur vom Staate d. h. von dem wirthschaftlichen Gemeinwesen als eine Einheit geübt werden. Die ältere, bis jetzt bewährte Form der politischen Harmonisirung der Interessen der Consumtion und der Production ist die Aufrichtung von Zollschranken. Dieser negative Schutz wird in höheren Entwicklungsperioden durch die positive Thätigkeit des Staates ersetzt werden können. Der Staat wird für seine industrielle Selbständigkeit durch zeitweilige Unterstützung der schwachen Industrien, schliesslich aber in weit mächtigerer Weise dadurch zu sorgen haben, dass er seine politischen Functionen in Rücksicht auf die ganze Volkswirthschaft und deren Ordnung in das Spiel bringt. Das Schutzsystem und der Zollschutz müssen daher unterschieden werden. Der Schutz durch die ordnenden politischen Functionen des Staates wird jederzeit nöthig sein, während der Schutz im Wege solcher Zölle, welche die quantitativen Grenzen der blossen Finanzzölle übersteigen, immerhin eine historische Kategorie sein und einer bestimmten Entwicklungsstufe angehören mag. Kann man den negativen Schutz durch positive Maassregeln, welche keine Ausschliessung mit sich bringen, vollständig ersetzen, so hat man noch den Vortheil, die ganze politische Schutzinstitution von dem Interesse derjenigen socialen Elemente abzulösen, welche in der bisherigen Wirthschaftsverfassung und unter den bisherigen socialen Zuständen die natürlichen Fürsprecher der Schutzzöllner waren.

Zweites Capitel.
Erweiterung der internationalen Rechte.

1. Die Ausdehnung der internationalen Rechtsgemeinschaft in den verschiedensten Richtungen ist ein Hergang, dessen Bestandtheile einander mehr oder minder voraussetzen. Man hat sich daher zu hüten, in der einen Beziehung eine Rechtsgemeinsahaft zu fordern, während in vielen andern und sehr wesentlichen Hinsichten noch jedes gemeinsame Band fehlt. Die Trennung des politischen Rechtes und der Mangel der vollständigen politischen Rechtsgemeinschaft wird hiernach auch eine vollkommne Verbindung des volkswirthschaftlichen Rechts hindern. So lange es überhaupt noch abgesonderte politische Gemeinwesen giebt, so lange also das eigentlich sogenannte Völkerrecht noch nicht zu einer Art Bund geführt haben wird, durch welchen die Integrität einzelner Nationen in einem gewissen Maasse garantirt und so der Krieg innerhalb des verbündeten Systems zur Ausnahme gemacht wird, so lange wird auch jedes Volk einer übrigens durch die Cultur noch so innig verbundenen Staatengruppe gute Gründe haben, das Maass der Erweiterung der wirthschaftlichen Rechtsgemeinschaft sorgfältig zu überwachen.

Die politische Trennung und der Umstand, dass der Staat sein Recht nur durch Machtentfaltung und Selbsthülfe schützen kann, ist bisher von der Nationalökonomie gar zu gering veranschlagt worden. Fast ausschliesslich hat Fr. List das Verdienst, den unvermeidlichen Consequenzen der politischen Trennung den gehörigen wirthschaftlichen Ausdruck gegeben zu haben. Carey ist in dem späteren Stadium seiner Entwicklung stillschweigend ebenfalls von der Voraussetzung ausgegangen, dass die Trennung des politischen Rechts auch eine gewisse Sonderung des wirthschaftlichen Rechts zur Folge haben müsse. Die Widerstandskraft eines Staates hat auch ein volkswirthschaftliches Fundament zur unerlässlichen Voraussetzung, und dieses Fundament darf nicht durch eine allzu kühne Confusion des wirthschaftlichen Rechtes untergraben werden. Eine solche Confusion und ungehörige Rechtsgemeinschaft entsteht aber, so bald die politische Grenze ignorirt und das Gebiet der beiden Nationen in Rücksicht auf die Wirthschaft völlig gleich gestellt wird. Ueberdies ist diese formale Gleichstellung fast regelmässig eine materielle Uebervortheilung und Verletzung, oder mit anderen Worten ein materielles Unrecht. Wären die beiden Staaten ein einziger Staat, alsdann würde die Gemeinschaft aller Rechte auch diejenige des wirthschaftlichen Rechts einschliessen. So aber hat man stets zu bedenken, dass auch die Nation oder vielmehr der Staat eine Individualität ist, die ihr individuelles Recht andern Gemeinwesen gegenüber zu behaupten hat. Die Rechtsverhältnisse der socialen Atome, aus denen die Nationen und staatlichen Gemeinwesen bestehen, sind als durch das nationale und staatliche Recht mit einander vermittelt zu denken. Der Verkehr und das Recht dieser Atome dürfen das Recht der höheren Individualität der Nationen und des Staates nicht kreuzen oder gar zersetzen. Die individuelle und atomistische Rechtsgemeinschaft der durch die verschiedenen Staaten verzweigten Gesellschaft ist eine Gemeinschaft von Mensch zu Mensch und daher zunächt eine blosse Gemeinsamkeit des Privatrechts oder vielmehr des interprivaten Rechts. Es ist nun nicht zu leugnen, dass die Ausdehnung dieser direct die Atome betreffenden Rechtsverhältnisse die Grundlage aller weiteren gesellschaftlichen Rechtsgestaltungen werden müsse. Das Recht ist, wie wir früher ausgeführt haben, ein Verhältniss von Mensch zu Mensch, und die Racen-, Nationalitäts- und Staatsrücksichten, die dazwischen treten, sind eben nur Vermittlungen jenes individuellen Rechts. Grade aber um dieses Umstandes willen darf man diese Mittelglieder nicht ignoriren, wenn man nicht überhaupt auf alle organischen Bindemittel, durch welche alles Recht erst zur Verwirklichung gelangt, verzichten will. Es ist das Wesen aller Arten von Recht, einen positiven und organischen Charakter zu haben. Das Recht als blosser principieller Anspruch existirt zwar auch abgesehen von der positiven Schöpfung eines Bandes und der Constituirung einer Rechtsgemeinschaft. Allein die Verwirklichung des blos als Princip und Antrieb vorhandenen Rechtsbedürfnisses vollzieht sich niemals ohne eine entsprechende Organisation. So können wir denn behaupten, dass es ein nationales Recht als Recht der Nation gegenüber andern Nationen geben müsse, und dass dieses Nationalrecht in seiner Individualität die allgemeine Schranke bilde, innerhalb deren sich die Rechte der Atome und Elemente, sowie der kleinern Gruppen und Verbände zu halten haben. Jede Erweiterung der international übergreifenden Rechte der Einzelnen ist stets mit Rücksicht auf die gesammte internationale Position zu prüfen. Die Ausdehnung der Rechtsgemeinschaft der einzelnen Menschen über die Gebiete der verschiedenen Staaten findet ihr jeweiliges Maass in dem Interesse der Nationen als Gesammtheiten.

Die Gemeinschaft des Handelsverkehrs und eines gewissen für denselben unerlässlichen Rechts ist der Anfang aller weiteren interprivaten Rechtsgemeinschaft der Angehörigen verschiedener Staaten. Man muss einräumen, dass bei diesem Anfang der Keim der späteren Gestaltungen zu suchen ist, die schliesslich zu einer sehr engen materiellen Verknüpfung der Nationen führen können. Man muss ferner einräumen, dass jeder Schritt in der internationalen Erweiterung des interprivaten Rechts und in der Durchführung der allgemein menschlichen Rechtsprincipien oder vielmehr Rechtsansprüche und Antriebe zur Rechtsbildung immermehr zur Formirung von Staatengruppen führen müsse, die sich zunächst durch Verträge enger binden und so unwillkürlich zu einem fast organisch zusammenhaltenden System werden, für welches uns bis jetzt sogar noch der Name fehlt. Aber aller dieser Aussichten ungeachtet müssen wir darauf bestehen, dass die trennenden Eigenschaften der verschiedenen Gemeinwesen auch bei der Bildung eines gemeinsamen wirthschaftlichen Rechts in Anschlag gebracht werden. Die Rechtsgemeinschaft kann nur Schritt für Schritt und ausserdem nur dann ohne Gefahr erweitert werden, wenn das Princip des

Ebenmaasses der verschiedenen Richtungen, in denen diese Ausdehnung stattfinden soll, respectirt wird.

2. Es wäre ganz verkehrt, eine Rechtsgemeinschaft und gegenseitige Verbindlichkeiten in der einen Hinsicht einführen zu wollen,
wenn dieselben in einer andern Hinsicht, der zuvor erst Genüge
geschehen sein muss, noch gänzlich oder theilweise fehlen. Für
diesen Fall haben wir an der internationalen Gestaltung des literarischen Eigenthums zwischen England und Nordamerika ein
schönes Beispiel. So unanfechtbar das allgemeine Princip der Constituirung eines Autorrechts auch sein möge, so hat es doch bis
jetzt zur Einführung dieser Art von Rechtsgemeinschaft zwischen
Nordamerika und England an der nöthigen Vorbedingung gefehlt.
Die beiden Nationalwirthschaften haben nämlich, als materielle
Volkswirthschaften erwogen, so widerstreitende Interessen und
müssen einander fernerhin so feindlich gegenüber stehen, dass es
1853 ein offenbarer Anachronismus gewesen sein würde, den von
England geforderten literarischen Vertrag einzugehen. Es fehlte
und es fehlt noch heut an der allgemeinen Solidarität des wirthschaftlichen Rechtes zwischen beiden Staaten. Wie soll man nun
wohl, so lange man noch einen Funken politischen Sinnes übrig
hat, die Thorheit begehen, für einen speciellen Zweig der wirth
schaftlichen Rechtsgemeinschaft verbindliche Normen einzuführen,
während es in allen übrigen Richtungen des Wirthschaftslebens
und der ökonomischen Verwerthung an einer materiellen Rechts-
gemeinsamkeit und an einer Solidarität der Interessen in hohem
Maasse fehlt? Die Amerikaner haben es mit Recht abgelehnt, sich
einem Volke gegenüber in die Lage der Besteuerten zu bringen,
welches in andern Richtungen der ökonomische Erbfeind ist und
ausserdem vermöge seiner socialen Institutionen nicht die geringste
Bürgschaft·bietet, dass das international constituirte Verlagsrecht
zu etwas mehr als zu einer Ausbeutung der Amerikaner im Interesse der Englischen Verleger (niemals aber der Schriftsteller)
führe. Vgl. über dieses Beispiel Careys interessante Briefe über
das internationale Verlagsrecht.

Aehnliche Rücksichtnahmen, wie in dem beispielsweise ange·
führten Fall, werden auch bei andern Ausdehnungen der inter-

nationalen Rechtsgemeinschaft nöthig sein. Ausserdem werden gewisse natürliche Schranken der vollständigen Rechtsvereinigung der Nationen jederzeit bestehen bleiben. Die Eigenthümlichkeit und Individualität der Nation oder auch wohl des historischen Staats wird keine unbedingte Vermischung der in den verschiedenen Gemeinwesen gebundenen Elemente erlauben. So weit sich die Geschichte absehen lässt, wird die vollste internationale Freizügigkeit, die überhaupt zugestanden werden kann, doch keine musivische Völkermengung zu Wege bringen. Um mich bezüglich dieses vielleicht befremdenden Gedankens verständlich zu machen, erinnere ich an das Beispiel der Juden. Könnte es jemals dahin kommen, dass die verschiedenen Nationen sich untereinander mengten, wie jetzt die Juden unter alle Völker und in allen Staaten zerstreut sind, dann hätten wir freilich jenes Mosaik. Die Gruppen würden dann in Beziehung auf Nationalität den Gebilden aus allerlei bunten Steinchen gleichen, und eine bewohnte Fläche würde so zu sagen ein mit Menschen aller Gattung getäfelter Boden sein. Unter einer solchen Voraussetzung würde es Staaten auf dem Grunde der Nationalität gar nicht mehr geben können. Die natürlichen Schranken wären durchbrochen. Indessen liegt eine solche Gestaltung des menschlichen Daseins ausserhalb der Grenzen des dem Wesen der Sache nach überhaupt Denkbaren. Mit der Trennung und Gliederung in Nationalitäten würde auch zugleich die geordnete Ausbildung des Menschlichen fortfallen, und die Natur würde gleichsam unsystematisch werden. So lange aber die Nationalität die natürliche Grundlage der staatlichen Einheit bleibt, dürfte die Weltwirthschaft aus mehr oder minder selbständigen und in einem gewissen Maasse sich selbst genugsamen Nationalwirthschaften bestehen müssen. Die Nationalität wird das Mittelglied zwischen dem Individuum und der Welt bilden, so dass, um den Ausdruck F. List's zu brauchen, die kosmopolitische Oekonomie die politische nicht wird vergessen dürfen. Alle Phrasen von der internationalen Arbeitstheilung reduciren sich, wenn man die hinter ihnen befindlichen Ideen näher untersucht, auf die Behauptung einer nach Art und Grösse gar nicht so überaus erheblichen Zusammenwirkung. Das Dogma von dem natürlichen Beruf der Nationen zu dieser oder jener Industrie findet glücklicherweise nicht mehr unbedingten Glauben; man untersucht vielmehr den einzelnen Fall und findet dann fast regelmässig, dass, wie es eine allgemeine Bildung für die Individuen geben müsse, so auch auf einer gewissen Culturstufe für die noch so verschieden beanlagten oder von der Natur ausgestatteten Nationen eine gewisse allgemeine industrielle Ausbildung in den Hauptzweigen des volkswirthschaftlichen Könnens unerlässliche Vorbedingung der nationalen Fortexistenz sei.

Zehnter Abschnitt.

Die wirthschaftlichen Interessen und deren Stellung in der Rangordnung der verschiedenen Rücksichten.

Erstes Capitel.
Die materiellen Interessen und die gesellschaftliche Moral.

1. In Praxis und Theorie haben die wirthschaftlichen Gesichtspunkte eine Vorherrschaft erlangt, die von den andern Lebensinteressen und besonders von Seiten der höheren Bestrebungen des geistigen Daseins noch keineswegs für alle Zeit anerkannt wird. Wenn es nun auch ganz im Sinne unseres Jahrhunderts und der wahrhaft modernen Entwicklung sein dürfte, dass selbst die höchsten philosophischen Bestrebungen eine Auseinandersetzung mit den Interessen des wirthschaftlichen Gebiets nicht verschmähen, so ist doch hierbei nicht ausser Acht zu lassen, dass der Gegenstand, der von dem echten Geiste der Philosophie berührt wird, auch unwillkürlich eine Disciplinirung erfährt, in Folge deren die Uebergriffe in höhere Gebiete unmöglich gemacht werden. Die Volkswirthschaftslehre der gewöhnlichen Art hat sich zunächst mit der Socialwissenschaft aus einander zu setzen. Die blosse Oekonomie hat zu lernen, dass die sociale Gravitation eine Machtsphäre ist, der sich die im engeren Sinne wirthschaftlichen Gesetze nicht entziehen. In der Rangordnung bildet die rein wirthschaftliche Gesetzmässigkeit eine niedere Stufe, auf welche dann die sociale Normalität als die höhere folgt. Das Verhältniss der gegenseitigen

Abhängigkeit beider Sphären ist genau dasjenige, welches wir auch sonst überall da bemerken, wo sich im Dasein, besonders in den vitalen Gebilden, Functionsgebiete von verschiedenem Range unterscheiden lassen. Die niedere Function (z. B. der rein vegetative Ernährungprocess) ist alsdann das Fundament der Verrichtungen höherer Art, und die letzteren können sich nur in den Schranken der Gesetzmässigkeit der ersteren bethätigen. Betrachtet man aber die Beziehung der beiden Functionsarten, so zeigt sich noch eine andere und weit wichtigere Abhängigkeit in umgekehrter Richtung. Der Kreis der niederen Functionen hat zwar seine relative Selbständigkeit, wird aber, so bald dem Maass dieser Selbstständigkeit genug geschieht, in allen übrigen Beziehungen von der Gruppe der höheren Lebensbethätigungen beherrscht. Die höhere Stufe kann ohne die niedere nicht bestehen, aber ihre Herrschaft über die niedere beginnt, so bald nur den Anforderungen der fundamentalen und gleichsam grundlegenden Sphäre von untergeordneten Verrichtungen entsprochen ist. In dieser Weise verhält es sich denn auch mit den wirthschaftlichen Grundvoraussetzungen der höheren Lebensentwicklung. Das wirthschaftliche Gebiet hat die relative Selbständigkeit eines Fundaments, muss sich aber übrigens dem von der Natur selbst festgestellten Rangverhältniss fügen. Die natürlichen Beziehungen von Ueber- und Unterordnung sind hier unverkennbar, und der Umstand, dass das dem Range nach Höhere von dem Niederen in einem gewissen Maasse abhängig ist, darf uns nicht befremden. Dies ist bei jeder Dienstbarkeit der Fall, indem nämlich das herrschende Element von dem dienenden insofern abhängig ist, als es ohne den Dienst desselben nicht bestehen kann. Wir sind von den gemeinsten Verrichtungen unserer Natur und, was das sociale Dasein anbetrifft, von der Verrichtung der gemeinsten Handlangerthätigkeit abhängig. Werden wir aber um dieses Umstandes willen auf unsern Verstand verzichten und das natürliche Rangverhältniss auf den Kopf stellen oder auch nur confundiren lassen? Es mag im Interesse gewisser Classen liegen, das Unedlere für das Edlere gelten zu lassen; allein hierdurch wird die seit Jahrtausenden gültige Logik nicht abgewendet. Keine Macht ist im Stande, die blosse wirthschaftliche Erwerbsthätigkeit,

d. h. die materielle Arbeit zu etwas Anderem zu machen, als was sie ist. Die Glorificirung der Versorgung des Magens hat eine natürliche Grenze, und die materiellen Interessen nehmen die ekelste Gestalt an, wo sie sich einfallen lassen, in einem Gebiet herrschen zu wollen, wo sie der natürlichen Rangordnung gemäss zu schweigen und zu gehorchen haben. In der Ueberschreitung dieser Grenze liegt das eigentliche Wesen der Corruption und beginnt die Käuflichkeit desjenigen, was nicht in seiner ganzen Ausdehnung käuflich werden darf, wenn es nicht entarten soll. Doch wir haben hier nicht den Raum, die angedeutete Entstehungsart der Corruption zu erläutern. Nur ein Punkt muss hier berührt werden, nämlich die ungenirte Berufung der vorherrschenden Volkswirthschaftslehre auf den Egoismus als das berechtigte Princip des wirthschaftlichen Strebens.

2. Indem ich zur Ergänzung der wenigen hier folgenden Andeutungen auf den ersten Abschnitt meiner Schrift »Capital und Arbeit« verweise, beschränke ich mich an dieser Stelle auf die Angabe der colossalen Begriffsvermischung und Begriffsumneblung, deren sich die landläufigen volkswirthschaftlichen Auslassungen bezüglich des Egoismus schuldig machen. Wenn man sieht, wie der Egoismus ganz unverschämt als das wohlberechtigte Princip des wirthschaftlichen Handelns hingestellt wird, so muss man einerseits die in diesem Verfahren liegende Corruption beklagen, andererseits aber auch die Einfalt belachen, mit welcher die händlerische Moral ihre Geheimnisse preisgiebt und sich durch ihre doctrinären Vertreter so überaus komisch verräth. Diese Art von Moral leidet aus guten Gründen an einer gewissen Stumpfheit des Begriffsvermögens in all den Beziehungen, in welchen das Profitmachen ins Spiel kommt. Sie verleugnet in diesen Beziehungen ihre semitische Verwandtschaft keineswegs, und so klar die Unterscheidung ist, die wir hier zur Erledigung der ganzen Egoismusfrage beizubringen haben, so möchten wir das Verständniss derselben doch nicht zunächst denjenigen zumuthen, die vermöge ihres angebornen und unveräusserlichen Egoismus für wissenschaftliche Gründe und edlere Motive in dieser Richtung kein Organ zu haben scheinen.

Das Streben, welches auf Förderung des eignen Wesens ge-

richtet ist, braucht kein Egoismus zu sein. Es ist nämlich völlig
neutral und schliesst noch keineswegs die Vorstellung ein, dass
die Förderung des eignen Wesens mit einer Verletzung des fremden verbunden sei. Der Egoismus, wie ihn der unverdorbene und
sophistisch nicht umnebelte Sinn und wie ihn auch der Sprachgebrauch des Wortes regelmässig versteht, ist stets ein rücksichts-
loses, verletzendes und ungerechtes Geltendmachen des eignen Interesses mit verwerflicher Hintansetzung oder gar Niedertretung
der berechtigten fremden Ansprüche. Der Egoismus ist mithin
ein moralischer Begriff, der den der Rücksichtslosigkeit, der natürlichen, das Ressentiment herausfordernden Verletzung, kurz des
Unrechts einschliesst; der Egosmus ist hiernach eine Vorstellung,
die gar nicht für das isolirte Individuum Gültigkeit hat. Ohne die
Vorstellung der moralischen Waage zwischen Mensch und Mensch
ist dieser Begriff haltungslos. Der völlig isolirt gedachte Mensch
kann der Natur gegenüber seinen Erwerbstrieb bethätigen; aber
so verworfen auch übrigens sein moralischer Charakter schon durch
Naturanlage sein möchte, so ungeheuerlich der in ihm angelegte
Egoismus gedacht werde, es ist ganz unmöglich, dass von diesen
herrlichen egoistischen Anlagen auch nur das geringste Element
zur Ausübung komme. Der Egoismus bezieht sich auf das Verhältniss von Mensch zu Mensch, während der blosse Trieb der
Selbsterhaltung an sich ganz indifferent ist und erst in Egoismus
übergeht, sobald die Schranke der schuldigen Rücksichten zwischen
Mensch und Mensch durchbrochen wird. Die ganze Sophistik,
welche die gemeine Moral des Lebens zu ihrem Vortheil umstürzen
und den Leuten einreden möchte, dass in der wirthschaftlichen
Sphäre der Egoismus ganz in der Ordnung sei, ja dass er das
Lebensprincip alles menschlichen Bemühens und die Grundlage
aller wirthschaftlichen Energie bilde, — diese ganze Sophistik
fristet ihr Dasein nur dadurch, dass es bisher Niemandem eingefallen ist, mit edlerem Ernst bis an die Wurzel dieses Spieles
der Begriffsverwechselungen und Begriffsumnebelungen vorzudringen.
Erwerbstrieb ist noch nicht Egoismus, obwohl beide thatsächlich
nur zu häufig bei einander gefunden werden. Der Trieb zur Beschaffung der Mittel für das Leben ist an sich ganz neutral, d. h.

er ist in Beziehung auf Recht und Unrecht, auf erforderliche Rücksichtnahme oder auf rücksichtslose Verletzung ganz indifferent. Er ist unschuldig und wird erst zu dem schuldigen und von der Moral aller Zeiten gebrandmarkten Egoismus, indem er sich zu einem verletzenden Verhalten und zu einer ungerechten Ausbeutung verleiten lässt. Der Egoismus ist ein moralisch sehr erheblicher Begriff, der dem Gebiet des Gegensatzes von Recht und Unrecht angehört und mithin wenigstens zwei Personen voraussetzt, in Rücksicht auf welche das Verhalten der einen zur andern qualificirt wird. Man höre daher gefälligst auf, den glücklicherweise noch gültigen Sprachgebrauch und die gemeine Moral zu fälschen, und rede uns nach dieser, aus einer ernstlichen Untersuchung der Sache hervorgegangenen Aufklärung, nicht mehr von dem Egoismus als dem Princip der wirthschaftlichen Thätigkeit. Den Erwerbstrieb oder überhaupt das Streben, sich mit Befriedigungsmitteln der Bedürfnisse zu versorgen, lassen wir selbstverständlich als ein Motiv der wirthschaftlichen Vorgänge gelten. Allein wir sind weit davon entfernt, uns die gesellschaftliche Moral auch nur in der Theorie so leichten Kaufs corrumpiren zu lassen. Auch zur Sophistik gehört einiges Talent und einige Feinheit, und nachdem die Verwechselung der Begriffe des neutralen und indifferenten Erwerbstriebes, der auch vom isolirten Menschen geübt werden kann, und des Egoismus, der nur in der Verletzung des Menschen durch den Menschen verwirklicht wird, ja nur in dieser Verletzung sein Wesen hat, — nachdem diese Verwechselung scharf gekennzeichnet worden ist, dürfte doch wohl die Plumpheit der Confusion auch denen zu unanständig erscheinen, die sich vor der Preisgebung ihrer moralischen Ungeheuerlichkeiten nicht schämen würden. Ich appellire daher in dieser Richtung, d. h. da, wo moralische Gemeinheit offen zur Schau getragen wird und die Corruption als Verdienst gilt, noch an die letzte übrig bleibende Instanz, nämlich an das Pochen auf eine gewisse Schlauheit, Geriebenheit und auf einen gewissen Fond von Verstand. Sagt man nämlich einer gewissen Gattung von Leuten, dass ihre Grundsätze niederträchtig seien, so werden sie dies als als keine Schmach empfinden, da sie einander grade um dieser Grundsätze willen ehren, und da sie sich etwas

darauf einbilden, in der Vertheidigung und Uebung dieser Grundsätze zu excelliren. Dagegen sind sie noch einigermaassen empfindlich, wenn jener Fond von Fuchsverstand, auf den sie pochen, durch
einen mächtigeren Verstand compromittirt wird, und wenn sie dann
als sehr unfeine Logiker und plumpe Gesellen entlarvt werden. Letztere Unannehmlichkeit widerfährt ihnen nun durch die Aufdeckung
der theoretischen Stumpfheit, hinter welcher sich die Apotheose
des Egoismus, die Glorificirung der Kunst des Uebervortheilens
und überhaupt die ganze Verherrlichung der noblen Kniffe der
listigen Ausbeutung bisher verschanzt hat.

Zweites Capitel.

Die Grundsätze der Politik.

1. Wir haben uns hier keine Zeit gelassen, auch nur mit
einem Worte des bekannten Streites über die sogenannten im-
materiellen Gegenstände der Volkswirthschaftslehre zu gedenken.
Wir überlassen die Controverse, in wie fern die höheren Potenzen
des Menschlichen einer eigentlich wirthschaftlichen Schätzung zugänglich seien, der ausführlichen Berücksichtigung derjenigen, welche
an Wort- und Schulgezänk besondere Freude haben. Wir erinnern dagegen an den ganz einfachen Satz, dass der Gesichtspunkt
einer Wissenschaft und die in ihr vorherrschenden Kategorien sich
die Grenze ihrer Anwendbarkeit nicht willkürlich abstecken lassen.
Wo überhaupt wirthschaftliche Schätzung stattfinden kann, wo also
an einer Erscheinung etwas ist, was wirthschaftliche Voraussetzungen
hat und so zu sagen an wirthschaftliche Aequivalente gebunden
ist, da möchte das volkswirthschaftliche Raisonnement völlig am
Orte sein. Die literarische Production ist z. B. offenbar an eine
Summe von materiell wirthschaftlichen Kräften gebunden, die in
ihrem Dienst verfügbar sein müssen, damit sie überhaupt möglich werde. Sie ist in rein wirthschaftlicher Beziehung als eine
Verwandlung eines bestimmten Quantums hierzu wirthschaftlich

unterhaltener menschlicher Kraft in eine höhere Form zu betrachten. Die niedere Stufe ist auch hier für die höhere maassgebend. Ueberhaupt kann man alle höheren Functionen des staatlichen Gemeinwesens und der Gesellschaft auf die zu ihrer Ausübung erforderlichen wirthschaftlichen Aequivalente prüfen. So
ist die höchste Lebensenergie eines Volkes, in welcher sich sein
Muth und seine Thatkraft bekundet, ich meine der gemeinen Volkswirthschaftslehre zum Trotz den Krieg, — so ist also diese im
höchsten Sinne politische Function an die wirthschaftliche Leistungsfähigkeit der Nation gewiesen. Auch im Kriege zeigt sich jene
Schranke, welche die Gesetzmässigkeit der niedern Stufe den höheren Functionen anlegt. Die volkswirthschaftliche Leistungsfähigkeit
ist stets und ganz besonders auf den höheren Culturstufen für die
Möglichkeit eines bedeutenderen kriegerischen Erfolgs entscheidend.
Dies hat der Secessionskrieg Nordamerikas wohl deutlicher als
irgend ein anderer bewiesen. Der Süden musste schliesslich, auch
abgesehen von allen andern Ursachen seiner Niederlage, an wirthschaftlicher Erschöpfung zu Grunde gehen. Sicherlich sind in der
Hauptsache für den Ausgang der Völkerkämpfe noch ganz andere
Eigenschaften maassgebend, als die blosse wirthschaftliche Leistungsfähigkeit. Wo die letztere in noch so hohem Maasse vorhanden
ist (wie z. B. bei England) kann es doch an den Erfordernissen
zu einer würdevollen Politik und zu einer achtunggebietenden That
unter Umständen gar sehr fehlen. Allein die Behauptung, um die
es sich hier handelt, besagt ja auch nichts weiter, als dass selbst
unter Voraussetzung der grössten persönlichen und militairischen
Energie die wirthschaftliche Schranke für das Schicksal eines Staates entscheidend werden könne. Offenbar ist der Inbegriff der
wirthschaftlichen im Verhältniss zu dem der politischen Functionen
ein Kreis niederer und ihrem Wesen nach blos dienstbarer Verrichtungen. Die beste Seite der Energie des Menschlichen liegt
nicht dort, wo die menschlichen Kräfte zum blossen Werkzeug für
die Befriedigung der unumgänglichsten Bedürfnisse werden. Dort
ist der Adel der menschlichen Natur wahrlich nicht zu suchen, und
es hat die antike Anschauungsweise in einem gewissen Maasse auch
noch heute Recht. Dieser echt liberalen, aber nicht etwa libera-

listischen Betrachtungsart zufolge tritt die edlere Menschlichkeit in dem Maasse hervor, in welchem die sclavische Dienstbarkeit und der Zwang, für die niedrigsten Bedürfnisse den grössten Theil der menschlichen Kraft und Zeit aufzuwenden, entfernt und dem Dasein eine Position abgewonnen wird, in welcher sich die menschlichen Eigenschaften in einem verhältnissmässig freien Spiel entfalten können. Diese viel geschmähte Sinnesart der Alten, die freilich nicht ohne Einseitigkeit sein konnte, ist auch noch für uns vollkommen gültig. Nur muss sie freilich heute einen etwas veränderten Ausdruck erhalten. Es gilt nicht mehr die richtige Würdigung des Sclaven, sondern diejenige der Sclavenrolle. Es gilt nicht mehr die allgemeine Würdigung des Werkzeugs, sondern es handelt sich um eine praktische Erhebung des Menschen überhaupt. Die wirthschaftliche Thätigkeit kann nur geadelt werden, indem der Mensch, welcher sie verrichtet, durch dieselbe noch andere Seiten seiner Natur zu einem freien Dasein bringt. Es dürfte daher gerathen sein, grade Angesichts der socialen Bestrebungen unserer Epoche mit der Verketzerung alles dessen einzuhalten, was nicht im wirthschaftlichen Sinne Werkzeug ist. Der Mensch sucht seinen Zweck jetzt noch anderswo, als in der blossen Bestimmung, ein dienstbares Glied des Wirthschaftsgetriebes zu sein. Man verstehe daher die landläufigen Auslassungen über den Adel der Arbeit ja recht genau; sonst wird man die Gemeinheit, die hinter dieser vorgeblichen Adlung verborgen ist, nicht bemerken. Offenbar liegt es im Interesse der wirthschaftlich leitenden Classen, den Arbeitern einzureden, dass die Rolle als Werkzeug das besonders Ehrende sei, und dass grade in der wirthschaftlichen Thätigkeit die ganze Herrlichkeit des Menschlichen zum Ausdruck gelange. Gegen dieses Sophisma werden nun die Vertreter einer gesunden Anschauungsweise sehr leicht Einspruch thun können, indem sie ganz einfach darauf hinweisen, dass das wahrhaft Menschliche und Edle eben nicht darin bestehe, Arbeitsthier zu sein, sondern dass das freiere Dasein eben da beginne, wo die Last aufhört und durch die Arbeit die Möglichkeit des freien Lebensgenusses gewonnen wird.

Der Mensch ist kein blosses Centrum gemeiner Bedürfnisse. Er geht nicht darin auf, ein blosses Object der Ernährung, der Be-

kleidung und der Versorgung mit Wohnung zu sein. Er ist vor
allen Dingen ein Wesen, welches in der Entwicklung seiner Lebensenergien den Schwerpunkt seines Daseins findet. Zu diesen Lebensenergien gehört nun zunächst sogar der gemeine Genuss um seiner
selbst willen, alsdann das Leben in der Familie und endlich die
höheren Stufen des Daseins, welche sich durch Theilnahme an den
allgemeinen, über die Privatexistenz und die Familie übergreifenden
Functionen vermitteln. Der Mensch ist von Natur ein sociales und
politisches Wesen. Er erreicht daher die vollkommne Bethätigung
seines Strebens nur dadurch, dass er zu den socialen und politischen Functionen in Beziehung tritt. Die Uebung des politischen
Gemeinlebens ist ebenso sehr eine Forderung der höheren Entwicklung der menschlichen Natur, als etwa das geordnete Familien-
dasein. Hiernach ist es denn völlig verwerflich, wenn die ökonomische Parteischule unablässig bemüht ist, die Täuschung zu er-
regen und zu unterhalten, als sei die sociale Frage rein wirthschaftlicher Natur und als habe sie mit der Politik nichts zu schaffen.

2. Ueber die Beziehungen der blos wirthschaftlichen Zwecke,
die von den socialen Bestrebungen ins Auge gefasst werden, zu
der eigentlichen Socialpolitik und namentlich zu den gesellschaftlichen Bündnissen habe ich in »Capital und Arbeit« ausführlich
gehandelt. Allein es sind nicht blos die wirthschaftlichen Bestrebungen, welche eine durchaus politische Seite haben, sondern es
müssen sogar die socialen Tendenzen ganz selbständig als auf politische Functionen auslaufend angesehen werden. Selbst unter der
Voraussetzung, dass es gar keine wirthschaftlichen Nothstände und
Spannungsverhältnisse auszugleichen gäbe, wärde ein wesentlicher
Theil der socialen Frage fortbestehen. Es würde sich alsdann noch
immer um den gesellschaftlichen und politischen Einfluss der capitallosen Classen handeln, und es würde insofern die innere Classen-
politik nicht in der Sphäre reiner Privatrivalitäten und gemüth-
licher Wettbestrebungen verbleiben können. Der Mensch ist nun
einmal ein politisches Wesen, und grade die höhere Cultur macht
auch die Ansprüche der niederen Schichten der Gesellschaft zur
Verwirklichung immer reifer. Die Hauptfrage, die in dieser Beziehung grade heut Angesichts der hohen Industrieentwicklung eine

sehr ernste Miene annimmt, ist die, ob die Capitalmacht der ausschliessliche oder wenigstens vorherrschende Rechtstitel für die
Uebung politischer Functionen sein soll. Es handelt sich also, in
vulgärer Weise zu reden, um die Entscheidung der Frage, wie
weit die Geldherrschaft auch zu einer politischen Herrschaft werden
solle. Bis jetzt haben sich gegen die Verwandlung der Geldmacht
in politische Macht mit dem grössten Nachdruck nur erst diejenigen Elemente der Gesellschaft und des Staates gestemmt, welche
ihrer natürlichen Stellung und ihren alten Ueberlieferungen zufolge
keine Freunde der modernen Entwicklungen sind. Das in Zukunft
jedoch entscheidende und an Bedeutung mit den übrigen unvergleichliche Motiv der in der fraglichen Richtung zu vollziehenden
Gestaltungen ist der wohlverstandene und sich nicht mehr mit
blossen Träumen begnügende Socialismus sowie Alles, was hinter
ihm steht. Dieser Socialismus ist nicht als eines der mehr oder
minder willkürlichen Systeme, sondern als ein Inbegriff von Instincten, Richtungen und Ansprüchen aufzufassen, die sämmtlich
darin einig sind, dass die sociale Frage an erster Stelle als
eine politische Frage aufzufassen sei. Wir brauchen uns nicht
zu scheuen, das an sich vortreffliche Wort Socialismus für
eine Sache zu brauchen, für die man bis jetzt keinen völlig geeigneten Namen zur Verfügung hat. Die Bezeichnung als
sociale Richtung oder gar blos vom Standpunkt der Gegner
als ein sich gegen die antisocialen Bestrebungen auflehnendes
Princip ist zu unbestimmt. Wir haben einen Namen von bereits ausgeprägter Bedeutung nöthig, und wir können getrost erwarten, dass die Schatten der Phantastik und der willkürlichen
Systemmacherei, welche sich an das Schlagwort noch immer knüpfen,
bald verschwinden werden. Das Wort wird noch zu vollen Ehren
kommen, und sei es denn auch bereits hier als ein Schlagwort benutzt, um die einzige Macht anzudeuten, die im Stande sein wird,
die einseitige und ungezügelte Verwandlung der Geldmacht in politische Macht zu hindern oder wenigstens vorläufig durch die Constituirung einer Gegenmacht aufzuwiegen. Nicht der bisher ausgebildete Socialismus in seinen Schöpfungen der theoretischen Willkür und Laune, aber wohl das Princip des Socialismus, welches

den zersetzenden und blos negativen Tendenzen einer oberflächlichen Liberalistik organische Anforderungen gegenüberstellt, wird
triumphiren. Es ist dasselbe Princip, welches in einem gewissen
Maass schon jeder geschichtlichen Entwicklung zu Grunde gelegen
hat, es ist das Princip der staatlichen Bindung der vereinzelten,
kurzsichtigen und kurzlebigen Interessen; es ist das Princip, welches auf die Verwirklichung eines immer höheren Maasses von
Solidarität hinarbeitet. Es fällt daher mit den Motiven des richtig begriffenen modernen Staats genau zusammen. Der Staat hat
seine politischen Functionen, wie wir schon früher ausgeführt haben,
immer weiter auszubilden, und so mit der Entwicklung der individualistischen Freiheit Schritt zu halten. Thut er dies, so handelt
er den Antrieben gemäss, deren noch sehr unvollkommnen theoretischen Ausdruck man unter dem Namen Socialismus kennt. Die
Socialwissenschaft, die wir bis jetzt haben, ist ein Stück Socialismus, aber sie bedarf noch gar viel, ehe sie behaupten kann, den
wichtigsten Motiven des träumenden Socialismus völlig gerecht geworden zu sein. Der überlieferte Staat verträgt sich offenbar noch
immer besser mit dem socialen Princip der Solidarität, als die
liberalisirende Politik und Oekonomie. Aus diesem Gesichtspunkt
muss man auch das dem Schutzzoll zu Grunde liegende Princip
für ein Stück Socialismus und für wahrer erklären, als alle die
zersetzenden und jedes organische Band abweisenden Doctrinen der
liberalistischen Mode. Bastiat hat nicht gewusst, was er that, als
er den einzigen grossen politischen Rest der früheren organischen
Volkswirthschaft, als er den Schutzzoll für eine communistische
Institution erklärte. Er glaubte hiermit einen Trumpf auszuspielen
und merkte nicht, dass er der ihm verhassten Einrichtung eine
Ehre erwies und einen Dienst leistete. Doch von diesem Capitel,
nämlich von der Unfähigkeit der zersetzenden Doctrinen, den Staat
und die Politik zu begreifen, würde noch sehr viel gesagt werden
müssen, wenn dies hier, wo wir nur die Grenzen zu ziehen haben,
unsere Aufgabe wäre. Daher nur noch ein paar Worte über die
Beziehungen der wirthschaftlichen Sphäre zur auswärtigen Politik.

   3. Es gehört zu den Gewohnheiten der Parteischule, nicht
blos das Wesen der Nationalität und des Staates mit seiner über

die Zeit und die Parteien übergreifenden Macht gründlichst zu
verkennen, sondern auch jede würdige Action nach Aussen für das
Ende aller Volkswirthschaft zu erklären. Würdelosigkeit der Politik ist die Signatur alles dessen, was den volkswirthschaftlichen
Doctrinen der Parteischule entstammt. Die Manchesteranschauungen
sind mit der edleren Menschlichkeit unverträglich, und im Vergleich
mit ihnen sind selbst die verknöchertsten Ueberlieferungen der Ari-
stokratien und des militairischen Geistes noch etwas moralisch Tüch-
tiges. Es ist in den letzteren noch ein gewisser Rest von Männ-
lichkeit und Muth, während die ganze Manchestertaktik höchstens
noch die indirecte Politik der List und die mittelbare, auf Ränke
gegründete Völkerausbeutung kennt. Vielleicht ist einige Aussicht,
dass der gegenwärtige Erfolg Nordamerikas für die dortigen höheren Classen der Anfang einer Schulung werde, welche denjenigen
capitalmächtigen Elementen, welche nach politischer Herrschaft
streben, nun einmal nicht erspart werden kann. Für die Leitung
der Staaten ist eine andere Gesinnung nothwendig, als diejenige,
welche zum Profitmachen allenfalls ausreicht. Vor allen Dingen
ist ein wenig von jenem höheren historischen Sinne nöthig, der da
wahrnehmen lässt, dass Heere und Flotten auch für die Existenz
der Volkswirthschaft eine gewaltige Bedeutung haben, und dass
der Verzicht auf das Nationalgefühl und der oberflächliche Kosmopolitismus die Vorboten des Völkertodes sind. Hier ist also der
sich souverän erklärenden Volkswirthschaftslehre der Parteischule
ein Halt zuzurufen, und im Gegensatz zu dem Treiben derselben,
welches mit der Existenz, ich sage nicht einer bestimmten Staatsform, sondern überhaupt eines Staates jedweder Art unvereinbar
ist, an die edle und kühne Art zu erinnern, in der Friedrich List
das Interesse der Nationalität und des Staates mit demjenigen einer
wahrhaften und fast organisch zu nennenden Volkswirthschaftslehre
zu vereinigen wusste. Auch Carey hat nach dem grossen Kriege
seines Vaterlandes viel von der früheren volkswirthschaftlichen Einseitigkeit aufgegeben und das Werk, welches seine Nation vollbracht hat, auch als einen volkswirthschaftlichen Sieg gefeiert.
Wie contrastirt doch die Art, wie er von den für den Krieg ausgegebenen Milliarden in seinem jüngsten Vortrage redet, mit der

Art, wie sich unsere Volkswirthler von der Parteischule benehmen,
wenn es gilt, dem Staate und der Nation die nothdürftigste Selbsterhaltung durch die Bewilligung von ein wenig Geld für Heere
oder Flotten möglich zu machen! Da zeigt sich, wo die Grenzen
der rein volkswirthschaftlichen, um nicht zu sagen händlerischen
Entscheidung zu ziehen sind; da zeigt sich, wo die Volkswirthschaftslehre, wenn sie sich nicht selbst zu ewiger Bornirtheit verurtheilen will, die Antriebe einer andern Gattung von Bestimmungsgründen nicht nur etwa unwillig gelten zu lassen, sondern frei-
willig anzuerkennen und sich mit denselben in geziemender Weise
auseinanderzusetzen hat. Die wahre Volkswirthschaft und daher
auch die echte Volkswirthschaftslehre darf niemals die höheren
Zwecke vergessen, die in der Rangordnung der Interessen über
ihrem Gebiet stehen, und denen sie daher ihre eignen Satzungen
unterzuordnen hat. Die Gesetze der Theorie können selbstverständlich nicht andere werden, als sie eben sind; aber wohl können
die praktischen Verzeichnungen des diesen Gesetzen gemässen Verhaltens einen wahreren Charakter erhalten, sobald der Rangordnung der verschiedenen Motive der menschlichen Gestaltungen gehörige Rechnung getragen wird.

Drittes Capitel.
Die geistige Cultur.

1. Materiell wirthschaftliche Productivität kommt offenbar allen
Factoren zu, die als nähere oder entferntere Ursachen in einem
grösseren oder geringeren Maass die Quantität oder Qualität der
Lebensbedürfnisse steigern. Wie wir schon gelegentlich ausgesprochen haben, liegt es nicht in unserer Absicht, den meist sehr
oberflächlich geführten Streit über die Productivität der geistigen
Potenzen zu erörtern. Es liegt nämlich zu sehr auf der Hand,
dass die materielle Wirthschaftslehre eine eigne Sphäre constituire
und dass man daher stets nur nach dem einfachen Umstande zu
fragen habe, ob überhaupt, und dann in welchem Maasse eine mit
dem wirthschaftlichen Leben zusammenhängende Ursache der Grund

materiell wirthschaftlicher Production werde. Das Einzige, worauf wir hier wiederum behufs der Abschneidung der ganzen langweiligen und unfruchtbaren Controverse hinzuweisen haben, ist die Betrachtung der Quantitäten, also des Grades und Maasses sowie der Erheblichkeit und Bedeutung der anscheinend entlegenen Einwirkungen. Die Rückwirkungen, welche von den der Rangordnung nach über dem volkswirthschaftlichen Getriebe stehenden Sphären auf das letztere übertragen werden, sind oft zunächst ganz unscheinbar und entwickeln ihre Resultate meist in einer längeren Zeit. Eine eigentliche Schätzung solcher Rückwirkungen, die z. B. von der besseren Schulbildung ausgehen, ist nicht möglich, aber wohl eine Art Abwägung. Bleiben wir daher unseres kritischen Hauptprincips eingedenk und versuchen wir es stets, uns eine Art Voranschlag der Erfolge zu machen, die mit einer Veränderung in den verschiedenen Verzweigungen der geistigen Cultur auch für das Wirthschaftsleben verbunden sein müssen. Um einen sehr unscheinbaren und meist vernachlässigten Umstand zum Beispiel zu nehmen, so kann die moralische Tüchtigkeit der Haushaltungen, welche gleichsam als Atome dem organischen Getriebe der Volkswirthschaft zu Grunde liegen, von grosser Bedeutung sein, und wenn es gelänge, diese moralische Tüchtigkeit bedeutend zu erhöhen, so würde hiermit auch eine Steigerung der allgemeinen volkswirthschaftlichen Kraft verbunden sein. Bei Erwähnung dieses Beispiels liegt es uns jedoch sehr fern, der individualistischen Schulmeisterlichkeit ein Zugeständniss machen zu wollen. Im Gegentheil sind wir der Ueberzeugung, dass auch in der Moral ein sehr beträchtliches Maass von Solidarität vorausgesetzt werden muss, und dass sich daher die blos an das Individuum gerichtete Moral mit all ihrer Beschränktheit und Ideologie überlebt hat. Wir müssen das individuelle Verhalten grundsätzlich stets mit Rücksicht auf seine allgemeinen gleichsam organischen Vorbedingungen betrachten, und so ist es denn auch eine blosse Fiction, wenn wir einseitig angenommen haben, die moralische Tüchtigkeit des individuellen Wirthschaftsbetriebes könne im Grossen und Ganzen erhöht werden, ohne dass zugleich organische Institutionen der Grund dieser Verbesserungen wären. Wie sollen wir nun aber wohl den Einfluss der Rechtsinstitutionen, ja der moralischen Bindemittel und überhaupt der geistig veredelnden Potenzen der Grösse nach veranschlagen? Ich antworte, dass wir dies, wenn auch nur sehr oberflächlich, so doch im gesunden Denken fast regelmässig und unwillkürlich thun. Wir wägen ab, indem wir die mannichfaltigen Vermittlungen durchlaufen, den Grad der Entlegenheit des Einflusses in Anschlag bringen und uns überhaupt die ganze Verwicklung der eingreifenden Ursächlichkeiten zur Anschauung bringen. Es ist nun der eigenthümliche Charakterzug des rein volkswirthschaftlichen Raisonnements, jene indirecten Einflüsse nicht zu sehen oder nicht sehen zu wollen oder zu gering abzuschätzen. Dagegen wird wiederum auf der andern Seite oft alles Maass überschritten, und es werden Rücksichten als gewichtig geltend gemacht, die in der That quantitativ unerheblich sind.

2. Bei einem gewissen Punkte ist eine eigentliche Werthschätzung der indirecten Einflüsse gar nicht mehr ausführbar, oder mit andern Worten, wir befinden uns alsdann bei der Grenze der volkswirthschaftlichen Sensibilität. Wer möchte z. B. die Bedeutung auch nur ganz vage schätzen, welche eine veränderte Strömung der Lebensansichten, also z. B. eine Umgestaltung der Philosophie, auf die Chancen des Wirthschaftslebens ausüben kann? Von der Existenz eines ursächlichen Zusammenhangs überhaupt können wir überzeugt sein, und dennoch ist es unmöglich, eine quantitativ bestimmte Vorstellung von den Folgen des fraglichen Umstandes auch nur ganz im Groben zu gewinnen oder etwa gar auf Grund einer solchen Vorstellung weitere Vergleichungen anzustellen. Es giebt Leistungen, die zwar bezahlt, aber doch nicht eigentlich als wirthschaftliche Aequivalente betrachtet werden können. Sie haben nämlich eine Seite an sich, nach welcher sie nicht wirthschaftlich abgeschätzt zu werden vermögen. Der Schwerpunkt des Wesens dieser Leistungen liegt nun nicht etwa blos an jener Sensibilitätsgrenze der wirthschaftlichen Messung, sondern entzieht sich überhaupt ganz und gar der Deckung durch eine wirthschaftliche Aequivalenz. Was an diesen geistigen Leistungen wirklich wirthschaftlichen Momenten commensurabel ist, beschränkt sich auf die ökonomischen Voraussetzungen der Production jener Leistung und ausserdem auf die etwa mögliche socialwirthschaftliche Gelt-

endmachung der mit diesen Leistungen verbundenen Ansprüche. Von Aequivalenzen, wie sie zwischen Waare und Waare denkbar sind, oder wie sie überhaupt zwischen Leistungen derselben Gattung und Art, aber von verschiedener Grösse aufgestellt werden, kann im Gebiet des nicht materiell Wirthschaftlichen offenbar nicht die Rede sein. In einem gewissen Sinne und mit gewissen, übrigens auch sonst nöthigen Erläuterungen gilt in der Sphäre der geistigen Cultur und der öffentlichen Dienste und Functionen das Gesetz der Productionskosten. Die Leistungen haben so viel wirthschaftlichen Werth, als der wirthschaftliche Widerstand beträgt, der überwunden werden muss, um sie möglich zu machen. Diesen wirthschaftlichen Werth darf man aber nicht mit dem vollen Werth der Leistung identificiren. Dieser volle Werth ist gar keiner wirthschaftlichen Messung zugänglich. Dieser Werth, der sich auf das Wesen der Leistung selbst bezieht, wird an den Bedürfnissen gemessen, die befriedigt werden sollen. Diese Bedürfnisse sind aber in allen Fällen, die wir hier vor Augen haben, eben gar nicht wirthschaftlicher Art. Der Werth eines Werkes der Wissenschaft, der Kunst oder einer That für das Gemeinwesen wird nach den Ansprüchen bemessen, denen solche Schöpfungen oder Handlungen entsprechen sollen. Dieser Werth ist das, was Carey auch im materiellen Gebiet von dem Aequivalent der Productionshindernisse unterschieden wissen will, und was wir in diesem Zusammenhange als Tüchtigkeit, Trefflichkeit, Vorzüglichkeit u. dgl. bezeichnen müssen. Was die Nützlichkeit oder Brauchbarkeit in der materiell wirthschaftlichen Sphäre ist, das ist im Gebiete der geistigen Production die Zweckmässigkeit überhaupt d. h. die Anpassung an die höchsten Anforderungen der geistigen Bedürfnisse. Diese Art von Werth hat nun zwar bisweilen mehr oder minder nahe oder entlegene Beziehungen zu der wirthschaftlichen Geltung, hat aber offenbar keine wesentliche Verwandtschaft zu den Principien der ökonomischen Werthschätzung und Verwerthung. Die geistigen Productionshindernisse sind ganz etwas Anderes als die wirthschaftlichen und beide brauchen einander keineswegs der Grösse nach zu entsprechen. Man kann daher die ausserwirthschaftlichen Leistungen nicht nach den wirthschaftlichen Productionshindernissen schätzen

wollen, für deren Aequivalente jene Leistungen zu beschaffen sind.
Der wirthschaftliche Gesichtspunkt ergiebt daher auch stets nur
eigentlich wirthschaftliche Schätzungen, und diese ökonomische
Geltung der Leistungen hat mit der Summe ihrer Wirkungen und
mit dem Maasse, in welchem sie die höheren Bedürfnisse des Einzelnen und der Nation befriedigen, der Regel nach gar nichts zu
schaffen. Fragt man nach dem wirthschaftlichen Werth, so hat
man sich jedesmal gleichsam rückwärts zu wenden und die unerlässlichen ökonomischen Vorbedingungen einer Operation zu untersuchen. Diese Vorbedingungen bestimmen das Minimum der »Geltung«. Das Maximum wird durch die Kraft bestimmt, mit welcher
die socialen und ökonomischen Ansprüche in die Gravitation der
Werthsatzungen des Verkehrs einzugreifen vermögen. Mit diesen
Andeutungen haben wir hoffentlich Gebiete wie die der ökonomischen
Geltung der literarischen Production und der Beamtenfunctionen
sowie überhaupt aller Leistungen, die nicht wirthschaftlicher Natur
sind, einigermaassen verständlich gemacht. Offenbar können aber
diese Sphären der ihrer Natur nach nicht ökonomischen Leistungen
nur dann in ihren wirthschaftlichen Voraussetzungen und Ansprüchen
vollständig begriffen werden, wenn man auf die einzelnen Kategorien eingehen kann, was hier nicht in unserer Absicht liegt.

Elfter Abschnitt.

Das System im Verhältniss zur Geschichte und wirthschaftlichen Geographie.

Erstes Capitel.

Charakter echter Systeme.

1. Worin liegt das Wesen eines echten Systems? Diese Frage darf am wenigsten in einer Zeit unbeantwortet gelassen werden, in welcher man, was die gediegneren Theile der Wissenschaft anbelangt, auf die Einzelheiten und auf das Thatsächliche Gewicht legt, die sogenannten Systeme aber und die Systemmacherei, wie sie besonders in der Philosophie eine nicht beneidenswerthe Berühmtheit erlangt hat, gründlich verachtet. Dieser wenn auch nicht in jeder Beziehung so doch in einem hohen Maass berechtigten Antipathie gegenüber sei nun sogleich bemerkt, dass wir einen höheren und edleren Begriff von dem Systemcharakter eines Wissenskörpers zu Grunde legen, als derjenige ist, welcher in dem vagen und unbestimmten Denken oder vielmehr in der Caricatur des wissenschaftlichen Denkens bisweilen Curs gehabt hat. Wir meinen hier nicht die Systematik des Phantasirens, welches ebenfalls Methode haben kann und grade dadurch den Schein der Ordnung und des logischen Zusammenhanges erregt, dass es sich recht einseitig in Illusionen verliert und dieselben wie nach Tactschlägen in ermüdenden Wiederholungen reproducirt, imaginatorisch ausspinnt und so stets auf das erste Wort zurückkommt. Einer solchen Art von

System, welches man eigentlich eine Systemcaricatur nennen müsste, haftet nur der äusserliche Schein von Logik und Systematik an. Irgend ein Fundamentaltrieb setzt die Imagination in einer bestimmten Richtung ins Spiel and führt so zu einem Durchphantasiren irgend einer verworrenen Idee in der ganzen Breite eines gegebenen Stoffs. Hieraus entsteht der Anschein einer Fülle von neuem Wissen, während in Wahrheit nur die guten erfahrungsmässigen Bestandtheile der vorhandenen Erkenntniss gefälscht oder mindestens verwirrt werden. Im Gegensatz zu diesen Systemen der verworrenen und meist auch geistlosen Imagination denken wir an die eigentlich wissenschaftlichen Systeme, in denen ein oberster, für sich deutlich erfassbarer Satz alle speciellen Wahrheiten in einem neuen Lichte zeigt und die ganze Anschauungsweise dominirt. In diesem Sinne ist das astronomische Wissen seit Copernicus ein bestimmtes und wahres System. Die Wahrheit, dass sich die Erde um die Sonne bewegt, ist ein Satz, dessen Inhalt in alle übrigen Einsichten eingeht und bei der Vorstellung der verschiedenen speciellen Beziehungen als oberste Wahrheit zu Grunde gelegt wird. In einer andern Beziehung ist die Newtonsche Naturphilosophie ein System, insofern dieselbe von der Identität der Erdschwere und der Gravitation ausgeht und mit einigen Grundgesetzen der Mechanik eine Menge von Erscheinungen des Sonnengebiets erklärt. Ebenso wird die Theorie des Rechts zu einem System, wenn unser Satz vom Ressentiment zur Erklärung der mannichfaltig verzweigten Erscheinungen benutzt wird. Es ist also stets ein Satz von höchster Tragweite, welcher einem Wissenskörper einen eigenthümlichen Systemcharakter ertheilt. Von dem blos formal logischen Arrangement und der gewöhnlichen guten Ordnung ist hier natürlich als von etwas Selbstverständlichem gar nicht zu reden. Diese letztere Art systematischer Gliederung ist zwar sehr wesentlich und wichtig, aber doch nur eine formale Angelegenheit. Die Verkettung der einzelnen Elemente des Stoffes kann mehr oder weniger dem logischen Schematismus entsprechen, je nachdem die Gruppirung und Classification der einzelnen Sätze gefördert oder vernachlässigt worden ist. In diesem Sinne spricht man aber auch gar nicht von einem eigenthümlichen System, welches andern Systemen gegenüber zu stellen wäre. Wo es sich um Aufrechthaltung oder Fall eines Systems handelt, da ist es stets ein bestimmter Grundgedanke von so zu sagen universeller Tragweite, an welchem der ganze Inbegriff der Erkenntniss gleichsam hängt, oder von welchem dieser Inbegriff wenigstens seine Gestaltung erhält.

2. In der Volkswirthschaftslehre und Socialwissenschaft ist die zuerst von Adam Smith in weiterem Umfange ausgeführte Idee, von dem Interesse oder Erwerbstriebe als dem Princip und Erklärungsgrund der Erscheinungen ein verhältnissmässig system-schaffendes Moment. Wer sämmtliche Vorgänge aus dem Interesse oder besser aus dem Princip der Förderung des Selbst zu begreifen sucht, wird unwillkürlich systematisch werden und vielleicht das Gesetz von Angebot und Nachfrage als dominirendes Axiom an die Spitze aller seiner Entwicklungen stellen. Ein solches System ist sicherlich von keinem besonderen Werth; aber es hat doch den echten Systemcharakter, wie neuerdings die etwas scholastisch ausgefällene Macleodsche Darstellung der Nationalökonomie recht entschieden bestätigt. Man kann ferner andere materielle Sätze als die durchgreifenden Principien der einzelnen Vorgänge erkennen oder erkannt zu haben sich überreden. Letzteres ist der Fall mit dem Malthusschen Princip, welches, wenn es wahr wäre, an die Spitze der Socialwissenschaft gestellt werden müsste, und von dessen Consequenzen alsdann auch in der Volkswirthschaftslehre nicht abgesehen werden könnte. Weniger bedeutend und von geringerer Tragweite würde die specifisch Ricardosche Idee von der Bodenrente sein, selbst wenn sie wahr wäre und so unter die Hauptsätze eines Systems aufgenommen werden könnte. Ein Ricardosches System ist also nur insofern vorhanden, als man in demselben auch die Malthussche Grundanschauung stillschweigend mitbegreift.

Die eben angeführten Beispiele sollen nur die Möglichkeit eines Systems auf der Grundlage eines materiell durchgreifenden Satzes erläutern. Ein haltbares System ist erst durch Careys Beispiel illustrirt worden. Erst aus den grösseren Arbeiten Careys ist zu lernen, was ein eigentliches System in der Volkswirthschaftslehre zu bedeuten habe. Der Satz von der Fortschrittsrichtung im Gange

30*

der Bodencultur, durch welchen die ganze frühere Anschauungsweise enttäuscht und gradezu umgekehrt wird, ist nicht blos für unser Gebiet, sondern überhaupt für die Culturgeschichte von der höchsten Bedeutung und grössten Tragweite. Erst durch die Entdeckung dieses Satzes ist Carey selbst zu einem materiellen neuen System gelangt, während er früher durch das neue Licht, welches er über den entscheidenden Grund der Werthschätzung verbreitete, mehr nur eine formale Umwälzung der Betrachtung begründet hatte. In der That ist es auch nicht denkbar, dass es im Gebiet der mehr formalen Auffassung mehr als ein Fundamentalprincip gebe. Dagegen ist es sehr wohl möglich, dass eine andere Seite des Inhalts der Wissenschaft noch ausserdem einen materiellen Hauptsatz als die Alles beherrschende Idee zu Grunde liegen habe. Die Gleichgewichtsidee, welche Carey in seiner Socialwissenschaft als den allgemeinsten Gedanken an die Spitze gestellt hat, ist weder specifisch social noch etwa gar specifisch volkswirthschaftlich, sondern durchaus logisch und daher so abstract, dass dieselbe gar nicht als specielle Formulirung unseres specifischen Forschungsgebiets geltend gemacht werden sollte. Die specielle Anwendung derselben auf die Erscheinungen der socialen Welt und der Volkswirthschaft hat ihre volle Berechtigung, bereichert aber das System mit keinem neuen Satz, der als Ausgangspunkt für die Gestaltung der übrigen Einsichten einen ähnlichen Charakter hätte, wie etwa der Hauptsatz der Werththeorie oder das Gesetz vom Gange der Bodencultur.

Dagegen müssen wir, wenn wir dem Systemcharakter der Careyschen Wissenschaft gerecht werden wollen, noch eine andere Seite seiner Leistungen berücksichtigen, deren Consequenzen von dem Urheber des Systems selbst nicht völlig gewürdigt worden sind, von denen wir aber zuversichtlich eine Umwälzung der Methode zu erwarten haben. Ueber diese überraschenden Eigenthümlichkeiten des Systems verweise ich, um mich nicht wiederholen zu müssen, auf die Vorrede dieser Schrift. Dort habe ich den Gegensatz der organischen und der unorganischen Volkswirthschaftslehre und die epochemachende Bedeutung desselben gekennzeichnet. Hier sei nur noch bemerkt, dass die organischen Eigenthümlichkeiten

der Careyschen Darstellung mit all den oft ganz unverständiger-
weise von der Kritik getadelten Wiederholungen zu einem guten
Theil eine nothwendige Folge des neuen Standpunktes der Betrachtung sind. Der organische Gegenstand, der von dem neuen
Standpunkt aus in seiner Gliederung sichtbar wird, erfordert auch
regelmässig eine Aufzählung der Hauptzüge und Schemata, auf
deren Verbindung seine complexe Beschaffenheit beruht. So wird
es erklärlich, dass Carey genöthigt ist, in jeder neuen Sphäre der
Untersuchung alle seine Hauptprincipien und Erklärungsgründe
wieder zusammenzufassen und in ihrer Gesammtheit zur Anwendung zu bringen. Nur der Mangel an tieferem Verständniss der
organischen Systematik kann die Thatsache rügen wollen, dass
sich überhaupt Wiederholungen vorfinden. Müssen doch selbst in
der Euklidischen Darstellung die Axiome und früheren Sätze immer
wieder reproducirt werden, — ein Umstand, der nur demjenigen
als eine Ueberflüssigkeit erscheint, der mit den Gesetzen der Exposition nicht gehörig vertraut ist!

Zweites Capitel.

Beharrung und Veränderung der Zustände.

1. Im letzten Capitel unseres einleitenden Abschnitts über
den gegenwärtigen Zustand der politischen Oekonomie haben wir
bereits von der falschen Geschichtlichkeit gesprochen, welche sich
an die Stelle des Dogmatismus setzen zu müssen glaubt und ihrem
Wesen nach in dem Verzicht auf Einsichten und Gesetze besteht, deren
Wahrheit von allen geschichtlichen Voraussetzungen unabhängig zu
denken ist. Dieser Pseudohistorismus ist in den verschiedenartigsten
Gebieten eine regelmässige Erscheinung; er ist eine Gestalt des
Zweifels an der Möglichkeit durchgreifender Wahrheiten. Er ist
ein Element des allgemeinen Zersetzungsprocesses, durch welchen
die Haltlosigkeit der früheren wissenschaftlichen Dogmatik recht
offenbar wird. Er ist etwas rein Negatives, eine blosse Kriegs-

erklärung gegen die Festigkeit der dogmatisch starren Vorstellungsart, ja er ist eigentlich nicht einmal dies, sondern nur der Ausdruck eines schlaffen und in keiner Richtung bestimmt ausgeprägten
Bewusstseins. Er glaubt an keine unbedingten Sätze, löst daher
die Wahrheit in eine Reihe historischer und vergänglicher Wahrheiten auf, und vermag, nachdem er so die Haltung verloren hat,
den Schwerpunkt der für alle Zeit maassgebenden Erkenntniss nicht
wieder zu finden. In seiner negativen Rolle hat er Recht; denn
der Absolutismus des früher herrschenden Dogma, gegen den er
sich wendet, ist unhaltbar. ' Die über alle Zeit übergreifenden Gesetze dürfen nicht Elemente enthalten, die thatsächlich an eine bestimmte Zeit gebunden sind. Hat nun der alte Dogmatismus die
Abstractionen von einer bestimmten Periode abgezogen und diese
specifischen Gesetze, die nur für die besondere Beschaffenheit einer
Epoche gelten, für absolut erklärt, so wird dieser Irrthum nun
von dem skeptischen Historismus mit Recht gerügt. Allein dieser
Historismus bleibt denn doch nur eine Halbheit, da er den höheren
und übergreifenden Dogmatismus verfehlt. Er kann nur als Vor-
läufigkeit einigen Nutzen haben. Befriedigung ist in ihm wie in
jedweder Art von Skepticismus nicht zu finden. In einem gewissen
Sinne ist er sogar Leugnung der Wissenschaft; denn er würdigt
das Wissen herab, indem er dessen Gültigkeit von der Aenderung
der historischen Zustände abhängen lässt und für jedes Zeitalter
gleichsam eine neue Art von Wahrheit bereit hat. Auf diese Weise
verliert er den übergreifenden Wahrheits- und Erkenntnissbegriff,
verkommt in historischen Zufälligkeiten und beruhigt sich gewohn-
heitsmässig bei ganz secundären und relativen Resultaten ohne
ernstliche Tragweite und Zuverlässigkeit.

2. Die echte von der skeptischen Schlaffheit des blossen
Historismus wie von der auf Beschränktheit beruhenden Ueberhebung des willkürlichen, unhistorischen und unkritischen Dogmatismus gleich weit entfernte Wissenschaft trägt dem übergreifend
Beharrlichen ebenso sehr wie dem geschichtlich Veränderten Rechnung. Alle Wissenschaft wird nur dadurch möglich, dass den Veränderungen etwas mehr oder minder Constantes zu Grunde liegt.
Unter diesen Beständigkeiten, welche über eine gewisse Zeitdauer

übergreifen, muss es eine Rangordnung, ein Mehr und Minder der Tragweite, eine Relativität in der Constanz und schliesslich auch ein höchstes Maass der Beharrlichkeit und Fortdauer geben. Sätze und Gesetze sind nun alsdann von den geschichtlichen Veränderungen unabhängig, wenn ihre Wahrheit zwar in der Geschichte aber nicht durch die Autorität der einzelnen Thatsachen zum Ausdruck gelangt. Denn es giebt stets letzte Instanzen, die über aller Geschichte walten und deren Erscheinungen beherrschen. Diese Instanzen haben ihre Beglaubigung und Wahrheit nicht durch ihre Anpassung an einen bestimmten historischen Zustand, sondern es sind im Gegentheil die einzelnen Zustände blosse Producte auf dem Grunde und in den Schranken jener höchsten maassgebenden Antriebe. Ueber der Geschichte steht eine wissenschaftliche Nothwendigkeit, deren Wahrheit nicht erst an einem bestimmten Zeitalter geprüft zu werden braucht, da sie für alle Zeitalter gilt, in denen überhaupt die stillschweigenden Voraussetzungen jener Wahrheit anzutreffen sind. Derartige, jederzeit vorhandene Voraussetzungen giebt es nun aber, und insofern muss es auch einen über die Bestimmtheit der Periode übergreifenden und für alle absehbare Geschichte gültigen Fond des Wissens geben.

3. Was würde aus der Volkswirthschaftslehre oder gar der Socialwissenschaft werden, wenn man die Grundbegriffe der Theorie für historische Kategorien und die absoluten Fundamentalinstitutionen des Gemeinlebens für Gebilde erklären wollte, die in ihrem allgemeinsten Wesen und in ihren abstractesten Grundschematen verändert werden und mithin verschwinden könnten? Was soll uns wohl eine Werthvorstellung oder ein Capitalbegriff, der seiner allgemeinsten Form nach blos historische Kategorie wäre? Was eine Idee von der Ehe, der Gemeinde, dem Staat, die nicht auch gewisse Züge enthielte, die in alle Vergangenheit zurück- und in alle Zukunft vorgreifen und so für die specifischen Unterschiedsbildungen der Zeitalter einen unveränderlichen Rahmen abgeben? Alle Wissenschaft wäre vernichtet, wenn die von der Zeit unabhängigen Aufstellungen aufgegeben werden müssten. Der Begriff der geschichtlichen Entwicklung wird gefälscht, wenn man diese Entwicklung nicht gleichsam innerhalb eines Rahmens von maass-

gebenden Principien, Formen, Schematen und überhaupt Nothwendigkeiten vor sich gehend denkt. Ebenso wird aber auch der
Begriff der den geschichtlichen Voraussetzungen entsprechenden
Theorie gefälscht, wenn man in dieser Theorie nichts als lauter
relative Wahrheiten zulassen will und auf retrotrahirenden sowie
anticipirenden Gebrauch allgemeinster Gesetze mithin auf alles
stetig in die Vergangenheit zurückgreifende oder in die Zukunft
hinausreichende Urtheil verzichtet. Wenn nun aber gar etwa die
Möglichkeit einer wissenschaftlichen Entscheidung selbst für die
Gegenwart beanstandet oder vielmehr aus Urtheilslosigkeit preisgegeben wird, so ist dies der Gipfel der Verkommenheit in einem
unecht historischen Treiben, eines beschränkten um nicht zu sagen
bornirten geschichtlichen Empirismus, kurz eines Geisteszustandes,
der eher als wissenschaftliche Impotenz denn als ein dem alten
Dogmatismus überlegener Standpunkt gekennzeichnet werden muss.

4. Aus dem Careyschen System kennen wir einen Satz von
allgemeiner Bedeutung für die wirthschaftliche Gestaltung der Geschichte der Civilisation. Es ist dies der von uns oft erwähnte Satz
von der Fortschrittsrichtung im Gange der Bodencultur. Von einer
ähnlichen Bedeutung muss der ebenfalls von Carey in sein System
verwebte und in Amerika weit entschiedener als bei uns anerkannte
Satz von der culturhistorischen Tragweite der Folgen der Bodenerschöpfung sein. Beide Gesetze sind nun Normen, welche für alle
mögliche Geschichte und mithin alle denkbare geschichtliche Entwicklung Gültigkeit haben, nicht aber etwa ihre Wahrheit erst von
einer bestimmten historischen Voraussetzung herleiten. Diese Sätze
gelten völlig allgemein und finden, wie z. B. jeder Satz der rationellen Mechanik, da Anwendung, wo sich die Voraussetzungen derselben irgend antreffen lassen. Voraussetzungen hat aber jede
Wahrheit, wie jeder mathematische Satz beweist; denn die Nothwendigkeiten, welche für die Verhältnisse einer Ellipse statthaben,
können sich in der wirklichen Natur eben nur insofern bethätigt
finden, als thatsächlich in den Naturgebilden eine Ellipse vorliegt.
Auch Gesetze, welche gradezu die Verhältnisse in der Zeit und in
der geschichtlichen Entwicklung zum Gegenstand haben, müssen
von der Bestimmtheit der Zeit, auf die sie angewendet werden,

unabhängig sein. Ein Gesetz der volkswirthschaftlichen Entwicklung ist eben für jegliche Entwicklung, bei welcher die stillschweigenden Voraussetzungen des Gesetzes zutreffen, unbedingt und uneingeschränkt maassgebend. Ein Satz über die Werthschätzung wäre gar kein Bestandtheil der allgemeinen Wissenschaft, wenn er nicht eine von den historischen Metamorphosen der Verkehrszustände unabhängige Gültigkeit hätte, wenn er also eine bestimmte Form des Verkehrs, z. B. den durch Geld vermittelten Verkehr zur unerlässlichen Vorbedingung seiner Anwendbarkeit machte. Offenbar giebt es nun auch specifische Gesetze, deren Voraussetzungen grade so beschaffen sind, dass sie nur von einer bestimmten Entwicklungsepoche an Anwendbarkeit erhalten. Alsdann sind diese Sätze aber noch bei Weitem nicht das, was die falsche Geschichtlichkeit im Sinne hat. Sie sind vielmehr noch immer ganz allgemein gültigen Inhalts und haben Bedeutung für alle denkbaren geschichtlichen Gestaltungen, in denen sich ihre Voraussetzungen verwirklicht finden. Da nun diese specifischen Sätze mit den Wahrheiten von höchster übergreifender Allgemeinheit ein einheitliches System bilden, so kann man behaupten, dass grade diese Verbindung von mehr oder minder weit tragenden Gesetzen dem System der Wirklichkeit genau entspreche. Diese Wirklichkeit ist ja ein System von allgemeinen Mächten, Nothwendigkeiten, Antrieben und Principien, auf deren Grunde und in deren Schranken sich die besondern Gebilde wie in einem Rahmen zur geschichtlichen Darstellung bringen. Dieser wahren Constitution der Wirklichkeit und diesem echten Schematismus muss nun auch durch die logische Constitution der Wissenschaft entsprochen werden. Dies kann aber nur durch ein System geschehen, welches ebenso der Beharrung wie der Veränderung angepasst ist und seine Wahrheit eben darin sucht, den Schematismus der Natur und Geschichte völlig adäquat zu decken. Nie dürfen wir daher über dem specifisch Historischen die wandellose Nothwendigkeit, nie über dem Nationalen das allgemein Menschliche, nie über der bestimmten Epoche das continuirliche Ganze der Geschichte, nie über der Metamorphose den beharrlichen Kern, nie über der mehr oder minder allgemeinen Thatsache das waltende Princip, nie über dem besondern Gebilde die gestaltenden Kräfte selbst, also nie, um es schliesslich mit einem Worte zu sagen, die natürliche Verfassung alles Daseins und aller Geschichte vergessen, die eben auf der Verbindung der Beharrung mit der Veränderung beruht. Nur so sind wir, was unser specielles Gebiet betrifft, eine Wirthschaftslehre und Socialwissenschaft hervorzubringen im Stande, die nicht von der bekannten Beschränktheit des blos von der Gegenwart abstrahirten Dogmatismus, sowie auch nicht von der bis jetzt weniger erkannten skeptischen Schlaffheit des Pseudohistorismus, sondern im Gegentheil geeignet ist, das Ganze der Geschichte begreiflich und die Wirthschaftslehre zu einem Element der Geschichte der Civilisation zu machen.

Drittes Capitel.

Gleichzeitige Mannichfaltigkeiten.

1. Bis jetzt stehen, wie in den verschiedensten Gebieten, so auch in unserer Wissenschaft der mit einer gewissen Beschränktheit von der Gegenwart und, fast möchte man auch sagen, von der nächsten Umgebung abstrahirte Dogmatismus einerseits und verschiedene Arten des empirischen oder philosophischen Pseudohistorismus andererseits einander entgegen. Niemandem ist es aber bis jetzt eingefallen, die gleichzeitigen, geographisch vertheilten Mannichfaltigkeiten ebenfalls als ein nothwendiges Bestandstück des in Anschlag zu bringenden Schematismus zu betrachten. Es giebt nicht blos eine geschichtliche, sondern auch eine geographische Form der Existenz des Wirthschaftslebens. Auch in den geographischen Nebenordnungen ist eine Systematik der Natur und Geschichte anzuerkennen. Es handelt sich aber nicht etwa blos um eine vergleichende Volkswirthschaftslehre oder Socialwissenschaft, sondern gradezu um die Auffindung der neben einander existirenden und für das Getriebe der Weltwirthschaft wichtigen Beziehungen. Ein jedes System muss, wenn es vollkommen sein soll, die zwei Hauptdimensionen alles Daseins in Anschlag bringen. Die gleich-

zeitigen neben einander bestehenden Mannichfaltigkeiten wollen in ihrem Zusammenhang begriffen sein. So entsteht nothwendig eine wirthschaftliche Geographie oder ein geographisch bestimmtes System der Wirthschaftslehre, welches ebenso sehr das Ganze der gleichzeitigen Existenzen zum Gegenstand hat, wie die geschichtlich bestimmte Seite des Systems die stetige Gesammtheit der auf einander folgenden Entwicklungen beherrscht. Zu der geschichtlichen Perspective tritt noch die geographische, und so erst vollendet sich die tiefere Erkenntniss. Selbstverständlich sind beide Arten der Untersuchung einheitlich mit einander zu verbinden, und es wird die Gestalt der wirthschaftlichen Geographie zum Theil erst aus der Geschichte der örtlich vollkommen oder relativ isolirten Entwicklungen begriffen werden können. Indessen ist die geographische Gestalt des wirthschaftlichen Systems durchaus nicht ausschliesslich ja nicht einmal wesentlich ein Erzeugniss geschichtlicher Vorgänge. Die aller Geschichte vorangehende Vertheilung der Naturmannichfaltigkeiten hat bereits den Plan verzeichnet, der für jede spätere Entwicklung eine Norm bleiben muss. Insofern ist die geographische Nothwendigkeit keine Consequenz geschichtlicher Gestaltungen, sondern es sind umgekehrt diese geschichtlichen Gestaltungen nur auf dem Grunde und in den Schranken der geographischen Situation möglich geworden.

2. Man würde uns missverstehen, wenn man etwa voraussetzte, wir bemühten uns hier, die Trivialität zu kennzeichnen, dass sich die Geschichte auf der Grundlage geographischer Determinationen entfaltet. Unser Ziel ist die Andeutung der Systematik innerhalb des Ganzen der gleichzeitig bestehenden Mannichfaltigkeiten. Wir wollen die Nothwendigkeit fühlbar machen, alle wirthschaftlichen und socialwirthschaftlichen Begriffe und Sätze noch aus dem Gesichtspunkt einer zweiten Dimension zu prüfen. Ein sehr bezeichnendes Beispiel liefert hierfür der örtlich verschiedene Werth der edlen Metalle oder, wie man sagen könnte, der Geldfuss. In dem Verhältniss, nach welchem sich Naturalleistungen gegen Geld austauschen, giebt es eine gleichzeitig bestehende, geographische Mannichfaltigkeit zu verzeichnen, deren Unterschiede für das Wirthschaftsleben weit bedeutsamer sind, als man gewöhnlich annimmt.

Die unorganische Volkswirthschaftslehre setzt sich über die Thatsache der colossalen Verschiedenheiten des Geldfusses ganz getrost
hinweg. Sie glaubt, dass sich die Verhältnisse völlig nivelliren,
und vergisst, dass die Mannichfaltigkeiten der Gestaltung von orga-
schen Kräften aufrecht erhalten werden, die es nicht erlauben,
dass sich die Atome wie bei einem völlig flüssigen Aggegratzustande
bewegen und so stets ein ebnes Niveau bilden. Der Geldfuss ist
einer der interessantesten Erscheinungen der wirthschaftlichen Geographie und selbtverständlich auch der wirthschaftlichen Geschichte.
Auf der Existenz und Erheblichkeit seiner Unterschiede beruhen
eine Menge Beziehungen des gleichzeitigen Verkehrs. Dieser Geldfuss kann durch abnorme Vorgänge irgendwo in die Höhe getrieben
werden, und dann sind alle Verkehrsbeziehungen mit andern Oertlichkeiten wesentlich verändert. Dieser Geldfuss hängt nur in
höchst untergeordneter Weise von der verfügbaren Menge der edlen
Metalle ab; er bildet sich stetig im Sinne der Steigerung fort, indem die Anforderungen auf Seiten derer, welche die Geldleistungen
zu empfangen haben, nach und nach gesteigert werden. Diese zuerst einseitige Steigerung, die in irgend einer Sphäre des Wirthschaftslebens oder bei irgend einer Classe als beginnend gedacht
werden mag, pflanzt sich fort, d. h. vollzieht sich im Laufe der
Zeit für alle Elemente der Gesellschaft und führt auf diese Weise
gleichsam einen Kreislauf oder Umschlag aus. Es wird mithin von
der Entwicklungsstufe und von der Summe von Steigerungsantrieben,
die in der geschichtlichen Entwicklung vorangegangen sind, abhängen, ob der Geldfuss ein hohes oder niedriges Niveau habe.
Dieses Niveau wird örtlich in hohem Maasse verschieden sein
müssen, wie dies schon innerhalb einer einzelnen Volkswirthschaft
der Unterschied der grossen Städte und des platten Landes deutlich
macht. Das Bestreben, die Geldäquivalente der Naturalleistungen zu
steigern, ist das Princip, auf welchem die Erhöhungen des Geldfusses
beruhen. Nun denke man sich irgendwo (wie z. B. neuerdings in
Nordamerika) eine ausserordentliche, das gewöhnliche Gleichmaas
der Entwicklung überschreitende Anregung des Verkehrs, so muss
der Geldfuss (auch abgesehen von jeglicher Papierwährung, die nur
ein mitwirkendes Hülfsmittel ist) ebenfalls aussergewöhnlich steigen,

und es muss sich so die gleichsam geographische Systematik der
Weltwirthschaft und des Weltverkehrs ändern. Ein Volk, welches
im Stande ist, seinen Geldfuss im Vergleich mit andern Nationen
erheblich zu ändern, besitzt hiermit zugleich die Macht, eine relativ
veränderte Stellung einzunehmen. Es constituirt sich durch einen
solchen Vorgang als organische Einheit, die sich wesentlich von
den andern gleichzeitig bestehenden Einheiten unterscheidet und
daher auch der Regel nach eine in demselben Maasse unterschiedene
Handelspolitik erforderlich macht.

Da der ganze Weltverkehr in einem erheblichen Maass von
den Verschiedenheiten des Geldfusses abhängig ist, so ist unser
Beispiel mehr als ein blosses Beispiel. Es deutet nämlich auf die
Vorbedingung der Weltmarktsäquivalenzen und bezeichnet insofern
grade diejenige Seite des gleichzeitigen Zusammenhanges, welche
für die ganze Gestaltung der kosmopolitischen Statik der Werthe
von entscheidendem Einfluss ist. Was können uns Begriffe und
Sätze über die Werthschätzungen des Verkehrs nützen, wenn wir
uns nicht der geographischen und geschichtlichen Voraussetzungen
der Anwendbarkeit jener Sätze bewusst werden? Der Werth, hat
man gesagt, ist etwas rein Oertliches, und man hat so dem Skepticismus der falschen Geschichtlichkeit auch für die geographische
Perspective ein Seitenstück beigegeben. Diese Einseitigkeit der Betrachtung, die sich namentlich bei Macleod findet, verzichtet auf
Einsichten, welche die neben einander bestehenden geographischen
Verschiedenheiten aus einem über die wirthschaftliche Geographie
übergreifenden Princip begreiflich machen könnten. So zerfällt das
System der gleichzeitigen Mannichfaltigkeiten in einen losen Haufen
erfahrungsmässiger Einzelheiten, und es wird auf die Bestimmung
des verknüpfenden Bandes verzichtet, oder wohl gar stillschweigend
vorausgesetzt, dass es ein solches durchgreifendes Erklärungsprin-
cip, ein solches Bindemittel der isolirten Thatsachen, kurz eine
reale Systematik gar nicht gebe. Gegen diesen Verzicht auf tieferes Verständniss, gegen diese Zufriedenheit mit den vereinzelten
Thatsächlichkeiten der wirthschaftlichen Geographie, gegen diese
ganz unorganische und in falscher Weise atomistische Auffassungs-

weise der volks- und weltwirthschaftlichen Gegenwart richten wir unsere Idee von der Nothwendigkeit der geographischen Perspective. Dieser Idee ist bereits in einem hohen Maasse durch das Careysche System entsprochen, und wir hatten daher hier nur nöthig, die Idee selbst in ihrer logischen Reinheit festzustellen und gegen die ihr feindlichen Grundsätze und Gewohnheiten des wissenschaftlichen Verhaltens abzugrenzen.

Zwölfter Abschnitt.

Die freie Forschung und die socialen Parteien.

Erstes Capitel.

Wahrheit der Einsichten.

1. Alle Wissenschaft zerfällt in zwei grosse Gebiete, von denen das eine nach dem fragt, was unabhängig vom menschlichen Willen existirt, das andere aber ein Urtheil über das, was sein soll, abzugeben hat. In Zeiten der skeptischen Erschlaffung wird dieser Fundamentalunterschied fast regelmässig verkannt, und es wird dann vorherrschend nur an ein Wissen von dem geglaubt, was beharrlich und unabhängig von den menschlichen Bestrebungen existirt. Werden aber diese Bestrebungen wirklich zum Gegenstande der Forschung gemacht, so werden sie auch zugleich in der Form des unabänderlich Existirenden aufgefasst. Ueberall stellt man sich dann gleich von vornherein nur die Frage, was als gleichsam ruhende Regelmässigkeit gegeben sei.

Seit der Grundsatz, die wirthschaftlichen und socialen Angelegenheiten sich selbst zu überlassen, und sich aller organischen Eingriffe zu enthalten, zu einer gewissen Herrschaft gelangt ist, hat man auch innerhalb der Wissenschaft ganz folgerichtig die Neigung, das sociale und wirthschaftliche Getriebe in der Art des der unorganischen Natur gegenüberstehenden Forschers zu betrachten. Von einem Einfluss, den die bewusste Gestaltung von Seiten des menschlichen Willens in organischer Weise üben könnte, will man nichts wissen. Man betrachtet die wirthschaftlichen und socialen Angelegenheiten, als handelte es sich um ein ruhendes Object der Forschung, an dessen Hervorbringung wir gar keinen Antheil hätten. Ausserdem wird von der wesentlichen Veränderlichkeit der Zustände häufig ganz abgesehen, und der wirthschaftliche Dogmatiker glaubt einen Gegenstand vor sich zu haben, an welchem sich die Erkenntniss ganz in der Weise der physikalischen Untersuchung bethätigen könne. Dieser Standpunkt, der stets nur nach Thatsachen fragt, und der sich die Verknüpfung der wirthschaftlichen Erscheinungen unter dem Bilde der Naturnothwendigkeit denkt, ist der vorherrschend negativen und zersetzenden Richtung eigenthümlich, welche die Freiheit in der Auflösung aller alten Bande und in der Abweisung aller neuen Bindemittel sucht. Dieser Standpunkt der reinen Verneinung, der alle ·positiven Schöpfungen, die auf bewusste Organisationen auslaufen, für menschliche Pfuschereien und für Verstösse gegen die natürliche Ordnung erklärt, macht aus der socialen Welt, nicht etwa, wie es ganz gerechtfertigt sein würde, überhaupt eine zweite Natur, sondern ein genaues Gegenbild der aussermenschlichen Natur. Er vernachlässigt den specifischen Unterschied der beiden, alles gemeinsamen Schematismus ungeachtet, doch überaus heterogenen Sphären. Eine tiefere Untersuchung, die wir allerdings hier nicht anstellen können, würde zeigen, dass selbst im Reiche der unorganischen Natur die Frage nach den allgemein beharrlichen Thatsachen nicht die einzige ist, und dass man in jedem Gesetz nur die Regel einer Erscheinung ausspricht, die unter gewissen Voraussetzungen eintritt. Die Macht, welche zugleich Voraussetzungen und Folgen bestimmt und den Fortschritt zu wirklich neuen Zuständen bewirkt, ist nun aber gar nicht in dem vorher gekennzeichneten Rahmen einzufangen. Dieser Rahmen besteht ja aus lauter Antworten, die der Fragestellung nach dem, was ist, entsprechen. In viel höherem Maasse ist nun diese Unmöglichkeit, durch einen blossen Inbegriff von mehr oder minder allgemeinen Regeln die volle Wirklichkeit zu decken, im Gebiete des Menschlichen der Fall. Dort sind wir selbst die Macht über einen Theil der Voraussetzungen, an welche sich die Folgen knüpfen. Dort befinden wir. uns. selbst in dem Mittelpunkt, von welchem die Antriebe zu den Gestaltungen ausgehen. Nicht blos das, was ist und geschieht, sondern auch das, was sein soll, kommt in Frage.

Wer das Gebiet der wirthschaftlichen und socialen Erscheinungen nur aus dem Gesichtspunkt des rein theoretischen Wissens studirt, kann es zu keiner andern Gattung von Einsichten bringen als diejenigen sind, welche einen beharrlichen Sachverhalt und eine so zu sagen von dem Zeitverlauf unabhängige Thatsache ausdrücken. Das ganze Spiel der Vorgänge erscheint alsdann als ein Mechanismus, den man wie die Bewegungen der Planeten beobachten, dessen Gesetze man verzeichnen, und in welchem man die Hauptkräfte durch Zergliederung erkennen kann. Alles, was geschieht, bleibt für diese Art der Betrachtung etwas Gegebenes, von dem man gar nicht voraussetzt, dass es auch hätte anders gegeben werden können. Reale Möglichkeit und Freiheit ist für diese Stufe der Wissenschaft gar kein gültiger Begriff mehr. Alles wird eben als etwas Selbstverständliches hingenommen, und die kritische Trennung aus dem Gesichtspunkt der Antriebe wird gar nicht versucht.

2. Die sogenannten praktischen Wissenschaften, welche ausser Deutschland meist als die moralischen bezeichnet werden, scheitern häufig an dem Bestreben, ihren Behauptungen die Form des rein theoretischen Wissens zu geben. Es ist nun ein für alle Mal vergebens, sich zu bemühen, irgend einer Gattung von Erkenntniss, deren Wesen es ist, auf Satzungen hinauszulaufen, die Form einer Summe von Sätzen gleich denen der Mathematik geben zu wollen. Die Frage nach dem, was ist, kann zwar so allgemein gedacht werden, dass sie auch die Frage nach dem, was sein soll, wenigstens formal einschliesst. Allein diese Art, sich der wesentlichen Unterscheidung von rein theoretischen Einsichten und praktischen Satzungen zu entziehen, ist eine ganz hinfällige Ausflucht. Allerdings sind auch die Antriebe, welche das Sollen ergeben, und die Verhältnisse zwischen Wille und Wille, auf denen alles Sollen beruht, als Thatsachen gegeben. Dieser Umstand hebt aber die Verschiedenartigkeit der beiden Gebiete der Erkenntniss keineswegs auf. So lange man blos untersucht, was gegebene Thatsache

sei, und hierbei nur an die vollendeten Thatsachen denkt, verhält
man sich rein aufnehmend, und es befindet sich die Erkenntniss
so zu sagen in einem blos leidenden Zustande. Erst in dem Augenblick, in welchem man diese an sich berechtigte, aber niedere und
dem Wesen des zu erkennenden Gegenstandes nicht vollständig
genügende Stufe verlässt und sich zu einer Kritik aus dem Standpunkte des Wollens aufrafft, geht man wirklich zu einer Untersuchungsart über, deren Fragestellungen und Unterscheidungen im
Stande sind, über die Bestrebungen selbst zu entscheiden. Es ist
die Eigenthümlichkeit des vorwiegend auf Mathematik und Naturwissenschaft gerichteten Geistes, von jenem wichtigen Unterschied
nichts zu wissen oder nichts wissen zu wollen. Es kann sich nämlich derjenige, der in den Gewohnheiten der rein theoretischen
Untersuchung befangen ist, nur schwer zu dem Gedanken erheben,
dass eine neue Sphäre von Gegenständen auch eine neue Methode
und eine neue Form des Denkens erfordern könne. Offenbar müssen die Bestrebungen wiederum an Bestrebungen gemessen werden,
und es ist durchaus unmöglich, den Werth einer Bestrebung nach
einem rein theoretischen Satze, der gar nichts von Willensbestimmungen oder Zumuthungen enthält, abzuschätzen oder zu messen.
Die Sätze über das, was ist und die Satzungen über das, was sein
soll, sind in ihrer Unmittelbarkeit völlig incommensurabel. Ein Act
des Wollens kann nur an dem Wollen selbst gemessen werden. Es
sind daher die Principien für die Kritik der Bestrebungen und der
praktischen Schöpfungen zunächst in den Antrieben selbst zu suchen,
welche den Gestaltungen zu Grunde liegen. Diese Antriebe können
einen rein subjectiven Ursprung haben, oder sie können von Natur
und Aussenwelt bereits näher bestimmt sein. Sie bewahren jedoch
stets ihre Grundform, nämlich die des treibenden Motivs.

Wenn es sich nun um Entscheidung über das Besser oder
Schlechter in dem Gebiet der Bestrebungen und praktischen Schöpfungen handelt, so kann offenbar die Wurzel des für diese Entscheidung maassgebenden Urtheils nur im Gebiete des Strebens selbst
gesucht werden. Es muss gewisse einfache und an sich selbst
d. h. im unmittelbaren Bewusstsein evidente Entscheidungen geben,
welche den einen Zug des Wollens für besser oder schlechter als

den andern erklären. Nur auf diese Weise ist es möglich, ein
Maass für die praktischen Bestimmungen zu finden. Wenn also
z. B., wie wir früher gesehen haben, der eigentliche Egoismus die
Unverschämtheit hat, sich als Princip der wirthschaftlichen und
socialen Erscheinungen und demzufolge auch als Erklärungsgrund
derselben geltend zu machen, so können wir die Zumuthung, dieses
vermeintliche Princip im Leben zu dulden und in der Wissenschaft
zu verherrlichen, nur durch die Hinweisung auf das einfache praktische Urtheil beseitigen, welches der Verwerfung des Egoismus
zu Grunde liegt. In diesem Fall vergleichen wir aber ein Element
des Wollens mit dem andern; wir messen die an sich mögliche
falsche Bestimmung an der wahren, d. h. an derjenigen, welche
dem menschlichen Streben in einem höheren Maasse entspricht.
So lange nun aber die Wissenschaft auf jener untergeordneten Stufe
verbleibt, auf welcher die beschränkte Fragestellung nach dem
was ist, gegen die Kritik desjenigen, was sein soll, ganz indifferent
und so zu sagen neutral bleibt, kann eine dem praktischen Gebiet
des menschlichen Strebens angemessene Prüfung gar nicht zum
Durchbruch kommen. Ueberdies stehen die Vorurtheile über das
Sollen und die Antipathien gegen ernstliche Zumuthungen der Ausbildung einer praktischen Kritik entgegen. In allen Richtungen
hat diese, einen neuen Standpunkt einnehmende Kritik mit Trägheit oder Ungunst zu kämpfen. Ganz besonders aber hat sie die
Verwechselung mit der gemeinen sogenannt moralischen Schulmeisterlichkeit zu scheuen, eine Verwechslung, welche das ganze
Unternehmen auf das Niveau der gemeinen Moraldeductionen hinab-
drücken möchte. Wir werden nun sogleich sehen, dass das Sollen,
um welches es sich in der socialen und wirthschaftlichen Welt handelt, sowie überhaupt alles Sollen, eine sehr einfache Bürgschaft
hat, deren Erkenntniss über alle Superstition, die der Sphäre des
Moralischen anzuhaften pflegt, erheben kann.

31 *

Zweites Capitel.
Kritik der Bestrebungen.

1. Um eine Bestrebung, d. h. doch zunächst eine Bestimmung des menschlichen Willens zu prüfen, hat man in letzter Instanz kein anderes Mittel, als die Richtung jenes Wollens an sich selbst und innerhalb der Sphäre aller möglichen Willensbestimmungen zu untersuchen. Triebe und Neigungen können an sich selbst nichts taugen. Dies erkennt man unmittelbar, indem man dieselben mit andern Artungen und Formen derselben Triebe und Neigungen vergleicht. So trägt z. B. die Manchesterphilosophie den Stempel der Würdelosigkeit und der Erniedrigung der menschlichen Natur zur Schau. Warum ist dies der Fall? Offenbar, weil sie die Corruption der höheren Antriebe des menschlichen Wesens dadurch anstrebt, dass sie dieselben in den Dienst einer niederen Sphäre zwängt und die Regulative der Einzelnen und der Nationen ausschliesslich auf der niedrigsten Stufe des Menschlichen sucht. Die vom Alterthum verworfene und für alle Zeit zu verwerfende banausische Denkungsart, also ein Verhalten, demzufolge die Rangordnung der menschlichen Interessen auf den Kopf gestellt und das Edlere in den Dienst der Gemeinheit herabgezogen werden soll, ruht doch offenbar nur auf der Vorherrschaft solcher Potenzen, die ihr verhältnissmässig niedriges Wesen augenblicklich enthüllen, sobald man sie mit den übrigen Antrieben der menschlichen Natur vergleicht. Wie schon früher erwähnt, kann der blosse Extract aller niederen Antriebe nicht den Inbegriff des menschlichen Wesens vorstellen wollen. Man hat kein Recht, ein Excerpt des Menschen für den vollen Menschen auszugeben und wohl gar dieses Excerpt zu einem Idol zu machen, vor welchem sich die Menschheit niederzuwerfen, und nach welchem sie sich wohl gar zu bilden hätte. Der unbefangene Verstand, der die Verhältnisse und Werthe der Antriebe unmittelbar zu messen vermag, verurtheilt die Bestrebungen der niedern Stufe, sich an die Stelle der höheren zu setzen, als etwas, was absolut nicht sein soll. Woher hat er diese Macht-

vollkommenheit? Offenbar aus der Erkenntniss des Zusammenhangs und der gegenseitigen Beziehungen der verschiedenen Bestrebungen des menschlichen Wollens. Es giebt mithin eine wissenschaftlich sehr fest zu begründende Kritik der Bestrebungen, also nicht blos der Wahrheit des Seins, sondern auch der Wahrheit des Wollens. Es giebt ein Maass für die Beurtheilung der praktischen Bestimmungen. Es giebt eine Art der Erkenntniss, vermittelst deren wir über Gut und Schlecht zu entscheiden vermögen. Von dieser ganzen Sphäre des Erkennens muss uns nun in Rücksicht auf die Gestaltungen der socialen und wirthschaftlichen Welt ganz besonders das eigentliche Sollen, d. h. die Bestimmung des Willens durch den Willen, oder mit andern Worten die Gravitation der einander mit Zumuthungen entgegentretenden und sich bekämpfenden Bestrebungen interessiren.

2. Die Frage nach der Rangordnung der Interessen wird in Wirklichkeit nicht innerhalb desselben menschlichen Individuums, sondern durch die Gravitation der gesellschaftlichen Classenkräfte entschieden. Es ist daher die Ausbildung des Gleichgewichts und die Herstellung organischer Verhältnisse selbst, was das Schicksal der Bestrebungen entscheidet. Hieraus folgt denn auch, dass für die blosse Gesellschaft das sociale und wirthschaftliche Parteiwesen ganz unvermeidlich ist. Alle Begriffe von einem moralischen oder socialen Sollen verlieren ihren natürlichen Rückhalt, sobald man von dem Verhältniss des Menschen zum Menschen, also von dem Dualismus des Gemeinlebens absehen will. Ein Sollen ist für mich nur vorhanden, insofern meinem Willen ein anderer Wille und zwar mit bestimmten Zumuthungen gegenübersteht. Die sociale Waage entscheidet also über das Sollen. Für den isolirten Menschen, welcher nicht Seinesgleichen gegenübersteht, hat der Begriff des Sollens gar keine Anwendbarkeit. Wenigstens ergreifen wir die richtige Vorstellung von den höchsten rechtlichen und moralischen Verbindlichkeiten nur dadurch, dass wir die Gründe dieser Verbindlichkeiten in der natürlichen Gravitation der Willensacte suchen, die einander gegenseitig bestimmen.

Was also in wirthschaftlicher und socialer Hinsicht sein soll, kann offenbar nur ein Inbegriff von Bestimmungen sein, in welchem sich die Bestrebungen der verschiedenen Bestandtheile der Gesellschaft vereinigen lassen, und in welchem sie sich so zu sagen ein organisches Gleichgewicht halten. Wo aber kann ein solches Gleichgewicht und eine solche Ausgleichung der dem Range nach ganz verschiedenen Interessen zur vollsten Wirklichkeit gelangen? Offenbar nur im Staat oder überhaupt, was ganz dasselbe bedeutet, in übergreifenden Functionen politischer Natur. Nur die Organe des Gemeinwesens können in einem gewissen Maasse über den Parteien stehen. Es ist aber noch ein weiterer wichtiger Umstand zu beachten, der dem gewöhnlichen Raisonnement regelmässig entgeht.

3. Man vergisst, dass das Interesse der Gesammtheit, wenn diese Gesammtheit nicht blos eine scheinbare ist, aufhört, ein Parteiinteresse zu sein. Eine Partei ist regelmässig oligarchischer Natur. Sie besteht aus einer verhältnissmässig geringen Anzahl von wirklich interessirten Elementen, in deren Gefolge denn allerdings ein beträchtlicher Theil des Volkes, aber offenbar nur als beherrschte und in der Hauptsache selbstlose Masse Platz hat. Hört diese Selbstlosigkeit und die Function als blosser Stoff auf, so ist die fragliche Parteiherrschaft vernichtet. Nun wird es allerdings voraussichtlich jederzeit eine unterste Schicht der Gesellschaft geben, die in gewissen Hinsichten Object der Leitungsversuche bleiben muss. Allein es kann sich in der Art und Weise, wie diese Leitung ausgeübt wird, sehr viel ändern. In einem gewissen Maass kann auch die unterste Schicht activ werden und aufhören, ein willenloses Werkzeug der oligarchischen Parteiinteressen zu sein. Ganz wie das Feudalwesen und die kleineren Herrenthümer durch die absorbirende Kraft der Centralgewalt genöthigt worden sind, einem Regime Platz zu machen, welches seinen Schwerpunkt bereits mehr in der Gesammtheit und in einer gewissen, wenn auch sehr mässigen Grundlage von allgemeinen Menschenrechten suchte, so wird auch das Parteiwesen der neusten Zeit einer Formation weichen müssen, die dasselbe zwar nicht völlig aufhebt, es aber im Interesse der Gesammtheit mässigt und bändigt. Der Mittelpunkt, in welchem sich die widerstreitenden Interessen begegnen und ausgleichen, ist der Staat, und dieser Staat muss in der Sphäre, die uns hier angeht, allgemein über-

greifende sociale und wirthschaftliche Functionen üben. Nur die Rücksicht auf die Gesammtheit des Strebens der einzelnen Elemente der Gesellschaft verbürgt ein in allen Richtungen ausgebildetes sociales und wirthschaftliches Recht, welches der wirkliche Ausdruck der jedesmaligen natürlichen Rechtsansprüche der verschiedenen Classen ist.

4. Bisher haben wir das Schauspiel socialer und wirthschaftlicher Kämpfe gehabt, in denen lauter herrschende Elemente der Gesellschaft und des Wirthschaftslebens einander gegenüberstanden und die Berufung auf die Gesammtheit und deren Interesse fast regelmässig nur ein taktischer Kunstgriff war. Ich erinnere an den Kampf in der brittischen Kornzollagitation und an die oben erwähnte Manchestertaktik. In diesem Falle war der Grundbesitz der Gegenstand der theoretischen und praktischen Angriffe, und die Ricardo'sche Bodenrentenlehre wird ein Zeugniss bleibeu, zu welchen theoretischen Ausgeburten der Parteiinstinct führen kann. Noch jetzt ist die vorherrschende Nationalökonomie, ich meine die brittische und deren bewusste oder unbewusste Ableger auf dem Festlande, den Interessen der Landwirthschaft offenbar feindlich. Sie ist eine reine Händlerwissenschaft und trägt kaum der eigentlichen Industrie die gehörige Rechnung. Sie ist eine Wissenschaft, billig zu kaufen und theuer zu verkaufen, und hiermit prägt sie nichts weiter, als den Typus der händlerischen Functionen und Maximen theoretisch aus.

Ein anderer Parteigegensatz, welcher die Theorie bisher in verschiedenen Richtungen gefälscht hat, ist derjenige zwischen dem Schutzzoll und dem Freihandel. Hierbei ist die merkwürdige Erscheinung zu constatiren, dass im neunzehnten Jahrhundert die bedeutendsten Leistungen auf Seiten der Schutzpolitik zu finden sind. Diese Thatsache wird jedoch erklärlich, wenn man bedenkt, dass eine blos negative, zersetzende Richtung auch in der Theorie nichts Positives schaffen könne. Es verhält sich in dieser Beziehung mit der Nationalökonomie wie mit der Jurisprudenz. Auch in letzterer Wissenschaft sind die Leistungen im neunzehnten Jahrhundert auf Seiten eines Savigny, nicht aber etwa da anzutreffen, wo man vollständig mit der blossen Anfechtung der Institutionen des über-

lieferten Rechts beschäftigt war. So grausam diese Thatsachen den
Muth desjenigen niederschlagen mögen, dessen Sympathien bisher
unbefangen bei den Parteigängern der blossen Auflösung und Zersetzung waren, so sind sie doch auch andererseits Warnungszeichen
für den edleren und höher strebenden Geist, sich fernerhin nicht
mit lauter Verneinungen und mit blosser Zerstörungsweisheit abfertigen zu lassen, vielmehr jederzeit bei der Auflösung irgend eines
Bandes an neue Bindemittel zu denken, vermittelst deren eine positive Ordnung geschaffen werden könne. Die Schutzzöllner und Freihändler klagen sich gegenseitig der Sophistik an. Sie beschuldigen
sich auch in moralischer Hinsicht auf ganz gleiche Weise. Sie
werfen einander echten Egoismus vor, d. h. eine Gesinnung, welche
auf Kosten des andern Theils Profit machen wolle. Doch thun sie
das Letztere niemals ganz direct, sondern schützen regelmässig die
Interessen der Gesammtheit vor. Die brittischen Freihändler reden
von der »Raubsucht« der Fabrikanten des Nordens der amerikanischen Union, und die letzteren zeigen wiederum den Britten, dass
sie nichts als händlerische Freibeuter sind, welche die Löhne der
Europäischen Arbeit niederhalten und sich durch die amerikanische
Schutzpolitik, welche dem Arbeiter günstiger ist, in ihrem System
bedroht sehen. Die Freihändler rufen den Menschen als Consumenten an, die Schutzzöllner appelliren an ihn als ein Wesen, welches Arbeitskraft zu verkaufen hat, also an den Menschen als Producenten im weiteren Sinne des Worts. Die Freihändler sehen die
Welt als eine blosse Kundschaft an, die ihnen alles Mögliche ab-
kaufen soll, und fragen nicht im Geringsten darnach, wie sich die
Chancen für die Verwerthung der Arbeitskraft gestalten. Ihre
Theorien wissen nichts von der Solidarität des Menschen als Producenten und des Menschen als Consumenten; ihre Theorien sind
daher in einem gewissen Sinne Elemente der Desorganisation. Auch
sind ihre Doctrinen auch wirklich selbst ziemlich desorganisirt, insofern
sie sich in den besondern Lehren gründlichst widersprechen und
über keine einzige wichtige Frage, die positiven Sinn und eine
positive Entscheidung erfordert, auch nur einigermaassen einigen
können. In Uebereinstimmung befinden sie sich unter einander
nur dann, wenn es Zersetzungen gilt. Das Princip der formalen

Freiheit wird von ihnen zur Abweisung einer jeglichen Organisation benutzt, an welche der gesunde Verstand denken mag. Was aber die Schutzzöllner und deren Theorien anbetrifft, so habe ich hierüber schon früher bemerkt, dass ihr Standpunkt ein mehr organischer ist, und dass er daher zu der über den Parteien stehenden Volkswirthschaftslehre weit besser passt, als das Freihändlerthum. Der Schutzzoll verträgt sich daher auch weit besser mit den logischen Consequenzen der socialistischen Instincte. Die Schutzpartei kennt überall noch ein Nationalinteresse; sie kennt noch eine wahrhaft politische Oekonomie; sie zerbröckelt nicht im Atomismus und Individualismus jener Freiheit, die nur für die ausbeutenden Individuen in Anspruch genommen wird. Sie bleibt aber nichtsdestoweniger eben nur eine Partei, so dass die übergreifende Erkenntniss auch von ihr nicht zu erwarten ist. Sie hat keine Veranlassung über die Parteiinteressen hinauszugreifen und wenn sie, wie jetzt in Amerika auch wirklich die nationalen und im dortigen Sinne des Worts republikanischen Interessen vertritt, so ist diese Vertretung doch noch immer sehr unvollkommen und zufällig. Die Nationen werden daher erst dann auf der breitesten Grundlage agiren, und es wird das Gesammtinteresse erst dann in der vollkommensten Gestalt zum Ausdruck gelangen, wenn der Staat, auf die grosse Menge des Volkes und auf die verschiedenen Kategorien seiner Bürger gestützt, den negativen Schutz durch positive Maassregeln und durch Absorbirung der zur Centralisation geeigneten wirthschaftlichen und socialen Functionen zu ersetzen vermag. Diese Möglichkeit kann aber nicht auf jeder Entwicklungsstufe vorhanden sein; sie reift allmälig und die sich vollziehende Umwandlung wird sicherlich nicht durch einen plötzlichen Umschwung ersetzt werden können. Der gesellschaftliche und sociale Katastrophismus ist nur zu häufig eine Illusion der Parteien. Wie sich aber auch immer die Dinge gestalten mögen, ein plötzlicher, weittragender Schritt ist jederzeit nur da möglich, wo die Dinge seit lange dazu vorbereitet sind. Nun hat es noch keineswegs den Anschein, als habe irgend ein Gemeinwesen der Welt bereits diejenige Entwicklungsstufe erreicht, auf welcher ein verhältnissmässig rascher Uebergang zu positiven Organisationen gemacht werden könnte. Unterdessen werden die Theorien der schutzzöllnerischen Nationalökonomie diejenigen bleiben, welche der Wahrheit am nächsten kommen. Bei ihnen wird man die positiven Ideen und die besten Errungenschaften der Forschung zu suchen haben und hieran mögen vor allen Dingen diejenigen erinnert sein, welche es sich zur Aufgabe stellen, die gesunden Consequenzen der berechtigten Forderungen des Socialismus in streng wissenschaftlicher Weise auszubilden, und die politische Oekonomie mit dem Gedanken des Staats und der Solidarität organisch zu durchdringen. Die Weisheit der händlerischen Parteischulen und ihrer Parteidialektik wird verblassen müssen, sobald die Welt näher zugesehen haben wird, was sie an den Lehren und Forschungen aller derjenigen besitzt, die den positivistischen Gedanken der organischen und solidarischen Gestaltung des wirthschaftlichen Gemeinlebens in irgend einer Richtung cultivirt haben. Die List und die Carey werden die Ehre des neunzehnten Jahrhunderts sein, wenn die zersetzende Parteisophistik in ihrer Hohlheit und Bodenlosigkeit erkannt und gebührend in Verachtung gerathen sein wird. Wo aber der Schwerpunkt des Sollens für das Jahrhundert liege, das wird erst eine nationalökonomische Lehre entscheiden, in welcher der Socialismus zu einer nüchternen Logik gelangt und sein über alle Parteiinteressen hinausgreifendes Princip der Solidarisirung der menschlichen Bestrebungen zum theoretischen Ausdruck bringt. In dieser Richtung hat die vorliegende Schrift gearbeitet; in diesem Sinne hat sie die Parteidialektik und die Doctrinen der Parteischule bekämpft; in diesem Sinne hat sie eine rücksichtslose Zergliederung der socialen Antriebe vorgenommen; in diesem Sinne hat sie endlich da, wo sie weitere Ausführungen zu geben nicht im Stande war, wenigstens die allgemeinen Schemata verzeichnet und der weiteren Forschung einen zuverlässigen Compass mitgegeben. Dieser Compass ist derjenige der freien, nicht der corrumpirten Forschung, welche letztere, wie wir alle Tage zu sehen Gelegenheit haben, die Maske der Wissenschaft vorsteckt, um an die Stelle von Einsichten diejenigen Absichten zu setzen, welche dem grade dominirenden und daher auch am meisten zahlungsfähigen Parteiinteresse entsprechen. Für das Maass, in welchem eine Wissenschaft im eigentlichen Sinne des

Worts corrumpirt werden könne, wird die politische Oekonomie stets das treffendste Beispiel bleiben, und es möge sich daher der künftige Geschichtsschreiber nicht wundern, wenn er für die unbefangene Erkenntniss volkswirthschaftlicher und socialer Wahrheiten nur äusserst selten eine Vertretung findet. Im Grossen und Ganzen wird er sich seine Arbeit sehr erleichtern, wenn er von vornherein von dem Satze ausgeht, dass abgesehen von ein paar Namen, deren Träger zu genial waren, um sich auf die Interessen einer Partei borniren zu lassen, die ganze Production von sogenannten volkswirthschaftlichen Lehren ganz nach der Analogie der materiellen Production zu erklären und daher stets nach dem Capital zu fragen sei, welches den Hauptfactor in der Hervorbringung dieser Lehren gebildet hat. Dies ist ja eben die ewige Signatur aller Corruption, dass das höhere Interesse der Wahrheit in den Dienst gemeiner Bestrebungen gepresst und auf diese Weise degradirt wird. Wenn die Gravitation der Geldinteressen über das entscheidet, was für wahr gehalten werden soll, so bedeutet dies für den Organismus der Wahrheit und Wissenschaft ungefähr eben so viel, als wenn sich blos chemische Kräfte des zum Cadaver werdenden lebendigen Leibes bemächtigen. In beiden Fällen treten Zersetzung, Verderbniss und Fäulniss ein, und so zeigt sich, dass die Corruption in der socialen Welt und im Gebiete der Intelligenz, derjenigen in der Natur ganz ähnlich ist, so dass wir also, so kalt wir auch diese Zersetzungsprocesse betrachten mögen, doch jedenfalls wissen können, in welcher Richtung das Leben und in welcher der Tod liegt.

———:✦:———

Druck von J. Dräger's Buchdruckerei (C. Feicht) in Berlin.